Edda und
Michael Neumann-Adrian
Gabriel Neumann

Rajasthan

mit Agra & Delhi

IWANOWSKI'S REISEBUCHVERLAG

Im Internet:

www.iwanowski.de

Hier finden Sie aktuelle Infos zu allen Titeln, interessante Links – und vieles mehr!

Einfach anklicken!

Schreiben Sie uns, wenn sich etwas verändert hat. Wir sind bei der Aktualisierung unserer Bücher auf Ihre Mithilfe angewiesen:

info@iwanowski.de

Rajasthan mit Agra & Delhi
2. Auflage 2013

Salm-Reifferscheidt-Allee 37 • 41540 Dormagen
Telefon 0 21 33/26 03 11 • Fax 0 21 33/26 03 33
info@iwanowski.de
www.iwanowski.de

Titelfoto: Palast der Winde in Jaipur (Gabriel Neumann)
Alle anderen Fotos: siehe Abbildungsverzeichnis S. 517
Redaktionelles Copyright, Konzeption und deren ständige Überarbeitung:
Michael Iwanowski
Lektorat: Ute Fuchs, Bubenreuth
Layout: Monika Golombek, Köln
Karten und Reisekarte: Thomas Buri, Bielefeld
Titelgestaltung: Point of Media, www.pom-online.de

Gesamtherstellung: Werbedruck GmbH Horst Schreckhase, Spangenberg
Printed in Germany

ISBN: 978-3-86197-065-1

Überblick

Reiserouten

Weiterführende Informationen zu folgenden Themen

Ein Verzeichnis der Karten und Grafiken in diesem Buch finden Sie auf S. 516 f.

Legende

Information	Aussicht	Post/Briefkasten
Sehenswürdigkeit	Kirche	Taxistand
Tempel	Kathedrale/Dom	Hafen
Haveli	Kloster	Flughafen
Markt	Museum	
Burg	Theater	Unterkünfte
Krankenhaus	Apotheke	Essen und Trinken
Turm	wichtiges Gebäude	Einkaufen
Statue/Denkmal	Bahnhof	
Ausgrabungsstätte	Busbahnhof	

Einleitung

Jeder findet sein Indien

Ins Land der Farben reisen, ins Land der Wüste und der Wüstenfeste! Ins Land der Buschland-Safaris, zu Bishnois, die Antilopen und Gazellen Schutz geben. Oder im Geländewagen in den *Ranthambore Nationalpark*, wo Tiger-Begegnungen der kurzen Distanz nicht nur eine Legende sind. In das Land, in dem die Herrensitze, die Forts und Paläste der sprichwörtlich stolzen Rajputen so überaus zahlreich sind – zahlreicher als in jedem anderen der 28 indischen Bundesstaaten. Außerdem behaupten sieben „Unionsterritorien" ihre Eigenheit, zu ihnen zählen Andamanen und Nikobaren, Lakshadweep, Daman und Diu sowie das einst französisch okkupierte Puducherry (Pondycherry). Ins herrschaftliche Ambiente einzuziehen, bieten sich fast allerorten lockende Gelegenheiten, die Hotelauswahl zwischen familiärem *Home Stay* und *Heritage Palace* ist beträchtlich. Teurer als gepflegte Mittelklasse-Häuser in Europa kommt die Rajasthan-Reise nur, wenn es einen unwiderstehlich in die international renommiertesten Prunkbauten zieht.

Seit vierzig Jahren hat sich im damals halbvergessenen, wirtschaftlich zurückgebliebenen Wüstenwinkel Rajasthan enorm viel getan, und das nicht allein für den Tourismus. Ein Beispiel: Die Wüste Thar erstreckt sich vom heute pakistanischen Indus-Tal bis ins geografische Zentrum Rajasthans. Nur Karawanen zogen jahrhundertelang durch den Sand, unterwegs von der Arabischen See nach Nordindien und Innerasien. **Marwar**, der alte Name der Region, bedeutet „Land des Todes". Ende des 19. Jh. zur Maharaja-Zeit wurden Kanal-Pläne geschmiedet, die Wasser vom Himalaya durch den Punjab in die Wüste Thar führen sollten. Seit etwa 10 Jahren strömt so viel Wasser im Netz des Indira-Gandhi-Kanals, dass um die ehemalige Wüstenfestung Jaisalmer die Landschaft grünt. Bauern siedeln sich in der Thar an.

Rajasthan hat wie Indien noch einen langen Weg vor sich. Indiens wirtschaftlicher Aufschwung lässt auch in Rajasthan auf bessere Ausbildung und bessere Straßen hoffen. Und damit auf die Bewältigung der bitteren Armut. Noch vor Kurzem ergab ein wirtschaftlicher Vergleich der 28 Bundesstaaten: Stolz an der Spitze stehen Maharashtra und Gujarat, der große Staat Rajasthan tut sich schwer, der Schlussgruppe zu entwachsen. Doch schlimmer als irgendwo in Rajasthan haben wir die Not, den Mangel in Delhi, in Mumbai und Kolkata gesehen. Was wir in Rajasthan erleben, immer wieder, ist der Lebensmut der Menschen, ihr phantastisch freundliches Lächeln, auch wenn ihr Haus nur eine Lehmhütte ist mit einem Dornenzaun.

So vieles im indischen Leben ist anders als bei uns in Mitteleuropa. Unordnung heißt bei uns schnell „Chaos". Dagegen legen wir uns mehr und mehr Regeln zu und unglaublich viel mehr Verbotsschilder, als Inder gewöhnt sind. Sie sehen, scheint es, mehr Sinn darin, jedes Problem individuell zu lösen, angefangen bei der Fortbewegung im Straßenverkehr.

Ob Sie von Stadt zu Stadt reisen möchten oder in die so verschiedenen Landschaften Rajasthans, vom uralten Aravalli-Gebirge bis zu den Wüstendörfern, von Udaipurs

Seen bis zu den noch kaum besuchten *non-touristy* Tempelplätzen im Südosten, zum Vogelpark Keoladeo oder zum immer wieder traumhaft schönen „Taj Mahal" in Agra; ob Sie in den Museen die Kunst Indiens aus zwei Jahrtausenden suchen möchten oder auf den Kunsthandwerker-Dörfern und Märkten märchenhaft schöne Stoffe sammeln oder Skulpturen aus Holz oder Bronze und handgeschöpfte Papiere – wir hoffen, dass Sie Freude an vielem haben, was dieser Band an Hinweisen und Vorschlägen mitzuteilen hat!

Weil Ordnung ja auch ihr Gutes hat, ist die Grundstruktur als eine große Rajasthan-Rundreise mit vielerlei Abstechern angelegt. Wer die ganze Rundreise machen möchte, ohne in Hektik zu geraten, nimmt sich am besten ein halbes Jahr Urlaub... Jeder wird, da sind wir sicher, **sein Indien** wahrnehmen. Ob er zum erstenmal kommt oder wieder und wieder nach Indien reist.

Edda und Michael Neumann-Adrian
Gabriel Neumann

Stimmiger **Beginn einer großen Rajasthan- Tour**: Wer von Delhi auf dem vierspurigen National Highway NH 8 nach Jaipur reist, kann kurz nach der Grenze Haryana/Rajasthan rechts in Richtung **Neemrana** abbiegen und bald hügelan zur Burg gleichen Namens hinauffahren. Ein exzellenter Platz für die erste Übernachtung in Rajasthan! Pittoresk, großartig, magisch – wie immer man diesen rund 550 Jahre alten Bau nennen mag, die Tatsache, dass die Ruine Fort Neemrana seit 1986 wieder bewohnbar gemacht wurde, dankt man dem französisch-indischen Team um Francis Wacziarg und Amin Nath. Heute sind es ein Dutzend wiedererweckte indische Heritage-Bauten, die als „Neemrana Hotels" aus dem Verfall wiedererstanden. „Wir werden nie einen alten Besitz modern umgestalten – das wäre ja, als wollte man eine Großmutter mit einem Minirock bekleiden", sagte uns Amin Nath, der auch Autor wichtiger Bücher über Indien ist.

Kontakt: *www.neemranahotels.com, Nizamuddin East, New Delhi 110013, ☏ 011-41825001/2, 🖷 011-24351112.*

Ein guter Anfang für eine Rajasthan-Rundreise: Der Neemrana-Fort-Palace

Sollte das Neemrana kein Zimmer mehr frei haben oder drängt es einen, ohne Verzug ins ländliche, Aravalli-gebirgige, noch kaum vom Tourismus entdeckte Rajasthan vorzudringen, heißt die Alternative **Patan**. Der Ort ist vom Highway NH 8 in gut einer Stunde zu erreichen. Hoch über Dorf und Palast behauptet sich ein langgestrecktes, längst verlassenes Fort. Der Palast mit vielhundertjähriger Familientradition ist erst jüngst wiedererstanden, mit Park und Pool, gepflegter Küche und mit weiten Ausblicken in das Tal und die einst von konkurrierenden Maharajas umkämpften Felsenhöhen.

I. LAND UND LEUTE

Eine Szene, seit Jahrtausenden unverändert: Badende an den heiligen Ghats von Benares

Auf einen Blick

Politische Gliederung

Der Name **Rajasthan** bedeutet „Land der Fürsten“ oder „der Könige“. Mit 342.000 km^2 ist Rajasthan nach Madhya Pradesh der größte Bundesstaat innerhalb der Republik Indien (*Bharat*) und auch fast so groß wie die Bundesrepublik Deutschland (rund 360.000 km^2). Rajasthans Verwaltung ist in 32 Distrikte gegliedert. Rajasthans Chief Minister ist zurzeit *Mr. Ashok Gehlot* vom Indian National Congress.

Flagge, Symbole

Offizielle Flagge ist die der indischen Republik mit drei farbigen Balken: Safrangelb (ursprünglich gemeint als Zeichen für die Hindus, offiziell bedeutet die Farbe „Mut und Opferbereitschaft“), Grün (die Farbe der Muslime, soll hier offiziell für „Glaube und Ritterlichkeit“ stehen), dazwischen ein weißer Balken („Wahrheit und Frieden“), in dessen Mitte ein dunkelblaues Rad steht, das *Dharma Chakra*, das buddhistische „Rad des Gesetzes“ vom Löwenkapitell der Säule des Kaisers *Ashoka*. Rajasthan hat keine eigene offizielle Flagge.

Lage

Rajasthan liegt zwischen dem 23. und 30. nördlichen Breitengrad und dem 29. und 78. östlichen Längengrad (Maße abgerundet). Das **Aravalli-Gebirge** durchzieht das Land von Ost-Nordost nach Süd-Südwest. Im Westen dehnt sich die **Wüste Thar** aus, vom Zentrum her geht Halbwüste über in Wüstenland, östlich der Aravallis ist das Land weithin grün und besser mit Wasser versorgt. Rajasthan grenzt im Westen an Pakistan, im Südwesten an den indischen Bundesstaat Gujarat, im Südosten an das indische Madhya Pradesh, im Osten an das indische Uttar Pradesh, im Nord-Nordwesten an den Punjab und das indische Haryana.

Weitere geografische Angaben

134.120 km^2, weniger als die Hälfte der Bodenfläche, sind landwirtschaftlich nutzbar. Der längste Fluss ist der insgesamt 966 km lange **Chambal River**, der südöstlich von Agra in Uttar Pradesh in den Yamuna-Fluss mündet. Höchster Berggipfel ist der **Guru Shikar**, 15 km von Mount Abu, 1.727 m.

Bodenschätze

Vorkommen von: Asbest, Blei, Eisenerz, Feldspat, Gips, Glimmer, Granaten, Marmor, Quarz, Salz, Sandstein, Silbererz, Smaragden, Speckstein, Zink.

Klima und Temperatur

Im Sommer (April bis Juni) ist es bis 45 Grad °C heiß, in der Wüste auch bis 55 Grad. Im Winter (Oktober bis März) fällt die Temperatur im Dezember/Januar nachts manchmal bis auf 0 Grad °C und steigt tagsüber auf 25, sogar 30 Grad. Die Luft ist trocken im Sommer und im Winter. Die Monsunregen fallen zwischen Juli und September. Im Westen Rajasthans fällt oft nicht mehr als 50 cm Regen im Jahr. Die klimatisch günstigste Reisezeit für Touristen ist zwischen Oktober und März.

Bevölkerung
68.621.012 Einwohner, gemäß dem Census 2011 ist Rajasthans Bevölkerung binnen einem Jahrzehnt um rund 20 % gewachsen, weit mehr als im indischen Durchschnitt. Die Wüste Thar ist sehr dünn besiedelt. Agglomerationszentrum und Hauptstadt ist Jaipur mit rund 3,1 Millionen Einwohnern. Jodhpur, die nächstgrößte Stadt, hat mit nun 1,34 Millionen Einwohnern die Million überschritten; in Delhi sind es 16,7 Millionen. Auf 1.000 Männer kommen nur 926 Frauen (die Zahlen für ganz Indien sind deutlich günstiger). In ganz Indien zählte 2011 die Bevölkerung 1,21 Milliarden und ist im Schnitt sehr jung, nämlich 25 Jahre oder jünger.
Sprachen und Schriften
Lokale Sprache ist Rajasthani, aber das verwandte Hindi, als offizielle Sprache in den Schulen gelehrt, wird meist verstanden. Die Schrift ist Devanagari. Meistgesprochene Fremdsprache und sehr verbreitet ist Englisch. Die Ureinwohner (*Adivasis*) haben eigene Stammessprachen, verstehen häufig auch Hindi.
Religionen
Überwiegend Hindu-Gläubige verschiedener Richtungen (Shivaiten und Vaishwaiten). Eine wichtige Minderheit bilden die Muslime, außerdem geringe Zahlen von Jains, Sikhs und Christen. Ureinwohner haben vom Hinduismus beeinflusste Naturreligionen.
Währung
Zahlungseinheit ist die Indische Rupie, der Umtauschwert schwankt (Okt. 2012: 70 Rs entsprechen 1 €).

Historischer Überblick

Spannende Momente, Dolch und Feuer, Liebe und Verrat gibt es in der Geschichte Rajasthans. Aber die wird, was hier gleich betont werden soll, von der Geschichte ganz Indiens wie von einer Wolke umgeben, einer Wolke voller Blitz und Donner, meistens.

Frühe Hochkultur

Weit hinten in der Vergangenheit war im Fünfstromland, an der Mündung des Indus, knapp westlich der heutigen Grenze Rajasthans, eine frühe Hochkultur entstanden. Am Indus führten die Menschen ein Leben in geschlossenen Stadtsiedlungen, mit geplanten Straßen, Kanalisation und Häusern aus Lehmziegeln. Vermutlich lebten sie in einer straff geführten Gesellschaft, die dem Einzelnen abverlangte, sich an strenge Regeln der Oberherrschaft zu halten.

Diese Indus-Kultur, heute nach dem Hauptfundort auch Harappa-Kultur genannt, hatte sich im Lauf mehrerer Jahrhunderte geformt. Die Ausgrabungen, die uns von ihr erzählen, betreffen die Zeit um 2400 bis 1700 v. Chr. In ihrer Spätphase kannte die Indus-Kultur schon die ersten Metalle, es war die Bronzezeit. Ummauerte Stadtsiedlungen waren nicht nur am Indus, sondern auch in der Region entstanden, die wir heute als Rajasthan kennen, und zwar im Norden, bei Kalibangan und in den heute völlig ausgetrockneten Flussbetten von Ghaggar und Sarasvati.

Die Indus-Kultur knüpfte schließlich Seeverbindungen mit der weiteren Welt an, bis nach Mesopotamien: Ein Hafen war in Lothal/ Gujarat angelegt. Keine Schrift ist überliefert, aber Keramik, Kleinkunstwerke, Schmuck, Werkzeuge und Rollsiegel mit eingearbeiteten Bildern sind ausgegraben worden. Über die Sprache dieser Kultur gibt es nur Vermutungen – vielleicht war es eine frühe Form des Drawidischen, das heute noch in Südindien gesprochen wird.

Indiens Geschichte wird von den Gesichtern seiner Menschen erzählt.

Katastrophen und Untergang

Und plötzlich war all das zu Ende. Die Funde melden keine Fortsetzung des Lebens in den Städten. Unterschiedliche Zeichen deuten auf Überschwemmungen, Erdbeben, Dürrezeiten, Versalzung des Bodens, auch sind gelegentlich Brandspuren zu finden. Wissenschaftler sagen: Niedergang, Verfall, keine plötzliche Zerstörung. Jedenfalls gibt es keine Funde mehr nach 1700 v. Chr.

Diese Erkenntnis schließt die Zerstörung durch Eroberung durch die „Aryer“ aus. Das vermuteten die Geschichtsforscher früher, aber es kann kaum zutreffen, wird den Touristen allerdings von örtlichen Stadtführern immer noch erzählt.

Die Aryer wandern ein

Um 1500 v. Chr. drangen aus Zentralasien über Afghanistan kriegerische Völkerscharen ein, deren zahlreiche Anführer sich selbst Aryer (die Edlen) nannten. Sie waren Viehzüchter unter der Führung von Fürsten (Häuptlingen) auf Suche nach guten Weidegründen. Und diese fanden sie in den weiten fruchtbaren Ebenen an Yamuna und Ganga. Sie überwältigten die dort lebende Bevölkerung. Der kulturelle Schwerpunkt lag nun östlich von Rajasthan. Über die Sprache der Aryer sind wir sehr gut informiert. Es war Sanskrit, das mit den meisten europäischen und einigen vorderasiati-

Kriegerische Einwanderer

schen Sprachen verwandt ist. Im 19. Jh. erkannten Sprachwissenschaftler diese Verwandtschaft und nannten sie indogermanisch (heute: indoeuropäisch).

Diese Aryer-Einwanderer brachten gesellschaftliche und religiöse Vorstellungen mit, die bis heute die indische Kultur bestimmen. Die Fürsten und ihre Krieger genossen hohes Ansehen. Ihre Familienverbände waren ausgesprochen patriarchalisch organisiert, das heißt: das Sagen hatten nur die Männer. Am höchsten angesehen waren die Priester, die Brahmanen. Sie hüteten nämlich das gesamte Wissen, wie mit dem wechselnden Schicksal und den göttlichen Mächten umzugehen war. Es gab noch keine schriftlichen Aufzeichnungen. Religiöse Verse, Anweisungen für Opferhandlungen, die sehr wichtig genommen wurden – all dies wurde von Generation zu Generation auswendig gelernt und so unverändert weitergegeben. Dieses Wissen bedeutete für die Brahmanen große Macht. Ihre älteste Überlieferung ist die Rig Veda. Andere Veden entstanden später. Die Veden enthalten viele religiöse Aussagen und Grundsätze des Hinduismus. Sie legten auch die Grundlagen zum Kastensystem (s. S. 70f), das offenbar den Aryern und ihrer herrschenden Schicht zur Abgrenzung von den vorgefundenen „Einheimischen“ diente.

Strenge Hierarchie

Aus Viehzüchtern wurden die Aryer zu Ackerbauern, als sie ihre Herrschaft auf der Ganga- und Yamuna-Ebene ausdehnten.
Das Gebiet des heutigen Rajasthan lag damals noch im Schatten dieser historischen Entwicklung, aber es geriet zusehends unter den kulturellen Einfluss der Eingewanderten. Natürlich gab es in Rajasthan einheimische Stämme, voran die Bhil und Minas, deren Fürstentümer im Lauf der Jahrhunderte in der Herrschaft neuer Eroberer verschwanden. Und natürlich gab es schon vor den Aryern religiöses Leben, Götterverehrung und Naturreligion, die später in der Hindu-Religion der Aryer aufgingen.

Im letzten Jahrtausend v. Chr. entstanden die mythischen Überlieferungen des Mahabharata und des Ramayana (s. S. 69f), die schon den Pilgerort Pushkar und die Stadt Chittorgarh in Rajasthan erwähnen.

Königreiche, die kommen und gehen

Der griechisch-makedonische König *Alexander der Große* stand mit seinem Heer 326 v. Chr. am Indus, um Indien zu erobern. Weiter, bis in die Gangesebene kam er nicht, Klima und Erschöpfung seiner Krieger ließen den großangelegten Feldzug scheitern, *Alexander* zog sich in Richtung Westen zurück. Gleich nach dieser Herausforderung ergriff ein lokaler Herrscher namens *Chandragupta* die Chance, ein ausgedehntes Reich zu begründen. Nach dem Namen der Dynastie wird es das Maurya-Reich (321–185 v. Chr.) genannt. Der mächtigste Herrscher dieser Dynastie wurde *Asoka* oder *Ashoka*. Er erbte bereits ein Reich, das sich über ganz Nordindien erstreckte. Das zentrale Dekkan-Hochland und die Ost- und Westküsten bis nach Südindien eroberte *Ashoka* dazu, mit Ausnahme der südlichen Spitze des Subkontinents, an der wir heute Kerala und Tamil Nadu vorfinden.

Das Maurya-Reich

Aber nicht dieser unermessliche Expansionswillen macht *Ashoka* so berühmt, sondern seine Entscheidung für die Religion: Er wurde 262 v. Chr. Buddhist, erklärte den

Buddhismus zur Landesreligion und versuchte, nach vielen blutigen Schlachten, friedlich zu regieren. Bis heute haben sich in Stein gravierte Gesetzes- und Regierungsgrundsätze von ihm erhalten (zum Beispiel in **Firoz Shah Kotla** in Delhi, südlich des Delhi Gate). Sein Wahrzeichen, die löwengekrönte *Ashoka*-Säule, ist auch Staatssymbol der heutigen Republik Indien und ziert u. a. Rupienscheine.

Rajasthan lag am Rande des *Ashoka*-Reichs, doch sind im Osten Rajasthans in Bairat in Stein gemeißelte Edikte *Ashokas* zu finden sowie buddhistische Stupas im Süden, in der Gegend von Jhalawar.

Mit den damaligen organisatorischen Mitteln war es nicht möglich, ein so riesiges Reich lange zu erhalten, nach dem Tod *Ashokas* nahm das Maurya-Reich in wenigen Generationen sein Ende. Auch der Buddhismus hörte im Lauf der folgenden Jahrhunderte auf, eine bedeutende Religion in Indien zu sein – er wurde dort gewissermaßen vom Hinduismus aufgenommen (s. S. 80f), lebte aber weiter in den Ländern des Himalaya, in Südostasien und Ostasien.

Die Jahrhunderte nach dem Maurya-Reich waren zum Teil chaotisch, ermöglichten aber offenbar regionale positive Entwicklungen in Wirtschaft und Kultur. Handel mit Europa und mit China ist nachgewiesen. Nach Rajasthan drangen allerdings im 1. Jh. v. Chr. aus dem Nordwesten wieder kriegerische Fremde ein, die Sakas oder Skythen. Man nimmt an, dass sie im südlichen Rajasthan und in Gujarat lokale Fürstentümer gründeten, die später zur Entwicklung der Rajputenfamilien beitrugen.

Blüte zur Zeit der Gupta

Große politische Macht und Ausdehnung über Indien gewann erst wieder das Reich der Gupta (319–467 n. Chr.). Ihr Kernland lag am unteren Ganges (im heutigen Bihar). Durch Eroberungen und geschickte Heiratspolitik erweiterten die Herrscher ihre Macht. Sie förderten die Künste – Skulpturen aus diesem Reich gehören zu den Höhepunkten indischer Kunst und sind kostbarste Schätze der heutigen Museen, auch der in Rajasthan. Die brahminische Literatur blühte, Sagen und Legenden aus der Vorzeit wurden von den Brahmanen mit religiösen Interpretationen versehen – aus den Heldenepen Mahabharata und Ramayana wurden religiöse Lehrstücke. Götterbilder gewannen immer wiederkehrende Gestalt, Regeln für Tempelarchitektur entwickelten sich, die heute noch beachtet werden.

Rajasthan wird das Land der Rajputen

Im 5. Jh. n. Chr. verlor das Gupta-Reich seine Macht, von Nordwesten fielen die Hunnen nach Nordindien ein. Lokale Herrscher in Rajasthan mussten ihr Gebiet gegen Eindringlinge verteidigen, sie bekriegten sich außerdem fast ständig untereinander. Ein mächtiger Herrscherstamm waren im 6. und 7. Jh. die *Gurjara Pratiharas* (möglicherweise skythischer Abstammung), die vorübergehend für Stabilität in diesem Land vieler kleinerer Fürstentümer sorgten. Doch kam es immer wieder zu neuen Kriegszügen und Eroberungen in Rajasthan, verschiedene Stämme strebten nach Vorherrschaft, aus einigen von ihnen gingen die Rajputen (wörtlich: Söhne der Könige) hervor.

Ob Chittorgarh oder Kumbalgarh (Bild) – es bleiben Orte der Erinnerung an die Rajputen, die Rajasthan verteidigten

Die bedeutenden Rajputenfamilien waren aus den unruhigen Ländern rund um Rajasthan eingewandert – aus Madhya Pradesh und aus Gujarat: Die *Sisodias* kamen im 7. Jh. nach Chittorgarh und Nagda, die *Kachhwahas* eroberten im 10. Jh. die Gegend von Amber, die *Krishnawanshi Batti* wichen im 10. Jh. in die Wüste aus und gründeten Jaisalmer. Nach Ansicht der Historiker sind die Rajputen verschiedenen Ursprungs, Skythen, Hunnen, Indo-Griechen (späte Nachkommen von *Alexanders* Invasionsheer), Dynastien von eingeborenen Stämmen – es ist sicher schwer, je stichhaltige Belege und Klarheit zu gewinnen.

Gerade darum ranken sich mythische Ursprungssagen um die Geschichte der Rajputen: So beanspruchen einige die Herkunft von der Sonne (die *Sisodias*, die *Rathores* und die *Kachhwahas*), andere vom Mond (die *Battis*). Andere Rajputenstämme (die *Pawars*, die *Partiharas*, die *Chauhans* und *Chalukyas-Solankis*) sollen vom heiligen Feuer abstammen, das aus einem Erdspalt am Mount Abu hervorbrach, auf Geheiß der Rishis, heiliger Männer, die den Schutz dieser Krieger, ganz gleich welcher Kastenherkunft, benötigten. Jedenfalls war durch diese Ursprungslegenden der Anspruch auf die Zugehörigkeit zu der hochstehenden Kriegerkaste der Kshatrias festgeschrieben und nicht nur durch pure Kriegsmacht durchgesetzt – sie konnte auch von der höchsten Kaste, den Brahmanen, anerkannt werden (s. „Kasten“ S. 70f).

Ambivalente Ehrauffassung

Die Rajputen hatten eine rigide Ehrauffassung. Tapferkeit und Mut in der Schlacht, hohes Selbstwertgefühl, Todesverachtung und „herrscherlich“ beschützende Verantwortung gegenüber ihren weiblichen Familienmitgliedern sahen sie als Pflicht an. All das wurde über die Jahrhunderte idealisierend überliefert, obwohl es in unseren Augen grausame und vernichtende Seiten hat. War eine erbitterte Schlacht nicht mehr zu gewinnen und drohte Sklaverei, gingen die Männer in Opfergewändern in die Schlacht, während die Frauen sich gemeinsam in große Feuer stürzten (*jauhar*), wie mehrmals zum Beispiel in Chittorgarh geschehen (s. S. 378).

Bedrohung von Westen und Norden

Schon im 8. Jh. n. Chr. standen die Araber, von ihrem Propheten hundert Jahre zuvor zum Islam bekehrt, im Westen am Indus. Sie drangen nicht nach Rajasthan vor – vielleicht war der Ruf der kriegerischen Verteidigungsbereitschaft durch die Rajputen zu

Die Tempelanlage Dilwara von Mount Abu

ihnen gedrungen. Doch Ende desselben Jahrhunderts begannen zum Islam konvertierte türkische Völker von Afghanistan aus Rajasthan zu beunruhigen und die Rajputen bei ihren internen Streitigkeiten zu stören.

Die bedeutenderen Rajputenfamilien beherrschten im 10. Jh. schon bestimmte Teile von Rajasthan. Aus dieser Zeit sind heute noch Festungen und Tempel zu sehen: Ranthambore, Nagaur, Tempel in Dilwara/Mount Abu, Osian, Jhalawar.

Zerstörung und Raub

Nach 1000 n. Chr. wurden aus gelegentlichen Angriffen Kriege und zugleich wiederkehrende Beutezüge, als *Mahmud von Ghazni* aus Afghanistan mit seinen Heeren quer durch Rajasthan bis nach Gujarat zog. Siebzehn Mal drang er (zwischen 1000 und 1026 n. Chr.) nach Indien vor. Er hatte es auf Tempel abgesehen und fühlte sich berechtigt, diese nicht nur zu entweihen und zu zerstören (wie das **Heiligtum von Mathura**, nördlich von Agra), sondern aus dem Land auch alles mitzunehmen, was ihm gefiel, besonders die Tempelschätze, Gold und Silber tonnenweise, wird berichtet, alles wurde in endlos langen Karawanen nach Ghazni abgeschleppt. Diesmal war die Übermacht so groß, dass Rajasthan und andere Regionen in der Umgebung gänzlich überrannt wurden. Nie wieder wurde die damals zerstörte Hindukultur so reich, wie sie zuvor war, wiederhergestellt. Sie wurde nach einer relativ kurzen Atempause mit weiteren muslimischen Eroberungen konfrontiert.

Der Islam kommt nach Indien

In der zweiten Hälfte des 12. Jh. zog *Mohammed von Ghori* – wieder aus Afghanistan – nach Indien, um zu erobern und gegen die (nach seiner Ansicht heidnischen) Hindus zu kämpfen. Der Widerstand der vielen kleineren Fürsten Rajasthans war nur zum Teil erfolgreich. *Mohammed von Ghori* besiegte 1192 mit seiner Armee aus zentralasiatischen Turkvölkern bei Delhi ein Rajputenheer. Er eroberte Delhi und schuf einen starken islamischen Stützpunkt im rajasthanischen Ajmer, das heute noch der wichtigste islamische Pilgerort in Indien ist (s. S. 182ff). Mit dem Sultanat (= Gebiet eines muslimischen Alleinherrschers) von Delhi (1206–1398) beginnt die mehr als ein halbes Jahrtausend währende muslimische Herrschaft in Indien. Der Islam eignete sich, anders als der Buddhismus, nicht zur Assimilierung in den Hindu-Glauben, die Gegensätze waren zu groß. Andererseits wurde im Lauf der Jahrhunderte nur ein kleiner Prozentsatz der indischen Bevölkerung islamisiert, eine überwiegende Mehrheit blieb immer hinduistisch, verlor ihre Identität nicht (s. S. 84).

Eroberung Delhis

Delhi, Hauptstadt des Sultanreichs

Die eiserne Säule aus dem Hindu-Reich der Guptas, von Delhis ersten Sultanen beim Qutb Minar aufgestellt

Das Sultanat von Delhi war eine Herrschaft der Intrigen und Palastmorde: Die überwiegende Zahl der Throninhaber starb eines gewaltsamen Todes. In der Hauptstadt Delhi entstanden Bauten, die bis heute Bewunderung erregen: zum Beispiel das **Qutb Minar** (ein Siegeszeichen) und die benachbarte **Quwwat-ul-Islam-Moschee**, später im 14. Jh. ein neues Delhi südlich des alten, die Stadt **Tughlaqabad**, die heute in eindrucksvollen Ruinen daliegt.

Hier die bemerkenswertesten Herrscher des Sultanats von Delhi: Schon *Mohammed von Ghoris* General und Nachfolger *Qutb-ud-din Aibak* wurde Gouverneur von Delhi und beherrschte die gesamte Gangesebene. Er, ein ehemaliger türkischer Sklave, gründete die erste der fünf Dynastien des Sultanats. Sein Gefolgsmann *Iltutmish* wurde Sultan von Delhi und regierte von dort aus, denn Vorstöße des Mongolenherrschers *Dschingis Khan* machten das Regieren von Zentralasien aus unmöglich.

1290–1320 herrschte die **Khilji Dynastie**. In ihrer Zeit ging die muslimische Regierungsgewalt von den türkischen Eroberern an indische

Die Ausgrabungen von Tughlaqabad, im Hintergrund das Grabmal des Bauherrn Ghiyas'du-Din Tughlaq

Muslime und ihre indischen Verbündeten über. *Ala-ud-din Khilji* erweiterte sein Herrschaftsgebiet entscheidend, außerdem zentralisierte er die Verwaltung zum Zweck der Kontrolle und rigorosen Steuererhebung. Die Zeit der Finanzierung des höfischen Luxuslebens durch kriegerische Raubzüge war vorbei, jetzt mussten die eigenen Untertanen bluten und das beherrschte Gebiet zum Zweck der Steuererhebung vergrößert werden.

Das Heer der Sultane verfügte über Tausende von Reitern und eine große Zahl von Kriegselefanten, kein Hindufürst konnte dem standhalten. Dass dem Sultan die zentrale Vorherrschaft dennoch nicht überall gelang, beweist die Entstehung eines kleinen Sultanats in Gujarat, wo sich seine Gouverneure selbstständig machten.

Liebe und Krieg

Die Herrschaftsansprüche des Sultans griffen auch nach den Fürstentümern Rajasthans. *Ala-ud-din* war es, der 1313 nach Angriff und Belagerung das Fort Chittorgarh zerstörte, die Stadt der Sisodia-Rajputen. Gemäß ihrem Ehrenkodex suchten die Rajputenkrieger den Tod in der Schlacht, während die Frauen kollektiven Selbstmord, *Jauhar*, begingen. Der Sage nach drehte sich alles um die wunderschöne Fürstin *Padmini*, die der Sultan begehrte (s. S. 381) und auf diese Weise natürlich nicht bekam. Er erreichte nicht mehr als nur eine formelle Oberhoheit über das Land der Rajputen.

Seit 1320 herrschte die **Tughlaq-Dynastie**, die mit räuberischen Kriegen weite Teile Indiens eroberte und sich im Süden des heutigen Delhis eine neue Hauptstadt erbaute. Einer ihrer Herrscher hatte allerdings die Idee, eine neue Hauptstadt läge günstiger in Zentral-Indien. *Ghiyas-ud-din Tughlaq* ließ mit brutaler Gewalt die ganze Bevölkerung Delhis weit in den Süden nach Daulatabad treiben (nahe Aurangabad, von Delhi etwa 1.000 km weit entfernt), meist zu Fuß. Nachdem ein großer Teil seiner verschleppten Untertanen elend gestorben war, gab er nach 17 Jahren den Plan auf.

Einfall der Mongolen

Danach erholte sich Delhi und wurde zeitweise nach einem neuen Herrscher und dessen neuerbauter Hauptstadt **Ferozabad** genannt. Aber nach dieser kurzen Erholungspause brach 1398 der Mongolenherrscher *Timur Lengk* über die bedauernswerte Stadt herein, massakrierte den Großteil der Menschen – schonte aber, wie es heißt, Architekten und Künstler, die dann in Samarkand für ihn bauen sollten. Wie so manche bluttriefenden Despoten war er ein Freund der aufwendigen Architektur!

Diese Episode hatte zur Folge, dass das Sultanat von Delhi seine Macht verlor, die nachfolgenden **Dynastien** der **Sayyids** und der **Lodi** im 15. Jh. regierten nur die Ganges-Ebene und den Punjab.

Wie reagierten die Rajputen-Staaten auf die muslimische Herrschaft? Historiker versichern: „...die Beziehungen zwischen den rajputischen und den muslimischen Herrschern bestanden nicht aus unveränderbarer Gegnerschaft...", offenbar entwickelten sie sich immer mehr weg von einer „Erbfeindschaft". Andererseits führten viele Rajputenfürsten im 15. und 16. Jh. mit ihresgleichen wiederholte Territorial- und Raubkriege mit wechselnden Bündnissen. Umso natürlicher wird es für sie gewesen sein, solche Bündnisse im 16. Jh. auch mit den Mogulherrschern einzugehen. Die Verheiratung von rajputischen Prinzessinnen an den Mogulhof nahm später nur eine Gewohnheit aus der Vor-Mogulzeit auf und erweiterte sie: Der berühmte Mogulsultan **Akbar** hatte mindestens drei Rajputen-Ehefrauen aus verschiedenen Clans und Rajputenherrscher als Freunde.

Der Glanz der Mogulzeit

Pracht und Unterdrückung

Die Moguln wurden wegen ihrer Abstammung so genannt, waren also mongolischer Herkunft. Aber ihre Förderung der Kunst, auch der Kunst indischer Tradition, des Kunsthandwerks und der Literatur – all das erinnert nicht mehr an die Wildheit und Zerstörungswut der Mongolen unter *Dschingis Khan* und *Timur Lengk*. Andererseits kamen auch sie nicht friedlich ins Land, sicherten ihren Herrschaftsanspruch oft mit Grausamkeit und pressten ihre indischen Untertanen bis aufs Blut aus, wenn sie die materiellen Mittel für ihre Prachtentfaltung brauchten. Auch verfolgten sie Rivalen aus ihren eigenen Familien mit Gift und Dolch. So mischt sich in unsere hohe Bewunderung Grauen und Trauer über ihre Taten.

Babur, der Gründer der Moguldynastie, wurde „der Tiger" genannt. Er kam mit dem Willen, Indien zu erobern, und mit dazu dienlichen modernen Waffen, nämlich Kanonen, aus Afghanistan. 1526 besiegte er den unglücklichen Lodi-Sultan *Ibrahim* und dessen Rajputen-Verbündete in **Panipat**, 80 km nördlich von Delhi. Schon er hatte eine Vorliebe für die schönen Künste. Seine Macht befestigte er, indem er seinen

Heerführern die Verfügung über eroberte Gebiete gab. Er starb schon 1530, und sein Sohn **Humayun** wurde sehr bald das Opfer besagter mächtiger Heerführer.

Arabische Schrift umrankt von Blütenschmuck hinduistischer Bildsprache: frühes Relief nahe dem Qutb Minar

Importiert: Luxus persischer Kultur

Ein gewisser **Sher Shah**, der dann *Humayuns* Burg **Purana Qila** in Delhi eroberte und weiterbaute, riss die Macht an sich, und *Humayun* floh nach Persien (Iran), was von großer Bedeutung für die weitere kulturelle Entwicklung wurde. Denn der persische Hof war ein Ort des Luxus: Gesang, Tanz, Malerei und Gartenkunst waren dort hoch entwickelt, und *Humayun* hatte hauptsächlich Interesse daran, Bücher zu studieren. Vom Geschick begünstigt konnte er einige Jahre später nach Delhi zurückkehren, denn *Sher Shah* war von dem Rajputenkönig von Marwar, *Maldeo*, besiegt worden. *Humayun* brachte persische Künstler mit an seinen Hof, starb aber schon ein Jahr später.

Zum Glück war sein Sohn **Akbar** immerhin schon 13 Jahre alt, als er 1556 den Thron erbte. Bereits mit 15 Jahren eroberte er Ajmer! Er schuf ein imperiales Reich, das von Afghanistan bis nach Bengalen und in die nördliche Dekkan-Ebene reichte. Er zerschlug die feudalen Strukturen, um ein zentralistisches, von nur einem Herrscher geführtes Reich zu gründen. *Akbar* sah, dass die religiösen Gegensätze der Einheit schadeten, darum versuchte er, Hinduismus und Islam zu vereinen. Er entwarf eine eigene Religion, die Züge der beiden Religionen enthalten sollte.

Junger Herrscher

Akbars Religions-Experiment

In **Fatehpur Sikri**, der neuen Residenzstadt, die *Akbar* östlich von Agra ab 1571 erbauen ließ, kann man noch heute den Palast bewundern, in dem *Akbar* sich von Vertretern der Hindus, der Muslims, der Juden und der Christen Vorträge halten ließ, auf einem Thron in ihrer Mitte sitzend. Die Einheitsreligion wurde nicht angenommen, dafür waren die Unterschiede und das Traditionsbewusstsein zu groß, aber die politische Einheit konnte *Akbar* erreichen. Er nahm gegenüber den indischen Fürsten, besonders den Rajputen, nicht die Rolle des grausamen Unterdrückers an, sondern betraute sie mit militärischen Aufgaben und schuf Vertrauen durch seine Heiratspolitik – von Rajputen-Prinzessinnen in seinem Harem war schon die Rede. Sie mussten nicht zum Islam übertreten.

Großmogul Akbar, der die Aussicht in die Ferne liebte: Panch Mahal in Fatehpur Sikri

Im Stil seines Hofes strebte *Akbar* an, Indisches und Persisches zu verschmelzen, in Architektur, Malerei, Literatur und Musik – so wurde der typische Mogulstil geschaffen und unter seinen Nachfolgern vervollkommnet. *Akbar*, auch *Akbar der Große* genannt, wechselte seine Hauptstadt: Je nach politischer Lage residierte er in Lahore (jetzt Pakistan) oder in Agra, nachdem er Fatehpur Sikri 1599 nicht weiterbauen konnte.

Akbar tat alles, um ein starkes Reich zusammenzuhalten. Mit den Rajputenfürsten versuchte er in gutem Einvernehmen zu stehen, sodass sie zwar Vasallen waren, aber in ihrem Stolz nicht verletzt wurden. Akbars Spuren finden wir im **Roten Fort** von Agra, in Ajmer, wo ein Palast und eine Moschee von ihm gebaut wurden, und natürlich in Fatehpur Sikri (s. S. 461), wo ihm einst ein weiser Sufi-Heiliger die Geburt eines lang ersehnten Sohnes vorhersagte. Dieser Heilige wird heute noch auch in Ajmer verehrt, Pilger, Hindus und Muslims, kommen in großer Zahl – auch das ist ein Vermächtnis *Akbars*.

Als er 1605 starb, hinterließ er seinem Nachfolger ein großes, wohl verwaltetes Land, ein System der militärischen Unterstützung des Sultanats durch die Hindufürsten, ein System der Besteuerung, das von einer Gefolgschaft von Verwaltern kontrolliert wurde, deren Rangordnung festgelegt war und deren lokale Amtspositionen ständig wechselten, um Korruption möglichst klein zu halten. Die Sondersteuern für Hindus waren abgeschafft.

Durchgangsland der Karawanen

Blühender Handel

Die fürstlichen Höfe Rajasthans lebten in kultivierter, den Künsten zugewandter Pracht. Der Handel blühte, Rajasthan wurde im ausgehenden 17., dann im 18. und 19. Jh. zu einem Karawanen-Durchgangsland. Kaufleute (*Marwaris*, nach dem Rajputen-Land Marwar) schafften die Reichtümer von der Küste der Arabischen See durch die Wüsten nach Zentralindien und wurden dadurch reich. Ihre *Havelis* in Rajasthan sind heute noch wegen ihrer kunsthandwerklichen Pracht bewundernswert (s. Shekhawati, S. 201ff).

Akbars Sohn, Prinz *Selim*, nahm als Sultan (1605–1628) den Namen *Jehangir* an (der „Welteroberer"). Alles, was er zu tun hatte, war, das Erreichte zu bewahren. Besonders an den Grenzen des Reiches war bewaffnete Wachsamkeit wichtig, und die

Udaipurs Insel Jag Mandir: Hier fand Prinz Khurram, der spätere Shah Jahan, Zuflucht vor seinem Vater Jehangir

„Rajputenpolitik", die Ausstattung der Rajputenfürsten mit Privilegien und ihre Bindung an die Mogulherrscher durch Heiratspolitik, wurde zum Wohle des Staates fortgesetzt.

Die Frau, die regierte: Nur Jahan

Jehangirs Lieblingsfrau **Nur Jahan** („Licht der Welt"), die Tochter eines persischen Adligen und Witwe eines bengalischen Herrschers, übte zeitweise die Regierungsmacht aus. Sie entschied mit Hilfe ihrer Familie über den Aufstieg oder Fall der Hofleute, ihrem Vater *Ghias Beg* erbaute sie ein kostbar ausgestattetes Grabmal in Agra, das **I'timad Daula**, das heute noch bewundert wird. *Jehangir*, der im Lauf der Jahre ganz dem Wohlleben verfallenen war, brauchte ihre Beratung und Aufmunterung, war er doch ein psychisch sehr schwacher Mensch. *Nur Jahan* versuchte seine Opiumsucht zu steuern. Es gelang ihr, doch den exzessiven Alkoholkonsum *Jehangirs* konnte sie nicht einschränken. Schließlich versuchte *Nur Jahan* vergeblich, die Nachfolge zu regeln: Prinz *Khurram*, der sich als Sultan *Shah Jahan* nannte (1628–1658, gestorben 1666), war nicht ihre Wahl.

Kampf gegen Drogensucht

Weil er das herrliche Marmor- und Intarsienkunstwerk **Taj Mahal** bauen ließ, ist *Shah Jahan* heute noch unvergessen. Besonders weil die Überlieferung um das Grabmal die rührende Geschichte seiner Liebe zu *Mumtaz Mahal*, der aufopfernden Gattin, erzählt. Es ist aber durchaus angebracht, außer der persönlichen Herz-Schmerz-

Geschichte auch politische und gesellschaftliche Realität zu beachten: Ein prunkvoller Bau war ein Zeichen des Machtanspruchs, er zentrierte die Aufmerksamkeit vieler auf den Herrscher und seine Dynastie.

Schweres Leben

Was **Mumtaz Mahal** anbetrifft, so dürfen romantisierende europäische Betrachter nicht außer Acht lassen, dass sie natürlich nicht die einzige Gemahlin des Sultans war (eine Beschränkung auf eine wäre als Zeichen der Schwäche ausgelegt worden) und dass sie bei aller Liebe ein schweres Leben hatte, als dauernde Begleiterin auf mühsamen Feldzügen, mit ebenso andauernden Schwangerschaften, deren letzte sie dann vorzeitig das Leben kostete.

Unter **Shah Jahan** erreichte der Aufwand des Hoflebens den Höhepunkt. Die Ausgaben für Architektur und Dekoration sprengten alle Vorstellungen, sogar von teuren Importen sah man nicht ab: Aus dem fernen Südamerika kamen über Europa Smaragde und Mengen von Silber, das als Münzgeld nötig war. Das gesamte Finanzsystem wurde durch diese Geldwirtschaft davon abhängig. Hinzu kamen wachsende militärische Anstrengungen, die lange Feldzüge in Richtung Afghanistan und in das Hochland des Dekkan nötig machten. Äußerlich blieben Zeremoniell und Aufwand erhalten – im Hintergrund aber war die Wirtschaft des Sultanreichs bald zerrüttet, Elend und Hunger herrschten, der Abgabendruck auf die Bauern wurde immer stärker. Es war abzusehen, dass es irgendwann zu gewaltsamen Auseinandersetzungen kommen würde, in die rajputische Herrscher mit verwickelt wurden, und in künftigen Jahrzehnten zur Schwächung des Mogul-Staates.

Aurangzeb: Tyrann auf dem Thron

Machtkampf der Söhne

1657 wurde *Shah Jahan* schwer krank. Ohne den Tod des Vaters abzuwarten, machten sich seine Söhne auf, die Thronfolge zu übernehmen. Einen, *Dara Shikoh*, hatte *Shah Jahan* zum Nachfolger bestimmt, ihn verdächtigten seine Brüder, den Tod des Vaters geheim zu halten. Drohend rückten sie mit ihren Armeen aus verschiedenen Gebieten, wo sie die Sultansmacht vertreten hatten, auf die Hauptstadt Agra vor. *Aurangzeb*, einer der Prinzen, bot dem Jüngsten der Brüder, *Murad*, Unterstützung an, falls dieser sich um den Thron bemühen wollte. So machte er sich *Murad* zum Verbündeten und verbarg, dass er selbst die Nachfolge anstrebte.

Shah Jahan aber starb noch nicht, sondern wollte seine verräterischen Söhne bekämpfen. Er begab sich nach Agra, wo er zusammen mit Prinz *Dara* und den herbeigerufenen Rajputenfürsten (unter ihnen *Jaswant Singh* von Marwar/Jodhpur und *Jai Singh* von Amber) Rat hielt. Die Fürsten kamen mit ihren Heeren *Shah Jahan* zu Hilfe, kämpften bei Varanasi und bei Ujjain (Madhya Pradesh). Die Schlacht gegen *Aurangzeb* und *Murad* ging für *Shah Jahan* verloren, die beiden abtrünnigen Prinzen rückten auf Agra vor und besiegten die Armee, die *Shah Jahan* und *Dara* noch geblieben war. *Aurangzeb* setzte 1658 seinen Vater *Shah Jahan* auf dem **Roten Fort** in Agra gefangen, bis zu dessen Tod 1666. Er verriet auch seinen Verbündeten *Murad*, den er lebenslänglich im Fort Gwalior (Madhya Pradesh) gefangen setzte.

Inzwischen unterstützten die wichtigsten Rajputenfürsten *Aurangzeb*. Prinz *Dara* wurde auf der Flucht nach Persien gefangen und 1659 hingerichtet. *Aurangzeb* räumte auch alle anderen aus dem Weg, die ihm die Thronfolge streitig machen konnten. Die Toten unbekannten Namens, die seine Thronfolgekriege kosteten, hat er wohl als Kollateralschaden betrachtet.

Galerie am Roten Fort in Agra

Es war nicht *Aurangzebs* Absicht, auf dem Thron des Sultans das süße Leben zu genießen. Im Gegenteil, offenbar grauste ihm vor der verschwenderischen Pracht des Hofs. Seine Anerkennung fanden höchstens die Festungsbauten seiner Vorväter.

Im Dekkan-Hochland hatte sich der Widerstand der **Marathen**, einer lokalen Herrscherfamilie, gegen das Mogulreich formiert, erfolgversprechend unter dem klugen und mutigen Anführer **Shivaji**, der noch heute als Kämpfer für indische Unabhängigkeit verehrt wird. Der Kampf gegen die Marathen band einen beträchtlichen Teil von *Aurangzebs* Kräften. Auch die militärische Hilfe der rajasthanischen Fürsten war wieder gefragt. Es gelang *Aurangzeb*, die Sultansherrschaft zu behaupten und sogar nach Süden ins heutige Maharashtra auszudehnen. Doch die Marathen gaben auch später im 18. Jh. noch keine Ruhe.

Despotische Herrschaft

Aurangzebs harte Hand in der Verwaltung seines Landes gewährleistete einerseits Stabilität, auch wirtschaftliche, andererseits forderte seine unsensible Behandlung der Hindus und anderer Religionsgemeinschaften den Widerstand heraus. Er war bigotter Muslim, ließ Tempel zerstören, um an ihre Stelle demonstrativ Moscheen zu bauen. Er führte die Sonderabgabe für Hindus, die sein Vorfahr *Akbar* abgeschafft hatte, wieder ein und löste damit eine Verarmung der Hindu-Landbevölkerung aus. Unklugerweise verfeindete er sich auch mit einigen rajasthanischen Fürsten, deren militärische Unterstützung er eigentlich dringend gebraucht hätte. *Aurangzebs* Regierungszeit war voll von Aufständen der Sikhs, Marathen, Jats und Rajputen. Sein persönlich bescheidenes Leben endete 1707. Er wollte keineswegs ein aufwendiges Mausoleum, sein Grab ist in Rauza bei Aurangabad zu besichtigen.

Nach *Aurangzebs* Tod gab es unter seinen Söhnen wieder Schlachten um die Thronfolge. In den folgenden 32 Jahren zeigte sich, dass das Mogulreich seine Kraft verloren hatte. Bei Hof lebte man noch in verfeinertem Luxus, dichtete und musizierte. Als 1739 aber der raffgierige persische Kaiser *Nadir Shah* über Delhi herfiel und in einem Beutezug Edelsteine (darunter den Kohinoor-Diamanten), viel Gold und den Pfauenthron nach Persien abtransportierte, dabei Delhi erheblich zerstörte und große Teile der Bevölkerung massakrierte, wurde die Wehrlosigkeit des Mogulreiches offenbar.

Abendszene auf dem Yamuna: Zu Mogulzeiten rahmten Gärten und Paläste Agras Fluss

Europäer haben den Fuß in der Tür

Beginnender Handel

Sie hatten natürlich nicht das Wüstenreich Rajasthan als erstes Ziel, die europäischen Mächte im späten 15. und im 16. Jh. Der Portugiese *Vasco da Gama* landete 1498 an der indischen Westküste. Die Portugiesen sicherten sich Küstenplätze durch Forts und eroberten Goa, auch Diu (1534) und Daman – der Handel mit teuren Gewürzen, Opium und Baumwolle lockte. Nach und nach taten Franzosen, Holländer, Dänen und besonders die Briten es den Portugiesen nach. Alle nutzten nach Möglichkeit Auseinandersetzungen zwischen indischen Fürsten zu eigener Machterweiterung aus. Die Portugiesen aus ihrem verhältnismäßig kleinen Stammland konnten da nicht mithalten. Die Briten hatten sich zuerst im südindischen Madras (Chennai) und in Calcutta (Kolkata) in Bengalen niedergelassen, erweiterten von dort aus ihre Interessensphäre, setzten sich an der nördlichen Westküste im Hafen Surat und später (1668) in Bombay fest und gewannen durch Handel großen Einfluss, auch bei den rajasthanischen Fürsten und Kaufleuten.

Das britische Kolonialreich entsteht

Nach *Aurangzebs* Tod verlor das Mogulreich zusehends an Macht, viele Gebiete wurden selbstständige kleine Staaten, die untereinander rivalisierten. Die britische **East India Company**, eine zwar privat organisierte, aber von der britischen Krone mit Handelsmonopol für Indien ausgestattete Gesellschaft, mischte sich in indische Auseinandersetzungen ein. Auch sie versprach einzelnen Fürsten, Militär als Schutz gegen andere Fürsten zu stellen. Als Gegenleistung hatten die Herrscher Geld an die Gesellschaft zu zahlen. Die britischen Truppen übten Druck allein schon durch ihre Anwesenheit in einem Gebiet aus, umso mehr, wenn die Zahlungen nicht pünktlich erfolgten. Diese Tribute schwächten die Stellung der Fürsten, und im 18. Jh. annektierte die britische East India Company ganze Regionen und brachte sie unter ihre direkte Herrschaft. Der Widerstand von indischer Seite war allerdings in einigen Regionen erfolgreich, den Briten machten besonders die Sikhs im Punjab und immer noch die Marathen große Schwierigkeiten.

Widerstand hinter Glas im „Museum des Unabhängigkeitskampfes“ im Roten Fort in Delhi

Inzwischen ging es mit Nordindien wirtschaftlich immer mehr bergab. Straßenräuberei machte sich breit bis vor die Mauern der Städte, Handel und Produktion lagen danieder. Die sich untereinander oft bekämpfenden indischen Fürsten konnten die Stabilität, die in der Blüte der Mogulzeit erreicht worden war, nicht wiederherstellen. Das gab den kolonialen Bestrebungen der Briten Auftrieb.

Sympathie für die Rajputen: James Tod (1782–1835)

info

Als Kadett der Bengal Army ging *James Tod* als 17-Jähriger nach Indien, nahm im Dienst der British East India Company an Kriegen gegen die Marathen in Rajasthan teil und wurde 1818 mit 36 Jahren zum Political Agent für den Westen Rajasthans ernannt. Political Agents brauchten diplomatische Fähigkeiten, da sie Streit zwischen den Rajputen-Fürstentümern schlichten und die Interessen der Briten durchsetzen sollten. *James Tod*, ein Orientalist, gelang das oft. Aber er tat mehr – in nur fünf Jahren, die ihm in Indien blieben. *Tods* Ziel war, bei den Briten Sympathie für die Völker Rajasthans zu gewinnen.

1823 zwang ihn seine schwindende Gesundheit jedoch zur Rückkehr nach Großbritannien, im Gepäck eine Fülle von Aufzeichnungen und Materialien. Daraus entstanden die „Annals & Antiquities of Rajasthan“, die umfangreichste und verlässlichste Darstellung der Rajputen-Dynastien in ihrer Geschichte bis zu *James Tods* Zeit, ein Werk von 1.200 engbedruckten Seiten. 1829 wurde es erstmals in London gedruckt, preisgünstig für Indienreisende als Paperback 1997 in Delhi, in zwei Bänden bei Rupa & Co, fünfte Auflage 2005.

Noch immer verehrt als Freiheitskämpferin: die Heldin der „Mutiny", die Rani von Jhansi

Die East India Company, ursprünglich eine profitorientierte Handelsgesellschaft – sie zog auch den Baumwollhandel zwischen Indien und Südostasien an sich –, avancierte zu einer politischen Ordnungsmacht, sie maßte sich die Rolle des Beschützens und Bestrafens an. Rasch stieg der Brite **Robert Clive**, anfangs nur ein Schreiber der East India Company, zum militärischen Führer auf. Als Vergeltung für einen Überfall des *Nawab von Bengalen* auf Calcutta, in dessen Verlauf britische Gefangene elend verstarben, besiegte *Clive* 1758 in der Schlacht bei Plassey nicht nur die Bengalen, sondern auch die Franzosen, die aus eigenen kolonialen Interessen – ihre Hauptstützpunkte lagen in Südindien, zum Beispiel in Pondicherry – gegen die Briten antraten.

Französisch-britische Gegensätze wurden weltweit, in Europa und Amerika und auch in Indien, ausgetragen, vermengt mit Kriegszügen der Briten gegen englandfeindliche lokale Fürsten, mit dem Erfolg, dass die Franzosen den Kürzeren zogen und die Briten ihre Macht in Indien ausbauten. Nun wurde nicht nur der Handelsprofit, sondern politische Vormacht das Ziel. Der Hang zum Gewinnstreben (auf Kosten der indischen Bevölkerung) blieb treibende Kraft und verlagerte sich allmählich, nicht ganz legal, von der politisch herrschenden Company auf private Kaufleute, die riesige Geldmengen ins englische Mutterland transferierten.

Beispiel Baumwolle

Folgen des Kolonialismus

Die indische Textilproduktion wurde zerschlagen, um den Rohstoff Baumwolle nach England zu exportieren, die fertigen Stoffe nach Indien zurück zu transportieren und teuer zu verkaufen. Eine indische industrielle Entwicklung wurde bis ins 20. Jh. hinein verhindert. Die Kolonialherrschaft störte das soziale Gleichgewicht, indem sie eine schmale Oberschicht (auch die Fürsten Rajasthans) nach britischen Regeln ausbildete und sie nach britischer, arroganter Meinung „zivilisierte", während eine riesige verarmte Menge im Elend blieb. Die traditionelle Bildung der indischen vorkolonialen Oberschicht wurde ausgehebelt, ebenso Maßstäbe indischer Rechtslehre.

Die Briten kontrollierten nicht nur die von ihnen annektierten Gebiete, sondern auch die formal selbstständigen Fürstentümer – meist in weniger reichen Gebieten, zu denen auch Rajasthan gehörte.

Widerstand 1857 und das Ende der East India Company

Wachsende wirtschaftliche Schwierigkeiten und Unmut über Neuerungen, die sich auf jahrhundertealte Traditionen auswirkten, führten schließlich zu den Ereignissen von 1857, die heute in Indien „Erster Unabhängigkeitskrieg" heißen, von den Briten aber „Aufstand", „*mutiny*", genannt wurden. Indische Soldaten der britischen Streitkräfte gerieten in Aufruhr. Das Gerücht kam auf, neue Patronen, deren Papierumhüllung mit den Zähnen abgerissen werden musste, seien mit einer Mischung aus Schweine- und Rinderfett eingehüllt. Sowohl muslimische als auch Hindu-Soldaten fühlten sich wegen ihrer jeweiligen religiösen Speisevorschriften aufs Äußerste gereizt. Es kam zu Ausbrüchen, Mord und Totschlag griffen um sich, britische Zivilpersonen, britische und indische Soldaten wurden hingemetzelt.

Streit um Patronen

Die Kämpfe dauerten von 1857 bis 1858, in Lucknow wurden die Familien der Briten monatelang in den überbelegten Gebäuden der Residenz belagert und bombardiert. Die Herrschaft der East India Company war bedroht und konnte gerade noch mit Hilfe königlich-britischer Truppen, die durch Sikh-Kämpfer verstärkt wurden, erhalten werden. Die britische Kolonialmacht nahm blutige Rache und tötete auch unbeteiligte indische Zivilisten in großer Zahl.

Nach 1857 war es mit der Mogulherrschaft endgültig zuende. Der letzte Herrscher in Delhi hatte sich unter dem Druck seiner Situation den Aufständischen angeschlossen und beschloss sein Leben in Gefangenschaft, große Teile von Delhis Bevölkerung wurden hingerichtet. Der East India Company wurde von der britischen Regierung in London die Kontrolle über Indien aus der Hand genommen. Ein Vizekönig, mit britischen Heeresverbänden im Rücken, verwaltete nun Indien straff und zentral von Calcutta aus. Von 1888 an nannte sich die britische Königin *Victoria* „**Empress of India**".

Rajasthan war zwar von den Kämpfen 1857 wenig berührt, die Folgen des Wandels bekam es aber auch zu spüren.

Die Sonderstellung der Maharajas

Die lokalen Fürsten in Rajasthan, die Maharajas, unterstanden britischer Oberhoheit. Seit dem 18. Jh. waren mit politisch-militärischem Druck und Schutzversprechungen (bei Angriffen anderer indischer Fürsten) Einzelverträge geschlossen worden. Jedem Maharaja war ein britischer „Resident" beigegeben worden, unter dessen Aufsicht jegliche politische Maßnahme stand. Zu äußeren eigenständigen diplomatischen Aktivitäten waren die Fürsten ohnehin nicht befugt. Außerdem gab es noch in jeder Hauptstadt eine britische Garnison mit britischen Offizieren und teils britischen, teils indischen Soldaten, die den nötigen Nachdruck gewährleisteten.

Fürsten unter Aufsicht

Natürlich war es im 19. Jh. auch für die Inder ein Vorteil, dass die Kolonialmacht für innere Sicherheit sorgte. Während des Niedergangs der Mogulherrschaft hatte sich

Empfangshalle im Raj Niwas Palace in Dholpur, heute Heritage-Hotel

Räuber-Unwesen ausgebreitet, das von den Briten jetzt bekämpft wurde. Ebenso dienten technische Entwicklungen nach 1830, wie der Bau von Eisenbahnen, von Straßen und Kanälen, auch den Indern, aber die Hauptgewinne daraus und die gewaltigen, mit straffem System eingetriebenen Steuern flossen in britische Kassen und zum Teil auch in die der Maharajas. Der unvorstellbare Luxus einiger Höfe, der die Maharajas ohnehin schon von der Masse der Bevölkerung abhob, konnte so erhalten, noch ausgedehnt und modisch ans britische Vorbild angeglichen werden.

Die Maharajas und der britische Raj

Neue Rangordnung

Die Regierung des **British Raj** (Raj bedeutet Oberherrschaft) beließ die Maharajas Rajasthans in ihrer politisch untergeordneten Rolle. Die Kolonialmacht verlieh den Maharajas eine strikte Rangordnung, nach der etwa die Zahl der Salutschüsse für den Fürsten festgelegt war. Sie kam damit den Rangstreitigkeiten unter den Fürsten entgegen, die lange damit zu tun hatten, die Positionen untereinander zu sichern. In Rajasthan, das man damals Rajputana nannte, gab es 19 wichtigere Fürstenstaaten und unzählige kleine Hoheitsgebiete.

Das Auftreten der Maharajas war pompös. Ihre Paläste wurden im 19. Jh. mit kostbaren Materialien erweitert oder neu errichtet. Es gab aufwendige zeremoniöse Treffen mit ihresgleichen, auf alten Gruppenfotografien sieht man häufig zwischen den Fürsten in ihrem schweren Edelstein-Schmuck und seidenen Gewändern den viel schlichter gekleideten britischen Residenten, oft mit Ehefrau im Rüschenkleid, abgebildet. Die Hochzeitsfeiern der Fürstenfamilien waren märchenhaft und die Jagdgesellschaften mit Elefanten und zahlreichen Teilnehmern, auch mit europäischen Gästen, glanzvoll. Sie bewirkten, da sie oft stattfanden, fast die Ausrottung des indischen Tigers. Noch heute sieht man die Trophäen in den Palästen, die in unseren Tagen mehr und mehr zu **Heritage Hotels** umgewandelt wurden und werden.

Im 19. Jh. schafften sich einige Fürsten großartige Salonwagen der Eisenbahn an. Schließlich hatten sie dafür gesorgt, dass das von den Briten aus ökonomischen und militärischen Motiven eingerichtete Eisenbahnnetz auf ihre Fürstenstaaten ausgedehnt wurde. Im 20. Jh. besaßen manche schon eigene Flugzeuge. Meist waren die Fürsten in jungen Jahren auf britischen Internatsschulen erzogen worden, oft vermittelten gebildete und vernünftige, englische Lehrer ihnen ein Weltbild, das nicht nur vom Imperialismus bestimmt war. Gerade darum erwiesen sich einige der Fürsten Rajasthans als fortschrittliche, fähige Herrscher, die in den ihnen gestatteten Grenzen auch etwas für ihr Volk tun wollten. So war **Maharaja Ganga Singh** von Bikaner bemüht, seinen trockenen Wüstenstaat mit Wasser aus dem Norden zu versorgen. In einigen Staaten gab es Bemühungen um die Schulbildung der Kinder aus benachteiligten Kasten.

Fortschritt in Kultur und Technik

Streben nach Unabhängigkeit

Die Briten schufen Positionen im indischen Verwaltungsapparat nach und nach auch für Mitglieder der nichtadeligen indischen Oberschicht, die an britischen Schulen und Hochschulen ausgebildet wurden. Die Bekanntschaft mit britischem Recht und britischer Demokratie erweckte gerade in dieser indischen Oberschicht den Wunsch nach Selbstbestimmung und politischen Rechten und die Kritik an den Auswüchsen des Kolonialismus.

1885 wurde mit britischer Duldung die Partei des Indian National Congress gegründet, der sich vornahm, die Macht in indische Hände zu übertragen. Die Meinungen über das Vorgehen waren geteilt.

Nach einer unzureichenden Verfassungsreform unter britischer Verwaltung, die den auf britischer Seite vielleicht beabsichtigten Fehler machte, nach Volksgruppen geteilte Wählerschaften zu erlauben, entstand von vorneherein die Spaltung in muslimische und hinduistische Kräfte. Außerdem gab es die Gruppierungen, die in einem Freiheitskampf Gewaltanwendung wollten, und jene, die allmählichen Übergang der Macht in indische Hände und schrittweise Demokratisierung befürworteten. Im **Ersten Weltkrieg** blieben die Inder loyal auf britischer Seite, eine sehr große Zahl indischer Soldaten starb auf Schlachtfeldern Europas. Die indische Hoffnung auf Erfüllung britischer Zusagen über weitere Schritte zur Selbstverwaltung trog jedoch. Nach dem Krieg wurde das autoritäre Kriegsrecht beibehalten, ein britischer Offizier richtete in Amritsar im Punjab ein Massaker unter friedlich demonstrierenden Zivilisten an.

Trügerische Hoffnungen

Gandhi geht voran – sein Denkmal in New Delhi zeigt ihn als Anführer auf dem mühsamen Weg zur Freiheit

Gandhi, der in der Tagespolitik als zurückhaltender, spiritueller Führer auftrat, rief daraufhin zum gewaltlosen Wahlboykott auf, der dann allerdings gegen seinen Willen gewaltsam endete. *Gandhi* (s. S. 35f) wurde inhaftiert, mit ihm immer wieder auch andere Repräsentanten der Unabhängigkeitsbewegung, die wie *Jawaharlal Nehru* in der Congress-Partei zusammengekommen waren.

Verhaltener Widerstand

Auch im **Zweiten Weltkrieg** verhielt sich der Congress, der sich 1936 in den ersten gesamtindischen Wahlen gegen lokale Gruppierungen erfolgreich behauptet hatte, gegenüber Großbritannien überwiegend loyal. Nur einzelne, zum gewaltsamen Widerstand bereite Führer, wie der heute noch angesehene *Subhas Chandra Bose*, verhandelten mit den Achsenmächten Deutschland und Japan. Viele Inder fürchteten, von den Japanern, die mit starken Truppen bereits an der bengalischen Grenze standen, erobert zu werden, und hielten sich mit ihrem Widerstand während des Krieges zurück.

Als aber der Zweite Weltkrieg vorüber war, wurden alle Strömungen der Unabhängigkeitsbewegung wieder aktiv. In Calcutta forderte der ehrgeizige Führer der Muslims, *Ali Jinnah*, aus Furcht vor der Dominanz der Hindus einen eigenen muslimischen Staat. Es gab schwere Ausschreitungen und Pogrome. Schließlich schien die Teilung Indiens unumgänglich.

Die wirtschaftlich vom Krieg sehr geschwächten Briten fürchteten, dass Chaos ausbrechen würde, und entschlossen sich, Indien so schnell wie möglich staatliche Unabhängigkeit – **independence** – zu gewähren. Die Regierung in London beauftragte einen neuen Vizekönig, **Lord Mountbatten**, der als Unabhängigkeitstag den 15. August 1947 festsetzte. Bis dahin wurden in aller Hast Grenzen gezogen zu den von muslimischen Mehrheiten bewohnten Gebieten Pakistan im Westen und Bangladesh (der östliche Teil Bengalens), das nun Ostpakistan genannt wurde. Beiderseits dieser Grenzen und an den Brennpunkten Calcutta und Delhi wurden grauenvolle Massenmorde an Zivilisten begangen, die der jeweils vorherrschenden Volksgruppe zum Opfer fielen. Flüchtlingsströme durchzogen Nordindien.

Mohandas Karamchand Gandhi, genannt Mahatma

info

Die ihn **Mahatma** nannten, „die große Seele", wollten damit ihre Verehrung ausdrücken. Sein Ziel war, aus dem in viele Gruppen, Kleinstaaten, Religionen und Sprachen zerrissenen Indien einen Nationalstaat zu machen. Aber nicht einen des Säbelrasselns, sondern einen Staat der moralischen Reform.

Gandhi entstammte einer Händlerkaste in Gujarat, aus der gehobenen, sehr traditionellen Mittelklasse (geb. 1869). Er studierte Jura in London, wurde auf der Suche nach einem Broterwerb Rechtsanwalt in Südafrika, wo er bis zu seinem 46. Lebensjahr blieb. Dort fing er an, gegen rassische Diskriminierung – am eigenen Leibe erfahren – zu kämpfen, durch passiven Widerstand und gewaltfrei. *Satyagraha* nannte er das, „Festhalten an der Wahrheit". Er beschloss bereits in Südafrika, nicht mit der Kolonialmacht in Indien zusammenzuarbeiten. Als er 1915 aus Afrika nach Indien zurückkehrte, war er durch seine publizistische Aktivität dort schon bekannt.

Gandhi wollte die Spaltung zwischen Gemäßigten und Extremisten in der Partei des Indian National Congress, die für die Unabhängigkeit Indiens kämpfte, überbrücken. 1920 übernahm er die Führung des Indian National Congress, den er zu straffem Zusammenhalt brachte. Seine Bemühungen, gewaltlosen Widerstand mit Boykottmaßnahmen und Verweigerungen zu leisten, fanden viel Unterstützung im Volk. *Gandhi* nahm Kontakt mit muslimischen Führern auf, um auch sie für das Programm der Nicht-Zusammenarbeit mit der Kolonialverwaltung zu gewinnen. 1921/22 organisierte er eine Massenbewegung zum Protest gegen das Ausbleiben von Reformen in der britischen Kolonie Indien. *Gandhi* brach diese Aktion aber ab, als in einem Dorf Polizisten verbrannt wurden – die Gewalt lehnte er ab. *Gandhi* wurde trotzdem von den Briten ins Gefängnis gesteckt, verurteilt zu sechs Jahren, entlassen nach zwei Jahren.

1930 unternahm *Gandhi* den berühmten **Salzmarsch**. Um gegen das Salzmonopol der britischen Verwaltung zu demonstrieren, marschierte er mit seinen Getreuen von Ahmedabad an die Küste. Zum Zeichen ihres Ungehorsams lasen sie dort Salz am Ufer auf. Der öffentliche Erfolg war enorm. 1931 nahm *Gandhi* als einziger Vertreter des Congress an einer Konferenz in London teil, nachdem ihm der Vizekönig die Gleichberechtigung am Verhandlungstisch zugesagt hatte. *Gandhi* setzte den Boykott des Salzmonopols daraufhin aus. Er ging nach London, um die Forderungen der Inder vorzutragen. *Churchill* schimpfte, nannte ihn

info

einen „**aufrührerischen halbnackten Fakir**", der mit dem Vertreter des Königs nun am gleichen Tisch saß – typisch für die Arroganz herrschender Schichten in England den Indern gegenüber.

Gandhi ist berühmt geworden durch viele Aktivitäten. So propagierte er das Spinnen und Weben mit Baumwolle aus indischen Ernten, um keine aus England importierten Stoffe kaufen zu müssen. Auch er selbst spann sein tägliches Pensum, in seinem *Ashram* in Ahmedabad ist sein Rad noch zu sehen. *Gandhi* wollte mit seinem eigenen Beispiel die Diskriminierung der Kastenlosen bekämpfen. Demonstrativ übernahm er in seinem *Ashram* „unreine" Arbeiten wie das Reinigen der Toiletten, die man gewöhnlich den Kastenlosen zuwies. Die Kastenlosen sollten nicht mehr *„Parias"* oder „Unberührbare" genannt werden, sondern *Harijans*, „Kinder Gottes".

Seine visionären Vorstellungen ließen sich nicht in die von Gewalt geprägte Politik umsetzen. Entsetzt über den Ausbruch von mörderischen Aufständen während der Teilung Indiens 1947 versuchte *Gandhi*, das Massakrieren durch sein demonstratives Fasten zu stoppen – bis zum Tode, wie er ankündigte. Einige Male konnte er blutige Ausschreitungen beenden.

Gandhi war ein entschiedener Gegner der Abspaltung Pakistans, doch der Lauf der Ereignisse 1947 ging über ihn hinweg. Nach dem Zeitpunkt der Unabhängigkeit hoffte er immer noch auf eine Beruhigung der Lage, fand versöhnliche Worte und wollte auch einen angemessenen Anteil des indischen Staatsvermögens an Pakistan überwiesen wissen. Das alles brachte die Fanatiker unter den Hindus gegen ihn auf. Einer von ihnen erschoss ihn am 30. Januar 1948, als er gerade sein Gebet am **Raj Ghat** in Delhi nahe dem Yamuna-Ufer beendet hatte.

Sein Leben war ein Streben nach den Idealen von Toleranz und Gewaltlosigkeit, von denen die Welt bis heute noch immer so weit entfernt ist. Auch in Indien folgt nur eine kleine Minderheit seinem Beispiel.

Die Maharajas sind noch da!

Demokratisierung

Mit der Unabhängigkeit brachen auch in Rajputana Veränderungen an. Indien sollte eine demokratische Republik werden, selbstständige Fürsten waren nicht vorgesehen. Die Maharajas traten unter dem Druck der Situation ihre bisherigen Vollmachten in mehreren Übergangsstufen an die neue Zentralregierung ab, einer nach dem anderen im Lauf von einigen Jahren. Zunächst schlossen sich jeweils einige Fürstenstaaten zu fünf kleineren Einheiten unter fürstlichen Gouverneuren (*rajpramukhs*) zusammen – damals wurden dem Maharana von Mewar und dem Maharaja von Jaipur diese Titel auf Lebenszeit zugesagt –, dann wurde aus diesen kleineren Einheiten von 1949 an der Staat Rajasthan gebildet, mit gewählter Regierung. Am 1. November 1949 gingen die Fürstentümer des ehemaligen Rajputana im Bundesstaat Rajasthan der Indischen Union auf.

Seit den 1950er Jahren verwandelten sich mehr und mehr Maharajapaläste in Heritage-Hotels, wie hier in Udaipur

Einige Maharajas stellten sich als Politiker zur Wahl, mit Erfolg. Ihre Titel sollten sie weiter tragen dürfen. Die Rajpramukh-Titel allerdings erloschen lange vor dem Ableben ihrer Träger.
Zunächst gewährte die Regierung in Delhi den wichtigsten Fürsten noch hohe Bezüge, wohl auch darum, weil sie mit ihrer Autorität Ordnung in ihren Ländern gesichert hatten. Mehrere Fürsten hatten 1948 Ausschreitungen zwischen Muslimen und Hindus in ihren Städten verhindert.

Mit unterschiedlichem Geschick versuchten die Fürsten, den eigenen Besitz zu erhalten und zu ordnen. Doch 1970 nahm ihnen *Indira Gandhi* (s. S. 39) ihre jährlichen Apanagen. Einige Fürsten hatten sich bereits in der Wirtschaft oder in der Politik engagiert, viele entdeckten nach anfänglichem Zögern den Tourismus als Einnahmequelle: Sie gestalteten ihre Paläste in Hotels um, Heritage Hotels. Andere brachten Vermögen in wohltätige Stiftungen ein. Dass sie 1971 auch ihre Titel offiziell verloren haben, fällt im täglichen Leben meist nicht auf: In ihren ehemaligen Ländern werden sie meist hoch respektiert und noch immer voll Respekt als Maharajas tituliert, aus Untertanen sind Fans geworden.

Neuorientierung der Fürsten

Rajasthan hat, wie alle indischen Bundesstaaten, eine gewählte Volksvertretung, einen Chief Minister und ein „*governor*“ genanntes, offizielles Staatsoberhaupt, das der Zentralregierung in New Delhi untersteht. Die Hauptstadt Rajasthans ist Jaipur.

Seit 1947 wehen über dem Roten Fort die Farben der indischen Demokratie

Das größte demokratische Staatsgebilde

Die indische Verfassung, die eine laizistische (religionsneutrale), föderalistische und parlamentarische ist, hat ihre Vorstufe schon in der Kolonialzeit, als 1935 die bundesstaatliche Form und Regierungsbildung durch indische Parteien eingeführt wurde. Dem ersten Premierminister **Jawaharlal Nehru**, der als Führer des Indian National Congress das Amt von 1946 bis zu seinem Tod 1964 innehatte, ist es zu verdanken, dass sich die Demokratie stabil und den politischen Gegebenheiten entsprechend einlebte. *Nehru* war durch langjährige Ausbildung in England von der demokratischen Staatsform überzeugt worden.

Probleme der jungen Demokratie

Doch es kommt dem Betrachter wie ein Wunder vor, dass dieser Staat zu seiner demokratischen Form fand und an ihr festhielt, bedenkt man die immensen Schwierigkeiten des Anfangs. Da waren die Teilung des alten Indiens und ihre äußerst blutige Spur, die Kriege mit Pakistan, die alsbald begannen, die tiefen Wunden der Auseinandersetzung, die wirtschaftliche Misere – der Zweite Weltkrieg war ja erst kurz zuvor beendet –, die Konfrontation mit China, die Zerrissenheit in viele Einzelstaaten, deren endgültige Form jeweils noch gefunden werden musste und das Fehlen einer einheitlichen Sprache – bis heute fand sich als Lösung nur das Englisch der früheren Kolonialmacht. 1947 gab im Ausland kaum einer dem neuen Staat Hoffnung auf längeres Bestehen.

Nehru regierte mit der Partei des Indian National Congress, die eine beständige Mehrheit besaß. Indien führte wegen der Hoheit über Kaschmir Krieg gegen Pakistan. Wegen der Zuflucht des *Dalai Lama* in Dharamsala und einem Grenzstreit hatte Indien einem Überfall Chinas standzuhalten. *Nehru* war Wortführer der bündnisfreien Staaten, die zwischen den Fronten des Kalten Krieges USA/UDSSR standen. Der Angriff Chinas traf ihn unvorbereitet.

Die Dame mit der starken Hand

Einige Jahre nach seinem Tod 1964 kam *Nehrus* Tochter *Indira Gandhi* (nicht verwandt mit *Mahatma*) 1966 an die Macht. Sie kontrollierte die Wirtschaft und hatte Ideen von sozialer Gleichheit. Ein neuer blutiger Krieg zwischen Pakistan im Westen und dem dazugehörigen Ostpakistan an der bengalischen Grenze wurde durch das Eingreifen der indischen Armee 1971 beendet. Seither gehört Bangladesh politisch nicht mehr zu Pakistan. Indien trumpfte 1974 mit seinem ersten Atombombenversuch auf.

Kontrolle und Unterdrückung

Doch die inneren Schwierigkeiten – so die terroristischen Bewegungen der ultralinken Naxaliten, die mit Waffengewalt für die kastenlosen Schichten eintraten – ließen *Indira Gandhi* zur Notstandslösung greifen, die zeitweise das Regieren ohne Parlament ermöglichte. Sie glaubte, unangefochten Pressefreiheit, oppositionelle Gruppen und Streiks unterdrücken zu können. Zur Regelung des großen Bevölkerungswachstums förderte sie zwangsweise Massen-Sterilisierungen. Und nach alledem erwartete sie noch, in einer anberaumten Neuwahl gewinnen zu können! 1977 musste sie abtreten.

Doch die nächste Regierung war nicht stabil, und 1980 war *Indira Gandhi* mit ihrer reformierten National Congress-I-Partei wieder an der Macht. Neue Unruhe entstand durch Terror und die separatistische Bewegung Akali Dal im Punjab. *Indira* antwortete 1983 mit Gewalt: Sie ließ Panzer zum Goldenen Tempel in Amritsar vorrücken und Teile des Sikh-Heiligtums, das von den Anführern der separatistischen Gruppe besetzt war, beschießen. Sie hatte nun den ganzen Zorn auch der gemäßigten Sikhs gegen sich. In der Armee, in der viele Sikhs dienten, gärte es. Selbst *Indiras* Leibwächter waren Sikhs. Einer von ihnen erschoss sie 1984. Ihr Tod entsetzte die Nation, *Indira Gandhi* wurde wieder gepriesen und nachträglich bejubelt. Schrecklicherweise begannen in Delhi und anderwärts blutige Massaker an völlig unbeteiligten dort ansässigen Sikhs.

Der Wille zum Aufschwung

Tödliches Attentat

Indira Gandhis Sohn *Rajiv* wurde ihr Nachfolger, ein Mann, der das moderne Indien anstrebte, aber nicht wusste, wie es zu gestalten war. Er verlor sein Leben 1991 durch ein Attentat der Tamil Tigers (tamilische Widerstandsgruppe) während einer Wahlveranstaltung, weil er indische Truppen nach Sri Lanka schicken wollte, die dort als Friedenstruppen zur Schlichtung der Kämpfe zwischen Tamilen und den sie beherrschenden Singhalesen wirken sollten.

Krise des indischen Staates 1983: Separatismus, Erstürmung des Sikh-Heiligtums in Amritsar, Ermordung Indira Gandhis

Als in einer Finanzkrise 1991 die Wirtschaft Indiens bedrohlich gefährdet war, beschlossen der Premierminister *Narasimha Rao* und sein Finanzminister *Manmohan Singh* eine völlig neue Orientierung der indischen Wirtschaft, weg von der Protektion mit sozialistischem Einschlag, hin zur – kontrollierten – Öffnung für ausländische Investoren. Bald war der „*wind of change*“ fühlbar, Geld floss ins Land, elektronische Güter wurden erst importiert, dann selbst hergestellt, die Wirtschaft liberalisierte sich, vor allem gab es eine Bildungsoffensive. Das weitverbreitete technische und mathematische Talent der indischen Bevölkerung kam zur Geltung, die Computerindustrie floriert seither. Es ist in den seither vergangenen Jahren eine zahlungskräftige, Hunderte von Millionen zählende indische Mittelschicht entstanden.

Bleibende Probleme

Doch es bleibt unendlich viel zu tun, um die gewaltigen Unterschiede zwischen Arm und Reich zu verringern, um das Elend der Megastädte abzuschaffen, das Problem der Überbevölkerung zu bewältigen und zum wirtschaftlichen auch den sozialen Fortschritt zu fördern. Die Hoffnung: In Indien steckt mehr kreative Kraft, als man im Westen glaubt.

In Rajasthan macht der Fortschritt vielleicht nicht so große Schritte wie in anderen Teilen Indiens in den großen Städten. Aber auch am Rande der Wüste beobachtet man, wie sich die Wirtschaft verändert. Immer mehr trockenes Land wird bewässert und der Landwirtschaft nutzbar gemacht, der zunehmende Tourismus sorgt für wachsende Verdienstmöglichkeiten.

Nationalismus und Konfrontation

Angesichts der Liberalisierung der Wirtschaft erwachten die Kräfte derer, die sich benachteiligt fühlten, zugleich gab es vermeintliche Rückbesinnung auf alte Traditionen. Streit zwischen religiösen Gruppen führte zu lokaler Gewalt: Hindus rissen im nordindischen Ajodhya eine über 200 Jahre alte Moschee ein, da sie auf einem legendär verehrten Platz der Hindus gebaut war. Die politische Hindu-Organisation BJP (wörtlich: Indische Volkspartei) gewann die Wahlen 1998 vor dem Hintergrund allgemeiner Unzufriedenheit mit dem schon so lange regierenden Congress. Der gemäßigte *Atal Behari Vajpayee* wurde Ministerpräsident einer Koalition. Er regierte bis 2004, als er zu seiner gründlichen Überraschung die Wahlen verlor. Er hatte unter der Parole „**India Shining**" nur den wirtschaftlichen Aufschwung der Mittelschicht angesprochen, aber die tiefe Enttäuschung der Masse von immer noch Armen unterschätzt. Der Congress wurde wieder führende Partei, unter hohem Erfolgsdruck, auch außenpolitisch, etwa im Verhältnis zu Pakistan in der Kaschmir-Frage. Ministerpräsident wurde *Manmohan Singh*, der in den 1990ern so erfolgreich als Finanzminister gewirkt hatte.

Allgemeine Unzufriedenheit

Innenpolitisch soll die Bildungsoffensive fortgesetzt, vor allem auch in Indiens rund 500.000 Dörfern auf die Verbesserung der allgemeinen Grundschulbildung ausgedehnt werden.
Außenpolitisch kam ein Atomvertrag mit den USA zustande, der von der indischen Regierung auch wegen der atomaren Aufrüstung Pakistans dringend gewünscht wurde. Ein Wettlauf mit der wirtschaftlichen Großmacht China, mit der Indien vorsichtig-freundliche Beziehungen pflegt (in der Tibetfrage will man keine Konfrontation), hat begonnen. Das Verhältnis zu China ist – mit höflicher Distanz – verbessert.

Wirtschaftlich befindet sich Indien weiterhin in starkem Aufwärtstrend, trotz der globalen Finanzkrise 2008/2009. Die Wachstumsraten der indischen Wirtschaft setzen die Welt in Erstaunen. Mit der rasanten wirtschaftlichen Entwicklung wächst auch der politische Einfluss Indiens weltweit.

Indien im Aufbruch: Turban und Handy

Zeittafel

Um 20.000 v. Chr.	**Höhlenmalereien** in der Hadaoti-Region in Südost-Rajasthan.
Um 3.000 v. Chr.	Funde (Schmuck, Keramik) bezeugen Siedlungen im Gebiet des heutigen Kalibangan/Ganganagar (im Norden Rajasthans).
2.400 bis 1.750 v. Chr.	Die **Industal** (**Harappa**)-**Kultur**, eine bronzezeitliche Ackerbau- und Stadtkultur, entwickelt sich, strahlt aus ins nördliche Rajasthan, bis in die Gegend von **Kalibangan**.
Um 1.500 v. Chr.	Einwanderung der sog. **Aryer**, eines Krieger- und Hirtenvolks, beginnt vom Norden über Afghanistan. Sie sprechen eine indo europäische Sprache (**Sanskrit**), haben heilige Schriften, die **Veden**, nach denen man das folgende Zeitalter das Vedische nennt. Grundlagen des Kastensystems werden etabliert.
Um 1.000 v.Chr.	Das System der „Kasten" entsteht (*s. S. 70ff*).
Um 500 v. Chr.	Entstehung des **Buddhismus** und des **Jainismus** (*s. S. 77ff*) in der Gangesebene.
326 v. Chr.	Der griechisch-mazedonische König **Alexander der Große** dringt von Europa her über Persien bis zu den Flüssen **Indus** und **Beas** vor, muss seine Truppen aber zurückziehen.
321 v. Chr.–185 n. Chr.	**Maurya-Dynastie**. König *Chandragupta* herrscht über ein indisches Großreich.
268–233 v. Chr.	**Herrschaft Kaiser Ashokas**. Er tritt 262 v. Chr. zum Buddhismus über. Hochentwickelte Kultur, politische Stabilität, „Goldenes Zeitalter".
319–467 n. Chr.	Die **Gupta-Dynastie**, beherrscht von Varanasi aus Nordindien. Blüte von Kunst und Handel. Beginn der indischen Kultur – Übertragung auf Südostasien durch Einwanderung, nicht durch Eroberung.
5. Jh. n. Chr.	Von Norden fallen Hunnen ein, das Staatsgefüge wird unstabil. Lokale Fürsten streiten um Vorherrschaft. Durch Eingreifen kriegerischer Fürsten mit ihren Gefolgsleuten wird örtlich Ruhe hergestellt: Erste **Rajputen**-Familien kommen in Rajasthan zur Macht.
6.–7. Jh.	Die Rajputen sind da! Der Name bedeutet: „Söhne der Könige". Die Rajputen wandern aus den benachbarten Regionen Punjab, Gujarat und Uttar Pradesh in Rajasthan ein. Sie gründen unabhängige Fürstentümer, oft indem sie die Ureinwohner (**Bhils**, **Minas**) dominieren. Ihre Herkunft führen sie selbst auf Sonne, Mond oder Feuer zurück.
713	Die zum Islam bekehrten **Araber** stoßen bis ins Mündungsgebiet des Indus vor, stehen also an den Grenzen Rajasthans. Sie dringen noch nicht in das Land der Rajputenfürsten ein.
8. Jh.	Gründung des **Mewar-Reichs** mit der Hauptstadt **Chittorgarh**.
10.–13. Jh.	Karawanenwege durch die Wüste Thar und andere Rajasthan-Gebiete führen durch bezeugte Orte: Pali, Jalore, Barmer, Lodurva, Ahar (bei Udaipur). Handelsbeziehungen bis nach Kaschmir, Zentralasien, China, Iran, Irak, Arabien, Afrika.

1000–1017 Der Führer **Mahmud-e-Ghazni** („Schwert des Islam") aus dem von islamischen Türken eroberten Afghanistan sucht in 17 Kriegszügen Indien heim, besonders Rajasthan, zerstört Tempel und führt alles, was er an Kostbarkeiten plündern kann, nach Afghanistan. Die rajputischen **Pratiharas** versuchen zusammen mit anderen Fürsten vergeblich, ihn zu besiegen.

1192 Niederlage eines Rajputenheeres in Tarain bei Delhi gegen **Mohammed von Ghori**, der Raubzüge in Rajasthan verübt. Er erobert Delhi, Ajmer und sogar Varanasi, zieht sich aber wieder nach Afghanistan zurück, nachdem er einen Statthalter, *Aibak*, in Delhi eingesetzt hat. *Aibak* macht sich schließlich zum Herrscher von Delhi (1206). Da er als Abhängiger *Mohammed von Ghoris* nach Delhi gekommen ist, nennt man seine Dynastie die „**Sklavendynastie**".

1206–1388 Mit *Aibaks* Nachfolger *Qutb-ud-Din* beginnt das **Sultanat von Delhi**, zugleich die Islamisierung Nordindiens. Die Regierungsgewalt über Randgebiete wie Rajasthan kann das Sultanat in dieser Epoche nur zeitlich und räumlich begrenzt ausüben. In **Rajasthan herrschen Rajputenfürsten**, neben kriegerischen gibt es zahlreiche politische und soziale Interaktionen zwischen den Hindu-Fürsten und dem muslimischen Sultanat.

1212 Gründung der **Marwar-Dynastie**.

1290–1320 **Khilji-Dynastie** in Delhi. *Ala-ud-din Khilji* erobert Chittorgarh, die Hauptstadt der Mewar-Dynastie.

1320–1388 **Tughlaq-Dynastie** in Delhi.

1395 Marwar-Hauptstadt in **Mandore**.

1398 Der mongolische Herrscher **Timur Lengk** („*Tamerlan*") erobert Delhi, plündert es und massakriert die Hindu-Bevölkerung. Die Stadt liegt in Trümmern, Sultanat von Delhi bricht ab.

1401 In Gujarat erklärt sich eine muslimische Herrschaft zum selbstständigen **Sultanat von Gujarat**, führt zahlreiche militärische Auseinandersetzungen im benachbarten Rajasthan.

1433–1527 Mewar-Reich unter **Rana Kumbha** (Kumbhalgarh) und *Rana Sangha*.

1459 Das Mandore benachbarte **Jodhpur** wird neue Hauptstadt des Marwar-Reiches.

1489–1517 Über das Territorium von Delhi herrscht **Sikander Lodi**, er verlegt die Hauptstadt nach Sikander bei **Agra**.

1526 Der **Mongolenherrscher Babur** (genannt „*der Tiger*"), aus dem Stamm des *Dschingis Khan*, besiegt bei **Panipat** nahe Delhi das Heer des *Ibrahim Lodi* (Sohn von *Sikander Lodi*).

1528–1857 **Reich der Moguln**, das für lange Zeit in Nordindien den Ton angeben soll. Erneuerung des Sultanats, die Sultane unterhalten mit den lokalen Fürsten, auch denen in Rajasthan, politische Beziehungen, häufig heiraten sie Rajputenprinzessinnen. Die ersten Herrscher aus der Mogul-Dynastie können mit wechselndem Kriegsglück ihr Reich festigen.

1530–1556	Der **Mogul Humayun**, *Baburs* Sohn, erobert Agra, muss zeitweilig nach Persien ins Exil gehen, weil ihm ein afghanischer König, **Sher Shah**, die Herrschaft streitig macht.
1556–1605	**Akbar**, Sohn von *Humayun*, wird **der größte der Mogul-Kaiser**, vielfältig begabt als Politiker, militärischer Führer, Liebhaber der Kunst und Religionsphilosophie, strebt Toleranz im Miteinander der Glaubensrichtungen in seinem Reich an.
1567	**Akbar** erobert und zerstört **Chittorgarh**, die Mewar-Dynastie verlegt ihre Hauptstadt nach **Udaipur**.
1571	Akbar gründet **Fatehpur Sikri**.
1608–1627	Der Sohn *Akbars*, der eigentlich *Selim* heißt, folgt ihm auf den Thron. Er nennt sich **Jahangir** („Welteroberer"). Er ist ein Förderer von Literatur und Malerei, ein Genießer und Alkoholiker, in seinen späteren Jahren regierte seine Lieblingsfrau **Nur Jahan**.
1612	Die britische **East India Company**, die ihre Hauptniederlassung in **Calcutta** (Bengalen) hat, eröffnet in **Surat** an der Westküste einen Handelsposten. Die britische Krone hatte ihr das **Handelsmonopol** für Indien verliehen.
1627–1658	**Shah Jahan** setzt sich als Nachfolger *Jahangirs* durch, er lässt andere mögliche Nachfolger umbringen. *Shah Jahan* erbaut das **Rote Fort in Delhi** und den **Taj Mahal in Agra**, zu Ehren seiner verstorbenen Gemahlin. Seine letzten Jahre verbringt er als Gefangener seines Sohnes *Aurangzeb*.
1639	Die **Hauptstadt** des Mogulreichs wird nach **Delhi** verlegt.
1627–1680	**Shivaji** einigt die **Marathen** im Dekkan-Hochland, sie üben Widerstand gegen das Mogulreich mit Plünderungen und Eroberungen in dessen Herrschaftsgebiet.
1658–1707	**Aurangzeb**, dem Sohn *Shah Jahans*, einem Feldherr, gelingt es, das Mogulreich zusammenzuhalten. Er ist orthodoxer, oft intoleranter Muslim, ein sparsamer Kaiser. Er versucht, seine Herrschaft bis Südindien auszudehnen. Unter seinen Nachkommen Machtverlust und Niedergang des Reiches.
1738	Der persische Herrscher **Nadir Shah** erobert und plündert Delhi.
1818	Stärkste politische Kraft auf dem Subkontinent ist die **East India Company**.
1857/58	Sogenannter **Erster Unabhängigkeitskrieg** gegen die Kolonialmacht, auch „Sepoy Aufstand", früher „*mutiny*" genannt.
1858	Wegen der erwiesenen Schwäche der East India Company bei der Beherrschung ihres riesigen Gebietes **übernimmt die britische Krone die Herrschaft über ganz Indien**. Offizielles Ende des Mogulreichs, erzwungenes Exil des letzten Mogulherrschers, Hinrichtung seiner Söhne.
1885	Gründung des **Indian National Congress** (später führende politische Partei). Ziel der neu aufkommenden, zum Teil britisch erzogenen indischen Mittelschicht ist es, Indien zu einem modernen demokratischen Staat zu machen.

1888	Die britische **Königin Victoria** nennt sich „**Kaiserin**" (**Empress**) **von Indien**.
1911	Die Briten verlegen die Hauptstadt ihres indischen Kolonialreichs ins neu erbaute **Neu-Delhi**.
1920	**Mahatma Gandhi** (1869–1948) übernimmt die Führung des **Indian National Congress**.
1931	*Gandhi* führt den spektakulären **Salzmarsch** an, eine seiner vielen gewaltlosen Demonstrationen des Widerstandes. Er nimmt in London an einer Regierungskonferenz teil, *Churchill* schmäht ihn als „nackten Fakir".
15. August 1947	Zu dem vom **Vizekönig Lord Mountbatten** festgelegten Datum wird Indien von Großbritannien eilig und mangelhaft vorbereitet in die **Unabhängigkeit** entlassen. Blutige Ausschreitungen, Massaker, **Teilung in die Republik India** (Bharat India) **und Pakistan** (West- und Ostpakistan).
30. Januar 1948	**Gandhi** wird von einem **militanten Hindu-Fanatiker** ermordet.
1947–1949	Fast alle indischen Fürstenstaaten treten innerhalb dieser Jahre der Republik Indien bei.
1947–1964	**Jahawarlal Nehru** ist erster Premierminister.
1949	Der Bundesstaat Rajasthan entsteht aus 22 Fürstentümern.
1956	Ajmer, seit 1947 unter Delhis Verwaltung, zuvor britisches Sondergebiet, wird definitiv Teil des Bundesstaates Rajasthan.
1959	**Rajasthan** führt als erster indischer Bundesstaat auf der Basis der traditionellen dörflichen *Panchayats* (etwa: „Dorfräte") das „**Panchayati Raj**" ein. Die ländlichen Siedlungen können damit auf *„Graswurzel-Ebene"* demokratischer und dezentraler an Planungen der Regierung teilnehmen.
1966	**Indira Gandhi**, Tochter *Nehrus* (nicht verwandt mit *Mahatma Gandhi*), gewinnt die Wahlen.
1970	Den Maharajas wird ihre staatliche **Apanage gestrichen**.
1972	Ranthambore-Schutzgebiet wird Nationalpark und damit zugleich Teil des „Project Tiger".
1974	In der Wüste Thar zündet Indien seine erste **Atombombe**.
1975	*Indira Gandhi* erklärt den **Ausnahmezustand** und regiert mit Sondervollmachten.
1977	*Indira Gandhi* wird abgewählt, aber schon zwei Jahre später wieder Premierministerin.
1984	**Ermordung Indira Gandhis**, nachdem sie einen Konflikt mit Separatisten im Punjab mit Gewalt lösen wollte. Ihr Nachfolger ist ihr Sohn **Rajiv Gandhi**.
Um 1990	Der 700 Kilometer lange *Indira-Gandhi*-Kanal lässt die Thar-Wüste ergrünen (vor allem in westlichen Gebieten), wird noch erweitert.
1991/92	Finanzminister **Manmohan Singh** leitet unter der **neuen Regierung Narasimha Raos** die Liberalisierung der Wirtschaft ein, das löst einen Aufschwung der Industrie und der Wirtschaft insgesamt aus. Auf dem Lande leben aber noch Hunderte von Millionen in harter Armut und beruflich kaum ausgebildet.

1998	**Atal Behari Vajpayee** gewinnt mit der **BJP** (einer betont hinduistischen Volkspartei) die Wahlen und wird Premierminister. Rechtsruck, aber Fortsetzung des liberalen Kurses.
2000	Indien hat **eine Milliarde Einwohner**.
Seit 2000	Verstärkter Ausbau der **vierspurigen Autobahnen**. In Rajasthan wichtig: die Autobahn Delhi-Jaipur-Udaipur (N 8), weiter nach Gujarat, Mount Abu-Kota und weiter nach Madhya Pradesh (N 14 und N 76).
2004	Premierminister *Vajpayee* wird abgewählt von den in Armut lebenden Schichten des Volkes. Neuer **Premierminister** ist der frühere Finanzminister **Manmohan Singh**, der Initiator der Liberalisierung von 1991 (und erster Sikh im Amt des indischen Premierministers).
Bis 2009	Staunen erregendes **Wirtschaftswachstum** in der Republik Indien, **steigendes internationales Ansehen**, aber krasse Unterschiede des Lebensstandards zwischen wachsender prosperierender Mittelschicht und **verarmender Landbevölkerung**.
2011	Erste indische **Langstreckenrakete mit Atombombenträger** wird an der Ostküste getestet. Offiziell hat Indien den Ersteinsatz von Nuklearwaffen ausgeschlossen.
2012	Schwere **Korruptionsvorwürfe** gegen die indische Regierung, z. B. bei einem Milliardengeschäft mit Lizenzen von Kohleminen. Der Premierminister Manmohan Singh wusste davon wohl nicht. Anführer des wachsenden Volkszorns wurde schon im Jahr zuvor der Sozialaktivist Anna Hazare.

Landschaftlicher Überblick

Nicht nur Wüsten und Berge – was für ein Land!

Wie sieht das Land Rajasthan von oben aus, etwa von einem Satelliten? Die riesige Ebene der Flüsse Ganges und Yamuna, an der im Südwesten Delhi liegt, ist zu erkennen. 150 km weiter südwestlich von Delhi wird die Erdoberfläche gebirgig. Und ungefähr dort beginnt der Staat **Rajasthan**.

Viele Touristen verbringen im **Neemrana-Fort** nahe der Nationalstraße ihre erste Nacht in diesem Land. Sie haben von Wüsten gehört und wundern sich nun über den Blick auf ein licht bewaldetes Mittelgebirge, die Aravallis.

Einige Daten

Rajasthan ist ein Staat der Republik Indien, ein Binnenstaat, ohne Meeresküste. Es ist in der Fläche der größte der indischen Staaten (seit Chattisgarh vom noch größeren Madhya Pradesh abgetrennt wurde), 342.000 km^2 groß, mit ungefähr 700 km West-Ost Entfernung und 200.000 km^2 Wüstengebiet. Rajasthan grenzt im Westen an Pakistan, Indiens erbittert feindlichen Bruder, im Norden an den fruchtbaren indischen Staat Punjab und an Haryana, im Osten an Uttar Pradesh und an Madhya Pradesh, im Süden an Gujarat.

Bei Mount Abu, Rajasthans einziger Hill Station, erreicht das Aravalli-Gebirge seinen höchsten Punkt

Berge und Felsen

Die **Aravallis** sind ein viel gegliederter Gebirgszug. Berge aus sehr vielen Neben- und Seitenerhebungen – wahrscheinlich steht deshalb der Name im Plural. Das ganze Gebirge zieht sich in südwestlicher Richtung. Seine nördlichen einzelnen Erhebungen, *ridges* genannt, finden sich schon im Stadtgebiet von Delhi, südlich läuft die Höhenkette bis Mount Abu, knapp nördlich der Ebenen von Gujarat. Der höchste Berg Guru Shikhar, 1.722 m hoch bei Mount Abu, ist eine Art krönender Abschluss.

Nicht wie im „Dschungelbuch"

Streckenweise mit grünem trockenem Wald und Busch bedeckt (nordindischer *Jungle* ohne Lianen und Palmen), öfter auch streng mit kahlen Hügeln, manchmal mit Hängen voller Geröll oder mit schroffen großen Felsen bestückt, sind diese Berge ein ziemlich unwirtliches Gelände, das kaum Landwirtschaft erlaubt. Diese Wälder entsprechen überhaupt nicht dem Bild, das Europäer nach der Lektüre von *Kiplings* „Dschungelbuch" haben. Sie sind im Nordwesten Indiens wegen der Klimaunterschiede zwischen Winter und der heißen Zeit und wegen der Trockenheit lichter als die Wälder in den feuchtheißen Zonen, die *Kipling* beschreibt.

The Great Indian Desert

Als riesige Fläche von der Form eines etwas schiefen Halbmondes ist das ebene Wüstenland westlich der Aravallis aus der Satellitenhöhe zu sehen. Es ist die Wüste **Thar**, auch „The Great Indian Desert" genannt. Von Osten nach Westen nimmt die Trockenheit, Dürre und Hitze zu, östlich sind dornige Büsche und ausdauernde Bäume vorhanden, die ihre Existenz in der vor Hitze flimmernden Wüste mit tiefen

Das Shekhawati-Land nördlich von Jaipur ist Halbwüste – Sanddünen findet man in der Nähe von Jaisalmer

Wurzeln sichern. Die Thar ist eine semiaride **Halbwüste**, die in der Regenzeit stellenweise ergrünt. Man überquert Flüsse, die den größten Teil des Jahres austrocknen. Allerdings: Immer mehr Kanäle zur Bewässerung mit Wasser aus dem Himalaya sind gebaut worden und werden gebaut, um Landwirtschaft in der Wüstenzone zu ermöglichen, sodass der Reisende oft über Äcker und Gärten staunt.

„Land des Todes"

Westlich von Bikaner und Jodhpur findet man immer weniger Pflanzenwuchs, **Sanddünen**, eindrucksvoll hoch und golden im Licht, türmen sich an manchen Stellen auf. Das Reich von Jodhpur hieß früher Marwar, das bedeutet „Land des Todes": Für Wüstendurchquerer in alter Zeit war es wirklich eine lebensgefährliche Zone. Gar nicht erkennbar vom Satelliten aus ist die Grenze zu **Pakistan**, die westlich von Jaisalmer und Barmer durch die Thar-Wüste verläuft.

Das grüne Rajasthan

Der Blick vom Satelliten geht wieder nach Osten, vom Mount Abu aus etwa 300 km. Auch dort ist Rajasthan. Dunkelgrün bewachsenes Gelände, ein breiter Fluss: Dort östlich der Aravallis sieht die Welt anders aus, fruchtbar, mit viel Ackerbau und einem breiten Strom, dem **Chambal**, der nicht austrocknet und zum See aufgestaut ist. Das ist die bewässerte **Hadoti-Ebene**, bei der Stadt Kota, die sich bis zur Grenze des Nachbarstaats Madhya Pradesh erstreckt. Diese innerindische Grenze ist natürlich vom Satelliten aus nicht zu sehen, fällt aber auch auf der Erde bis auf eine Straßenzollstation nicht weiter auf.

Über die **Aravallis** ist noch zu sagen, dass sie zu den ältesten Gebirgen der Erde gehören, sozusagen Urgestein sind, zum Teil mehr als drei Millionen Jahre alt. Neben Gneisen und Granit treffen die Geologen allerdings auch auf weißen **Makrana-Marmor**, dessen riesige Blöcke man auf der Nationalstraße nach Delhi auf ächzenden, fast zusammenbrechenden, langsamen Lastwagen oft vor sich sieht.

Uraltes Gestein

In diesen alten Gebirgsformen, von den Geologen „Grünsteingürtel" genannt, finden sich wertvolle Bodenschätze wie Eisenerze, Kupfer, Glimmer, sogar Gold. Geologisch viel später entstanden die reichen Sandsteinvorkommen Rajasthans. Direkt nördlich von Jodhpur kann man den Abbau dieses traditionell sehr beliebten Baumaterials (rötlicher bis honiggelber Farbe) in riesigen Steinbrüchen beobachten.

Das Thema der seismischen Aktivität, der **Erdbeben**, soll hier noch kurz erwähnt werden. Zum Glück ist der größte Teil Rajasthans davon nicht betroffen, anders als der benachbarte Staat Gujarat, der über einer Störung durch Überschiebung zwischen der asiatischen und der indischen Kontinentalplatte liegt (dort geschah 2001 das große Beben auf der Kachchh-Halbinsel).

Hitze, Kälte – wenig Regen: das Klima

Über das Wetter zu reden, gehört in unseren westlichen Breiten meist zum *„small talk"*, ist zweckfreie Zeitüberbrückung. Man weiß ja, wie man sich dem Klima gegenüber verhält. Dieses Verhaltensmuster verliert seinen Sinn, wenn man indischen Boden betritt. Hier ist der Wetterrhythmus anders.

Einige Kenner nennen die nordindischen Jahreszeiten „**Winter**, **Sommer** und **Monsun**". Das ist nicht ganz falsch.

Fangen wir **Ende Oktober/November** an: Der indische **Winter** beginnt gerade. Aus dem Hoch über Zentralasien strömt kalte Luft in den Süden. Die über dem indischen Hochland herrschenden, nach Osten gerichteten Windströmungen leiten zwar einen Teil dieser Nordwinde ab über den Golf von Bengalen, aber im weiter westlich gelegenen Rajasthan kommt das nicht zur Wirkung. Wenn es November wird, bekommt das Land ungebremst die kühlen Winde von Norden – bis ungefähr Ende Februar. Weil die Luft trocken ist, die Sonne über Tag meist ohne Wolken hell scheint, steigen die Mittagstemperaturen auf 20 bis 25 °C. In der Nacht fallen die Grade manchmal bis nahe an den Gefrierpunkt. Dies ist die beste Reisezeit. Man muss nur warme Kleidung einschließlich Wollsocken im Gepäck haben, denn eine Heizung ist oft nicht vorhanden. Klar, dass es im großen Rajasthan im Norden kälter ist als im Süden.

Indischer Winter

Der **Sommer** ist völlig anders als in Europa. Das asiatische Festland erwärmt sich schnell, schneller als der Indische Ozean und das Arabische Meer. Schon im März wird es immer wärmer, vollends im April steigen die Temperaturen, bis sie schließlich 45 °C und höher erreichen. Das ist nichts für den eifrigen Touristen! Wer will schon ein Land nur vom klimatisierten Auto aus oder nur im gekühlten Luxushotel erleben?

Auch die Inder leiden unter der Hitze, in Delhi, wo es zwischen den Mauern besonders unangenehm ist. Familien, die es sich leisten können, schicken ihre Schwangeren

Lebensader für Rajasthans Südosten: Anders als andere Flüsse führt der Chambal das ganze Jahr über Wasser

und Kleinkinder aufs Land, am besten an den Fuß des Himalayas. In Rajasthan ist der einzige Ort mit milderen Hitzegraden Mount Abu. Alle sehnen sich nach Abkühlung, den ganzen Mai, oft ein gutes Stück vom Juni, bis in den Juli hinein. Das riesige Tief, das über dem hitzebrütenden Subkontinent entsteht, saugt äquatoriale Luft an. Es entsteht eine Westwindströmung, die sich auf ihrem Weg über den Ozean mit Feuchtigkeit mehr und mehr anreichert – erkennbar an den hochaufragenden Wolkenbergen.

Warten auf den Monsun

Im Juni atmen alle Bewohner Indiens angesichts dieser bis zu 6.000 Meter hohen Wolken auf – es kann nicht mehr lange dauern, bis der **Monsun** (vom arabischen Wort mausim, Jahreszeit) einsetzt. Die feuchten Luftmassen stoßen auf die Westküste, zuerst entladen sich die Regenströme in Südindien. Wenn die feuchtigkeitsbeladene Luftströmung bis zum Nordosten Indiens gelangt ist, wird sie vom Himalaya-Gebirge gezwungen, Westkurs zu nehmen, sie beregnet also die Ganges-Yamuna-Ebene und auf ihrem weiteren Weg schließlich – endlich! – **Rajasthan**. Der Monsun trifft oft erst Wochen nach seinem Auftritt in Südindien in Rajasthan ein. Und es kann sein, dass er ganz ausbleibt. Das ist für Rajasthan dann ein Schreckensjahr, denn die gesamte **Landwirtschaft hängt vom Monsun** ab, davon, dass er die großen und kleineren Wasserreservoire füllt. In den neunziger Jahren fehlte der Monsun mehrere Jahre, es herrschte eine grauenhafte Dürre, das Vieh starb zu Tausenden, die Menschen mussten durch Trinkwasser aus anderen Bundesstaaten versorgt werden, auch Futtermittel für das gerade noch übriggebliebene Vieh wurden auf hochbeladenen Lastwagen nach Rajasthan geschafft.

2006 hingegen fiel der Monsun überreich aus, es gab große Überschwemmungen – das Wüstenstädtchen Barmer war zeitweise eine Insel. Man sieht daraus, wie unberechenbar der Monsun ist, wie er den Bewohnern immer neue Überlebensstrategien abfordert. In manchen Jahren beträgt in den Wüstenregionen die durchschnittliche Niederschlagsmenge jährlich nur etwa 25 mm (die Durchschnittsmenge in Deutschland ist etwa 700 mm!).

Die **nasse Jahreszeit** dauert in Rajasthan meistens ungefähr drei Monate. Das heißt nicht, dass Dauerregen herrscht. In einem guten Jahr ist die Luft feucht, manchmal gibt es Regenschauer. Die Luft ist warm, kann schwül und drückend sein, Textilien und Papier fühlen sich feucht an.

Kein Dauerregen

Durch die immer dichter werdende Besiedlung, die mehr Ackerbau, Abholzung von Bäumen und Bewässerung zur Folge hat, gibt es Schwierigkeiten durch Erosion, Versalzung des Bodens durch unsachgemäße Bewässerung und Überweidung, besonders durch Ziegen. Die Wüste rückt immer mehr vor, die fragile Ökonomie der Halbwüste bricht zusammen, wenn nicht durch Bau von Wasserkanälen Hilfe ermöglicht wird. Die Monsunregen reichen nicht aus.

Kanalbau im Wüstenland – die Wüste schrumpft

info

Es ist eine Überraschung und man sieht es mit Freude, wenn an Orten, die man vor einigen Jahren noch als dürre Mulden in der Landschaft östlich von Jaisalmer wahrgenommen hat, das satte Grün eines Getreidefelds leuchtet. Oder wenn ein alter Garten, der früher nur symmetrische Wege und kahle Beete aufwies, nun in voller Blüte steht, mit Büschen, Blumen, Schmetterlingen und Singvögeln. **Künstliche Bewässerung** – das Wasser kommt von weither, aus einem Stausee im Staat Punjab, ursprünglich also sogar aus den Flüssen des Himalaya.

Um die Mitte des 20. Jh. knüpfte in Bikaner der Ingenieur *Kanwar Sain* an frühere Ideen zur Bewässerung an und legte einen Plan vor, das **Rajasthan Canal Project**, aus dem später das Indira-Gandhi-Nahar-Project wurde. Das Projekt wurde von 1957 an in einer Folge aus mehreren Fünf-Jahr-Plänen gefördert. Der Hauptkanal ist 1.400 km lang geworden. Seine Nebenarme summieren sich auf fast 10.000 km, sie erreichen viele Wüstengebiete in den Distrikten von Hanumangarh weit im Norden Rajasthans, in Bikaner, Jodhpur und Jaisalmer. Das Bewässerungsunternehmen soll das größte der Welt sein. Die Lebensweise der Bewohner dieser Landstriche änderte sich sehr, sie bauen heute die ertragreichen Getreidesorten Weizen und Reis, außerdem Senf und Baumwolle an. Zuwanderung vergrößerte die zuvor sehr geringe Einwohnerzahl.

Aber Errungenschaften haben auch Nachteile: Zum Beispiel werden die genügsamen Getreidesorten verdrängt durch die üblichen reichtragenden, aber viel empfindlicheren. Schädlinge oder auch nur vorübergehender Wassermangel können ganze Ernten schnell vernichten. Die Wüstenfauna und -flora veränderte sich. Experten warnen vor der Gefahr der langsamen Versalzung des Bodens bei unsachgemäßer Bewässerung.

info

Wegen der kargen Wüstenerde muss auch vielfach chemischer Dünger eingesetzt werden, was dem Boden und seinen Mikro-Organismen nicht immer gut tut. Außerdem verlernen die jüngeren Generationen der Bauern die regionale traditionelle Überlebensvorsorge. Es ist auch nicht auszuschließen, dass Rajasthan wegen des abgeleiteten Wassers Streit bekommt mit den nördlich gelegenen Bundesstaaten. Aber trotz alledem: Es bleibt wohl keine Wahl, wegen des Anwachsens der indischen Bevölkerung muss künstlich bewässert werden. Es ist zu hoffen, dass mit Verstand die Mängel jeweils behoben werden und dass auch die Kleinbauern nicht durch den neuen Stil der Landwirtschaft ökonomisch benachteiligt werden gegenüber den wohlhabenden Landwirten.

Reisezeit

Nicht nur Kopfschmuck, auch wirksamer Sonnenschutz: Rajasthans Turbane

Eine Reise, die erste Bekanntschaft mit einem großen Land vermitteln soll, ist immer durch die Entfernungen und die langen, vergleichsweise langsamen Fahrten eine physische Herausforderung an den Reisenden. Da ist es für die eigene Befindlichkeit besonders wichtig, sich die günstigste Jahreszeit auszusuchen. Die großartige Kultur Rajasthans, die der Reisende bewundert, ist auch eine Frucht der Anpassung an viele widrige Klimaumstände.

Die kühlste Zeit in Rajasthan ist die beste für Touristen. Gemeint ist der Winter, die Monate von **Oktober bis März.** Außerhalb der Städte ist die Luft dann sauber und leicht zu atmen. Von Mitte Dezember bis Anfang Februar wird es oft nachts und morgens empfindlich kühl. Wer nicht in geheizten Luxushotels absteigt, erwärmt sich (wie die einheimische Bevölkerung) mit warmer Kleidung: Jacken, Pullover, Socken, Wollmützen, man kann in manchen Unterkünften von seinen Wirten auch eine Wärmflasche ins Bett bekommen. Da der Himmel in diesen Monaten meist ganz wolkenlos ist, hat die Sonne ab etwa zehn Uhr morgens Kraft und die Temperatur steigt auf über 20 °C – es ist angenehm, umherzugehen und das Land zu erkunden.

Den Sommer meiden

Die heiße Zeit des Sommers ist geradezu gefährlich, eine längere Fahrt im nichtklimatisierten Auto kann dann schon tödlich sein. In der Hitze hat auch der Wissensdurstige wenig Lust, sich an den vielen Schönheiten zu freuen. Gegen Mitte März wird es ungemütlich heiß, das steigert sich den April hindurch, bis es im **Mai und Juni so um die 45 °C** und darüber hat und auch nachts über 30 °C bleibt. Die Natur trocknet aus. Keine Touristensaison!

In Rajasthan kann die heiße Zeit bis Anfang Juli dauern, weil dort der Monsun zuletzt ankommt. In der **Monsunzeit** vertragen viele Leute die **schwüle Feuchtigkeit** nicht, die sehr ermüdend sein kann. Monsun bedeutet Starkregen, wenn er kräftig ist, manchmal Überflutungen, Wolkenbrüche, zwischendurch Sonnenschein und warme Temperatur. Für Reisende ist dieses Klima anstrengend, besonders auf Rundreisen. Allerdings ist gegen Ende des Monsuns, im September, die Reise auch schon erfreulich, der besondere Vorteil ist dann, dass überall die Sträucher und Bäume, sogar die Gräser grün sind – sofern es vorher einen guten Monsun gegeben hat *(s. auch „Reisezeit" in den „Gelben Seiten")*.

Flora: Pflanzen im Klimastress

Rajasthan ist zwar zu einem großen Teil ein Wüstenland, doch durchaus nicht baumlos. In den Gebieten südöstlich der Aravalli-Gebirgskette bedeckt vielfach trockener Wald die Hänge, in grünen Tälern wachsen, wenn ein Wasserlauf vorhanden ist, dichtbelaubte Bäume. Viele werfen ihr Laub ab, sodass man während der Hauptreisezeit im Dezember bis März viele kahle Bäume sieht. Buschwerk in den Bergen ist oft immergrün.

Bäume trotz Wüste

Häufig fällt der als heilig verehrte immergrüne **Banyan-Baum** *(Ficus Bengalensis)* auf: Neben dem breiten Stamm hängen Luftwurzeln von den Ästen herunter, im Lauf der Zeit immer zahlreicher, die in der Erde Fuß fassen und auch wie Stämme wirken. Der ebenfalls heilige **Pipal**, auch Bodhi Baum genannt *(Ficus religiosa)*, wächst hoch, mit dichter Krone und hat herzförmige Blätter mit etwas langgezogener Spitze. Hindus und Buddhisten haben schwerste Bedenken, einen Pipal zu fällen, selbst wenn er Mauern oder Pflanzen in seiner Nachbarschaft erdrückt. Die Legende erzählt, dass Buddha unter einem Bodhi-Baum die Erleuchtung empfing. Die Früchte sind winzig kleine dunkelviolette Feigen, die den Vögeln als Nahrung dienen.

Gelegentlich sieht man den **Teak-Baum** in Rajasthan *(Tectona grandis)*. Er wirft vor der heißen Zeit seine sehr großen rauen Blätter ab. Meist ist er angepflanzt, da er als Bauholz sehr begehrt ist.

Reist man Ende Februar und im März durch waldiges Rajasthan, hat man die Freude, **Dhak-Bäume** zu sehen *(Butea monosperma)*, die ihre feuerroten Blüten auf kahlen schwarzen Ästen tragen.

Wenn „Flame of the Forest" blüht, beginnt der Frühling Rajasthans – bei uns ist zu dieser Zeit noch Winter

„**Flame of the Forest**“ werden sie allgemein genannt. Ähnlich feuerfarben prangt der indische Korallenbaum (*Erythrina indica*).

Obstbäume

Wo das Gelände mit etwas Wasser gesegnet ist, wachsen mächtige **Mangobäume** (*Magnifera indica*), mit einer Fülle von lanzettförmigen Blättern und feinrispigen Blüten im Frühling. Außerdem sind **Papayas** in Gärten anzutreffen, als zierliche Bäume mit schön gefiederten Blättern und eng beieinander hängenden großen ovalen Früchten.

In den Gegenden der Halbwüste, nördlich von Jaipur und zwischen Jaipur und Jodhpur, wachsen solche Obstbäume selten, auch Bananen und Palmen wird der Besucher in ganz Rajasthan nur selten und nur an geschützten Stellen finden.

Um frische Kokosnüsse zu genießen, muss man schon weiter südlich reisen. Aber auch in diesen trockenen Gegenden gibt es Bäume. Allein stehen sie oft auf der Steppenfläche in der Landschaft, und sie sind sehr geschätzt und begehrt bei den Bewohnern. Da ist der **Babul**, eine Akazienart: Ziegen fressen ihn und er ist trotz des Abschneidens und Abreißens seiner Zweige durch Frauen, die Feuerholz suchen, nicht totzukriegen. Viel wichtiger noch ist der **Khejri** Baum *(Prosopis spicigera)*, denn er liefert Futter für Kamele, Rinder und Ziegen. Die bohnenartigen Früchte werden, gut gewürzt und geröstet, zur menschlichen Nahrung verwendet, sein Holz dient für Werkzeuge und Geräte.

Nicht nur in Tempeln und Palästen aus Stein – Lotusblüten schmücken die Teiche und Seen Rajasthans

Euphorbien, Tamarisken und Akazien gedeihen in der Halbwüste. Auffällig ist ein Baum mit goldgelben runden Früchten, **Ber** genannt, die essbar sind. Ein hartes hochwachsendes Gras, das Sewagras, dient als Futter für Kamele. Der berühmte **Neem-Baum** *(Azadirachta indica)* wächst manchmal in der Nähe von Siedlungen. Er steht im Ruf wunderbarer Heilkraft. Amerikanische Pharmaziefirmen wollten den Gebrauch der Pflanze patentamtlich für ihre Produktion schützen lassen, aber das stieß auf Widerstand der indischen Öffentlichkeit und schließlich der Gerichte. Indische Heilkunde wendet Stoffe aus den Blättern bei Diabetes an, auch zur Heilung von Wunden, und die dünnen Zweige benutzt man allgemein zum Zähneputzen. Die Blätter werden zur Insektenabwehr genutzt, wo Neem-Bäume stehen, sagt man, gibt es keine Malaria.

Landwirtschaftlich genutzt werden Getreidesorten wie Gerste, Weizen und **Hirse** (oft als Kolbenhirse, bei uns als Vogelfutter zu kaufen). In besonders günstigen Gegenden wird Baumwolle angebaut. Im Südosten sieht man auch viele weißblühende **Mohnfelder** *(Papaver somniferum)*, unter amtlicher Kontrolle zu medizinischen Zwecken angebaut. Außerdem gehört ritueller Genuss von Opium aus Mohnkapseln, in sehr geringen Mengen zubereitet, zur Kultur der Bishnois *(s. „Ethnische Kulturen", S. 61f, und „Bishnoi-Dörfer", S. 61f)*.

Blühende Ziersträucher werden in vielen wunderschönen Gärten kultiviert. Bekannt aus Südeuropa sind die prächtigen **Bougainvilleen** in allen Violett-, Rot- und Gelbtönen. Auch **Hibiskus** ist vielerorts Stolz der Gärtner und natürlich die **Rosen**, seit Mogulzeiten geschätzt und bewundert in Indien. In der Blütezeit glänzend blau, aber eigentlich ein lästiges Kraut ist die **Wasserhyazinthe** in Udaipur, weil sie die Seen zuwuchert und das Wasser faulig macht.

Bunte Gärten

Wer einen Teich im Garten hat, pflanzt **Lotus**, Seerosen – göttliches Symbol der Reinheit, die aus dem Schlamm steigt.

Fauna: Nicht nur Kamele

Schon wenn man sich auf der Nationalstraße von Delhi her Rajasthan nähert, sieht man sie, den Kopf hoch tragend, in wiegendem Schritt: Kamele – oder richtiger gesagt: **Dromedare**, wie die einhöckrigen Tiere genau heißen. Früher wurden sie als Trag- und Reittiere genutzt, heute ziehen sie auch Lastkarren, die, erst im 20. Jh. erfunden, mit ausgedienten Flugzeugreifen bestückt sind. Dromedare wurden von Arabien aus nach Nordafrika und in asiatische Länder verbreitet. Das zweihöckrige Kamel, das man in Indien aus klimatischen Gründen nur im Himalaya sieht, kommt aus Zentralasien. Die Dromedare in Rajasthan sind meist gut gepflegt, auch hübsch verziert mit den ins Fell gekämmten oder rasierten Mustern und mit buntem Zaumzeug und Decken. Touren hoch zu Dromedar sind bei Touristen sehr beliebt.

Wildlebende Dromedare gibt es in Rajasthan nicht. Aber besonders die wilden Tiere erwecken die Neugier der Touristen. Da ist an erster Stelle der **Tiger**, in Rajasthan im Reservat Ranthambhore in freier Wildbahn zu sehen, wenn man Glück hat (bis vor wenigen Jahren auch in Sariska, durch Wildern ist der Tigerbestand dort vernichtet worden). Tiger sind scheu und Einzelgänger. Gnadenlose Jagdlust des Adels und der kolonialen Repräsentanten hatte sie um die Mitte des 20. Jh. fast ausgerottet. 1969 legte ein Rajasthan-Forstexperte erschreckende Zahlen vor: In ganz Indien zählte man nur noch etwa 2.000 Exemplare dieses indischen National-Symbols. 1972 beschloss die indische Regierung das Artenschutzprogramm **Project Tiger**. Zwei der anfangs nur neun ausgewählten Reservate waren in Rajasthan gelegen. Tiger gelten als Bio-Indikatoren: Wo sie in einem Lebensraum überdauern, stimmt das ökologische Gleichgewicht von Fauna und Flora.

Gefährdete Einzelgänger

Leider gibt es immer wieder Alarmmeldungen wegen der dramatisch schwindenden Anzahl der prächtigen Großkatzen. Wilderer treiben ihr Unwesen, denn der Erlös von Fellen und Knochen (gesucht besonders in China und in Ostasien als vermeintliches Potenzmittel) erscheint armen Landleuten gigantisch, auch wenn das meiste

Die größte Antilopenart in Rajasthan, die Nilgai-Antilope, von uns im Süden von Jodhpur gesehen

davon die Händler einstecken. Zudem hat die Überbevölkerung die zuvor ungestörten Waldgebiete der Tiger stark verringert.

Andere Wildkatzen kommen ebenfalls vor: Der **Leopard oder Panter** lebt überall, wo Felsen und Gestrüpp Verstecke bieten, aber er ist sehr scheu. Die **Leopard Cat** (sieht aus wie ein Miniaturpanter) und die **Desert Cat** (unscheinbarer, grau mit Flecken) sind vielerorts vorkommende Wildkatzen.

Zur Hundefamilie gehören die indischen **Wölfe**, von denen im Khumbalgarh-Schutzgebiet etliche leben. Der **Schakal**, der nicht größer als ein mittelgroßer Hund ist, fristet sein Leben mit Aas und kleinen Tieren, auch auf den Abfallkippen der Städte ist er schon gesehen worden.

Tollwutgefahr

Verwilderte Hunde laufen in der Landschaft und in den äußeren Bezirken der Städte herum. Vor ihnen ist zu warnen, da sie manchmal mit Tollwut infiziert sind (s. Schluss dieses Kapitels, S. 58).

Die **Hyäne**, weder Hund noch Katze, ist der größte Feind, aber häufig auch Nachbar des Leoparden, den sie mit ihrem Geheul vertreibt. Sie frisst nicht nur Aas, sondern auch lebendige, kleinere Tiere. Um die Liste der Raubtiere vollständig zu machen, sei noch der **Sloth Bear** erwähnt, ein kleinerer schwarzer Bär mit spitzer Schnauze, der in den Aravalli-Bergen lebt.

Der Familie der **Hirsche** gehören der große Sambhar an, der in Ranthambhore, Bharatpur und Sariska beobachtet werden kann, wie auch der viel kleinere **Chital** (Axishirsch). In den mageren Grasgebieten der Halbwüste trifft man abseits der Hauptstraßen **Antilopen**, den **Black Buck**, den man leicht an den langen, spiralgedrehten Hörnern des männlichen Tiers erkennt, wie auch die **Nilgai Antilope** *(Blue Bull)*, die fast so groß ist wie ein kleines Rind.

Von den sehr spärlichen Pflanzen in der Wüste lebt die **Gazelle**. Das Auge freut sich besonders an der zarten Erscheinung der **Chinkara** mit ihren leicht geschwungenen Hörnern. Chinkaras sind nicht größer als mittelgroße Hunde. Man findet sie leicht im Desert National Park bei Jaisalmer.

Wild- und Hausschweine

Eine besondere Art von **Wildschweinen** gibt es dort, wo Wald ist und Felsgelände mit Höhlen. Sie sind schwarz und zerstören oft die Felder der Bauern. Die in den Straßen herumlaufenden Hausschweine sehen ihren wilden Vettern sehr ähnlich. Auf **Stachelschweine** *(Porcupine)* trifft man in der Dämmerung, ihre Anwesenheit verraten aber meist nur abgeworfene Stacheln, die man im Gesträuch findet. Kleinwild, wie Kaninchen, ist ebenfalls vertreten. Häufig sieht man **Streifenhörnchen**, die fünf oder drei Rückenstreifen haben. Besser nicht berühren – sie können Krankheitskeime übertragen. Nicht gestört wird man von **Fledermäusen**, aber man sieht sie in der Dämmerung über die Gärten flattern.

Bei der Bestimmung indischer **Vögel** (*„birding“* sagen die Briten) bieten die Vogelreservate, voran der **Keoladeo Ghana National Park**, gute Möglichkeiten. Hier sei nur auf einige Arten hingewiesen, die man in Rajasthan außerhalb der Nationalparks findet.

Pflaumenkopf- und Grüne Halsbandsittiche (Psittacula cyanocephala bzw. krameri)

Leider fast nicht mehr vorhanden ist der **Geier**, der früher als Aasfresser auf dem Land die wichtige Gesundheitspolizei war. Chemikalien und Plastik haben ihm fast den Garaus gemacht. **Kraniche** und **Reiher** tauchen als Zugvögel manchmal in Massen auf, wie etwa die **Demoiselle**-Kraniche in der Gegend von Phalodi nordöstlich von Pokaran. Sehr beliebt und halb gezähmt ist der **Pfau** vielerorts gegenwärtig, wie der Tiger ein nationales Symbol.

Populär ist der Ruhm des bunten, wunderschönen **Kingfishers**, bei uns als Eisvogel bekannt, der sogar die Flaschen einer häufig getrunkenen indischen Biermarke schmückt. Bewundert werden die **Webervögel** wegen ihrer kunstvollen, hängenden Nester, in vielen Teilen Rajathans zu sehen. Für manche deutsche Touristen ist der **Grüne Halsbandsittich**, der in Schwärmen über die Gärten fliegt, kein fremder Anblick mehr, haben sich doch diese Vögel inzwischen auch in vielen deutschen

Zwei Languren wachen auf den Zinnen von Kumbalgarh

Gegenden eingebürgert. Gefährdet ist der Bestand von **Großtrappen**, imposanten stattlichen Vögeln. Neben kleineren Raubvögeln ist der **Wüstenbussard** charakteristisch für Rajasthan.

Reptilien sind durch Schlangen zahlreich vertreten, etwa durch die indische **Cobra**, der man nicht begegnen möchte. Man schlägt darum, wenn man durch den Busch geht, mit einem Stock auf Boden und Sträucher – Schlangen sind scheu und entfernen sich, wenn sie einen Ausweg haben. Auch die **Viper** hält es so. Wo sie wohnt, ist festes Schuhwerk geboten.

Eidechsen sind harmlos, nützlich dazu ist der **Gecko**, den man öfter an den Wänden der Hotelzimmer antrifft. Er jagt lästige Insekten.

Vor **Krokodilen** hüte man sich! Sie sind oft in Seen, auch in Stauseen, zu Hause und ungeheuer schnell, obwohl sie meist reglos liegen. Wenn Einheimische warnen – auch vom Ufer Abstand halten!

Fauna in Ortschaften Rajasthans

Diebische Affen

Zu ihr gehören die auch in freiem Land häufigen Affen. Viele haben keinerlei Scheu vor Menschen und können angriffslustig sein, wenn sie etwas stehlen wollen. In allen Plastiktüten vermuten sie Leckerbissen und grapschen danach. Sie dringen auch durch offene Fenster ein, wenn sie keinen Menschen in der Nähe vermuten. Inder sind sehr geduldig mit ihnen, denn Affen waren die Armee des Gottes *Hanuman*, des treuen Feldherrrn *Ramas (s. „Ramayana“, S. 69f)*. Zwei Arten von Affen begegnet man in Rajasthan: den hellbraunen **Rhesus Makaken** und den schwarzgesichtigen **Languren.**

Die Haustiere sind in Indien oft ein ungewohnt prächtiger Anblick: Rinder mit bemalten Hörnern, geschmückte Pferde und Elefanten – oder auch schwarzblanke Wasserbüffel, die genüsslich in Tümpeln baden. Streunende Kühe in den Städten haben es schlecht, aber sie sind nicht herrenlos. Einfangen darf die Stadtverwaltung sie nicht. **Tierschutz** durchzusetzen, ist in Indien nicht einfach, das wird auch sichtbar am Elend der vielen streunenden Hunde und Katzen. Bitte Abstand halten, es gibt manchmal Fälle von Tollwut! Privatleute versuchen zu helfen.

Gesellschaft, Familie, Sprachen

Rajputen, Ureinwohner und andere Stämme

Rajasthan ist wie fast ganz Indien eine Hindu-Kultur, mit Besonderheiten einzelner Gruppen, wie der Ureinwohner, und mit einer muslimischen Minderheit von etwa 8 Prozent. Viele Muslime sind in Ajmer und in Tonk zu Hause.

Zur Hindu-Kultur gehören die meisten Einwohner Rajasthans und damit zu unterschiedlichen Kasten. Minderheiten sind die **Stämme** (*tribals*), die teils von den Ureinwohnern abstammen. Im Lauf der Jahrtausende haben sie sich den religiösen Normen der Hindus angeglichen, ohne ihre Mythen, Riten und Gewohnheiten ganz aufzugeben.

Stolze „Königssöhne“

Der Name Rajasthan bedeutet „**Land der Rajputen**“, das heißt „der Königssöhne“. Zu ihnen gehören Fürsten- und Adelsgeschlechter Rajasthans, doch längst nicht alle Rajputen sind hohe Herren! Aber sie sind Angehörige der Kriegerkaste, der zweithöchsten in der Hindu-Gesellschaft. Die Geschichtsforschung gibt keine klare Auskunft darüber, woher sie stammen. Doch die Rajputen selbst wollen nichts wissen von der Annahme, sie seien ursprünglich Zugewanderte zweifelhafter Herkunft. Sie betrachten sich als die Nachkommen **arischer Einwanderer** (*s. im Kapitel „Histo-*

Rajputen bestehen auf ihrer kosmischen Abkunft: Die Sisodias von Udaipur sehen sich als Suryavanshi, Nachfahren der Sonne

rischer Überblick", S. 15f). Ihr Name kommt tatsächlich aus dem Sanskrit: *rajputra* – Sohn der Könige. Sie bezeichnen sich als Abkommen oder Familien von Sonne, Mond oder Feuer.

Den Rajputen gemeinsam ist ein ausgeprägtes Ehrgefühl, die Hochschätzung von Pferden und alten Waffen und die Verehrung der *Sati*, der so verpönten Witwenverbrennung – die allerdings heute kaum mehr vorkommt. Von Witwen allerdings erwartet man, dass sie nicht wieder heiraten. Bis nach der Mitte des 20. Jh. lebten Ehefrauen der Rajputen in *Purdah*, das heißt abgeschieden vom öffentlichen Leben, ganz auf die Familie beschränkt und verschleiert. Das hat sich in den letzten 50 Jahren völlig geändert. Rajputen sind gesellschaftlich tonangebend in Rajasthan, sie üben meist gehobene Berufe aus.

Regeln für Witwen

Karawanenhandel durch Wüste und lebensfeindliche Halbwüste wurde von Angehörigen der Kaufmannskaste im 18. und 19. Jh. betrieben. Diese Familien wurden **Marwaris** genannt, weil sie ursprünglich aus dem Königreich Marwar (um Jodhpur) kamen. Der fremde Besucher Rajasthans wird staunen über ihre reich ausgestatteten, palastartigen Häuser in Städten wie Jaisalmer, Bikaner und im Shekhawati-Gebiet, also gerade in wirtschaftlich armen Wüstenregionen. Die *Marwaris* wurden reich durch Karawanen und lebhaften Zwischenhandel. Sie siedelten später, als der Handel zur See wichtiger wurde, in die großen Hafenstädte Bombay und Calcutta um, behielten aber ihre Anwesen häufig als (unbewohntes) Eigentum. Einige dieser Familien gehören heute in Indien zu den wirtschaftlich einflussreichsten und durch ihre kulturellen Stiftungen berühmtesten, wie die *Poddars* und die *Birlas*.

Rajasthans Ureinwohner und andere Minderheiten

Früher beherrschten die **Jats** Gebiete im Westen Rajasthans. Diese Stämme waren teils Krieger, teils Schutzherren des Handels und sorgten für die Sicherheit der Kamelkarawanen auf ihrem Weg durch die Wüste.

Ein wichtiger Stamm der **Ureinwohner** (= *Adivasi*) sind die **Bhils** im südöstlichen Rajasthan (und im angrenzenden Madya Pradesh), mit 40 Prozent aller Stammes-Zugehörigen in Rajasthan. Ihr Name kommt vom tamilischen Wort für „Bogen", sie waren früher geschickte Schützen, Jäger und Sammler. Die Rajputen schätzten sie lange als Verbündete, die Bhils halfen wirkungsvoll, Moguln und Marathen abzuwehren. Heute sind sie Kleinbauern, sehr arm, oft auch ausgebeutete Tagelöhner in den Städten. Der Maharana von Udaipur gilt als Schutzherr der Bhils, in einer Zeremonie salbt er seine Stirn mit dem Blut aus der Hand eines Bhil-Anführers.

Bauern und Tagelöhner

Bhils sind klein, aber kräftig gewachsen, haben dunkle Gesichter mit breiten Nasen und Mündern. In ihrer Religion mischen sich Reste eines Naturglaubens mit magischen Vorstellungen und Hindu-Ritualen. Bhils heiraten nach persönlicher Zuneigung, leben auch in Polygamie. Ein großes Fest feiern sie jedes Jahr im Januar/Februar südlich von Dungarpur *(s. das Ortskapitel, S. 369)*.

Die Geschichte der Bhils, hier ein Schlachtbild aus dem Palast von Dungarpur, ist auch eine der Unterdrückung

Ein anderer weit verbreiteter Adivasi-Stamm sind die **Minas**, meist im Nordosten und Osten des Landes. Ihre Herkunft liegt im Dunklen, vielleicht sind es Eingeborene, die schon vor der arischen Einwanderung zur Indus-Zivilisation gehörten. Ihr Name bedeutet „Fisch", da sie den Fisch-Avatar des Gottes *Vishnu* verehren *(s. Religionskapitel, S. 71)*. Außer den Hindu-Gottheiten verehren sie die finstere Göttin der Pocken – wahrscheinlich weil sie früher besonders von dieser Krankheit heimgesucht wurden. Die Minas wurden von den Rajputen unterworfen, in das Gebirgsland der Aravallis verdrängt und von den Briten als Kriminelle eingestuft, weil sie ihre alten Landansprüche geltend machten. Sie sind hochgewachsen, ihre Frauen tragen knappe, brustbetonte Blusen und faltige bunte Röcke, ihre Männer große farbige Turbane. Sie fördern die Wiederverheiratung ihrer Witwen und kennen die Ehescheidung.

Die **Garasia**-Adivasis fallen auf Festen und Märkten in den bergigen Gebieten nördlich von Udaipur und bei Pali durch sehr farbige Kleidung der Frauen und schweren Silberschmuck auf. Sie sind stolz, meinen, sie stammen auch von Rajputen ab, und haben die in Indien ganz unübliche Gewohnheit, dass beim Gaur-Fest im März verliebte junge Leute weglaufen und sich drei Tage im Wald verstecken – danach müssen ihre Familien diese Verbindung anerkennen. Der Vater der Braut erhält vom Bräutigam einen Brautpreis, im Gegensatz zur Hindu-Sitte der Mitgift *(s. S. 65)*. Ihre Lehmhütten bemalen die Garasia mit weißen Ornamenten.

In der Gegend um Jodhpur findet man die malerischen Lehmhüttendörfer der **Bishnois**. Sie gehören nicht zu den Ureinwohnern, sondern leben seit langer Zeit als Religionsgemeinschaft. Der Name kommt von der Zahl 29, denn so viele Gebote, meist ökologischen Inhalts, gab ihnen ihr Religionsgründer *Jamboji* Ende des 15. Jh. Berühmt wurden sie wegen der Achtung, die sie dem Leben entgegenbringen. Antilopen fühlen sich sicher, wo Bishnois ihre Dörfer haben: Wenn Leute dort jagen wollen, werden sie selber verjagt, wie es einem bekannten indischen Filmstar passierte.

29 Gebote

Auch **Khejri**-Bäume, kostbar in der Halbwüste, sind den Bishnois heilig. Im 18. Jh. ließen sich 363 Bishnois von den Soldaten eines Maharajas töten, als sie ihre Bäume umarmten, die zu Bauholz verarbeitet werden sollten. Der Platz des Gemetzels ist heute ein heiliger Hain mit einem Gedenktempel *(s. Ortskapitel Jodhpur, S. 286)*.

Ein Bishnoi-Familienvorstand in typischer Tracht

Bishnoi-Männer tragen Turbane und oft weiße Kleidung, sie haben die Gewohnheit, in einer Männerrunde zusammenzusitzen. Dabei konsumieren sie nach festgelegten Regeln in mäßigen Mengen Opium, mit Erlaubnis des Staates. Bishnoi-Siedlungen findet man bei Bikaner, Jodhpur, Nagaur und Jalore.

Nomadisierende Schmiede

Die **Gaduliya Lohars**, auch sie keine *Adivasi*, sind an ihren dunklen Gewändern zu erkennen, in denen sie unter oder neben ihren schwarzen Karren oder Zelten sitzen. Als nomadisierende Schmiede wandern sie durchs Land, seit der Mogulkaiser *Akbar* ihre Heimat Chittorgarh zerstörte. Sie halten sich für Rajputen und berufen sich auf ihren damals geschworenen Eid, nach Chittorgarh erst wieder zurückzukehren, wenn ihr Maharaja *Akbar* besiegt hätte. Das traf nie ein, und so leben sie bis heute auf den Straßen. *Präsident Nehru* bot ihnen an, sich wieder in Chittorgarh niederzulassen, aber sie wollen sich weiter an ihr Versprechen halten. Manche allerdings versuchen unter wirtschaftlichem Druck – Wettbewerb erschwert den Absatz ihrer Metallprodukte – sesshaft zu werden.

Die **Ruthwas** in Ostrajasthan stellen große Terrakotta-Tierplastiken und türhohe Reliefs her. Sie sind nicht nur kunstvolle Töpfer: Einige Unterstämme sind berühmt für Vorführungen akrobatischer Tänze mit Feuer und feuriger Musik. All diese Fähigkeiten haben ursprünglich für sie animistisch-religiöse Bedeutung.

Die **Raika-Rabaris** sind halbnomadische Kamel- und Kuhhirten, die im Dienste der Herdenbesitzer zeitweise in ihren hübschen Lehmhütten sesshaft leben. Sie sind Experten in Zucht und Heilkunde für ihre Tiere.

Die **Sahariyas**, ein sehr kleiner Stamm, leben noch als Jäger und Sammler im Wald oder elend als Tagelöhner. Die Sahariyas betrachten sich als Hindus, sind aber gewohnt an Polygamie.

Die Regierung versucht, Ureinwohner und Angehörige der niederen Kasten mit Ausbildungsprogrammen und Einstellungsquoten im öffentlichen Dienst aus ihrer Benachteiligung zu befreien, freilich mit noch ungenügender Wirkung. Höhere Kasten protestieren oft dagegen, weil sie die Chancen ihrer Kinder verringert sehen.

Förderung mit Hindernissen

Die Kraft der Frauen und die Macht der Familie

„Was ist da bloß schiefgelaufen?", schreibt die Journalistin *Royina Grewal* in dem Buch „In Rajasthan" über Frauen, die sich erst jetzt langsam aus der totalen Abhängigkeit von der Männerwelt befreien. Die indische vedische Tradition kennt ursprünglich das Ideal der starken, selbstbestimmten Frau, in der Überlieferung und in der Göttertradition. **Shakti** ist die weibliche Kraft, gleichberechtigt mit der männlichen Schöpferkraft. Nach und nach über Jahrtausende hin schränkten brahmanische Regeln die Selbstbestimmung der Frau ein, bis zur lebenslangen Unmündigkeit.

Die heutige indische Verfassung, wie sie von liberalen, aufgeklärten Politikern 1948 eingeführt wurde, kennt nur die Gleichberechtigung von Mann und Frau. Die Realität unter dem Druck der Tradition sieht anders aus, besonders auf dem Land und in der sozialen Mittelschicht.

Die Frauen der heutigen Großmüttergeneration führten oft ein ganz auf das eigene Haus beschränktes Leben *(purdah)*, verschleierten sich in Gegenwart von Männern selbst in der eigenen Familie. Doch in den jüngsten Jahrzehnten wandelt sich die Situation. Frauen ergreifen die Initiative, um den Lebensstandard der Familie zu heben. Auf dem Land entstehen Kooperativen, in denen Frauen mit handwerklicher Kleinproduktion Geld verdienen. Die Arbeitsmittel schaffen sie sich mit Kleinkrediten an – und sind bei Banken als pünktliche Rückzahlerinnen beliebt. Weil sich die ländliche Produktion insgesamt wandelt und unter scharfen Wettbewerbsdruck gerät, können sich Männer nicht gegen diese Initiativen stellen.

Gesellschaft im Wandel

Die nächste Generation von Mädchen erkämpft sich nach und nach – es geht langsam – den Schulbesuch. Und oft hängen dabei Mädchen die Jungen ohne Schwierigkeiten ab, haben Erfolg und mehr Selbstbewusstsein.

Im Mittelstand wünschen sich junge Männer, die selbst eine gute Ausbildung haben, oftmals eine Frau mit gutem Schulabschluss, sodass auch dort die Tendenz zunimmt, Mädchen zur Schule zu schicken. Diese jungen Frauen wollen dann auch als Ehefrauen den Beruf ausüben. Das ist wegen der Möglichkeit, billiges Personal für den Haushalt zu bekommen, nicht allzu schwer. Wenn sich das einmal ändern wird – es wird aber sicher länger dauern –, werden indische, berufstätige Frauen so wie bei uns die Doppelbelastung zu spüren bekommen.

Frauen entscheiden auf dem Land immer mehr über die wirtschaftliche Zukunft der Familie – auch in der Öffentlichkeit

Wo man in Indien auch hinkommt, überall beobachtet man das neue Anwachsen der Durchsetzungskraft der Frauen! In einem Bereich freilich wird – so gut es geht – die Tradition aufrechterhalten: in den Fragen, die mit Partnerwahl Ehe und Familie eng zusammenhängen.

Die Familie geht vor

Familie hat in der indischen Gesellschaft eine viel größere Bedeutung als bei uns. Sie bestimmt oft die Struktur des Lebens, ihre Belange haben traditionell Vorrang vor beruflichen Erfordernissen. Man eilt auch entfernteren Mitgliedern – Onkeln, Cousins – in Krankheits- und Trauerfällen zu Hilfe und verlässt dazu die tägliche Arbeit. Diese „Familienarbeit" gerät in den Städten mehr und mehr in Konflikt mit den Forderungen des westlichen Arbeitstempos. Allerdings lebt man in Rajasthan meist noch nach der alten Art und hält dem Druck der Globalisierung stand. Die Werte werden durch den Vorrang der Familie festgelegt.

Das wirkt sich besonders auf die traditionelle Art der **Eheschließung** aus: Liebesheirat nach vorehelichem, intimem Kennenlernen ist nahezu ausgeschlossen und wird meist auch von jungen Leuten als zu riskant abgelehnt. Ehen werden arrangiert, das heißt vermittelt, von Eltern und anderen Familienmitgliedern vorbereitet und von Astrologen vorgeprüft und abgesegnet *(arranged marriage)*. Die Kastenzugehörigkeit ist meist noch wichtig, besonders auf dem Land, aber sie wird nun bereits oft übergangen zugunsten der Zugehörigkeit zur selben Schicht, was Beschäftigung, Ausbildung und Einkommen anbelangt.

Ausbildung wird wichtiger als die Kaste, auch für Mädchen. An den Bedingungen, die in den Heiratsmarkt-Anzeigen der großen Tageszeitungen genannt werden, kann man das unschwer erkennen. Das Heiratsalter ist in der städtischen Mittelschicht deutlich höher als früher. Es ist üblich, dass die jungen Leute Mitspracherecht haben, nachdem sie sich unter Aufsicht kurz kennenlernten. Sexuelle Unberührtheit der Frau wird in fast religiöser Weise hoch bewertet und sehr häufig wenigstens zum Schein bewahrt.

Das Problem der (offiziell verbotenen) **Mitgift** führt besonders in der unteren Mittelschicht zu kriminellen Auswüchsen, die immer wieder in der Presse gemeldet werden: Misshandlungen, sogar Morde, um größere Mitgiftzahlungen zu erreichen. Bei uns Außenstehenden entsteht leicht der Eindruck, diese Verbrechen seien geradezu die Regel. Das stimmt natürlich nicht. Es trifft allerdings zu, dass die Unsitte der hohen Mitgift für die Familie der Braut eine schwere Schuldenlast bedeutet. In ländlichen Familien hat dies leider zum *female infanticide*, der Ermordung weiblicher Säuglinge, geführt, die besonders in Rajasthan häufig (gewesen?) sein soll. In der Stadt geschieht durch Abtreibung nach Geschlechtsbestimmung dasselbe. Indien hat dadurch einen deutlichen Männerüberschuss. Nur Aufklärung und wachsendes weibliches Selbstbewusstsein können da helfen. Um kein falsches Bild entstehen zu lassen, muss aber gesagt werden, dass die meisten Familien (in allen Schichten) ihre Töchter mit liebevoller Zärtlichkeit umgeben und großziehen.

Tötung weiblicher Säuglinge

Witwen werden manchmal nicht gut behandelt, aber auch da darf man nicht verallgemeinern. Viele Witwen leben sehr geachtet in ihren Familien, gehen, wenn sie jung sind, ihrem Beruf nach oder führen eigenständig das Geschäft ihres verstorbenen Mannes weiter, wenn sie auch mit Vorurteilen der männlichen Konkurrenz zu kämpfen haben. Es gibt auch Witwen, die, entgegen dem üblichen Brauch, in ihre Ursprungsfamilie zurückkehren, bei ihrem Vater oder Bruder leben.

Der freiwillige Selbstmord auf dem Scheiterhaufen des verstorbenen Mannes, **Sati** genannt, ist heute nur noch eine Art Heiligenlegende. Manche Inder vertreten die Ansicht, dass auch eine Frau die Ehrungen als *Sati* verdiene, die ihr Leben lang ihre Familie hingebungs- und liebevoll versorge. Nicht alle, die Opfergaben zu den *Sati*-Tempeln bringen, idealisieren den Flammentod!

So viele Sprachen!

Weil es in Indien 18 in der Verfassung anerkannte indische Sprachen gibt, dient Englisch unverändert als landesweite Verständigungssprache, besonders bei Menschen mit einiger Schulbildung. Den Touristen ist das recht willkommen, da Englisch weltweit verbreitet ist. Meist kann man sich mit Englisch genügend weiterhelfen.

Englisch überall verbreitet

Für intensivere Gespräche über Land und Leute sollte man **Hindi** können, wenigstens einige Sätze, Zahlwörter und die wichtigsten Ausdrücke. Hindi ist im Norden Indiens weit verbreitet. Die Zentralregierung wollte es als Nationalsprache fördern, doch das gelang nicht, besonders weil der Süden Indiens heftig protestierte.

Die Lokalsprache Rajasthans ist eigentlich das **Rajasthani**, das von der Bevölkerung auf dem Land und in kleinen Städten gesprochen wird. Es ist dem Hindi sehr verwandt, die Menschen in Rajasthan verstehen Hindi, und Leute aus Delhi, wo man Hindi spricht, verstehen Rajasthani, wenn sie genau hinhören.

Beide Sprachen gehören dem indoeuropäischen Sprachkreis an, zu dem auch die meisten Sprachen Europas gezählt werden. Die Schrift wird von links nach rechts gelesen, sie heißt **Devanagari** *(s.: „Sprachhelfer" im Anhang)*. Hindi und andere indoeuropäische Sprachen stammen vom **Sanskrit** ab, der Sprache der alten vedischen Literatur, die in Indien bis in die Zeit der muslimischen Eroberungen Sprache der Gebildeten war. Im 19. Jh. entdeckten europäische Wissenschaftler wie der Deutsche *Max Mueller* die Verwandtschaft des Sanskrit mit europäischen Sprachen. *Max Mueller* machte Europa mit der Sanskrit-Literatur vertraut. Nach ihm werden die deutschen Kulturinstitute in Indien **Max-Mueller-Bhawan** genannt.

Indien – das Land, in dem die Religionen leben

Religion bestimmt das Leben

Wer als Gast nach Indien kommt, wird bald erkennen: Religion ist dort **keine private Nebensache**. Religion durchzieht alle Lebensbereiche. Religion bestimmt für die Inder Lebenslauf, Zusammenleben, Partnerwahl, Erziehung, oft auch Berufswahl, Wahl des Wohnorts und politische Ausrichtung. Als Ausnahme trifft man gelegentlich einige wenige Familien in sehr großen Städten, die westlich-laizistische Anschauungen übernommen haben.

Es sind zahlreiche Religionen, die in Indien nebeneinander existieren. Die Verfassung der Republik Indien erklärt **alle Religionen als gleichberechtigt** vor dem Gesetz. Sie bezeichnet zudem alle auf dem Boden Indiens entstandenen Religionen als hinduistisch. Der Praxis entspricht das nicht, denn die **Jains**, die **Buddhisten** und die **Sikhs** betrachten sich neben den **Hindus** als völlig eigenständige Religionsgemeinschaften.

Weltreligion Hinduismus

Hindus im engeren Sinne sind etwa 80 Prozent der indischen Bevölkerung. Der Hinduismus ist außer in Indien auch in Nepal (dort als Staatsreligion), in Indonesien, in Malaysia, in Sri Lanka, in Bangladesh und als Minderheitenreligion auch in Pakistan verbreitet.

Der Hinduismus, wie wir ihn heute erleben, entstand im Lauf von Jahrtausenden. Die Religion der aryschen Einwanderer aus Zentralasien nahm Elemente der uralten

Die Götterwelt ist der irdischen ganz nah – zumindest in den bunten Farben der Tempel. Hier: Ganesha in Pokaran

Religionen des Industals und der drawidischen Ureinwohner Indiens auf und verschmolz im Laufe der Zeit fast unmerklich mit neu eingewanderten Lebens- und Glaubensformen. Das Besondere dieser Weltreligion: Sie kennt **keinen Gründer** und hat **kein religiöses Oberhaupt**, keine Amtshierarchie. Sie missioniert nicht, denn als Hindu wird man geboren, der Hinduismus ist keine Gemeinschaft, der man „beitreten" kann.

Die Veden – Überlieferungen der Aryer

Lange mündliche Tradierung

Man stelle sich vor: Lange, vielversige Sprüche, Regeln, religiöse Lehren und Königsepen wurden jahrhundertelang auswendig gelernt immer mündlich weitergegeben und vorgetragen, durch Weise (*Rishis*) von Generation zu Generation weitergereicht, als heilig verehrt und schließlich erst zwischen 1.000 und 350 v. Chr. in der indoeuropäischen Sprache Sanskrit aufgezeichnet. Zuerst wurden die Hymnen (*Samhitas*) aufgeschrieben, zu ihnen gehört die **Rigveda**, später die rituellen Vorschriften (*Brahmanas*). Von beiden glaubt man in Indien, sie wären göttlichen Ursprungs.

Shiva Lingams, Symbol für göttliche Schöpferkraft, sind auch außerhalb von Tempeln zu finden

Die **Brahmanas** setzen fest, was als rein und was als unrein anzusehen ist. Diese Begriffe sind im Hinduismus bis heute sehr wichtig, aber sie haben nur wenig mit unseren Vorstellungen von Hygiene und Sauberkeit zu tun. Vor allem was mit leiblichen Ausscheidungen wie Schmutzwäsche, abgeschnittenes Haar, Spucke oder mit Abfall, Tod (Leichen, Leder) und mit Alkohol zu tun hat, ist unrein.

Zur jüngsten Generation der Veden gehören die **Upanishaden**, erstens mit der Lehre von der **Wiedergeburt** in einem Zyklus von Leiden und Tod (*Samsara*) und zweitens von der Befreiung aus diesem Kreislauf (*Moksha*). Diese beiden Aspekte sind noch heute Glaubensbasis, ebenso der Grundsatz, dass der Mensch mit seiner Pflichterfüllung in diesem Leben seine Stellung nach einer Wiedergeburt vorherbestimmt (**Karma**), etwa in einer höheren Kaste mit angenehmeren Lebensbedingungen oder gar in der Erlösung vom Kreislauf der Wiedergeburten.

Ein elendes Leben wird also nicht weltlicher Ungerechtigkeit, sondern eigener Verfehlung im früheren Dasein zugeschrieben, wenn man seine Pflicht gegenüber dem **Dharma**, dem Gesetz der Weltordnung, versäumt hat. Die individuelle Seele **Atman** soll sich bei der Erlösung mit der Seele des Universums, **Brahman**, vereinen.

Spätere heilige Schriften gelten als von Menschen geschaffen, das sind die in den **Puranas** erzählten Götter- und Heldengeschichten, aber auch viele Lebensregeln.

Märchenstunde und Hindu-Ethik: Mahabharata und Ramayana

info

Götter, Helden und Könige beherrschen die Szene im **Mahabharata**, einem Epos von stattlichen 100.000 Versen, wahrscheinlich 3.000 Jahre alt, ursprünglich mündlich überliefert, zunächst ergänzt durch Beiträge von Priestern, wandernden Sehern und Asketen und nach 350 v. Chr. als heiliger Text auf Sanskrit schriftlich festgehalten. Das Mahabharata prägte die Hindu-Kultur, ist volkstümlich in vielen Tanz- und Theaterfassungen, sogar als Film umgesetzt und gehört mit seiner Beschreibung der menschlich-göttlichen Beziehungen und mit seiner Erzählkunst zu den Spitzenwerken der **Weltliteratur**.

Seine Haupterzählung handelt von einem Streit verwandter Herrscherfamilien, der zum blutigen Krieg ausartet: **Pandavas** gegen **Kauravas**. Um diesen Hauptstrang der Erzählung ranken sich noch zahlreiche Nebengeschichten, Betrachtungen und Rückblicke.

Beide Seiten machen sich in böswilligem Machtstreben das Leben schwer (es gibt keine absolut gute oder völlig schlechte Partei). Betrug und Gewalt enden auf dem Schlachtfeld von Kurukshetra (nördlich von Delhi, Vorbild ist wohl ein historisches Ereignis in grauer Vorzeit).

Als Verwandter und **Wagenlenker** des Pandavakönigs *Arjuna* nimmt **Krishna**, ein *Avatar* des Gottes *Vishnu*, am Krieg teil. Er berät den von Zweifeln befallenen, zögernden *Arjuna*. Diese Belehrung innerhalb des Mahabharata-Epos wird **Bhagavad Gita**, der „Gesang Gottes", genannt. Es geht um Pflichterfüllung und menschliche Natur, die – wie alles auf Erden – Göttliches enthält. *Krishna* ist eine Allegorie des Göttlichen im Menschen, der den inneren Konflikt erlebt: eigene Schwäche gegenüber sittlichen Forderungen.

Diese sind nach göttlicher Meinung festgelegt, das **Dharma**, die Rechtschaffenheit, verlangt vom Kriegerkönig, dass er kämpft. Bedenken sind mit dem irdischen Menschen dem Tod geweiht, nur Gott ist unendlich und mit ihm die Seele, die in selbstlosem Handeln und echter liebevoller Hingabe an Gott glaubt (*Bhakti*-Glauben). *Krishna* versteht diese Lehre als ethische Unterweisung für die Menschheit im kommenden grausamen Zeitalter des **Kali Yuga**, das nach seinem Tod – und seiner Rückkehr zum Gott *Vishnu* – anbrechen wird.

Das Mahabharata endet damit, dass die Überlebenden der Schlacht von Kurukshetra nach einer Zeit als Einsiedler und Asketen mit weiteren Prüfungen zu den Göttern aufgenommen werden.

Das **Ramayana**, eine Abenteuergeschichte, erzählt vom Heldenkönig *Rama*, der sich, vom Thron verstoßen, in einer Waldeinsiedelei mit Hilfe treuer Freunde, seines Bruders *Lakshman*, des Affengenerals *Hanuman* und seiner Frau *Sita*, dem Inbild der treuen Gemahlin, durchschlagen muss. Der Dämonenkönig *Ravana* entführt *Sita* nach Lanka (Sri Lanka) und hält sie dort gefangen, sie bleibt trotz

info

Versprechen und Drohung *Rama* treu. Der spürt ihr Versteck mit Hilfe des Affengenerals *Hanuman* auf und rückt mit Kriegern an, um *Sita* zu befreien. Der starke *Hanuman* kann riesige Fels- und Erdmengen herbeischaffen, um eine Brücke zwischen Indien und Lanka zu bauen. *Ravana* wird besiegt.

Hanuman triumphiert, die Keule in der Hand, über einen Dämon – gesehen in Mount Abu

Doch der eifersüchtige *Rama* verdächtigt *Sita* der Untreue, erst durch eine Feuerprobe kann sie den Verdacht zerstreuen. *Hanuman* wird bezichtigt, *Rama* aus eigennützigen Gründen geholfen zu haben, daraufhin reißt er sich seine Brust auf, in der nichts als ein Bild von *Rama* und *Sita* zu sehen ist. Als *Rama* später noch einmal *Sita* der Untreue verdächtigt, bittet sie die Mutter Erde, sie aufzunehmen – dies geschieht, und *Rama*, der bereut, bekommt *Sita* trotz Flehens nicht zurück. Erst als *Sita* bei den Göttern ein gutes Wort einlegt, werden sie und er zusammen bei den Göttern aufgenommen – denn *Rama* ist eigentlich ein *Avatar* des Gottes *Vishnu*.

Szenen aus dieser Geschichte von Treue, Irrtum, Neid und Raub werden oft als erbauliche Volksstücke aufgeführt.

Die Kasten – eine Lehre des Hinduismus

Machtmittel der Eroberer

Das Kastensystem entstand in seinen Anfängen schon ungefähr um 1.600/1.500 v. Chr. Die Dharma Shastras und Dharma Hutras legten die Lehre von den Kasten fest. Sie ist offenbar eine **Regel der Isolation**, mit der die aryschen Einwanderer ihre Integration bei den fähigen und zahlreichen Einheimischen verhindern wollten, ein Machtmittel der Eroberer. In der aryschen Lehre heißen die Kasten **Varna**, das bedeutet „Farbe". Ob sich dieser Name auf unterschiedliche Hautfarben bezieht (Aryer waren etwas hellhäutiger als die alteingesessene Bevölkerung) oder doch auf rituelle Äußerlichkeiten (Farbe von Gewändern), darüber gehen die Meinungen heute auseinander.

Die angesehenste Kaste sind die **Brahmanen** (Priester, Lehrer und Berater), den zweiten Rang nehmen die **Kshatryas** (Krieger, Herrscher) ein. Unter diesen, aber immer noch als Zweifach Geborene angesehen, stehen die **Vaishyas** (Händler, auch Kunsthandwerker, Landbesitzer). Die jungen Männer dieser drei Kasten werden mit der feierlichen Erlaubnis, eine heilige Schnur zu tragen, in die Gemeinschaft aufgenommen. Man kann diese Schnur oft sehen, denn sie wird auch beim Bad im Tempelteich nicht abgenommen. Die Schnur berechtigt zur Teilnahme an Ritualen und zum Lesen und Zitieren religiöser Texte.

Im untersten Rang sind die **Shudras** (Diener, Landarbeiter, Handlanger) eingestuft. Sie gelten sehr wenig, aber zahlreiche Gruppen von Ausgeschlossenen stehen noch unter ihnen. Man nannte sie früher **Parias** oder Unberührbare, da sie unreine Tätigkeiten ausüben müssen, etwa solche, die sie mit dem Tod in Berührung bringen, wie Abdecker, Lederarbeiter, oder Toiletten- und Straßenreiniger. Auch die *Adivasi*, die Stämme der Ureinwohner, werden dazu gezählt. **Kastenlose** werden diskriminiert, in manche Tempel nicht hineingelassen und in den Dörfern dürfen sie das Wasser nicht aus dem gleichen Brunnen wie die Angehörigen höherer Kasten holen. Offiziell sind Benachteiligungen von Mitgliedern der unteren Kasten untersagt. Und auch in Anzeigen Heiratswilliger wird weniger oft als früher die Mitgliedschaft in einer bestimmten Kaste erwartet – gute Ausbildung gilt z. B. viel.

Brahmane an seinem Arbeitsplatz, einem Krishna-Tempel von Raja Muchkund nahe Dholpur

Hindu-Götter und ihre Bilder

info

Was bedeuten die Götterbilder, die in Tempeln als Skulpturen dem Fremden rätselhaft erscheinen? Hier eine kurze Übersicht der wichtigsten Götter, die nach Hindu-Glauben immer nur eine der vielen, ja zahllosen Erscheinungsformen des einzig Göttlichen sind:

Vishnu ist der Erhalter der Welt, vierarmig dargestellt, oft im Schöpfungsschlaf auf der vielköpfigen Weltenschlange ruhend. Aus seinem Nabel wächst eine Lotusblüte, der *Brahma* entsteigt, der eigentliche unmittelbare Schöpfergott.
Vishnu hat neun *Avatare* (Erscheinungsformen): als Fisch, Schildkröte, wilder Eber, Pferd, Mann mit Löwenkopf, Zwerg, schließlich als *Rama*, der königliche Held, als *Krishna*, der Hirtengott und Königsratgeber, und als *Buddha*. *Vishnus* Anhänger werden *Vishnuiten* genannt. *Vishnus* „Fahrzeug" (Reittier) ist *Garuda*, ein menschenköpfiger Vogel. *Vishnus* Gemahlin ist *Lakshmi*, die Göttin des Reichtums, die auf einer Lotusblüte umgeben von weißen Elefanten dargestellt wird.

Brahma gilt als Schöpfergott, der erste in der Trias mit *Shiva* und *Vishnu*. *Brahma* hat vier Gesichter und überschaut das ganze Universum. Seine Gefährtin ist *Saraswati*, die Göttin der Gelehrsamkeit und Musik. Ihr „Fahrzeug" ist ein Schwan.

info

Unter den Hindu-Gläubigen wendet sich nur eine Minderheit zuerst an *Brahma*, nur noch wenige Tempel sind ihm geweiht (z. B. in Pushkar).

Shiva, der auch *Mahadev* genannt wird, wird von vielen Hindus, den *Shivaiten*, als der höchste Gott verehrt. Er ist der Gott des Wandels, daher sowohl Zerstörer, der Neuem Platz macht, als auch ein Erschaffer. Er rettet die Welt, indem er das Gift der dämonischen Kräfte trinkt. Er schluckt es nicht, sondern behält es in seinem Hals und wird darum oft mit grünem oder dunklem Kopf dargestellt. *Shiva* hat vier Arme und ein drittes Auge auf der Stirn. Er wird oft als Tanzender dargestellt, der im Rhythmus des Schaffens und Zerstörens die Welt gestaltet. Seine Wohnung ist auf dem Kailash im Himalaya. Seine Gemahlin ist *Parvati*, die Söhne der beiden sind *Kartikeya*, der Gott des Krieges und der Eitelkeit (Fahrzeug: der Pfau), und *Ganesha*, der elefantenköpfige Gott der Klugheit, der Hindernisse beseitigen und Wohlstand bringen kann, der Süßes liebt und in allen Familien verehrt wird, dessen Bild auch in jedem Tempel steht. Sein Fahrzeug ist die Ratte. *Shiva* wird oft dargestellt, nicht in Menschengestalt, sondern als *Lingam*, als Zeugungsglied (meist in Form einer Säule mit rundem Abschluss) – es soll die Lebenskraft symbolisieren. Der *Lingam* steht oft in einer ovalen Mulde, der *Yoni*, dem Zeichen für weibliche Kraft und Fruchtbarkeit der Erde. *Shivas* Fahrzeug ist *Nandi*, ein Bulle.

Eine Vielzahl weiblicher Gottheiten wird verehrt, häufig als andere Formen von *Parvati* oder auch *Lakshmi*. Die dunkle Seite der weiblichen Gottheiten ist durch **Durga** oder **Kali** dargestellt. *Durga* reitet in Siegerpose auf einem Tiger, *Kali* hingegen tanzt, schwarz, mit furchterregenden Zähnen, roter herausgestreckter Zunge und einer Kette aus Totenköpfen. Zehn Arme und Schlangen um ihren Leib verstärken das Schreckensbild. Sie ist wild und ohne Rücksicht, will aber eigentlich das Böse bekämpfen. Dabei greift sie in ihrer Wut sogar *Shiva* an. Sie wird auch als Verkörperung der weiblichen Kraft (*Shakti*) angesehen.

Krishna, der Hirtengott mit der Flöte und **Rama**, der edle Held, zwei der meist dargestellten Gottheiten, sind in Legenden und Sagen stets lebendig im Bewusstsein der Hindus *(s. Kasten Mahabharata und Ramayana, S. 69f)*.

Hindu-Gottheiten gibt es unzählbare, auch solche, die nur noch in alten Tempeln dargestellt werden, zum Beispiel der Sonnengott *Surya*. Wer sich umfassender informieren will, findet eine umfangreiche Literatur vor.

Die Kastengesellschaft heute

Es ist traurig und empörend, dass die Einteilung in Kasten noch heute gilt. Nur die schlimmsten Auswüchse werden nicht mehr praktiziert: Noch vor 90 Jahren wurde ein Kastenloser bestraft, wenn sein Schatten auf einen Menschen höherer Kaste gefallen war. **Mahatma Gandhi** hat sich besonders um diese Ausgeschlossenen gekümmert: Er nannte sie *Harijan*, das bedeutet „Kinder Gottes", und führte in seinen Wohnungen die unreinen Arbeiten, wie Toilettenreinigen und Fegen, selber aus.

Hochzeitsumzug in Jodphur: Die Familie der Braut zieht mit einer Kapelle durchs Viertel, tanzt und verteilt Süßes

Heute ist die korrekte Bezeichnung dieser Menschengruppe **Dalits**, die Unterdrückten. Sie fordern ihre Menschenrechte ein, die ihnen eigentlich auf dem Papier der Indischen Verfassung schon lange garantiert sind. Dem Gesetz nach gibt es die Kasten überhaupt nicht mehr!

Die ursprünglichen Kasten sind im Lauf der Jahrtausende in etwa 3.000 verschiedene Berufsgruppen und Clans, **Jatis**, aufgeteilt worden. Diese Nebenkasten spielen in der Gesellschaft noch immer eine Rolle, im Leben des indischen Menschen auf dem Land oder in der Stadt, wenn es darum geht zu heiraten. Immer noch sind Heiraten unter Personen, die nicht derselben *Jati* angehören, sehr selten. Eheschließungen außerhalb der eigenen Kaste haben meist völlige Isolation zur Folge – die Familie will mit dem oder der Abtrünnigen nichts mehr zu tun haben. Das ist sehr hart für Betroffene, denn die indische Gesellschaft ist extrem familienorientiert.

Noch immer strenge Trennung

Die Verpflichtungen gegenüber der Kaste, der *Jati* und der engeren Familie gehören zum *Dharma,* der rechtschaffenen Weltordnung, die erfüllt werden muss.

Natürlich führt das moderne Leben zur Abschwächung der Kastenregeln. Bei der Arbeit am Fließband oder im Büro lässt sich die traditionelle Distanz oft nicht einhalten. Die Regierung fördert die gewünschte Gleichberechtigung, indem sie Ausbildungsplätze, auch an den Hochschulen, kastenlosen Studenten und solchen aus den untersten *Jatis (Scheduled Castes)* vorbehält. Auch wenn man die Heiratsanzeigen in den indischen Zeitungen liest, mit denen Familien Partner für ihre Töchter und Söhne suchen, kann man manchmal die Bemerkung lesen, dass Kastengleichheit keine Bedingung sei. Meist sind das aber Anzeigen, die für im Ausland lebende Inder aufgegeben werden. Immer noch glauben die meisten Inder, dass eine Ehe nur glücklich wird, wenn die Eltern des Paares den Partner aussuchen *(arranged marriage)*, und die Wahl der Eltern fällt dann fast zwangsläufig auf Partner der eigenen Kaste und *Jati*.

Lebensstufen eines Hindus

Modernes und traditionelles Lernen

Der erste Lebensabschnitt ist dem **Heranwachsen und Lernen** gewidmet – heute meist mit Schulbesuch, wenigstens einige Jahre lang, nach recht modernen Lehrplänen. Aber es gibt auch noch alte Schultraditionen: Wir beobachteten einmal, wie in einer Schule für Brahmanen nach uralter Art stundenlang Vedentexte in Sanskrit gemeinsam auswendig gelernt wurden. Lernen heißt für viele, auf dem Dorf mit Vieh und Ackerbau umzugehen oder vom Vater zu dessen Handwerk, etwa Weben oder Schreinern, angeleitet zu werden.

Der zweite Abschnitt beginnt mit frühem Erwachsenwerden, das auch **frühe Heirat** einschließt. Eine Familie wird gegründet, die jungen Leute wohnen im Haus der Eltern des Mannes, ein Beruf wird möglichst gewinnbringend ausgeübt, Kinder werden geboren, möglichst Söhne, und erzogen, alte Eltern werden gepflegt.

Der dritte Abschnitt soll dem **religiösen Leben**, der Meditation, gewidmet sein. Auch Pilgerreisen, oft jahrelange, werden nun angetreten. Die Kinder sollten inzwischen versorgt sein, die Söhne im Beruf, die Töchter verheiratet, also in andere Familien weggegeben.

Dann kann eventuell der vierte Abschnitt beginnen, als Zeit einer **besitzlosen Askese**, einem Leben in Versenkung und Bedürfnislosigkeit.

Es ist kein Zufall, dass hier nur von Männern die Rede ist. Frauen erleben diese Lebensstufen anders, meist im Haus, in der Versorgung des Ehemanns, der Schwiegereltern oder der Kinder. Ihre religiöse Andacht findet vor dem Götterbild des Hauses statt, das sie täglich schmücken und vor dem sie regelmäßig beten. Die moderne Entwicklung – in der Stadt mehr als auf dem Land – sieht auch Schul- und Berufsausbildung der Mädchen vor. Das gerät sicherlich oft in Konflikt mit dem Idealbild der aufopfernden Häuslichkeit der Frau. Viele Frauen unterwerfen sich schließlich. Inderinnen, die wirklich unabhängig und eigenständig leben und arbeiten, haben sich mit viel Mut durchsetzen müssen.

Indische Asketen

Askese und Ansehen

Heilige Männer werden sie genannt oder **Saddhus**. Sie stehen auf der Straße, nahe bei Tempeln, oft sind sie fast unbekleidet, bis auf etwas Stoff um die Lenden, und mit feuchter Asche eingerieben. Sie erbetteln sich das Wenige, das sie zum Essen brauchen. Manche halten sich länger an einem Ort auf, versorgt und verehrt von Menschen. Manche werden oft um Rat in Lebensfragen angegangen, haben sie schließlich die Rolle eines **Gurus**. Dabei ist zu ergänzen, dass nur wenige *Gurus* in Asche gekleidete Asketen sind.

Das große Ziel aller Asketen ist **Moksha**, die Erlösung vom Zwang zur Wiedergeburt. Manche haben schon in jungen Jahren mit dem bedürfnislosen Leben angefangen, als Schüler älterer Asketen.

Es gibt in Indien phantastische Formen der Askese: Männer, die übermäßig abgemagert sind, solche, die seit Monaten (oder Jahren?) ohne Unterbrechung einen Arm steif in die Luft halten, der, abgestorben, nicht mehr aussieht, als ob er noch zu einem lebendigen Leib gehört, oder andere, die unablässig auf einem Bein stehen, oder solche, die nur noch rückwärts gehen, welche, die sich die Barthaare meterlang wachsen lassen, andere, die den Kopf in ein Erdloch vergraben und so stundenlang kopfstehend ausharren, sogar welche, die ihr Genital mit allerhand schrecklichen Geräten durchbohrt haben. Die *Saddhus* trifft man an viel besuchten Pilgerorten, am Rande von Tempelfesten (zum Beispiel in Pushkar).

Saddhus verbessern mit Meditation und asketischem Leben ihr Karma

Nicht alle Inder stimmen den Auswüchsen der Askese zu, ich hörte abfällige Bemerkungen. Aber meist werden *Saddhus* geduldet und durch kleine Gaben unterstützt.

Gurus lehren Lebensphilosophie

Ein *Guru* soll das Unwissen bekämpfen, das Sanskrit-Wort bedeutet „Vertreiber der Dunkelheit". Er soll einen Ruf als „Heiliger Mann" haben, was nicht heißt, dass er unbedingt Wunder vollbringt, wohl aber, dass er zu der Kenntnis religiöser Texte noch ein vorbildliches, bescheidenes, aber nicht unbedingt asketisches Leben führt. Er gibt seinen Schülern Rat, hilft ihnen, den Schwierigkeiten und Konflikten der Welt gegenüber zu treten, leitet sie auf den Weg zur **Bakhti**, der liebenden Hingabe zum Göttlichen, und zum Weg der Erkenntnis und übt mit ihnen die richtige Weise der **Meditation**. Meist haben die *Gurus* einen festen Ort, wo sie ihre Lehre verbreiten. Die einfache Form dieses Ortes nennt man *Ashram*, die moderne nennt sich auch Zentrum für Meditation und Lebenshilfe. *Gurus* erhalten Geld von ihren Schülern und Anhängern, es sollten freiwillige Spenden sein. Die rechten *Gurus* behalten das Geld nicht für eigenen Komfort oder gar Luxus, sondern verwenden es zum Nutzen der weniger bemittelten Menschen. Es gibt *Gurus*, die Krankenhäuser oder Schulen schon Kraft ihrer Autorität stiften.

Weise Lehrer

Hindu-Religion im täglichen Leben

In Nordindien, in Rajasthan, dürfen – mit wenigen Ausnahmen – auch Fremde aus dem Westen die **Hindu-Tempel besuchen**. Nur in das Allerheiligste dürfen sie

Typisch nordindisch: Der reich gegliederte Tempelturm (bei Dungarpur) wird von einem runden Stein gekrönt

nicht hinein. Wie jeder Hindu sollten auch Gäste beim Tempelbesuch äußerlich sauber sein. Viele Hindus nehmen vorher sogar ein Bad. Der Respekt verlangt, dass alle Besucher ihre Schuhe auf den Treppen vor dem Tempel lassen, mancherorts soll man auch die Strümpfe ausziehen. Tempelrituale sind meist sehr stimmungsvoll, Öllampen leuchten und werden vom Priester bewegt, Gongs und Glocken werden angeschlagen.

Man erwartet vom Tempelbesucher eine kleine Gabe: Einfache Leute bringen Blumen, etwas Reis oder Räucherstäbchen, sonst sind Geldscheine als Spende üblich. **Puja** heißt eine einfache Opfer- und Gebetszeremonie im Tempel. Betend will der Gläubige **Darshan**, die Nähe zu Gott, erreichen. Es versteht sich von selbst, dass der Gast Betende auf keinen Fall stören und irritieren soll. Wer den Tempel verlässt, bekommt vom Priester **Prasad**, eine symbolische Gabe, die meist aus einigen Körnern Zuckerreis besteht. Die Höflichkeit gebietet, diesen nicht achtlos wegzuwerfen, wenn man ihn nicht essen will. Erlaubt ist, ihn weiter zu schenken, etwa an Kinder auf der Straße.

info

Das wichtigste Fest im Leben des Hindu: die Hochzeit

Die Hochzeit findet nicht im Tempel statt. Der Priester kommt in den Kreis der Feiernden. Die Hochzeit ist in sehr großem Maße eine Familienangelegenheit und für das ganze soziale Umfeld wichtig. Unverheiratete gibt es fast nicht in diesem Land. Den Fremden erstaunt vielleicht der volkstümliche Festrummel, die laute Musik, das reichliche, lang dauernde Festmahl und die Masse der Gäste. Getanzt und gesungen wird schon in der Nacht vorher. Die Braut feiert mit weiblichen Verwandten, der Bräutigam mit Freunden, Kollegen, Männern aus seiner Familie.

In Rajasthan erlebt man öfter einen Anblick wie aus einem Märchen: Auf einem Schimmel, stolz aufrecht sitzend, reitet ein junger Mann in hellen Gewändern mit einem großen roten Turban auf dem Kopf durch die Straßen der Stadt. Überall bleiben die Leute stehen, rennen aus den Häusern. Der junge Mann ist ein Bräutigam, geschmückt mit Ketten, Ringen und glänzenden Gürteln – alles glitzert. Wenn es ein reicher Herr ist, ist der Schmuck echt, die ärmeren haben Flitter, Imitationen, das tut der Bewunderung keinen Abbruch. Vor und hinter ihm schreitet der Festzug, darunter Männer mit lauten Musikinstrumenten, die in den

info

höchsten Tönen spielen. Der junge Mann hat einen kleinen Jungen, der ähnlich wie er selbst gekleidet ist, vorne auf seinem Schimmel: den „Kleinen Bräutigam“, ein Kind aus der Verwandtschaft. Ein Maskottchen? Etwas, um böse Dämonen zu verwirren? Die Leute erklären es nicht, es ist eben einfach der Brauch bei Hochzeiten in einer höheren Kaste in Rajasthan.

Der Bräutigam reitet zum Haus der Braut, wo er sie und ihre Familie abholen wird, nachdem er mit Geschenken und freundlicher Hochachtung empfangen wurde. Die Hochzeiter gehen oder fahren, oft in gemieteten Prachtlimousinen, zu einem Festzelt, das oft in der Nachbarschaft eines Luxushotels aufgestellt ist – oder doch nur auf einem sandigen, umfriedeten Gelände. Es gibt heute auch immer mehr Hochzeitshäuser, mit Zimmern für Übernachtungsgäste.
Zuvor nimmt die Braut Abschied von ihrem Elternhaus, tränenreich, denn das gehört sich so und ist oft auch echter Schmerz, denn sie weiß ja nicht genau, was sie erwarten wird in ihrer neuen Familie.

Bevor die **Trauung vor einem heiligen Feuer**, vom Brahmanen entzündet, stattfindet, nimmt der Bräutigam auf einer Art Thron Platz. Und nun kommt, von ihrer Mutter oder einer anderen nahen Anverwandten geleitet, auch die Braut. Sie muss geführt werden, denn sie ist tief verschleiert – es ist offiziell das erste Mal, dass sich Braut und Bräutigam von Angesicht zu Angesicht sehen werden. Früher war das tatsächlich so, heute haben sich die meisten Brautpaare vor der Hochzeit unter Aufsicht getroffen. Die Braut lüftet also den Schleier, der Priester verknotet die Hände des Brautpaares mit einer safrangelben Schärpe, die Braut wird von dem vorangehenden Bräutigam siebenmal um das Feuer geführt. Der Brahmane zitiert dabei heilige Verse.

Danach muss das Brautpaar, nebeneinandersitzend, zahllose Glückwünsche von Freunden und Verwandten entgegennehmen. Da auch bei Leuten aus dem Mittelstand oft Tausende von Gästen an den Hochzeitsfeierlichkeiten teilnehmen (wie uns ein Bürger von Jodhpur aus Erfahrung versicherte), kann das ununterbrochen mehr als 24 Stunden dauern. Und das ist hart, wo doch die jungen Eheleute jeder für sich schon die ganze Nacht vorher durchgefeiert haben.

Die Jains (Jainas)

Wohlstand und Gewaltverzicht

Wohlhabend, tonangebend – es ist erstaunlich, wie eine Religionsgruppe, der gerade nur 0,4 Prozent der Bevölkerung Indiens angehören, über großen Einfluss verfügt und sehr bekannt und angesehen ist. Unter den Jains sind, meist im Nordwesten Indiens, zahlreiche, seit Generationen erfolgreiche Kaufleute. Sie haben von jeher als Händler überall gute Verbindungen, pflegen seit Jahrhunderten eine hohe Kultur der Schriften und Aufzeichnungen, versorgen die Landbevölkerung mit Waren, sind weltoffen und modernem wirtschaftlichen Denken aufgeschlossen. Sie können mit Geld umgehen und verfügen meist über stabilen finanziellen Hintergrund. Und das hat, so ungewöhnlich es erscheint, durchaus mit Religion zu tun.

Die Welt und das Dahinter in Stein zu fassen, ist das anspruchsvolle Ziel der Jain-Tempelarchitektur

Viele westliche Menschen haben im Zusammenhang mit dem Wirken *Mahatma Gandhis* schon von **Ahimsa** gehört. Das Wort bedeutet **Gewaltlosigkeit** und Achtung vor dem Leben. Es ist einer der wichtigsten Grundsätze der Jains. Sie leben gerade diesen Grundsatz konsequent aus. Natürlich ist ein Jain niemals Krieger. Und sie sind alle Vegetarier, denn Tiere zu schlachten, verstößt gegen *Ahimsa*. Auch das Leben der kleinen Tiere in der Ackererde ist ihnen unantastbar, darum können sie nicht als Landwirte arbeiten. Es waren ihnen also aus religiösen Gründen zwei der wichtigsten Berufe des alten Indien verschlossen. So wurden viele von ihnen Kaufleute. Im Lauf der Jahrhunderte wuchsen in traditionellen, erfolgreichen Jain-Händlerfamilien große Vermögen und großer Einfluss. Die Jains sind daher eine wichtige soziale Gruppe in Indien.

Der Besucher Indiens erfährt von den Jains meist beim Betrachten ihrer außerordentlich kunstreichen Tempel. In Rajasthan findet man diese skulpturenreichen Marmor-Architekturwunder großartig in Ranakpur (nördlich von Udaipur) und auf der Hochebene Mount Abu (**Dilwara-Tempel**). Auf den Wegen dorthin sieht man immer wieder weiß gekleidete Pilger, die einen Mundschutz tragen und mit einem Besen den Weg vor sich her kehren – alles im Bemühen, nur ja keine kleinen Insekten zu töten.

Ursprung

Den geschichtlichen Ursprung des Jainismus führt man auf einen Hindu-Heiligen und Asketen, **Vardhamma**, zurück, er wollte im 6. Jh. v. Chr. den Hinduismus der Brahmanen reformieren. Er wurde von vielen Hindus sehr verehrt und nannte sich später *Mahavir* („Großer Held"). Wie *Buddha* und fast zeitgleich wurde er nördlich von Patna geboren. *Mahavir* wird als Vollender einer langen Folge von **Tirthankaras** verehrt. Das bedeutet „Bereiter einer Furt", nämlich durch den Ozean von Geburt, Elend und Tod (*Samsara*), dem nach Hindu-Glauben wegen der immer wiederholten Wiedergeburten schwer zu entrinnen ist.

Trotz dieser Verbindung mit dem Hinduismus nimmt man an, dass Vieles im Jainismus, etwa die hohen Anforderungen an asketisches, frommes Leben, nicht auf die Veden, sondern auf noch ältere Überlieferungen zurückgeht.

Allerdings sind nicht alle Gläubigen zur höchsten Askese verpflichtet, außer Mönchen und Nonnen gibt es Laien. Aber für alle gilt – neben der schon erwähnten Gewaltlosigkeit *Ahimsa* – das Gelöbnis der *Asteya* (nicht zu stehlen), der *Brahmacharya* (Mäßigung der körperlichen Wünsche, Keuschheit) und der *Aparigraha* (innere Unabhängigkeit von weltlichen Gegenständen).

Digambaras, eine Minderheit der Jain-Gläubigen, praktizieren ihr Bekenntnis zur Nacktheit mitten im Alltag

Erkenntnisprinzip ist die **Anekantavada**: Die Wirklichkeit kann von verschiedenen Standpunkten aus auf unterschiedliche Weise gesehen werden. Dies führt zur **Toleranz** in Glaubens- und Lebensdingen. Häufig sind Grundsätze des Jainismus in die Hindu-Welt eingedrungen. Zum Beispiel in der Biografie *Mahatma Gandhis* sind viele Züge der Jain-Religion zu finden, obwohl er Hindu war.

Im Jainismus gibt es zahlreiche **Wunderlegenden** aus dem Leben der *Tirthankaras*. In Ajmer (bei Pushkar) kann man im **Nasiyani-Tempel** eine Halle mit goldglänzenden Nachbildungen der Jain-Legendenwelt sehen, die vielfigurig in drei Stockwerken aufgebaut ist, mit Elefantenprozessionen und fliegenden Geistern – naive Kunst mit Goldauflage aus dem 19. Jh., Stiftung eines reichen Jains.

Zu erwähnen sind noch die beiden Jain-Sekten: weiß gekleidet die **Shvetambaras**, dagegen asketisch luftgekleidet, also nackt, die **Digambaras**, die allerdings selten zu sehen sind.

Für Besucher eines **Jain-Tempels** ist wichtig zu wissen:

Einige Regeln

Es dürfen keine Gegenstände aus Leder mitgeführt werden (sie stammen von toten Tieren), ebenso keine Nahrungsmittel und Getränke (sie könnten etwas „Unreines" enthalten), auch Frauen, die ihre Monatsregel haben, gelten als unrein und dürfen nicht in den Tempel.

Buddhismus

Auch diese Religion wurde im 6. Jh. v. Chr. in Indien gegründet. Sie hat noch heute für viele Suchende Antworten, weit über Indien hinaus. Ihr Gründer **Buddha** wurde in frühen Zeiten symbolisch dargestellt, als Fußabdruck, Lotusblüte, Schirm oder Elefant, später auch in figürlichen Abbildungen. Von *Buddhas* Leben wissen wir nur durch spätere Aufzeichnungen und Legenden, seine Lehren sind erst nach dem 1. Jh. v. Chr. schriftlich bezeugt.

Eine der bedeutendsten heiligen Stätten des Buddhismus in Indien ist die Stupa in Sanchi östlich von Bhopal

Buddha wurde nach dieser Überlieferung als Prinz *Siddharta Gautama* nahe der heutigen nepalesischen Grenze geboren, war nach einem isolierten Hofleben als junger Mann tief berührt, als er von der leidvollen Existenz des Menschen erfuhr. Befreiung von der Last irdischen Leids konnte er nicht durch Askese, sondern nur durch Erkenntnis erlangen, die er in Bodhgaya (Bihar) unter dem **Bodhi**-Baum erfuhr. Er verkündete seine Lehre, die sagt: **Alles Leben ist Leid**. Ursache des Leidens ist törichtes Begehren. Das Leiden kann überwunden werden: Erlösung ist möglich. Der „Achtfache Pfad" führt zur Erlösung (**Moksha**): rechte (= richtige) Anschauung, rechte Gesinnung, rechtes Reden, rechtes Handeln, rechte Lebensführung, rechtes Streben, rechtes Nachdenken, rechtes Sichversenken.

Mit Hilfe dieser Lehre (*Dharma*) soll der Mensch zur Weisheit, Erlösung und zum glücklichen Erlöschen (**Nirvana**) kommen.
Der Buddhismus, wie er damals in Indien entstand, kennt kein Gottesbild, er ist Erkenntnis- und Morallehre. *Buddha* erwartete den Weg zur Erlösung nur von seinen Mönchen und Nonnen, nicht vom Volk. Aber er war gegen das Kastenwesen und nahm alle Suchenden in seinen Orden auf. Diese Güte und Toleranz machten den Buddhismus so anziehend. Doch in Indien hat seine Lehre schon seit Langem nicht mehr viele Anhänger, obwohl sie doch einmal, vor über 2.200 Jahren, über ganz Indien verbreitet war. Kaiser *Ashoka* *(s. Geschichte, S. 16f)* regierte sein Reich damals nach den Grundsätzen des Buddhismus.

Nach dem Tod *Buddhas* hatte es Glaubensstreitigkeiten gegeben, verschiedene Zweige des Buddhismus entstanden, unter ihnen die Richtung des **Mahayana**, die eine Heilslehre ist mit Paradiesvorstellungen und dem Glauben, dass immer wieder neue Buddhas geboren werden können.

Der tibetische Buddhismus gehört zur Mahayana-Richtung. Buddhismus ist einer der wichtigsten und größten Exporte Indiens geworden, er lebt in Südost- und Ostasien weiter. Doch in Indien verdrängten im 8. und 9. Jh. n. Chr. die Brahmanen mit der Herrschaftslehre des Kastenwesens den Buddhismus wieder, vereinnahmten ihn schließlich, denn *Buddha* wird bis heute als *Avatar* (Erscheinungsform) des Hindu-Gottes *Vishnu* betrachtet. Im 20. Jh. gewann der Buddhismus neue Anhänger unter den kastenlosen *Dalits*, die den Makel der mangelnden Kasten-Zugehörigkeit als Buddhisten abwerfen konnten. Sie und Tibeter im Exil sind eine sehr kleine buddhistische Minderheit im heutigen Indien.

Suche nach Orientierung

Im beginnenden **21. Jh.** findet der Buddhismus jedoch ganz andere Anhänger im dramatisch zur wirtschaftlichen Großmacht aufsteigenden Indien. Es sind junge Geschäftsleute, Manager und Wissenschaftler, die für ihr inneres Leben nach verlässlicher Orientierung suchen. Sie vertrauen weder der traditionellen Familie noch den Riten des Hinduismus. Mit Scheidungen und immer häufigerer, beruflich bedingter räumlicher Trennung von den Eltern und Angehörigen lösen sich viele Familienbande, und der bunte Götterhimmel des Hinduismus erfüllt nicht mehr das Verlangen vieler nach spiritueller Kraft. Die Werteordnung des Buddhismus – nicht töten, aufrichtig leben, statt Betäubung innere Klarheit suchen – scheint für immer mehr Inder eine haltbare, hoffnungsstiftende Alternative.

Sikhs

Man kann sie leicht als Sikhs erkennen, denn sie tragen entweder sehr sorgfältig gebundene Turbane oder, als Jungen oder junge Männer, merkwürdig auf dem Kopf geknotete Tücher, sie sind akkurat gekleidet und sehr gründlich bei ihren Tätigkeiten. Ihre Religionsgemeinschaft wurde vor etwa 500 Jahren im Nordwesten Indiens, im Punjab, gegründet.

Heute sind Sikhs in allen nördlichen Bundesstaaten Indiens anzutreffen, besonders in den Städten, sehr viele kamen nach 1947 als Flüchtlinge aus dem geteilten Punjab nach Delhi. Ihre Religion entstand aus dem Versuch des Gründers **Guru Nanak**, Grundsätze des Hinduismus und des Islam zu vereinigen. Das

Großer Turban, getrimmter Bart und festes Zupacken ohne Kastenvorbehalte: So präsentieren sich viele Sikhs im Alltag

misslang, weil es auf den Widerstand der muslimischen Herrscher stieß. *Guru Nanak* war beeinflusst von den mystischen Strömungen, die im 16. Jh. unabhängig voneinander sowohl im Hinduismus in der Bhakti-Bewegung als auch im Islam (im Sufismus) entstanden waren.

Glaube und Ethik

Die Sikhs glauben an **einen Gott** und verehren ihr heiliges Buch, das **Guru Granth** (oder Granth Sahib) genannt wird, eine Sammlung aus Liedern und Schriften zehn historischer *Gurus*, die im 16. und 17. Jh. predigten. *Guru Nanak* verkündete: Hingabe an den Willen Gottes, gerechtes und richtiges Handeln und Verhalten als Voraussetzung für die Erlösung und das Einssein mit Gott. Heilsbringende Tugenden sind die Bereitschaft, uneigennützig zu dienen, Mäßigung, Selbstbeherrschung und Geduld. Sikhs kennen **keine Kasten**. Alle Menschen sollen brüderlich miteinander umgehen. Frauen haben wesentlich mehr soziale Rechte als im Hinduismus. Toleranz gegenüber anderen Religionen wird verlangt. Sikh wird man im Unterschied zum Hindu nicht durch Geburt, sondern durch Bekenntnis.

Da ihre Religionsgemeinschaft Erfolg und Zulauf hatte, wurden die Sikhs, auch ihre Familien, während der Mogulherrschaft grausam verfolgt. Sie entwickelten sich daraufhin zu einer verteidigungsbereiten, Waffen führenden Gesellschaft, die von dem letzten ihrer zehn *Gurus* in der **Khalsa** (Opferbereitschaft) organisiert wurde. Alle Männer tragen seither zum Zeichen ihrer Verteidigungsbereitschaft die **fünf „K"**: *Kesha* (ungeschnittenes Bart- und Haupthaar), *Kangha* (Kamm), *Kara* (Armband aus Stahl), *Kachi* (Kniehosen), *Kirpan* (Dolch). Die Männer heißen mit Beinamen nach dem Eigennamen alle *Singh* (Löwe).

Die Sikhs fühlten sich auch in neuerer Geschichte oft bedroht durch staatliche Willkür und fürchteten um ihre Identität, als ihnen im unabhängigen Indien ein eigener Bundesstaat verwehrt wurde. Terroristen aus ihren Reihen, die nicht den Beifall der Mehrheit der Sikhs hatten, ließen die Auseinandersetzung eskalieren.

Schwerbewaffnete verschanzten sich 1984 im **Goldenen Tempel** in Amritsar, dem großen, wunderschönen Heiligtum der Sikhs, in dem zu allen Tagesstunden aus dem Granth Sahib, dem heiligen Buch, gelesen wird. Es kam zum Sturm des indischen Militärs auf den heiligen Ort, danach zur terroristischen Gegenaktion: Die indische Ministerpräsidentin *Indira Gandhi* wurde 1984 durch ihre Sikh-Leibwächter in Delhi ermordet. Grausame Pogrome des Mobs an gänzlich unbeteiligten Sikh-Mitbürgern folgten.

Gastfreundschaft der Sikh

Sikh-Tempel heißen **Gurudwara**, sie sind meist ganz weiß und sehr offen für Besucher. Alle, Pilger und Besucher, sind eingeladen, ein einfaches Mahl aus der Tempelküche, die immer dabei ist, einzunehmen. Einen *Gurudwara* betritt man mit bedecktem Kopf und barfuß, nachdem man durch ein (möglichst fließendes) Wasser gewatet ist.

Im Indien von heute haben Sikhs wegen ihrer großen Zuverlässigkeit verantwortungsvolle Posten in Militär, Regierung und Verwaltung bis in die höchsten Ränge. Im Geschäftsleben gibt es Sikhs, die sich aus praktischen Gründen Haar und Bart schneiden, aber an den Idealen ihres Glaubens festhalten.

Einst war Agra eines der Zentren der islamischen Welt, heute sind die Muslime ein wichtiger Teil der indischen Nation

Islam

Dem Islam verdankt Indien einige der wichtigsten und meistgefeierten Monumente, unter ihnen das **Taj Mahal** in Agra und die **Jami Masjid** (die Große Moschee) in Alt-Delhi. Viele Besucher, die zum ersten Mal indische Moscheen betreten, sind überrascht: Sie sehen ganz anders aus als Moscheen in der Türkei oder in Europa. Der Gebetsraum ist aus klimatischen Gründen meist ein offener Hof. Vor der westlichen Wand des Gebetshofes steht eine hohe Halle, in deren Mitte eine oft kunstvoll ausgestaltete Gebetsnische, der *Mihrab*, zu sehen ist, daneben das Predigtpodest, *Minbar*, über einem Treppenaufgang.

Da die Gebete immer nach dem heiligen **Mekka** in Arabien ausgerichtet werden, das von Indien aus gesehen westlich liegt, werden die indischen Moscheen dementsprechend gebaut. Ob Gläubiger oder Gast, jeder muss vor dem Betreten der Moschee und des Hofes seine Schuhe ausziehen.

Weite Verbreitung

Der Islam ist durch Eroberungen nach Nordindien gekommen und hat sich so ausgebreitet, dass Indien heute die Heimat von über 120 Millionen Muslimen (**mehr als 11 Prozent** der Bevölkerung) ist. Bis 1947, als das britisch beherrschte Indien in Pakistan und Indien geteilt wurde, gab es noch weit mehr Muslime in den Regionen des heutigen Indien. Viele wanderten damals aus oder wurden mit Gewalt vertrieben.

Seit 1206, dem Beginn des Sultanats von Delhi, etablierten sich in Nordindien wechselnde muslimische Herrschaften. Unter den **Moguln** erlebte die muslimische Kultur Indiens ihren machtpolitischen und kulturellen Höhepunkt – heute gehört sie ganz selbstverständlich zum indischen Kulturerbe. In Kunst, Architektur, in Sprache und Literatur bewirkte gegenseitiger Einfluss indische Hochblüte. Die Mogulhöfe zogen Künstler aus Persien an, Hindukunst steuerte Sinn für indische Farben und Formenreichtum bei. In der Miniaturmalerei ignorierten muslimische Künstler weithin das Verbot menschlicher Darstellungen.

Die muslimischen Herrscher in Indien sahen von massenweiser Missionierung oder erzwungenem Glaubenswechsel ab. Viel günstiger war es für sie, von den „Heiden" höhere Steuern als von ihren Glaubensbrüdern einzuziehen. Übertritte zum Islam gab es hauptsächlich im Umkreis von Hof und Verwaltung. Aber auch dort nicht generell – man denke nur an die offizielle Zusammenarbeit vieler Hindu-Maharajas mit den Sultanen.

Indische Muslime gehören häufig zu den **Sunniten**, die sich besonders im 18. Jh. unter dem Einfluss der Sufi-Heiligen ausbreiteten, mit einer sehr emotional geprägten Gottesverehrung. Die **Schiiten**, die sich auf den *Mohammed*-Enkel *Ali* berufen, sind durch den Einfluss Persiens nach Indien gekommen. Sie feiern das Fest Muharram mit Umzügen, auf denen glitzernde Nachbildungen eines Grabmals ihres Märtyrers *Hussein* durch die Ortschaften getragen werden.

Islam vs. Hinduismus

Der Islam ist dem Glauben der Hindus ganz entgegengesetzt. Muslime glauben an einen **einzigen Gott**, an körperliche **Auferstehung** nach dem Tode, je nach Verdienst zum Paradies oder zur Hölle. Der Islam kennt **keine Kasten** oder Rassenunterschiede, sondern fordert die Brüderlichkeit der Gläubigen. Es gibt – dies entspricht dem Hinduismus – keine geschlossene Priesterschaft mit geistlichem Oberhaupt. *Imame* sind Kenner des heiligen Korans, in sozial anerkannter Position, als Erklärer für die Gläubigen gedacht. Der Islam ist eine Buchreligion (Koran), auch eine Stifterreligion (des Propheten *Mohammed*) und Bekenntnisreligion (nicht durch Geburt vermittelt wie der Hinduismus).

Der **Koran** gilt als so heilig, dass er nicht übersetzt werden darf. Darum lernen alle jungen Muslime in den Koranschulen (*Medresen*) die arabische Sprache mindestens soweit, wie sie für Zitate nötig ist. Immerhin bedeutet das eine geistige Schulung, die der Minderheit der Muslime von Vorteil ist.

Wenn man in den Städten in ein Muslim-Viertel kommt, kann man nicht übersehen und überhören, dass die Gläubigen von den **Minaretten** (Türmen) der Moscheen häufig zum Gebet gerufen werden: Fünfmal am Tag ist Pflicht, bei Tagesanbruch, mittags, nachmittags, bei Sonnenuntergang, beim Beginn der Nacht. Pflicht ist auch, den Armen Almosen zu geben und jedes Jahr im **Ramadan** tagsüber zu fasten. Es empfiehlt sich für den Reisenden, im Monat des Ramadan mittags nicht in einem muslimischen Stadtteil nach einem Speiserestaurant zu suchen, denn die haben dann häufig geschlossen. In den ganz großen Städten freilich gibt es meist religiös gemischte Straßen.

In muslimischen Restaurants werden keine alkoholischen Getränke ausgeschenkt, denn jede Art von Alkohol ist verboten (das wird privat oft außer Acht gelassen),

Heute ist Ajmer das wichtigste muslimische Pilgerziel in Rajasthan.

außerdem essen Muslime kein Schweinefleisch, anderes Fleisch muss für sie koscher (ausgeblutet) sein. Verboten sind ferner Glücksspiele und die Zinsforderung für ausgeliehenes Geld.

In den Zeiten des Ramadan kann man auf den Flughäfen oft Scharen von weiß gekleideten Leuten begegnen, die alle nach Saudi-Arabien wollen. Oft kommen sie aus Dörfern und tun sich schwer in der unbekannten Flughafenorganisation. Sie sind auf der großen Pilgerreise nach Mekka, auf der **Hadj**. Auch sie ist eine Glaubenspflicht, der sich der Muslim, wenn möglich, mindestens einmal im Leben unterziehen soll. Die Rückkehrer dürfen ein „*Hadji*" vor ihren Namen setzen. Oft schmücken die Familien die Häuser zur Heimkehr eines *Hadji* mit arabischen Sprüchen und schönen Mustern, aber natürlich nie mit figürlichen Darstellungen, denn die sind im Islam verboten.

Auf Pilgerreise

Wenn es doch wunderschöne Miniaturbilder indisch-islamischen Ursprungs gibt (besonders im 17. Jh.), so ist das – siehe oben – ein Zeichen für den Einfluss indischer (und auch persischer) Kunst.

Radikalisierung von Muslimen, die zur terroristischen Gewalt führt, hat meist ihren Ursprung in muslimischen Staaten außerhalb. Sie wächst auch als Antwort auf ebenso gewaltsamen Hindu-Fundamentalismus, der erklärtermaßen Millionen von Muslimen aus dem Land vertreiben will. Die große Mehrheit der indischen Muslime hofft weiterhin wie ihre Vorväter, friedlich in ihrer Heimat zu leben.

Christentum

In Goa hatte die katholische Kirche ihre erste starke Mission in Indien, damals entstand auch diese Kirche in Panjim

Christen sind eine kleine Minderheit von wenigen Prozent der indischen Bevölkerung. Im nordwestlichen Indien gehen die Christengemeinden hauptsächlich auf Missionierungen während und nach der britischen Kolonialzeit zurück. Im Süden Indiens gibt es dagegen schon seit den 1. Jh. n. Chr. Thomas-Christen, die sich auf den Apostel Thomas berufen. **Katholische** Christengemeinden entstanden erst im 15. Jh., zu Beginn der portugiesischen Kolonisierung. Katholische Gemeinden in Delhi entstanden meist aus der Zuwanderung von Südindern. Es gibt evangelische Missionsaktivitäten in Nordindien, die von nationalistischen Hindus angegriffen worden sind. Meist aber werden Christen mit ihren sozialen Aktivitäten und ihren Einrichtungen anerkannt.

Hindus haben meist keine Hemmungen, auch zu *Jesus* oder zu *Maria* zu beten und dazu christliche Kirchen zu besuchen, ohne selber Christen zu sein. Die Anerkennung alles Heiligen gehört zu ihrer Kultur, wenn es auch Ausnahmen gibt.

Judentum

Zum ersten Mal nach langer Zeit erfuhr man im Westen über Angehörige des jüdischen Glaubens in Indien, als 2008 die Terroranschläge in Mumbai auch ein jüdisches Zentrum, eine Synagoge, trafen. Erschüttert kommentierten in Indien lebende Juden, dass es solche Verfolgung bisher in diesem Land nie gegeben habe, gerade deshalb hatte Indien den Ruf religiöser Toleranz.

Lange jüdische Tradition

Ursprünglich lebten jüdische Gemeinden schon jahrhundertelang in Indien, nicht nur im Süden. Juden, die sich in den Städten niedergelassen hatten, waren gesellschaftlich hoch anerkannt, als Handwerker, Philanthropen und Förderer der Wissenschaften.

Als Indien 1947 unabhängig wurde, zählte man etwa 25.000 indische Juden in den Bundesstaaten. Durch Auswanderung nach Israel, wo besonders die jüngere Generation eine Aufgabe und Chance sah, war ihre Zahl Anfang der 1990er Jahre auf knapp 5.300 gesunken. Weil jedoch die Zahl der jährlich nach Indien reisenden israelischen Touristen beträchtlich ist, haben Missionare orthodoxer Richtung, die aus den USA kamen, jüdische Zentren als bescheidene Treffpunkte eingerichtet. Ein solches Zentrum wurde im Winter 2008/09 von den Terroristen angegriffen. Diese muslimischen Terroristen kamen aus Pakistan, wie auch die pakistanische Regierung zugeben musste.

Es ist zu hoffen, dass Indien durch die Kraft der Gutwilligen zur lange geübten Toleranz unter allen Religionen zurückfindet.

Parsismus

Besonders in der Gegend von Mumbai (Bombay) ist diese sehr kleine religiöse Minderheit vertreten, einflussreich in Handel und Industrie, mit eigener Kultur und Sprache. Der Parsismus ist eine importierte Religion, nicht in Indien entstanden. Sein Name deutet auf sein Ursprungsland hin: Aus **Persien** waren seine Anhänger als Flüchtlinge vor den islamischen Arabern im 7. Jh. n. Chr. geflohen. Heilig sind den Parsen die vier Elemente Feuer, Wasser, Erde und Luft, die nicht durch Tote verunreinigt werden dürfen. Darum kennen sie weder Erdbestattung noch Verbrennung, sondern setzen Tote in dafür bestimmten, streng abgeschlossenen Geländen aus, damit Geier sie verzehren.

Heilige Elemente

Ihre Religion geht auf **Zoroaster** zurück, der in der westlichen Welt als *Zarathustra* bekannt ist und vermutlich um 800 v. Chr. gelebt hat. Sie verehren monotheistisch einen Gott des Lichtes und des Guten (*Ahura Mazda*) in Tempeln mit heiligem Feuer (Feueranbeter) und kennen die Existenz eines bösen Prinzips (*Ahriman*), dem sie in ihrem Leben entgegenwirken sollen. Das erklärt ihr soziales Engagement.

Politik und Wirtschaft

Politik

Indien ist eine Demokratie, trotz aller Bedrängnisse und Schwierigkeiten. Im Frühjahr 2009 fanden die 17. Wahlen für das Parlament in New Delhi statt, und es ist ein wachsendes Zusammengehörigkeitsgefühl der so verschiedenen 28 Bundesstaaten zu beobachten. Rajasthan ist ein Zusammenschluss aus 15 ehemaligen Fürstenstaaten Rajputanas und dem vor 1947 unter britischer Verwaltung stehenden Ajmer. Entscheidend war die gemeinsame, dem Hindi verwandte Sprache des Gebietes, das Rajasthani. In Rajasthan leben 5,5 Prozent der indischen Bevölkerung (jüngste Statistik von 2001).

Langsames Zusammenwachsen

Von Beginn der Unabhängigkeit an war eine **starke Zentralregierung erwünscht**, die dem jungen indischen Staat Stabilität und Dauer sichern sollte. Daraus ergeben sich einige Besonderheiten der Verfassung, die für alle Bundesstaaten gelten.

Indiens Geldscheine seit der „Independence" erinnern an Gandhi – und mit dem Löwen-Säulenkapitell an Kaiser Ashok

Angelegenheiten der Bundesstaaten sind unter anderem die Bildung, die Polizei, das Gesundheitswesen und die Landwirtschaft. Die Zentralregierung zieht die besonders ertragreichen Steuern ein und weist Gelder den Bundesstaaten zu (da die Steueranteile der Bundesstaaten nur gering sind), dies ist ein wichtiger Machtfaktor.

Verteidigung und auswärtige Angelegenheiten sind Sache der Zentralregierung in Delhi. Die Regierung Indiens hat als Staatsoberhaupt einen Präsidenten und als Regierungschef einen Ministerpräsidenten (*Prime Minister*), dessen Amt etwa dem des deutschen Bundeskanzlers entspricht. Die Regierung ist dem Parlament Rechenschaft schuldig. Das besteht aus einer Volksvertretung (*Lok Sabha*) und einer Vertretung der Bundesstaaten (*Rajya Sabha*). Diese bundesstaatliche Vertretung wird teils von den bundesstaatlichen Parlamenten (*Assemblies*), teils von den Ministerpräsidenten ernannt. Die Volksvertretung wird **mit Mehrheitswahlrecht gewählt**, wie beispielsweise auch in Großbritannien. Manche Regeln auch in der Verwaltung und Gerichtsbarkeit fußen noch auf der britischen Kolonialverwaltung und Rechtsprechung.

Der Präsident wird von beiden Häusern des Parlaments und von Vertretern der Bundesstaaten auf fünf Jahre gewählt, er ernennt meist den Führer der stärksten Partei zum Ministerpräsidenten.

Bundesstaat wie Gesamtstaat regiert

In den indischen Bundesstaaten wie zum Beispiel Rajasthan ist der Aufbau der Regierungsämter ein Spiegelbild der Zentralregierung: Ein **Governor** steht als Vertreter der Zentralregierung an der Spitze des Bundesstaates, ein **Chief Minister** leitet das Kabinett. Gewählt wird die Volksvertretung auch in den Bundesstaaten nach dem Mehrheitswahlrecht.

Die Verwaltung teilt den Bundesstaat in sieben **Divisions** (= Abteilungen) und in **Districts** ein, jedem steht ein **Collector** zu, eine Bezeichnung aus der britischen Zeit, sein Amt ist heute weniger das des Steuereintreibers als das des Verwalters. Die sieben Divisions Rajasthans sind: **Ajmer**, **Bharatpur**, **Bikaner**, **Jaipur**, **Jodhpur**, **Kota** und **Udaipur**.

Wird ein Bundesstaat von sehr schweren politischen Krisen geschüttelt, kann der *Governor* nach Delhi melden, das Land sei „unregierbar", also im Notstand. Dann wird **President's Rule** erklärt, die Bundesstaatsregierung abgesetzt und die Zentralregierung übernimmt die Verwaltung. In Rajasthan war das bisher noch nie der Fall. Es gibt bis heute den Stolz vieler Rajasthani auf die Selbstbehauptung ihrer Vorfahren, die dem

Druck von muslimischen Herrschern in Delhi und Agra wie auch dem Druck der britischen Kolonialmacht bis 1947 widerstanden. Dies und die rajasthanische Innenpolitik haben Rajasthan bisher zu einem überdurchschnittlich sicheren Staat gemacht. Die Bombenanschläge in Jaipur im Jahr 2008 blieben bislang eine Ausnahme.

Wirtschaft

Rajasthan ist einer der ärmsten indischen Bundesstaaten, hat aber auch Gebiete mit wachsendem Wohlstand. Die starken regionalen Unterschiede sind durch die sehr verschiedenen geografischen Voraussetzungen bestimmt. Die Landwirtschaft ist trotz der Wüstenlage und der wechselnden Stärke des Monsunregens – der in manchem Jahr auch ganz ausbleibt – ein bedeutender Zweig. Die Viehzucht konzentriert sich auf Schafhaltung (Wolleproduktion) und Kamelzüchtung. Der Ackerbau liefert vor allem Hirse (*bajra*), Weizen, Sorghum (*jowar*), Hülsenfrüchte und etwas Mais. Die Anbauflächen konnten sogar in der semi-ariden Thar-Wüste im Westen Rajasthans noch vergrößert werden, dank dem *Indira-Gandhi*-Kanal, der große Wassermengen aus dem **Punjab** (*Bakhra Dam*) respektive aus dem Himalaya heranführt.

Regionale Unterschiede

Im Südosten Rajasthans füllt der **Chambal**, Rajasthans größter und ganzjährig Wasser führender Fluss, mehrere Stauseen. Für die Industrieanlagen um Kota wird in Kohle- und Wasserkraftwerken und auch in einem Atomkraftwerk Energie gewonnen. Produziert werden unter anderem Dünger und Eisenbahnwaggons, Präzisionsinstrumente und Haushaltsgeräte.

Auch Steine werden unter Mühen für viele Menschen zu Brot: Rajasthan ist als Lieferant von Baumaterial, vom Schotter bis zu Riesenquadern hoher Qualität bekannt. Blendend weißer Marmor, wie man ihn am **Taj Mahal** bewundert, wird seit Jahrhunderten bei Makrana (District Nagaur) abgebaut, aber auch schwarzer Marmor bei Mount Abu, Granit in den westlichen Distrikten, farbiger Sandstein bei Jodhpur und Jaisalmer. Porzellanerde, sogar Zink, Asbest, Silber- und Kupfererze, Braunkohle, etwas Gold, auch Salz gehören zu den Bodenschätzen. Ebenfalls als Wirtschaftsfaktor zu nennen: die Zementindustrie.
Handwerk und Kleinindustrie verhelfen vielerorts zu – meist niedrigen – Verdiensten, sie haben mit wachsendem internationalem und zunehmend auch indischem Tourismus neue Abnehmer gefunden (Textilien, Stickerei, handbedruckte Stoffe, Stofffärberei, Wollartikel, Lederarbeiten). Der Tourismus selbst ist in diesem landschaftlich und kulturell so reichen und farbigen Land zu einem sehr wichtigen Wirtschaftsfaktor geworden. Damit entfaltet sich eine teils hochpreisige Komfort-Hotellerie.

Nirgendwo in Indien trifft man auf so viele **alte Paläste** und **Havelis**, die in attraktive **Heritage Hotels** verwandelt wurden. Immer noch mehr Nachfahren der Rajputen-Fürsten öffnen zahlenden Gästen ihre ererbten Burgen und Schlösser. Aber auch bürgerliche Bauten, wenn sie älter als sechzig Jahre und in ihrer Substanz überwiegend erhalten geblieben sind, können „Heritage"-Status beanspruchen – ob das Wohn- und Handelshaus eines **Marwari**-Kaufmanns oder im Himalaya das Hauptgebäude einer Teeplantage.

Wie in anderen Bundesländern sind auch in Rajasthan zur Stärkung der Wirtschaft sogenannte **Sonderwirtschaftszonen** (**SEZ**) eingerichtet worden: Dies sind zollfreie Enklaven, in denen auch ausländische Investoren ihre Firmen ohne indische Partner aufbauen können. In Sonderwirtschaftszonen genießen alle Unternehmen erhebliche Steuervorteile. Die mehr als 250 indienweit eingerichteten SEZ kommen nicht alle rasch zu wirtschaftlicher Blüte, aber doch viele. An manchen Orten und auch in ländlichen Regionen wurden heftige Proteste laut. Bauern weigerten sich, ihr Land herzugeben, misstrauten den Versprechungen, gleichwertiger Ersatz ist schon öfter ausgeblieben. Sogar der Großindustrielle *Tata* musste sich für die Produktion des „**Nano**"-Autos ein anderes als das vorgesehene SEZ-Areal suchen. Als ein Musterbeispiel gilt dagegen die Entwicklung der Stadt Gurgaon, unmittelbar der Hauptstadt Delhi benachbart.

info

Erfolg, deine Wiege ist Rajasthan

Eine der erfolgreichsten Industriellenfamilien, die aus Rajasthan stammen, ist die *Birla*-Familie. 1857 machte sich der Marwari-Kaufmann **Shiv Narayan Birla** aus der Shekhawati-Region hoch zu Kamel nach Bombay (Mumbai) auf, mit Zwischenstation in Gujarat. Er und seine Nachfahren erwirtschafteten ein Vermögen mit Baumwollhandel, später mit Versicherungen, Bankgeschäften und Zeitungen. **Ganshyam Das Birla** unterstützte im 20. Jh. *Mahatma Gandhi* bei humanitären Projekten. Die Familie stiftete prächtige Tempel (in Delhi und Jaipur), Planetarien (in Jaipur und Kolkata) und die Museen für **Art and Culture** und **Industry and Technology** in Kolkata, außerdem viele Schulen und Hochschulen.

Steine, Farben, Töne – die Palette der Künste

Architektur

Burgen, Paläste, Tempel – in ihnen spiegelt sich der Ablauf der Geschichte wider. Aus der Vorgeschichte sind nur Grundmauern erhalten, bis ins 6. Jh. n. Chr. reichen buddhistische Architekturmonumente zurück. Allerdings kaum in Rajasthan – **buddhistische Stupas** findet man in den Bundesstaaten Bihar und Madhya Pradesh, als halbkugelförmige Bauten, massive Reliquienbehälter und als Gedächtnisstätten im Abbild des Kosmos.

Hinduistische Architektur war von Anfang an sakrale Kunst, die Bauten sollten die Gesetze der Weltordnung spiegeln. Quadrat und rechtwinkliges Dreieck waren die Grundformen. Der Hindu-Tempel steht auf einem gemauerten Sockel, zum Eingang führt eine breite Treppe. Seine Gebäudeteile sind nach festen Regeln einander zugeordnet, der Eingang ist immer nach Osten gerichtet. In einer Linie liegen die breite offene Versammlungshalle und eine kleinere sogenannte Tanzhalle vor dem Innersten, der **Cella**. Sie ist das Allerheiligste jedes Tempels, sein Abschluss, ein enger und dunkler Raum, in den aber bei Sonnenaufgang vom Eingang her das Licht auf das Kultbild des Gottes fällt, dem der Tempel geweiht ist.

Besuchern ist das Betreten dieses Allerheiligsten nicht gestattet, doch oft ist das Kultbild von der Halle aus im Dämmerlicht und dem Schein von Öllampen zu erkennen. Der ursprünglich quadratische Grundriss der *Cella* wurde im Lauf der Jahrhunderte durch ergänzende Seitennischen aufgehoben, in denen **Wächter- und Götterfiguren** aufgestellt wurden, die den Raum abrunden.

Um das Allerheiligste führt ein enger Gang, den die Gläubigen im Uhrzeigersinn umschreiten. Die *Cella* wird nach außen hin von einem Turm (*Shikhara*) gekrönt, der die Kraft des Göttlichen darstellen soll. In Nordindien, also auch in Rajasthan, herrscht der **Nagara-Stil**: Der Turm verjüngt sich konisch und hat einen runden Stein als Abschluss, der wie ein flachgedrücktes dickes Kissen aussieht. Eine Vase (*Kalasha*) steht darauf, die den Unsterblichkeitstrank symbolisiert und die Verbindung zur Ewigkeit.

Die riesigen Tortürme mit reichem Figurenschmuck, die nur in Südindien anzutreffen sind, gibt es in Rajasthan nicht, aber **Figuren** in reicher Zahl kann man oft an den Außenmauern der Tempel bewundern: Symbole für Naturkräfte, wie die Darstellung von erotischen Paaren, *Mithunas* genannt, von Tänzern, Musikern und weiblichen Himmelsgestalten, *Apsaras*. Besonders alte Tempel aus dem 8. Jh. sind in Osiyan (nördlich von Jodhpur) erhalten. Die viel bewunderten, überreich mit Figuren geschmückten Hindu-Tempel gibt es allerdings nicht in Rajasthan, sondern zum Beispiel weiter östlich in Khajuraho (Madhya Pradesh) und in Orissa. Sehr schöne Relieffriese, teils vollplastisch, zeigen auch viele Rajasthan-Tempel.

Geschmückte Tempel

Zur Tempelarchitektur der **Jains** sind einige Besonderheiten zu erwähnen: Der Skulpturenschmuck ist hauptsächlich im Inneren, auch an den Säulen, zu sehen, die *Cella* ist nicht dämmrig und geschlossen, die meisten Räume sind dem Sonnenlicht geöffnet. Das prächtigste Beispiel kann man in Ranakpur (Rajasthan) besuchen, wo der **Tempel des Adinath** mit dem Glanz von 29 hohen Hallen und 1.444 reichgeschnitzten Säulen überrascht.

Prächtige Bauten

Aus der **Mogulzeit** stammen besonders repräsentative Bauten: Mausoleen, Moscheen und Paläste. Besonders während der Regierungszeit *Shah Jahans* entstanden elegante, harmonisch proportionierte Grabgebäude, wie der berühmte **Taj Mahal**, der eine Synthese aus persischem und indischem Stil ist, ein Wunderwerk auch dank der Einlagen mit Halbedelsteinen (*Pietradura*) und der Verwendung von reinstem Marmor. Auch die gleichzeitige italienische Kunst der Stein-Einlegearbeiten hatte Einfluss, wie importierte Arbeiten in Agras **Rotem Fort** beweisen.

Agra beherbergt noch andere Mausoleen der Mogulzeit, so in Sikandra das mächtige zu Ehren *Akbars* und das kleinere **Itimad-ud-Daula** von *Jehangirs* Großwesir.

Am Anfang der muslimischen Zeit Indiens wurden oft Moscheen mit den Säulen zerstörter Hindu-Tempel errichtet. Das ist an den Bauten beim **Qutb Minar** in Delhi zu erkennen.

Ornamental verziert, spitz zulaufende Bögen, leichte Gewölbe: Mogularchitektur, verwirklicht im Itimad-du-Daula

Unter indischem, später auch iranischem Einfluss erhielten spätere **Moscheen** feinen Reliefschmuck, natürlich nicht mit figürlichen Darstellungen. Elemente der Mogul-Architektur wie geschweifte Bögen, Säulen und Kuppeln finden sich besonders im 18. Jh. auch an den Palästen der Hindu-Fürsten, die ihre Innenräume gerne mit gemaltem Wandschmuck, den berühmten Spiegeleinlagen und später mit farbigem Glas dekorierten.

Die Mogulherrscher taten sich im **Festungsbau** hervor. Auch hier entwickelten sie alte indische Muster weiter, nahmen die Festungsstadt Chittorgarh zum Vorbild oder das **Fort von Khumbalgarh** in Rajasthan und wurden ihrerseits von den Maharajas auf diesem Gebiet technisch nachgeahmt.

Hoch entwickelt war die **Gartenarchitektur** der Mogulzeit. Zu Grabmälern wie auch zu Festungen gehörten als Abbild des Paradieses geometrisch angelegte wundervoll blühende Gärten. Leider sind sie heute oft nur noch in geminderter Schönheit zu erleben.

Wunderwerke der **Steinmetzarbeiten** an Häusern reicher Kaufleute in Rajasthan, der *Marwaris,* die vom 17. bis ins 20. Jh. den risikoreichen Karawanenhandel durch die Wüste organisierten, bringen bis heute die Besucher zum Staunen: In Jaisalmer und Bikaner stehen mehrstöckige **Havelis**, deren durchbrochene Sandsteinfassaden schon so manchen Gast zweifeln ließen, ob solche Feinarbeit aus Stein überhaupt möglich sei.

Andere Kaufleute schmückten im 19. Jh. im Shekhawati-Gebiet Rajasthans ihre Häuser mit farbenfrohen Phantasieszenen. All diesen Havelis ist eigen, dass sie so groß wie Paläste angelegt sind, mit oft mehreren Innenhöfen, die sorgsam voneinander getrennt sowohl dem Geschäftsleben als auch der privaten Abgeschlossenheit der Familie dienten.

Ländlicher Baustil

Ein ganz anderer Zweig von Rajasthans Architektur ist der Stil des **dörflichen Bauernanwesens**. In der Halbwüste haben sich die Menschen sowohl mit dem Bau von runden Lehmhäusern als auch mit rechteckigen Hütten den extremen Klimabedingungen und dem kargen Land angepasst, etwa durch luftige Strohdächer, die in mehreren Lagen übereinander montiert wurden. Üblich ist auf dem Land die Gewohnheit, die Wohn- und Wirtschaftshütten um abgeschlossene Höfe zu gruppieren – entweder mit Hilfe von Lehmmauern oder mit Dornengestrüpp in Sandwällen. Und gemeinsam ist die Freude am Außenschmuck: Wände werden mit Symbolen und Zeichen weiß bemalt, Tür- und Fensteröffnungen mit weißen Rahmen und Borten eingefasst (*Rangoli*). Dazu sieht man oft auch den harten Lehmboden vor dem Eingang. Diese Wüstenarchitektur ist bis heute lebendig.

Das 19. Jh. hat in Delhi und Bombay repräsentative **Kolonialbauten** hinterlassen, in einem Gemisch aus orientalisierendem und viktorianischem Stil. Doch Anfang des 20. Jh. ließen die Briten das **Projekt New Delhi** im Eiltempo verwirklichen: eine neue Regierungshauptstadt in einem eigenen neoklassizistischen, teils britisch, teils indisch geprägtem Stil, mit Palästen und großzügig herrschaftlichen Alleen und Boulevards im Regierungsviertel. Das nah benachbarte kreis- und sternförmige Geschäftszentrum **Connaught Place** steht zwar unter Denkmalschutz, wird aber in den letzten Jahrzehnten zusehends von Hochhäusern in Metall- und Glasarchitektur umwuchert.

Projekt New Delhi

Nicht nur in Delhi, an vielen Plätzen Rajasthans sind solche Paläste und öffentliche Bauten aus der ersten Hälfte des 20. Jh. zu entdecken: in allen Stilrichtungen vom viktorianischen bis zum **Art déco**, mit indischem Einschlag, oft sogar noch in den Inneneinrichtungen. Gebäude, die älter als 60 Jahre sind und nicht einschneidend verändert wurden, gelten als **Heritage** („Erbe").

Kunsthandwerk

Traditionell werden alle Künstler als Handwerker gesehen – ungeheuer reich ist der Schatz der kunsthandwerklichen Traditionen dieses Kontinents. Von der Bildhauerei in Stein, Holz und Bronze, von Metall- und Stein-Einlegearbeiten über Keramik-Kunst bis hin zu feinster Textilweberei und -färberei reicht die Palette. Das Können wird in den Familien weitergegeben. Manche Tempel ziehen noch heute zu Restaurationsarbeiten die Nachkommen der Steinmetzfamilien heran, die vor 500 Jahren beim Bau beschäftigt waren. Die Kunsthandwerker wurden früher von den Höfen beschäftigt, heute sind die Auftraggeber kommerzielle Unternehmen. Es ist zu hoffen, dass das indische Kunsthandwerk nicht zum Lieferanten für die Touristen-Souvenirindustrie verkommt und, zur Massenproduktion genötigt, an Qualität einbüßt. Besucher Indiens sollten für wirklich gutes Kunsthandwerk angemessene, faire Preise zahlen!

Malerei

Keine buddhistischen Höhlenmalereien, keine frühen Tempelbilder sind in Rajasthan erhalten geblieben. Wichtig in diesem Staat sind Miniaturmalerei und Wandbilder vom 18. Jh. an sowie Malerei der Volkskunst.

Man hört manchmal, die feine Miniaturkunst der Moguln habe Varianten in Rajasthan angeregt. Das trifft so nicht zu, schon vor dem Mogul-Einfall gab es Illustrationen auf **Palmblatt-Manuskripten**. Die Moguln – als erster Sultan *Humayun* – brachten nicht nur den unendlich zierlichen Stil aus Persien mit, sondern gleich auch die Künstler – und das Medium, nämlich die Fertigkeit der Papierherstellung. Für die winzigen Pinselstriche war ganz feines Papier nötig. Auch dünn gewebte Seide diente als Untergrund. Zunächst am Hof in Delhi, dann bei den Maharajas wurden die Bilder beliebt. Die Mogulherrscher übergingen das islamische Gebot, keine figürlichen Darstellungen zu fördern – das war ja schon in Persien nicht mehr beachtet worden. Sie ließen **höfische Sze-**

nen malen, die Jagdszenen in belebter Natur und Unterhaltungen in lauschigen Gärten oder gepflegten Räumen wiedergaben. An den Höfen und in den Städten der Maharajas aber griff man nach **religiösen Themen**, man illustrierte den reichen Legendenschatz der Hindu-Mythologie, ganz im Gefühl der *Bakhti*, der innigen Hingabe und Gottesliebe. Besonders die Geschichten aus *Krishnas* Leben (eine Inkarnation des Gottes *Vishnu*) wurden immer wieder gemalt. Es sind vordergründig Liebesgeschichten: *Krishna* flirtet mit den Hirtinnen seines Geburtsdorfes Vrindavan, jede nimmt er zum Tanz, so wie Gott jeden Menschen liebt; er nimmt am Ufer der Yamuna die Kleider der Badenden an sich, um sich an ihren dringenden Bitten und Erwartungen zu erfreuen.

Als der strenggläubige Herrscher *Aurangzeb* an die Regierung kam (1658), wurde am Mogulhof die Malerei nicht mehr gefördert, viele Maler wechselten zu den Maharaja-Höfen, wo die Kunst eine weitere Blütezeit erlebte. In Rajasthan entwickelten sich verschiedene **Malschulen**, die im Stil Unterschiede zeigen: die von Mewar (Udaipur, Blütezeit im 17. Jh.), die von Bundi (viele *Krishna*-Legenden), von Kota, von Marwar (Jodhpur, deutlicher Einfluss der Mogulkunst), von Kishangar (mit Figuren von manieriertem Ausdruck), Bikaner und Jaipur.

Malerei und Musik

Ein besonderes Merkmal der rajasthanischen **Miniaturmalerei** war ihre Verbindung zur indischen Musik. Die Malerei bemühte sich, die *Ragas* sichtbar zu verkörpern zum Verständnis des inneren Wesens der als heilig angesehenen *Ragas* und *Raginis* (s. u.) und die emotionellen Zustände der Musik bildlich zu erfassen. Man muss allerdings als Fremder lange und intensiv in diese Hintergründe indischer Kunst eindringen, um die Absicht der Bilddarstellung zu ergründen.

Zu hoher Vollendung kam die Miniaturkunst schließlich beim **Porträt**. Vielleicht war die Porträtkunst durch europäische Einflüsse angeregt worden. Die späte Jaipur-Schule brachte besonders eindrucksvolle Herrscher-Porträts hervor.

Rajasthan hat auch seine **volkstümliche Malerei**: große auf festem Papier gemalte Bilder zur Illustration der Heldensagen, wie etwa vom Volkshelden *Pabhuji*, die von Barden auf Straßen und Plätzen vorgetragen wurden. Leider ist seit dem Vordringen moderner Unterhaltung diese Kunst so gut wie erloschen oder von den Plakatmalern der Kinos übernommen worden. Noch immer werden die Großformate an den Lichtspielhäusern mit Szenen aus dem jeweils angesagten Film oft vor Ort mit Pinsel und Farbtopf hergestellt.

Bilder an **Hausfassaden** haben das Shekhawati-Gebiet berühmt gemacht, wegen ihrer Farbigkeit und Detailtreue, aber auch wegen der Originalität, mit der sie im 19. Jh. die bewunderten, neuesten technischen Erfindungen neben Darstellungen aus der Mythologie setzten. Klima und Vernachlässigung setzen vielen dieser Bilder hart zu, noch kann man sie aufsuchen und bewundern.

Musik

Nur wenige Europäer verstehen die indische Musik, die meisten müssen sich mit dem Wohlklang der Instrumente zufrieden geben. Das ist nicht einmal schlecht, denn diese Musik soll Gefühle von Harmonie erwecken, zur Meditation führen – und damit, nach indischem Verständnis, zur Nähe Gottes.

Musik gehört in Indien dazu – vom Dorfmusikanten bis zu den großen Raga-Meistern.

Ihr wichtigster Grundbegriff ist **Raga**: streng geregelte Folgen von meist fünf bis sieben Tönen. Es soll über tausend verschiedene geben! Jede soll eine bestimmte Stimmung hervorbringen, menschliche Gefühle wie Leidenschaft, Schmerz, Hass, Liebe und viele andere, und begleitende Stimmungen wie Tages- oder Nachtzeiten, Frühling oder Regen. Eine zartere, „weibliche" Form der *Raga* wird **Ragini** genannt.

Das klassische Instrument der *Raga* ist die **Sitar**, angeblich schon im 13. Jh. erfunden. Jetzt ist die Sitar auch im Westen durch Konzerte berühmter indischer Interpreten weithin bekannt geworden: eine Langhalslaute mit ursprünglich nur drei, heute häufig bis zu sieben Saiten.

Das rhythmische Element indischer Musik ist die **Tala**. Es gibt viele Hunderte von rhythmischen Folgen. Erzeugt werden sie von Trommeln verschiedenster Größen, den **Tablas**. Meist wird die Musik von einem Grundton begleitet, der die ganze Zeit anhält. Gespielt wird er auf der **Tambura**, einer Art großer Laute.

Der Tonumfang umfasst in der indischen Musik 22 Töne (unserer besitzt 12)! Damit nicht genug, es gibt 30 Nebentöne dazu. Alle Töne werden nach dem Grundton ausgerichtet. Indische Konzerte dauern lange, Tempelkonzerte oft nächtelang.

Interessante Sammlungen von Musikinstrumenten sind zum Beispiel im **Folkloremuseum von Jaisalmer** am Gadi Sagar und in **Jodhpurs Museum** im **Meherangar-Fort** zu sehen. Es gibt auch „moderne" Musik, Filmmusik, Schlager, lebhafte Tänze aus Bollywood. Einerseits lustig, andererseits als Dauerbeschallung nervend – aber das ist Geschmacksache.

Tanz

Rhythmische Volkstänze

Rajasthanische Volkstänze sind rhythmusbetont, sie werden in Gruppen getanzt und oft mit Händeklatschen oder dem Aneinanderschlagen von Stöcken betont. Frauen tanzen zu Festen manchmal mit einem Turm von Töpfen auf dem Kopf, in den Töpfen haben sie Feuer angezündet. Zu einem Männertanz hängen sich die Tänzer Pferdeattrappen um und schwingen Schwerter. Die ausdrucksvollsten Volkstänze kann man auf Festen in Bikaner und in Ramdevra bei Pokaran erleben. Manche dieser Volkstänze werden in abgeschwächter Form zur Belustigung der Reisenden in großen Hotels vorgeführt. Ursprünglichere Tänze kann man, wenn man zufällig dazukommt, bei Festen der Bhils (Ureinwohner) beobachten, sie tanzen eine Art Reigentanz, an dem Männer und Frauen teilnehmen.

Literatur

Der Indienliebhaber freut sich über das immer größere Echo, das indische Literatur erfährt, auch bei uns. Dabei ist zu bemerken, dass ein beachtlicher Teil des literarischen Schaffens uns Westlern nicht zugänglich ist, da wir die regionalen Sprachen nicht beherrschen. Wir sind auf die indischen Schriftsteller angewiesen, die in englischer Sprache schreiben, oder auf die selteneren Übersetzungen aus einer indischen Sprache ins Englische.

Natürlich findet man auf dem internationalen Buchmarkt meist englischsprachige Titel aus Indien, ebenso in indischen Buchhandlungen, die man in Delhi und in großen Städten Rajasthans aufsuchen kann. Es lohnt sich, in einer solchen Buchhandlung zu stöbern! *(Zu Namen und Titeln s. die Literaturempfehlungen ab S. 507)*

Essen und Trinken

Chilischärfe – und was man dagegen tun kann

Keine bösen Überraschungen

Auch wenn man schon in Ostasien gereist ist, kann man in Indien beruhigt zu Tisch gehen: Man ist sicher, keine frittierten Insekten, keinen gebratenen Hund oder geschmorte Ratte angeboten zu bekommen. Die indischen Reinheitsvorstellungen schließen das von alters her aus, auffällig, wie sie fast den europäischen entsprechen. Das einzige, wovor man sich fürchten muss, wenn man empfindlich ist, sind vegetarische Bedrohungen: Gemeint sind die Chilis, die es in erschütternd scharfer Ausführung gibt. In Rajasthan wachsen sie auf weiten roten Feldern und werden unter der Sonne getrocknet (immer ein starkes Fotomotiv!).

Mit **Chilis** wird oft allzu freigebig gewürzt. In Restaurants bittet man den Kellner beim Bestellen: „Not spicy, please, not too hot!" Voll guten Willens eilt der Mann zur Küche. Wenn das Essen kommt, ist es, wenn man Glück hat, gerade noch erträglich. Aber es kann schon vorkommen, dass man mit vollem Mund das Gefühl hat, nun werden sich gleich der Gaumen und anschließend die Hirnschale zur Decke heben! Was tun? Von allen Soßengerichten, die hier **Curry** genannt werden, Abstand nehmen, nur vorsichtig kleinste Portionen, zur Gewöhnung, essen, immer ein **Lassi**, das Getränk aus flüssigem Joghurt, oder eine **Raita**, auch eine Joghurtspeise, zur Hand haben. Sie löschen das Brennen am besten, Wasser ist dazu nicht geeignet.

Die Zutaten auf dem Subkontinent sind fast die gleichen wie bei uns – die Gewürze geben der Küche den indischen Pfiff

Essenszeit? Immer, sogar zum Frühstück

Überraschenderweise gibt es keine festen Zeiten zum Essen im Tageslauf. Zu jeder Stunde aber werden Freunde fragen: „Hast du schon gegessen?" – immer bereit, irgendeine Speise anzubieten. Dem Fremden wird im Hotel meist ein Frühstück serviert (nicht überall im Zimmerpreis inbegriffen), beliebig ausführlich: zwischen opulentem Büffet in guten Hotels und einfachem Brot mit etwas Butter und Tee in bescheidenen Unterkünften. In den Städten zeigen kleine Lokale manchmal an: **Continental Breakfast**. Inder essen zum Frühstück meistens **Chapattis** (indisches Fladenbrot), vielleicht etwas Suppe oder **Dal** (Linsenbrei) dazu. Manche trinken morgens nur Tee, der mit Milch aufgekocht wird, der ist erfrischend und bekömmlich.

Unterschiedliches Frühstücksangebot

Veg and Non-veg

Die meisten indischen Restaurants kochen nur vegetarisches Essen (**veg.**). Wer des heißen Klimas wegen der Fleischqualität misstraut, ist hier völlig auf der sicheren Seite. Da Hindus kein Rindfleisch essen (Kühe sind heilig) und Muslims kein Schweinefleisch, bieten Stadtrestaurants ohnehin nur Geflügel oder Schaffleisch an, das Lamm genannt wird, aber oft von ausgewachsenen Tieren stammt. Oft ist das Fleisch in Restaurants etwas trocken und zäh; selbst wenn man es der Küche zurückschickt, kommt oft nichts Besseres nach. Manche Speisen aus mariniertem mürbe gemachtem Fleisch sind dennoch zu empfehlen.

Die herrliche Vielfalt der indischen Küche entfaltet sich bei der Zubereitung von **Gemüse**. Nicht, dass die Gemüse exotisch und ungewohnt im Geschmack sind, sie entsprechen genau denen, die in unseren Gärten oder auf unseren Äckern gedeihen: Blumenkohl, gelbe Rüben, Rettich und ähnliche. Dazu Hülsenfrüchte: verschiedene Sorten Bohnen, ungeahnte Vielfalt von unterschiedlich farbigen Linsen und Kichererbsen. Das alles wird mit unendlich vielen verschiedenen Gewürzkombinationen gekocht, angerichtet in schweren, duftenden Soßen, manchmal mit etwas zu viel **Ghee**, der geklärten Butter.

Geheime Curry-Rezepte

Man nennt das **Curry**. Das überrascht, weil man in Europa Curry als ein gelbliches Gewürzpulver kennt. Indischer *Curry* ist immer eine Gewürz-Gemüsezubereitung als Soße. Indische Köche oder Hausfrauen haben ihre privaten *Curry*-Rezepte, die den Gast oft verwundern, wenn der Blumenkohl zum Beispiel nach Zimt und Koriander schmeckt, der Rettich weichgekocht sich mit Ingwer verbindet. Zum *Curry* isst man die schon erwähnten *Chapattis*, die Fladenbrote aus Weizenvollkornmehl, oder **Nan**, aus feinem Weizenmehl, oder eben Reis, der jetzt auch in Gegenden, wo er nicht oder nur wenig wächst wie in Rajasthan, angeboten wird.

In Gaststätten oder Hotelrestaurants bekommt man auch die üppigeren Reisgerichte, die ihren Ursprung in der Mogulküche (Küche der Sultane) haben, Gerichte, die kleingeschnittenes Fleisch, Nüsse, Rosinen oder Mandeln enthalten. Auch die Kunst, im Tonofen (**Tandori**) zu braten, ist inzwischen verbreitet.
Rühmlich erwähnt werden muss noch der **Thali**. Das ist ein Tablett mit verschieden tiefen Schalen. In Thali-Restaurants bestellt man eine ganze Speisenfolge, die dann auf dem *Thali* serviert wird, in jeder Schale ein anderes *Curry*. Reis und Süßspeise sind auch dabei, Fladenbrot wird dazu gereicht. Manchmal wird Nachschlag großzügig angeboten.

Wer es mit all den exotischen Angeboten langsam angehen lassen und trotzdem auf eine warme Mahlzeit nicht verzichten will, ist mit einem **veg-Biriyani** auf der sicheren Seite: Das ist ein Reisgericht mit Rosinen, Nüssen oder Gemüse und meist auf Wunsch auch ganz ohne Gewürze zu haben.

Süß – im Land des Zuckerrohrs

Schön zubereitet, oft mit hauchdünnem Silber verziert: Indische Süßigkeiten

Beliebt sind die süßen Sachen. Nur in den Großstädten kennt man die teure Schokolade, aber da Zuckerrohr in vielen Teilen Indiens wächst, ist Süßes überreich vorhanden. Zuckerrohr gibt es als Getränk, mit ratternden Maschinen auf der Straße frisch ausgepresst, oder braun kristallisiert von Blöcken geschnitten, **Jaggeri** genannt. Milch wird eingekocht, bis sie verdickt ist, zusammen mit Zuckersirup, Zimt, Safran und Rosenwasser. Oder es wird aus gemahlenen Mandeln und gelben Rüben köstliches **Halwa** gekocht. Auch **Paratha**, eine andere Sorte Fladenbrot, schmeckt mit Zuckersirup sehr gut. Oder es wird in Fett ausgebackener Weizenteig in Sirup getränkt (**Jalebis**) – das gibt es häufig von fliegenden Händlern am Straßenrand. Es ist zwar eine Kalorienbombe, aber wegen der hohen Backtemperatur ziemlich sicher, was die Bekömmlichkeit anbelangt.

Süßes aus Zuckerrohr

Rohe Speisen? Aber ja!

Als süße Ergänzung des Speisezettels ist das Obst zu empfehlen, jedenfalls soweit man es selbst schälen kann: Orangen, Bananen, Ananas. Auch Gemüse, das man abschält, kann man unbesorgt roh essen (Gurken, gelbe Rüben, Rettich). Komischerweise heißt dies auf den Speisekarten **Green Salad** (grüner Salat). Von Blattsalat ist abzuraten, er wird von oben gedüngt.

Obst und Gemüse

Alle essen mit den Fingern

Wenn es ganz indisch zugeht, wird alles mit der Hand gegessen, der rechten! Inder sind da sehr geschickt, uns Westlern fällt es schwer, damit sauber zurechtzukommen. Auf Anfrage wird aber ein Löffel oder eine Gabel gereicht. Wegen dieser Gewohnheit wird erwartet, vor dem Essen unbedingt die Hände zu waschen, oft sind darum Waschbecken direkt im Speisesaal.

Typisch Rajasthan

Mit dem *Thali* waren wir schon bei rajasthanischen Besonderheiten (zugegeben, der *Thali* stammt ursprünglich aus dem benachbarten Gujarat). Aber einige typische Speisen aus Rajasthan sollen hier noch erwähnt werden. Nur hier bekommt man **Sogra**, ein dünnes, sehr dunkles Fladenbrot aus Hirsemehl. Auch **Sangri**, ein Hülsenfruchtgemüse, das von einem Baum der Halbwüste stammt, ist landestypisch, ebenso wie **Kachri**, eine kürbisartige Pflanze, die zu Gemüse verkocht wird. Sehr beliebt ist **Daal-Bhatti-Chorma**, eine Zwischenmahlzeit: Kleine Vollkornbrötchen werden aufgeschnitten und mit etwas flüssiger Butter gefüllt, dazu kommen geröstete Brotstückchen, die mit einer süßen Kichererbsenmasse vermischt sind.

Spezialitäten

Interessant schmeckt Lamm mit ganzen Gewürzen, also Pfefferkörnern, Zimtrinde, Kardamomkapseln, Gewürznelken, Kreuzkümmel, Koriander und der unvermeidlichen Chilischote, das ganze mit Gelbwurz gefärbt. Auch Wild (selten zu haben) wird auf diese Weise zubereitet.

Zur Tradition der Rajputenküche gehören auch Fleischgerichte wie **Laal Maas** (Rotes Fleisch) und **Safed Maas** (Weißes Fleisch). Das erste ist Lammfleisch in einer ingwergewürzten Soße, das zweite auch Lamm (ohne Knochen), mit Mandeln, Joghurt, Zimt und Nelken, Zitronensaft und Cashewnüssen. Diese Beispiele lassen ahnen, dass kulinarische Entdeckungsreisen in Rajasthan lohnen können.

info

Exportartikel seit 2.000 Jahren: Indische Gewürze

Ohne sie würde das Essen nicht indisch schmecken: Vielerlei einheimische indische Gewürze geben das typische Aroma und steigern die Bekömmlichkeit. Schon die alten Römer importierten Pfeffer und andere Aromen und ließen sich das Unsummen kosten. Auch heute ist das Interesse an Gewürzen bei Europäern groß, allein nach Deutschland wird der Pfeffer tonnenweise importiert.

Obwohl viele Gewürze nur im tropischen Südindien wachsen, ist Rajasthan traditionell wichtiges Gewürzland, hier saßen seit alten Zeiten die Händler. Auch heute kann man in den Basaren von Jaipur, Jodhpur und natürlich auch in Old Delhi alle Arten von Gewürzen kaufen.

Die Besonderheit: Es gibt sehr kundige Hersteller von Gewürzmischungen für den berühmten **Masala Tea**, für Geflügelgerichte, für verschiedene Gemüsezubereitungen oder süße Speisen. Aber es sind natürlich auch die ungemischten Grundsorten im Handel, auch fein gemahlen.

Hier eine Aufzählung indischer Gewürze (mit der englischen Handelsbezeichnung):

Anis	*aniseed*	für Getränke und Süßspeisen
Chili		sehr scharf, wird in Rajasthan angebaut
Bockshornklee	*fenugreek*	macht Hülsenfrüchte bekömmlich
Gelbwurz	*turmeric, kurkuma*	gilt als Heilmittel für Magen
Ingwer	*ginger*	als Wurzel und Pulver, gut für Magen und Herz
Kardamom	*cardamon*	aromatisiert gekochten Reis
Koriander	*coriander*	für Brot und Gemüse
Kreuzkümmel	*cumin*	sehr häufig in Gemüsegerichten
Kümmel	*caraway*	zu Fleisch, sehr magenfreundlich
Mohnsamen	*poppy seeds*	zu gedünstetem Gemüse
Muskatblüte	*nutmace*	für Gebäck zu verwenden
Muskatnuss	*nutmeg*	harmonisiert den Geschmack
Nelken	*cloves*	in Gemüsegerichten und Getränken
Pfeffer	*pepper*	schwarz, weiß und grün aus derselben Pflanze
Senf	*mustard*	geröstete Körner zum Fleisch
Vanille	*vanilla*	zu Süßspeisen
Zimt	*cinnamon*	sogar zum Gemüse
Zwiebel	*onion*	auch süß-sauer als Beilage

Tee und anderes

Sehr lecker ist frisch gepresster Zuckerrohrsaft – auf Eis zur Kühlung sollte man besser verzichten

An erster Stelle gibt es indischen Schwarzen Tee zu trinken, mit Milch und wahlweise Zucker aufgekocht. Erfrischende Spezialität ist **Masala Chai**, Tee mit wunderbar duftenden Gewürzen. Ein Joghurtgetränk ist **Lassi**, mit Salz oder Zucker. Aber man sollte sich kein „**Spezial-Lassi**“ aufreden lassen, darin können berauschende Substanzen enthalten sein (kommt besonders in Pushkar vor). Als Durstlöscher gilt **Lime Soda**, auch als *Lemon Soda* bekannt: Sodawasser mit ausgepresster Limone, preisgünstiger als die meisten Säfte – mit oder ohne Zucker serviert. Natürlich sind viele Getränke aus Flaschen zu haben (aus hygienischen Gründen darauf achten, dass der Verschluss erst vor dem Genuss geöffnet wird).

Mehrere Biersorten gibt es, die gekühlt wirklich angenehm schmecken. Die bei Touristen beliebteste Marke ist **Kingfisher**. Achtung bei alkoholischen Getränken: Jedes „Zuviel“, auch nur andeutungsweise, schädigt in den Augen der Inder den Ruf gründlich. Damen sollten sowieso in der Öffentlichkeit keinen Alkohol trinken. Es gibt übrigens **dry days**, an denen kein Alkohol ausgeschenkt wird (oder nur in bestimmten Hotelbars oder in einem Teeglas serviert).

Importierte Spirituosen sind sehr teuer, aber die indischen Fabrikate höherer Preisklasse durchaus genießbar. Man kann sie, ebenso wie Bier, außer in lizenzierten Hotelbars nur in staatlichen Läden kaufen, die **Wine Shops** heißen (aber Wein gibt es dort nur sehr selten).

Genießen und gesund bleiben

info

Die Gefahr, sich den Magen beim Essen zu verderben, ist nicht so groß, wie manche denken. Immer wichtig: den Magen nicht zu sehr überladen. Nur dann essen, wenn man wirklich Hunger hat, am Mittag ein schweres **Lunch** meiden. Wenn eine Magenverstimmung passiert ist, dann fasten, aber Tee ohne Milch trinken, beim ersten Appetit danach nur etwas Toast knabbern.

2. RAJASTHAN ALS REISEZIEL

So bunt und von Blumen und Lieblingsbildern umgeben steht der Hausaltar in den Häusern von Millionen von Hindus

Allgemeine Reisetipps von A bis Z

Hinweis

In den **Allgemeinen Reisetipps** finden sich – alphabetisch geordnet – reisepraktische Hinweise für die Vorbereitung Ihrer Reise und Ihres Aufenthalts in Rajasthan. **Regionale Reisetipps** – Infostellen, Sehenswürdigkeiten, Unterkünfte, Restaurants etc. – finden sich im Reiseteil bei den jeweiligen Städten, Ortschaften oder Regionen.
Alle Angaben über Preise, Telefonnummern, Websites, Öffnungszeiten etc. waren zum Zeitpunkt der Drucklegung gültig, sind aber konstant Änderungen unterworfen.

A

Adressen

Für Westeuropa: **India Tourism Office**, Baseler Str. 48, 60329 Frankfurt a. M., 069-2429490, www.india-tourism.com, auch www.incredibleindia.org. Information, Auskunft über Visa-Bestimmungen etc.

In Indien: **Government of India Tourist Office**, 88 Janpath (südlich des Connaught Place), New Dehli ☏ 011-23320005 oder 011-23320008, www.tourismofindia.com, Mo–Fr 9–18, Sa 9–14 Uhr. Infos zu Stadtrundfahrten, kulturellen Veranstaltungen etc.

siehe auch Stichwort „Diplomatische Vertretungen" und „Reiseveranstalter"

Anreise/Abreise

Flugverbindungen und Tickets werden meist im Internet angeboten oder, mit einem kleinen Aufpreis, in Reisebüros. Je früher man bucht, desto größer ist auch die preisliche Auswahl. Wegen der ständig wechselnden (steigenden) Flugpreise sind hier im Voraus keine Beträge zu nennen. 20 Kilogramm Gepäck sind frei, **Gepäck-Übergewicht** ist empfindlich teuer, pro Kilogramm nimmt derzeit Air India 15 €. Handgepäck muss internationaler Norm (55x40x23 cm, maximal 7 kg) entsprechen. Es werden die jetzt international üblichen Sicherheitskontrollen vorgenommen.

Internationale Fluglinien fliegen New Delhi, **Indira Gandhi International Airport**, an, die meisten Reisenden bevorzugen Direktflüge (angeboten von Lufthansa und Air India von deutschen Flughäfen aus, von Austrian Airlines von Wien aus, von SWISS von Zürich aus). Flüge mit Umsteigen im Nahen Osten sind meist billiger, aber man muss stundenlange, unbequeme Wartezeiten in Kauf nehmen, umgeben von riesigen Konsumtempeln (in Kuweit, Doha oder Abu Dhabi). Beste Airline dort: Emirates. Man wählt möglichst einen Flug, der nicht in den ganz frühen Morgenstunden ankommt.

In Delhi im **Ankunftsterminal 2** (internationale Flüge) auch Auskunft über die Fahrt in die Innenstadt, Sofort-Buchung eines *Prepaid*-Taxis, Hotelvermittlung (Indian Tourism ITDC und Delhi Tourism DTTDC) und Geldwechsel am Flughafen (State Bank of India und Thomas Cook; nicht nur große Scheine einwechseln! Nachzählen, ob der korrekte Betrag ausgegeben wurde!).
siehe auch Stichwort „Geldangelegenheiten"

Wer von New Delhi, International, sofort weiter nach Jaipur, Jodhpur oder Udaipur fliegen will, muss mit dem Shuttlebus zum 6 km entfernten Terminal 1 fahren (verkehrt stündlich). Bei Reiseantritt Auskunft einholen, ob das Gepäck beim Umsteigen automatisch weiterbefördert wird, andernfalls muss man es abholen und neu einchecken. Security-Check wird nochmals vorgenommen.

Abreise: Mindestens 36 Stunden vor Abflug sollte man sein **Ticket bestätigen** lassen (*confirmation*), es geht auch telefonisch, wenn man Abflugzeit und Flugnummer bereit hat. Manche Fluglinien haben die Flughafengebühr im Flugpreis enthalten, bei anderen muss man sich bis zu 500 Rs dafür aufheben (Gebühr ändert sich, vorher nachfragen).

Ärzte/Apotheken

Der medizinische Standard der **Ärzte** ist im Allgemeinen sehr gut, einschließlich englischer Sprachkenntnisse.

Adressen von empfehlenswerten Ärzten nennen die Rezeptionen guter Hotels (auch für Hilfesuchende, die nicht dort wohnen), in New Delhi kann man auch in der Deutschen Botschaft nach Deutsch sprechenden Ärzten fragen.
Gute Krankenhäuser gibt es in der Regel nur in größeren Städten.

Apotheken befinden sich meist in der Nähe von Krankenhäusern. Es sind meist zur Straße hin offene Läden, erkennbar an Regalen mit vielen Arzneipackungen. Nicht alle Apotheker können sich auf Englisch verständigen, aber oft ist jemand in der Nähe, der dolmetscht. Für kleinere medizinische Hilfen (Hustenpastillen, Loperamid gegen Durchfall, Pflaster, Wundsalbe) sind sie meist gut ausgerüstet. Viele Ärzte geben bei der Behandlung das Medikament gleich dazu.
siehe auch Stichwort „Gesundheit“

Auto fahren/Verkehrsregeln

Der oft sehr dichte Autoverkehr lässt sich nicht mit europäischen Maßstäben messen oder vergleichen. Es herrscht die Macht des Stärkeren: Großen Lastwagen und Linienbussen gehört die – häufig enge – Straße, die Vorfahrt, die Geschwindigkeit. Trotzdem muss auch eine Überlandstraße mit langsamen Verkehrsteilnehmern wie Ochsenkarren, Kamelen, Fahrrädern und Handkarren geteilt werden. Von Delhi nach Jaipur, neuerdings auch im Süden Rajasthans, gibt es vierspurige **Autobahnen**, die aber nicht überall kreuzungsfrei sind, noch ungeregelte Auffahrten haben, und in städtischen Bereichen queren öfters auch Fußgänger.

Aus all diesen Gründen ist es völlig unüblich, dass Leute aus dem Westen ein Auto lenken, mit Ausnahme von wenigen schon länger ansässigen Ausländern. Auch leihen kann der westliche Tourist nur ein **Auto mit Fahrer**, der Vermieter will einfach das Risiko nicht eingehen. Die Touristen sitzen hinten im Mietwagen und bewundern das schier unglaubliche Geschick, brenzlige Situationen vorauszusehen, eine winzig erscheinende Lücke im Autostrom auszunutzen, nach zehn Metern Vollgas im Stadtverkehr auf der Stelle zu bremsen, genau rechtzeitig auszuweichen und viele Kunststücke mehr. Der Fahrer eines Mietwagens kennt die geschriebenen und ungeschriebenen Verkehrsregeln. Er weiß auch bei Überlandfahrten, wie viel **Zeit für die Strecke** zu veranschlagen ist. Auf durchschnittlichen Straßen rechnet man für 50 km mindestens eine Stunde Fahrt, bei schlechten, unebenen Straßen deutlich länger.

Vor Antritt eines Ausflugs sollte man sich darüber im Klaren sein. Die Fahrer sind meist nur sehr ungern nach Anbruch der Dunkelheit unterwegs, sicherheitshalber (heftige Scheinwerfer-Blendung, auch Gegenverkehr ohne Licht, in abgelegenen Gebieten Überfälle möglich). Länger als acht Stunden Fahrzeit an einem Tag sollte man einem Fahrer ohnehin nicht zumuten. Außerdem kennt der Fahrer landesübliche **Gebühren**, die ihm unterwegs abgenommen werden: an Grenzen der indischen Bundesstaaten, oft auch an Ortsgrenzen, an Brücken, an zollpflichtigen Straßen. Es sind meist nur einige Rupien. Außerdem achtet der Fahrer darauf, dass sein Auto die Lizenz für den Bundesstaat besitzt, in den er fahren will (also etwa für

Rajasthan, Madhya Pradesh, Uttar Pradesh). Er kennt auch die Tricks der Mauteinnehmer. Die auch in Indien geltende **Gurtpflicht** nehmen viele Fahrer nur dort wahr, wo mit Polizeikontrollen zu rechnen ist, etwa bei der Einfahrt in Großstädte. Die Mietwagen sind aber mehr und mehr auch auf den hinteren Sitzen mit Gurten ausgestattet.

Wer einen Leihwagen mietet, findet in größeren Städten große Auswahl und erhebliche Preis- und Qualitätsunterschiede des Angebots. Die internationalen Autoverleiher wie Avis, Budget oder Hertz sind erheblich teurer als die meisten ihrer indischen Konkurrenten. Unter denen ist je nach Qualität der Firma alles im Angebot zu finden: neuwertige Wagen und schlimmstenfalls Rostlauben mit inneren Defekten. **Verkehrsunfälle** sind leider häufig und oft lebensgefährlich, wegen übermüdeter Bus- und Lastwagenfahrer, wegen überladener Wagen und schlechter Bremsen. Also braucht man eine Unfallversicherung und Gurte – und vor allem einen verlässlichen Fahrer.

Bei Unfällen mit Personenschaden werden Umstehende oft aggressiv, auch auf die Hilfe der Polizei ist nicht überall Verlass, schon weil sie in abgelegenen Gegenden nicht rasch gerufen werden kann. Einheimische raten im Zweifelsfall zur Flucht vom Unfallort, mit Meldung des Unfalls bei der nächsten Polizeidienststelle.
Seit Jahrzehnten kennen wir in Delhi den Rajasthan- und Nordindien-Spezialisten „**Metropol Tourist Service**" als zuverlässig und korrekt, auch als Organisator von Reisen („Car Rentals/Inbound Tours since 1976"), Number 24, Defence Flyover Market, New Delhi-110024, ☎ 011-243101313, 011-24319076, Mobile 9810277699, metropole@vsnl.com
siehe auch Stichworte „Reiseveranstalter", „Verkehrsmittel"

B Behinderte

Indien ist nicht gerade das ideale Reiseland für Behinderte. Viele Gegebenheiten erschweren das Fortkommen: Treppen ohne Geländer außen an vielen wichtigen Gebäuden, steile, schmale Stiege mit überhohen Stufen in „Heritage"-Bauten, schlecht ersteigbare öffentliche Verkehrsmittel, steinige, holperige Wege an vielen Orten, enge Tore, dazu immer wieder die drängende Menge von Menschen, Fahrzeugen, kleinen und großen Tieren – Gehbehinderte oder gar Rollstuhlfahrende sind allerorten ständig auf Hilfe angewiesen.

Die gute Seite des Problems ist: Überall kommen fremde Menschen ganz selbstlos zu Hilfe, ebnen gewissermaßen Wege, tragen Stühle herbei oder ziehen den Gast auf Stufen hinauf. Behinderten ist das Reisen nicht unmöglich, es erfordert allerdings Planung: z. B. Vorbestellung von Unterkünften im Erdgeschoss (oder in Häusern mit Lift), besser Hotels „oberer Mittelklasse", als Transportmittel statt Bus oder Autoriksha besser ein Taxi oder Leihwagen mit Fahrer wählen und am besten in Gesellschaft eines nicht behinderten Partners reisen. Vor Antritt der Flugreise ist die Anmeldung zum Rollstuhltransport auf dem Flughafen nützlich (auch wenn man sonst nur Stöcke zum langsamen Gehen braucht).

Ein offizielles Dokument, das die Behinderung nachweist, kann in mancher Situation von Nutzen sein, zum Beispiel für einen Sonderzugang zu einem Veranstaltungssaal. Umso eher, wenn dem Behindertenausweis eine englische Übersetzung beigefügt ist.

Fernreisen für Behinderte: www.promotours.de/Behindertenreisen_00_handicap.html

Bekleidung

Immer festes Schuhwerk auf die Indienfahrt mitnehmen, auch wenn nachher ein Paar Sandalen ausreichen, und eine Kopfbedeckung gegen Sonnenstich! In manchen Gegenden sind gegen Abend langärmelige Hemden und Blusen und lange Hosen sinnvoll wegen der Moskitos. Auch in den Städten sind die Straßen manchmal rau, darum sind hier wie in der Natur Stöckelschuhe, Flipflops oder Zehensandalen ungeeignet.

Weiteres richtet sich nach der Reisezeit:
November-Februar: wollene Oberbekleidung, auch Schal, Mütze und warme Socken für die kalten Nächte, für warme Tagesstunden Sommerkleidung (Baumwolle).
März-Juni/Juli: leichte sommerliche Baumwollbekleidung (Kunstfasern nicht ratsam).
Juni/Juli-September/Oktober: leichte Jacken und Kleider, Regenmäntel zum Drüberziehen, Schirme, wasserfeste Schuhe.

Männer tragen in Städten, guten Restaurants und in Tempeln keine kurzen Hosen und Muskelshirts. Frauen tragen in der Öffentlichkeit keine ärmellosen Tops, keine extremen Miniröcke und dergleichen. Zerlumpte Kleidung erregt negatives Aufsehen. Niemals in Badekleidung woanders als am Pool herumgehen. Kleidungsetikette verlangt moderate Zurückhaltung im Zurschaustellen (weiblicher) Reize, siehe oben.

Bei offiziellen Feiern und Anlässen sind lange Röcke für Damen, Anzug – auch dunkler – für Herren empfohlen. Man kann sich auch indische Festkleidung besorgen, die *Kurtha*, aus handgewebter Rohseide, für Herren, den *Sari* für Damen (aber Vorsicht, damit kommt nicht jede Fremde zurecht!). Beim Abendessen in gepflegter Umgebung tragen die Herren Anzüge und Schuhe mit Strümpfen (keine Sandalen), das Gleiche gilt bei Besuchen in den höheren Rängen von Behörden.

Diplomatische Vertretungen

(Botschaften und Generalkonsulate)

In Deutschland
Indische Botschaft, Berlin, Tiergartenstr. 17, D-10785 Berlin, ☎ 030-25795-0, 🖷 030-25759-102; consular@indianembassy.de (zuständig für Visa-Anträge aus den Bundesländern Berlin, Brandenburg, Mecklenburg-Vorpommern, Sachsen, Sachsen-Anhalt, Thüringen)
Indisches Generalkonsulat, Frankfurt am Main, Friedrich-Ebert-Anlage 26, D-60325 Frankfurt, ☎ 069-1530050 oder 069-15300510, 🖷 069-554125; www.cgifrankfurt.de (zuständig für Visa-Anträge aus den Bundesländern Hessen, Rheinland-Pfalz, Saarland, Nordrhein-Westfalen)
Indisches Generalkonsulat, München, Widenmayerstr. 15, D-80538 München, ☎ 089-210239–0, -40, -41, -42, -50, 🖷 089-210239-80, -70; consular@cgimunich.de, www.cgimuenchen.de (zuständig für Visa-Anträge aus den Bundesländern Bayern und Baden-Württemberg)
Indisches Generalkonsulat, Hamburg, Graumannsweg 57, D-22087 Hamburg, ☎ 040-338036, 🖷 040-323757; cgihh@aol.com, www.cgihamburg.de (zuständig für Visa-Anträge aus den Bundesländern Hamburg, Bremen, Schleswig-Holstein und Niedersachsen)

Konsularabteilung Außenstelle Essen der Indischen Botschaft, Germaniastr. 253, D-45359 Essen (Visumservice jeden ersten Dienstag im Monat), Öffnungszeiten: 9.30–12.30 Uhr (Einreichung des Visaformulars), 16–17 Uhr (Rückgabe der Pässe) Für den Visumservice in Essen wird eine Zusatzgebühr von 5 € berechnet (andernorts unserer Erfahrung nach auch ohne Gebühr üblich). (zuständig für Visa-Anträge aus dem Bundesland Nordrhein-Westfalen)

In Österreich
Indische Botschaft, Wien, Kärntnerring 2, A-1010 Wien, ☏ 0043-1-5058666, 🖷 0043-1-505921 9; info@indianembassy.at, www.indianembassy.at

In der Schweiz
Indische Botschaft, Bern, Kirchenfeldstr. 28, CH-3005 Bern, ☏ 0041-31-3501130, 🖷 0041-31-3511557; india@indembassybern.ch, www.indembassybern.ch. Seit August 2009 muss man das Visum nicht mehr bei der Botschaft beantragen, diese hat die administrative Abwicklung an VF Services (Schweiz) übertragen, die als Visa-Antragszentrum agiert. Informationen bei **India Visa Application Centre** (IVAC), Seilerstr. 25, 3011 Bern, ☏ 0900 000018 (1,95 CHF), http://in.vfsglobal.ch
Indisches Generalkonsulat, Genf, 9, Rue du Valais, CH-1202 Genf, ☏ 0041-22-9068686, 🖷 0041-22-9068696

In Indien
Deutsche Botschaft in Indien, New Delhi, P.O. Box 613, No. 6/50G Shanti Path, Chanakyapuri, New Delhi 110021, ☏ 0091-11-44199199, 🖷 0091-11-26873117, info@new delhi.diplo.de, www.new-delhi.diplo.de
Österreichische Botschaft in Indien, New Delhi, Chandergupta Marg EP-13, Chanakyapuri, New Delhi 110021, ☏ 0091-11-24192700, 🖷 0091-11-26886929, new-delhi-ob @bmaa.gv.at, www.bmeia.gv.at
Schweizer Botschaft in Indien, New Delhi, Nyaya Marg, Chanakyapuri, New Delhi 110021, ☏ 0091-11-49959500, 🖷 0091-11-49959509, ndh.vertretung@eda.admin.ch, www.eda.admin.ch

E Ein- und Ausreisebestimmungen

Der Reisende muss einen **Pass** besitzen, der noch mindestens ein halbes Jahr gültig ist. Auch Kinder benötigen einen Pass mit Lichtbild. Jeder Reisende braucht ein Visum, das vor Reiseantritt im Pass eingetragen sein muss.

Visum: Bei indischen Konsulaten oder bei der Botschaft gibt es **Antragsformulare**, die man sich schicken lassen kann oder die man sich auf der Webseite des indischen Tourismus-Amtes herunterladen kann (www.india-tourism.com).
Ausgefüllt schickt man das Formular zusammen mit seinem Pass und zwei neuen Passbildern sowie dem Zahlungsbeleg für die Visumgebühr (im Original) und einem an Ihre eigene Adresse gerichteten frankierten (4 €) Rückumschlag an die indische Vertretung, die für den Wohnort zuständig ist. Die Erteilung des Visums dauert ungefähr 14 Tage oder kürzer, je nach Andrang der Antragsteller. Wer selbst zeitig zum Konsulat/zur Botschaft kommt, erhält das Visum u. U. noch am selben Tag.

Die meisten touristischen Indienreisenden erhalten ein **Touristenvisum**, das sechs Monate gültig ist (ab Tag der Ausstellung), mehrmalige Einreise innerhalb der Gültigkeitsdauer gestattet und derzeit 50 € kostet. Da man sich als Tourist nur 180 Tage lang in Indien aufhalten darf, ist eine Verlängerung dieser Visa nicht möglich (das heißt in Indien: nur mit Schwierigkeiten zu haben).

Es gibt noch andere Visa: das Geschäftsvisum, das Studentenvisum, das 5-Jahre-Visum, für Personen indischer Herkunft die PIO–Card. Diese Visa gelten länger, aber sind an Voraussetzungen geknüpft. Ein Transitvisum, 15 Tage gültig, kostet 12 € (Auskunft im Internet und bei den indischen Konsulaten, *siehe „Diplomatische Vertretungen“*).

Einkaufen

Indien – besonders Rajasthan – ist unwiderstehlich, schon der Farben wegen. In den Auslagen der kleinen Läden, an Marktständen oder hinter den Fenstern der Luxusgeschäfte glänzt und prangt es. Es ist natürlich nicht alles Gold oder Seide, was glänzt. Aber der Reisende, der vor der Überfülle des Verlockenden steht, möchte meist etwas davon mitnehmen.

Jede kleine Stadt hat einen **Basar** – oder auch gleich mehrere. Basare sind Ladenviertel. Die Läden sind meist klein und mit der Vorderfront oft ganz offen zur Straße. Entweder sitzt der Händler mit untergeschlagenen Beinen auf einem Podest in seiner Ladenfront, die Regale mit den Waren hinter und neben sich, anderes in Körben von der Decke hängend, unsagbar viel auf kleinstem Raum, oder der Käufer kann hineintreten in eine Art Höhle, in der die Waren sich an den Wänden stapeln und nur ein schmaler Gang Platz bietet für den Händler und zwei Schemel für die Käufer.

In größeren Städten gibt es Läden, etwa für Kleidung, die unseren ähnlich sind mit Schaufenstern und automatischen Eingangstüren, die aber in ihrem Inneren noch Züge der gestapelten Fülle der Basarläden haben. Und dann gibt es noch die Kaufhallen an den Fernstraßen und Autobahnen: Manche sind als **Touristenfallen** angelegt, an denen die Busse der Pauschalreisenden halten, die – ob sie wollen oder nicht – auf dem Weg zu einer Erfrischung in einem Cafégarten oder dergleichen durch die „Kaufparadiese“ geschleust werden. Vieles ist dort kostbar und hochwertig, aber die Atmosphäre ist meist kalt wie die überdrehte Aircondition. Es macht weniger Spaß, dort zu kaufen als in den belebten Ladenstraßen der Städte.

Was es erst an wenigen Stellen gibt sind Nobel-Warenhäuser im westlichen Stil für die Einheimischen. Für den neuen indischen Mittelstand entstanden in Neubaugebieten wie Gurgaon bei Delhi große **Shopping Malls**, mehrstöckig und mit fast unübersehbar zahlreichen Einzelläden aller Branchen, dazu mit Schnellrestaurants, Imbissecken, Salons für Elektronik-Spiele – und dauernder Musikberieselung à la Bollywood. In ihnen herrscht kaum die freundliche orientalische Kaufgeschäftigkeit, und ähnlich nüchtern ist meist auch die Atmosphäre in den Kaufpalästen für Gold- und Juwelenhandel. Die wurden nicht nur für indische Käufer (dem Vernehmen nach die weltweit eifrigsten Goldkäufer), sondern ebenso für vorfahrende Touristenbusse in Zentren des Tourismus errichtet.

Geringwertige Gebrauchsgegenstände findet man auf **Märkten**, die oft an der Landstraße liegen. Auch dort, wo das Angebot ganz für den Bedarf der Bevölkerung bestimmt ist, kann man Seltsames, Kurioses entdecken. Oder man freut sich an den bunten Früchten und Gemüsesorten, die auf Matten oder in Körben am Boden für den Verkauf bereit stehen. Supermärkte sind noch kaum verbreitet außerhalb von Delhi.

Fast unbekannt ist in Indien auch **Selbstbedienung**, es sind immer Helfer da. Auch Registrierkassen sieht man eher selten, eine alte Kassette oder ein Pappkarton tut's auch.

In kleinen Läden und auf dem Markt wird mit **Landeswährung** gezahlt. Die großen Händler nehmen Dollar oder Euro, manche auch Kreditkarten, VISA ist sehr bekannt, Mastercard mehr und mehr.

‣ Erster Preis, letzter Preis, Freundschaftspreis...

Viele Reisende fürchten sich vor dem **Feilschen**. Dabei läuft das nach ungeschriebenen, eingespielten Regeln ab. Kein Preisschild ist an den Waren sichtbar (außer in den staatlichen Emporien für Kunsthandwerk, die feste Preise verlangen).
Man fragt nicht sofort nach dem Preis, wenn man sein Auge auf etwas geworfen hat. Der Verkäufer merkt meist rasch, was man will. Er überreicht das Wunschobjekt dem Interessenten, der ein bedauerndes Gesicht macht. Sicher zu teuer! Der Händler wehrt lächelnd ab, nennt einen Preis. Der Interessent lässt erkennen, dass der Preis wirklich zu teuer ist. Er gibt dem Händler das gute Stück zurück und wendet sich dem Ausgang zu. Der Händler macht ein geringeres Preisangebot. Der Interessent setzt eine viel geringere Summe dagegen. Der Händler spielt den tief Gekränkten.

Nun kann der Interessent entweder den Laden verlassen, um ggf. Stunden später wiederzukommen, oder er erhöht sein Angebot um ein Geringes. Schließlich gibt der Händler wieder etwas nach und nennt diverse Gründe dafür.

Der Kaufende rundet die Summe ein klein wenig ab, es gibt einen Handschlag und strahlende Gesichter. Oft ist diesem Abschluss zwischendurch eine Runde indischer Tee vorausgegangen. Oder der Käufer hat noch irgendetwas anderes im Laden erspäht, und beide Dinge werden in einem gemeinsamen, günstigen Preis vereint. Verkäufer und Käufer hatten ihren Spaß, ein schnellerer Abschluss wäre dem Verkäufer langweilig erschienen. Darum: Wenn man wirklich Kaufabsichten hat, soll man sich aufs Feilschen einlassen, aber nie barsch abbrechen, sondern, wenn man wirklich nicht kaufen will, sich bald zurückziehen, mit freundlicher Geste und einem Lächeln.

‣ Ortstypisches zum Einkauf

Handwerkskunst und **Kunsthandwerk** sind Trumpf in Rajasthan! Also handgewebte und gestickte Textilien, auch Teppiche, Keramik, feine, auch emaillierte Metallgegenstände, Einlegearbeiten aus Stein, Metall, Holz, handgeschöpftes Papier und Goldschmuck! All das ist auch in vielen Läden New Delhis zu bekommen (zum Beispiel in den staatlichen „Emporien" am Kharak Singh Marg). Außerdem alles aus der Welt der Gewürze.

Baumwollstoffe sind preiswert und zu Dekorzwecken als Vorhänge, Kissen und Tischdecken wegen fantasievoller Muster und wegen ihrer Farbigkeit originell zu verwenden. Als *blockprints* (mit hölzernen Druckformen hergestellt) oder als *tie-and-dye*-Stoffe (Abbindetechnik beim Färben) sind sie besonders attraktiv. Es gibt auch feine Gewebe in zurückhaltenden Farben, die sich zum Schneidern von Herrenhemden gut eignen. Die meisten Stoffgeschäfte kennen geschickte Schneider, die Maß nehmen und in einem Tag liefern. Wenn man ein Muster vorzeigen kann, wird der Schneider es exakt nacharbeiten – und das schnell und zu einem für Maßgeschneidertes im Vergleich zu Europa überaus kundenfreundlichen Preis.

Sehr beliebt sind feine **Seidenstoffe**, die es in den größeren Städten in guter Qualität gibt. Sie kommen häufig aus anderen indischen Staaten nach Rajasthan. Prächtig die Wolken von Seide, die ein Verkäufer in einem solchen Laden aufbauscht und ausbreitet! Typisch für Rajasthan ist mit Seide bestickte Baumwolle. Decken und Kissenplatten werden mit großen glänzenden Stichen verziert. An Decken und an Kleidern ist Spiegelstickerei mit Seide zu bewundern, auch Stofftaschen sehen damit sehr exotisch aus.

Aus breiten Seidenbrokatbändern werden Bettüberwürfe und Wandbehänge gearbeitet, zum Schimmern der Seide gesellt sich dann Gold- oder Silberglanz.

Sehr lohnend ist der Besuch beim **Buchhändler**, den man oft auf winzigem Restraum seines Ladens trifft, auf allen Seiten von Büchern umstellt. Bestimmte Wünsche werden erfüllt, notfalls läuft ein Bote zur Konkurrenz und bringt das Gesuchte von dort. Englischsprachige Lesekost bekommt man für wenige Euros und großformatige Bildbände für weniger, als ein Roman in Deutschland kostet. Weil Bücher ihr Gewicht haben und die 20 Kilo Reisegepäck bald überschritten werden, ist der Postversand interessant.
siehe Stichwort „Post"

Für Läden sind die **Öffnungszeiten** nicht streng geregelt. Meist sind nur einige Lebensmittelläden vor 10 Uhr morgens geöffnet. Etwa um 19 Uhr abends schließen viele Geschäfte in den Basaren oder auch erst um 20 Uhr. Manche Läden schließen über Mittag, zwischen 12 und 14 Uhr oder noch länger, besonders in der heißen Zeit im Mai/Juni. Viele Läden des täglichen Bedarfs haben auch sonntags auf, wenn sie von einer Familie betrieben werden. Ist der Besitzer Muslim, bleibt der Laden oft am Freitag geschlossen. Märkte schließen spätestens gegen Abend. Manchmal haben Basare gemeinsame Öffnungszeiten, die man erfragen muss. Große Läden in Stadtzentren bleiben sonntags geschlossen.

Warnung! Lebende Tiere darf man nicht kaufen. Ebenso wenig noch so herrliche Elfenbeinschnitzereien, ob alt oder neu. Keine Krokoledersachen, keine Schlangenhautprodukte! All dies und Ähnliches wird vom Zoll bei der Einreise nach Europa **ersatzlos** beschlagnahmt, wegen der Artenschutzbestimmungen.
siehe Stichwort „Zoll"

Elektrizität

220-230 Volt, 50 Hz – wie bei uns in Europa. Also sind Rasierer, Radio oder elektrische Zahnbürste problemlos zu benutzen. In Indien kommt es jedoch verhältnismäßig oft vor, dass Strom ausfällt. In manchen Gegenden, auch in Rajasthan, gehören sogar Stromsperren regelmäßig zur Mangelorganisation. Man weiß, dann und dann ist mit Strom nicht zu rechnen. Die aufwendigeren Hotels haben Diesel-Generatoren, die stinkend und ratternd verhindern, dass das Licht und das Fernsehprogramm wegbleiben. **Mitnehmen**: einen Adapter-Stecker für die dreipoligen Steckdosen und eine gute Taschenlampe für Ausfälle.

Essen und Trinken

siehe Kapitel „Essen und Trinken", S. 97

F Feste und Feiertage

Traditionen, Brauchtum im Wechsel der Jahreszeiten, Lust am Wettstreit, Musik, Tanz und Markttreiben sind die Quelle für viele Feste, deren wichtigste hier genannt werden sollen. Nach dem Mondkalender ändert sich ihr Datum von Jahr zu Jahr. Einige von ihnen sind zu großen Tourismusattraktionen geworden, andere werden weniger von Fremden besucht. Auf jeden Fall sind sie sehenswert, lohnende Orte für Hobby-Fotografen. Bitte Personen nur mit deren Einverständnis fotografieren, bei Ablehnung auf das Motiv verzichten! Im Gedränge auf Wertsachen achten! Bettelnden Kindern kein Geld geben! Kleine Souvenirs kaufen! Auf geht's! (Die Termine können sich auch ändern, im Internet gibt z. B. www.indiatravelclub.com Auskunft.)

Camel Festival Bikaner	26.–27.Jan. 2013	Viele reich geschmückte Dromedare, buntes und glitzerndes Zaumzeug, ins Kamelhaar rasierte Muster. Kamelwettrennen, Musik und Tanz.
Nagaur Fair	17.–20. Feb. 2013	Vielbesuchter Viehmarkt mit Tausenden Rindern, Vieh-Rennen, Turban-Wettbewerben, Volksmusik und Tanz.
Baneshwar Fair	21.–25. Feb. 2013	Fest der Bhil Ureinwohner (*adivasi*) im Süden Rajasthans, 70 km südöstlich von Dungapur. Jahrmarkt und Tempelfest zu Ehren *Shivas*, Gesang und Tanz am Flussufer. Bisher wenig fremde Besucher.
Desert Festival Jaisalmer	23.–25. Feb. 2013	Touristisch attraktiv, Musik und Tanz in der Wüste, Wahl des Mr. Desert. Das Fest findet im Ort Jaisalmer (mit Besuch der Sanddünen) statt.
Elephant Festival Jaipur	26. März 2013	Elefanten, bemalt und mit dem traditionellen, sehr wertvollen Elefantenschmuck der Maharajas von Jaipur ausgestattet, gehen im Festumzug mit Dromedaren, Pferden und Menschen in ihren Festgewändern. Elefanten-Polo-Wettkämpfe, -Rennen und -Schönheitswettbewerbe vor Tausenden zahlenden Zuschauern.
Gangaur Festival Jaipur	3.–14. Apr. 2013	Fest zu Ehren der Göttin *Parvati* (*Gauri*), das in einer farbenfrohen Prozession der Frauen seinen Höhepunkt hat.
Mewar Festival	13.–15. Apr. 2013	Frühlingsfest besonders der Frauen, Gangaur, am Gangaur-Ghat des Sees Pichola. Viele Darbietungen, Gesänge, Tänze, Prozessionen und Feuerwerk.
Summer Festival Mount Abu	23.–25. Mai 2013	Für die Besucher dieser relativ kühlen „Hill Station", Konzerte und Tänze, wenn in der Ebene die Hitze schwer zu ertragen ist.
Teej Fair & Festival Jaipur	9.–10. Aug. 2013	Begrüßung des lang ersehnten Monsuns: das Fest der Schaukeln. Das Fest soll mit der passenden Musik an die Hochzeit des Gottes *Shiva* mit der Göttin *Parvati* erinnern.
Pushkar Fair	9. bis 17. Okt. 2013	Größter Vieh- und Kamelmarkt, der zum Vollmond stattfindet. Berühmt und vielbesucht, Bauern und Hirten kampieren, Touristen übernachten nahebei in Luxuszelten. Staubiges, dennoch farbenreiches Ereignis.
Dussehra Mela, Kota (und an vielen anderen Orten)	12.–14. Okt. 2013	Fest *Ramas*, der den Dämon *Ravana* besiegte, mit Feuerwerk und volkstümlichen Theatervorführungen (*Ramlila*). Zwei Tage sind öffentlicher Feiertag.
Marwar Festival Jodhpur	17./18. Okt. 2013	Das Fest der Maand Musik, eines besonderen Volksmusik-Stils, und Tanzdarstellungen der Legenden der Marwar-Region.

... und überall in Nordindien diese beiden wichtigen Feste:

Holi	27. März 2013 (mancherorts auch an anderen Tagen)	Das Fest der Farben, vor Freude versetzen sich überall in Nordindien (manche) Leute in Rauschzustände, Passanten werden mit Farben bespritzt und beworfen. Nicht die beste Kleidung anziehen! Es ist ein Frühlingsfest des Sieges über die Dämonin *Holika*.
Diwali	3.–7.Nov. 2013 (oft auch an mehreren anderen Tagen)	Das winterliche Lichterfest: Öllämpchen vor der kleinsten Hütte, Lichterketten, Feuerwerk, man feiert *Ramas* Heimkehr mit seiner geretteten Frau *Sita*. Es werden Geschenke gemacht (Süßigkeiten oder Schmuck).

siehe auch Stichwort „Gesetzliche Feiertage"

Film und Foto/Fotografieren

Ausrüsten muss man sich mit geeigneter Kamera. Schwere Optik behindert auf Reisen, da ist weniger oft mehr. Eine gute Digitalkamera hat den Vorteil, dass man schneller und daher geschickter fotografiert. Außerdem spart man sich die Mitnahme von empfindlichem Filmmaterial. Das sollte immer kühl gehalten werden und machte Schwierigkeiten beim Entwickeln im Reiseland. Immerhin gibt es in allen nennenswerten Städten Filme zu kaufen (Verfallsdatum beachten). Für Digitalkameras sind *Memory Cards* auch in Rajasthan in größeren Städten erhältlich, man kann auch Fotos in Fotogeschäften auf CD brennen lassen.

Bleibt noch, für die Kamera und ihr Zubehör zu sorgen, sie vor Staub und, in Regenzeiten, vor Feuchtigkeit zu schützen.

Personen zu fotografieren ist gerade in Rajasthan sehr anziehend wegen des malerischen Aussehens, der bunten Kleidung. Anstand und Höflichkeit gebieten, das nicht ohne Einwilligung zu tun. Der Sprache wegen geht Nachfragen oft nicht. Man hält dann einfach die Kamera sichtbar in die Höhe, mit fragendem, freundlichem Gesichtsausdruck. Meist wird die Erlaubnis gern gegeben, es kommt sogar oft vor, dass sich liebe Leute vor einem aufbauen und bitten, fotografiert zu werden, oder gar, sich mit dem Touristen zusammen fotografieren zu lassen. Keinesfalls aber soll man bei Frauen auf ein Foto drängen, schon gar nicht, wenn man sieht, dass sie wegen der ärmlichen Umgebung verlegen sind.

Verboten ist das Fotografieren von militärischen Anlagen und Bewegungen (Kolonnen), von Brücken, Gleisanlagen und im Grenzgebiet. Außerdem überall, wo Fotos wegen Urheberrechten untersagt sind.

Wenn man mehrere wertvolle Kameras im Gepäck nach Indien einführt, muss man sie dem Zoll angeben (Formular bei der Anreise fordern), damit man sie nicht im Land als Schmuggelware verkauft.

Frau allein in Indien

Gleich zu Anfang ist anzumerken: Frauen, ganz besonders wenn sie jung sind und so aussehen, werden sich sicherer fühlen, wenn sie zu zweit reisen, also mit einer (männlichen) **Begleitperson**. Das hat sich immer wieder bewährt.
Natürlich erregen junge europäische Frauen Aufmerksamkeit.

Die Reizschwelle bei indischen Männern ist niedriger als hierzulande, sie fühlen sich manchmal viel schneller zum Handeln provoziert: **Kleidung und Aussehen** – Miniröcke, ärmellose Shirts, weit wallende blonde Haarpracht – regen zum Berühren an – das gilt ganz besonders in Kleinstädten und Dörfern. Wenn die Damen ungestört sein wollen, ziehen sie sich also etwas weniger flippig an und binden die Haare zusammen.

In der **Großstadt** müssen sich Frauen vorsehen und sollten nicht unbegleitet in unbekannte Lokale gehen, verdächtige Gegenden, auch weitläufige archäologische Stätten, wenn nur sehr wenige andere Besucher zu sehen sind, meiden und sich nicht missverständlich zu freundlich verhalten. Es kann sonst leider zu üblen Übergriffen kommen, besonders wenn das Opfer Alkohol getrunken hat. Wenn Frauen öffentlich Alkohol trinken, hält Indiens Durchschnittsmann sie von vorneherein für Schlampen, die auf Männerfang aus sind. Das gilt nicht für Hotels und Lokale, in denen viele westliche Touristinnen verkehren.

Anmache, selbst wenn sie mit freundlichen Worten daherkommt, sollte frau am besten gänzlich ignorieren. Ignoriert werden muss auch das oft ungenierte körperliche Verhalten der Männer. Freies Urinieren in öffentlichen Straßen gehört dazu, gegebenenfalls auch ungeniertes Onanieren. Weggucken und weitergehen! Bei Kameltouren verbitte frau sich Körperkontakt, manche Cameldrivers wollen sich gerne auf ein Kamel hinter die Touristin quetschen.

Wenn frau Fragen hat: sich immer **an eine Frau wenden**. Ein weiterer Vorteil: Frauen geben meist präzisere Antworten! Im Übrigen gelten die Hinweise unter dem Stichwort „Sicherheit" und die unter dem Stichwort „Verhaltenstipps".

G Geldangelegenheiten

Die **Währung** in Indien ist die Rupie (Rs), die kleine Einheit Paisa ist praktisch nicht mehr in Gebrauch. 1 € entspricht rund 70 Rs (Stand Okt. 2012). Münzen sind selten, Banknoten gibt es (zum Teil in schauerlichem Zustand) als Werte von 1, 2, 5, 10, 20, 50, 100, 500 und 1.000 Rs. Die kleinen Geldscheine geraten allmählich außer Gebrauch.

Man kann in fast allen Hotels in **Euro** bezahlen, erst recht den Euro in Banken und Wechselstuben umtauschen. So erspart man sich das überflüssige und verlustreiche Umtauschen in US-Dollar. Manche Reisende halten allerdings einen gewissen Dollarbetrag für alle Fälle bereit, wenn sie etwa auf hinterwäldlerische Unkenntnis des Euro stoßen sollten. Außer Bargeld kann man **Kreditkarten** (Visa, Mastercard) zum Zahlen oder Geldtauschen benützen. Reiseschecks sollten von einem bekannten Geldinstitut stammen, damit sie auch überall anerkannt werden.

Aus praktischen Gründen ist zu raten, nicht große Schecks oder große Banknoten mitzuführen, da man beim Umtausch sonst bündelweise Rupienscheine bekommt, die man schlecht verpacken kann. Beim **Bargeld** ist darauf zu achten, dass die Euro- oder Dollarscheine glatt, nicht eingerissen und nicht verschmutzt sind – indische Banken verweigern sonst die Annahme.

Es ist bestimmt richtig, Bargeld oder Reiseschecks in genügender Höhe mitzunehmen. Transportiert werden sollten diese Werte am besten in einem Geldgürtel oder einem Brustbeutel nahe am Leib, aufpassen muss man aber trotzdem.
Im Hotel kann man Geld und Schecks gegen Quittung im **Hotelsafe** aufbewahren lassen.

Ist ein Safe im Zimmer, so sollte man ihn auf sichere Befestigung und Verschließmöglichkeiten untersuchen, bevor man etwas darin aufhebt.

Zur Sicherheit kann man vor der Abreise bei der Hausbank Erkundigungen einziehen, wie man eine Summe vom Konto schnell **überweisen** kann (auch durch eine Vertrauensperson, der man vor Reiseantritt eine Vollmacht ausstellt). Die „Deutsche Verkehrsbank" wird empfohlen, weil sie mit der „Western Union" und deren zahlreichen Niederlassungen zusammenarbeitet. Überweisungen brauchen allerdings oft mehr Zeit.

Um Geldangelegenheiten und andere offiziellen Dinge auch nach Verlust von Dokumenten regeln zu können, ist dringend zu raten, von Pass, Visum, Kreditkarten und Flugtickets **Fotokopien** anzufertigen.

Gesetzliche Feiertage in Indien

1. Januar	Neujahr
26. Januar	Tag der Republik
März/April	Karfreitag
15. August	Unabhängigkeitstag
2. Oktober	Geburtstag *Mahatma Gandhis*
September/Oktober	Dussehra, zwei gesetzliche Feiertage
25. Dezember	Weihnachten

Gesundheit

Einen Monat **vor der Reise** sollte man den lange aufgeschobenen Zahnarztbesuch erledigen und in den Impfpass schauen, ob **Impfungen** gegen Diphterie, Polio und Tetanus aufgefrischt werden sollten.
In Indien besteht kein Impfzwang, doch diese Impfungen zu haben, ist ratsam. Dazu erhöht Impfen gegen Hepatitis A und Typhus und auch gegen Tollwut die Sicherheit.

Achtung, Gefahr! Wilde Insekten!

Wer von Reisen in subtropische und tropische Länder gehört hat, weiß, dass man sich vor Moskitos schützen soll. Dabei ist die meistbekannte Gefahr die der **Malaria**-Infektion, doch nicht alles, was über Malaria erzählt wird, trifft zu.

In Indien sind bei weitem nicht alle Gegenden malariaverseucht. Die Ansteckungsgefahr ist nicht übermäßig groß, besonders in den von vielen Touristen besuchten Gebieten Rajasthans ist kaum je Malaria anzutreffen. Überall wo es feucht und sumpfig ist, also auch in Naturparks und Vogelschutzgebieten, soll man sich in Acht nehmen.
Eine Impfung gibt es nicht. Man kann vorbeugend Lariam-Tabletten einnehmen. Die haben leider nicht unerhebliche Nebenwirkungen, auf Augen und Nerven zum Beispiel. Manche Leute werden davon depressiv, sagt man. Ohne ärztlichen Rat sollte man es sich nicht beschaffen. Ärzte verschreiben Lariam nicht gerne, es sei denn, man reist in wirklich berüchtigte Malariagebiete. Dieses und andere Mittel muss man schon eine Woche vor Antritt der Reise und noch eine Woche nach Rückkehr einnehmen. Verschreiben lassen kann man sich ein Malaria-Heilmittel als „*Stand-by*"-Präparat, das man als erste Hilfe beim Auftreten einer Infektion bereithält.

Doch außerdem muss man die Mühe aufwenden, sich vor Moskitostichen zu schützen. **Repellents**, Mücken abwehrende Einreibemittel, mehrmals täglich benützen, auch wenn sie einem nicht angenehm sind. Gründlich auf allen unbedeckten Körperpartien verteilen! In der Morgenfrühe und bei anbrechender Dämmerung, wenn die Untiere am liebsten Blut saugen, sind langärmelige Kleidung, lange Hosen und Socken (in hellen Farbtönen) dringend zu empfehlen, außerdem dort, wo Kleider eng am Körper anliegen (Knie, Gesäß), zur Sicherheit auch unter der Kleidung mit *Repellents* einreiben!

Manche Reisende empfehlen das landesübliche **Odomos** (überall in Indien zu haben), manche schwören auf westliche Präparate. Damit man den Plagegeistern nicht zu lieblich duftet, vermeidet man am besten blumige Parfüms und Seifen.

Schweiß ist ein Magnet für Moskitos. Darum sooft wie möglich Füße und andere schwitzende Körperteile waschen, Schuhe mit desodorierenden Einlagesohlen versehen.

Die Mitnahme eines **Moskitonetzes** erhöht das Sicherheitsgefühl, auch wenn es in manchen Hotels ohnehin zur Verfügung steht. Bei der Wahl der Unterkunft ist auf Moskitogitter zu achten, außerdem wehren kreisende Ventilatoren die Tiere ab. Die oft angewendeten Moskito-Spiralen (*coils*) soll man erdulden, etwa im Freien unter dem Restauranttisch oder im Zimmer, bevor man sich dort schlafen legt.

Wie erkennt man **Malaria**, wenn das Unglück wirklich eingetreten ist? Meist beginnt die Erkrankung wie eine gewöhnliche Grippe mit Abgeschlagenheit und Fieber. Alarmiert sollte man sein, wenn das Fieber plötzlich stark steigt, oder wenn nach dem Abklingen eines Fieberanfalls ein weiterer Anfall folgt. Sofort ist ein Krankenhaus in einer größeren Stadt aufzusuchen (es gibt sehr gute Ärzte in Indien). Wachsam sein, wenn man einige Tage nach der Rückkehr Fieber bekommt!

Zu Hause bei Fieber sofort zum Arzt gehen und dem sagen, dass man **vor einigen Tagen aus tropischen Gebieten heimgekehrt** ist. Bestehen Sie nach einer Tropenreise bei starkem Fieber darauf, auf Malaria untersucht zu werden.

Moskitos übertragen nicht nur Malaria. Leider verbreiten sie auch **Dengue-Fieber**, auch dagegen ist keine Impfung möglich. Das ist ein schmerzhaftes, innere Blutungen verursachendes Fieber. Im Stadtgebiet von Delhi sind immer wieder Fälle aufgetreten, auch nach Europa wurde es schon durch Fluggäste „importiert". Zum Glück erkrankt nur ein sehr kleiner Prozentsatz der Infizierten akut – warum, weiß man nicht.
Auch die Virusinfektion **Chikungunya** wird durch Moskitos übertragen. Die Krankheit geht mit hohem Fieber und rasenden Gelenkschmerzen einher.

Durch Stiche übertragen wird auch die gefährliche **Asiatische Hirnhautentzündung** (*Japanische Enzephalitis*), gegen die man sich beim Tropenarzt **impfen** lassen kann.

Unter den Gesimsen alter Gebäude sieht man manchmal sehr große **Bienenkolonien**, die meist nicht bedrohlich sind. Wenn man aber beobachtet, dass irgendwelche Missetäter mit großen Steinen auf diese Nester werfen, sollte man sich schnell aus dem Staub machen – wenn die Tiere wütend ausschwärmen, können sie angreifen und gefährlich werden.

Vielerorts ist es leider mit der allgemeinen **Hygiene** schlecht bestellt. Trotzdem sollte man sich den Reisegenuss nicht durch übermäßige Sorge einschränken lassen. Regelmäßiges Händewaschen zum Beispiel bewahrt vor vielen Keimen. Für unterwegs: feuchte Tücher zur Reinigung mitnehmen. Besonders in den ersten 14 Tagen des Aufenthalts ist regelmäßige Vorsicht geboten, danach hat der Körper gegen die landesüblichen Keime Abwehrkräfte entwickelt, Magen-Darminfektionen und Hautentzündungen erwischen den Reisenden nicht mehr so leicht.

Unterkünfte der oberen Mittelklasse und Oberklasse sind meist sauber. Wer ausgerüstet sein will bei Misstrauen in die Sauberkeit der Bettwäsche, kann ja einen der üblichen Jugendherbergsschlafsäcke von zu Hause mitnehmen, auch ein eigenes Handtuch oder ein kleines Kissen erhöht das Sicherheits- und Sauberkeitsgefühl.

In den letzten Jahren haben sich auch einfachere Hotels daran gewöhnt, mindestens auf Wunsch den Gästen **Toilettenpapier** bereitzustellen. Jeder weiß, wie man Berührung mit sichtbar Unsauberem vermeidet, also „Augen auf!" wird genügen. Ich habe meist einen Scheuerschwamm im Gepäck, der zusammen mit Seife schon manchen Waschtisch in einen mir erträglichen Zustand gebracht hat.

Im **Restaurant** sollte man sich nicht scheuen, schlecht gereinigtes Geschirr oder Besteck abzulehnen. Wenn der Zustand eines Lokals offensichtlich unsauber ist, sollte man es ohne Zögern verlassen.
Die Inder halten allgemein viel auf Sauberkeit, auf dem Lande sind jedoch die Maßstäbe andere als bei uns. So gilt zum Beispiel Kuhmist nicht als Schmutz. Er wird verknetet mit Lehm als Boden für Innenhöfe und Wandverputz verwendet. Wie überall sind in Indien Frauen meist sauberer als Männer.
siehe auch Stichwort „Reiseapotheke"

Internet

I

In mittelgroßen bis großen Ortschaften ist das Internet-Angebot vorhanden, aber meist nicht in bequemen Cafés, sondern in engen, schlecht belüfteten Kammern im Keller oder unterm Dach, die über steile Treppen zu erreichen sind. Nicht selten findet man wackelige Stühle vor den Computern und Tastaturen mit hässlichen Gebrauchsspuren vor. Vor allem aber: Die Verbindungen sind oft sehr, sehr langsam und die Lokale wechseln häufig, schließen, wenn ihre bejahrten Geräte zusammengebrochen sind. Die Gebühren freilich sind niedrig in solchen Einrichtungen. Effektiver arbeitet man in den „*business-centres*" der guten Hotels, wenn auch zu den mehrfachen Kosten. Dort ist alles schnell, sauber und Service eingeschlossen.

Wir nennen bei den Ortskapiteln nur ausnahmsweise Adressen von Internet-Cafés. In jedem Hotel bekommt man aktuelle Adressen, meist mehrere und oft gleich mit Qualitätsbeschreibung.

Kinder

K

Man kann mit Kindern nach Rajasthan reisen, wenn sie nicht zu jung sind – mindestens zur Schule gehen sollten sie. Da ist natürlich das Terminproblem der großen Ferien bei uns, die gerade in die ganz unzuträgliche Jahreszeit fallen. Auf die günstige Reisezeit sollte man schon achten, also zwischen Oktober und März, wenn Temperatur und Feuchtigkeit sich etwa in europäischen Grenzen halten.

Rajasthan ist ein Reise-, nicht so sehr ein Erholungsland, man wechselt, um viel zu sehen, oft mit langen **Fahrten** den Ort. Das sollte man um der Gesundheit des Kindes willen einschränken und vernünftig planen: also länger, immer einige Tage lang an einem Ort verweilen und die Strecke zur nächsten Unterkunft so bemessen, dass die Fahrt zwischen beiden keine Ganz-Tages-Fahrt wird. Als flexibles Transportmittel empfiehlt sich ein Mietwagen (*siehe Stichwort „Autofahren"*). In Bahnen und Bussen muss man mit Unbequemlichkeit wegen des Menschengedränges und umständlichen Sanitärbedingungen rechnen. Auch sollten die Unterkünfte nicht die Einfachheit der Low Budget-Angebote haben. Es muss kein Fünf-Sterne-Hotel sein, aber Komfort und guter Service erleichtern das Reisen mit dem Kind.

Kinder unter zwölf Jahren können meist gratis oder zu sehr reduziertem Preis im **Zimmer** der Erwachsenen übernachten. Die Freundlichkeit und Hilfsbereitschaft der Inder ist meist herzerwärmend, auch die Bereitschaft, im Notfall Auskunft über Ärzte und andere nützliche Adressen zu geben.

Die Feste, die Farbigkeit werden die meisten Kinder faszinieren, auch Burgen, zu denen Erwachsene spannende oder lustige Geschichten erzählen können. **Märkte** und **Feste** werden oft zu märchenhaften Höhepunkten der Reise für ein Kind.
Natürlich ist auf gesundes Leben zu achten: kein Leitungswasser, aber viel Mineralwasser trinken, Hände vor jedem Essen waschen, den Magen nicht überladen; Eis nur in guten Restaurants bestellen, nicht an der Straße kaufen, Jacken und Mütze für die kühlen Abende bereithalten, Kinder nicht unbegleitet in der freien Natur spazieren lassen. Die Reiseapotheke sollte ganz besonders sorgfältig gepackt sein, ein Fiebermittel in der Dosierung für Kinder von zu Hause mitnehmen, desgleichen Nasen- und Ohrentropfen.

M Maße und Gewichte

In Indien gilt bei Maßen und Gewichten das in Europa gültige Dezimalsystem: Kilogramm, Gramm, Kilometer, Meter und so weiter.

Mietwagen

s. Stichwort „Autofahren/Verkehrsregeln"

N Nachtleben

Noch vor einem Dutzend Jahren war weltstädtisches Nachtleben sogar in New Delhi so gut wie nicht existent. Das hat sich in der Metropole gründlich geändert, nicht aber in Rajasthan – da ist man **äußerst konservativ**, lässt die Damen aus besseren Kreisen nicht gerne zu Vergnügungen außerhalb der Familien zu. Kulturelle Veranstaltungen sind heute noch selbst in Delhi zu auffallend früher Uhrzeit angesetzt. In den größeren Städten Rajasthans sind die Vergnügungsorte auf Restaurants, Bars und eventuell Discos in teuren internationalen Hotels beschränkt, man wird dort meist Touristen antreffen.

Anders in Delhi: Die **Szene brummt**, es gibt viele Bars – mit Alkoholausschank – und Musik in allen Stadtteilen, auch Discos und andere Tanzgelegenheiten, nicht nur in den teuren Hotels. Schade nur, dass die Szene vor lauter Lebendigkeit ständig wechselt – Adressen kommen und gehen, der Charakter von Lokalen ändert sich.

Beste Zeugin dafür ist Madam *Vinita Dawra Nngia*, die den jedes Jahr erscheinenden „Times Nightlife Guide" verfasst, im Verlag der führenden Tageszeitung „Times of India" (erscheint als Gratisbeilage zum „Delhi Food Guide", www.timescity.com). Er enthält sehr nützliche Beschreibungen verschiedener Bars und Discos, mit Adressenhinweisen, und auch Listen von guten Restaurants, in denen man zu später Stunde noch etwas zu essen bekommt.

Wer nur kurz in Delhi weilt und eine kürzere Info über abendliche Veranstaltungen und Lokale sucht, bekommt an Zeitungsständen der Innenstadt Wochenbroschüren, auch größere Hotels haben solche Broschüren für die Gäste.

Soweit Hinweise zum seriösen Nachtleben. Natürlich gibt es auch das **Rotlicht**-Nachtleben, von dem jedoch dringend abgeraten werden muss, nicht so sehr aus moralischen, sondern hauptsächlich aus gesundheitlichen Gründen: Die AIDS-Ansteckungsgefahr ist bei einem unkalkulierbar hohen Prozentsatz der Anbietenden gegeben!

Öffnungszeiten

Standardzeiten für Läden sind 9.30/10–18/19 Uhr, auch oft etwas länger. Sonntagsöffnungen sind nach ortsüblichen Regeln verschieden. Einige Ladeninhaber öffnen und schließen nach Gusto.
Postämter öffnen Mo–Sa 10–15.30 Uhr.
Banken öffnen Mo–Fr 10–14 Uhr, manche bis 16 Uhr, Sa 10–12 Uhr.

An gesetzlichen Feiertagen haben amtliche Stellen und auch viele Läden geschlossen. Gesetzliche Feiertage sind in Rajasthan und auch in Agra über die für ganz Indien gültigen hinaus die großen Hindu- und Muslim-Feiertage, manchmal auch noch die der Sikhs und des Christentums. Daher: Schließungen von Läden und Schaltern zu Holi, Diwali, Dussehra, Id-ul-Fitr, Id-ul-Zuha, Guru Nanak's Birthday – Hotels und Pensionen geben bereitwillig Auskunft über örtliche Gepflogenheiten.
s. auch Stichworte „Feste und Feiertage", „Gesetzliche Feiertage"

Post

Postkarten kosten, ob sie nach Europa oder in die USA geschickt werden sollen, 8 Rs, Briefe mit Normalgewicht unter 20 Gramm 15 Rs. Es empfiehlt sich, die Post mit den Briefmarken am Postschalter abstempeln zu lassen, denn es soll Leute geben, die ungestempelte Briefmarken stehlen. Briefe und Karten sind nach Europa fünf Tage oder bis zu vier Wochen unterwegs. Es hängt meist davon ab, wo man die Post abgeschickt hat, ob aus Delhi oder von irgendeinem kleinen Ort in Rajasthan.

Paketpost: Sich nach Indien ein Paket schicken zu lassen, hat keinen Zweck, es kommt mit hoher Wahrscheinlichkeit nicht an.

Wenn man von Indien aus ein Paket nach Hause schicken will, ist das mit einigen umständlichen Formalitäten verbunden. Grundsätzlich muss man sich mit dem offenen Paket zur Post begeben, wo der Zoll vielleicht hineinschauen will. Ist das geschehen – oder wird zu verstehen gegeben, es sei diesmal nicht nötig –, geht man mit dem geschlossenen Paket zu einem *Taylor*, also einem Schneider, der sich meist gleich in der Nachbarschaft des Postamts findet, und lässt das Paket in eine Stoffhülle einnähen. Er oder ein anderer Helfer versiegelt das Paket – zum Schutz vor Übergriffen, obendrein ist es dekorativ.

Nachdem es adressiert ist, muss man noch ein Zollformular ausfüllen, wobei man als Inhalt „*gift*" (Geschenk) den Wert als unter 1.000 Rs. und „*of no commercial value*" angibt. Das Normalgewicht ist beschränkt auf 20 Kilogramm, die Länge auf einen Meter. Der Transport über See und Land ist recht preiswert, das Paket wird in der Regel dann allerdings mindestens drei Monate unterwegs sein. Auf dem Luftweg ist es bedeutend teurer. Aus eigener Erfahrung können wir berichten, dass die Gebühr für den Flugtransport manchmal reichlich willkürlich festgesetzt scheint, sodass hier kein fester Preis angegeben werden kann.

Bücher und andere gedruckte Materialien können zu billigeren Tarifen geschickt werden, dazu muss ein seitliches Fenster in der Verpackung zur Kontrolle freigelassen werden. Das Schicken von Paketen schont die Reisekasse, weil man auf diese Weise Übergepäck beim Flug vermeiden kann.

Courier Services gibt es auch, sie sind meist teuer und, wenn preiswert, nicht immer verlässlich.

Poste Restante ist der postlagernde Service. In jeder größeren Stadt wird dieser Dienst bei der Hauptpost angeboten (in Großstädten beim GPO). Die Briefe werden dem Alphabet nach geordnet, es ist leichter, sie zu finden, wenn der Zuname vor dem Vornamen, mit größeren Buchstaben, geschrieben ist (Inder können oft nicht Zu- und Vornamen unterscheiden). In Delhi sollte man New Delhi, GPO angeben, ohne das „New" landet der Brief in Old Delhi. Briefe werden meist nur einen Monat aufgehoben, es empfiehlt sich, bei Bedarf ein Abholdatum anzugeben. Beim Abholen ist ein Ausweis vorzulegen.

Auskunft zum Mail Service findet man unter www.indipost.gov.in.

R Reiseapotheke

Gegen Fieber, Kopfschmerz und Erkältung nimmt man Aspirin oder Paracetamol mit. Diese Medikamente sowie Loperamid gegen Durchfall bekommt man auch in den meisten indischen Apotheken. Nützlich ist eine Salbe (Gel) gegen Juckreiz (von Insektenstichen, Sonnenbrand), viel Insektenrepellent und Wundsalbe, Elektrolyt-Glucosemischung gegen Austrocknung bei Durchfällen, bei Empfindlichkeit etwas gegen Reisekrankheit (Erbrechen), Fieberthermometer, Schere, Heftpflaster, Pinzette, desinfizierende Tücher (Sagrotan), dünne Gummihandschuhe, Tabletten, mit denen man Wasser entkeimen kann, leere neue Spritzen (für Injektionen, wenn man in ländliche Gebiete ohne moderne medizinische Versorgung reist) und eine ausreichende Menge aller Medikamente, die zur Behandlung etwaiger chronischer Krankheiten auch zu Hause eingenommen werden.
Wen immer es betreffen könnte: Kondome! Großes HIV-Risiko!

Reiseveranstalter

Comtour Communication and Tourism: Reiseagentur, speziell für Indienreisen, organisiert auch Individualreisen, jahrelang verlässlich und bewährt. Hans-Jörg Hussong, Corneliusstr. 2, D-45219 Essen, ☏ 02054-95470, 🖷 02054-954711, www.comtour.de.

Metropole Tourist Service: Vermietet Wagen mit sorgfältig ausgewählten, Englisch sprechenden Fahrern und bietet Rundreisen in Nordindien mit Mietwagen an, samt individueller Tourenberatung und Hotelbuchungen (auch im Voraus, wenn Sie Ihre Wünsche übermitteln). Korrekt und effizient, seit über 30 Jahren schon. 244, Defence Colony Flyover Market, New Delhi 110024, ☏ 011-24310313 und 011-24312212, 🖷 011-24312819, www.metrovista.co.in.

Studiosus Reisen GmbH: Veranstaltet Urlaubs- und Studienreisen, auch speziell für Rajasthan und Goldenes Dreieck, mit sorgfältig ausgewählten und ausgebildeten Reiseführern. Riesstr. 25, D-80992 München, ☏ 089-50060-0, 🖷 089-50060-100, www.studiosus.com.

Travels Pvt. Ltd.: Kultur-, Wildlife- und Abenteuerreisen, auch im „Golden Triangel" und in Rajasthan. G-18, 2nd Floor, Masjid Moth Greater Kailash Part II, New Delhi 110048, ☏ 011-41636896, 011-41636757, 🖷 011-29223001, www.wanderlustindia.com.

Reisezeit *(s. Klima, S. 49)*

Beste Reisezeit ist der indische Winter von Oktober bis März, die meisten Touristen wählen diese Periode ihrer Bekömmlichkeit wegen. Schwimmbecken im Freien sind allerdings Dezember bis Februar kaum in Betrieb. Die Wochen vor und zu Weihnachten und Neujahr und die Wochen danach sind zusätzlich Hauptsaison, da dann auch besonders viele indische Touristen reisen. Von Weihnachten bis nach Neujahr steigen Hotelpreise vielerorts an, teils drastisch.

Keine Saison ist in Delhi und Rajasthan während der sehr heißen Monate April, Mai und Juni. Die Monsunmonate sind Nebensaison, recht erträglich wird meist der September, der alternativ zur Hauptsaison als Reisemonat gilt. **Empfehlung der Autoren**: Februar, Anfang März – die nächtliche Winterkälte schwindet, die Blütezeit beginnt.
Manche Touristen reisen gezielt zu Festen an. Dazu Unterkunft und gegebenenfalls Eintrittskarten bei den örtlichen Tourismus-Offices bestellen.
siehe Stichwort „Feste und Feiertage"

Sicherheit

Dem Ideal der religiösen Einwilligung in ein noch so hartes Schicksal ist es wahrscheinlich zu danken, dass es trotz aller sozialen Ungleichheiten in Indien – und speziell in Rajasthan – keine offenen Widerstände gegen Armut und die nach westlicher Ansicht ungerechten Verhältnisse gibt. So ist die Zahl der Überfälle und Diebereien relativ begrenzt. Natürlich ist trotzdem Vorsicht geboten. Wertsachen und alles, was man nicht entbehren möchte, sollte man nicht unverschlossen im Hotelzimmer herumliegen lassen. Gelegenheitsdiebstahl wird schon durch abgeschlossene, feste Koffer erschwert. Sicherer ist ein Safe, wenn er fest eingebaut ist.

Diebstahl oder **Verlust** sollte man, besonders wenn es sich um **Pass** und Wertsachen handelt, so schnell wie möglich bei der Polizei melden. Nicht weil die nun eilends sich bemühte, das Diebesgut wieder zurückzubringen, sondern weil sie ein amtliches **Formular** (*complaint form*) ausstellen kann über die Verlustmeldung.

Das polizeiliche Formular ist zur **Vorlage im Versicherungsfall** nötig! Im Falle eines verlorenen – oder gestohlenen – Passes ist das gestempelte Formular notwendig zur Fortsetzung der Reise, zum Einchecken in Hotels etc. und zur Meldung bei der Botschaft in New Delhi, um einen neuen Pass ausgestellt zu bekommen. Man sollte auch so schnell wie möglich die Botschaft, meist die Konsularabteilung, anrufen, um zu erfahren, welche Maßnahmen, wie viele Fotos etwa, nötig sind. Wichtig ist auf jeden Fall, irgendwo im Gepäck eine **Fotokopie des Passes** und des Visums mitzuführen. Bewährt hat sich auch eine Geldsumme als „Notfallgeld", die man irgendwo gut im Gepäck verborgen hat.

Im Hotel lässt man Fenster nicht offen, wenn man aus dem Zimmer geht. Und im Straßen- und Marktgedränge trägt man Geld und Ausweise nicht in Außenkleidertaschen. Bauchgurt oder Brustbeutel sind viel sicherer. Nach Einbruch der Dunkelheit geht der vorsichtige Tourist nicht allein in abgelegenen Straßen spazieren.

Eigentlich gehen diese Vorsichtsmaßnahmen nicht über das hinaus, was auch in Europa zu beachten ist.

Gepäck unterwegs: Bei **Bahnreisen** besteht wegen des Menschengedränges auf Bahnhöfen erhöhte Gefahr. Das Gepäck nicht aus den Augen lassen! Wenn man mehrere Gepäckstücke hat, ist man als Zweier- oder Dreier-Reisegruppe besser dran als ein Einzelner. Die Gepäckträger sind meist ordentlich, aber Kontrolle ist sicherer! Die Koffer sollten unter den Sitzen verstaut werden, dort kann man sie auch gut mit Kette und Vorhängeschloss anschließen; diese Dinge werden auf den Bahnhöfen von fliegenden Händlern angeboten. Doch Geld, Ausweise, Kamera, Schmuck und Mobiltelefon nimmt man im Liegewagen mit ins Bett, nahe am Leib. Nie die Kamera unangeschlossen unter einen Sitz legen, auch bei Busfahrten am Tage nicht!

Auf **Busreisen** wird das Gepäck häufig auf dem Dach transportiert. Das ist ein großes Risiko bei den Haltepausen. Da bleibt einem nichts anderes übrig, als während des Halts zur Kontrolle auszusteigen. Am besten versucht man, das Gepäck ins Wageninnere zu nehmen. **Gewaltkriminalität** ist in Indien nicht häufig, kann aber vorkommen, wenn zum Beispiel ein fremder Mann unvorsichtig im Umgang mit jungen Frauen ist. Tritt er ihnen nach Meinung der Männerwelt zu nahe, kann es zu erheblichen Ausschreitungen bis zum Mordversuch kommen. Also besser ist Distanz! Hände und Blicke im Zaum halten!

K.O.-Tropfen-Fälle von schwerer Kriminalität sind bekannt geworden, vor denen amtlicherseits per Aushang auf Bahnhöfen gewarnt wird: Man sollte von Unbekannten nie etwas zu essen oder zu trinken annehmen, es könnte mit Betäubungsmitteln (K.O.-Tropfen) versetzt sein. Während man bewusstlos schläft, wird man ausgeraubt. Dabei nehmen die Kriminellen schwere Gesundheitsschäden bei den Opfern in Kauf. So bedrohlich das klingt, so klar ist jedem, der die oft tagelangen indischen Bahnreisen kennt: Nicht jedes Angebot eines Mitreisenden, ein Stück Obst oder Gebäck zu kosten, steht unter Kriminalverdacht.

Politische Unruhen mit Brandstiftung und Zerstörung von Läden und öffentlichen Einrichtkommen kommen in Rajasthan **kaum je** vor. Doch an **Massenversammlungen** und Demonstrationen nimmt man als Tourist generell möglichst nicht teil. Die Stimmung kann sehr schnell in Gewalttätigkeit umschlagen, die von einer ebenso gewaltbereiten Polizei bekämpft wird. In New Delhi muss man unter Umständen ganze Stadtviertel meiden oder man verlässt sein Hotel besser nicht. Neugier kann gefährlich werden.

Leider sind in Rajasthan erstmals im Frühsommer 2008 in Jaipur terroristische Bombenattentate vorgekommen, allerdings außerhalb der Tourismus-Saison. Offenbar wollten Terroristen die Regierung in Delhi von ihrer Macht überzeugen. In Rajasthan ist die Gefahr von **Terrorismus** eher geringer als in europäischen Ländern, sie wird auch im übrigen Indien wie in Europa eingegrenzt durch verstärkte sicherheitspolitische und geheimdienstliche Wachsamkeit.

Rauschgiftbesitz: Obwohl *Bhang* als getrocknete Kräuterform des Cannabis in der ländlichen Kultur Rajasthans gebräuchlich ist und nicht verfolgt wird, ist der Besitz von jeder anderen Form (Haschisch, Marihuana) und erst recht der von härteren Drogen jeder Art streng verboten. Schon Mengen unter fünf Gramm als Eigenbedarf reichen für eine Verurteilung zu einem halben Jahr Gefängnis – doch die Untersuchungshaft vorher kann durchaus viel länger dauern. Die Hilfe der diplomatischen Vertretungen in solchen Fällen hält sich in engen Grenzen. Also Hände weg von Drogen! Polizeirazzien gibt es zum Beispiel in Low Budget-Hotels in New Delhi und in Pushkar. Wenn man in eine Razzia hineingerät, muss man, selbst wenn man keine Drogen besitzt, sehr auf der Hut sein, dass einem nicht ein Dealer seinen Stoff heimlich zusteckt – mit unabsehbaren Folgen.

Außerdem sollte man sich nie, auch von vermeintlichen Reisefreunden nicht, überreden lassen, ein Gepäckstück oder einen kleineren Gegenstand für sie zu transportieren. Rauschgiftdealer haben sich dieser Methode bedient, und die leichtgläubigen, hilfsbereiten Opfer mussten den Dienst dann mit Gerichtsverfahren und längeren Haftstrafen wegen **Rauschgiftschmuggels** büßen, da keiner ihnen ihre Ahnungslosigkeit glaubt. Besonders junge Frauen sind schon öfter auf diese Weise böse hereingelegt worden.

Verkehrsunfälle auf dem Lande können rasch zur kritischen Situation eskalieren. Man hält sich am besten an das, was der Fahrer tun will. Uns ist von Ereignissen berichtet worden, wo die Landleute zusammenliefen, als der Verursacher eines Unfallschadens zur Rede gestellt wurde, und eine überaus drohende Haltung einnahmen, sodass nur sofortiges Abfahren (ohne Unfallaufnahme) größere Misshelligkeiten vermeiden konnte.
siehe auch Stichwort „Autofahren, Verkehrsregeln"

Warnungen vor Gefährdungen der Sicherheit in bestimmten Ländern gibt das Auswärtige Amt heraus: www.auswaertiges-amt.de, Werderscher Markt 1, 10117 Berlin, ☏ 01888/17-0, 🖷 01888/17-3402.

Souvenirs

Vorsicht, Touristenfallen! Raststätten an den Fernstraßen sind oft verbunden mit großen Souvenir-Verkaufsstätten. Wenn sie besonders lästig arbeiten, legen sie den Zugang zum Restaurant und zu den Toiletten so, dass man erst durch die ganze große Ladenhalle marschieren muss, bis man dahin kommt, wo man eigentlich hin wollte. Meist sind die Preise

konkurrenzlos teuer und neben den qualitätvollen Artikeln häuft sich der Ramsch. Ehrlich gesagt, all die kleinen unnützen Dinge aus Plastik, buntem Garn und Glitter wird man sich doch nie ins Wohnzimmer stellen, sie landen unweigerlich im Keller. Wenn man Souvenirs kaufen will, wählt man am besten Dinge, mit denen man traditionelles Handwerk in Rajasthan unterstützt.
siehe auch Stichwort „Einkaufen“

Sport und Erholung

Wo man Sport treiben oder bei Wettkämpfen zuschauen kann, erfährt man am besten durch Nachfragen im lokalen Tourist Office oder gleich an der Hotel-Rezeption (s. auch Hinweise bei den Ortskapiteln).

Die Auswahl der Sportarten ist begrenzt. Seit langem haben Vier- und Fünf-Sterne-Hotels Fitness-Räume eingerichtet, die gerne benutzt werden. Die besseren finden sich nicht in Kellerräumen, sondern licht und luftig mit Glasfenstern bis zum Boden und Ausblick in die Landschaft. Ein **Swimmingpool** ist meist vorhanden, in dem man seine Morgenrunden absolvieren kann. Die Pools sind meist ziemlich seicht (oft nur 1,30 m), Kopfsprünge empfehlen sich nicht. **Golf** erfreut sich bei der indischen Mittelschicht großer Beliebtheit als Statussymbol. Delhi hat mehrere Golfplätze, Agra einen im Shah-Jahan-Park westlich des **Taj Mahal**, Jaipur den Rambagh Palace and Golf Club. Mitglieder eines Golfclubs in ihrer Heimat können sich vor der Reise nach Gast-Mitgliedschaften erkundigen. Auch wenn selten danach gefragt wird: Ein Handicap-Zertifikat zur Hand zu haben, kann nützlich sein. Die Kosten halten sich in Grenzen, für die *Green Fee* am Wochenende werden im Allgemeinen 25–30 Dollar genannt.

Joggen: In New Delhi gibt es an vielen Stellen mitten in der Großstadt Gelegenheit zum Joggen, meist auch in der Nachbarschaft von großen Hotels, die Joggingpläne zur Verfügung stellen, und in Villengegenden. Frühmorgens sieht man viele Jogger auf den kleinen Straßen und in Parks. In Agra liegt der beste Jogging-Pfad im grünen Gelände am Yamuna-Ufer östlich des **Taj Mahal**, im „*Taj Nature Walk*“.

Kamelsafaris wollen viele Touristen nicht auslassen. Sie sind sozusagen die genuine Sportart Rajasthans. Die Kamele (Dromedare) gehen im Passgang und schwenken daher ihren Reiter nicht so heftig von vorne nach hinten, sondern halten ihn in einer Art schwebender Bewegung. Die Safaris können den Gast in Kontakt mit den Dörfern in der Wüste bringen. Sie werden von Jaisalmer und Bikaner aus veranstaltet, im Herz der Wüste Thar, oder im Shekhawati-Gebiet. Übernachtung im Camp gehört dazu, die Safaris dauern zwischen zwei Tagen und einer Woche (Adressen s. Ortskapitel).

Pferdesafaris sind eine typisch rajasthanische Sportart. Es gibt zahlreiche Gelegenheiten, etwa im Shekhawati-Gebiet, bei Rohet-Garh, bei Udaipur und Pushkar. Auskunft geben lokale Tourist Offices und Hotels. Die Touren sind organisiert, meist mit Übernachtung in Zelten, Lagerfeuer und Unterhaltung.

Radtouren sind möglich, wo es Fahrradverleih gibt. Man kann bei Tourist Offices nach Leihrädern fragen, auch Hotels und spezielle Läden bieten sie an. Gute Touren, empfohlen vom RTDC, sind zum Beispiel Strecken zwischen Alwar und Deeg und von Jaipur in das Innere der Shekhawati-Region.

Wandern und Trekking: In den Aravallis bei Khumbalgarh und Ranakpur ist Wandern möglich. Es wird geraten, sich von einem Führer begleiten zu lassen, da es nur wenige bezeichnete Wanderwege gibt. Aber das Naturerlebnis ist großartig. Das gleiche gilt für die Gegend von Mount Abu.

Zuschauersport: Dazu gehört **Kricket**, der indische Nationalsport. Über alle Unterschiede von Religion, sozialem Status, Alter und Kaste hinweg sind Inder vom Kricket begeistert. Dem westlichen Touristen wird geraten, zusammen mit einem indischen Begleiter zu einem Spiel zu gehen, der sowohl begeistert als auch zu Erklärungen fähig ist. Kricket ist ein Erbstück aus England, aus einer Zeit, als es noch nicht so auf Schnelligkeit ankam. Ein Spiel dauert fünf Tage, jeden Tag von früh bis Sonnenuntergang, mit einer Stunde Mittagspause und kurzer Teepause nachmittags. Häufig endet es mit „Unentschieden". Dennoch verfolgen die Inder besonders **interstate matches**, auch im Fernsehen. Stars werden verehrt wie bei uns Spitzenfußballer. Auf jedem freien Platz sieht man Jungen, die Kricket spielen. Alle für uns unwägbaren Spielregeln scheinen für die indischen Fans kein Problem zu sein. Lassen Sie sich anstecken!

In Rajasthan ist **Polo** ein Sport so recht nach dem Herzen der Rajputen, denn es erfordert Geschicklichkeit, Mut und Kampfgeist. Das Spiel stammt ursprünglich aus Kaschmir und wurde durch die Briten populär. Rajputenfürsten, zum Beispiel die von Jodhpur und Jaipur, waren glänzende Polo-Stars. Es braucht natürlich großen finanziellen Aufwand, denn die Pferde müssen sehr gut gehalten, trainiert und gezüchtet werden. Es sind meist kleine, zähe, ausdauernde Pferderassen. Jaipur, Jodhpur und Delhi (*The Gymkhana*) haben **Pologrounds**. Wettkämpfe werden nur im Winter ausgetragen. Und: Es gibt auch Elefanten-Polo.

Früher war **Hockey** eine führende Sportart, nach Jahren des Niedergangs erholt sich der indische Hockey-Sport wieder. Er ist bei der Jugend (Schul- und Uni-Mannschaften) sehr populär.

Gerne schauen die Leute auch bei Ringkämpfen (**Wrestling**) zu. Die Ringer, genannt *pahalwaans*, trainieren in der Morgenfrühe auf freien Flächen oder spärlichem Grünland, wo sich immer Zuschauer ansammeln.
Seltener, aber besonders exotisch ist **Kabadi**. Es wird auf einem kleinen Platz gespielt, und der Clou ist: Der Angreifer muss unentwegt „*kabadikabadikabadi*" rufen, während er – natürlich nahezu außer Atem – einen der davonrennenden Spieler der Gegenmannschaft einzuholen und zu berühren versucht. Etwas verrückt? Inder sind begeistert, auch wenn das Spiel manchmal handgreiflich, hart und chaotisch wird.

Endlich noch „unser" **Fußball** (*soccer*). Es gibt eine indische Nationalliga. Fußballzentrum ist leider nicht Rajasthan, auch nicht gerade New Delhi, sondern Kolkata (Calcutta). Termine wichtiger Spiele sind zu erfragen, etwa beim Tourist Office.

Sprache

Rajasthani ist eine Dialektform des **Hindi**, die meisten Leute aus New Delhi können es verstehen, die Rajasthanis verstehen meist Hindi. Beide Idiome werden in der Devanagari-Schrift geschrieben und gedruckt. Auch wenn sich der Tourist einige Hindi-Wörter eingeprägt hat, wird ihm die Schrift noch Schwierigkeiten machen. Zum Glück für alle, nicht nur die westlichen Touristen, sondern auch für Inder aus den vielen nicht Hindisprechenden Teilen des Landes, gibt es **Englisch** zur Verständigung. Viele lernen es schon in der Familie oder in der Grundschule. Außerdem ist immer wieder ausdrucksvolle Körper- und Gebärdensprache gefragt. Wer Übung hat, kann sich damit überall rund um die Welt sprachlos verständlich machen.

Im Anhang dieses Buches erklärt ein **Glossar** häufige landesübliche Begriffe. Außerdem sind Hindi-Sprachführer im Handel (s. Literatur, S. 507 ff.). Für die meisten Fälle reicht ein kleines Taschenlexikon Deutsch-Englisch, Englisch-Deutsch.

T Telefonieren

Heute gibt es in fast allen Orten, auch den kleinen, die STD-ISD-Läden, die durch grellgelbe Schilder im Straßenbild auf sich aufmerksam machen. Verbindungen werden ohne lange Wartezeiten hergestellt, das Vergnügen kostet nicht allzu viel (ungefähr 20 Rs pro Minute, in größeren Städten etwas mehr). Wenn man sich zu Hause schon eine Telecard bei der Telecom gekauft hat, kann man mit einem Passwort oder einer Codenummer telefonieren, zu einem noch besseren Preis. Wie immer ist in Hotels die Festnetz-Telefoneinheit weit teurer als in einem Telefon-Laden. Über Computer im Internet zu telefonieren ist erst selten möglich.

V Vorwahlnummern

Nach Indien	0091
Von Indien nach Deutschland	0049
Nach Österreich	0043
In die Schweiz	0041

Notfallnummern: Nicht überall, besonders nicht auf dem Land, sind Notfallzentralen besetzt, auch können sich nicht in jeder Zentrale die Leute auf Englisch verständigen. Mindestens für die großen Städte gibt es folgende Notfallnummern:
Polizei: **100** – Feuerwehr: **101** – Rettungsdienst: **102**
Die **ADAC-Notrufzentrale** ist international erreichbar (0,062 €/Anruf): 01802–22 22 22.

U Uhrzeit

Die Indian Standard Time (IST) gilt in ganz Indien, obwohl die Ost-West-Ausdehnung des Landes fast 3.000 km beträgt, in den östlichen Bundesstaaten also um 7 Uhr morgens längst die Sonne aufgegangen ist, während ganz im Westen noch Dunkelheit herrscht.

Die Uhrzeit wird nach englischem Muster häufig mit den Zahlen 1 bis 12 und dem Zusatz „*a.m.*" für morgens und vormittags und mit dem Zusatz „*p.m.*" nach der Zahl für mittags bis Mitternacht angegeben, z. B. statt 13 h heißt es 1 h p.m.

IST ist unserer Mitteleuropäischen Zeit im Winter um 4,5 Stunden, im Sommer von Ende März bis Ende Oktober wegen unserer „Sommerzeit" um 3,5 Stunden voraus (das ist besonders beim Telefonieren nach Hause zu beachten).

Unterkunft

Die verschiedenen Arten von Unterkünften bieten eine große Auswahl, auch in preislicher Hinsicht. Außer Hotels aller Kategorien stehen zur Verfügung: *Guest Houses* (Pensionen), *Home Stays* (Privatquartiere, auch mit Familienanschluss und Mahlzeiten), *Youth Hostels* (Jugendherbergen, die viel schlichter sind als in Europa), *Dharamsalas* (Pilgerherbergen, gelegentlich auch für Nicht-Pilger offen, sehr einfach, ganz indisch) und *Railway Retiring Rooms* (Unterkünfte in Doppelzimmern in Bahnhöfen, meist sauber, sehr preiswert, oft ausgebucht, günstig für Bahnreisende, die mit dem Frühzug weiter wollen). Die früheren einfachen *Tourist Bungalows* sind kaum mehr im Angebot, stattdessen gibt es staatlich geführte Hotels (in Rajasthan *RTDC-Hotels*), die häufig keinen guten Service bieten, aber doch im Zimmerangebot preiswert sind, oft in bester Lage.

Die privat geführten Hotels werden in verschiedenen Kategorien angeboten, fünf Sterne bedeutet Luxus, die höchste Bewertung, dann hinunter bis zu einem Stern. Einfachste Hotels haben meist keine Kategorie, sie werden als *Low Budget* bezeichnet. Die Bezeichnung **Heritage Hotel** (zu übersetzen etwa mit Traditionserbe-Hotel) bedeutet keine Kategorie, sondern eine denkmalswürdige architektonische Erscheinung des Hauses. *Heritage Hotels* gehören oft zu den oberen Kategorien, viele sind aber zu Mittelklasse-Preisen zu buchen. Sie sind bei Reisenden wegen ihrer historischen Ausstrahlung und oft märchenhaften Anmutung der Gegenstände, die einen dort umgeben, sehr beliebt: träumen, man wäre eine Prinzessin oder ein Maharaja, das haben viele sehr gern.

Buchungen und Vermittlungen: Vor Ort kann das lokale Tourist Office in der Regel eine Liste mit Unterkünften geben, meist aber muss der Reisende den Kontakt selber aufnehmen. Außerdem gibt das Tourist Office Auskunft über die Auswahl der *Home Stays*, diese Privatquartiere sind preiswert und sehr beliebt.

Das Tourist Office stellt auch einen skizzenhaften Stadtplan zur Verfügung, auf dem man sich die ungefähre Lage der Hotels zeigen lassen kann. Da es in mittleren und kleinen Orten an Straßenschildern und Hausnummern mangelt, vertraut man sich dem Taxi- oder Riksha-Fahrer und seiner Ortskenntnis an.

Achtung: Die Fahrer haben oft mit Hotels *commissions* ausgehandelt, die sie für jeden Gast bekommen. Abenteuerliche Geschichten sind im Umlauf über Fahrer, die behaupten, das gewünschte Hotel sei leider gerade abgebrannt, sie wüssten ein besseres. Oder man findet sich vor einem Hotel, das zwar ähnlich heißt wie das gewünschte, aber nicht die gleiche Qualität hat. Da hilft nur: energisch auf dem Fahrziel beharren und dem Fahrer vorm Start einen Zettel mit dem Hotelnamen zeigen!

Vor der Reise kann man eine **Agentur** mit Hotelbuchungen beauftragen, wie auch bei einer Buchung über ein Reisebüro üblich. Natürlich ist auch der Versuch möglich, über die Webseite eines Hotels zu buchen. Meist allerdings schaltet sich, sobald man die Webseite aufgerufen hat, irgendeine Agentur ein, um die Buchung festzumachen. Viele Hotels verlagern die Büroarbeit der Buchung, Auskunft, Bestätigung und ähnlicher Vorgänge zu einer Agentur. Das geht so weit, dass Hotels keine eigene Webseite ins Netz stellen, stattdessen nur auf den Webseiten einer oder mehrerer Agenturen erscheinen. Mehr und mehr werden Preisvergleiche und Gastkommentare ins Netz gestellt.

Einige Hotelketten der obersten Preisstufe haben eigene Buchungsbüros in Europa (z. B. Taj Group, Oberoi Group).

Zu den in diesem Buch benutzten **Preiskategorien**: Sie orientieren sich an den in Indien üblichen, in den letzten Jahren deutlich gestiegenen Hotelpreisen. Die hier benutzten Preiskategorien wollen dem Reisenden eine brauchbare Basis für die Wahl der Unterkünfte geben. Welche Hotelqualität jeweils zu erwarten ist, deuten die Kurzbeschreibungen der ausgewählten Hotels an. Allerdings kommen zu den Grundpreisen, dem Ausgangspunkt der Einteilung, oft noch Luxus- und andere lokal festgesetzte Verbrauchssteuern hinzu (Preise in Euro, dem Kurs Okt. 2012 entsprechend 1 € = 70 Rs).

Eine Auswahl von weit über tausend indischen Hotels mit aktuellen Preisen bietet der seit 20 Jahren alljährlich herausgegebene Band „Hotels & Resorts Guide / India, Nepal & Sri Lanka", Ashu Publications Pvt. Ltd., New Delhi, dahiya@bol.net.in. Wegen derzeit ansteigender Inflation in Indien sind die nominellen Rupienpreise nur eingeschränkt aktuell. Praktikabler ist in der Regel die Umrechnung in Euro, nach jeweiligem Kurs. Solange der Euro die stabilere Währung ist, werden Aufenthalte in Indien für Europäer tendenziell preisgünstiger.

Hotelpreiskategorien von 1 bis 7, jeweils für zwei Personen im Doppelzimmer (Suiten oft deutlich teurer), meist ohne Frühstück, in der Regel mit Bad, Telefon, TV und AC, in den hohen Preislagen teils zuzüglich Steuern:

€	bis 10 €	etwa bis 700 Rs
€€	bis 20 €	etwa bis 1.400 Rs
€€€	bis 40 €	etwa bis 2.800 Rs
€€€€	bis 80 €	etwa bis 5.600 Rs
€€€€€	bis 160 €	etwa bis 11.200 Rs
€€€€€€	bis 300 €	etwa bis 22.400 Rs
€€€€€€€	über 300 €	über etwa 22.400 Rs

V Verhaltenstipps

Natürlich gibt es Regeln, die man befolgen sollte. Unbedingt sollte man ein Feingefühl dafür mitbringen, was rücksichtsvolles und zurückhaltendes Benehmen ist. Als Gast, ob in einem Land oder in einer Familie, schaut der höfliche Mensch auch bei uns in Europa zuerst, wie sich die Gastgeber verhalten, bevor er oder sie einfach nach eigenem Geschmack und eigener Gewohnheit handelt.
Besonders die bei uns so hochgeschätzte Bereitschaft, Ablehnung und Kritik, aber auch eigene Schwierigkeiten, die den privatesten Bereich berühren, offen gegenüber Fremden zu äußern, ist bei Indern nicht gerade beliebt und gebräuchlich.

Man verliert rapide an Ansehen, wenn man sich mit eigenen Partnern, Freunden, Angehörigen, auch eigenen Kindern, in der Öffentlichkeit **erregt streitet**. Konflikte unter Nahestehenden trägt man nicht vor Fremden aus.

Es versteht sich von selbst, dass **harte Kritik** an Zuständen, Fehlern und Unerträglichkeiten des Landes unbeliebt ist, selbst wenn der indische Gesprächspartner selber über Missstände lebhaft klagt. Inder sind stolz auf ihr Land und ihre Kultur, trotz Armut, Nachlässigkeiten und Korruption. Sie halten den Gast, der mit Herabsetzung und Besserwisserei kritisiert, für einen unerzogenen, nicht ernst zu nehmenden Menschen. Kritik formuliert man am besten als Frage, etwa: „Warum gibt es nachmittags so oft keine Elektrizität?"

Auch der Gesichtsausdruck ist wichtig. Inder sind es gewöhnt, ihr Gegenüber nicht mit mürrischer Miene oder gar stirnrunzelnd anzusehen. Man tritt Fremden mit unaufdringlichem, **freundlichem Lächeln** gegenüber, zeigt auch bei abstoßenden Dingen oder Vorgängen kein ekelverzerrtes Gesicht.

Inder sind prüde. Hier hat die Umerziehung im viktorianischen Kolonialismus ganze Arbeit geleistet. Dass Körperlichkeit, besonders zwischen Mann und Frau, tabu ist, halten sie inzwischen für einen Teil ihrer Kultur. Es ist keineswegs unsere Aufgabe, sie durch freizügiges Verhalten unsererseits vom Gegenteil zu überzeugen. Also: Noch so harmlose **Zärtlichkeiten** in Gegenwart anderer Leute sind tabu, gelten als unanständig („Wie die Tiere!"). Dazu gehören: sich umarmen, umschlungen herumspazieren, sich innig küssen. Die moralische Einstellung ist nun einmal dagegen, und daran muss sich der Gast halten. Wer in dieser Beziehung nicht Rücksicht übt, zeigt sich undankbar gegen all das Schöne, was das Land seinen Gästen bieten will, und ist offenbar nicht recht geeignet, fremde Kulturkreise zu besuchen.

Manche Inder, mehr noch Inderinnen, zögern auch vor dem **Händeschütteln**, es ist eben eine ungewohnte körperliche Berührung. Man sollte das respektieren und nicht mit vorgestreckter Hand das Gegenüber nötigen, das wäre ein echter Benimmfehler. Wenn man die Gastgeber noch nicht sehr gut kennt, wartet man den Bruchteil einer Sekunde ab, der entscheidet nämlich: Hebt die Dame oder der Herr beide Hände vor der Brust hoch – oder wird die Hand zur Begrüßung vorgestreckt? Ist das der Fall, kann man die gebotene Hand getrost ergreifen, anderenfalls grüßt auch der westliche Gast zurückhaltend, mit dem indischen Gruß. Diese **indische Art der Begrüßung** besteht aus dem sehr charmant aussehenden Zusammenlegen der Hände vor der Brust, das mit dem Wort **Namastee** dem Gast entgegengebracht wird.

Von westlichen Gästen nicht erwartet wird die Respektgeste, die viele jüngere Inder vor älteren oder alten Menschen üben: Sie verbeugen sich tief, um die Füße der Respektsperson anzutippen. Das gilt als Zeichen großer Anerkennung. Falls dem Gast selbst diese Begrüßung zuteil wird, weil er älter ist als der Begrüßende oder als „Lehrer" anerkannt wird, sollte er trotz Überraschung sein Befremden nicht zeigen, sondern mit freundlichem Gesicht erkennen lassen, dass er die Geste dankend entgegennimmt.

Mit oder ohne Begrüßung, auf der Straße, im Basar oder sonst in der Öffentlichkeit wird der als Westler erkannte Gast immer wieder mit **Fragen** bestürmt: „Where are you from? What's your name? Are you married?" und andere, die Privatsphäre betreffende Nachfragen. Wenn sich dieselben Fragen hundertmal wiederholen, ist der Reisende entnervt. Aber: Diese Neugier hat System und gilt in Indien beileibe nicht als aufdringlich. Denn sie dient als Mittel zur gesellschaftlichen Bestimmung des Gegenübers, des sozialen Standortes etwa, des Platzes in der Hierarchie, auf die man in Indien so viel Wert legt. Inder sind ratlos, weil ihre Kategorien auf westliche Besucher nicht passen (keine Kasten, keine Vergleichsebenen).

Spätestens in einigen Generationen wird sich das voraussichtlich geändert haben. Bis dahin ist es gemeinschaftsfördernd, sachlich in einigen Bereichen Auskunft geben zu können. Man sagt also, dass man zum Beispiel in Berlin zur Schule gegangen ist, in Hamburg in einem Konzern gearbeitet, sich mit Design beschäftigt und in München studiert habe. Auch wenn dem Inder viele Ortsnamen nicht geläufig sind, macht er sich so ein ungefähres Bild von der Herkunft seines Gastes. Ich habe von jungen Frauen erfahren, dass sie bei flüchtigen Bekanntschaften lieber geschwindelt haben, sie seien verheiratet, da Inder es sich einfach nicht vorstellen können, dass unverheiratete Frauen ohne die Eltern verreisen.

Zum Verhaltensknigge für **Frauen**: Solange Sie nicht sichtlich im Großmutteralter sind, sollten Sie nicht allein reisen, sondern mit einer oder zwei Freundinnen zusammen (wenn nicht in männlicher Begleitung). Wenn Sie einigermaßen in Ruhe Ihren Urlaub genießen wollen, sollten Sie jeder männlichen Annäherung kurz, sachlich und distanziert begegnen und am freundlichen oder gar koketten Lächeln sparen. Der sehr maskulin betonte Inder macht sich meist ziemlich märchenhafte Vorstellungen von der erotischen Zugänglichkeit der westlichen Frau und legt Freundlichkeit leicht als Aufforderung aus (nicht nur Freundlichkeit, in ländlichen Gebieten auch textilarme Bekleidung wie Miniröcke oder Schulterfreies).

Die übrige Bevölkerung – Frauen, Kinder, Alte – ist innerlich empört, wenn durch halbnacktes Auftreten Respektlosigkeit vor den lokalen Gewohnheiten gezeigt wird. Beispiel: Eine Touristin, die nur mit einem Stringtanga-Bikini bekleidet war, fotografierte vor der Hauptkirche eines Ortes in Goa die Karfreitagsprozession. Die Gläubigen fühlten sich gestört, reagierten aber nicht mit abfälligen Worten, nur mit Blicken (*siehe auch Stichwort „Bekleidung"*).

Nach Einbruch der Dunkelheit sollten Frauen nicht allein ausgehen, auch in Großstädten nicht. Sogar Taxifahrten macht man besser in Begleitung.

Füße und Schuhe **gelten als unrein**, darum zieht man vor dem Betreten eines Tempels die Schuhe unbedingt aus. Auch in Privathäusern geht man meist barfuß oder auf Strümpfen – man muss es den Gastgebern abschauen. Es ist darum praktisch, auf die Reise Schuhe mitzunehmen, die man schnell an- und ausziehen kann. Füße gehören in Gesellschaft auf den Boden, man legt sie in Gegenwart von Indern nicht auf Stühle oder gar auf den Tisch. Eine populäre indische Filmschauspielerin bekam großen Ärger, weil sie, die Füße erholsam hochgelegt, nicht darauf geachtet hatte, dass dieselben zur dort ausgebreiteten indischen Staatsfahne zeigten. Das wurde als Verhöhnung des Staates, der **Mother India**, betrachtet!

Besondere Aufmerksamkeit erregen einige **typisch indische Gesten**, die manchmal die Verständigung erschweren. Man erklärt einem Englisch sprechenden Gesprächspartner etwa einen Sachverhalt, man gibt sich Mühe, deutlich zu sprechen und genau zu formulieren, und der gute Mann steht vor einem und bewegt unablässig den Kopf in einer wiegenden Bewegung von links nach rechts, von rechts nach links. Das sieht wie ein Kopfschütteln aus, ist es aber nicht! Der Kopf wird ja nicht wirklich geschüttelt, das lernt der Gast schon noch zu unterscheiden. Die Bewegung signalisiert Zustimmung, entspricht also unserem Kopfnicken. Ein anderes Mal reagiert ein Befragter mit Kopfsenken und anschließendem ruckartigen Kopfheben, das abgeschwächt wie ein Nicken aussehen kann – eine Ablehnung, ein starkes Nein.

Verwechslung gibt es auch mit den **Handzeichen**: Wenn dem Gegenüber die rechte Hand mit dem Handrücken nach vorne hingehalten wird, heißt das: „Bleib weg!", nicht „Komm!", wie das ähnliche Heranwinken bei uns. Ebenso halten viele Inder dem Fremden die Innenhand entgegen und winken mit gekrümmten Fingern, das bedeutet „Tritt näher!", wird aber von Europäern manchmal eher als abwehrendes Zeichen gedeutet.

Verkehrsmittel

Innerindische Flugverbindungen mit Domestic Airlines bieten Verbindungen von und nach New Delhi, Jaipur, Jodhpur und Udaipur. Viele Reisende, die auf Rundfahrten sind, benutzen eine dieser Verbindungen, während die meisten Zielorte vorher oder anschließend mit dem Wagen angefahren werden. Jaisalmer und Agra haben bislang keinen öffentlichen Flughafen, an diesen Orten sind sie jedoch schon lange angekündigt. Die meisten Flüge von Jaipur aus gehen von und nach Delhi, ungefähr drei Flüge pro Tag (Änderungen angekündigt). Es ist gut, frühzeitig Flüge im Voraus zu buchen, da die Nachfrage groß ist und Frühbucher weniger zahlen. Besonders zeitsparend sind Flüge von New Delhi nach Udaipur oder Jodhpur (und zurück). Alle drei Strecken werden derzeit von **Indian Airlines** und **Jet Airways** bedient.
Indian Airlines: www.indian-airlines.nic.in
Jet Airways: www.jetairways.com
Air Sahara: www.airsahara.net
Websites der Flughäfen: www.airportsindia.org.in

Preise können wegen der Inflation und Kostenunsicherheit hier nicht genannt werden, zu vermuten ist, dass sie sich auch in Zukunft in der Höhe deutlich von den im Vergleich zu Europa extrem günstigen Bahnpreisen unterscheiden werden. Telefonieren Sie mit den Stadtbüros!

Bahn-Fahrpläne, Reservierungen, Preise und Verfügbarkeit von Plätzen sind im Internet zu finden: www.indianrail.gov.in oder www.indianrailway.com sowie www.seat61.com, auch *online-booking* von Fahrkarten ist möglich. Allgemeine Fragen werden beantwortet unter ☏ **1330 auf Englisch**, für Hindi-Sprechende unter Nr. 1335.

Sehr nützlich für die Vorbereitung und Reservierung (s. u.) einer Bahnreise ist das monatlich erscheinende Fahrplanheft für Fernverbindungen **Trains at a Glance**, erhältlich meist in Bahnhofskiosken und Buchhandlungen.

Rajasthan ist verhältnismäßig gut an das indische Eisenbahnnetz angeschlossen, die Verschiedenheit der Spuren – die Schmalspur stammte noch aus der Zeit der vielen indischen Einzelstaaten, die eigene Bahnen einführten – ist allmählich behoben worden. Auch „Express"-Züge sind nach westlichen Maßstäben noch recht langsam. Ganze Tage oder Nächte zuzubringen ist leicht möglich, wenn man etwa von New Delhi nach Udaipur oder nach Jaisalmer unterwegs ist.
Orte in Rajasthan, die **keine Bahnverbindung** haben, sind z. B.: Bundi, Dungarpur, Jhalawar, Kalakho, Karauli, Kumbhalgarh, Kuchaman, Mount Abu, Nimaj–Chatra Sagar, Pushkar, Ranakpur, Rawala Narlai, Sariska National Park.

Die Eisenbahn in Indien soll sieben verschiedene **Klassen** haben, aufgefallen sind uns nicht ganz so viele, aber die gebräuchlichen für Touristen sind:
Second-Class unreserved: Ist unglaublich preiswert, aber auch lärmig, überfüllt, etwas schmuddelig, die offenen Fenster mit Gittern, aber ohne Scheiben, unbequem. Immerhin, wer sehr knapp bei Kasse ist...

Second-Class sleeper: Kostet 50 Prozent mehr, aber ist sehr empfehlenswert, weil komfortabel, geschlossene Fenster, mit Ventilatoren, nicht überfüllt, da Fahrgäste ohne Reservierung nicht hineingelassen werden. Wegen des guten Preis-Leistungsverhältnisses muss man unbedingt reservieren lassen, auch für Tages-Fahrten! Tagsüber werden die unteren Stockwerkliegen zu Sitzplätzen, die dann auch von sitzenden Passagieren eingenommen werden. Von etwa neun Uhr abends an werden die Liegen aufgeklappt. Wer einen Liegeplatz bestellt hat, bekommt ihn dann. Man kann sich also in dieser Klasse tagsüber nicht auf seiner Liege ausstrecken, hat nur einen Sitzplatz.

Es gibt eine **First Class** (fünfmal so teuer wie ein *Second-Class sleeper*), die aber wenig eingesetzt wird. Viel öfter im Angebot ist die Klasse **airconditioned three-tier sleeper** (3 AC) oder **a/c two-tier-sleeper** (2 AC), die ungefähr soviel kosten wie die normale Erste Klasse. In diesen Klassen sind die Abteile durch Vorhänge mit Druckknöpfen voneinander getrennt. Die Waschräume sind nicht gerade einladend, aber genügen, wenn man die persönliche Hygiene mit mitgebrachten feuchten Tüchern aufrechterhält. Bettwäsche (zwei Laken pro Person), ein kleines Kissen und eine raue Decke sind im Preis enthalten. **Hinweis**: Da die Aircondition oft übertrieben kalt eingestellt ist, empfiehlt es sich, einen dicken Pullover mitzubringen, besonders bei Nachtreisen im *Sleeper*. Einfaches, billiges Essen auf Rechnung kann man bestellen, es wird dann auf der nächsten Station in den Zug gebracht. Mineralwasser steht zur Verfügung.

Die klimatisierte Erste Klasse (**1 AC**) hat schließbare Abteile für vier Personen. Diese Klasse liegt meist im Preis nicht sehr unter den Flugpreisen.

Mindestens für Tagesfahrten lohnt sich der klimatisierte **Chair Car** (CC), ein Waggon mit Pullman-Sitzen, angeboten zum Beispiel in den tagsüber verkehrenden Shatabti-Expresszügen.

Diese Klasseneinteilung gilt für Fernverbindungen, Regionalzüge haben viel einfachere Angebote.

Wie tätigt man die so wichtigen **Reservierungen**? Reservierungen sind wichtig, weil spontanes Reisen, das heißt zum Schalter im Bahnhof gehen, Karte kaufen und einsteigen, in Indien wegen der riesigen Nachfrage in der Regel nicht möglich ist.

Wenn man aber keinen Beauftragten losschicken kann, muss man so verfahren: Man nimmt sich – am besten einige Tage vor der Abreise – am Bahnhofsschalter ein Formular und trägt darauf ein, für welchen Zug (Zeit, Nummer, Klasse) man reservieren will. Man fragt nach dem Sonderschalter für Ausländer (*Foreigners' Counter*). Manchmal dient das Büro des Stationsvorstehers dazu. Wenn es diese Vorzugsbehandlung nicht geben sollte, muss man vermutlich etwas länger anstehen – oft nicht an einer geordneten Schlange, sondern inmitten eines wirren Haufens. Frauen haben es gut: Es gibt spezielle **Ladies' Queues**, die weniger lang sind. Wenn nicht, darf eine Frau ruhigen Mutes nach vorne an die Spitze direkt vor den Schalter gehen.

Bevor die Reise startet, kann man am Waggon die Liste des Zugführers mit den Namen und den Platznummern jedes Reisenden einsehen, handschriftlich und nicht frei von eigenwilligen Namens-Interpretationen (man sollte auf dem Ticket-Bestellbogen den Nachnamen in Druckschrift an erster Stelle schreiben).

Tipp

Es geht hier um umständliche Besorgungen, Wartezeiten und Ähnliches. Wenn dem Reisenden seine Zeit dafür zu kostbar ist, kann er eine Agentur (durch die Hotelrezeption erreichbar) beauftragen. Gewöhnlich kennen die Hotels verlässliche Leute, die für den Reisenden Schlange stehen, nachdem sie zusammen mit ihm das **Antragsformular für eine Fahrkarte ausgefüllt** haben. Damit es keine Missverständnisse gibt, wählt der Reisende die spezielle Zugverbindung (Abfahrtszeit und Zug-Nr.) im Heft „**Trains at a Glance**" (s. o.) aus. Der Agent erledigt dann die Geschäfte an den verschiedenen Schaltern für ein vorher auszuhandelndes Entgelt (im Hotel fragen, wie viel ortsüblich ist). Beim Empfang der Tickets vor dem Bezahlen genau nachsehen, ob es sich um die richtigen handelt (Zugnummer prüfen!) und ob es nicht etwa **nur ein Platz auf einer Warteliste** ist, der hier reserviert wurde. Die Waggonnummer und die Bettplatznummer müssen vermerkt sein!

Falls jedoch der Zug ausgebucht und kein Platz mehr zu haben ist, kann man auf die **Warteliste** kommen (wenn eine vorgesehen ist). Dann steht auf dem Ticket ein „wl" mit einer Zahl, das ist der Platz, den man auf der Warteliste hat. Man kann am Schalter nach den Chancen fragen, per Wartelistenplatz noch zu einem richtigen Ticket zu kommen. Wer kein Ticket durch Reservierung bekommen hat, aber unbedingt mit diesem Zug weiterkommen will, kauft ein billiges ohne Reservierung, steigt einfach in einen Waggon der besseren Klasse und fragt sich zum Schaffner (*TTE, Travelling Ticket Examiner*) durch. Der weiß, wo noch freie Plätze übrig sind und wird, wenn möglich, einen zuteilen, gegen Aufpreis und eine kleine Gebühr.

Das alles scheint sehr kompliziert, in der Praxis läuft es meist harmlos ab. Indien ist für uns manchmal umständlich, aber meist sehr freundlich und hilfsbereit.

Rückerstattung von nicht benutzten Tickets geht nur gegen eine Stornierungsgebühr. Bis zu einem Tag vor dem Abfahrtstermin bekommt man 70 bis 90 Prozent des Preises zurück. Bis zu vier Stunden vor Abfahrt verliert man 25 Prozent des Preises, danach bis 12 Stunden nach Abfahrt des Zuges beträgt die Gebühr schon 50 Prozent, später wird gar nichts zurückerstattet. Wer um Rückerstattung vor Abfahrt bittet, kann gleich nach vorne zum Kopf der Schlange vor dem Schalter gehen – vielleicht, so denkt die Bahnverwaltung, findet sich sofort jemand, der das Ticket verwenden will.

Bus

Das Verkehrsnetz ist sehr dicht und der Ticketkauf ist einfacher, weniger umständlich. Jeder nicht ganz kleine Ort hat mindestens einen Busplatz (*Bus Stand*), zu dem man leicht von Einwohnern gewiesen wird. Dort ist dann meist ein Verkaufsschalter. Es gibt eine staatliche Busgesellschaft, bekannt als RSRTC – **Rajasthan State Road Transport Corporation** (www.rajtrans.com). Private Busunternehmen konkurrieren, sie sind oft noch etwas billiger, oft auch wegen des Wettbewerbs etwas komfortabler. Allerdings hat auch die staatliche Gesellschaft auf den Hauptlinien gute Fahrzeuge laufen. Nachteil der Privaten: Sie fahren wie der Teufel (Wettbewerb der Linien), staatliche fahren etwas gesetzestreuer.

Die **Verkehrssicherheit** der Busse ist sensationell schlecht, Unfälle sind zahlreich. Dennoch lassen sich viele Reisende nicht abhalten. Da die Bahn nicht überall hinfährt und private Motorisierung über das Moped hinaus noch am Anfang steht, geht es ja nicht anders. Busfahrten sind, verglichen mit den Preisen in Europa, sehr billig, besonders auf Nebenstrecken. Die Plätze für private Linien sollte man reservieren, die Büros dieser Linien befinden sich meist in der Gegend der Bahnhöfe. Reservierte Plätze kosten 30 Prozent Aufschlag, was bei den geringen Grundpreisen nicht zu sehr ins Gewicht fällt.

Verschiedene Klassen sind im Angebot: **ordinary**, **express**, **deluxe** (bei den privaten entsprechend). *Ordinary* ist sehr schlicht und hält sehr, sehr oft, *express* ist ebenso schlicht und hält etwas weniger oft. *Deluxe* wird nicht bis zur Überfüllung belegt, was bei langen Strecken stark zum Wohlbefinden beiträgt. Auf Hauptstrecken fährt eine *Grey Line* als Stockwerk-Liegewagen. Eine *Silver Line* bezeichnet sich als *Superdeluxe*, bietet mehr Komfort. Schließlich ist auf den Strecken New Delhi-Jaipur und Agra-Udaipur die *Pink Line* mit Aircondition der Gipfel des Bus-Luxus.

Natürlich benutzen alle Klassen die gleichen, manchmal mangelhaften, oft überfüllten, stauanfälligen Straßen. Darum ist die Fahrzeit nie genau festzulegen. Erfahrene Buspassagiere setzen sich auf einen Platz in der Mitte. Ganz vorne ist es nicht sicher selbst bei leichten Unfällen, hinten aber wird man erbarmungslos durchgeschüttelt, zu hohen Sprüngen vom Sitz bis zur Decke veranlasst. Freunde mit hochempfindlicher teurer Kameraausrüstung berichteten, dass sie auf einem solchen Platz die ganze Fahrt lang ihre Fototasche zur Schonung der Geräte hochgestemmt hätten. Andere bezeichneten Busfahren in Indien als Horror. Für lange Strecken ist es sicher nicht sehr zu empfehlen, da sollte man die Bahn vorziehen. Für kurze Strecken ist ein Bus aber überaus günstig, die Busfahrpläne bieten auch viel mehr Abfahrten als die Bahn.

Stopps, um Tee zu trinken, werden manchmal zu oft, manchmal quälend selten gemacht. Toiletten sind ein Problem, oft bleibt nur das freie Feld. Frauen haben es da besonders schwer. Reisekleidung entsprechend auswählen! Während der Stopps sollte man, wenn das Gepäck nicht im Wageninneren, sondern auf dem Dach deponiert wurde, stets ein wachsames Auge darauf haben.

Im Bus wie in der Bahn kann man Menschen kennenlernen, Inder und Touristen, weil man ja ziemlich eng beieinander sitzt.

▸ Metro

In Delhi in rascher Entwicklung, besorgen Sie sich beim Tourist Office ein Info-Heft. Taschen etc. werden geprüft, Männer und Frauen benutzen getrennte Wagen (wg. zudringlicher Männer). Das Tempo ist schnell, die Tickets im Vergleich mit europäischen Metros sehr preisgünstig. Einigen Stationen fehlt leider eine Übersichtskarte der Umgebung. Auch in Kolkata und anderen Mega-Städten wird an Metros gebaut – dringlich, weil der Bus- und Privatwagen-Verkehr immer wieder zu kollabieren droht.

siehe auch Stichworte „Autofahren/Verkehrsregeln" (Mietwagen), „Anreise" (internationale Flüge)

Versicherungen

Ein beliebtes Thema besonders unter Deutschen, denen man nachsagt, dass sie sich gerne für und gegen alles und jedes versichern. Eigentlich muss eine Indienreise kein Abenteuer-

urlaub sein, mit Gefahren an jeder Ecke. Aber einige unliebsame Erfahrungen kann es doch geben, und selbst junge kräftige Menschen sind manchmal froh, wenn sie nicht mit leerem Geldbeutel vor unangenehmen Notwendigkeiten stehen. Eine **Auslandskrankenversicherung**, und zwar eine, die auch außerhalb Europas gilt, wird nützlich, wenn es einen hart erwischen sollte. Das heißt, wenn nicht nur ein kurzer Arztbesuch, sondern ein Krankenhausaufenthalt oder ein Heimkehrflug nötig werden sollte. Da die privaten Kliniken häufig den staatlichen vorzuziehen sind – sie haben meist die bessere pflegerische und medizinische Ausrüstung – können sich da doch beträchtliche Kosten ergeben, die besser mit einer Versicherung abzudecken sind.
Solche Versicherungen sind für nicht zu hohe Kosten (für die Reisedauer von 30 Tagen rund 15 €, ältere Jahrgänge zahlen deutlich mehr) wahlweise bei verschiedenen Institutionen vor der Reise abzuschließen: bei Reisebüros, Banken und natürlich direkt bei privaten Krankenversicherungen (die gesetzlichen Krankenversicherungen zahlen nichts, vermitteln aber auch Versicherungsmöglichkeiten). Wer ganz sicher gehen will, achtet darauf, dass die Versicherung eine **Unfallversicherung** umfasst und dass sie bei schweren Erkrankungen einen **Rücktransport** im Flugzeug enthält.

Bei längeren Aufenthalten erhöhen sich die Gebühren. Bei vielen Versicherungen gibt es eine Gebührenstaffelung nach dem Alter. Außerdem werden Behandlungskosten einer schon vor der Reise bestehenden chronischen Erkrankung von der Reiskrankenversicherung nicht übernommen.

Bedingung im Krankheitsfall ist, sich vom behandelnden Arzt Zahlungsquittungen geben zu lassen, die den Namen des Patienten, Diagnose und Behandlungsmaßnahmen, Zahl der Arztbesuche, Dauer der Krankheit, Namen und Kosten von Medikamenten sowie Name und Ort des Arztes enthalten. Nur dann werden die Kosten der vorausbezahlten Behandlung ersetzt.

Um bei Verlust und/oder Diebstahl des Gepäcks oder einzelner Teile abgesichert zu sein, werden häufig **Reisegepäckversicherungen** abgeschlossen. Im Fall, dass sie schon in der Hausratversicherung enthalten sind, sollte man sich die Bedingungen nochmals genau ansehen, ob auch eine interkontinentale Reise mit einbezogen ist. Überhaupt lohnt es sich, Versicherungsbedingungen genau durchzulesen. Häufig wird bei Fahrlässigkeit nicht gezahlt, dazu gehört, Gepäck über Nacht im Auto zu lassen, das nicht in einer abgeschlossenen Garage steht. Zu den Bedingungen gehört oft auch die lästige Bestimmung, ein **genaues Inventar** aller mitgeführten Sachen im Gepäck vorzulegen – auch wenn einem etwa nur eine Armbanduhr abhanden gekommen ist. Die Höchstgrenze der Werte, die versichert sind, deckt den Verlust meist nicht, wenn sehr wertvolle Dinge verloren gehen. Voraussetzung ist auch ein polizeiliches Protokoll über den Verlust, das manchmal nur unter Mühen von den vielbeschäftigten Ordnungshütern zu haben ist.

Zum Abschluss dieses Versicherungsreigens ist noch die **Reiserücktrittskostenversicherung** zu nennen. Auch da hängt alles von den Versicherungsbedingungen ab, die oft Gründe ausschließen, die doch zur Absage der Reise geführt haben, etwa Unruhen oder Streiks.

Wellness

Gehört es schon zur „Wellness", wenn man an einem kühlen Abend beim Zubettgehen eine Wärmflasche unter der Decke vorfindet? Das kann man jedenfalls in einem einfacheren familiengeführten Mittelklassehotel erleben. Im Übrigen konzentriert sich das Wellness-Angebot auf die Hotels der oberen Kategorien, allenfalls der oberen Mittelklasse. Die haben meist einen **Swimmingpool**, der allerdings in den kühlen Monaten oft nicht in Betrieb ist. Auch Fitnessgeräte, etwa ein Hometrainer, mögen vorkommen, sind aber nicht die Regel. Vier- und Fünfsternehotels bieten öfter **Fitnesscenter** und **Beauty Saloons** an. Sie erfreuen den Gast auch schon mal mit einem vorbereiteten heißen Bad mit Rosenblättern.

Sonst kommt Wellness unter dem Namen **Ayurveda** vor – nicht als Heilkunst, für die man Wochen in einem richtigen Ayurveda-Zentrum zubringen müsste (wie viele Touristen das in Südindien intensiv tun), sondern als Wohlfühl-Behandlung in Form von ayurvedischen Massagen verschiedener Variation, auch als **Sirodhara**-Behandlung, bei der warmes Öl langsam von oben auf die Stirn geträufelt wird, mit begleitenden streichelnden Massagebewegungen – sehr entspannend. Auch **Yoga**-Übungen werden geboten. Wenn man in einem solchen hochpreisigen Hotel wohnt, erkundigt man sich bei der Ankunft an der Rezeption nach dem **Spa**, wie die Einrichtung allgemein genannt wird, um sich rechtzeitig anzumelden. Doch nicht in allen Hotels der Luxusklasse ist ein Spa vorhanden!

Z Zoll / Einfuhr / Ausfuhr

Antiquitäten dürfen, wenn sie über 100 Jahre alt sind, nicht ohne eine Ausfuhrgenehmigung des **Archaeological Survey of India** außer Landes gebracht werden (Nachfrage beim entsprechenden Büro in Delhi, Janpath, neben dem National Museum, 9.30–13 und 14–18 Uhr. Vorsicht, lange Bearbeitungszeiten, Bürokratie!). Auch manche Museen geben eine entsprechende Genehmigung.

Einfuhr nach Indien: Erlaubt sind bis zu 1 Liter alkoholische Getränke, 200 Zigaretten oder 50 Zigarren oder 250 g Tabak sowie Geschenke im Wert von 1.000 Rs. Wer mehrere hochwertige Kameras einführt, muss sie auf einem Formular deklarieren. Auch Einfuhr von fremden Währungen im Gegenwert von über 2.500 Dollar muss deklariert werden.

Ausfuhr: Indische Rupien dürfen nicht ausgeführt werden! Verboten ist die Ausfuhr von Waren, die aus Bestandteilen der freilebenden Tierwelt hergestellt sind (zum Beispiel Elfenbeinarbeiten, Schlangenledertaschen und -schuhe).

Einfuhr nach Europa: Freigrenzen für über 17jährige: bis zu 200 Zigaretten oder 100 Zigarillos oder 50 Zigarren oder 250 g Tabak. 1 Liter Alkohol (über 22%) oder 2 Liter Wein. Desgleichen sind 500 g Kaffee oder 100 g Tee zollfrei. Aktuelle Bestimmungen für die Schweiz erfährt man unter www.zoll.adminch.ch.

Achtung! Es gibt strenge Kontrollen des **deutschen Zolls**, um Einfuhr von **Tieren**, Pflanzen und Gegenständen naturgeschützt-tierischen Ursprungs (zum Beispiel Elfenbein, Krokodil- und Schlangenledertaschen, -schuhe, -gürtel, Artikel aus Elefantenhaut, aus Tigerfellen und -Knochen) zu unterbinden. Desgleichen verboten ist die Einfuhr nach Deutschland von Arzneimitteln, Drogen, Feuerwerkskörpern, CD- und DVD-Raubkopien, Pornografie, Waffen und Sprengstoff. Hunde, mögen sie noch so herzerweichend und hilfsbedürftig sein, dürfen nicht aus Indien nach Europa mitgebracht werden, uns ist jedenfalls niemand bekannt, dem das gelungen wäre.

IWANOWSKI'S Das kostet Sie das Reisen in Rajasthan

Stand Oktober 2012

Auf den folgenden Seiten finden Sie Preisbeispiele, die Ihnen ein ungefähres, aber am realen Stand der Preise orientiertes Bild vermitteln. Allerdings sind die Angaben vereinfacht, die Preise weichen je nach Region, Jahreszeit, Wirtschaftslage und Angebotsniveau ab – und steigen seit einiger Zeit deutlich.

Wechselkurse der indischen Rupie INR, abgekürzt R(s), Zahlen gerundet:

1 R	0,01 €
100 Rs	1,43 €
1 €	70 Rs
1 US$	56 Rs
100 Rs	1,80 US$

Außer für Flugtickets werden die folgenden Preisbeispiele in Rs angegeben.

Verkehrsmittel

Verkehrsmittel

Flug: Nonstop-Verbindungen Deutschland-Delhi sind in der Reisesaison Oktober – März im günstigen Fall für ca. 700 € zu haben. Kurzfristige Buchungen kosten oft das Doppelte oder mehr. Kinderermäßigungen und Studententickets sind bei den Fluggesellschaften zu erfragen, ebenso Sonderangebote mit befristeter Gültigkeit. Innerindischer Flug Delhi – Mumbai kostet 4.000–6.000 Rs.
Flughafengebühr: ist bei Ausreise aus Indien meist im Flugpreis enthalten, wenn nicht: ca. 500 Rs.
Flughafentransfer: zum Beispiel ein Festpreistaxi (*prepaid*) vom Flughafen Delhi zum Zentrum (z.B. Connaught Place F–Block) 330 Rs, EATS Flughafenbus 55 Rs und 10 Rs pro großem Gepäckstück.
Taxi: Preise meist auf Verhandlungsbasis, obwohl es Tarife geben soll. Auf die Summe der „Meter" werden rund 75 Prozent aufgeschlagen (legal!).
Taxi ganztägig: 850–1.650 Rs.

Autoriksha (Threewheeler): Connaught Place – Rotes Fort 40 Rs, Humayun's Tomb 40 Rs, in kleineren Orten dasselbe, nur für kürzere Strecken.
Metro: 10 bis 45 Rs.
Leihwagen (ganztägig in Delhi): mit Fahrer 1.000 Rs.
Leihwagen (mit Fahrer für Rundfahrt in Rajasthan): pro Kilometer 10 bis 20 Rs, dazu pro Tag 300 Rs bei indischen Firmen. Internationale Firmen sind deutlich teurer.
Benzin pro Liter: etwa 40 Rs (in Delhi).
Diesel pro Liter: etwa 30 Rs (in Delhi).
Zugfahrten: zum Beispiel Delhi – Mumbai, billigste Klasse ca. 100 Rs, aber nicht empfehlenswert (s. S. 133ff).

Unterkunft / Essen und Trinken

Hotels: in der Regel zwischen 500 und 16.000 Rs, nach oben jedoch offen.
Hotelpreiskategorien (Preis jeweils für zwei Personen im Doppelzimmer, meist ohne Frühstück, in der Regel mit Bad, Telefon, TV und AC, in den hohen Preislagen teils zuzüglich Steuern):

€	bis 10 €	etwa bis 700 Rs
€€	bis 20 €	etwa bis 1.400 Rs
€€€	bis 40 €	etwa bis 2.800 Rs
€€€€	bis 80 €	etwa bis 5.600 Rs
€€€€€	bis 160 €	etwa bis 11.200 Rs
€€€€€€	bis 300 €	etwa bis 22.400 Rs
€€€€€€€	über 300 €	über etwa 22.400 Rs

Essen und Trinken

Je nach Örtlichkeit nur Mittelwerte:

1 Glas Tee (im Restaurant)	10 Rs
Mahlzeit aus drei bis vier Gerichten ohne alkoholisches Getränk	300 bis 1.500 Rs
1 Flasche Mineralwasser	15 Rs
1 Flasche Süßgetränk	ab 15 Rs
1 Flasche Bier (650 ml)	100 Rs und mehr
1 Flasche Whisky (750 ml, indische Produktion)	210 Rs
1 Flasche Milch (0,5 l)	12 Rs
1 Laib Weißbrot:	13 Rs

Restaurantpreiskategorien (Preis für ein vegetarisches oder nicht vegetarisches Hauptgericht):

€	bis ca. 150/200 Rs
€€	ab ca. 200 bis ca. 350 Rs
€€€	ab ca. 350/400 Rs

Kommunikation, Besichtigungen, Exkursionen

Post bzw. **Porto** nach Europa: Postkarte 10 Rs, Briefe bis 20 g 15 Rs, Briefe 20 bis 50 g 25 Rs, Paket 2 kg, *Air Mail* 1.000 Rs, *Sea Mail* 650 Rs (Bücherpakete billiger!).
Internet: In guten Internetcafés etwa 50 Rs/Std. und mehr, in Hotels etwa 100 Rs/Std. und in hochpreisigen Hotels deutlich mehr.
Museen: Sehr unterschiedlich und Änderungen unterworfen, Eintritt ohne Video- und Fotografiererlaubnis wesentlich billiger als mit. Nationalmuseum in Delhi ca. 300 Rs.
Sehenswürdigkeiten: Je berühmter, desto teurer – im Vergleich zu Europa meist noch sehr preiswert. In diesem Führer werden Eintrittspreise nur ab 4 € genannt.
Führer: für Stadtrundgang, ½ Tag ca. 400–550 Rs (auch mehr).
Kinoticket: 150–750 Rs.
Kamelsafari: mit guter Zeltübernachtung und Essen pro Tag ca. 800–1.000 Rs.

3. JAIPUR UND DIE MITTE RAJASTHANS

Eingangstor der Pink City

Jaipur – Paläste, Gärten, Hauptstadtleben

Den, der zum ersten Mal nach Rajasthan reisen will, macht schon der Beiname der Stadt neugierig: die **Pink City**, das heißt die „rosarote Stadt". Die Farbbezeichnung weckt Vorstellungen von lieblicher Freundlichkeit, sogar märchenhafter Festlichkeit. Als ich das erste Mal dorthin kam, traf ich eine Stadt, so lebhaft, lärmig, farbenreich, schmutzig und staubig wie viele andere indische Städte auch. Aber etwas war anders in den Mauern der Altstadt: Man kann sich, ob zu Fuß oder im Auto, in den geraden breiten Straßen der Altstadt zurechtfinden, die sich meist in rechten Winkeln kreuzen und die „**Pink City**" in fast quadratische Rechtecke aufteilen.

Redaktionstipps

➤ **Kulturelles:** In Jaipurs **City Palace** werden, wie es heißt, die größten Silbergefäße der Welt bewahrt, dazu kostbare Kunstsammlungen und begehbare Bauwerke der indischen Astronomen erhalten (s. S. 147).

➤ **Geschichte:** Auf Elefantenrücken hinauf zum **alten Palast** der Maharajas von Jaipur: **Amber** (gesprochen Amer), im gebirgigen Norden der Stadt (s. S. 163).

➤ **Religion:** Moderne Stiftung eines der führenden indischen Industriellen: der **Marmorbau des Birla-Tempels** – ein Hindu-Heiligtum mit Figuren religiöser Geistesgrößen aus aller Welt (s. S. 159).

➤ **Natur:** Eine Felsschlucht mit etlichen Tempeln, Teichen, einem Wasserfall und vielen Affen, östlich der Stadt – **Galta** ist Pilgerziel und Picknickplatz (s. S. 162).

➤ **Unterhaltung:** Großes pompöses Kino: das traditionsreiche **Rajmandir** südlich der M.I. Road – indisches Leben im Saal, Bollywood auf der Leinwand (s. S. 173).

➤ **Kulinarisches:** Teestunde, Dinner oder Besuch der Polobar im **Rambagh,** dem einstigen Sommerpalast der Maharajas von Jaipur, ein Spitzenhotel in weiträumigem Parkgelände (s. S. 160).

Orientierung

Aber Jaipur besteht nicht nur aus der **Pink City**, die ist nur ihr ältester Teil. Auch die neueren Stadtviertel liegen wie die Altstadt in der breiten flachen Talebene am Fuß der Aravalli-Hügel, die sie an zwei Seiten umrahmen. Im Laufe der fast drei Jahrhunderte ihres Bestehens ist die Stadt natürlich weit über die Grenzen der Pink City in alle Richtungen hinausgewachsen. Parks, Tempel, Paläste schmücken das Umland im Norden und Osten. Im Süden erstrecken sich Villen- und Gartenviertel schon aus britischer Zeit, dort sind die Museen sowie gute und exklusive Hotels anzutreffen. Ein gepflegtes Wohnviertel ist ebenso der **Bani Park** im Westen, gleichfalls mit Hotels. Handwerk und wachsende Industrie haben sich in einem ziemlich schmalen Streifen nördlich der Altstadt etabliert.

Den Bahnhof mit einem sehr aktiven, aber einfacheren Geschäftsviertel und Billighotels findet man etwas weiter entfernt westlich der Altstadt und südlich vom Bani Park. Die Verkehrs-Lebensader mit Restaurants und Geschäften ist die **M. I. Road** (= Mirza Ismael), direkt vor der südlichen Stadtmauer. Weitere Wohnviertel und der Flughafen schließen sich weiter im Süden an, bis hin zur kleineren Nachbarstadt Sanganer, dem Hauptort des handgeschöpften Papiers. Interessierte schaffen den Abstecher dorthin, obwohl es in und um Jaipur so viel erfreuliche Architektur- und Museumspracht zu erleben gibt.

Geschichte

Am Anfang: eine Stadt als geplantes Kunstwerk

Jaipur ist nicht, wie die meisten Städte in Indien, in mittelalterlichen Jahrhunderten kreuz und quer gewachsen. Seine „Altstadt" ist eine Gründung aus dem frühen 18. Jh. Zuvor residierte die herrschende Maharaja-Familie der *Kachchwahas* rund zehn Kilometer weiter nördlich im **Fort und Palast Amber** hinter starken Festungsmauern. Die *Kachchwahas* leiten ihre Herkunft der Sage nach vom göttlichen *Rama* ab (einer Erscheinungsform des Hauptgottes *Vishnu*).

Maharaja Jai Singh II., der Gründer Jaipurs, hatte sich in jungen Jahren als Feldherr und Verbündeter des Sultans in Delhi bewährt. Er wollte in der Ebene südlich seiner Residenz Amber eine geräumige, moderne Stadt neu erbauen, deren Mauern Handwerk und Gewerbe schützen sollten. Er selbst, *Jai Singh II.*, war ein Liebhaber der Architektur, Astronomie und Mathematik, ein prinzlicher Gelehrter, der sowohl entsprechende Werke der Hindu-Tradition studierte als auch die griechischen Schriften von *Ptolemäus* und *Euklid* (ins Sanskrit übersetzt). Aus Bengalen ließ er den brahminischen Gelehrten **Vidyadhar Bhattacharyar** kommen, der den von Vernunft und nach den Architekturregeln der Hindu-Schrift „Shilpashastra" inspirierten Grundriss der Stadt entwarf, bevor noch, 1727, die ersten Gebäude, auch der **königliche Palast Chandra Mahal**, errichtet wurden.

Aufbau nach Hindu-Weltordnung

Neun, wie es den astrologischen Vorstellungen der Hindu-Weltordnung entsprach, annähernd gleichmäßige Straßenrechtecke wurden gebaut, jedes einzelne diente und dient teils heute noch einer eigenen handwerklich-wirtschaftlichen Bestimmung. Noch heute findet man Töpferwaren, Metallgegenstände, Textilien und Goldarbeiten jeweils eng beieinander in eigenen Quartieren. Der Übergang von einem rechteckigen Stadtquartier in das nächste ist für den Fußgänger allerdings nicht mehr deutlich erkennbar.

Der ragende Berg des **Tiger-Forts** stand der Symmetrie im Wege, also wurde das nordwestliche der neun Planrechtecke im Südwesten angefügt. Nicht nur der Palast, auch Privathäuser wurden nach den Plänen des Chefarchitekten gestaltet. Das ist heute noch an der erstaunlichen Einheitlichkeit vieler Fassaden zu beobachten.

Die Stadt erhielt den Namen nach ihrem königlichen Gründer (*Jai* = der Sieger), die „Stadt des Sieges". Dass die neue Stadt mit mächtigen Mauern umgeben und auch von den Bergen her durch Forts geschützt wurde, verstand sich von selbst. Der Stadtgründer konnte ja nicht wissen, dass es später durch geschickte, glückliche Diplomatie gelang, die Stadt aus kriegerischen Auseinandersetzungen weitgehend herauszuhalten.

Die Mauerumfassung steht heute noch, mit starken Türmen und großen Toren, durch die sich der Verkehr langsam und laut hupend zwängt. Die wichtigsten Tore sind **Ajmer Gate, New Gate** und **Sanganer Gate** (allgemein gebrauchte englische Bezeichnungen, das Hindiwort für Tor heißt *pol*).

Eisenwarenhandel in der Pink City

Einige Paläste, die Hauptstraßen und das astronomische Zentrum **Jantar Mantar** entstanden gleich in den ersten Jahren der Stadtgründung. Schon damals baute man am liebsten mit dem rosigen Sandstein Rajasthans, sodass schon früh diese Farbe bestimmend wurde. Um rund 160 Jahre später zum Empfang des britischen Kronprinzen einen einheitlich festlichen Eindruck zu machen, erließ der damalige Maharaja die Vorschrift, alle Häuser ohne Ausnahme, wenn nötig mit farbigem Mörtel, „pink" zu gestalten. Diese Farbe gilt in Rajasthan als Symbol der Gastfreundlichkeit, sie erscheint heute immer noch freundlich. Genau genommen ist es ein rötliches Lachsrosa, allerdings oft angestaubt – die Pink-Erneuerung ist überfällig!

„Pink" prägt das Stadtbild

Die Stadtverwaltung will eine Bemalung in dieser Farbe durchsetzen, auch bei allen neuen Bauten in der ummauerten Innenstadt, die inzwischen in weniger auffälligen Farbtönen errichtet wurden.

Zurück in den Anfang des 18. Jh.: Indien wurde bis weit in den Süden des Subkontinents politisch dominiert von den muslimischen Mogul-Kaisern, zugleich auch ernsthaft beunruhigt von den Kriegszügen der aufständischen Marathen aus Zentralindien. *Maharaja Jai Singh II.* war ein zehnjähriger Knabe, der Mogulsultan **Aurangzeb** kriegerisch, misstrauisch, durchsetzungsstark und militanter Muslim. Um die Zukunft des so jungen Maharajas, der auf dem benachbarten Fort Amber residierte, stand es schlecht.

Aurangzeb kam, vermutlich in recht feindlicher Stimmung, nach Amber. Er ergriff die Hand des Jungen, äußerte aber kritische Worte. Die Anekdote überliefert **die Worte Jai Singhs** II.: Nach Landesbrauch nähme ein Bräutigam die Hand der Braut

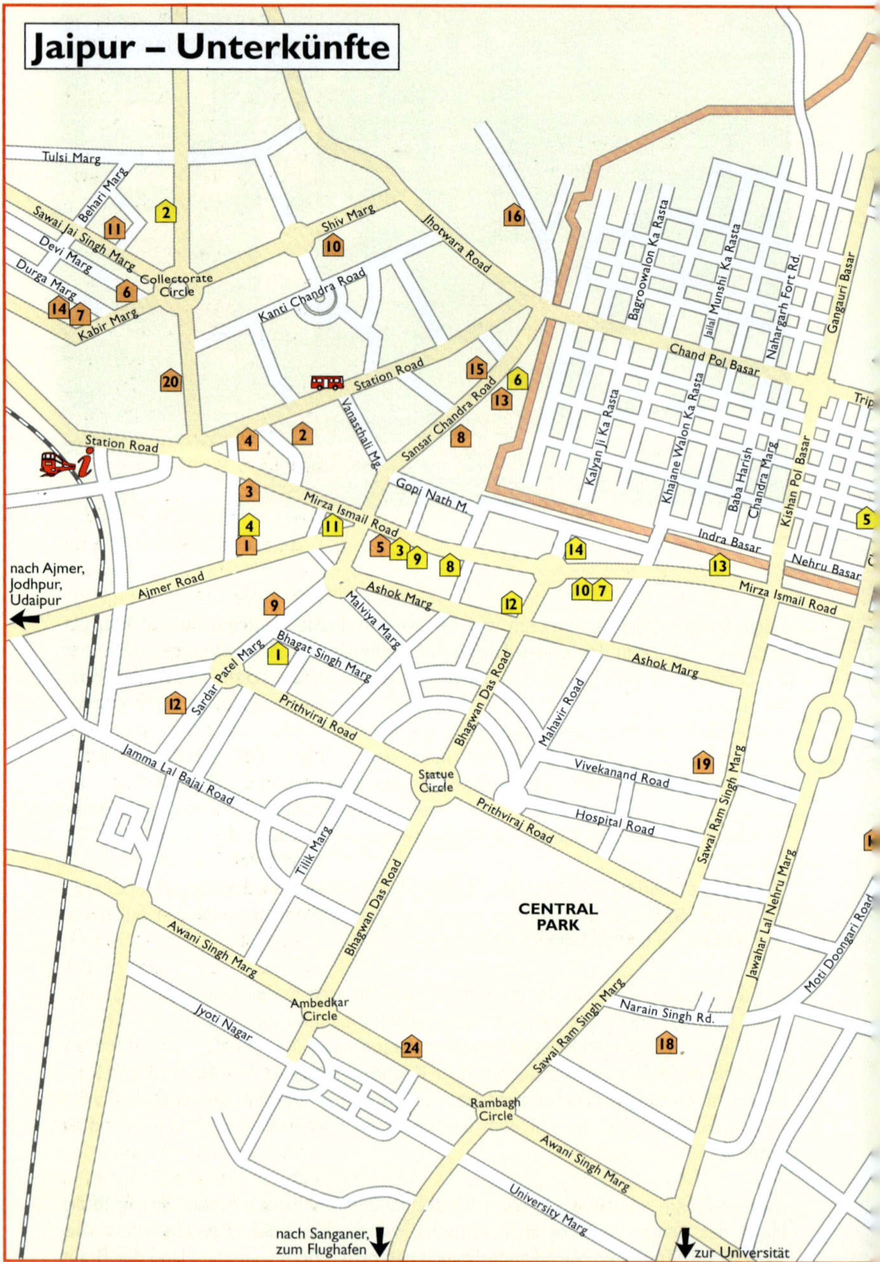
Jaipur – Unterkünfte
Tulsi Marg
Behari Marg
Sawai Jai Singh Marg
Devi Marg
Durga Marg
Kabir Marg
Collectorate Circle
Shiv Marg
Jhotwara Road
Kanti Chandra Road
Station Road
Station Road
Vanasthali Mg
Sansar Chandra Road
Gopi Nath M.
Mirza Ismail Road
Ajmer Road
nach Ajmer, Jodhpur, Udaipur
Ashok Marg
Malviya Marg
Bhagat Singh Marg
Sardar Patel Marg
Prithviraj Road
Bhagwan Das Road
Mahavir Road
Vivekanand Road
Hospital Road
Statue Circle
Prithviraj Road
Jamma Lal Bajaj Road
Tilik Marg
CENTRAL PARK
Sawai Ram Singh Marg
Jawahar Lal Nehru Marg
Moti Doongari Road
Narain Singh Rd.
Awani Singh Marg
Ambedkar Circle
Bhagwan Das Road
Jyoti Nagar
Sawai Ram Singh Marg
Rambagh Circle
Awani Singh Marg
University Marg
nach Sanganer, zum Flughafen
zur Universität
Chand Pol Basar
Bagroowalon Ka Rasta
Jailal Munshi Ka Rasta
Nahargarh Fort Rd.
Gangauri Basar
Kalyan Ji Ka Rasta
Khajane Walon Ka Rasta
Baba Harish Chandra Marg
Kishan Pol Basar
Indra Basar
Nehru Basar
Mirza Ismail Road
Ashok Marg
Trip
1
2
3
4
5
6
7
8
9
10
11
12
13
14
15
16
18
19
20
24

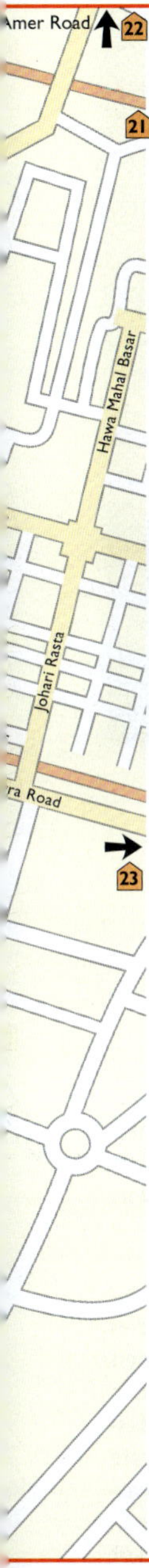

Unterkünfte

1 Pearl Palace
2 Karni Niwas
3 Sunder Palace
4 Athithi Guest House
5 Evergreen Guest House
6 H.R Palace
7 Anurag Palace
8 Arya Niwas
9 Chirmi Palace
10 Jaipur Inn
11 Madhuban
12 The General's Retreat
13 Mandawa Haveli
14 Shapura House
15 Alsisar Haveli
16 Bissau Palace
17 Naila Palace
18 Narain Niwas Palace
19 Diggi Palace
20 Jas Vilas
21 Samode Haveli
22 Trident Oberoi
23 Rajvilas
24 Rambagh Palace

Restaurants

1 Four Seasons
2 Gayatri
3 Handi Restaurant
4 Pearl Palace Restaurant
5 LMB
6 Mediterraneo
7 Natraj
8 Sankalp
9 Copper Chimney
10 Niros
11 Om Tower Restaurant

Cafés

12 Barista's
13 India Coffee House
14 Lassiwalla

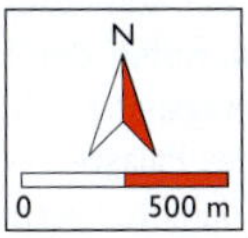

zum Zeichen des Versprechens, sie zu beschützen. Wegen dieser Bedeutung der Geste habe er, als Maharaja, keine Ursache, den Sultan *Aurangzeb* zu fürchten. Der Sultan soll durch diese geschickte diplomatische Reaktion beeindruckt gewesen sein, er versprach sich wohl für die Zukunft Vorteile von der Unterstützung des jungen Maharajas. Der Sultan verlieh *Jai Singh II.* den vererbbaren Ehrentitel „*Sawai*", der „ein Ganzes und ein Viertel", also eine besondere Gewichtung bedeutet.

Noch heute kann man auf der Residenz **Chandra Mahal** (ein Teil des **City Palace**) neben der Herrschaftsfahne ein kleines Fähnchen mit den gleichen Farben sehen: Das ist das „Viertel", ein Ehrenzeichen, das den Rang des Maharajas vor anderen seinesgleichen hervorhebt. Übrigens arbeiteten die Maharajas von Jaipur als kluge Militärstrategen und Realpolitiker im 18. Jh. mit den Mogulkaisern, später mit der britischen Kolonialmacht zusammen, dabei immer auf Eigenständigkeit innerhalb ihres Territoriums bedacht.

Repräsentative Stadtviertel sind schon im 19. Jh. entstanden, die britische Kolonialmacht baute ihre eigenen Bereiche, Industrie und Verkehr (Eisenbahn) siedelten sich an. Weite Wohnviertel und der Flughafen kamen in neuer Zeit dazu.

Rajasthans berühmteste Fassade

Jaipur-Rundgang I: Die Paläste: Hawa Mahal und City Palace

Hawa Mahal

Zum **Hawa Mahal** (**1**, s. Karte S. 148), dem Palast der Winde, zieht es mich immer wieder, seiner Einzigartigkeit wegen. Stände er, fünf Stockwerk hoch wie er ist, nicht an einer bebauten Straße, sondern an einem weiten offenen Platz, machte er dort eine besonders würdige, museale Figur.

Mitten im Straßentrubel

Aber der Palast blickt auf eine sehr verkehrsbelebte Straße. Jene Tausende von Touristen, die ihm täglich mit ihren Kameras gegenübertreten, klagen, dass die Nähe es ihnen schwer macht, ihn in voller Höhe und Breite auf ein Bild zu bannen. Umschwirrt ist er von Stadtgeräuschen: Hupen, Bremsen, Rufen der Händler, der Antreiber von Kamelen oder der Bettler – und diese Alltagsnähe erhöht den fesselnden Reiz der ragenden Fassade. Die ist der Hauptteil des Palastes. Wer das erste Mal davor steht, ahnt nicht einmal, was und wie wenig sich dahinter verbirgt. Die Fassade prangt in kräftig rosigen Sandsteinen, kunstvoll geschnitzt und durchbrochen und mit weißen Linien akzentuiert. In fünf Etagen reihen sich wechselnd breite Erker, in deren Fenstern Steingitter (*Jalis*) das Innere verbergen. Die weißen schmalen Umrandungen erhöhen die Wirkung zarter Leichtigkeit.

Seit fast 210 Jahren steht dieses Wunderwerk hier, das viele das Wahrzeichen Jaipurs nennen. 1799 ließ **Maharaja Sawai Pratap Singh** den Palast erbauen, zur Freude der Damen der königlichen Familie und des Hofes, die hinter den vielen Erkerfenstern nicht nur religiöse Festzüge im Jahreslauf, sondern auch das Leben auf der Straße unten beobachten konnten. Man kann sicher sein, dass Feuerschlucker, Akrobaten, eitle Junggesellen oder Händler glänzender Seidenstoffe damals sehr genau wussten, wo sie sich präsentieren konnten, um die Aufmerksamkeit des Hofes zu erregen. *1799 erbaut*

Der Eingang zum **Hawa Mahal** findet sich auf der Rückseite des Gebäudes. Man geht vom Tripolia Basar nordwärts an der Fassade den Hawa Mahal Basar entlang und biegt hinter der Town Hall nach links ab, durch das Sireh Deori-Tor in einen Hof, in dem zuweilen kleine Händler eine Art Markt halten, dann in die Zufahrt zum Gelände des **City Palace**. Man muss zum Hawa-Mahal-Eingang vom ersten Hof aus wieder südwärts gehen und steht schließlich in einem Hof mit großem Wasserbecken und Arkadenbögen, an der Rückseite des Hawa Mahal, dort ist der Eingang. Über schmale Treppen und Rampen geht es in die Stockwerke hinauf, um einen viereckigen Hof. Von den unteren Erkern macht es Spaß, wie einstmals die Haremsdamen durch die Sehluken Leute auf der Straße zu beobachten.

Vom fünften Stockwerk hat man weite Sicht auf Dächer und Türme der **Pink City**, in manche Schlucht der Gassen, auch auf den geräumigen Bereich des City Palace, den hohen Bau des **Chandra Mahal** sowie die wunderlichen Strukturen des **Jantar Mantar**. Die einstigen Räume der Haremsdamen und ihrer Dienerinnen sind heute leergeräumt, die Wände kahl. Manche Gänge erlauben weite Durchblicke.

Immerfort bewegt sich kühlend die Luft zwischen Licht und Schatten durch die durchbrochenen Fassadenerker und die rückwärtigen Räume, daher kommt der Name Hawa Mahal – Palast der Winde.

Der City Palace: ein Siebtel der Altstadt

Offiziell heißt er **Jaipur City Palace**. Der Zugang für Fußgänger und auch für Personenwagen führt nördlich der Town Hall durch ein mächtiges Tor und noch durch ein zweites Tor zum **Jaleb Chowk** (Parkplatz) und sodann nach Süden zum Eingang in den königlichen Palast (bis zum zweiten Tor wie oben zum Hawa Mahal beschrieben).

Die Maharaja-Familie wohnt wirklich noch hier, im höchsten der Gebäude, dem marmorweißen **Chandra Mahal (2)**. Einzelne Teile der Schlossanlage sind darum privat und der Öffentlichkeit nicht zugänglich.

Der City Palace besteht aus verschiedenen Gebäuden, die durch Höfe und Gärten voneinander getrennt sind, und es kann nützlich sein, zur Orientierung einen Grundriss-Plan zur Hand zu haben. Angeblich soll der Palast ein Siebtel der Fläche der **Pink City** einnehmen.

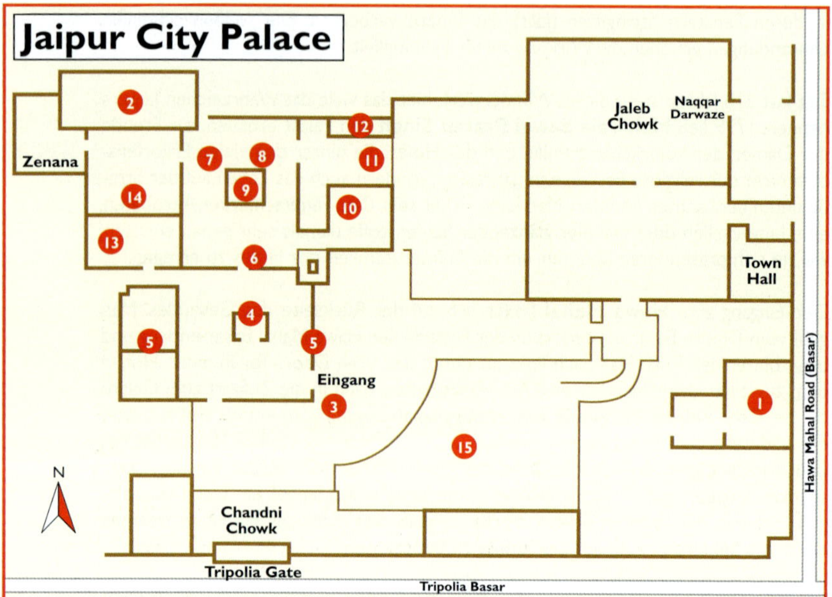

1 Hawa Mahal
2 Chandra Mahal
3 Virendra Pol
4 Mubarak Mahal
5 Museum
6 Rajendra Pol
7 Sarvatobhadra
8 Diwan-i-Khas
9 Silbergefäße
10 Diwan-i-Am (Galerie/Museum)
11 Wagenmuseum Bagghi-Khana
12 Läden
13 Waffenmuseum
14 Pitam Niwas Chowk
15 Jantar Mantar

Eine starke Mauer, der *Sarahad*, umschließt das Gelände. *Jai Singh II.*, Gründer der Stadt und des Palastes, ließ sie errichten. Das bedeutet aber nicht, dass alle Bauten innerhalb der Mauer gleich alt sind. Schon wenn man im großen Hof Jaleb Chowk aus dem Auto steigt, sieht man viele neuere Wohngebäude aus dem 19./20. Jh. Die wichtigen Paläste stammen aus dem 18. und 19. Jh. Das Chandra Mahal (der Mond-Palast) entstand als ältestes Gebäude zwischen 1727 und 1734.

Mubarak Mahal

Ehemaliges Gästehaus

Der Haupteingang zu den Höfen des City Palace heißt **Virendra Pol (3)** und gleich der erste Hof, in den man eintritt, überrascht durch seine Weiträumigkeit. In der Mitte des Hofes befindet sich ein helles, marmorweißes, annähernd quadratisches Gebäude: Der **Mubarak Mahal (4)** war zum Gästehaus des Maharajas *Madho Singh II.* bestimmt, als er um 1890 vom englischen Architekten **Samuel Swinton Jacob** gebaut wurde. Zweistöckig, sorgsam gegliedert mit tiefen Arkaden, zierlichen Säulen und geschnitzten Steinbalustraden, erweckt er den Eindruck von Leichtigkeit, von freundlicher Pracht ohne Imponiergehabe. Die luftigen Balkons waren geeignet,

City Palace, im Hintergrund (weiß) die Residenz des Maharajas

hohen Gästen den Hofstaat in seinem Glanz zu präsentieren und auch ausgewählten Untertanen die wichtigen Gäste zu zeigen – vom „sicheren“ oberen Stockwerk aus.

Der **Mubarak Palace** wurde von den Architekturwissenschaftlern nicht als hochwertiges Bauwerk eingestuft, sondern als Mixtur aus rajasthanischem, islamischem, sogar europäischem Stil. Doch seine gelungene Gefälligkeit besticht den Besucher. Es gibt zudem Experten, die Dachform, durchbrochene geschnitzte Balustraden und die kosmologisch begründete neunteilige Struktur des Grundrisses als typisch rajasthanisch bezeichnen.

Prachtvolle Gewänder

Im **Mubarak Mahal** wird heute ein Teil des **Maharaja-Sawai-Mansing-II-Museums (5)** gezeigt, insbesondere wertvolle und staunenswerte Textilien. Unter den königlichen Staatsgewändern gehörte ein schweres, golddurchwirktes dem stattlich hoch- und breitgewachsenen Maharaja *Mansingh I.* aus der Zeit um 1760. Über ihn erzählen die Touristenführer unglaubliche Geschichten, seinen physischen und sexuellen Appetit und seine kolossale Gestalt betreffend. Auch die phantastisch fein gewebten wollenen Pashmina-Stoffe aus Kaschmir, königliche Kinderkleider und Spielzeug sind zu sehen.

Diwan-i-Khas: Silbergefäße für die London-Reise

Richtung Norden führt der Rundgang durch ein Tor, das von zwei steinernen Elefanten-Skulpturen mit Lotosblumen in den Mäulern flankiert ist: das **Rajendra Pol (6)**, zweistöckig mit zierlichen Säulenarkaden. In einem großen, fast quadratischen Hof – genannt **Sarvatobhadra (7)** – steht man direkt vor dem **Diwan-i-Khas (8)**, der Halle, die einst den Privataudienzen des königlichen Herrn diente. Meistens hörte

Elefant am Rajendra Pol

sich der Maharaja hier die Ratschläge seiner Minister an – mehr als guten Rat durften sie nicht geben, bis ins 20. Jh. entschied der Maharaja autokratisch über Regierungsmaßnahmen.

Die Halle ist ganz mit hellem Marmor gepflastert, in der mit Säulen gezierten Galerie stehen zwei glänzende, fast mannshohe, glatte **Silbergefäße (9)**, jedes 345 Kilogramm schwer, die das Spiegelbild des Besuchers lustig verzerrt wiedergeben. Sie dienten, neben anderen ähnlicher Ausstattung und Größe, dem Herrscher *Madho Singh II.* auf seiner Englandreise 1902 als Behälter von Gangeswasser.

Aus religiösen Gründen der Reinheit brauchte der Maharaja nämlich das heilige Wasser nicht nur zum Trinken, sondern auch zu zeremoniellen Waschungen im möglicherweise „unreinen" Ausland. Aus diplomatischen Gründen war die Teilnahme an der Krönung des britischen Königs *Edward VII.* geboten, des Sohnes der im gleichen Jahr verstorbenen Königin *Victoria*, die sich seit 1876/77 auch Kaiserin von Indien nannte.

Jedes der Silbergefäße, die aus Silberplatten zur vollkommenen Glätte gehämmert wurden, fasst 9.000 Liter Wasser, sie sollen die größten Sterlingsilber-Objekte der Welt sein.

An den Verhüllungen der großen Kristalllüster des **Diwan-i-Khas** sollte man sich nicht stören, es ist ein Tribut an die Luftverschmutzung der Großstadt Jaipur, nur bei großen Festen strahlen die staubgeschützten Kronleuchter!

Wächter in roten Turbanen sind immer dabei, weil sie sich – gegen Trinkgeld – gerne vor den Silberkrügen fotografieren lassen.

Diwan-i-Am: Kunst und Künstler

Wenn man durchs Rajendra Pol kommt, liegt gleich rechts im Hof die Halle **Diwan-i-Am (10)**, früher öffentlicher Audienzort, erbaut Ende des 18. Jh., heute eine Kunstgalerie. Bevor Ende der 1950er-Jahre der Palast der Öffentlichkeit zugänglich gemacht wurde, wählte die Maharaja-Familie die wertvollsten Kunst- und Kulturgegenstände aus, um sie auszustellen (ein umfangreicher Rest wurde versteigert).

Die berühmte letzte Maharani von Jaipur, *Gayatri Devi*, schreibt darüber in ihren Memoiren: „Wenn ich bedenke, wie nachlässig die Dinge verkauft wurden, zu nur einem Bruchteil ihres wirklichen Wertes, mache ich mir Vorwürfe (...)."

Heiliges Ganges-Wasser in monumentaler Silbervase

Immerhin, im Museum finden sich heute viele indische, auch persische Miniaturmalereien, die man lange und eindringlich betrachten kann, so detailreich sind sie gestaltet. Es lohnt sich, genau hinzusehen!

Noch spezieller sind natürlich die Manuskripte, oft in winzigen Zeichen geschrieben (es wird überliefert, dass sie so in Kriegszeiten vor den Mogul-Armeen versteckt werden konnten), Prachthandschriften, die für Sultan *Akbar* angefertigt wurden. Dieser muslimische Herrscher interessierte sich bekanntlich für alle Religionen. Die frühesten Manuskripte sind auf Palmblättern geschrieben. Außerdem sind silberverzierte *Howdahs* – Elefantenreitsitze – zu bewundern und für Teppichkenner außergewöhnlich fein geknüpfte, große Exemplare aus Lahore und Persien.

Bagghi-Khana: anders reisen

An den Diwan-i-Am schließt sich auf derselben Seite des Hofes das Wagenmuseum **Bagghi-Khana (11)** an. Es sind nicht nur Kutschen, sondern etliche Sänften – **Palanquins** –, unter ihnen solche, die für den Transport der in Abgeschlossenheit lebenden Damen des Hofes bestimmt waren. Sie haben natürlich verschließbare Sichtblenden, sind innen bequem und mit Seidenstoffen ausgestattet. Auch eine Kutsche ist zu sehen, die dem *Prince of Wales* bei seinem Besuch 1876 zur Verfügung gestellt wurde, ganz nach britischem Muster angefertigt.

In der äußersten Ecke des Hofes geht es zu den **Läden (12)**. Mit der Zeit hat sich im **City Palace** ein ganzer Basar für Andenkenkäufer gebildet, der sich über etliche Gänge hinzieht. Doch man sollte sich hier noch nicht zum Einkaufen verlocken lassen, sondern sich zuerst quer über den Hof zu dessen Westseite begeben, wo sich das **Waffenmuseum (13)** befindet.

Touristenbasar

Armoury / Anand Mahal Sileg Khana: grausame Waffen

Früher war dies der Palast der Maharani. Von den Waffen sind am schönsten die zeremoniellen Schwerter und Dolche, Meisterwerke der Metall-Einlegearbeit, mit silbernen, Elfenbein- oder Kristall-Griffen. Viele Dolche, Speere und Pistolen sind in sorgfältig symmetrischen Arrangements an den Wänden aufgehängt. Längst vor der Zeit der High-Tech-Waffen hat menschliche Erfindungsgabe grausame Instrumente geschaffen: Dolche, die, in den Leib des Feindes gestoßen, durch einen Mechanismus gespreizt werden, um vielfach zu zerstören, elegante Spazierstöcke, die in sich einen sehr scharfen stählernen Degen verbergen, Pistolen, die vergiftete Kugeln abschießen konnten. Kunstvolle mit Perlmutt verzierte Pulverhörner sind zu sehen, sehr massive kurze Gewehre, die man auf einem Kamel bequem zum Schuss bringen konnte.

Rajputen sind Waffennarren: Wandschmuck im Diwan-i-Khas

Ein Blick hoch zur lieblich verzierten Decke der Halle erinnert an den weitaus friedlicheren Zweck des Gebäudes in früheren Zeiten: Da glänzen Gold und Spiegel.

Pitam Niwas Chowk: Die Tore der Jahreszeiten

An der Westseite des **Sarvatobhadra-Hofes** ist das Tor zum **Pitam Niwas Chowk (14)**. In diesem Hof endet der Rundgang durch die Paläste, doch er ist wegen seiner herrlichen Tore ein Höhepunkt der Besichtigung. Das Dekor der vier Tore symbolisiert die vier Jahreszeiten. Für den Europäer ist es verwunderlich, dass der Winter durch die Rosen verkörpert wird, doch diese auch in Indien so beliebten Blumen nutzen hier die kühlste der Jahreszeiten, den indischen Winter, für ihre Blüte. Fächerförmig breitet sich ein Blütenhimmel, in dem das Bild der einzelnen Blume plastisch hervorgehoben ist, über das Rechteck der schweren Tür mit gehämmerter Messingverzierung. In der Mitte über der Tür ist ein kleines Reliefbild von **Shiva** und **Parvati** angebracht, über der Sonne, dem Clan-Merkmal der *Kachchwaha*-Maharajas, die auf der Stirn das **Vishnu**-Zeichen trägt (des anderen Hauptgottes des Hinduismus).

Das Tor, durch das man den Pitam Niwas Chowk betritt, ist das Pfauentor, das den Herbst symbolisiert – die Zeit, in der die Pfauen Rad schlagen. Herrliche Reliefs von Pfauen sind um den Türbogen gruppiert, als wollten sie in ihrem prächtigen Federkleid aus der Wand heraustreten. Für den Sommer steht der Lotus, der in Indien so viel bedeutet: Reinheit und auch Frische, wie er aus dem Wasser in die Sommerhitze hochragt. Die Tür für den Frühling ist schlichter gestaltet, aber in dem satten Grün gehalten, das für das Wiedererwachen der Natur steht.

Privatgemächer des Maharajas

„*PRIVATE*" steht vor dem Tor, das zum **Chandra Mahal**, dem siebenstöckigen Hauptgebäude des Palastes, führt, hier wohnt die Familie des Maharajas. Nur auf besondere Einladung kommt man hinein, es ist kein Geheimnis, dass die Innenarchitektur dort besonders prächtig ist. Um eine wohnliche Atmosphäre für eine große Familie zu schaffen, sind Ende des 20. Jh. verschiedene Umbauten vorgenommen worden.

Jantar Mantar: die Sternwarte des Stadtgründers

Nahe den musealen Höfen des **City Palace**, innerhalb des Komplexes, doch durch eine eigene Mauer abgegrenzt, liegt das **Jantar Mantar (15)**. Der Name bedeutet: „Instrument zur Messung der Harmonien des Himmels". Auf den ersten Blick denkt man, es sei eine Ausstellung moderner Kunst-Installationen der besonders geometrischen Art. Ein ausgedehntes Gelände breitet sich aus, mit eindrucksvollen abstrakten Zeichen, aus Steinen aufgemauert, farblich abgesetzt in roten, gelblichen und grauen Sandsteintönen und manchmal elfenbeinfarben verputzt. Es ist das astronomische Observatorium, die Sternwarte **Sawai Jai Singhs II.**, der aus der genauen Messung der Sternbahnen auch astrologische Erkenntnisse zu gewinnen hoffte. Er glaubte, da er für die Regierung und Ordnung seines Landes verantwortlich war, müsse er sich auch um die Harmonie und das Gleichgewicht zwischen Erde und Kosmos kümmern.

Jahreszeitensymbole: Winterrosen um Shiva und Parvati

Darum ließ er zwischen 1724 und 1734 Observatorien an fünf Plätzen Nordindiens bauen, außer in Jaipur zum Beispiel auch in Delhi. Als Vorbilder dienten dem Herrscher muslimische Observatorien in Maragar und Samarkand (Zentralasien).

Astrologie wird auch heute noch von den meisten Indern sehr ernst genommen, und wie früher können sie das noch immer mit ihrem naturwissenschaftlichen Interesse vereinbaren.

Darüber und über die Formen dieses Observatoriums kann der Besucher mit Recht staunen. Die Größe der Geräte sollte der Präzision der Winkelablesung dienen. Feinmechanische Instrumente mit genauen Skaleneinteilungen gab es ja damals noch nicht für alle Zwecke.

Führungen und Informationen

Hat man einen sachkundigen Führer – solche sind am Eingang zu engagieren – hört man die Erklärungen, wozu die seltsamen Bauwerke bestimmt sind. Die schriftlichen Informationen, die es am Eingang zu kaufen gibt, sagen dem Laien wegen häufiger Verwendung und unzureichender Erklärung von Fachausdrücken nicht viel. Den meisten Besuchern genügt aber der ästhetische, fesselnde Eindruck, sie halten sich kaum mit genauerem Studium auf.

Vierzehn astronomische Bauwerke dienten den Messungen der Zeit (es handelt sich natürlich um die Ortszeit, die je nach Monat von der Indian Standard Time abweicht, bis zu 40 Minuten im Februar), außerdem auch der Vorhersage von Eklipsen (Sonnen- und Mondfinsternis), der Bestimmung von astronomischer Höhe und Deklination (= Winkelabweichung), der Erkenntnis von Ephemeriden (tägliche Stellung der Gestirne) und der Beobachtung von Planetenbahnen.

Als größtes Bauwerk fällt das **Samrat Yantar** auf: Es ist etwas über 30 m hoch, eine treppenbestückte Rampe, die zu einem tempelartigen, kleinen Pavillon führt. Die

Wie abstrakte Kunst: eines der begehbaren Messinstrumente

Rampe steigt in einem Winkel von 27 Grad an. Sie ist der schattenwerfende Zeiger. Westlich und östlich liegen die marmornen Skalen für die Stunden vor und nach der Mittagszeit. Die Ortszeit wird auf vier Minuten genau angezeigt, die Genauigkeit kann durch einen Peilstab auf den Sekundenbereich noch verbessert werden. Die „Besteigung" der Rampe ist nicht jedermann gestattet, grundsätzlich nur Wissenschaftlern und natürlich dem Maharaja. Für jedermann begehbar ist eine kleinere Sonnenuhr nahe beim Eingang.

Das **Jantar Mantar** in Jaipur wurde 1901 mit viel Aufwand restauriert, 1948 wurde es offiziell zum „National Monument of India" erklärt.

Jaipur-Rundgang II: Basare der „Pink City"

Interessante Fassaden

Dieser Rundgang nimmt seinen Anfang am Ein- und **Ausgang (1**, s. Karte in der hinteren Umschlagklappe) des City-Palace-Geländes an der Hawa Mahal Road. Zunächst geht es in nördlicher Richtung, also nach links vom Ausgang aus dem Tor (Udai Pol). Hier trifft man gleich auf den **Sireh Deori Basar (2)**, zugleich eine lebhafte Verkehrsstraße. Es lohnt sich, trotz des Getümmels auch die Fassaden der Handelshäuser zu betrachten, die zum Teil auf die Entwürfe der Stadtgründungszeit zurückgehen. Die relativ schmalen Häuser lassen oft nicht ahnen, wie geräumig sie sind. Um im heißen Klima genügend Schatten zu bieten, sind Läden und Eingangsbereiche tief, nicht breit ausgebaut. Die Grundstücke sind nach hinten lang gestaffelt, haben oft Höfe, solche, die als Empfangsräume dienen, und andere, die strikt privat von der Öffentlichkeit abgeschlossen sind. Die Auslagen der Läden prangen mit Goldschmuck jeder Qualität, auch mit den kunstvollen Meenakari-Emailarbeiten, die eine Spezialität von Jaipurs Goldschmieden sind.

Wieder nach links abbiegend, kommt man, auch hier außerhalb der Umfassung des **City Palace**, zum **Govind-Deviji-Tempel (3)**. Er stammt aus dem 18. Jh., wurde als Familientempel der Maharajas von Jaipur erbaut und ist dem Gott *Krishna* geweiht. **Govinda** ist auch ein Name des jugendlichen *Krishnas*, der seine Späße mit badenden Hirtenmädchen treibt. Die Ausstattung des Tempels ist besonders im Inneren in den Formen der Ornamente und Kristallleuchter und auch in der reichen Verwendung von Gold vom Europa seiner Zeit beeinflusst. Die Wandbilder sind jedoch indisch.

Europäische Einflüsse

Das Götterbild ist verschleiert, wird aber siebenmal am Tag enthüllt, Verehrende bringen viele Süßigkeiten als Opfergaben. Von den Terrassen des **Chandra Mahal** hatte die königliche Hoheit Blickkontakt zum Tempel. Rundum blieb Platz für wohlangelegte Gärten.

Man geht nun den kurzen Weg durch die Hawa Mahal Road zurück, an der **Town Hall (4)** und dem **Hawa Mahal** vorbei (s. S. 146), kommt auf den heftig befahrenen Hauptplatz Badi Chaupar – dort ist auch ein Postamt – und biegt nach rechts in den **Tripolia Basar (5)** ein, eine breite Straße voller Fahrräder, Karren, Busse und Autos. In der Nähe des Hauptplatzes wird zur Zeit noch viel Computerzubehör in den Läden angeboten (aber das kann wechseln), sonst ist der Tripolia Basar ein Revier von Haushalts- und Eisenwaren aller Art, technisch moderner und dazwischen urtümlicher Geräte, wie sie in den Küchen in Mitteleuropa vor hundert Jahren in Gebrauch waren.

Höfe, Durchgänge, enge Gassen – südwestlich vom Tripolia Basar in der Pink City

Bunte Fülle: Handgewebtes und Handbedrucktes

Am Tripolia Basar erhebt sich auch das stattliche Tor des Haupteingangs zum **City Palace (6)**, aber der ist nur der Maharaja-Familie und deren offiziellen Gästen vorbehalten, also kein Touristeneingang. Schräg gegenüber sticht ein besonders schlankes, spitzes Minarett in den Himmel, das **Iswari Minar Swarga Sal (7)**, auch *Swarg Suli* genannt, das höchste Gebäude der **Pink City**. Es wurde vom (natürlich hindugläubigen) Nachfolger *Jai Singhs II.* gebaut und ist nicht etwa einer Moschee zugehörig. Man darf zu den üblichen Zeiten auf der engen Treppe hinaufsteigen und hat oben einen weiten Ausblick auf Jaipur.
Iswari Minar Swarga Sal: *geöffnet 9–16.30 Uhr.*

Ganz in der Nähe gibt es in der Nebenstraße Maniharon-ka-Rasta, die nach links abgeht, eine Besonderheit zu entdecken: die **Lack-Armbänder**. Sie sind nicht, wie meist auf den indischen Märkten, aus Glas oder gar aus billigem Plastik, sondern aus der gallertartigen Masse hergestellt, die von bestimmten Motten abgesondert wird, die ihre Eier darin einbetten. Diese Insekten werden zur Gewinnung von Lack extra gezüchtet.

Am Ende des **Tripolia Basars** lockt der Duft frischer Früchte und Gemüse. Davon erfüllt ist der Bauernmarkt **Choti Chaupar (8)**, wo die Ernten der Umgebung auf die Köche der Stadt warten. Geradeaus weiter in der Fortsetzung des Tripolia Basars geht man auf dem **Chandpol Basar (9)** in das Viertel der Steinmetze, die oft Künstler sind in ihrem Fach für unglaublich feine Arbeiten aus Marmor und anderem Stein. Sie haben ihre Werkstätten auch in der Straße Khazane Walon Ka Rasta, die links (in südlicher Richtung) abgeht. Der Rundgang folgt ihr bis zum **Indra Basar** (**10**, wieder nach links abbiegen), der parallel zur Südmauer verläuft und sehr bald beim Kishan Pol (Ajmeri Gate) in den **Nehru Basar (11)** übergeht.

Textilien und Leder

Die Läden dort sind Schatzhöhlen indischer Textilien, auch handgewebter und handbedruckter. Außerdem sind die handgenähten *Jutis*, die rajasthanischen Lederschuhe, oft aus Kamelhaut und hübsch verziert. Das Angebot verfeinert sich, wenn man geradeaus weitergeht in den **Bapu Basar (12)**, wo die schmalen, aber tiefräumigen Läden von *Saris* und Seiden überquellen. Schließlich ist man am **Sanganer Gate (16)** angekommen, dort führt der **Johari Basar (13)** wieder ins Innere der Altstadt, an den Läden und Werkstätten der meist muslimischen Edelsteinschneider und -künstler sowie an der Hauptmoschee **Jama Masjid (14)** vorbei zum Badi Chaupar nahe dem Hawa Mahal, wo unser Rundgang endet.

Natürlich führte der Weg hauptsächlich über Basare, doch gibt es nach Norden und Osten zu (da stehen an ungepflasterten Gassen die Elefanten in ihren engen Ställen bei den Wohnungen der Mahouts, der Elefantenführer) noch viele Quartiere, in denen der Alltag in der Altstadt zu beobachten ist.

Jaipur-Rundgang III: Die „New City" wächst

Der eifrige Fußgänger kann viele Stunden oder auch Tage mit Spaziergängen verbringen. Andererseits ist es immer möglich, die beschriebenen Wege abzukürzen. Um die **Pink City** zu verlassen, gibt es verschiedene Möglichkeiten: nach Süden vom Ghat Darwaja Basar durch das **Ghat Gate** (**15**, s. Karte in der hinteren Umschlagklappe) oder vom Johari Bazar durch das **Sanganer Gate (16)** zur Hauptgeschäftsstraße **M. I. Road** (Mirza Ismail Road) oder noch weiter westlich von der Chaura Rasta, die vom Tripolia Basar nach Süden verläuft, durch das **New Gate**.

Nach Westen kann man durch das **Chandpol** über die gleichnamige Straße hinausgelangen. Dort tobt das Leben auf einem enggedrängten Markt mit Früchten, lebendem Vieh und Imbissbuden.

Außerhalb des New Gate befindet man sich beim Verlassen der **Pink City** gleich auf der **M.I. Road**, einer der wichtigsten Hauptverkehrsstraßen Jaipurs, an der dutzendweise Restaurants, Banken und Reisebüros liegen – und die Haupteinkaufsmeile ist sie auch.

Bemühen um Demokratie

Diese städtische Achse ist nach **Sir Mirza Ismail** benannt, der unter dem letzten regierenden Maharaja *Sawai Man Singh*, genannt *Jai*, die Regierungsgeschäfte führte und sich dabei um das Bildungswesen und die Gesundheitspolitik verdient gemacht hat. *Mirza Ismail* leitete auch eine Verfassungsreform mit Kurs auf demokratische Regeln ein, mit öffentlich ratgebenden Körperschaften, sodass 1949 die Weichen für die Demokratie gestellt waren, als das Gebiet von Jaipur in den unabhängig gewordenen Staat Indien einging.

Die M.I. Road muss überquert werden, was bei dem fast unaufhörlich dichten Verkehr nicht ganz einfach ist. Das 2008 neu eröffnete Government Emporium **„Rajasthali" (17)** offeriert auf 15.000 m² das Kunsthandwerk Rajasthans in seiner Fülle. Links abzweigend: der Jawaharlal Nehru Marg, wo es zu den **Ram Niwas Gardens (18)** geht. Ein großes Gebiet, teils Park und Garten, teils Grünfläche, dehnt sich aus, von festen Fußwegen und in der Mitte von der Straße durchzogen. Wo die sich vor einem Straßenrondell und einem stilistisch merkwürdig überladenen, kuppelreichen Palast teilt, liegt links im Grünen der **Zoologische Garten (20)**, der etwas trist anmutet, von Touristen darum wenig besucht wird.
Rajasthali: *geöffnet Mo–Sa 11–19.30 Uhr.*

Der Palast dagegen ist Jaipurs wichtigstes Museum, heißt **Albert Hall (21)** und ist eine Mischung aus viktorianisch-britischer und nordindischer Architektur. Diese entwarf ihr Schöpfer **Sir Swinton Jacob** 1876 zu Ehren des Staatsbesuchs von *Albert*,

Jaipurs Landmarke Om-Tower, mit Drehrestaurant

Prince of Wales. Seit 1887 enthält der Bau das **Central Government Museum** mit seinen teilweise etwas dunklen Räumen. Auch die Sammlungen sind eine eigenartige Mischung aus kolonialer Hinterlassenschaft und neuem nationalen, auch ethnischen Bewusstsein. Zeugnisse der heimischen Archäologie und Beispiele rajasthanischen Kunsthandwerks ruhen in schwach beleuchteten Vitrinen: Schwerter mit **Meenakari-Verzierungen**, gute **blue pottery**, Jaipurs kunstvolle Keramik, sowie indische Musikinstrumente, darunter eine große, drei Meter lange Rabat aus Amber, deren Saiten bei Hof ertönten. Für Rajasthan-Besucher im Land der Turbanträger sind interessant: 28 verschiedene Turbane in einem Lichtkasten!

Sehr schöne Dinge sind in den kühlen Hallen zu entdecken: ausdrucksstarke Steinskulpturen, Textilkunst, Lackarbeiten und goldgezierte Gefäße aus Kamelleder. Wer europäische Museen gewöhnt ist, soll sich nicht am Sammelsurium stören – Museum einmal anders.
Central Government Museum: *geöffnet tgl. 10–16.30 Uhr.*

Moderne indische Kunst gewinnt erst jüngst starke globale Aufmerksamkeit. In den **Ram Niwas Gardens** nördlich des Zoos ist sie in der **Modern Art Gallery (19)** anzutreffen, in einem ehemaligen Theatergebäude. Moderne Kunst zumeist indischer Maler und Bildhauer – bemerkenswert!
Modern Art Gallery: *Ravindra Rang Manch, Sa–Do 10–16.30 Uhr.*

Kuriositäten

Der Weg zu weiteren Sehenswürdigkeiten der **New City** führt den Jawarhalal Nehru Marg entlang in südlicher Richtung, vorbei an locker bebautem Gelände mit öffentlichen Einrichtungen – doch mehrere Kilometer werden die meisten wohl nicht zu Fuß machen, sondern eine Motorriksha nehmen. Liebhaber von Kuriositäten lockt das **Museum of Indology (22)** in einer östlich abzweigenden kleinen Seitenstraße vom J.N. Marg. Dieses längst schon angestaubte Privatmuseum zeigt eine Sammlung von Fossilien, Münzen, eine Landkarte Indiens, die auf einem Reiskorn abgebildet ist, den von Sultan *Aurangzeb* eigenhändig abgeschriebenen Koran, ein Bett aus Glas und so manches mehr.
Museum of Indology: *geöffnet tgl. 8–16 Uhr.*

Noch weiter südlich wartet links an dem runden Platz mit dem dramatischen Denkmal des Police Memorials das **Dolls Museum (23)** – etwas verborgen, was das Hinweisschild betrifft. Sollte während der Öffnungszeit das Tor geschlossen sein, sucht

Rajasthans Traditionskostüme im „Dolls Museum"

Polo – der Sport der Maharajas

und fragt man in der Umgebung, dann kommt aus dem Nichts ein eilfertiger, von dem Besuch überraschter und erfreuter Wärter, der aufschließt und die Ausstellung vorstellt. Dort gibt es Schaukästen mit teils auch lebensgroßen Puppen in indischen Trachten verschiedener Regionen, manche handwerklich hübsch, manche kitschig, sowie Vitrinen mit bäuerlichen Szenen, manche etwas unaufgeräumt, als befände sich alles in Renovierung. Den aufmerksamen Besucher überkommt allemal eine Ahnung von der Verschiedenartigkeit der Bewohner Rajasthans außerhalb Jaipurs.
Dolls Museum: *Trimurti Circle, Mo–Sa 9–17 Uhr.*

Nochmals etwa einen Kilometer südwärts auf derselben Straße, nahe dem Indra Circle, errichtete die Birla-Stiftung den **Lakshmi Narayan Temple**, auch **Birla Mandir** genannt **(24),** eine hervorragende Architektur, beispielhaft in der Verbindung von Tradition und Moderne. Die sehr reiche *Birla*-Industriellenfamilie gehört den **Jains** an, die bekannt sind für ihren Respekt vor dem Leben, selbst dem von Insekten. Hier stellen sie nicht allein Indiens Mythen, sondern über alle Grenzen der Konfessionen hinweg auch die Weisheitslehrer seit der griechischen Antike und die Repräsentanten christlicher Religionen vor, in lebensgroßen Skulpturen an den marmorweißen Außenwänden des Tempels: *Konfuzius*, den *Hl. Franziskus*, die Muttergottes und andere.

Götter-darstellungen

Der Marmorbau steht in einer gepflegten, großzügigen Gartenanlage, hat kunstvolle farbige Glasfenster und wandfüllende Reliefs mit Darstellungen von Hindu-Mythen. Da prangen große, liebliche Darstellungen von *Parvati*, der Gattin *Shivas*, und *Lakshmi*, der Göttin des Reichtums und des Glücks, in Szenenbildern der uralten, noch immer lebendigen Hindu-Götterlegenden.

Östlich vom Indra Circle erhebt sich hoch oben auf einem bewaldeten Berg **Moti Dungri**, ein Fort, vormals Jagdschloss der Maharajas. Die Aussicht von dort ist wunderbar, über ganz Jaipur hinweg. Die Burg selbst ist in Privatbesitz und kann nicht besucht werden.

Vom **Circle** in westlicher Richtung führt die Bhawani Singh Road zum weiten Gelände des **Rambagh Palace (25)**, der vormaligen Residenz des letzten regierenden Maharajas, der sie schon 1950 in ein Luxushotel verwandeln ließ (heute von der Taj-Gruppe betrieben). Seit dem hoch aufwendigen Umbau zum Ende der ersten Dekade des 21. Jh. sind die einst noch familiär-bescheiden anmutenden Teile wie der Eingang und der Empfangsraum in ein üppiges Palast-Entree verwandelt worden. Das Rambagh ist unstrittig in die oberste Luxusklasse aufgestiegen. So reich Rajasthan an Heritage-Hotels ist, hier ist unübertroffen alles vom Feinsten: der Rasen weiträumig, die Polobar und der historische Speisesaal *Suvarna Mahal* authentisch wie zu Maharajas Zeiten, neu die klassizistisch entworfene Schwimmhalle, kostbar die Ausstattung der Zimmer und Suiten.

Schöne Ziele rund um Jaipur – im engeren Umkreis

Heraus aus der Stadt – aber nicht zu weit! Die meisten dieser Ziele liegen auf den Hügeln rund um die Stadt. Es ist mühsam, in der Hitze die staubigen Wege zu gehen, mindestens an den Fuß der Berge sollte man sich mit einer Riksha fahren lassen.

Nach Norden

Mehr als 2 km lang ist der Weg von der Altstadt, bergan in Serpentinen, zum mächtigen **Nahargarh Fort** (**26**, s. Karte in der hinteren Umschlagklappe), auch Tiger Fort genannt, auf kahlem Felsen. Auch hier gibt es wieder eine herrliche Aussicht (Sonnenuntergang!). Angeblich soll ein Urahn-Fürst hier gespukt haben, als das Fort 1734 erbaut wurde: Er ließ nachts die Mauern zusammenfallen, die tags errichtet wurden. Der unruhige Geist gab Ruhe, heißt es, als man dem Fort seinen Namen gab.

Verwirrende Haremstruktur

1868 wurde für die Damen des damaligen Maharajas ein **Palast** erbaut, jetzt Museum, dessen verblichene Pracht in ihrer ganzen Haremsenge besichtigt werden kann. Die Säulen des Liebesnests mit seinen vielen ganz gleichartigen Räumen sind genauer besehen nicht echter Marmor, sondern Stuck-Marmor. Die Struktur des Hauses mit langen Korridoren um einen Innenhof soll ihre Ursache im Wunsch des Maharajas *Madho Singh II.* haben, ungesehen von den anderen zu jeder seiner Frauen zu gelangen. Ein RTDC-Restaurant Padao ist vorhanden, sogar zwei Zimmer zum Übernachten. Zufahrt von Jaipur mit dem Wagen neuerdings verkürzt über eine Nebenstraße (ausgeschildert an der Straße Jaipur–Amber) möglich, nicht mehr nur über Amber! Vom Amber-Palast auch steinige Fußpfade zum Nahargarh Fort und Palast, ohne Schatten.
Nahargarh Fort: *geöffnet von 10–22 Uhr (Fort), Museum 9–16.30 Uhr (zu Fuß wegen möglicher Belästigung nicht zu spät aufbrechen, da der Weg abends ziemlich menschenleer ist!).*

Viel leichter erreichbar liegt nördlich der Stadtmauer außerhalb des Samrat Pol **Royal Gaitor (27)** mit den Kenotaphen der Maharajas unter säulengetragenen Kuppeln. Dies sind Stätten der Verehrung, des Totengedenken (jedoch keine Begräbnisplätze, da tote Hindus verbrannt werden). Die tempelähnlichen Bauten sind schön mit Steinschnitzereien verziert. Getrennt von den Gatten finden sich die Kenotaphe der Maharanis weiter nördlich der Stadt an der Straße nach Amber.
Royal Gaitor: *geöffnet 9–16.30 Uhr.*

Der lange vernachlässigte **Wasserpalast Jai Mahal (28)** an der Straße von Jaipur nach Amber (nicht zu verwechseln mit dem gleichnamigen Stadtpalast und der einstigen Residenz des Premierministers „Jai Mahal Palace Hotel") wurde bei Redaktionsschluss noch renoviert, zugleich auch der versumpfende See als Reservat für Wasservögel aufbereitet.

Nach Osten

Vom Suraj Pol in der östlichen Stadtmauer führt der Fußweg zum **Surya Mandir** (**30**, Sonnentempel) auf hohem Bergrücken (2,5 km Anmarsch). Der Sonnengott ist in seinem Wagen dargestellt, der von zwölf Pferden gezogen wird. Zu Füßen des Tempels öffnet sich ein felsiges Tal mit vielen kleineren Tempeln und Tempelteichen, die von einer Quelle gespeist werden, die aus einem steinernen Kuhkopf strömt: **Galta (29)**. Hunderte von Affen bevölkern das Gelände. Sie betteln, klauen den Besuchern Essbares und baden in den Tanks, manchmal zusammen mit Pilgern, die oft in großer Zahl nach Galta kommen. In den Tempeln findet man bei aufmerksamem Hinsehen Wandgemälde. Leider wurden viele in den 1990er-Jahren durch Unwetter zerstört, die Schlamm und Steine in die Tempel spülten. Diese selbst sind renoviert, stehen wie neu in der Park- und Picknicklandschaft. Die Szenerie, feiertags voll indischem Leben, ist sehr reizvoll, die Affen machen Spaß – aber sie rauben alles, was nach Plastiktüten aussieht! Doch sind sie friedlich zu stimmen, wenn man Erdnüsse von den Händlern kauft und sie füttert. Zum Taleingang von Galta führt eine Straße von der Stadt her (zu erreichen von der Agra Road aus).

Fürstliche Gärten warten am Ortsrand Jaipurs auf der Straße nach Agra: Hier liegt auf der rechten Seite der ummauerte **Garten Vidhyadhar ka Bagh (31)**, der ein Denkmal ist für *Vidyadar Bhattacharya*, den Architekten der Stadt.

Etwas weiter an der Straße auf der linken Seite kommt man zum **Garten Sisodia Rani ka Bagh (32)**. Dieser wurde im 18. Jh. für eine Maharani angelegt, die aus Udaipur stammte, aus dem Herrscherhaus der *Sisodia*; sie sehnte sich bestimmt nach den Gärten ihrer Heimat. Es ist auch heute ein ruhiger Ort zum Spazieren auf den Terrassen zwischen den Blumenbeeten. Der kleine Palast nebenan ist nicht zugänglich, hat aber Wandmalereien auf den Außenmauern, zum Teil mit *Krishna*-Szenen.

Affenfütterung am Tempel

Der Hanumantempel dahinter wird zum turbulenten Erlebnis, wenn nachmittags um 16 Uhr die Scharen von silberbepelzten, schwarzgesichtigen Languren-Affen, das Heer des Affengottes *Hanuman*, gefüttert werden.

Weiter ins Umland, nach Norden und Süden

Amber – Palast und Fort

Nach **Amber**, etwa 9 km nördlich von Jaipur, kommt man vom **Hawa Mahal** in gut 20 Minuten mit einem Linienbus (auf der Straße, die auch prächtige Reitelefanten vor und nach ihrem Dienst gehen). Bei Stau dauert's doppelt so lange.

Hier kann man ein Palast-Fort kennenlernen, wie es auch im Wunderland Indien vielleicht nur an fünf oder sechs Stellen zu finden ist: das **Amber-Fort**. Es war, lange bevor die Stadt Jaipur entstand, der Hauptsitz der *Kushwaha*-Dynastie.

Geschickte Machtpolitik

Der Name dieses grandiosen Forts wird „Amer" ausgesprochen. Die *Kachchwahas* stammten ursprünglich aus Gwalior in Zentralindien und kamen durch Heirat nach Rajasthan. Sie erkannten den Standort Amber als strategisch günstig und übernahmen ihn im 12. Jh. teils mit Versprechungen, teils mit Gewalt von den Minas, den ursprünglichen Einwohnern. Heiratspolitik blieb das Erfolgsmittel der *Kushwahas* während der Jahrhunderte ihrer Herrschaft. So behaupteten sie als strenggläubige Hindus ihre Macht im Mogulreich wie auch bei vielfältigen Auseinandersetzungen mit anderen Rajputen-Fürsten. Mit dem Bau des Palast-Forts in seiner noch heutigen Gestalt begann **Raja Man Singh**, der als General auch in des Sultans Diensten stand, erst um 1600.

Amber: Marmorhalle…im Licht

Amber-Palast der Khashawaha-Maharajas

Den Kontrast von starken Außenmauern zur Verteidigung und Innenräumen von erlesener Schönheit erlebt man in manchem indischen Maharaja-Fort. Doch wie das Amber-Fort auf dem langgestreckten felsigen Höhenrücken über dem tief eingeschnittenen Tal, dem kleinen **Maota-See** und der alten Stadt thront, hat seine eigene Größe. Unzugänglich wirken die unterschiedlichen, hohen Außenmauern – und für Feinde unzugänglich sollten sie natürlich auch sein.

Den steilen Hügel hinauf führt eine Serpentinenstraße, nicht viel mehr als ein breiter Weg. Den kann man auf einem Elefanten zurücklegen, an der Seite der mächtigen Grautiere hängen Sitze. Das Aufsteigen wird durch ein Treppchen erleichtert. Es ist spannend, wenn der Elefant hart am Straßenrand geht und man im Sitz über dem Abgrund schwebt. Wer es vorzieht, mit einem Jeep hinaufzufahren, spart dabei noch etwas Geld. **Amber-Fort**: *geöffnet 9–16.30 Uhr.*

info

Neue Regeln für Elefantenreiter

Ein Unfall im Herbst 2005, als sich ein Elefant und Fußgänger auf engem Wege gefährlich nahe kamen, führte zum Erlass neuer Regeln. Auch Klagen von Touristen über schonungslose Behandlung der Dickhäuter durch die *Mahouts*, ihre Führer, mögen dazu beigetragen haben.
Pro Elefant sind nur noch zwei Touristen-Passagiere gestattet.
Jeder Elefant darf pro Tag nur noch dreimal den viertelstündigen Auf- und Abstieg zum Fort machen.
Elefantenritte werden nur noch vormittags angeboten.

Vorausbuchungen sind nicht möglich, wegen des Andrangs von Touristen bilden sich manchmal längere Warteschlangen.

Außerdem wurde der Treppenaufgang für Fußgänger renoviert, die jetzt nur noch kurz auf dem gleichen Weg wie die Elefanten unterwegs sind. Vor dem Suraj Pol treffen sich die beiden Wege wieder. Hier hat auch der Fußgänger Gelegenheit, die sorgfältig geschmückten Elefanten aus der Nähe zu bewundern.

Den Elefanten gefällt der eintönige Job wahrscheinlich nicht, das Pflaster ist ja beileibe kein Urwaldboden, und ihr Leben entspricht nicht gerade artgerechter Tierhaltung. Auch darum mutet der Preis von umgerechnet etwa 10 € für zehn Minuten hoch zu Elefant überzogen an, doch ein Erst-Elefantenritt kann ein starkes Erlebnis sein.

Hinter dem **Suraj Pol**, dem Sonnentor, öffnet sich der weiträumige Hof **Jaleb Chowk**, wo früher die Palastwache bereitstand. Hier steigt man über eine Plattform vom Elefanten herunter.

Tägliche Elefantentour – Jaipur–Amber und zurück

Der Ausblick von hier über die **Aravalli-Höhen** ist großartig. Über die erste von etlichen Treppen geht es zum **Shila-Devi- Tempel**: Berühmt und verehrt ist darin eine Marmorstatue der Göttin *Kali*, einer Muttergottheit, die zugleich den Aspekt des vernichtenden *Shiva* verkörpert. Ein *Kushwaha*-Maharaja, der im Dienste des Sultans *Akbar* stand, brachte sie nach einem Sieg in Bengalen hierher. Zwei silberne Löwen liegen zu Füßen der Statue, und wer nicht in den Tempel gelangt, weil er gerade verschlossen ist, kann zumindest die kunstvollen Silberrelief-Tore betrachten.

Wendet man sich über die Treppe durch das Tor links (**Singh Pol**), geht es nicht geradeaus weiter, man muss einen Haken schlagen. Sicherheitsgründe erlaubten keinen geraden Zugang, wie bei vielen anderen rajasthanischen Palästen. Dieser zweite Hof *Jai Singhs I.* ist als Garten angelegt. Gegenüber dem Tor zieht die muslimische Arkaden-Architektur des **Diwan-i-Am** (*Jai Mandir*), der Halle für öffentliche Audienzen, sofort den Blick an. Die äußeren Säulen sind aus rötlichem Sandstein, die inneren aus gelblichem Stuckmarmor. Elefantenkopf-Figuren, ganz im Stil der Hindu-Baukunst, schmücken die Kapitelle unter dem Baldachin-Dach.

Als dem Sultan in Delhi vom Bau des Amber-Palasts und seiner Schönheit berichtet wurde, die gar die Mogul-Paläste übertraf, soll es zu einem Zornesausbruch gekommen sein. Der Maharaja von Amber erfuhr davon und ließ kurzerhand alle Pracht übertünchen, wird erzählt. Boten meldeten dann dem Sultan, dass es mit der Schönheit doch nicht so weit her war – und der Diwan-i-Am blieb erhalten.

Durch ein breites zweistöckiges Tor mit einem Bildnis des elefantenköpfigen *Shiva*-Sohns *Ganesha*, das **Ganesh Pol**, geht der Weg in den dritten Hof, in die privaten Bereiche. Ins obere Stockwerk des Ganesh Pol steigt man zu noch weiterer Aussicht auf die urige Berglandschaft Ambers. Hier ist das Hauptgebäude das **Jai Mandir** (private Audienzhalle). Die Arkaden sind von außen mit Zackenbögen, von innen mit Pflanzenornamenten und zahllosen kleinen Spiegeln (*Shish*) verziert, die ein einzelnes Licht hundertfach zurückwerfen. Hier waren die Privatgemächer des Maharajas und seiner Hauptfrau.

Spiel mit Licht und Spiegeln

Oberhalb finden sich Kammern und geheimnisvolle, verwinkelte Gänge, die schon der alte *Rudyard Kipling* als Orte von Verschwörung und Palastintrige vermutete. Auf der Terrasse über dem Dach steht der Pavillon **Jas Mandir** aus dem 17. Jh., der mit Marmorsäulen und ausgemalter Decke ganz luftig dasteht und vom Rand des Hofes eine wunderbare Aussicht durch die durchbrochenen Marmorschnitzereien der Fenster auf Landschaft und See gewährt. Auch hier glänzt wieder viel *Shish* – der in Rajasthan so beliebte Spiegelschmuck. Besonders stattlich wirkt das im bengalischen Stil gewölbte Dach mit seinen zwei Kuppeln.

Der Hof wird auf der westlichen Seite begrenzt von **Sukh Niwas**, einem kleinen Palast, dessen geschickte Wasseranlagen für dauernde Kühlung sorgten. Das Wasser floss über Marmorflächen, wurde aufgefangen und nicht verschwendet, sondern für Pferde und Pflanzen verwendet. Leider sind die Wasserspiele nicht mehr in Betrieb.

Der vierte Hof ist der älteste Teil des Palastes, er wurde in späterer Zeit zum **Zenana**, dem Frauenpalast voller kleinerer verwinkelter Räume. Ein hübscher Pavillon mit zwölf Bögen, ein *Baradari*, steht in der Mitte des Hofs und ist ein weiteres Zeugnis der harmonischen Mischung aus Hindu- und Mogularchitektur.

Auf dem Berg hoch über dem Palast-Fort liegt im Mauergürtel die mächtige **alte Festung Jaigarh**. Ein Weg von etwa 30 Minuten führt hinauf. Das mittelalterliche Fort wurde niemals bezwungen, blieb mit Bastionen und Türmen eindrucksvoll erhalten. Im 16. Jh. richteten die Maharajas eine Kanonengießerei dort oben ein, deren Reste noch zu sehen sind. Die riesige Kanone **Jaivana** von 50 Tonnen Gewicht, mit einem acht Meter langen Rohr ist beeindruckend, angeblich aber nie gebraucht worden. Im **Jaigarh-Fort** findet man eine Waffensammlung, eine Galerie alter Fotografien, einen Tempel aus dem 10. Jh., der den beiden Göttern *Vishnu* und *Shiva* gewidmet ist, und ein kleines Café, wo man nach dem heißen Anstieg Erfrischungen bekommt.

Mittelalterliche Festung

Jaigarh-Fort: *geöffnet 9–16.30 Uhr.*

Der Ort Amber am Fuß des Burgberges, durch den die Straße nach Delhi (NH 8) führt, ist interessant für Kauffreudige, denn handwerkliche Erzeugnisse (Textilien, Metallwaren, Schmuck) sind hier oft preisgünstiger als in Jaipur. Allerdings muss man imstande sein, Preise wirklich zu vergleichen. Und nicht jeder Laden, der sich *Emporium* nennt, ist ein staatlicher mit festen Preisen. Eine Überraschung erwartet Besucher, die den Weg hinauf zum Kheri Gate finden: Das **Anokhi Museum of Hand Printing**

ist noch wenig bekannt, aber von bester Darbietungsqualität. Wie sich uralte Textilkunst in der Moderne erneuert, ist auf drei Stockwerken zu erleben. Vorführungen zeigen die Exaktheit der Arbeit. Künftige Textilexperten können Handdruck-Kurse buchen; es gibt ein kleines Café, einen Laden und interessante Buchpublikationen.
Anokhi Museum of Hand Printing: *geöffnet August–April Di–So 11–16.30 Uhr, Kheri Gate, Amber. ☏ 0141-2530226, www.anokhimuseum.com.*

Ramgarh Lake

Ein Naturschutzgebiet (Wasservögel, Panther) 30 km nordöstlich von Jaipur ist um den **Ramgarh Lake** eingerichtet, der allerdings auch für Wassersport genutzt wird. Leider trocknet der See in sehr heißen Jahren manchmal erheblich aus, dann lohnt es nicht hinzufahren. Ein malerischer kleiner Palast im Art Deco Stil ist am Ufer vom Maharaja von Jaipur erbaut worden.

Samode Palace

Ein anderer Ausflug, reichlich 30 km in den Norden, ist nötig, wenn man **Samode** besuchen will – einen bewundernswert reichen Palast, der auch ein gutes Hotel ist. Die Pracht indischer Dekoration steht in lebhaftem Kontrast zu der rauen, dramatischen Berglandschaft. Der Palast aus dem 19. Jh. ist auf drei Ebenen in ein schmales Felstal hineingezwängt. Sein Erbauer war ein Finanzminister des Maharaja von Jaipur, der auch aus dem Stamm der *Kachchwaha* war. Wunderbare Wandbemalung, sowohl figürlich als floral, dazu reichlich Spiegeldekoration mit sehr gewählter Farbgebung – einmal milde Grüntöne, einmal blau akzentuiert, dann wieder goldbraune Verzierungen – alles zusammen macht einen geradezu märchenhaften Eindruck. Wenn dann noch farblich abgestimmte Möbel mit silbernen Füßen dazukommen, fühlt man sich von erlesener Kostbarkeit umgeben. Drei Höfe dienen zum Teil als festliche Restaurants, wirkungsvoll besonders abends bei Kerzenlicht.

Baden im Gebirge: Samode Palace

Spaziergänge auf die Berge können mit festem Schuhwerk unternommen werden, etwa zu der alten Festung, die auf dem Felsen hoch über dem Palast thront. Das Dorf vor den Mauern hat malerische Häuser. Drei Kilometer hinunter in der Ebene liegt ein wunderschöner Mogul-Garten, **Samode Bagh**, eine quadratische Anlage mit Beeten und Brunnen. Kundig wurde restauriert, auch Unterkunft in festen, mit allem Komfort ausgerüsteten Zelten ist zu haben. Samode ist auch eine mögliche Station für eine Exkursion ins Shekhawati-Land (Kontakt über Samode Haveli, s. u.).

In Sanganer werden Stoffe im Handdruck dekoriert

Sanganer

Ein etwas längerer, aber interessanter Ausflug führt in die Kleinstadt **Sanganer**, 16 km südlich nahe beim Flughafen von Jaipur. Sanganer ist ein Zentrum für Blockprint-Stoffdruck und für handwerkliche Papierherstellung. Im Bereich der Stadium Road findet man mehrere Firmen und Werkstätten, wo die Produktionen zu beobachten sind und die Erzeugnisse gekauft werden können, in guter Auswahl und zum günstigeren Preis als in irgendwelchen Geschäften. Stoffe werden mit geschnitzten Holzstempeln von Hand, Meter für Meter, farbig bedruckt. Das Ergebnis ist gerade wegen der geringen Ungleichmäßigkeiten besonders reizvoll, zum Beispiel für Dekorationsstoffe. Fotografieren ist allerdings untersagt – wegen des Betriebsgeheimnisses!

Handgemachtes Papier wird aus Leinen- und Baumwollresten, die zerrissen und gekocht werden, hergestellt. Es hat eine besonders interessante, etwas angeraute Oberfläche und wird – Spezialität von Sanganer! – oft mit Blütenblättern verziert. Das ergibt ein besonderes Briefpapier, für Glückwunsch- und Einladungskarten und für Einbände.

In Sanganer sollte man sich abseits der Touristenwege zu dem sehenswerten **Jain-Tempel** durchfragen, dem **Shri Digamber** gewidmet und bis ins 10. Jh. zurückgehend. Aus rotem Sandstein erbaut, ist der Tempel voller Steinschnitzereien, Bilderfriese und Figuren, lebensgroß und nackt stehen sie hinter Glaswänden, davor befinden sich Opferkästen. Mit starkem Schlag lassen Pilger die Glocke ertönen. Bis zum Dach kann man aufsteigen, schwere Steinbohlen decken den Umgang.

Für den, der den zusätzlichen Weg nicht scheut: 20 km westlich Sanganer sind im kleinen **Bagru** noch mehr Stoffdrucker (*blockprint*) zu sehen, die zum Teil mit Naturfarben arbeiten und besonders schöne Muster herstellen.

Patan – abseits vom Hauptstrom

Ein Tal zwischen drei Höhen, das pittoreske Dorf dort hat noch nicht sehr viele Touristen gesehen. Vom jüngst eröffneten Heritage-Hotel (siehe Unterkunft im Umland, S. 172) startet man zu jahrhundertealten Mauern im Bergland. Gut zu machen am Anfang oder Ende einer Rajasthan-Reise, als Abstecher von der Autobahn Jaipur–Delhi, Abzweig Kotputli.

Reisepraktische Informationen zu Jaipur

Ankunft und Auskunft

Rajasthan Tourism Development Corporation, *Tourist Reception Centre, Government Hostel Campus, M.I. Road, gegenüber der Hauptpost (GPO), ☏ 0141-2315714, 0141-5110598, 🖷 0141-5110591.*

Govt. of India Tourist Office, *Hotel Khasa Kothi, M.I. Road, ☏ 0141-2372200, www.indtourjpr@raj.nic. Auch am Flughafen – etwa 15 km südlich vom Stadtzentrum – und am Bahnhof hat das Govt. of India Office bzw. die RTDC Auskunftsstellen, am Bahnhof rund um die Uhr (Bahnsteig 1). Auch am Bus-Terminal, Plattform 3, tgl. 9.30–17 Uhr (Station Road, östlich vom Bahnhof, etwa einen halben Kilometer von der Pink-City).*

Der Flughafen-Bus vom „Sanganer Airport" zum Zentrum Jaipurs kostet umgerechnet knapp 1 €, eine Motor-Riksha etwa das Doppelte, ein Taxi etwa 5 €.
Auch am Flughafen: ☏ 0141-302001.

RTDC Hotel Swagatam Campus, *Jaipur 302006, nahe der Railway Station. ☏ 0141-5115777, 0141-2203531, 0141-2203620, 🖷 0141-2201045, 0141-2204065, tgl. 8–20 Uhr. Viele Exkursions-Angebote, auch Reservierungen für den „Palace on Wheels" (s. S. 497).*

Pink City Map and Guide: *erscheint mehrmals jährlich mit rund hundert Seiten, viel Information und etlichen Anzeigen – von „Art Galleries" und „Ayurvedic Centres" bis zu „Travel Services" und „Textiles". Nach Kinoprogrammen muss man sich allerdings anderswo umsehen.*

Internet: *www.rajasthantourism.gov.in, www.jaipur.org.uk*
Internet-Cafés, auch Cyber-Cafés genannt, finden sich an mehreren Plätzen im Stadtzentrum, vor allem um die M.I. Road und Sansar Chandra Marg.

Unterkunft

Jaipur ohnegleichen: Nirgends in Rajasthan und nirgends in Indien hat man eine solche Auswahl an Rajputen-Palästen und Havelis, die heute als Heritage-Hotels („Erbe"-Hotels) Gästen aus aller Welt zur Verfügung stehen. Manche sind luxuriös und richtig teuer, in anderen wohnt man immer noch preisgünstiger als in europäischen Mittelklassehotels. Zudem gibt es bezahlbare „Guest Houses" und familiäre Unterkünfte, die „Home Stays", sowie Hotels aller Preisklassen. Siehe „Preiskategorien", S. 128).

Pearl Palace (1), *€, Hari Kishan Somani Marg, Hathroi Fort, ☏ 0141-2373700, www.hotelpearlpalace.com. Geräumige, helle Räume, air-cooled oder mit AC, Dachrestaurant und Internet – viel Zustimmung der Gäste, auch zu der liebevollen Dekoration mit Bildern und kunsthandwerklichen Objekten. Reservierung empfohlen!*

Karni Niwas (2), *€–€€, C-5 Motilal Atal Road, hinter dem Neelam Hotel, ☏ 0141-2365433, www.hotelkarniniwas.com. Nur wenige, teils dunkle Zimmer, das beste im obersten Stockwerk, großer Panoramablick.*

Sunder Palace (3), *€–€€, Sanjay Mar, Hathroi Fort, Ajmer Road, ☏ 0141-2360178, www.sunderpalace.com. Wie der „Pearl Palace" noch neu in der Low-Budget-Szene und bereits hoch gelobt: große, gepflegte Zimmer, Mahlzeiten im Garten oder auf dem Dach, Internet und guter Service.*

Athithi Guest House (4), *€€, 1, Park House Scheme Road, ☏ 0141-2378679, atithijaipur@hotmail.com. Zentral, hell, nicht weit vom „Arya Niwas", mit attraktivem Dachrestaurant, vielen praktischen Einrichtungen, auch W-Lan (100 Rs/Tag) und seit Jahrzehnten bewährter Gastfreundlichkeit.*

Evergreen Guest House (5), *€€, Chameliwala Market, nahe M.I. Road (der Zugang etwas labyrinthisch, Abzweig beim Moti-Mahal-Restaurant!), ☏ 0141-2363446, www.hotelevergreen.net. Eine Legende nach ihrem Neustart: statt Haschisch jetzt Hygiene, Sauberkeit, in den rund 100 Schlicht-Zimmern wie im großen Garten mit kleinem Pool absolut drogenfreie Zone – aber immer noch ein Backpacker-Treff, samt Restaurant, Internet und „German Bakery".*

H.R. Palace (6), *€€–€€€, D 157 A, Kabir Marg, Bani Park, Jaipur 302016, ☏ 0141-2201308, www.hotelhrpalace.com. In ruhiger Wohngegend, mit Grün um das elegante einstöckige Gebäude, 9 Zimmer, teils mit AC. Restaurant, auch Internet, Wäsche.*

Anurag Palace (7), *€€–€€€, Devi Marg, nahe Bani Park, ☏ 0141-2201679. Geräumige Zimmer, Restaurant und auch Garten.*

Arya Niwas (8), *€€€, Sansar Chandra Road, ☏ 0141-2372456, www.aryaniwas.com. Gut organisiertes Innenstadt-Hotel mit Rasenfläche und Korbstühlen vor der Tür, Selbstbedienungs-Restaurant, Internet, schlichten Zimmern (teils hell, auch AC, teils sehr düster), Reiseagentur, kleinem Laden mit Büchern, Kosmetik etc.*

Chirmi Palace (9), *€€€, Dhuleshwar Garden, S.P.Marg, Jaipur 302001, ☏ 0141-2365063, www.chirmi.com. Sympathisch ruhiges, gepflegtes, mehr als 160 Jahre altes Heritage-Hotel mit nur 24 Zimmern und reich ornamentiertem Speisesaal, großem Swimmingpool, Garten, Internet, Reise-Arrangements. Der Eigner Thakur Vikram Singhji spricht auch Deutsch, war General Manager mehrerer Luxushotels.*

Jaipur Inn (10), *€€€, B-17, Shiv Marg, Bani Park, Jaipur 302016, ☏ 0141-2201121, www.jaipurinn.com. 25-Zimmer-Hotel, seit den 1970er-Jahren aus einem Zeltlager zu komfortablem Hotel gewachsen, mit Dachrestaurant (Ausblick zum Nahargarh Fort). Im Erdgeschoss „Café Jai", mit Kühlschrank zum allgemeinen Gebrauch und gratis gefiltertem Wasser. Auch Internet, kleine Bibliothek.*

Madhuban (11), *€€€, D-237, Bihari Marg, Banipark, Jaipur 302016, ☏ 0141-2200033, 0141-2205427, www.madhuban.net. Mit nostalgischem Stilgefühl und Kunstwerken eingerichtetes Heritage-Hotel in ruhiger Gartenlage, lobenswerte Küche und auch ein kleiner Pool motivieren die Gäste zum Wiederkommen. Ein zweites Heritage-Hotel der Familie wurde 2010 eröffnet, s. S. 172 „Im Umland".*

The General's Retreat (12), *€€€, 9, Sardar Patel Marg, Jaipur 302001, ☏ 0141-2377539, www.generalretreat.com. Vor 150 Jahren von einem französischen Architekten erbaut, seither modernisiert, bietet dieses Guest House abseits vom Innenstadtverkehr mit* *nur zehn Zimmern inmitten großer Rasenflächen doch Innenstadtnähe. Speisesaal mit gepflegter Küche (nur für Hausgäste), Wagenverleih, Geschenkeladen.*

Mandawa Haveli (13), *€€€–€€€€, Sansar Chandra Road, ☏ 0141-2374130, www.mandawahotels.com. Das Stadthaus der Thakur-Familie, die im Süden der Shekhawati-Region seit Jahrhunderten im Fort Mandawa zuhause ist. Günstig zentrale Lage, jüngst erweiterter Heritage-Bau mit geräumigen Zimmern, großem Speisesaal, Pool.*

Shahpura House (14), *€€€–€€€€, Devi Marg, Bani Park, ☏ 0141-2202293, www.shahpurahouse.com. Im ruhigen Bani-Park-Gelände, von außen ein traditionelles Haus, innen mit farbkräftigem Heritage-Dekor, auch die Badezimmer mit historischem Ambiente, Swimmingpool und Dachrestaurant (auch non-residents als Gäste willkommen). Weiterhin im Besitz der Familie.*

Alsisar Haveli (15), *€€€€, Sansar Chandra Road, ☏ 0141-2368290, 0141-2364685, www.alsisar.com. Das Stadtquartier der Thakurs von Alsisar aus dem Clan der Shekawats ist seit 1993 Hotel – eine schöne, grün umlaubte Oase inmitten Jaipur. Jedesmal staunt man neu, tritt man von der vielbefahrenen Straße ein, erlebt den Garten, den Swimmingpool umrahmt von Hecken und alten Bäumen, die festlich mit gemalten Blüten geschmückte Haupthalle, in der gespeist wird. Zweistöckig, mit großer Terrasse, Dach- und Gartenpavillons, Arkaden und stillem Innenhof, elegant eingerichteten Zimmern zeigt der 1892 erbaute Palast angemessenen Prunk.*

Bissau Palace (16), *€€€€, Outside Chandpole, Jaipur -302016, ☏ 0141-2304371, www.bissaupalace.com. Nahe dem Chandpole, einem der Torbauten an der westlichen Ummauerung der Pink City, also mitten im indischen Stadtleben, man kommt zu Fuß zum „City Palace" und seinen Sammlungen. Eine kleine Parkanlage vor der Arkadenfassade des Bissau-Palastes sorgt für Abstand vom Verkehrslärm in den 55 Zimmern, im reich dekorierten Speisesaal, in der reichen Bibliothek und am Pool. Der Hausherr, Sanjai Singh, hat gute Verbindungen zu Deutschland, spricht auch fließend Deutsch.*

Naila Palace (17), *Preise auf Anfrage, Moti Doongari Road (südlich vom Sanganeri Gate der Pink City), Jaipur 302004, ☏ 0141-2607492, www.nailabaghpalace.com. 1872 erbaut, damals Residenz eines Premierministers, gehört der Palast zu den besterhaltenen, authentischen Heritage-Bauten Jaipurs. Im weitläufigen Park- und Gartengelände (rund 21.000 m²) und dank der freundlich-familiären Gastlichkeit gerät der Aufenthalt in den Salons und historisch eingerichteten Zimmern und Suiten zu einer Zeitreise. Thakur Dushyant Singh und Thakurani Usha Singh, beide bildende Künstler, unterhalten eine Kunstgalerie im Palast, bieten Künstlern Langzeitaufenthalte und Workshops. Für Restaurant, Swimmingpool, Billard, Mietwagen, Internet, W-Lan ist gesorgt.*

Narain Niwas Palace (18), *€€€€, Kanota Bagh, Narain Singh Road, nah dem Central Park, ☏ 0141-2561291, www.hotelnarainniwas.com. Die günstige Stadtlage, das große Parkgelände – samt herrlichen Bäumen, Pool und Pfauen – und die indobritische Architektur (mit italienischem Einschlag) wirken zusammen. Puppentheater und andere Vorführungen, verlässlicher Juwelierladen, dazu noch historische Rajputen-Rezepte, die – jüngst im Familienerbe wieder aufgefunden – die Küche bereichern. Der Kanota-Familie gehören auch das Castle Kanota östlich von Jaipur und das* **Rajmahal Palace Hotel & Resort**, *170 km südlich am Banas-Fluss.*

Diggi Palace (19), *€€€€, Shivaji Marg, „C" Scheme, Jaipur 302004, ☏ 0141-2373091, 0141-2366120, www.hoteldiggipalace.com. Thakur Pratap Singh hat den einstigen Stadtsitz und „Garden Retreat" der Familie in ein Heritage-Hotel mit gesteigerter Qualität verwandelt, dazu gehören Literaturtreffen, Pferdezucht, Reit- und Jeepausflüge, das Dachrestaurant und die Besichtigung der hohen Durbar Hall mit Familienerinnerungen. Internet. 26 Zimmer, unterschiedlich in Größe und Ausstattung.*

Jas Vilas (20), *€€€€, C-9, Sawai Singh Highway, Banipark, Jaipur 302016, ☏ 0141-2204638, www.jasvilas.com. Ein Wohlfühlplatz mit neun Zimmern, Swimmingpool im Innenhof und Speisesaal samt schmackhafter Küche. Die Eigner Mahendra und Rajyashree Singh haben langjährige Europa-Erfahrung und wissen, was in einem guten Hotel wichtig ist.*

Samode Haveli (21), *€€€€€, Gangapole, Jaipur 302012, ☏ 0141-2632407, www.samode.com. Von einem Vorstadtviertel im Nordosten der Pink City kommend, steht man überrascht vor einem mächtigen Gebäude, das älter scheint als seine 150 Jahre. Damals, um die Mitte des 19. Jh., baute es sich ein Premierminister der Kachchwaha-Maharajas nach dem Vorbild des* **Samode Palace** *in dem dramatisch steilen Bergtal, etwa 50 km nördlich von Jaipur. In der farbigen Ausschmückung, der Fülle der Spiegel-Einlagen in Wänden, Pfeilern, Nischen, Türen und Decken sind beide Bauten kaum zu übertreffen – Indien-Pracht vom Feinsten. Aller übliche Komfort in den – teils etwas kleinen – 26 Zimmern und drei Suiten. Auch Swimmingpool, mit Pool-Bar, Speisesaal und Gartenrestaurant. An kühlen Abenden wärmen feurige Kohlebecken die Gäste.*

Trident Oberoi (22), *€€€€€€, Amber Fort Road (gegenüber dem Jai Mahal Inselpalast), Jaipur 302002, ☏ 0141-2670101, www.oberoi.com. Günstig gelegen für Exkursionen in Jaipurs Umgebung, insbesondere nach Amber. Health- und Business Centers, Schönheitssalon, multicuisine Menus, Swimmingpool und mehr, wie bei Oberoi zu erwarten.*

Rajvilas, *Oberoi Hotel* **(23)**, *€€€€€€€, Gonar Road (im Osten Jaipurs), www.oberoi hotels.com. Großer Luxus mit Premier-Zimmern, Zelten, Villen in weiträumigem Gartengelände, Butlerservice, fürstlichem Speisesaal, Bibliothek, Shopping Arcade. Villa-Preis bis 160.000 Rs/Nacht.*

Rambagh Palace *(Taj Group)* **(24)**, *€€€€€€€, Bhawani Singh Road, Jaipur 302005, ☏ 0141-2211919, www.tajhotels.com. Eines der ersten Heritage-Hotels (seit 1957), im frühen 19. Jh. nur ein Pavillon, später von Samuel Swinton Jacob zu einem königlichen Gästehaus vergrößert, dann Sommerpalast der Maharajas von Jaipur, mit feudal großem Parkgelände. Jüngst aufwendig restauriert, mit glanzvoller Empfangshalle, Restaurant, Bar, 90 Zimmern und Suiten (Preise bei 500 € beginnend).*

Das Tourist Reception Center für längere Aufenthalte eine feinere Adresse im Banipark: **„Om Niwas Service Apartments"**, *günstig zum Bahnhof und Bus-Terminal gelegen, für zwei Wochen, einen Monat oder länger zu mieten.*

Im Umland

Patan, *€€€€–€€€€€, Sikar Dist., ☏ 0141-2200033, Kontakt auch über Madhuban-Hotel in Jaipur (s. S. 170). Zufahrt von Delhi etwa 180 km, von Jaipur etwa 120 km, auch zahlreiche Busverbindungen. 18 geräumige Zimmer, Swimmingpool, Park, Internet. Bio/Mahlzeiten aus eigenem Anbau. Historisch reiche Vergangenheit; Hausherr Rao Digvijay Singh, in 47. Generation Nachkomme der letzten Hindu-Herrscher im 12. Jh., weiß gut zu erzählen.*

Ramgarh Lodge *(Taj Group), €€€€–€€€€€, am Ramgarh Lake, ☏ 01426-252217, www.tajhotels.com. Ehemals Jagdhaus, mit Blick auf den See, der einst den gesamten Wasserbedarf Jaipurs deckte – heute noch gerade 1 %. Der fürstliche Stil blieb erhalten, samt Garten, angenehmem Pool, gepflegter Küche, Besuch auch ohne Übernachtung zu empfehlen. Service manchmal stark trinkgeldorientiert. Von April bis Sept. halbe Zimmerpreise. Reservieren.*

Essen und Trinken

Geöffnet wird in der Regel am späten Vormittag, manche Häuser schließen zwischen 15 und etwa 18 Uhr, viele Gäste finden sich erst um 21 Uhr zum Dinner ein.

Four Seasons (1), *€, Subhash Marg, „C"-Scheme, ☎ 0141-2374600. Multicuisine, vegetarisch, in großen Portionen, bei Einheimischen sehr beliebt.*
Gayatri (2), *€, AC–4 Gayatri Sadan, Sawai Jai Singh Hwy, Bani Park (nah beim Madhuban Hotel), hochgelobte Currys, gepflegte Atmosphäre.*
Handi Restaurant (3), *€, M.I. Road, gegenüber vom GPO, ☎ 0141-2378771. Sehr preisgünstig, sehr einfaches Mobiliar, schmucklos ausgestattet.*
Pearl Palace Restaurant (4), *€, Hari Kishan Somani Marg, Hathroi Fort. Schön gestaltetes Dachrestaurant eines kleinen Hotels, veg- und nonveg-Speisen, vorzüglich zubereitet, interessante Soßen und frisches Brot zu konkurrenzlosen Preisen.*
LMB (Lakshmi Misthan Bandar) (5), *€/€€, Johari Basar, Jaipur 302003, ☎ 0141-2565844, www.lmb.com. Schon seit Langem eine Institution der Pink City, in großer, farbenfroh ausgestatteter Halle, mit ökologisch bewusster Küche, seit 1954.*
Mediterraneo (6), *€–€€, Khandela House, Sansar Chandra Road, Jaipur 302001, mobil (0)9460983870, www.mediterraneo.com. Italienische Restaurants sind in Delhi nicht selten, in Jaipur aber doch. Das „Mediterraneo" ist ein Roof-Top-Restaurant, mit gelungenen Pizzas und Pasta-Gerichten, willkommen bei Touristen, die länger auf diese europäischen Spezialitäten verzichtet haben.*
Natraj (7), *€–€€, M.I. Road, ☎ 0141-2375804, 🖷 0141-2371746. Vegetarisches Restaurant auf zwei Ebenen, gemütlich.*
Sankalp (8), *€–€€, M.I. Road (östlich vom Resturaynt „Niros"). Für die Liebhaber südindischer Küche die beste Adresse bei günstigen Preisen. Ein Dutzend verschiedene „dosas" stehen zur Wahl. Aber Vorsicht mit der Schärfe der Gewürze!*
Copper Chimney (9), *€€, Maya Mansion, I.M.Road, gegenüber GPO, ☎ 0141-2372275. Multicuisine, mit nordindischen Spezialitäten, auch Bier und andere Alkoholika, verlässlich gute indische und chinesische Küche.*
Niros (10), *€€–€€€, M.I. Road, ☎ 0141-2347793, 0141-2218520, 🖷 0141-2371746. Seit seiner Gründung 1949 wohl die beste Adresse außerhalb der großen Hotels, hell und klimatisiert, vegetarische und non-veg-Gerichte, viele Tandooris und Tikkas auf der Karte, auch internationale Küche. Der Gründer Ved Padal leitet mit seinen Söhnen Vinay und Rajnish das Haus.*
Om Tower Restaurant (11), *€€–€€€, Church Road, Jaipur 302001, ☎ 0141-4046666, www.hotelomtower.com. Im 14. Stockwerk dreht sich das Restaurant binnen etwa einer Stunde um 360 Grad – mit bestem Ausblick auf Rajasthans Hauptstadt. Besonders schön zur Nacht, wenn Hochzeiten mit Feuerwerk gefeiert werden!*

Cafés / Bars

Barista's (12), *Bhagwan Das Road, gegenüber dem Rajmandir-Kinopalast, mit frischgemahlenen Bohnen hergestellter Kaffee, angeschlossen ein kleiner Buchladen.*
Indian Coffee House (13), *M.I. Road (Nordseite, nahe der Altstadt). Ein dunkler, schwärzlicher Raum, mit niedrigen Sitzen, in dem man Originale treffen kann – und wenig zu zahlen braucht.*
Lassiwalla (14), *M.I. Road, gegenüber Niro's Restaurant. Sehr geschätzte Lassis, so erfolgreich, dass die Konkurrenz sich gleich nebenan einrichtete. Nur bis in den Nachmittag geöffnet.*

Am Abend

Rajmandir Cinema, *Bhagwan Das Road, nahe der M.I. Road, ☎ 0141-2379372. Einer der berühmtesten Kinobauten Indiens, ein Art-déco-Foyer und ein Saal für rund 1.500*

Zuschauer – meist dauern die Vorstellungen mehrere Stunden, viele bringen etwas Essbares mit, es wird getuschelt, geredet, gejubelt. Der Eintritt kostet umgerechnet nur 1 oder 2 €, Vorstellungen etwa alle drei Stunden von Mittag bis Mitternacht, letzter Beginn etwa 21.30 Uhr. – Rund ein Dutzend Jaipur-Kinos stehen zur Wahl.

Hotel-Shows *mit Tanzvorführungen, Puppentheater, auch Akrobatik werden von mehreren Hotels angeboten, mit oder ohne Mahlzeit.*

Chokhi Dhani, ☏ *0141-2770554, 0141-2225001, etwa 12 km südlich von Jaipur an der Straße nach Tonk, wird wegen der gebotenen Vorführungen auch am Abend gern besucht: eine nachgebaute Dorfszenerie mit Ochsenkarren, Bauernmuseum, Kamelen und Feinschmecker-Restaurant – nach traditioneller Weise speist man auch am Boden. Geöffnet Mo–Sa 6–23, So 11–23 Uhr. Hotel zur Übernachtung mit Komfort (€€€€€).*

Feste/Veranstaltungen

Jaipur-Elefanten-Festival *im März: Während des Frühlingsfests Holi sind auch die Elefanten noch bunter als sonst. Eine Parade der Elefanten mit ihren Mahouts ist der Höhepunkt – falls den Zuschauer das Polospiel der Elefanten nicht doch noch mehr begeistert.*

Gangaur Festival, *zu Ehren von Shiva und seiner Gattin Parvati, wird in Rajasthan im März/April 18 Tage lang gefeiert; in Jaipur ist der Höhepunkt eine farbenfrohe Prozession, bei der die Götterbilder des Paars in Sänften getragen werden, von buntgeschmückten Elefanten, Pferden und Kamelen. Die Prozession beginnt am Tripolia Gate und führt über Chaugan nach Talkatora im Norden der Pink City. Am Ende werden die aus Ton oder Holz geformten Idole in einem heiligen Teich oder Tempel-Tank versenkt.*

Einkaufen

Ganz Jaipur scheint ein Touristenbasar zu sein. Die höchste Ladendichte findet sich jedenfalls an der M.I. Road und benachbarten Straßen, in der „Pink City" (s. S. 154ff) und im Umkreis des Bahnhofs. Längs der Amber Road Richtung Norden reihen sich Juweliere, Teppichhäuser und Kunsthandwerk. Die teureren Hotels locken in Jaipur mit besonders feinen „Shopping Arcades". Viele Läden öffnen nach 10 Uhr oder sogar erst um elf, manche auch am Sonntag.

Arts and Crafts: vielerlei Kunsthandwerk und Textilien

Kripal Kumbh, *B-18A, Shiv Marg, Bani Park, Jaipur 302016,* ☏ *0141-2201127,* 🖷 *0141-2201127. Beste Adresse für Jaipurs „Blue Art Pottery". Jaipurs berühmter, jetzt über achtzigjähriger Keramiker Kripal Singh Shekhawat hat das Untergeschoss seines Hauses als Verkaufsausstellung seiner Werke eingerichtet, man kann ihn dort auch treffen. Nach Voranmeldung: Keramikkurse.*

Jaisalmer Arts and Crafts, *7-8, gegenüber Ayurveda College, im Zorawar Singh Gate, Amer Road,* ☏ *0141-2630233,* ***www.jaisalmerarts.com****. Eigene Produktion und alter Tribal-Goldschmuck, Tribal-Textilien, auch Accessoires und Möbel.*

Rajasthali, *Ajmeri Gate, M.I. Road, Jaipur 302017,* ☏ *0141-5103329, 0141-2372974. In großzügigem Neubau Riesenauswahl von Kunsthandwerk, Schmuck und Textilien (zu Festpreisen, „Rajasthan Small Industries Corporation", ein Staatsunternehmen).*

Ayurveda

Himalaya, *M.I. Road, beim Panch Batti. Pflanzliche Heilstoffe, seit sieben Jahrzehnten gegen vielerlei Leiden im Angebot.*

Buchhandlungen

Book Corner, *M.I. Road, ☎ 0141-2366323. Sehenswert, wie viele Bücher in zwei kleinen Stockwerken unterzubringen sind!*

Juweliere

Bhuramal Rajmal Surana, *D-68, Jawarhar Lal Nehru Marg, nahe dem „Police Memorial", Jaipur 302004, ☎ 0141-2570429-31, auch in der Pink City: Lal Katra, Johari Bazar, Jaipur 302003, ☎ 0141-5148558, www.suranas.net. Seit Langem in der Spitzengruppe indischer Juweliere. Spezialitäten: Mogul-Email-Juwelen und Diamant-Schmuck.*

Kunstgalerien

Samanvai Art Gallery, *351, Ganpati Plaza, M.I. Road, 3. Stock, ☎ 0141-5114400, www.samanvaiart.com. Gemälde, Drucke und Objekte.*

Saroj, *A-2, Tilak Marg, C-Scheme, Nandanam Apartments, Ground Floor, ☎ 0141-5110927, nowlakhas@hotmail.com. Alte Karten, Fotografien und Drucke von Ravi Verma.*

Saris und mehr: Textilien, Schuhe

Anokhi, *2, Tilak Marg (westlich vom Ambedkar Circle), www.anokhi.com. Eine Spitzenadresse für indische Design-Mode mit folkloristischem Bezug – von praktisch bis elegant. Auch Blockdruck- und Batikhemden für Herren. Originelle Tischtücher und Kissenbezüge.*

Anokhi Museum of Hand Printing, *Anokhi Haveli, Kheri Gate, Amber, ☎ 0141-2530226. Traditionelles und Modernes in einem historischen Haveli nördlich von Jaipur beim Amber Palace.*

Ghulab Chand, *102–106 Mall 21, gegenüber dem Kino „Rajmandir" an der Bhagwan Das Road, Jaipur 302001, ☎ 0141-2363220, auch City Outlet: 21, Khanda Hawa Mahal, Jaipur 302 003, ☎ 0141-2609460. Handgewobenes seit 1930, auch Handdruck-Textilien, viele Spezialitäten.*

Jodhpur Tailors, *M.I. Road, nahe Ganpati Plaza. Hier lässt, heißt es, auch der Maharaja schneidern. Qualität kostet, ab etwa 100 € aufwärts.*

New Jodhpur Tailors, *9, Khseeragar Hotel, Motilal Atal Marg (zwischen M.I. Road und Station Road). Nicht nur die schicken Jodhpur-Reithosen, sondern auch ganze Anzüge (für umgerechnet etwa 30–40 €) werden maßgeschneidert.*

Ratan Textiles, *Papriwal Cottage, Ajmer Road, Jaipur 302006, ☎ 0141-2222526, www.ratantextiles.com. Verlockende Auswahl von Decken, Vorhängen etc., auch Garderobe, z. B. attraktive Westen.*

Verkehrsverbindungen

Fahrten mit dem Stadtbus sind für Touristen mühsam, wenn nicht ein indischer Führer oder Freund die richtige Linie auswählt und die richtige Station zum Aussteigen weiß. Umso unentbehrlicher: die Threewheeler-Rikshas, die – eher wenigen – Fahrradrikshas und die Taxis. Bitte immer den Fahrpreis im Voraus vereinbaren – auch wenn im Taxi eine Zähluhr läuft. Taxis kosten für einen Acht-Stunden-Tag oder für insgesamt 60 km etwa 1.500 Rs, also etwa 25 €, noch immer sehr günstig – verglichen mit Mitteleuropa. Preisaufschläge für AC und größere Wagen. In der Regel wird das Hotel Ihnen ein Taxi bestellen können.

Für eine Fahrt außerhalb der Stadt gilt meist die Regel: Mindestens müssen 250 km bezahlt werden, pro Kilometer je nach Fahrzeugtyp etwa 8–10 Rs, also etwa 40 €.

Flug: *Innerindische Flüge von und nach Delhi, Mumbai, Udaipur, Jodhpur, Ahmedabad und Kolkata (meist mit Jet Airways, Air Sahara und Indian Airlines). International: Bangkok, Singapur, Sharjah (Vereinigte Emirate).*
Bahn: *Nach Delhi reist man mit dem Shatabdi-Express etwa 4¼ Stunden, mit dem Rajdhani Express etwa 5½ Stunden. Deutlich langsamer geht es nach Agra (6½ Stunden), nach Bikaner (6 3/4 Stunden) und nach Udaipur oder Jaisalmer (je etwa 12 Stunden). Im Bahnhof kann man beim „Railway Reservation Office" im Voraus buchen, mit Spezialschalter für „Freedom Fighters and Tourists" – effizient!*
Busreisen: *billiger und etwas schneller, Auskunft der „Rajasthan State Transport Corporation" (RSTC) an der „Main Bus Station", Station Road, Reservierung ☎ 0141-2205790. Auch mehrere private Bus-Unternehmen.*

Die Reise zur Mitte Rajasthans: Kishangarh, Ajmer, Pushkar und mehr

Die folgende Route lässt sich in die große Rundreise Jaipur – Shekhawati – Bikaner – Jaisalmer – Jodhpur – Udaipur – Bundi nur als mehrtägiger Abstecher einfügen. Oder am Ende der Rundreise, wenn man (unter Verzicht auf den Osten Rajasthans) von Udaipur / Chittorgarh den National Highway NH 8, Richtung Jaipur / Delhi fährt. Oder auch ganz anders planen und von Jaipur statt ins Shekhawati-Land und nach Bikaner direkt in den Süden Rajasthans reisen! Wie auch immer: Im Bereich des NH 8 liegen schöne, entweder spirituell oder auch industriell wichtige, in jedem Fall einige der interessantesten Orte Rajasthans.

Kishangarh, Region kostbarer Bausteine und Bilder

Tradition des Marmorschmucks

Nach **Kishangarh**, bekannt als Zentrum der Steinmetze, sind es von Jaipur nur knapp 110 km auf der NH 8 in Richtung Ajmer. Niemand wird den Ort verfehlen, denn kurz vor Kishangarh reihen sich unübersehbar die Steinmetzwerkstätten und zugehörige Lager links und rechts der Nationalstraße, mit ungezählten Natursteinen und daraus gesägten Steinplatten. Die wunderbaren Farben des rajasthanischen Sandsteins und Marmors kommen im Sonnenlicht zu voller Wirkung, und mancher Baufreudige belüde gern gleich einen ganzen Wagen mit den reich gemaserten großen Platten, um dem eigenen Haus daheim vornehme Hallen oder Fassaden hinzuzufügen.

Ein Großteil der Steine kommt aus den Steinbrüchen von **Makrana** beim **Sambhar-Salzsee**, gut 50 km nördlich von der neuen, mit dem indischen Bauboom wachsenden Stadt Madanganj vor Kishangarh. Gebaut wird aber schon seit je mit dem Marmor

und die prominenteste Nutzung geht auf den Mogulkaiser *Shah Jahan* zurück: Dieser ließ die Fassaden des **Taj Mahal** in Agra mit Makrana-Marmor verkleiden.
Die kleinen Steinkunstwerke und andere Marmorarbeiten, die an der Straße verkauft werden, bringen ein Zubrot für die schlecht bezahlte Knochenarbeit in Steinbruch und Steinmetzbetrieben. Leider ist auch heute noch viel körperliche Arbeit gefordert, wo im Westen längst Maschinen intensiv eingesetzt würden. Dazu kommt die Silikose-Gefährdung der Arbeiter durch den Staub, der die Lungen zerstört.

Kishangarh ist in seinem alten Kern ganz anders als das geschäftige, vom Steinschneiden und Steinschleifen immer staubige, staubwehende Madanganj. Kishangarh zeigt schönes friedliches Indien am kleinen **Gundalao-See** (auch: Gandalan-See), der vor dem Monsun oft austrocknet, aber dann rundum das Grün wachsen lässt. Im ersten Jahrzehnt des 16. Jh. nahm ein Prinz der Rathore-Dynastie von Jodhpur das Gebiet in Besitz. Sein Name *Kishan Singh* lebt im Namen der Stadt fort. Er war geschickt genug, sich als *selfmade*-Maharaja mit dem Mogulherrscher *Jahangir* im auch damals nicht allzu fernen Agra zu arrangieren.

Für Kishangarh spricht manches: Mit seinem prächtigen **Palast** in romantischer Lage am Gundalao-See bietet es wirklich eine Sehenswürdigkeit. Der Palast wurde zu einem Boutique-Hotel umgenutzt und macht mit seinen vielfarbigen Interieurs dem Namen **Phool Mahal** (Haus der Blumen) alle Ehre. Die dazugehörige Altstadt hat noch ihre historischen Mauern und ist voller hübscher alter Häuser und Winkel. Und der See ist auch für Vogelliebhaber interessant.

Redaktionstipps

- **Kulturelles:** Hunderte, wenn nicht Tausende Maler sind in und um die alte Maharajastadt **Kishangar** beschäftigt, nach Miniaturen des 18. Jh. Bilder vom Leben der Maharajas nachzumalen – Bilder von Festen und Tiger-Jagden, von prächtigen Gärten und heiteren Tête-à-Têtes des Fürsten mit seinen Geliebten.
- **Souvenirs: Kishangarh** ist auch eine Stadt des Marmors, der reich gemaserten Sandsteine und der tüchtigen Steinmetze. Viele von ihnen produzieren kleine Nippes-Figuren, manche auch kleine Kunstwerke. Günstige Preise.
- **Burgverwandlung:** Vor ein paar Jahren noch fand sich die uralte **Burg Kuchaman** in Zentral-Rajasthan in kaum einem Reiseführer. Jetzt ist diese Höhenburg mit ihren unterirdischen Gängen und Zisternen ein Heritage-Hotel – mit Safari-Angeboten (s. S. 179).
- **Geheiligtes:** Eintauchen in den enormen Andrang der Pilger zum **Grabmal des Sufi-Heiligen in Ajmer**, der vor 850 Jahren aus Afghanistan kam und die Versöhnung der Religionen predigte. In einem Nebenraum den Gesängen der *Qawali*-Sänger lauschen (s. S. 182)!
- **Natur:** Die ruhevollen Morgen- oder Abendstunden am **Pushkar-See,** auf den Treppenstufen der Ghats oder auf einer Hotelterrasse am See, in Stille oder mit der Musik, die über das Wasser klingt. Alternativ: Aufstieg in der kühlen Morgenfrühe zum Savitri-Tempelchen, Ausblick auf See und Stadt (s. S. 191)!

Beliebtes Souvenir aus Kishangarh sind **Miniaturbilder**, Kopien der Kishangarh-Schule, die von vielen Malern und ganzen Malerfamilien in Kishangarh hergestellt werden. Ihre Frauenporträts zeigen noch immer oft überschlanke, feine Gesichtszüge im Profil, mit verführerischen Gazellenaugen und gerader schmaler Nase. Wahrscheinlich sei eine Geliebte *Kishan Singhs* namens **Bani Thani** das Vorbild der Künstler vor vier Jahrhunderten gewesen, mutmaßt man gern in Kishangarh. Und die schöne *Bani Thani* habe den Malern auch als Modell für die Darstellung von *Radha*, der Gefährtin des Gottes *Krishna*, gedient. Leider sind die Kopien der Miniaturen nicht immer ganz so

Brahma-Tempel in Pushkar

fein gemalt wie die alten Originale. Den Vorzug, diese in der **Privatsammlung des Maharajas besichtigen** zu dürfen, haben nur Gäste des Phool Mahal Palace – nach Anmeldung, versteht sich.

Historisch bezeugt und aus der politischen Verbindung mit dem Mogulkaiser *Jehangir* umso verständlicher ist die Initiative des Kishangarh-Gründers *Kishan Singh*, Künstler der Miniaturmalerei an seinen Hof zu ziehen, die am Mogulhof ja Tradition hatte. Als dann im späteren 17. Jh. der rigide, kunstfeindliche *Aurangzeb* herrschte, suchten umso mehr Künstler Beschäftigung an den Rajputen-Höfen und die Kishangarh-Schule blühte auf.

Roopangarh ist ein Fort und Dorf 25 km nördlich von Kishangarh, es war die Hauptstadt des kleinen Fürstentums und wurde 1649 gebaut. Das Fort war ein Platz voller handwerklicher Aktivität, denn es enthielt Erzgießereien, Schmiede, Kornspeicher und natürlich auch Paläste.

Reisepraktische Informationen zu Kishangarh

Unterkunft

Phool Mahal Palace, *€€€, Kishangarh, ☏ 01463-247405, 01463-247505, www.royalkishangarh.com. Das einzige Heritage-Hotel in Kishangarh, 1870 erbaut, 1905 verändert – und seither nicht mehr. Markante Kuppel, attraktive Veranda-Umbauung der seeseitigen Fassade, mit Arkaden überdacht. Restaurant, Swimmingpool, Bibliothek und Yoga.*
Roopangarh Fort, *€€€€, Roopangarh, District Ajmer, ☏ 01497-220444, 01497-220217, www.royalkishangarh.com. Restaurant, Tennis, Safaris im Kamelsitz oder auf dem Pferdesattel.*

Exkursion: Tilonia

The Barefoot College, etwa 10 km östlich, Abzweig von der NH 8 bei Patan. Besuch im Zentrum des **Barefoot College**, einer „Non Government Organization", die *Anna* und *Bunker Roy* 1972 gründeten. Ziel ist es, den Menschen auf dem Lande Lösungen für ihre Probleme finden zu helfen. Zum Beispiel bei Wassermangel, Ausbildung für Mädchen und junge Frauen, Gesundheitsvorsorge, Arbeitslosigkeit. Auch Sonnenenergie ist ein Hauptthema, auch afrikanische Frauen kamen, um die Technik zu lernen. Der Campus bei Tilonia, fast eine kleine Stadt, bietet Lehrerausbildung, Laboratorien zur Wasserprüfung und eine Bibliothek – und Touristen sind eingeladen, die Arbeitsfelder und Programme kennenzulernen oder auch selber zu helfen. Unterkunft wird geboten. Alles, was hier gebaut wurde, haben Barefoot-Architekten entworfen. Klar, dass es auch einen Handicraft-Laden gibt, mit Textilien, Schuhen, Möbeln etc., die selbst produziert wurden. Eine Spezialität ist das Kinderparlament, mit Abgeordneten aus den Dörfern im Umkreis. Zwanzig Barefoot-„Filialen" gibt es in Indien, vom Süden bis an den Himalaya.
Barefoot College: *geöffnet tgl. 9–17 Uhr, www.barefootcollege.org.*

Kuchaman Fort

Nur etwa eine Stunde nördlich von Roopangarh und nah der nordöstlichen Spitze des **Sambhar Salt Lake** erstreckt sich auf einem Höhenrücken das uralte **Fort Kuchaman**. Eine doppelte Schlüsselstellung hatte es wegen der nah verlaufenden alten Karawanenstraße nach Zentralasien und wegen des Sambhar-Sees – daraus wurde schon in frühen Zeiten und wird auch heute Salz gewonnen. 32 Bastionen und zehn

Weiter Ausblick vom Fort Kuchaman

Tore bilden den schützenden Ring um das Kuchaman Fort, schon um 760 wurde es erbaut. Trotzdem kam es zu mehreren gewaltsamen Besitzerwechseln.

Scheinbar uneinnehmbar

Die hohen Mauern an den Steilwänden des Aravalli-Hügelkamms sehen heute noch unbezwingbar aus. Die Eroberer müssen mit extremer Entschlossenheit gekämpft haben. Mehrmals wechselten im Mittelalter die Besitzer, bis sich im 14. Jh. die *Rathores* von Jodhpur auf Kuchaman festsetzten – und bis vor kurzem ihre Herrschaft behielten. Auf sie gehen die meisten Bauten im Areal des Forts zurück, sie sorgten mit Spiegeleinlagen an den Wänden und mit Bilderschmuck auch für Palast-Atmosphäre. Angreifer konnten nicht einmal mit Wassermangel der Belagerten rechnen: Auf Kuchaman sind noch heute die **geräumigen Zisternen** im Fels zu besichtigen, **dazu unterirdische Geheimgänge**, Verliese und Verstecke. Außerdem gedenkt man auf dem Fort einer Rathore-Prinzessin, der frommen fürstlichen Dichterin **Mira Bai**, die hier lebte (s. nächste Seite: KASTEN). Die Tempel im Fort, *Maa Kaali* Mandir und *Krishna* Mandir, bewahren Jahrtausende alte Götterbilder. Das **Krishna-Idol** im *Krishna Mandir* wird als ältestes auf 2.000 Jahre geschätzt.

Neuerdings hat Fort Kuchaman sich in ein Heritage-Hotel verwandelt. Mit erheblichem Aufwand wurde es von der Sariska Palace Group übernommen, die Restaurierung war im Frühsommer 2012 noch nicht abgeschlossen. Mietwagen bleiben nach dem zweiten Tor auf einem Parkplatz, dann geht es per Hotel-Jeep gleich zur Rezeption und zum Zimmer. Drunten breitet sich das große, fast schon städtische Dorf und Landschaftsweite aus.

info

Bhakti-Poesie auf Rajputen-Burgen, in Rajasthan-Dörfern: Mira Bai

Ihre Namen kennen in Europa nur Spezialisten der Literaturwissenschaft, doch die Neigung der Rajputen, Poeten und Literaten an ihre Höfe zu rufen, entspricht den Burgherren des europäischen Mittelalters, die französische Troubadoure und deutsche Minnesänger zu Gast hatten, von *Wolfram von Eschenbach* und *Walter von der Vogelweide* bis zum *Tannhäuser*. Auch **Kaiser Akbar** schätzte die Verseschmiede und Sänger. Unter vielen wurde **Dursa Adha** aus Marwar einer der berühmtesten und – heißt es – 111 Jahre alt. *Akbar* duldete sogar *Dursa Adhas* Loblieder auf Rajputen-Heroen wie den Mewar-Maharaja *Rana Pratap*, gegen den er doch erbittert Krieg führte.

Mira Bai, von deren Liedern manche bis heute lebendig blieben, hatte ein schwierigeres Leben. Vermutlich wurde sie 1498 geboren, in dem Dorf Kurdki, etwa 55 km von Jodhpur. Ihr Vater war ein jüngerer Sohn des Herrschers von Marwar. So wurde sie als Achtzehnjährige mit dem ältesten Sohn des Mewar-Herrschers *Rana Sanga* verheiratet. Weder ihren Vater noch ihren Gatten hat *Mira Bai* oft gesehen, sie waren auf Feldzügen unterwegs, und *Mira Bai* wuchs darum bei Großvater und Onkel auf. Schon nach wenigen Ehejahren starb ihr Gatte im Kampf.

Witwen hatten in der Hindu-Gesellschaft fast immer ein trauriges Leben im Abseits. Auch fürstliche Witwen fanden wenig Achtung. *Mira Bai* wendete sich der Bhakti-Bewegung zu, deren Anhänger in liebender Hingabe an die Hindu-Gottheiten lebten, sich aber auch den Sufi-Muslimen nahe fühlten, über die Grenzen der Konfessionen hinweg. *Mira Bai* verehrte den jugendlichen Hindu-Gott *Krishna* und wurde Bhakti-Dichterin. Ihre orthodox denkenden Verwandten verübelten ihr, dass sie öffentlich Bhakti-Strophen sang und tanzte. Noch heftiger wurde sie ausgegrenzt, als sie sich mit Wanderpredigern und Gurus traf. Ihr Vertrauen in *Krishna* war grenzenlos. Eines ihrer Lieder handelt davon, wie einer ihrer Schwager ihr einen Gifttrank und in einem Korb eine Giftschlange schickte – und wie *Krishna* den Trank für sie in Ambrosia und die Schlange in eine Girlande verwandelte.

Weil ihre Sprache und ihre poetischen Bilder einfach waren, werden ihre Lieder noch heute im Alltag gesungen, auf dem Lande und in der Stadt. Wie sie selbst endete, ist nicht bekannt – eine Überlieferung erzählt von einer Einladung zur Rückkehr an den Mewar-Hof, der die damals etwa 50-Jährige nicht gefolgt sei.

Reisepraktische Information zu Kuchaman

Unterkunft

Kuchaman Fort Hotel, *€€€€–€€€€€, Kuchaman City ☏ 01586-220882, mobil 09214230882. Delhi Reservation A–28 DDA Flats, Vasant Vihar, New Delhi, ☏ 011-42705271, mobil 09313353431. Heritage Hotel mit 45 Zimmern, zwei Swimmingpools, Restaurant Diwan-i-Khas mit multicuisine, Safaris.*

Das Mekka Indiens: Ajmer

Chai für durstige Pilgerkehlen

Die Pilger sind gegenüber den Touristen in starker Mehrheit, viele ekstatisch, wundergläubig. Das prägt **Ajmer**, die den Muslimen, aber auch vielen Hindus heilige Stadt.

Die Halbmillionen-Stadt liegt in einem von den Aravalli-Bergen geschützten Tal an der uralten Verbindungsstraße von Jaipur zum Süden (heute N 8). Hier ist das Grab des in der ganzen muslimischen Welt hochverehrten **Heiligen Khwaja Muin-ud-din-Chishti**, der seit dem Anfang des 13. Jh. hier wirkte und starb (1253). Er war ein wandernder *Sufi*, ein Mystiker, der den Weg zu Gott in innerer Einkehr und Entsagung predigte. Er kam aus Afghanistan und ließ sich nach langen Pilgerreisen in Ajmer nieder. Er predigte, die Wege aller Religionen zu Gott seien gleichwertig, Moscheen und Tempel dienten dem gleichen Gott. Das hatte starke Bedeutung für Indien, da es eine Brücke zwischen den beiden großen Glaubensrichtungen des Landes ermöglichte. Deswegen – und weil es Legenden seiner Wundertätigkeit gibt – wird er heute noch von Muslimen und Hindus verehrt in hingebungsvoller Anbetung.

Seinem Grab in der **Dargah Kwaja** schreibt man Wunderwirkung zu, schon die Mogulherrscher, allen voran *Akbar*, taten dies. **Sieben Pilgerreisen** nach Ajmer werden als gleichwertig einer *Hadsch* nach Mekka angesehen. Kein Wunder, dass die Gassen der uralten Stadt stets gedrängt voll sind, man fühlt sich in den Basaren wie im Nahen Osten.

Ajmer liegt auch etwa an der Westgrenze der Wüste Thar, nicht sehr weit vom geografischen Zentrum Rajasthans. Die Stadt ist eine frühe, nach der Überlieferung bis in die Jahrhunderte nach Christi Geburt zurückreichende strategische Gründung eines Rajputengeschlechts namens *Chauhan* (auch: *Chahamanas*). Seit dem 10. Jh. beherrschten sie von Ajmer aus das ganze östliche Rajasthan bis in den Punjab und noch bis Delhi. Doch Ajmer wurde 1193 Opfer des Eroberers *Muhammad von Ghor* und war in den folgenden Jahrhunderten im Wechsel Besitz der Rajputen-Staaten von Mewar und Marwar und der Moguln. Schließlich verkaufte der Marathenherrscher *Shivaji* die Stadt an die britische East India Company – diesen zentralen Platz wollten alle Mächtigen besitzen. Seit dem 12. Jh. ist Ajmer eine überwiegend muslimische Stadt, seine wichtigsten Gedenkstätten sind muslimisch.

Ajmer
nach Shastri Nagar
nach Pushkar
Ana Sagar Lake
Circular Road
Lohagaf Road
Savitri Girls College Road
nach Jaipur
Private Bus Stand
State Bus Stand
Jaipur Road
Railway Colony
Kutchery Road
Prithviraj Marg
Delhi Gate
nach Pushkar
Nalla Basar
Madar Gate
Clock Tower
Station Road
Diggi Basar
Kalsarganj
Nasirabad Rd.
zum Mayo-College
N
0 500 m
Sehenswertes
1 Agra Gate
2 Nalla Bazar
3 Dharga Khwaja Sahib (oder Dargah Sharif)
3b Adhai-din-ka-Jhonpra
4 Akbars Fort und Government Museum
5 Taragarh Fort
6 Soniji-ki-Nashiya Halle
7 Subash Bagh
8 Daulat Bagh
Unterkünfte
1 King Edward Memorial Rest House (KEM)
2 Tip-Top
3 Ajmeru
4 Jannat
5 Haveli Heritage Inn
6 Embassy
7 Mansingh Palace
Essen und Trinken
1 Madeena Hotel
2 Mango Masala
3 Silverleaf
4 Sheesh Mahal Rest.

Stadtrundgang

Zur Grundorientierung: Wer von Pushkar, also vom Nordwesten kommt, umfährt den künstlich angelegten See Ana Sagar südwärts und damit geradewegs auf das **Agra Gate (1)** zu. Dieses Stadttor erreicht ebenfalls leicht, wer von Nordosten, von Jaipur kommt, und zwar über die **Jaipur Road**, die exakt auf das **Agra Gate** zuführt. Von dort direkt südwärts auf den **Nalla Bazar (2)** zugehen – nach einer Rechtswendung bewegt man sich dann geradewegs durch den Nalla Bazar auf die **Dargah Khwaja Sahib (3)** (oder **Dargah Sharif**) zu. Der hohe Torbau am Eingang ist nicht zu übersehen. – Mehrere Wege führen zum Heiligtum, alternativ geht es vom Agra Gate auch über das **Delhi-Gate** und den **Dargah Bazar** zum Ziel.

Kommt man vom **Bahnhof**, beginnt man am besten am **Clock Tower** westlich des Bahnhofs. Da ist man schon im Basarviertel. Devotionalien und andere Dinge, die Pilger von der Reise heimbringen wollen, quellen aus den Auslagen der Läden. Nach etwa 300 m in Nordwestrichtung braucht man sich vom Strom der Menge nur durchs **Madar Gate** schieben lassen, durch den **Nalla Basar** nach Westen. Zwei Menschenströme sind es, die auf der breiten Straße aneinander vorbeistreben: Während die einen vom Grabbesuch eher gemächlich zurückkehren, streben die anderen voll innerer Bewegung oder halb betäubt vom Gedränge zwischen den Ladenfronten vorwärts – ganz klar, hier geht es direkt zum Heiligtum.

Von der **Dargah Khwaja**, der Grabstätte des Heiligen, sind dann andere Stätten, Moscheen, Tempel und das Museum meist auch zu Fuß zu erreichen.

Zum Grab der erwarteten Wunder

Nichts darf den Besucher überraschen, nicht Schreiende, am Boden Winselnde, nicht volltönend Singende oder laut vor sich hin Predigende, nicht solche, die sich den zausigen Bart raufen, andere, die stundenlang verharren, das Gesicht an eine Wand des Heiligtums gelehnt. Die Grabanlage ist groß, dominiert diesen Teil der Altstadt, durch umgebende Mauern führen Tore. Vom Nalla Basar aus geht man durchs **Nizam Gate**, spätestens hier wird man aufgefordert, seinen Kopf zu bedecken – auch die Männer. *Khadims* – Moscheenführer und -aufseher – bieten ihr Geleit und ihre Spendenbücher an.

Erhörte Gebete

Gleich hinter dem Tor steigen einige Stufen an zu der **Akbari Masjid,** der nach dem Mogulkaiser *Akbar* benannten grün-weißen Moschee, die heute zu einer Religionsschule umgestaltet ist – hier betete *Akbar* bei einer seiner alljährlichen Pilgerreisen um die Geburt eines Sohnes und Thronfolgers. Dieser kam zur Welt, wurde der berühmte Sultan *Jahangir* – und baute neben das nächste Tor, das **Nakkarkhana** (= Trommel-) Tor, eine eigene Moschee aus weißem Marmor, deren Schmuck eine eingelegte Inschrift quer über die Front und elf stattliche Bögen sind. Beträchtlich älter, aus dem 15. Jh., ist ein weiteres weißes Tor, **Buland Darwaza**.

Von *Akbar* berichtet die Überlieferung, er habe den Pilgerweg von Agra nach Ajmer immer wieder zu Fuß zurückgelegt. Vermutlich doch eine flotte Übertreibung, die Distanz beträgt über 400 km. Teilstrecken werden von Pilgern bis heute bewältigt, und die **Kos Minars**, die gemauerten Pfeiler oder Säulen, die in regelmäßigen Abständen den Pilgerweg markieren, kann man noch heute sehen.

Nizam Gate: Eingangstor zum muslimischen Heiligtum

Ein bis heute lebendiger Brauch verbindet sich mit den zwei riesigen, **mehr als mannshohen runden Kesseln** aus dunklem Metall, den **Degs**, an denen sich die Menge vorbeidrängt. In diesen Kesseln werden an allen Feiertagen große Mengen Reisbrei für bedürftige Pilger gekocht – dem Gebot des Koran gemäß, Armen zu helfen. Wohlhabende Muslims stiften Rupien für Reis, Ghee, Mandeln, Rosinen, Gewürze und Zucker, werfen Geldscheine in die leeren Kessel. Etwa 3.650 Kilogramm Reis werden für beide Kessel benötigt. Der Andrang zu diesen wohltätig-heiligen Speisen soll jedes Mal ungeheuer sein. Früher teilten Wächter in Schutzkleidung den klebrigen Brei aus, heute haben diese Leute Schöpfkellen an langen Stangen.

An gewöhnlichen Tagen wird in kleineren Gefäßen nahebei ein Gerstenbrei für Pilger als *tabarruk* – heilige Spende – verteilt. Jetzt steht man in der Pilgermenge vor dem eigentlichen Grabgebäude und rückt Schritt um Schritt mit den Pilgern voran. Die große Marmorkuppel ist von innen mit Blattgold verziert, das Grab ist umgeben von Silberplatten als Begrenzung. Das Beten, die emotionale Hingabe der Gläubigen erreicht ihren Höhepunkt: Hier werden die Wunder, die Erhörungen der Tausenden von inbrünstigen Bitten erwartet. An den silbernen Einfassungen der Grabstätte sind viele, viele Zettel angeheftet mit Bitten und Wünschen um Hilfe für Gesundheit, Familie und Beruf.

Bunter Trubel am Grab

Zu langem Verweilen im Gebet reicht die Zeit nicht, alle drängen vorwärts, Blumen und Rosenblätter der besonders gut duftenden Sorte, für die Ajmer bekannt ist, werden auf den seidenbedeckten Sarg geworfen. Frauen tragen die Blüten und Sargdecken (*chadars*) in Körben auf dem Kopf, das soll die Wirkung der Gaben erhöhen. Die kleinen Sargtücher werden später wieder fortgenommen und nochmals verkauft, sonst wäre der Heilige längst unter einer meterdicken Schicht von Decken begraben. Nach dem Hinausgehen hört man meist in einem Nebensaal (*Mehfil Khana*) des Heiligtums die hypnotisierenden Lobgesänge der *Qawali*-Sänger, Trommelbegleitung bringt sie und ihre Zuhörer in Trance (11–16 Uhr). Priester halten den Pilgern und Touristen die Spendenbücher entgegen und zeigen auf die Eintragungen, die sich mit stattlichen Rupienbeträgen hervortun.

Im inneren Hof sind andere Schreine versammelt, Töchter von *Shah Jahan*, Generale und Gouverneure, auch afghanische Weggefährten des Heiligen haben hier ihre

Ruhestätte. Die große Moschee, die **Jami Masjid** hinter der **Darga Khwaja Sahib** ist ein Bau *Shah Jahans*, 1628 in neun Jahren erbaut – ohne Kuppel, wohl um nicht mit der des *Khwaja Muin-du-din Chishti* zu konkurrieren.
Dargah Khwaja: *Öffnungszeiten: Der Moscheebereich ist rund um die Uhr zugänglich, jedoch das innere Heiligtum der Dargah von 5–15 und von 16–21.30 Uhr.*

Selbst das Altstadtgedränge erscheint dem Besucher nach dem Verlassen des Heiligtums luftig und erfrischend.

Architektur der geglückten Proportionen: Adhai-din-ka-Jhonpra

Vormuslimische Geschichte

Wenige Minuten Fußweg nach links (westwärts) kommt man – immer inmitten von buntem Leben – zur Ruine der **Adhai-din-ka-Jhonpra (3b)**, der Zweieinhalb-Tages-Hütte. Es war eine Moschee, die diesen seltsamen Namen bekam. Der soll sich – unwahrscheinlich genug! – auf einen Umbau beziehen, der in so kurzer Zeit gelang. Denn das Gebäude ist viel älter als die muslimische Geschichte von Ajmer, war vermutlich ursprünglich ein Jain-Tempel des 7. Jh., dann im 12. Jh. eine Sanskrit-Schule. Zur Zeit der muslimischen Herrschaft wurde es zur Moschee umgestaltet durch Hinzufügen von einer Mauer mit sieben Bögen und einer großen Koran-Kalligrafie an der Frontfassade. Säulen und schön gearbeitete Bauteile von Hindu- und Jainarchitektur aus abgerissenen Tempeln sind noch zu erkennen. Mit seinen 10 Kuppeln und 124 Säulen zählt es zu den besten Beispielen mittelalterlicher Muslim-Architektur – oder richtiger: religiöser Architektur – in Rajasthan.

Pilger mit weißen Käppchen im heiligen Bezirk Ajmers

Koran-Kalligrafie an der „Zwei-einhalb-Tages-Hütte"

Wieder zurück in Richtung Osten, bis zum Madar Gate, danach links (nach Norden) auf **Akbars Fort (4)** zu – oder zu dem großen Gebäude aus goldgelbem Sandstein, das von der einst viel größeren Anlage geblieben ist. Heute zeigt hier das **Government Museum** Prähistorisches, Miniaturmalerei und einige sehr schöne mittelalterliche Hindu-Skulpturen. Historisch ist eine diplomatische Begegnung des Jahres 1616: Hier empfing erstmals ein Mogulkaiser – es war *Jahangir*, *Akbars* Sohn – einen britischen Gesandten (*Sir Thomas Roe*). In diesem schlichten Palast residierte Sultan *Jahangir*, wenn er die **Dargah** besuchte. Der Brite hatte vier Jahre auf diese offizielle Audienz warten müssen, war *Jahangir* vergebens von Feldlager zu Feldlager nachgereist. Über die Jahrhunderte kann man nachfühlen, wie der Gesandte sich mit der Mogul-Arroganz konfrontiert fand und nur aufschauen konnte: „Hoch auf einer Galerie, mit einem Baldachin über ihm, thronte in barbarischer Pracht der Großmogul", hat er notiert.
Government Museum: *geöffnet Sa–Do 10–16.30 Uhr.*

Meist bleibt wenig Zeit für Ajmer, wenn man auf großer Rajasthan-Tour unterwegs ist. Vielleicht kommt man nicht zum **Taragarh Fort (5)** (= Stern-Fort) 300 m hoch über der Stadt hinauf. Es hat schon Jahrhunderte existiert, als es *Ajaipal Chauhan* um 1100 mit vier Meter starken Mauern nochmals vergrößern ließ. Im Jahr 1024 hatten die *Chauhans* sogar den Angriff des gefürchteten *Mahmuds von Ghazni* abwehren können. Der etwa drei Kilometer lange Aufstieg gibt etliche bezaubernde Vogelschau-Blicke auf die wachsende Stadt. Droben im Mauerring des ruinösen Forts hat sich eine muslimische Gemeinde dürftig einquartiert, um die Dargah eines hohen Würdenträgers am Hof *Muhammads von Gore*. *Mirad Sayid Hussein Khangsawar* wurde 1202 bei einem Rajputen-Angriff erschlagen, das Grabmal hatte er sich als oberster Chef der Steuereintreiber verdient. Fußmüden und Hitzeleidenden bieten sich für diese Exkursion Jeep-Fahrgelegenheiten vom Diggi Basar an (beim Plaza Cinema), zumindest die Wasserflasche nicht vergessen! Preis mit Warten des Fahrers und Rückfahrt umgerechnet etwa 10 €.

Ausblick auf Ajmer

Ein Wunderwerk, das man lebenslang nicht vergessen mag, ist nördlich des Agra Gate am Pritviraj Marg zu besuchen, einzig in ganz Indien! Ajmers **Soniji-ki-Nashiya Halle (6)** ist ausnahmsweise keine muslimische Sehenswürdigkeit, sondern um 1820 von einem reichen Diamantenhändler und Mitglied der Jain-Gemeinde gestiftet worden, zu dem dortigen Jain-Tempel („Jains": s. S. 77ff). Was da zwei Stockwerke hoch und hermetisch hinter Glaswänden bewahrt bei erstem Zusehen wie ein überdimensionaler Jahrmarktzauber anmutet, beeindruckt viele Besucher wohl vor allem

Goldenes Kosmos-Diorama der Jains: Soniji-ki-Nashiya-Halle

durch die Menge des verarbeiteten Feingolds. Tatsächlich jedoch ist es ein Abbild des Jain-Universums, stellt figurenüberreich die Mythen um den ersten Jain-Heiligen und Furtbereiter (*Tirthankara*) *Adinath* dar, eine selig vergoldete Welt von Elefanten, Schwänen, Musikanten und fliegenden Wunderfiguren. Wir freuten uns über ein Chef d'oeuvre naiver Kunst, geschaffen aus dem Geist des kosmischen Universalismus.

Soniji-ki-Nashiya Halle: geöffnet *tgl., im Sommer 8–18 Uhr, im Winter 8.30–17.30 Uhr.*

Erholung nach soviel Begegnungen mit Göttern, Pilgern, Heiligen? **Subash Bagh (7)**, der Park östlich vom **Ana Sagar**, dem künstlichen See, angelegt im 12. Jh., kann ein Ruheplatz sein. Allerdings ist der See nach längeren Dürreperioden weithin ausgetrocknet, ist oft nur noch ein trüber Teich. Die sorgsam renovierten **Baradaris** (= Marmorpavillons) im anschließenden **Daulat Bagh (8)** stehen dann traurig über dem Sand. Erbaut wurden sie im Auftrag *Shah Jahans*, nach dem Muster des Diwan-i-Am im **Roten Fort** in Delhi.

info

„Prinzen zu Gentlemen!"

Ajmers Doppelrolle als strategisch wichtige Festung und Ziel unzählbarer Pilger zog auch die Mogulherrscher samt ihren Familien an. Das alles gab der Stadt Exklusivität. Spätestens mit der erwähnten Audienz *Sir Thomas Roes* bei *Jahangir* erwachte auch das britische Interesse an Ajmer. Mit wachsendem Einfluss und wachsender Macht setzten sie ihren Anspruch auf Ajmer durch. Nur 50.000 Rupien soll der Preis betragen haben, den die Briten 1818 an die damals herrschenden Marathen für Ajmer zahlten.

Hatten Militär und Religiosität bis dahin Ajmers Geschichte geprägt, machten die Briten Ajmer im 19. Jh. zu einem Bildungszentrum. Wenn man mit einem älteren Mitglied des rajputanischen Adels das Gespräch auf Ajmer bringt, so weckt man meist Jugenderinnerungen: In Ajmer ließ das **Mayo College** (außerhalb der Karte) den jungen Adeligen britische Erziehung zuteilwerden, machte „Prinzen zu Gentlemen". Standesgemäß reiste damals ein hochgeborener Maharaja auf dem Rücken eines Elefanten an.

Heute wird die hoch angesehene Privatschule auch von gewöhnlichen Sterblichen, ohne Elefant, besucht. Die „Junioren" besuchen die Klassen 4–6, die „Senioren" die Klassen 7–12. *„Excellence"*, geistig und physisch, heißt jetzt das

info

Erziehungsziel, vorzügliche Schulnoten sind schon von den Neunjährigen mitzubringen. Bis 1988 war das „*Eaton of the East*" ausschließlich für Jungen bestimmt, jetzt gibt es auch ein Mayo-College für Mädchen.

Wer Indiens international wohl bekannteste Schule sehen möchte: Das Mayo College liegt etwa vier Kilometer außerhalb des Zentrums im Südosten, über die Nasirabad Road zu erreichen. Das Schulgelände ist groß, fast anderthalb Quadratkilometer, an die 70 Gebäude. Das Zentrum ist schlossartig im indo-sarazenischen Stil gebaut, mit hohem Turm und übergroßem Portal imponierend. Den Namen hat das Mayo College von seinem Gründer, dem irischen Adligen *Richard Southwell Bourke Mayo* (1822–72), der 1868 Vizekönig von Indien wurde.
Mayo College: *Srinagar Road, Ajmer 305008, ☏ 0145-2661697, www.mayocollege.com. Für Interessenten: „Write to Principal!"*

Makabrer Hintergrund: Die offizielle Eröffnung erlebte der *Earl of Mayo* nicht mehr, 1872 wurde der Bildungsförderer bei einer Inspektion der britischen Haftanstalt von Port Blair auf den Andamanen-Inseln von einem der Inhaftierten ermordet, erst fünfzigjährig. Die spezielle Haftanstalt perfektionierte man in den folgenden Jahren dann zu einem frühen Guantanamo. Die britische Kolonialmacht verfrachtete Inder, die gegen den Kolonialismus aufmuckten, aus allen Teilen des Subkontinents in die engen Zellen auf diese entlegene Insel, wo sie von ihren Familien total getrennt waren (heute: **Cell Jail National Monument**).

Reisepraktische Informationen zu Ajmer

Ankunft und Auskunft

Tourist Office, **Rajasthan Tourism Reception Center**, *im RTDC-Hotel Khadim, nahe beim Bus-Stand, ☏ 0145-2627426. Eine zweite „RTDC Tourist Information" erwartet Ajmer-Gäste am Bahnhof.*
Beide Büros geben Auskunft über das „Paying Guest House Programm": Touristen wohnen bei einer Familie zu festgesetzter Gebühr, mit oder ohne gemeinsame Mahlzeiten. Der **District Ajmer** *gehört zur Region Merwara.*

Internet

Satguru, *gleichfalls beim „Haveli Heritage Hotel" an der Kutchery Road, von 8–20 Uhr, sowie am Sardar Patel Marg Nr. 10, der Jaipur Road benachbart, von 11–21 Uhr.*

Unterkunft

Ajmer ist keine Hotelstadt wie Jaipur, trotz der vielen Pilger. Doch in den letzten Jahren hat sich die Auswahl deutlich vergrößert. Mehrere akzeptable Hotels bieten Räume ganz unterschiedlicher Qualität und Preislage an – also in der Regel erst ein Blick ins angebotene Zimmer werfen, bevor man die Anmeldung unterschreibt!

King Edward Memorial Rest House (KEM) (**1**), *€–€€, Station Road, ☏ 0145-2429936. Das bald hundertjährige Haus mit dem Namen des 1910 verstorbenen engli-*

schen Königs Edward VII. hat bessere Zeiten gesehen. Die Zimmer sind meist klein und düster, die Preise dem angemessen und der größere der beiden Innenhöfe angenehm grün. In der Nähe des Bahnhofs.

Tip-Top (2), *€–€€€, Cinema Road, ☏ 0145-5100241 oder -1241. Günstig für Bahnreisende und Indienfahrer, die gern mitten im Basarviertel wohnen, hier im Diggi-Basar.*

Ajmeru (3), *€–€€€, Nebenstraße des Prithviraj Marg, beim Khailand Market und Kotwali Gate, ☏ 0145-2431103, 0145-3293500, www.hotelajmeru.com. Noch neu, gut gehalten, sein Geld wert.*

Jannat (4), *€–€€€, Dargah Bazar, Ajmer 305004, ☏ 0145-2432494, 0145-2430108, 0145-5100773, 0145-5100774, www.ajmerhoteljannat.com, nicht weit vom Nizam Gate, wohl das beste Haus so nah an der berühmten Dargah. Entsprechend viele Pilger-Gäste, vor allem vor und am Freitag. Einige AC-Räume.*

Haveli Heritage Inn (5), *€–€€€, Kutchery Road, Phul Nawas, ☏ 0145-2621607, 0145-3202929, mobil 09197849 11591, www.haveliheritageinn.com. Keine Haveli-Pracht, wenn auch um 1870 erbaut, mit ruhigem Innenhof. Sehr freundliche Familie, gelobte Küche!*

Embassy (6), *€–€€, Jaipur Road, ☏ 0145-2425519, www.hotelembassyajmer.com. Einfaches Drei-Sterne-Hotel, teils dunkle, kleine Zimmer, aber auch eine bezahlbare „Royal Suite".*

Mansingh Palace (7), *€€€€, Vaishali Nagar (nahe dem Ana Sagar), ☏ 0145-2425702, 0145-2425855, www.mansinghhotels.com. Abseits vom Stadtgedränge, seit Jahrzehnten bewährt, die anspruchsvollste Adresse der Stadt.*

Essen und Trinken

Madeena Hotel (1), *€, Station Road. Von Muslimen betrieben, sehr empfohlene veg. Gerichte, frisches Gebäck aus dem Tandoori.*

Mango Masala (2), *€, Sardar Patel Marg. Veg-Burger und viel mehr: Pizza und Eiscreme, Salate und Thalis.*

Silverleaf (3), *€–€€, vegetarische indische und chinesische Küche, ruhige Atmosphäre. Im Embassy-Hotel, s. „Unterkunft".*

Sheesh Mahal Restaurant (4), *€€, Rajasthani-, Mughlai- und auch chinesische sowie internationale Küche. Musikalisch begleitet, auch Bar vorhanden. Im Mansingh Palace, s. „Unterkunft".*

Fest

Urs Mela *(auch „Urs Ajmer Sharif"), größtes religiöses Fest in Ajmers Jahreslauf, zu Ehren des Sufi-Weisen Khwaja Muin-du-din Chishti. Gefeiert wird am Tage seines Todes (im Jahr 1235), aber auch schon die Tage davor und noch danach. Im islamischen Kalender ist dieser Tag der sechste im Monat Rajab (etwa der 29. Juni 2009, der 19. Juni 2010). Gläubige reisen aus ganz Indien und aus den Nachbarstaaten an. Aus den riesenhaften Kesseln nah dem Eingang zur Dargarh wird allen, auch ausländischen Besuchern, Speisung angeboten, meist mit Reis. Religiöse Musik erklingt fast ununterbrochen. Auch nachts finden religiöse Versammlungen im Dargarh-Areal statt.*

Einkaufen

Überall in der Altstadt wird zum Kaufen eingeladen. Spezialitäten sind Artikel aus Kamelhaut, am Ort gefertigter Silberschmuck, auch tie-and-dye-Textilien Eine Buchhandlung „Bookland" findet sich in der Kutchery Road, gegenüber dem „Haveli Heritage Inn".

Verkehrsmittel / Verkehrsverbindungen

Nächster **Flughafen** *ist Jaipur (ca. 130 km über Kishangarh).*
Zahlreiche Bahnverbindungen zu vielen Orten in Rajasthan. Empfehlenswert für die Verbindung mit New Delhi und Jaipur ist der **Shatabdi Express**. *Ajmers Railway Station liegt zentral in der Stadt.*

Dagegen ist der **Bus Stand** *der Staatlichen Busse etwa zwei Kilometer nördlich an der Jaipur Road zu finden. Die Busse nach Pushkar (dort kein Bahnhof) verkehren vom Prithviraj Marg, nahe beim Jain-Tempel. Die Fahrt dauert ungefähr 30 Minuten, die Straße führt durch schroffes Gebirge über einen kleinen Pass, eingezwängt von Felswänden, die sich plötzlich zur Pushkar-Ebene hin öffnen. Viele fühlen sich im kleineren Ort Pushkar wohler als in der Großstadt Ajmer. Dauernd wegen „Puja“ (s. S. 192) angemacht zu werden, nimmt man da auf sich...*

Pushkar – an Brahmas See, der die Seelen reinigt

Der Schöpfergott *Brahma*, unter Indiens Hauptgöttern an dritter Stelle, ließ hier eine Lotusblüte fallen – und es entstand ein See, der seit Jahrtausenden umgeben ist von den Badetreppen der zahlreichen Pilger und von vielen Tempeln, die weiß in der Sonne leuchten. Der berühmteste von ihnen ist *Brahma* gewidmet.

Pushkars heiliger See

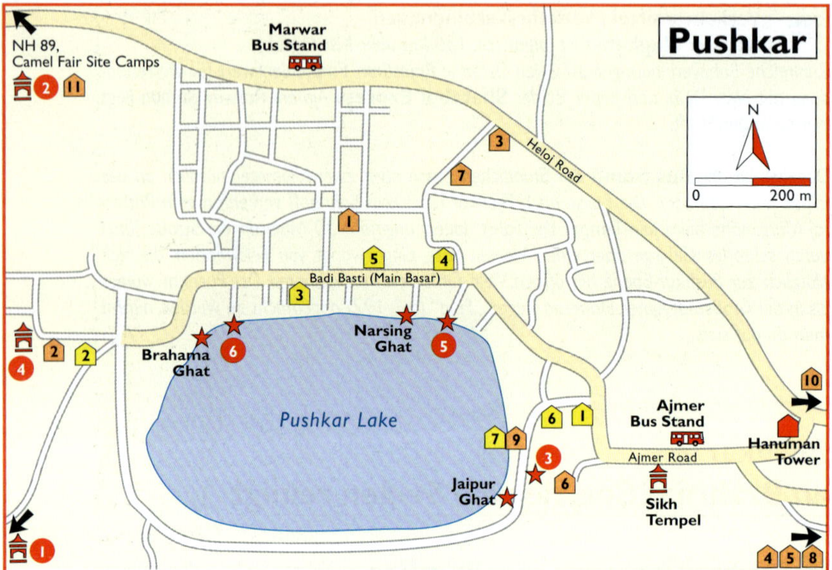

Sehenswertes
1 Savitri-Tempel
2 Gayitri-Tempel
3 Sunset Point
4 Brahma-Tempel
5 Varaha Ghat
6 Gau Ghat

Unterkünfte
1 Amar
2 Navratan Palace
3 Raghav Resort
4 Hotel New Park
5 Ratan Haveli
6 RTDC Hotel Sarovar
7 Inn Seventh Heaven
8 Master Paradise
9 Pushkar Palace
10 Jagat Palace
11 Pushkar Resorts

Essen und Trinken
1 Moondance Garden Restaurant
2 Rainbow Restaurant
3 Raju Terrace Garden Restaurant
4 The Third Eye
5 Sun-n-Moon
6 Om Buffet Restaurant
7 Prince Restaurant

Fremde werden auf Schritt und Tritt aufgefordert, *Puja* (= Opfer- und Reinigungsritual) zu begehen, zu Gebeten Rosenblätter in den See zu streuen und eine Geldspende zu überreichen, natürlich. Oftmals wird man von Brahmanen zur *Puja* aufgefordert, manchmal zu phantastisch überhöhten Preisen. Ein kleinerer Rupien- oder Euro-Schein ist aber auch willkommen, der heilige rote Faden ums Handgelenk, den man dafür erhält, schützt vor weiteren tausend Aufforderungen. Das Geld dient dem Erhalt der angeblich über 400 Tempel in Pushkar und der Brahmanen.

Utopische Zahlen?

Legende, urkundlich bezeugte Überlieferung und Augenschein mischen sich, doch wollen nicht stimmig zueinander passen. So wenig beweisbar die viele Jahrtausende währende Existenz des Pilgerorts ist, so unwahrscheinlich mutet die Zahl von vielen hundert Tempeln an. Mal ist von 300, mal von 400, auch mal von 500 die Rede, das könnten aber nur Mini-Tempelchen sein. Immerhin gibt es das Zeugnis des chinesischen Fernreisenden *Fa Hsien*, der hier bereits anfangs des 5. Jh. n.Chr. Scharen von

Bollywoodbunt für die Touristen

Hindu-Pilgern antraf. Und tatsächlich kommen alljährlich Abertausende zu dem weltweit größten Kamelmarkt, der **Pushkar Mela** westlich vom See, um Indien an einem seiner buntesten Plätze zu erleben.

Orientierung

Die Mitte ist der See, umgeben von 52 Ghats und fast rundum von dichter Bebauung. Nach Westen erreicht man rasch ein landwirtschaftlich genutztes Gelände, kann dort auch zu dem Ratnagiri-Hügel mit dem krönenden kleinen **Savitri Tempel (1)** aufsteigen. Nach Norden und Osten breitet sich die Bebauung des teils schon wüstenhaften Geländes von Jahr zu Jahr weiter aus – anders als vor einem Jahrzehnt ist nicht mehr jedes neue Hotel locker zu Fuß zu erreichen. Zu ersteigen ist auch der zweite alte Tempelhügel, nördlich vom See außerhalb der städtischen Bebauung gelegen und *Buddhas* Gattin **Gayitri (2)** geweiht. Doch finden deutlich weniger Besucher hierher – *Savitri*, bekannt als *Saraswati*, steht im Hindu-Kosmos in weitaus höherem Ansehen.

Beliebter Treffpunkt

Im Ort selbst ist der **„Sunset Point" (3)** samt „Sunset Cafe" am Südostufer des **Pushkar Lake** seit vielen Jahren der beliebteste Treffpunkt der Pushkar-Besucher aus aller Welt. Von dort lässt sich gegen den Uhrzeiger die Hauptverkehrsader der inneren Stadt erwandern. Sie führt – teils für Autoverkehr gesperrt – hinter der Uferbebauung um den See, im Norden als Main Basar, im Westen mit Abzweigung zum **Brahma-Tempel.** Noch weiter im Westen, abseits vom See und der Bebauung, breitet sich das Gelände des alljährlich im November veranstalteten **Kamelmarkts** (*Pushkar Mela*) aus.

Der Kamelmarkt war ursprünglich nur ein Randereignis des religiösen Festes **Kartika Purnima**, zum Vollmond des Monats *Kartika* (meist im November). Wer an diesem Tag im Pushkar-See badet, erlangt Befreiung von all seinen Sünden und damit auch vom Rad der Wiedergeburten. Bereits vier Tage vorher beginnen Fest-Riten an den Ghats und in den Tempeln.

info

Pushkar-Legende von der Ungeduld Brahmas

Warum gibt es in Indien unzählbare *Vishnu-* und *Shiva*-Tempel, aber nur sehr, sehr wenige Tempel für *Brahma*? Eine enttäuschte Ehefrau des Gottes *Brahma* soll mit einem wirksamen Fluch verhindert haben, dass dem Schöpfergott an anderen Orten als in Pushkar Tempel errichtet wurden. Diese Göttin *Sawitri*, eine Flussgöttin, nämlich erschien viel zu spät zu ihrem Hochzeitstermin mit *Brahma*, weil sie für das Schmücken und Ankleiden zu lange brauchte. Der ungeduldige *Brahma* hatte unterdessen kurzerhand eine junge Schafhirtin geheiratet, aus niedrigster Kaste, die zur Reinigung durch das Maul einer heiligen Kuh schlüpfen musste. Ihr Name **Gayitri** bedeutet diesen Vorgang. Die Ungeduld *Brahmas* hatte ihre religiöse Ursache: Ein Opferritual (*yagna*) musste bei der Eheschließung zu einem bestimmten astrologisch günstigen Zeitpunkt vollzogen werden. Schließlich heiratete *Brahma* die enttäuschte *Sawitri* auch noch, und als seine Gattin wurde sie zur **Saraswati** (der Göttin der Weisheit). Deren Tempel liegt, wunderbare Aussicht gewährend, auf dem hohen steilen Berg westlich des Sees, während der Tempel der *Gayitri* auf einem weniger hohen Hügel gebaut wurde. Um die Rangfolge der beiden Göttinnen zu beachten, besuchen Pilger immer zuerst *Sawitri* und dann *Gayitri*.

Erinnern Besucher aus der westlichen, abendländischen Welt sich in der Stille der Höhentempel an diese *Brahma*-Legende, mögen ihnen die erotischen Eskapaden in dem antik-griechischen Götterolymp einfallen. *Brahma*, der Schöpfergott, ist viel älter als Zeus, im Hinduismus auch älter als *Vishnu* und *Shiva*, die nun schon seit langem mehr als *Brahma* verehrt werden. Doch gibt es wohl nicht nur eine indoeuropäische Sprachverwandtschaft, sondern auch verwandte Götterbilder.

Außer Brahmanen und schlichten Pilgern aller Klassen und Kasten – denn jeder Hindu sollte wenigstens einmal im Leben hierher kommen – gibt es jede Menge Touristen in Pushkar, die sich an dem wunderschönen Ort erfreuen, am glitzernden See mit seinen Ghats, den breiten Ufertreppen und an den vielen weißen Tempeln, die sich im Wasser spiegeln. Andächtig werden Pilger und Touristen bei Sonnenuntergängen und -aufgängen und bei der melodischen Musik, die fast immer über dem Wasser schwebt.

Das Pushkar-Gefühl

Viele Rucksacktouristen finden sich ein, darum gibt es entsprechende preiswerte Quartiere für sie. Mit den Jahren wurden auch komfortable moderne Hotels für betuchte Gäste eingerichtet. Allgemein herrscht am und um den See eine freundliche, aufgeschlossene Atmosphäre des Begegnens, Erzählens und Betrachtens. Die **Ghats** sind auch für Nicht-Hindus zugänglich, in angemessener Weise – hier wird nicht fotografiert, nicht geraucht, und man legt die Schuhe ab. Angemessene und nicht zu knappe Kleidung gilt für Pushkar insgesamt. Auch kein Knutschen in der Öffentlichkeit!

Im Trubel der heiligen Stadt ein ruhiger Blick

Lebhaft bis drangvoll überlaufen geht es vom Vormittag bis in die Nacht auf dem Hauptbasar zu, der sich als Läden-Doppelzeile über einen Kilometer lang hinzieht, abseits vom Ufer (offiziell autofrei, aber knatternde Zweiräder nehmen sich das Recht der freien Fahrt). Da gibt es alles, was der Besucher begehrt, von Om Shanti-T-Shirts bis zu Digitalkameras, viel Buntes und Billiges, auch Second-hand-Bücherhöhlen, Wände voller CDs und **massenhaft Souvenirkitsch** – nicht anders als an anderen Pilgerzentren von weltweitem Ruf auch. Trotz solcher merkantiler Überfülle strahlt Pushkar noch immer **seinen eigenen Charme** aus, mit seinen schmalen Seitengassen, winzigen Cafés und vielen Imbissstuben und Restaurants zu ebener Erde und im ersten Stock – und mit den immer neuen Ausblicken auf den See, man braucht ja nur ein paar Schritte vom Basar zum nächsten Ghat.

Die Pushkar-Einwohner, in der Saison von Oktober bis März eine Minderheit gegenüber den Touristen, sind natürlich findig genug, sich **allerlei Angebote** einfallen zu lassen, um die Gäste länger in ihrer Stadt zu halten. Yoga-Lehrer verheißen ein neues Lebensgefühl, Ayurveda-Behandlungen und andere Massagen, gern mit Rosenöl, neue Körperfrische, Safaris das Erlebnis der Wüstenweite. Alkohol und Fleischgenuss, auch Eier unterliegen im Umkreis von fünf Kilometern strengem Verbot, die im Alltag nicht gerade vorherrschende Heiligkeit des Ortes verlangt zumindest die Beschränkung auf vegetarische Nahrung. Doch soll Hochprozentiges noch immer seinen Weg gefunden haben. In Maßen genossen ist es auch bekömmlicher als manches *Special-Bangh-Lassie*, ein Yoghurt-Getränk, das unerfahrenen Touristen kuriose Visionen und kritische Bewusstseins-Absencen bescheren kann.

Pushkars Tempel und Ghats

Sehenswert sind mehrere Pushkar-Tempel, sie sind allerdings fast sämtlich nicht sehr alt, sondern allenfalls auf uralten Mauern neu aufgebaut, nachdem der Mogulkaiser *Aurangzeb* die Zerstörung der Hindu-Tempel befohlen hatte. So ist der berühmte

Brahma-Tempel (4) in seiner heutigen Gestalt erst 1809 erbaut worden, finanziert von einem Minister des Fürstenstaats Gwalior. Reizvoll sind die erhöhte Lage, deutlich über dem See-Niveau, die Farbigkeit der Architektur und das Baumgrün in der Tempelanlage. Eine silberne Schildkröte am Eingang, der Schwan – das „Reittier"-Symbol *Brahmas* – über dem Eingang und das vierköpfige Götterbild *Brahmas* ziehen die touristischen Besucher wie die Menge der Pilger an.

Weitere Tempel

Andere große Tempel sind der Mahadev-Tempel (12. Jh.) und der Aptaneshwar-Tempel östlich vom See, der Varaha-Tempel nordöstlich und der Rangji-Tempel nördlich gelegen – meist als **Stiftungen auswärtiger Maharajas** erbaut; der Ort Pushkar hätte so viele Bauten nicht schaffen können. Der Aptaneshwar-Tempel bewahrt unterirdisch ein *Lingam*, der Varaha-Tempel ist ein *Vishnu*-Heiligtum (s. u. „Varaha Ghat"), der Rangji-Tempel wird von einer tamilischen Sekte unterhalten, ist allerdings nur für Hindus zugänglich.

Auch die Ghats sind großenteils von Maharajas und anderen Rajputen angelegt worden, die regelmäßig nach Pushkar reisten. Die Legenden reichen freilich in Urzeiten zurück: So gilt das im Nordosten des Sees gelegene **Varaha Ghat (5)** als der Platz, der von Gott *Vishnu* selbst besucht worden ist, in Gestalt eines Ebers (= *varaha*), eine seiner irdischen Inkarnationen. Historisch verlässlicher ist die Überlieferung am **Gau Ghat (6)** im Nordwesten, an dem Asche von den gestorbenen Großen der frühen Jahre indischer Unabhängigkeit in den Pushkar Lake gestreut wurde: *Mahatma Gandhis*, *Jawarharlal Nehrus* und *Shri Lal Bahadur Shastris* (*Shastri* folgte *Nehru* als Premierminister und starb während der Konferenz von Taschkent, die den indisch-pakistanischen Krieg von 1965–66 beendete).

info

Doppelfest im Oktober/November

Zur Zeit des November-Vollmonds (**Kartika Purnima**) wird Pushkar zum Schauplatz des großen religiösen Festes gleichen Namens und zugleich auch Schauplatz des **Pushkar Fair**, der größten **Mela** (= Markt) Rajasthans. Zu den Pilgern versammeln sich viele tausend Tiere, viele tausend Touristen. Die durchschnittliche Zahl über Jahre hin mag bei schätzungsweise 150.000 liegen: Bauern, die als Händler auftreten, und Touristen, die schauen und erleben, fotografieren und filmen wollen.

Die Marktfläche ist die unbebaute Ebene westlich des Sees, aber alles drängt sich natürlich auch zu den Ghats, den Tempeln und zum Basar. Die Hirten und Bauern sind meist mit Freude dabei, denn das Fest bedeutet eine Reihe ungebundener Tage. Alle, besonders die Frauen, tragen schöne Kleider. Auch die Tiere werden phantasievoll geschmückt, die Kamele mit silbernen Glocken und Perlen, mit prächtigem Zaumzeug und Sätteln, bunt auch die Pferde. Dazu treten Zauberer, Musiker und Akrobaten auf, Wettkämpfe werden ausgetragen.

Die Hotels sind voll belegt, aber **Zeltstädte** werden bereitgestellt (verschiedener Komfort-Kategorien, auch mit fließendem Wasser, nahe am Marktgeschehen). Es wird empfohlen, schon zu Anfang der fünftägigen Festwoche zu kommen, dann ist der Markt besonders interessant. Nachts flackern und leuchten Holzfeuer, es gibt Musik und Tanz bis spät.

Hoffentlich wird Rajasthan jedes Jahr mit gutem Monsunregen gesegnet, bei Trockenheit ist auch der Pushkar Lake vermindert, legt sandig schwärzliche Uferstreifen frei.

Reisepraktische Informationen zu Pushkar

Ankunft und Auskunft

Kein Bahnhof (nächster in Ajmer), darum kommt man mit dem Wagen, ob privat gemietet oder per Bus nach Pushkar. Und zwar entweder zum **Ajmer Bus Stand** *östlich außerhalb der Altstadt (tägliche private Busverbindungen mit Jaipur über Ajmer) oder zum* **Marwar Bus Stand** *im Norden der Stadt – von Jodhpur und Bikaner her, aber auch aus Delhi (400 km) und Jaipur (154 km), lassen Sie sich nicht von dem Namen „Marwar" irritieren! Threewheelers für die Fahrt zum Hotel fehlten bislang in Pushkar, am „Ajmer Bus Stand" kann man notfalls ein Fahrrad mieten. Helfer mit Handkarren oder das Taxi schaffen Gepäck zur Unterkunft. Pushkar ist Fußgänger-Gelände...*

Tourist Office, *innerhalb des Areals vom RTDC Hotel Sarovar, westlich vom Ajmer Bus Stand (etwa 10 Min. Fußweg), ☏ 0145-2772040, sehr hilfsbereit.*

Internet

Etliche Internet-Stationen längs des Main Basars. Empfohlen: „KK Internet" beim Rangnath-Tempel (auch „Old Rangji" genannt), tgl. 11–15 und 17–23 Uhr.

Unterkunft

Die Auswahl ist groß, neuerdings gibt es auch mehr und mehr Hotels und Resorts außerhalb der Stadt, in freier (Wüsten-)Landschaft, teils mit Garten-Oasen. Reizvolle Alternativen zum Wohnen direkt oder nah am See für jeden, der einen ruhigen Platz sucht. Denn um den Main Basar geht es auch in der Nacht noch oft laut zu. – Wer zum jährlichen Hauptereignis anreisen möchte, zur **Pushkar Mela**, *reserviert zeitig im Voraus und möglichst schriftlich: Der Andrang ist enorm, und die Preise werden heraufgesetzt – oft verdoppelt, verdreifacht, vervierfacht.*

Amar *(**1**), €, Holika Chowk (westlich vom Rangnath-Tempel, auch Zugang vom Main Basar), ☏ 0145-5105336. 20 Zimmer um Innenhof-Garten, sympathische Gastgeber, auch während der Pushkar Mela keine Mondpreise!*
Navratan Palace *(**2**), €, nahe beim Brahma-Tempel, ☏ 0145-2772145. Noch neue, fleckenlos nüchterne Zimmer, gepflegter Garten und attraktiver Pool.*
Raghav Resort *(**3**), €–€€, Heloy Road, Panday Nursery Farm, ☏ 0145-2772207, www.lakeviewpushkar.com (gleicher Eigner wie das Lake View!). In sehr großem Garten, ruhig, an der nördlichen Stadtumfahrung, etwa 400 m östlich vom GPO.*

Hotel New Park (**4**), €€, Panchkund Road, ☏ 0145-772464, 🖷 0145-772199. Modernes Haus mit farbigen Akzenten von Handicraft-Objekten, ruhig mit Ausblicken aufs Gebirge, großem Swimmingpool und Rosengarten, sehr freundlich und hervorragendes Preis-Leistungsverhältnis. 41 Zimmer, Balkons, Küche aus eigener Landwirtschaft, Internet.

Ratan Haveli (**5**), €€, Panchkund Road, beim Restaurant „Little Italy", ☏ 0145-2772642, mobil 9414300282, www.hotelratanhaveli.com. 14 Zimmer, obere Räume mit AC, angenehmes Rooftop mit gutem Ausblick, schattiger Restaurantbereich, Pizza und Pasta, 2006 eröffnet.

RTDC Hotel Sarovar (**6**), €€, ehemals Jaipurs Maharaja-Sommerpalast, direkt am See, nah beim Sunset-Point, ☏ 0145-2772040. 38 eher schlichte, aber meist geräumige Zimmer teils mit Ausblick, Terrassen. Die Pflege der Räume und der Service verbesserungsbedürftig, trotzdem gute Wahl!

Inn Seventh Heaven (**7**), €–€€€, Chhoti Basti, ☏ 0145-5105455, www.inn-seventh-heaven.com. Ehemaliges Haveli, im luftigen Oberstock und Dachbereich neu ausgebaut, Innenhof. Kleine und große Räume, alle individuell gestaltet.

Master Paradise (**8**), €€€–€€€€, Panchkund Road, Pushkar 305022, ☏ 0145-2773931, 0145-2772814, 0145-2773933, www.masterparadise.com. Moderner einstöckiger Bau (32 Zimmer) mit Garten, Innenhof, umlaufenden Arkaden, Swimmingpool, Jacuzzi. Zur Stadt etwa 15 Min. zu Fuß.

Pushkar Palace (**9**), €€€€, Pushkar 305022, direkt am See, ☏ 0145-2772001, 0145-2772401, 0145-2772953, 0145-2772954, www.hotelpushkarpalace.com. In New Delhi: ☏ 011-41768196. Heritage-Hotel aus dem 17. Jh., in opulenter Lage, leider durch mehrstöckigen modernen Zubau beeinträchtigt. 53 Zimmer und Suiten, viele mit Seeblick, Prince's Restaurant und Garden Lounge. Eigner: Kr. Jagat Singh Rathore of Khanpur.

Jagat Palace (**10**), €€€€, Ajmer Road, stadtnah, ☏ s. Pushkar Palace (9), www.hotelpushkarpalace.com. Sein stolzes Ziel, ein Hotel nach Heritage-Muster mit Teilen eines alten Forts zu errichten, hat Jagat Singh Rathore mit prunkender Architektur und passender Dekoration verwirklicht. Ungewöhnlich großer Pool.

Pushkar Resorts (**11**), €€€€, Motisar Road, Village Gandhera, ☏ 0145-2772944, www.pushkarresorts.com. Nordwestlich 5 km außerhalb der Stadt in weiträumigem Parkgelände, 40 Cottages in kleinen Gruppen, mit Restaurant (veg und non-veg, indische und europäische Spezialitäten), Bar (Alkohol hier erlaubt) und Swimmingpool. Taxi zum Ort umgerechnet etwa 2 €.

Essen und Trinken

Moondance Garden Restaurant (**1**), €€, gegenüber dem Vishnu-Tempel, ☏ 0145-2772606. Außer der vegetarischen indischen Küche auch „Pasta della Casa", z. B. Pilze mit Canelloni, und Pizza. Frühstück mit Porridge oder Müsli, Toast und Pfannkuchen. Garten mit Korb- oder Metallstühlen, Lichterspiele mit bunten Lämpchen, Musik vom Band.

Rainbow Restaurant (**2**), €, Sadar Bazar Road. Rooftop mit gutem Ausblick, abends bunte Lampen. Pasta, Eiscreme und mehr!

Raju Terrace Garden Restaurant (**3**), €, Main Bazar, ☏ 0145-5105119. Rooftop mit Aussicht auf den See, preisgünstig mit westlicher und indischer Küche.

The Third Eye (**4**), €, Main Basar, ☏ 0145-5105022. Traditionelle israelische Küche. 10–23 Uhr.

Sun-n-Moon (5), *€, Brahma Temple Road. Beachtlich gute italienische Küche, im Hof ein Bodi-Baum und Schildkröten. Frühstück mit Kakao.*
Om Buffet Restaurant (6), *€, im Om-Hotel, nahe Vishnu-Tempel an der Ajmer Road. Frühstück 7–12 Uhr, Lunch 13–17 Uhr, Dinner 18–23 Uhr. Menuwechsel täglich, indisch und westlich, auch „Eat as much as you can".*
Prince Restaurant (7), *€€, im Heritage-Hotel Pushkar Palace. Buffet-Mahlzeiten vom Frühstück über Lunch bis zum Dinner, schöne Lage direkt am See.*

Cafés

Honey and Spices, *€, Laxmi Market. Am Old Rangji Temple, ☎ 0145-5105505. Vier kleine Räume, Suppen und Salate, Tofu und Yoghurt, auf der Gesundheitslinie. Kaffee-Spezialität mit Ingwer und Zimt. 8–17.30 Uhr. Die Eigner Samir und Sarika Sapru hatten früher ein indisches Restaurant in Irland.*
Sunset Café, *€, am Jaipur Gate, mit bestem Ausblick auf den Pushkar Lake. Lasagne, Spaghetti, auch indische Gerichte. 7.30–Mitternacht.*

Feste

Pushkar Mela: *Hindu-Fest Kartika Purnima und weltweit größter Kamelmarkt. Rajasthans meistbesuchtes Fest, Oktober/November jeweils 5 Tage.*

Exkursionen

Fort Kharwa, *etwa 40 km südlich an der NH 8 Richtung Udaipur, ☎ 01462-265342 und 09414-003189. Der große Mogul Akbar übergab 1596 die Herrschaft Kharwas an einen Sohn des Rathore-Herrschers von Jodhpur – zum Dank für die Rettung vorm Ertrinken bei einem Feldzug. Die Familie, nun in der 17. Generation, hat den Palast bis auf einige Privaträume zur Besichtigung geöffnet, samt Waffen- und Jagdtrophäen-Sammlungen und historischen Fotografien. Keine Unterkunft! (Für Gruppen auch Mahlzeiten; künftig vielleicht Umwandlung der Burg in ein Heritage Hotel.)*

Merta, *etwa 63 km westlich. Der vor über 500 Jahren gegründete Ort ist nicht so sehr wegen seiner zwei Forts einen Besuch wert. Merta ist vor allem unter Verehrern der Dichterin Mira Bai bekannt. Die Rathore-Prinzessin (s. S. 181) hat hier mehrere Jahre gelebt, ihre lebensgroße Statue steht im* **Charbhujanath-Tempel** *und Szenen aus ihrem Leben schmücken die äußeren Galerien. Sogar ein Festspiel* **Meera Mahotsav** *findet im Juni/Juli statt. Nur eine Ruine blieb dagegen vom* **Palace of Meera**.

Einkaufen / Mieten

Silver Palace, *Choti Basti, nah dem Venus Hotel, ☎ 0145-5105260, silver palace2000@yahoo.com. Shankar und Dharm Prakash Soni kreieren schönen Schmuck.*
Silk Emporium, *Main Basar beim Gau Ghat, ☎ 0145-2772150, shivaexporters @yahoo.com. Große Auswahl an Seiden- und Baumwollstoffen, auch fertige Kleidung aus eigener Werkstatt.*
Ram Crafts, *Main Basar, beim Basar Post Office, ☎ 0145-2772890. Miniaturen nach den Vorbildern der Rajasthan-Schulen von Kishangarh und anderen.*
Motorcycle rental and repairs: Bhagwati, *gegenüber dem Ajmer Bus Stand, ☎ mobil 09829238180, krishparashar@yahoo.co.in. Umgerechnet 2–4 €/Tag.*
Bycicle Rental: **Malakar Bicycle Shop**, *beim Ajmer Bus Stand, ☎ 0145-2772888. Umgerechnet etwa 50 Cent/Tag.*

4. DER NORDEN

Prachtpalast aus alter Zeit, heute ein Hotel

Shekhawati – Bilderwände am Wüstenrand

Von manchen Orten und Landschaften bleibt das Bild der ersten Begegnung unauslöschbar vorm inneren Auge, noch nach Jahrzehnten.

Was für ein Land ist das?

Shekhawati ist eine ganz besondere, eine einzigartige Region von Rajasthan. Eine Region ohne die großen Sehenswürdigkeiten der Maharaja-Residenzen. Eine Randregion, erst neuerdings und auch jetzt nur partiell beteiligt am blühenden Rajasthan-Tourismus. Ein weiträumiges Flachland, das sich bis zum nördlichen Teil des Aravalli-Gebirgszugs hinzieht. Es wird zur Halbwüste gezählt, das bedeutet, Pflanzenwuchs ist möglich, aber spärlich. Dennoch wird überraschenderweise Ackerbau betrieben, hauptsächlich mit Hirse, Linsen, Gerste und Ölsaaten, auch Senf. Die Abhängigkeit der Bewässerung vom Monsunregen ist groß, die Felder sind klein. Noch immer sind Straßen oft nur schmale Asphaltbänder.

Man lernt hier bald ein Wort: **Marwari.** Das deutet auf das Land Marwar weiter im Westen Rajasthans, um Jodhpur. Von dort kamen früh mit ihren Karawanen die Kaufleute unterwegs zur Gangesebene und weiter nach Innerasien. **Marwari-Händler** nannte man sie, und sie wurden immer reicher. Im 19. Jh. ließen sie sich die bemalten palastartigen Häuser bauen, und zwar so viele, dass Shekhawati seither das Land der **Painted Cities** genannt wird. Übrigens gibt es auch **Marwari-Pferde**, sie werden hier gezüchtet.

Im Mittelalter waren die **Chauhans** von Ajmer die Herrscher, seit 1450 um Jhunjhunu die muslimischen *Nawabs* der *Khaimkani*-Dynastie. Mit ihnen konkurrierten die Rajputen. **Rao Shekha** (1433–1488), aus der Familie der *Kachhwaha*-Maharajas von Amber, machte sich im 15. Jh. unabhängig von ihnen. Lange Zeit koexistierten Muslime und Rajputen, die auch Heerführer in des großen Sul-

Shekhawati-Express auf Sandpiste

Redaktionstipps

➤ **Heritage Kultur**: Ein Palast, der vor sieben Jahren zum Hotel wurde: der „**Alsisar Palace**" (S. 222) im Norden Shekhawatis und die Erfahrung von weitem Raum und großer Ruhe.

➤ **Sport**: Lange beiseitegeschoben und verdrängt, jetzt von Pferde-Liebhabern und Züchtern wieder entdeckt: die **Marwari-Pferde** (S. 209), die mit ihrer Schnelligkeit und Kraft bald auf den Rennbahnen vorne liegen könnten.

➤ **Gesellschaft**: Die **Shekhawati-Bewohner**, vor allem die ländlichen, spielen im Poddar-Museum in Nawalgarh die Hauptrolle: Wie lebten und leben sie in der fordernden Wüstenlandschaft (S. 207)?

Im Land der bunten Bilderwände: Hauswand in Mandawa

tan *Akbars* Armee wurden. Erst 1730 starben die *Khaimkani-Nawabs* aus. Shekhawati war nun ganz Rajputen-Land, bot Raum für etliche kleinere Herrschaften mit stattlichen Forts und Palästen. Die Oberherrschaft scheint sich der Maharaja in Jaipur immer wieder gesichert zu haben. Heute rüsten auch im Shekhawati-Land die Adelsfamilien ihre Paläste auf Hotelbetrieb um, vor allem in den drei Distrikten Jhunjunu, Sikar und Churu.

Wirtschaft: Aufstieg und Wandel einer Kaufherren-Gesellschaft

Florierender Handel

Unter den Mogul-Sultanen nahm Ein- und Ausfuhr von Waren über die Häfen am Arabischen Meer zu, Waren, die besonders für den Hof in Agra und Delhi bestimmt waren. Da im 17. Jh. die Herrscher von Jaipur in ihrem Gebiet hohe Zölle erhoben, bevorzugten die Händler **eine Route nördlich dieses Gebietes**, auch wenn sie länger war: den Bogen durch die Halbwüste über die Orte des Shekhawati. Diese Händler gehörten der Kaste der *vaishyas* an (auch als *banyas* bekannt). Sie hatten gute Beziehungen zu den Rajputen, da sie, bald zu Geld gekommen, immer Kredite geben konnten – und ihrerseits den Schutz der Kriegerfürsten gern in Anspruch nahmen.

Denn der Karawanenhandel erwies sich als **sehr gewinnbringend**. Wolle, Baumwolle, Metallwaren, jede Art von Gütern des gehobenen Bedarfs wurden auf Kamelrücken und Ochsenkarren transportiert (Kamelkarren gibt es in Rajasthan erst seit der Mitte des 20. Jh.). Besonders schlaue Kaufleute, Organisationstalente von hohen Graden, siedelten sich auf Dauer an. Shekhawati begann zu „boomen".

Das währte allerdings nicht ewig. Das Mogulreich verlor im 18. Jh. an Durchsetzungskraft, zum Ende des Jahrhunderts gewann die britische **East Indian Company** politische und wirtschaftliche Macht über das Gebiet. Verarmte Adelige aus dem Shekhawati und zugewanderte Räuber machten den Karawanenhandel unsicher, die Briten setzten um 1830 eine Militärbrigade zum Schutz der Transporte ein. Noch mehr ins Gewicht fiel, dass die Bedeutung der Häfen am Arabischen Meer abnahm, der Haupthafen der Briten wurde Calcutta und, an zweiter Stelle, Surat an der Westküste.

Die berühmten **Marwari-Händlerfamilien** verlegten ihre Aktivitäten in diese neuen Hafenstädte, wo sie noch heute wirtschaftlich eine Rolle spielen. Sie behielten ihre Besitzungen im Shekhawati, ihre großen Häuser mit den weiträumigen Höfen, in denen bis weit ins 20. Jh. Teile der Familien noch wohnten.

Buntes Fantasiegebilde

Um diese Palasthäuser noch prächtiger zu machen, wohl auch, um der daheimgebliebenen Familie etwas große weite Welt vorzuführen, wurden im 19. bis zum 20. Jh. die **Fassaden**, oft auch das Innere, mit eindrucksvollen farbigen Bildern bemalt. Alles, was neu und absonderlich schien, zum Beispiel die technischen Errungenschaften der westlichen Welt, die manchmal den Malern nur vom Hörensagen bekannt waren, war Bildinhalt: Grammofone, Fahrräder, Automobile, Flugzeuge, Menschen in westlich modischer Kleidung und außerdem, unerschöpflich, der Legendenschatz der alten Götter und Glaubensinhalte, oft in kühner Kombination. So kommt es, dass *Krishna* im Rolls Royce fährt – und zu ähnlichen Zusammentreffen der alten und neuen Lebenswelten.

Je mehr sich die Bildungsmöglichkeiten in der zweiten Hälfte des 20. Jh. verbesserten, desto mehr drängte die nachwachsende junge Generation der reichen Familien in die Großstädte, in den Mittelpunkt des Geschäftslebens. Die Häuser sind häufig noch heute im Familienbesitz, aber oft nicht bewohnt und gepflegt, selbst solche, die mit vielem Komfort erst in den 1920er-Jahren erbaut wurden.

Die Fassaden- und Wandgemälde nehmen Schaden durch Wind und Wetter, auch durch Unachtsamkeit, wenn etwa Reklametafeln und Wahlpropaganda über die Szenen geklebt werden oder Träger für ein Wellblechvordach roh hineingesetzt sind. Es ist nur zu hoffen, dass die Mehrzahl der schönen Wandgemälde erhalten bleibt und restauriert wird. Der Tourismus wird gewiss dazu motivieren, könnte so anwachsen, dass Shekhawati – und nicht nur zwei oder drei Hauptorte! – sich aus seiner lange ertragenen Abseitslage befreite.

Doch gerade die Touristen sehen so manche bemalten Häuser dem Verfall preisgegeben, und sie sehen es mit Kritik. Die Eigentümer wohnen weit weg, heutige Bewohner sind arm, sie wissen oft nicht, dass sie hier kulturelle Tradition bewahren sollten. Kaum ein Schimmer der Erkenntnis, weder bei den einen noch bei den anderen, dass kulturelles Eigentum zum Erhalt verpflichtet. Gesetzlich sind die Eigentümer zu keiner Werterhaltung verpflichtet. Weder können sie mit Restaurierungskosten belastet noch bei Untätigkeit etwa enteignet werden. Und Besucher können ihre heimischen Maßstäbe nicht als allgemeingültig annehmen. Da droht die Abseitslage Shekhawatis sich eher zu vertiefen.

info

Eine Fahrt durch die Shekhawati-Landschaft

Abseits der Städte. Der Jeep fährt auf Sandstraßen, zunächst durch bewässertes Gebiet. Kleine Äcker sind mit dornigem Buschwerk eingezäunt, als Abgrenzung gegen weidende Ziegen. Manchmal begrenzt das Dornengesträuch auch einen Hof an einer Lehmhütte – zum Schutz des Kleinviehs gegen räuberische Hunde. Auch der Boden des Hofs ist aus gestampftem Lehm, sehr haltbar, da mit Kuhdung verknetet. Im nächsten Dorf stehen Häuser aus groben Steinen, deren Fugen mit Lehm geschlossen sind. Als Material wird hier verwendet, was der Boden der Umgebung hergibt. Aber ganz vereinzelt stehen schon schmucklose Betonmauern und Pfähle mit einer elektrischen Leitung.

Flache Landschaft, Sand. In der Monsunzeit ist hier alles voll Wasser, sagt der Fahrer des Jeeps. Einige Bäume stehen auf fast kahlen Flächen, Kamele fressen von den Zweigen. Es sind Khejri-Bäume, vielfach als Viehfutter, auch als Feuerholz genutzt, die Hülsenfrüchte werden zusammen mit kräftigen Gewürzen zu Knabberzeug verarbeitet. Der Weg ist überaus ungleichmäßig, holprig.

Auf einem unbestellten Grundstück stehen ärmliche Zelte aus dunklen Decken, aber auch aus Plastikplanen. Dazwischen Frauen in rotbunten Kleidern, Kinder mit zerzausten Haaren, offene Feuer, an denen Männer arbeiten. Es sind Nomaden,

Wasser und Feuerholz müssen täglich geholt werden

Gadia Lohars, die Eisenarbeiten ausführen, sie stammen ursprünglich aus Udaipur-Chittorgarh, der Legende nach zwingt sie ein altes Gelübde zum Umherziehen.

Am Weg zeigt man mir einen Neem-Baum. Das ist der Medizinbaum. Man erzählt mir, die Bauern nehmen die Blätter als Mittel gegen Zuckerkrankheit ein, auch bei Hautkrankheiten würden sie aufgelegt. Auf den Märkten der Städte werden dünne Zweige des Baums verkauft, die als „Zahnbürsten" dienen.

Ein Gewitter zieht auf, überraschend für die Jahreszeit, aber dennoch nicht allzu selten, starker Regen, der auf der trockenen Erde Bäche formt, aber kaum eindringt. Lodernde Blitze über der Landschaft. Herrlich verändern sich die Farben: Die Erde wird rötlich, die wenigen kahlen Bäume ragen schwarz, dazwischen tiefgrüne Felder und gelbgepunktete Senfäcker. Das dichte hochwachsende Steppengras – *Kutscha* – wirkt im Regen goldgelb.

Der Regen ist schnell vorbei, der Jeep nähert sich den Bergen. Vor der hohen Gebirgskette der Aravallis liegt noch eine niedrige – der Rand der Halbwüste. Hier ist offenbar das Gebiet der Affen. Braune Makaken und silbergraue Languren sitzen an der Straße, die breiter wird – eine Pilgerstraße zu einigen Tempeln im Gebirge.

Die Dörfer sind malerisch, meist unverbaut ursprünglich. Überraschend sind die kleinen Städte, deren Häuser von vergangenem Wohlstand zeugen.

Oft sieht man Brunnen in der Landschaft, die einen hohen Sockel und minarettartige Türme haben. Später haben wir solchen Brunnenaufbau ähnlich auch anderswo in Rajasthan gefunden. Ochsen, die immer wieder eine Rampe hinaufgeführt werden, halten ein Eimerwerk in Bewegung, das kontinuierlich Wasser schöpft – kostbar in einer wüstenhaften Region.

Rundfahrt durch Shekhawati

Auf Entdeckungsreise im Shekhawati kommt man in ein Gebiet, das auch heute noch nicht touristisch geglättet ist. Wenn man ein Auto gemietet hat, kann man die Rundfahrt auch unterbrechen und von einem Ort mit angenehmer Unterkunft zu mehreren Erkundungen aufbrechen. Auch für den Touristen, der mit dem Buslinienverkehr unterwegs sein möchte, gibt es ein relativ dichtes Netz. In **Jhunjhunu**, der Distrikthauptstadt, vermittelt das Tourist Reception Center verlässliche Führer. Die kleinen Städte und Forts liegen nicht weit auseinander, aber man sollte sich auch für eine Auswahl schon einige Tage Zeit nehmen, denn in den Orten sieht man mehr, wenn man zu Fuß geht.

Zum Start: Nawalgarh

Man kann die Rundfahrt in **Nawalgarh** beginnen, in der Stadt der 100 *Havelis*. Nawalgarh (rund 60.000 Einwohner) liegt zentral, ist von Jaipur aus schnell zu errei-

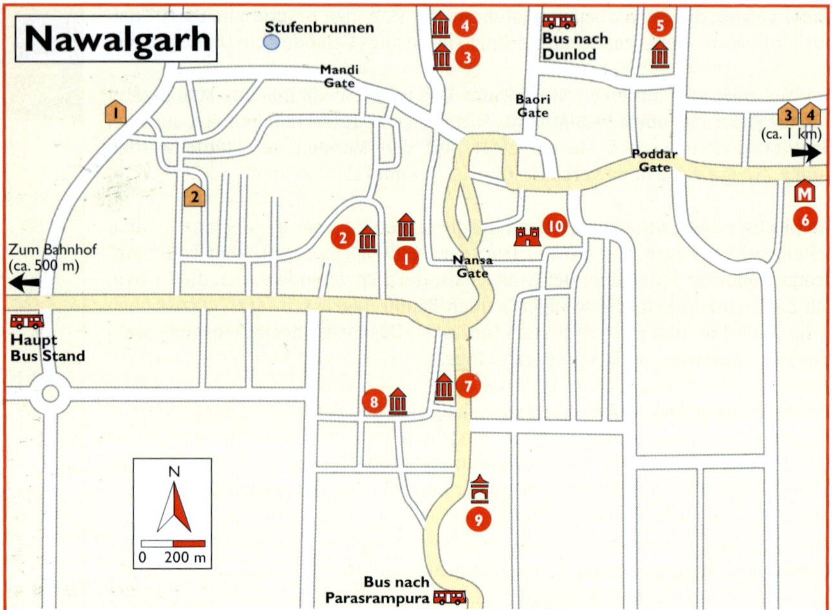

Sehenswertes
1 Aath Havelis
2 Kesardev Muraka Haveli
3 Khedwal Haveli
4 Hem Raj Kulwal Haveli
5 Baghton ki Choti Haveli
6 Poddar Haveli Museum im Anandi Lal Poddar Haveli
7 Parsurampura Haveli
8 Dharni Dhaka Haveli
9 Ganga Mai Tempel
10 Fort Bala Qila

Unterkünfte
1 Apani Dhani
2 Ramesh Jangid Tourist Pension
3 Shekhawati Guest House
4 Roop Niwas Palace

chen (etwa 150 km, von Delhi etwa 270 km), bietet Unterkunft mehrerer Preislagen und sehr gute Beispiele von bemalten Häusern. Wie es heißt, gibt es hier mehr *Havelis* und mehr Bilderwände als in jeder anderen Shekhawati-Stadt! Mindestens einen halben Tag sollte man in Nawalgarh auf den Beinen sein!
Am Südrand der Altstadt, deren Umfassungsmauern verschwunden sind, liegt nur etwa hundert Meter vom Nansa-Tor entfernt der Gebäudekomplex der **Aath Havelis (1)**. *Aath* bedeutet „acht", wahrscheinlich sollten statt der sechs *Havelis* ursprünglich noch mehr gebaut werden. Leider muss man Glück haben, um durch das Tor hineinzukommen, es gibt keine Öffnungszeiten und Kustoden. Die Bilder sind Darstellungen von großen Elefanten und Pferden, auch von einer Dampflokomotive mit langer Wagenreihe, mit jeweils einem Passagier. Diese *Havelis* stammen aus der Zeit um 1900.

Neben den *Aath Havelis* kommt man zum **Muraka Haveli (2)**. Niemand wohnt dort, aber manchmal feiert man Hochzeiten, hat das Haus gemietet. Wenn gerade noch vorbereitet wird, kann man einen Blick hineintun. Der Hof ist figurenreich ausgemalt. Meist hat man mit dem Außenbereich vorlieb zu nehmen, da finden sich über dem Eingang die bunten Bilder der *Krishna*-Legenden, seiner Jugendstreiche.

Im Norden der Altstadt glänzt reichliches Spiegeldekor über dem blaugekachelten Hof des **Khedwal Haveli (3)**. An der Seite des Hauses ist eine Szene des *Teej*-Festes zu sehen (mit den charakteristischen Schaukeln). An der westlichen Seite findet man wieder die Eisenbahn, darunter Darstellungen von Europäern. Außen wird noch die Liebesgeschichte von *Dhola Maru* dargestellt – die Liebenden fliehen, von ihren Verfolgern mit Pfeilen gejagt, auf Kamelrücken.

Das nördlich benachbarte **Hem Raj Kulwal Haveli (4)** wurde erst im 20. Jh. gebaut, es zeigt die damals aktuellen Porträts von *Gandhi* und *Nehru*, nebst denen der Auftraggeber. In diesem *Haveli* trifft man oft einen Wärter, der für ein kleines Eintrittsgeld Einlass erlaubt.

Freundliche Begegnung in der Stadt der 100 Havelis

Durch das Baori-Tor kann man sich in nordöstlicher Richtung zum **Baghton ki Choti Haveli (5)** durchfragen, wo auch gegen Eintrittsgeld Einlass gewährt wird. Hier ist viel zu sehen, Eisenbahn, Dampfschiff, Szenen des *Holi*-Festes, tanzende *Krishna*-Gefährtinnen, Europäer, die wie so oft – und dazumal wohl richtig beobachtet! – in steifer Haltung dargestellt werden (in Räumen am inneren Hof).

Östlich vom Poddar-Tor gelangt man schnell zum **Dr. Ramnath A. Poddar-Museum (6)** im Anandi Lal Poddar *Haveli* der berühmten *Poddar*-Familie, einer der reichsten Rajasthans (die jetzt in Mumbai lebt). Es wurde 1980 sorgfältig restauriert, der erste Stock war bis vor Kurzem eine Schule. Für die gibt es nun einen Neubau. *Vijay Deep Shekawat*, der junge Kustos, erzählt vom erweiterten Museumskonzept „**Kultur des ländlichen Indiens**". Bislang sind neben Hochzeitsgewändern und rajasthanischer Miniaturmalerei eine Hauptattraktion die überreichen starkfarbigen Wandbilder, auch im Innenhof.
Dr. Ramnath A. Poddar-Museum: *geöffnet tgl. 8.30–17 Uhr.*

Zurück geht man durch das Poddar-Tor, hält sich südlich auf der Dharrni-Dharka-Road und kommt zum **Parsurampura Haveli (7)**, das mit überperfekt naturalistischen, schon von der Fotografie beeinflussten Bildern glänzt. An der Seitenstraße hinter diesem *Haveli* wurde um 1930 das **Dharni Dharka Haveli (8)** erbaut, das ein Wandbild von *Krishna* und *Radha* auf einer Schaukel und zeitgemäß *Nehru* und *Gandhi* in einem Auto zeigt.

Naturalistische Malerei

Am Jagit-Krankenhaus vorbei kann man westwärts den Weg zum **Ganga Mai-Tempel (9)** von 1868 nehmen, der südlich der Altstadt liegt. Der Göttin des heiligen Stroms Ganga gewidmet, ist dieser Tempel ganz nach Art der *Havelis* mit Spiegeldekors geschmückt und ausgemalt.

Am Schluss des Rundgangs zurück zur Altstadt: Über einem Gemüsemarkt, umbaut und zum Teil überbaut von architektonisch dürftigen Gebäuden überdauert das **Fort Bala Qila (10)**. Ein schmales Treppchen führt in den zweiten Stock – in einem Mini-Laden für Süßigkeiten sind etwa zehn Rupien zu zahlen – und zu der Tür zum schön ausgemalten, mit Spiegelwerk geschmückten Raum Nawalgarhs. Der Kernbau stammt von 1737.

Es wird dem interessierten Touristen ohne Führer verschiedentlich schwer fallen, den Weg zu all den sehenswerten Wandbildern zu finden. Aber man bedenke: Der Tourismus ist noch nicht durchorganisiert, viele Bewohner sind noch ganz verwundert, dass sich Leute von weither für ihre bemalten Häuser interessieren!

Reisepraktische Informationen zu Nawalgarh

Unterkunft

Apani Dhani (1), *€€, im Westen der Stadt, ☏ 01594-222239, www.apanidani.com. Ein reizvoll angelegtes Öko-Lehmhüttendorf inmitten von Gartengrün, mit gesunder Bio-Kost. Der Eigner Ramesh C. Jangid ist zusammen mit seinem Sohn Rajesh ein kompetenter Touren-Veranstalter, vom Stadtrundgang Nawalgarh bis zu mehrtägigen Jeep-Exkursionen zu benachbarten Orten (Tagespreis etwa 40 €). Auch ist der Hausherr Gründer der NG* **„The Friends of Shekhawati"**.

Ramesh Jangid Tourist Pension (2), *€–€€, am Westrand der Stadt, nördlich vom Maur-Hospital, ☏ 01594-224060, www.apanidhani.com. Guest House einer Brahmanen-Familie mit gelobter vegetarischer Küche, gepflegten Zimmern, teils mit Wandbildern westlicher Künstler. Internet, auf Wunsch Hindi-Sprachkurse.*

Shekhawati Guest House (3), *€–€€, 5 Min. zu Fuß vom Roop Niwas-Palace, ☏ 01594-224658, www.shekhawatirestaurant.com. Die Zimmer im Haupthaus sind etwas lichtarm, besser die Cottage-Unterkünfte im Garten. Umso besser die Küche, Kalpana Singh bietet auch Kochkurse an.*

Roop Niwas Palace (4), *€€€–€€€€, 1 km östlich der Stadt, ☏ 01594-222008, 01594-224152, www.roopniwaskothi.com. Ein großzügiges Areal, mit Park und Pferdezucht (mehrere Dutzend!), Terrasse und „palace style"-Speisesaal, 29 angenehme Zimmer und gute Küche, gastliche Atmosphäre. Der Palast wurde 1737 – im gleichen Jahr wie das Stadt-Fort Bala Qila – gegründet.*

Sport

Royal Riding Holidays, *www.royalridingholidays.com. Am Roop Niwas Hotel werden prächtige Marwari-Pferde gezüchtet, Exkursionen im Sattel kosten umgerechnet etwa 10 €/Std., Tagesexkursion etwa 50 €. Auch Kamelreiten!*

Verkehrsverbindungen

Häufige **Busverbindungen** *mit Jhunjhunu, Mandawa, Dunlod, in dreieinhalb Std. auch mit Jaipur. Der „Bus and Jeep Stand“ liegt am westlichen Stadtrand (Tahsil Road), Busse nach Dunlod fahren im Norden, nach Parsurampura im Süden der Stadt ab.*
Jeeps *sorgen neben den Bussen für innerstädtische Strecken und fahren zu den nächsten Dörfern. Abfahrt immer, wenn der Wagen voll besetzt ist (wie das Dolmus-System in der Türkei).*
Bahn: *Der Bahnhof liegt noch einen Kilometer weiter als der „Bus Stand“ draußen, westlich der Stadt. Die Strecke nach Delhi wurde vom „Meter Gauge“ auf Breitspurgleise umgebaut.*

info

Glück der Erde mit Sichelohren – Die Wiederkehr der Marwari-Pferde

Rajasthan ist Pferdeland, schon aus Tradition: Die Rajputen waren Krieger zu Pferde, die Rajputen-Maharajas züchteten Pferde für ihre Reiter, der Maharaja von Jodhpur stellte schon im 12. Jh. Deckhengste gratis zur Verfügung. Dann kamen Mogulherrscher aus Persien und Afghanistan, sie brachten ihre Pferde mit. Die Marwari-Rasse bildete sich heraus, bewährte sich in den vielen Kleinkriegen der Maharajas und den Feldzügen im Dienste der Moguln.

Das Marwari-Pferd (genannt nach dem Königreich Marwar des Maharaja von Jodhpur) erkennt man sofort an den nach innen gebogenen „**Sichel**-“ oder „**Säbelohren**“, die von einer besonderen Weichheit der Ohrknorpel beim neugeborenen Fohlen herrühren. Sie sind sehr beweglich, und das kann dieses Pferd gut gebrauchen, da es ein gutes Gehör und einen äußerst aufmerksamen, aufgeweckten Charakter hat.
Das Pferd ist mit einem Stockmaß von 145 bis 160 cm nicht groß und es begeistert mit seinem Aussehen auch Leute, die keine Pferdekenner sind. Sein Kopf ist mit geradem Profil edel, die großen Augen schauen den Betrachter ruhig, aber intensiv an. Diese Pferde halten den Hals hoch, „stolz wie ein Pfau“, sagt man in Rajasthan.

Die Hufe sind hart und müssen selten beschlagen werden, wie man von Gästen hört, die Trekking-Touren zu Pferde gemacht haben. Das Fell ist seidig glänzend, viele Farben sind vertreten, auch Schecken gibt es. Helle „*Cremellos*“ werden, wenn sie sehr gut gebaut sind, auch zur Zucht verwendet, nicht aber Albinos, die man allerdings in Indien bei religiösen Prozessionen oder Hochzeiten einsetzt. Ebenso ist ein stumpfes Kastanienbraun bei den Züchtern nicht erwünscht. Beliebt ist der metallische Glanz, wie ihn auch die asiatischen Steppenpferde haben.

Außer den üblichen Gangarten beherrschen die Marwari-Pferde einen Passgang, *Revaal* genannt, der dem Reiter sehr bequemen Sitz verschafft, auch auf unebenem Gelände.

info

Gelobt wird ganz besonders der Charakter dieser Pferde. Mutig, ausdauernd, trittsicher nennt man sie, sehr verbunden mit dem Reiter, den sie persönlich anerkennen müssen, temperamentvoll und mit starken Nerven. Trekkingunternehmer erzählen, dass sie vor einer Tour auf kleineren Ausritten die Pferde Bekanntschaft mit den Gästen machen lassen, damit die richtigen Gäste und die richtigen Pferde zusammenfinden.

Im Hof des Castle Mandawa Heritage Hotels: bereit zum Ausritt auf Marwari-Pferden

In alten, kriegerischen Zeiten, heißt es, erwiesen sich die Marwari-Pferde ihrem Reiter extrem treu, verteidigten ihn, wenn er im Kampf gefallen war, mit ihren Hufen, riskierten auch oft lebensgefährliche Sprünge.

Die **britische Kolonialmacht** schätzte diese Charaktereigenschaften jedoch nicht, sie importierte australische Pferde, die sich gut auf Gehorsam dressieren ließen. Da die Maharajas keine eigenen Kavallerieregimenter mehr hielten, geriet die Marwari-Zucht außer Gebrauch. In den 1950er-Jahren, Indien war unabhängiger Staat geworden, schaffte man vielerorts Reitpferde als Symbol des Feudalismus ab. Erst in den letzten Jahrzehnten bauten Kenner aus vornehmen Rajputen-Familien wieder neue Zuchten auf, aus kleinen reinrassigen Beständen, die es noch gab.

Die Pferde werden gern zu mehrtägigen Trekking-Touren verwendet, Teilnehmer äußern sich begeistert (Adressen in Dundlod, Nawalgarh und Udaipur, s. S. 208, 234, 367). Der Export von Marwari-Pferden nach Europa und Mittelamerika ist vorerst nicht erlaubt, wohl auch auf Betreiben der Züchter dort. Vereinzelt haben sich „Schleichwege" über osteuropäische Länder geöffnet. Was Wunder, dass die stolzen Züchter ihre Marwari-Pferde gerne bei den großen Pferderennen der westlichen Welt in der Konkurrenz sehen wollen?

Schönstes Blau: Sikar

Von Nawalgarh sind es etwa 30 km asphaltierte Wegstrecke nach **Sikar** an der NH 11. Die Stadt wurde 1687 gegründet und nach vorgefasstem Plan entworfen. Im 18. Jh. war sie ein wichtiges Handelszentrum. Die meisten Bauten mit gut erhaltenen Bildern finden sich in einem Umkreis von etwa 200 m. 1845 entstand in zentraler Lage der **Palace**, in dem der **Chini Mahal** (= Zuckerpalast) mit wundervollen blauen

Porzellankacheln geschmückt ist. Es gibt noch einige andere *Havelis* auf engem Raum in der Altstadt mit Wandbildern, deren blaue Farbe auf die Entstehungszeit Ende des 19. Jh. schließen lässt, denn erst damals wurde das (synthetische) Blau importiert. Während der Palace in Bestzustand ist, hat man das **Fort** verfallen lassen. Besucher ersteigen aber die Rampen, wegen des Rundblicks auf Sikar.
Nach Sikars **Baori** muss man sich in den Altstadtgassen durchfragen: Um 1750 erbaut, ist er noch immer ein Schmuckstück der Stadt. Auch einige Tempel sind wegen ihrer Wandbilder sehenswert. Ebenso ist eine **Jubilee Hall** aus britischer Herrschaft übriggeblieben, 1897 erbaut – als Huldigung an das 50. Regierungsjubiläum der Queen *Victoria*.

Reisepraktische Informationen zu Sikar

Verkehrsverbindungen

Zahlreiche **Bus-** *und* **Bahnverbindungen**, *Station für Expresszüge von und nach New Delhi, Bikaner und Jaipur, mit Bus zu den Shekhawati-Orten.*

Lakshmangarh, rechtwinklig

Weiter auf der Rundfahrt sind es 30 km nach **Lakshmangarh**. Ein Herrscher von Sikar, *Lakshman Singh*, gründete die Stadt (heute etwa 50.000 Einwohner) zu Anfang des 19. Jh., und sie lohnt den Besuch. Wie in Jaipurs **Pink City** ist das Straßenraster

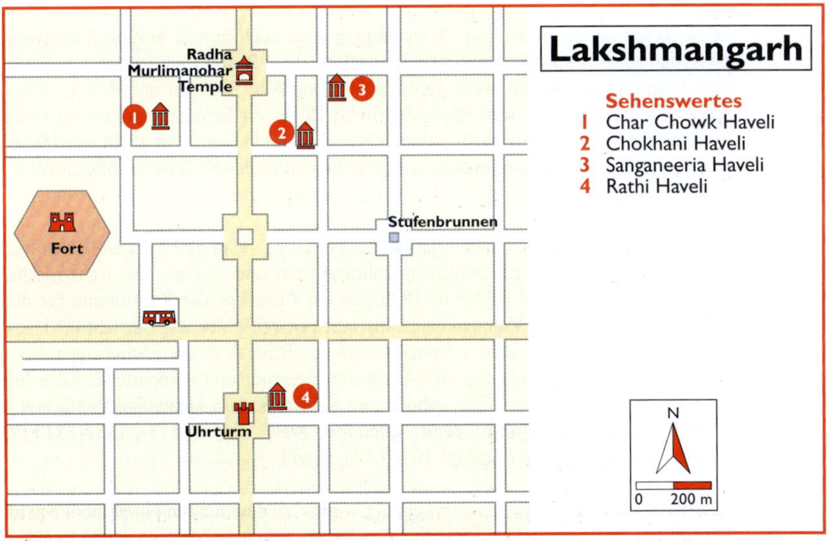

Eine Frau auf einem Kamelkarren

gerade und rechtwinklig angelegt, drei Plätze bilden in Nord-Süd-Richtung mit der durchlaufenden Hauptstraße eine klare Stadtachse und erleichtern die Orientierung.

Das **Fort** – mit gutem Überblick dank seiner erhöhten Lage! – ist westlich der genannten Achse leicht zu finden. Nordöstlich des Forts sieht man das **Char Chowk Haveli (1)**, vier Innenhöfe und viele religiöse Wandbilder, besonders in einem der Innenhöfe. Im ersten Stock des nördlichen *Haveli* sind in einem dunklen Raum erotische Wandbilder zu finden (Taschenlampe!).

Noch andere *Havelis* haben ihre jeweils besonderen Bildwerke: das **Chokhani Haveli (2)** mit Tierdarstellungen und das verfallende, aber reich ausgemalte **Sanganeeria Haveli (3)** östlich von der Stadtachse. Weiter im Süden, beim Uhrturm, zeigt das **Rathi Haveli (4)** Wandgemälde des 20. Jh., üppige Blüten und auch eine Dame, die an einer Nähmaschine tätig ist.

Fatehpur erwartet bessere Zukunft

Etwa 20 km nordwestlich von Lakshmangarh (und auch nur 23 km von Mandawa) trifft man auf eine sandige, staubige oder nach starkem Regen auch schlammige Stadt, eine langsam gewachsene, nicht geplante Siedlung. Alte Brunnen und Wasserreservoire sind in **Fatehpur** noch häufig. Schon im 15. Jh. war Fatehpur Hauptstadt eines muslimischen Nawabs, im 18. Jh. nahmen Rajputen sie in Besitz, im 19. Jh. der Maharaja von Jaipur. Über alle Wechselfälle ist der Reichtum der Kaufherren offensichtlich gewachsen, mit etwas Zeit entdeckt man großartige *Havelis*.

Besonders das über zweihundert Jahre alte, großzügig restaurierte **Haveli Nadine Prince (1)** mit seinen prächtigen Innenhofarkaden und Garten. Die französische Malerin *Nadine Le Prince* kaufte es 1998, gab ein Vielfaches der Kaufsumme für die Reparaturen und neuen Wandgemälde aus, lebt zeitweilig hier und betreibt ihr Haus als Kulturzentrum und Galerie (speziell auch für Tribal Art) zur Förderung zeitgenössischer indischer Kunst und zum Austausch indischer und europäischer Künstler. Studierende helfen. Ein Art Café gehört zum Kulturzentrum, kleine Snacks stärken.
Haveli Nadine Prince: *beim Chauhan Well, ☏ 01571-23302-231479, nadine.leprince@free.fr, geöffnet tgl. 10–19 Uhr, Eintritt.*

Gleich die nächste Tür (westwärts) gehört wieder zu einem alten *Haveli*, dem **Saraf Haveli (2)**, dessen brüchige Fassade einen *Vishnu*, auf einer Schlange ruhend, zeigt.

Viele sehenswerte Bauten in Fatehpur sind verschlossen: Weiter nordwestlich auf der anderen Seite der Churu Sikar Road, der Hauptachse des Stadtverkehrs, an einer Nebenstraße auch das imposante **Jagannath Singhania Haveli (3)**. Den Abstecher dorthin lohnt allein schon ein enorm großes Fassadenbild: Vier Elefanten sieht man *Lakshmi*, die Göttin des Reichtums, mit ihren Rüsseln aufheben und schaukeln, *Gopis* tanzen zu dem göttlichen Spaß.

Eine größere Querstraße weiter südlich an der Churu Sikar Road, und zwar wieder auf deren östlicher Seite, liegt das **Choudhari Haveli (4)**. Zwar geschlossen und auf den ersten Blick als einsturzgefährdet einzuschätzen, ist es doch an der Außenfront auch reich an Malerei – mit manchen Szenen erotischer Überraschungen.

Jüngst noch in Restaurierung war das **Mahavir Prasad Goenka Haveli (5)** zu beobachten, weiter westlich an der Mandawa Road. Der Innenhof voller Spiegelschmuck und Wandmalerei, noch mehr ein repräsentatives Zimmer im ersten Stock machten einen großartigen Eindruck; ob das Haus für Besucher geöffnet wird, war nicht zu erfahren. Entstanden ist es vor anderthalb Jahrhunderten, von einem Jain-Kaufmann erbaut. Reste eines Minaretts erinnern an die Nawab-Ära. Kontrasterlebnis der fehlenden Restaurierung: Wenige Häuser weiter sind im arg vernachlässigten **Geori Shankar Haveli (6)**

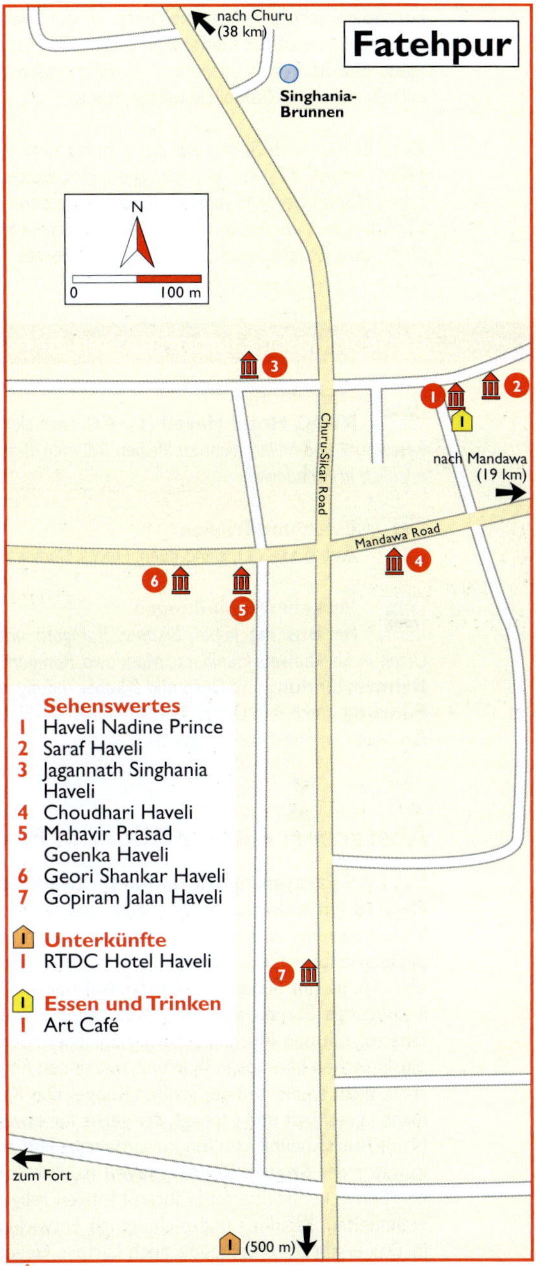

© graphic

besonders schöne Spiegelmosaiken an der Decke des Haupteingangs erhalten, im Zenana-Innenhof das Liebespaar *Dhola* und *Maru* auf einem Kamel. Es ist ein Privathaus, Eintritt gegen „*donation*" – dafür sollte dann auch der Aufstieg aufs Dach erlaubt sein, mit Rundblick auf die Stadt.

Zwei Blocks nach Süden auf der Churu Sikar Road ist die Fassade des **Gopiram Jalan Haveli (7)** mit europäischen Hochzeitsszenen und der Krönung des britischen Königs *Georg V.* verziert (Entstehung etwa 1912). Auf einem Spaziergang durch das Städtchen wird man noch manches schöne Fresko entdecken können, aber eben auch stark Beschädigtes, unachtsam Zerstörtes.

Reisepraktische Informationen zu Fatehpur

Unterkunft

RTDC Hotel Haveli (1), *€€, Lage siehe „Führung", ☏ 01571-230293. Mit Restaurant und hellen, nicht zu kleinen Räumen. Bessere Chancen gibt es in Mahansar und reichlich in Mandawa!*

Essen und Trinken

Art Café (1), *siehe oben, Haveli Nadine Prince.*

Verkehrsverbindungen

Per **Bus** *mit Jaipur, Bikaner, Ramgarh und Delhi.* **Privatbusse** *zu mehreren Orten in Shekhawati: Jhunjhunu, Mandawa, Ramgarh, Mahansar.*
Bahnverbindung *mit Delhi und Bikaner (häufig nur Nachtabfahrt).*
Führung *durch den Ort zu erfragen im RTDC-Hotel etwa 500 m südlich vom offiziellen Bus-Stand im Süden der Churu Sikar Road).*

Abstecher: Älteste Bilder in Parsurampuram

Legenden, Märchen und Porträts

Das Dorf **Parasaranpura**, oft **Parsurampuram** geschrieben, liegt von Nawalgarh etwa 18 km südwestlich. Hier sind besonders alte, Mitte des 18. Jh. entstandene Wandmalereien zu sehen, nicht nur an und in *Havelis*, sondern auch in einem kuppelüberwölbten Gedenktempel, *Chattri* genannt, zu Ehren des Thakurs *Sadul Singh* aus dem 18. Jh. (im Süden des Dorfs). Auf hellem Grund sind mit braunen Erdfarben kleinfigurige Szenen aus der Hindu-Legendenwelt (immer wieder *Krishna*, flötend, tanzend, mit den Milchmädchen), Familienporträts (*Sardul Singh*, der Nachfolger der muslimischen Nawabs in Jhunjunu, mit seinen fünf Söhnen) und Volksmärchen dargestellt, dicht an dicht in der großen Kuppel. Das Kenotaph wird von einem alten Brahmanen geschützt und gepflegt, der gerne für etwas Geld öffnet. *Sri Banwari Lal* ist sein Name, meist nennt man ihn kurz *Maharaj*, und zu finden ist er oft nebenan am Eingangstor des **Shamji Sharaf Haveli** (südlich vom Bus Stand). Die hier gut erhaltenen Bilder konfrontieren in ihren Motiven religiöse Hindu-Tradition mit Lebensgewohnheiten, Kleidung und technischen Entwicklungen der Europäer im 18. und 19. Jh. Das ergibt überraschende, auch kuriose Gegenüberstellungen.

Lastwagenfahrer sammeln vor einer Raststätte am Straßenrand Kraft für die nächsten Kilometer

Ramgarh, die Gründung der Reichen

Gern wird der britische Offizier zitiert, der – wohl hoch zu Ross – von Mandawa kam und voller Staunen berichtete: „Der erste Eindruck von **Ramgarh** (…) ist einzigartig und scheint alle Träume von Tausendundeiner Nacht Wahrheit werden zu lassen."

Das war 1841, gerade fünfzig Jahre nach dem spektakulären Auszug eines Zweigs der **Poddar-Familie** aus dem nur wenig nördlicher gelegenen Churu. In Rajasthan haben immer wieder einmal tüchtige Unternehmer mit übermäßiger Abwanderung reagiert. So auch hier die erfolgreichen Wollhändler vom *Poddar*-Stamm, denen der Thakur von Churu zu hart an der Steuerschraube gedreht hatte.

Die *Havelis* der *Poddars* bilden eines der geglücktesten Architektur-Ensembles in Rajasthan, gleich westlich vom Hauptplatz der Stadt (resp. östlich vom Bus Stand). Zugleich zeigt dieses Ensemble auch eine noch immer staunenswerte Bilderfülle an den ockerfarbenen Fassaden. Volkstümliche Motive wie die *Dhola-Maru*-Liebesgeschichte, aber auch die damals neue Dampfbahn und britische Soldaten sind anschaulich dargestellt. Nur hier, heißt es, kommt immer wieder das Motiv von drei Fischen vor, die zu einem Kreis arrangiert sind.

In Ramgarh ist alles fußnah zu erreichen. Als Händlergründung hat die kleine Stadt kein Fort, dafür einen geschlossenen Bestand von *Havelis*, längs der Basarstraße, aber auch nördlich derselben. Da liegt an der nächsten größeren Straße parallel zum Basar das **Taranchand Ghanshyamdas Haveli**, am westlichen Ende des Basars die

Unfall auf sandiger Piste

Gruppe der *Poddar- Havelis*. Die meisten *Havelis* der Stadt fallen auf durch ihre Malereien in Naturfarben, die sich recht gut erhalten haben, wenn auch manche von nur bescheidener künstlerischer Qualität.

Sehenswert sind auch die **Chattris** der *Poddar*-Familie (nahe deren *Havelis*) mit Ramayana-Bildprogramm unter hohen Kuppeln (ein starkes Metalltor muss geöffnet werden, um die Bildfriese sichtbar zu machen). Das größte *Chattri*, das **Ram Gopal Poddar Chattri**, südlich vom Bus Stand, geht auf das Jahr 1872 zurück. Mehrere Tempel sind gleichfalls *Poddar*-Stiftungen. Am Ganga-Tempel, errichtet 1842, halten zwei steinerne Elefanten Wacht, trotzdem ist die rechte Seite der Fassade schwer geschädigt. Viele Häuser sind leider verschlossen, einige ihrer Inneneinrichtungen beraubt, die als Antiquitäten teuer verramscht werden. Man sollte, hier wie überall, diesen Missbrauch nicht durch Käufe unterstützen.

Übrigens sind die Leute von Ramgarh bekannt dafür, dass sie kunstvolle neue Möbel in indischem Stil herstellen, man findet mehrere Möbelläden im Basar. Nachfragen nach einem Hotel ergaben: Es gibt hier keines.

info

Shekhawati – die Häuser, die Maler, die Bilder

Die prachtvollen, oft palastartigen Häuser der reichen Marwaris nennt man **Havelis**. Das Wort kommt aus dem Persischen, es bedeutet „umschlossener Raum". Tatsächlich ist ein Merkmal eines *Haveli*, dass es nicht nur ein Haus mit Fassade zur Straße ist, sondern auch einen umbauten Hof hinter dem Vorderhaus hat. Meist ist hinter dem ersten Hof noch ein zweiter. So trug die Architektur der

info

Sitte Rechnung, dass die öffentlich-geschäftlichen Dinge räumlich getrennt vom privaten Leben, von dem der Frauen der Familie, zu geschehen hatten. Die Frauen nahmen dennoch, wenn sie es wollten, Anteil an dem, was an Geschäften auf dem ersten Hof stattfand: Im Bauteil, der den ersten vom zweiten Hof trennte, war meist ein kleines Fenster eingelassen, durch das Frauen die Gäste und Geschäftspartner der Männer beobachteten.

Die Höfe dienten auch dazu, den Zugang zu Innenräumen schattig zu halten – lebenswichtig bei den in der heißen Zeit (Mai/Juni) herrschenden **Temperaturen bis zu 45°C**! Aus demselben Grund diente der zweite Hof (es gab *Havelis* mit bis zu sechs Höfen!) als Küche, wo über offenem Feuer gekocht wurde. Im obersten Stockwerk gab es wegen der Hitze Schlafräume ohne Dach für die heißen Monate.

Die Ausstattung der Räume war im vorderen Teil des *Haveli* repräsentativ, kostbar, mit großem handwerklichem Können bei den Holz- und Steinarbeiten. Reiche Bemalung wurde im 19./20. Jh. in den öffentlichen, doch auch in den privaten Höfen üblich. Es ist immer lohnend, wenn einem jemand mit Schlüssel **Zugang zu den Innenhöfen** verschaffen kann.

Die Maler kamen aus der Kaste der *Kumhars*, ursprünglich der Töpfer, die sich als Baumeister und Maler einen Namen gemacht hatten – oft stammten sie nicht aus dem Shekhawati-Gebiet. Manche malten **mit wunderbarer Phantasie**, was ihre Auftraggeber ihnen beschrieben hatten – westliche Autos, Flugzeuge und dergleichen –, ohne diese Dinge wirklich zu kennen.

Die Farben waren anfangs Naturfarben, Erdfarben zumeist, schwarz aus Kaminruß, gelb aus Kuh-Urin. Sie wurden al fresco auf feuchten Mörtel aufgetragen, nach dem Trocknen mit Buttermilch und Zuckerwasser eingerieben und mit Achat und Palmöl geglättet. Um 1870 ging man zu chemisch hergestellten Farben über, die **meist aus Deutschland** eingeführt wurden. Die Palette wurde lebhafter. Schließlich begannen die Maler um 1900 auch auf trockene Wände zu malen, der Stil veränderte sich dadurch, verlor an Unmittelbarkeit.

Die Wandbilder sind ein wichtiges und aufschlussreiches Dokument dafür, wie Indien die Bekanntschaft mit westlichem Einfluss machte, wie Inder mit einem Augenzwinkern ihrer Kultur einverleibten, was der Westen brachte.

Churu, abseits

Churu ist der nördlichste Punkt unserer Rundfahrt, mit rund 100.000 Einwohnern eine Großstadt, einst groß auch im Handel. Abwärts ging es, als die *Poddar*-Familie Churu verließ (s.: Ramgarh, die Gründung der Reichen, S. 215). Viele zählen Churu nicht zum Shekhawati, weil es im 19./20. Jh. zum Gebiet von Bikaner gehörte. Doch es hat eine Händlertradition aus dem 18./19. Jh. mit den entsprechenden *Havelis*. Churus Klima ist besonders hart: Im Mai/Juni werden manchmal 50°C, im Januar dagegen Frosttemperaturen gemessen.

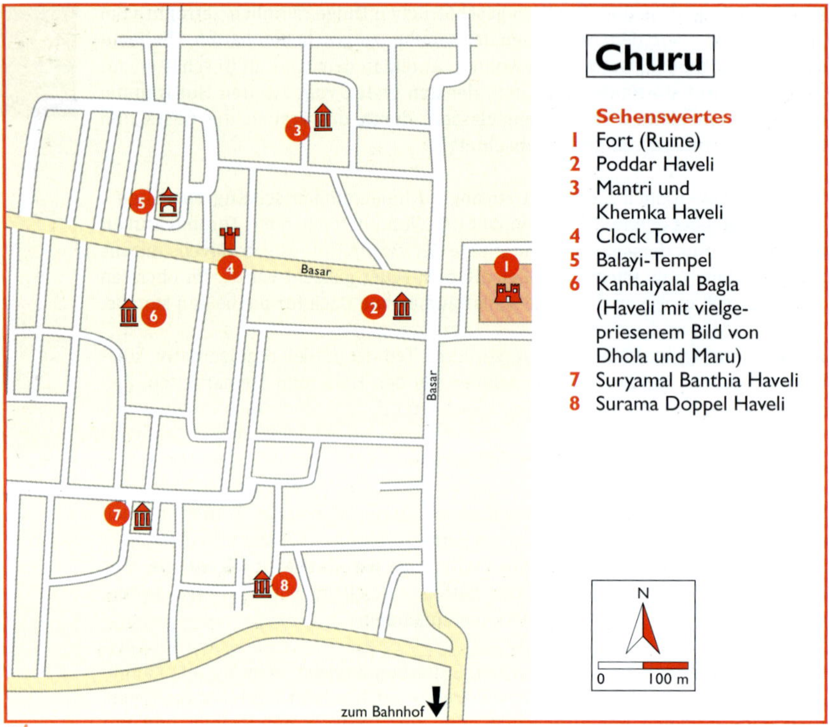

Kommt man vom Bahnhof, geht man am besten geradeaus nach Norden, auf die langgestreckte Basarstraße zu. Dort liegen östlich die Überreste des alten **Forts (1)**, bekannt durch den spektakulären Selbstmord seines vom Maharaja von Bikaner besiegten Herrschers: Der verschluckte einen großen Diamanten (nobel, aber wahrscheinlich qualvoll).

Churus *Havelis* haben ihre Besonderheiten. Vom Fort aus kommt man auf der sehr belebten Basarstraße gleich am **Poddar Haveli (2)** vorbei, das von der zweiten Blüte der Stadt im 19. Jh. unter der Bikaner-Herrschaft zeugt, mit Bildern, die zum Teil mit synthetischen Farben gemalt sind. Weiter nach Norden überdauern die *Havelis* der Familien **Mantri und Khemka (3)**, weiter westlich der **Clock Tower (4)** und der **Balayi-Tempel (5)**. Dessen Bilderschmuck beginnt schon am Eingangstorbogen, im Zeichen von göttlichen Paaren: rechts *Rama* mit seiner *Sita*, links *Krishna* und *Radha*.

Liebesgeschichten hat der Stifter des Tempels offenbar geschätzt. Er war auch Eigner des **Kanhaiyalal Bagla Haveli (6)**, und Besucher schätzen die Darstellung des rajasthanischen Liebespaars *Dhola* und *Maru* an der Südseite dieses *Havelis* als die schönste in ganz Rajasthan ein.

Eine Handvoll Henna-Ornamentik am Tempel der Liebesgeschichten

Eine Kuriosität, die auch schon als Provokation empfunden wurde: Im Süden der Stadt fällt an der Fassade des **Suryamal Banthia Haveli** (**7**, Nordseite) ein *Jesus*-Bild auf, besonders, da der Abgebildete eine Zigarre raucht! Eine britische Lady ihm gegenüber blickt unbeeindruckt. Es ist zu vermuten, dass der Maler ganz naiv war – so wie er irgendeinen seiner indischen Götter beim Genuss einer angenehmen Sache abgebildet hätte, so tat er es auch mit dem Gott der so fremdartigen Europäer. Noch weiter südlich kann man das sogenannte **Surama Doppel Haveli (8)** nicht übersehen – wegen seiner ungewöhnlichen Größe. Die Nachbarn meinten damals, es hätte über tausend Fenster. So sollte großer Reichtum gezeigt werden. Leider sind die Fresken verblichen und beschädigt, man erkennt wenig.

Reisepraktische Informationen zu Churu

Unterkunft

Bietet in vier Zimmern auf schlichtem Niveau das **RTDC Chirmi-Churu Hotel** *€ mit Speisesaal nahe dem Panchayat Samiti, Bhaleri Road Housing Board Colony,* ☏ *01562-256272.*

Exkursion

Zum Tal Chappar Wildlife Sanctuary, 95 km südwestlich, etwa 70 km² groß. Prächtige Black Bucks (Antilopen) mit langem spiralförmigem Gehörn. Mehr Information beim Tourist Office in Jaipur (s. S. 169).

Verkehrsverbindung

Mit staatlichen **Bussen** *mit Jaipur (5 Stunden) und mit New Delhi (6 Stunden). Privatbusse zu Shekhawati-Zielen. Etwa 500 m (Staatsbus) resp. 100 m (Privatbus) südlich vom Bahnhof.*

Bahnverbindung *nach Bikaner und New Delhi.*

Bissau

Etwa 12 km südöstlich von Churu liegt das kleine **Bissau** (21.000 Einwohner), das gegen Ende des 18. Jh. unter die Räuber fiel – die Kaufleute verließen schleunigst die Stadt. Drohendes Eingreifen der britischen Militärmacht und strenge Regierung schafften Ordnung, die Stadt blühte im 19. Jh. wieder auf. Wir fanden auch: Bissau ist die bestgefegte Stadt Shekhawatis!

Auch in Bissau kann man vom erhöht liegenden Fort aus eine Übersicht gewinnen. Die meisten interessanten Gebäude findet man südöstlich des Forts, in dem keine sehenswerte Architektur vorhanden ist.
Nahe am Platz südöstlich steht eines der schönsten Gebäude, das **Jainarayan Tibrewala Haveli**, das reiche Bilder aus *Rama-* und *Krishna-*Legenden in den Innenräumen des Oberstocks zeigt. Im südlich nah benachbarten **Motiram Jasraj Sigtia Haveli** stiehlt **Krishna** auf den Bildern wieder, wie auf vielen Darstellungen, den badenden Milchmädchen die Kleider. Noch weiter südlich ist die Erinnerungsstätte (*Chattri*) des **Thakur Hamir Singh** zu besuchen, wo die Bilderphantasie Europäer zeigt, die Fabelwesen aus Löwe und Elefant als Wagen benutzen. Bilder zieren auch die Mauern des Hofes.

Wenn man am Fort vorbei weiter auf der Basarstraße geht, findet man in einer Seitengasse nach links das **Kemka Haveli** mit religiösen und weltlichen Wandbildern.

Begeisterte Begrüßung: In Bissau lässt sich die Schuljugend fotografieren, aus dem Chattri von 1875 wurde zur Hälfte ein Schulhaus

Auch in Bissau zeigen die Bildinhalte, in welch starkem Maße die Konfrontation mit der britischen Kolonialmacht die sonst von religiösen Motiven beherrschte Einbildungskraft der Maler beeinflusste.

Reisepraktische Informationen zu Bissau

Unterkunft

Besser im Nachbarort Mahansar oder noch nobler in Alsisar. Empfehlenswert ist der **Bissau Palace** *in* **Jaipur** *– wie viele Shekhawati-Adlige richteten sich auch die Herren von Bissau ihren Stadtpalast ein (außerhalb der Pink City, weil der Kachhwaha-Maharaja Aufstände argwöhnte).* *Zum Bissau Palace siehe auch S. 171.*

Verkehrsverbindungen

Bahnstation *an der Strecke Jaipur-Bikaner (etwa in der Mitte zwischen beiden), außerdem Regionalzüge.*
Busverbindung *mit Jhunjunu, Mandawa, Churu und – in nur 20 Minuten – mit Mahansar.*
Fahrradverleih *nahe dem Chattri für Thahur Hammir Singh.*

Mahansar, mit Gold

Im nur fünf Kilometer südwestlich gelegenen **Mahansar** ist die Hauptattraktion das **Sone ki Dukan Haveli**, das im Besitz eines Goldschmieds war. Zusätzlich zu den Wandbemalungen ließ man hier alle Motive mit Goldauflagen verstärken, die Szenen aus dem Ramayana, die üppigen Arrangements von Blumen, Vögeln und obstbeladenen Zweigen. Auch *Krishnas* Leben wird illustriert, sein Geburtsort Vindravan an einem goldenen Fluss. Die Göttin des Reichtums, *Lakshmi*, ist verdientermaßen dargestellt. Die kleine Stadt war auch ein Ort der reichen *Poddar*-Familie, heute ist sie eher grau und statt von Kaufleuten von vielen Affen bevölkert. Es hilft nichts, man muss sich durchfragen, um den Schlüssel zum besagten „Goldenen Haus" zu bekommen (etwa im Laden unter dem nächsten Tempel), bis irgendeiner nach dem Schlüsselbewahrer schickt, der wachsam aufsperrt.

Reisepraktische Informationen zu Mahansar

Unterkunft

Narayan Niwas Castle, *€€€, ☏ 01595-264322, 12 Zimmer. Wie die Stadt ist die Burg im Jahr 1768 gegründet, hat nunmehr Patina und ist ein wenig renovierungsbedürftig. Gäste finden dank der gastfreundlichen Eigner ein romantisch altertümliches Palastquartier vor, viele Antiquitäten sind zu besichtigen und überdies ist die Küche gut. Wer Narayan Niwas Castle besucht hat und nach Alsisar weiterreist (gut 30 km), hat wieder ein Shekhawati-Kontrasterlebnis mehr!*

Verkehrsverbindungen

Busverbindungen *zu Shekhawati-Orten, nach Bissau etwa 20 Minuten.*

Havelis und Palastanlagen von Alsisar

Alsisar, willkommen im Palast!

Prächtig thront der Palast über der flach und weit ausgebreiteten Dorflandschaft **Alsisars** im Norden der Shekhawati-Region. Über die Jahrhunderte hin war unter den zahlreichen Shekhawati-Herrschaften der Thakur von Alsisar ein bedeutender Machtfaktor, dem Shekhawat-Clan zugehörig. Erst seit wenigen Jahren, seit 2005, können nunmehr Gäste aus aller Welt diesen Palast bewohnen – und erleben im **Alsisar Mahal** einen starken Kontrast zum vielbesuchten, zum Touristenzentrum entwickelten Mandawa. Dieses Lebensgefühl feierlicher Ruhe, zeitloser Distanz in einer fürstlichen Behausung kommt selbst im Shekhawati-Land wohl nirgends so intensiv wie hier auf, dank der weiträumigen Heritage-Architektur. Die wurde unter beträchtlichem Aufwand restauriert und renoviert, mit ihren Höfen und Pavillons, mit einem grandiosen Speisesaal unter hoher Decke und opulenten Lüstern. Auf einer der Terrassen mit weiter Aussicht ist ähnlich großzügig wie im **Alsisar Haveli** in Jaipur (s. S. 171) ein Swimmingpool angelegt, mit eleganten Pavillons für Schattensuchende. Die Zimmer sind geräumig, immer ergeben sich unter den Arkaden reizvolle Durchblicke von Hof zu Hof.

Feierliche Ruhe

Lohnend ist auch ein Dorfspaziergang: Man nimmt ländliches Leben auf den sandig-staubigen Straßen wahr, entdeckt auch städtische Züge, da und dort wieder *Havelis*. Zum Beispiel das **Khetan Haveli**, nicht zu verfehlen, da gleich an der Auffahrt zum **Alsisar Palace** gelegen, an den Mauern stolzieren gemalte Pfauen, Reiter und ein Elefant. Auf den Feldern draußen wächst Senf, so weit das Auge reicht. Das ist ein Hauptprodukt der Shekhawati-Landwirtschaft, haben wir erfahren, und leider auch, dass auf dem globalen Markt die chinesische Konkurrenz überstark ist.

Reisepraktische Information zu Alsisar

Unterkunft

Alsisar Palace, *Alsisar District Jhunjhunu, ☏ 0141-2368290, 0141-2364685, www.alsisar.com. Jahrhunderte altes, renoviertes Heritage, mit Restaurant, großem Pool, Zimmerservice, Exkursionen, Leihwagen.*

Verkehrsverbindungen

Busverbindungen *zu den Shekhawati-Orten und nach Jaipur.*

Jhunjhunu – Nawabs, Rajputen und Havelis

Die Distrikthauptstadt (etwa 100.000 Einwohner) liegt im Zentrum des gleichnamigen Distrikts, von Alsisar nur knapp 30 km entfernt. Nach den Shekhawati-Orten im Norden überraschen der lebhafte Verkehr, der reichhaltige Gemüsemarkt und die Weiträumigkeit. Die Altstadt – ursprünglich ist Jhunjhunu eine muslimische Gründung des 15. Jh. – macht nur einen sehr geringen Teil der bewohnten Fläche aus, und interessante Bauten liegen weiter im Norden. Wer alles zu Fuß erkunden wollte, müsste sich größere Strecken durch unansehnliche Abbruch-Architektur fortbewegen. Doch es gibt Motorrikshas, die hier ein besonderes Aussehen haben: Die Hinterbank ist mit Aussicht nach rückwärts gegen die Fahrtrichtung angebracht, silbrig geschmückt mit geschweiften Seiten fahren sie dahin und erinnern an Phantasiefahrzeuge, wie sie auf den Wandmalereien manchmal auftauchen.

Das Lebenstempo im Shekhawati-Land geht einen langsamen Gang

Kommt man mit dem Wagen von Norden, von Alsisar, kreuzt man Churu Bypass Road und ist dann schon in der Nähe des wichtigsten – und reichsten – Hindu-Tempels der Stadt: dem **Rani Sati-Tempel** (an der Straße gleichen Namens). Kommt man von Westen, von Mandawa, erreicht man den Tempel vom Mandawa Circle (dort auch das **Tourist Reception Center**) über die Churu Bypass Road.

Die Vorhalle des **Rani Sati Tempels (1)** quillt über von Silber: Tafeln, Säulen, ein Gesicht der Göttin mit Diamantenaugen. An der Decke der Halle leuchtet ein Mosaik, das *Rani Sati* mit der Göttin *Durga* und dem Gott *Ganesha* zeigt. Der Tempel wurde zur Verehrung einer Kaufmannsfrau erbaut, die 1595 *Sati* beging, das heißt, sie verbrannte sich mit ihrem verstorbenen Ehemann.

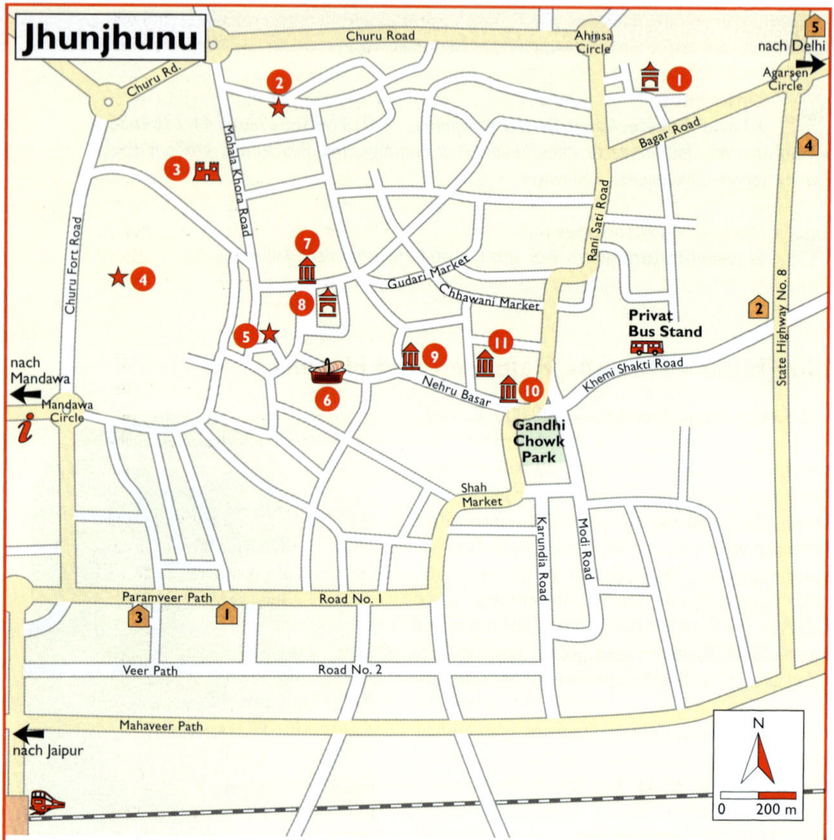

Sehenswertes

1 Rani Sati Tempel
2 Mertani Baori (Stufenbrunnen)
3 Badalgarh Fort
4 Kana Pahar-Hügel
5 Khetri Mahal
6 Futala-Markt
7 Modi Havelis
8 Bihari Tempel
9 Kaniram Narsinghdas Tibrewallah Haveli
10 Narudin Farooqi Haveli
11 Mohanlal Ishwardas Modi Haveli

Unterkünfte

1 Sangam
2 Shiv Shekhawati
3 Fresco Palace
4 Yamuna Resort
5 Piramal Haveli

Nicht alle Besucher (Hunderttausende jährlich; der Tempel ist ein großes Pilgerzentrum mit Übernachtungsmöglichkeiten für Hunderte von Gläubigen) sind Anhänger dieses nach unserer Meinung grausamen Brauchs, aber eine *Sati* steht nach Ansicht vieler Gläubiger unter dem Schutz der Göttin *Durga*, die weibliche Kraft und Macht, **Shakti**, symbolisiert (ihr Zeichen ist der Dreizack). Mit dem **Ehrentitel Sati** bezeichnen heutzutage manche Inder Frauen, die sich im Leben im allgemeinen Sinne aufopfern, also etwa Familienmütter. Daher kommt die große Pilgerresonanz und die Fülle der Schenkungen an den Tempel, der sicherlich zu den reichsten Indiens zählt.

Noch ein Jhunjhunu-Superlativ: Westwärts über kurvenreiche Straßen kommt man nach etwa einem Kilometer zu einem der schönsten Stufenbrunnen Shekhawatis. Der **Mertani Baori (2)** ist etwa 30 m tief, über 200 Jahre alt und mit seinen Treppen und den seitlichen Ruheräumen neuerdings restauriert worden. Seinen Namen hat er nach der Stifterin, der Witwe jenes Rajputen **Sardul Singh**, der 1730 nach dem Tod des letzten erbenlosen muslimischen Nawabs die Herrschaft in Jhunjhunu übernahm. Wieder ein Jahrhundert später wählten dann die Briten Jhunjhunu zum Standort der **Shekhawati Brigade**, die sollte dem Räuberunwesen in der Region ein Ende machen.

Schönster Brunnen

Was den schönen **Mertani Baori** betrifft: Früher hielt man das Wasser für heilkräftig, aber uns roch es eher abschreckend, wenn nicht ungesund. Möglich, dass sich der Schwefelgehalt verändert hat. Solche Stufenbrunnen haben in ihren in die Tiefe führenden Stockwerken auch Räume, die den hitzegeplagten Menschen erholende Kühlung gewährten, waren also eine wahre Wohltat.

Wieder ein Stück südwestlich, jenseits der Mohala Khora Road, ragt auf einem Hügel das klotzige Fort **Badalgarh (3)** auf, das aus dem 16. Jh. stammt, als Jhunjhunu noch von muslimischen Nawabs beherrscht wurde. Während unserer Recherche war es nicht zu besichtigen, da es restauriert wurde.

An die muslimische Herrschaft erinnert noch die **Dargah** (= Begräbnisstätte) des *Kamruddhin Shah* südlich des **Kana Pahar-Hügels** (**4**, auch *Nehara Pahar* genannt). Die Anlage umfasst eine Moschee mit zugehörigen Gebäuden und Höfen, auch eine Musikhalle für religiöse Gesänge und eine Medrese. Ornamente sind hier floral.

Wer von Mandawa gekommen ist, hat sich vielleicht zuerst zu der Dargah begeben. Von diesem muslimischen Ort geht es ostwärts auf die Altstadt zu, und gleich zuerst zum **Khetri Mahal** (**5**, erbaut in der zweiten Hälfte des 18. Jh.). Ein Jammer, dass dieser dominant große Palast so vernachlässigt worden ist und heute fast leer steht! Die muslimische Architektur mit den typischen Spitzarkaden ist luftig, der Architekt bevorzugte Säulen und Bögen anstatt schwerer Türen, damit der Wind Kühlung bringen konnte. Statt Treppen baute man Rampen, damit der Herrscher *Bhopal Singh* (ein Enkel *Sardul Singhs*) zu Pferde in die oberen Stockwerke gelangen konnte. Der Eintritt kostet nur wenige Rupien, man durchstreift verlassene Stockwerke, in einigen kleineren Räumen sind noch Reste von Wandmalereien zu sehen. Geblieben ist der gute Blick vom Dach auf die Stadt, hinüber zum **Badalgarh-Fort** auf seinem Hügel und – weiter draußen – zu felsiger, unbewohnter Berghöhe.

Muslimische Architektur

Stundenlang kann die abenteuerlich verwinkelte Altstadt neugierige Besucher festhalten: ein Gewirr von kleinen Gassen und Toren um den **Futala-Markt (6)** – und hier wie um den Nehru Bazar trifft man auch auf die höchste *Haveli*-Dichte.

Am Nordrand des Nehru-Basars stehen die **Modi Havelis (7)** einander gegenüber. Eine breite Rampe führt zu einem mächtigen Podest am Eingang: Ein Bräutigam hätte

Der Turban: Unentbehrlich und allgegenwärtig

auf einem Elefanten hinaufreiten können, um seine Braut abzuholen. Beide *Havelis* haben gut erhaltene Wandbilder (auch Holzschnitzwerk), das westliche zeigt allerdings auch schwere Schäden, ungeschickt mit Sichtbeton repariert. In der Höhe der Fassade haben die Maler *Krishna*-Legenden dargestellt, weiter unten auch zeitgenössische Errungenschaften wie Eisenbahn und Grammofon. Im Durchgang zwischen den Innenhöfen gibt es Gesichter mit enormen Schnurrbärten zu sehen, auch eine Kollektion von gemalten Turbanen.

Falls man nicht selbst auf den kleinen **Bihari Tempel (8)** stößt, eine ganz kurze Strecke östlich von den Modi-Havelis, sollte man nachfragen – wenn man an sehr frühen schon 1776 entstandenen Shekhawati-Wandbildern interessiert ist. Vor allem die *Hanuman*-Szene, wie der Affenkönig mit seiner Armee den vielköpfigen Dämonenkönig *Ravana* angreift, ist ein interessantes Beispiel, heute ganz in Braun und Schwarz, ursprünglich vielleicht farbiger. Übrigens hat der Künstler auch die fünf Söhne *Sardul Singhs* dargestellt: Eher gleichmütig schauen sie zu dem Kampfspektakel hinüber.

Ein Stück weiter südöstlich, am **Kaniram Narsinghdas Tibrewallah Haveli** (**9**, 1883 erbaut), sieht man Wandbilder, die wieder zwei Eisenbahnzüge darstellen, dazu häuslichen Alltag, zum Beispiel Herr und Hund. Welch Gegensatz ist das östlicher gelegene **Narudin Farooqi Haveli (10)**, das nach islamischem Brauch nur Blumenornamente, meist in blauer Farbe, aufweist. Englische Hoheiten, Richter und indische Herrscher kann man, außer den häufigen Krishna-Darstellungen und Eisenbahnen, auch im **Mohanlal Ishwardas Modi Haveli (11)** sehen, auf der nördlichen Seite des Nehru-Basars.

Italienisch-indischer Mix

Jhunjhunu hat einige akzeptable bis gute Hotels, man kann also über Nacht dort bleiben – oder zehn Kilometer nordöstlich nach **Bagar** fahren. Dort in dem ruhigen kleinen Ort ist die Sehenswürdigkeit auch die Unterkunft: das **Piramal Haveli**. Es wurde 1920 in einem italienisch inspirierten Landhausstil inmitten weiter Gartenanlagen erbaut. Der hohe massive Torbau ist dagegen indisch geprägt, die Interieurs sind reichlich mit Kacheln und indischem Mobiliar geschmückt. Unter dem Dachsims sind Bilder zu sehen: eine Mutter mit Kind, ein indischer Heiliger, Frauen auf der Straße. Über dem Eingang wachte die Göttin *Lakshmi* über den Reichtum der Familie, wie man hört, erfolgreich – der reiche Besitzer war in Mumbai ansässig. Heute hat die französisch-indische „Neemrana"-Hotelgruppe daraus ein komfortables kleines Hotel gemacht.

Reisepraktische Informationen zu Jhunjhunu

Ankunft und Auskunft

Tourist Reception Centre, *am Mandawa Circle, am Westrand der Stadt (mit Tourist Bungalow), ☎ 01592-232909, Mo–Sa 10–17 Uhr.*

Unterkunft

Sangam (1), *€–€€, Paramveer Path, ☎ 01592-232544. Große aber wenig gepflegte und – zur Hauptstraße hin – auch laute Zimmer.*
Shiv Shekhawati (2), *€€–€€€, Khemi Shakti Road, ☎ 01592-232651, www.shivshekhawati.com. Große, gepflegte Zimmer, Restaurant und Internetzugang.*
Fresco Palace (3), *€€€, Paramveer Path, ☎ 01592-395233, fresco_palace@yahoo.com. Modernes Hotel, mit Gartenrestaurant. Einige Fresken an den Wänden.*
Yamuna Resort (4), *€€–€€€€, nahe der NH 8 (Delhi-Sikar), ☎ 01592-232871, www.shivshekhawati.com. Laxmi Kant Jangid, dem auch das Shiv Shekhawati Hotel gehört, ist ein Shekhawati-Kenner, staatlich anerkannter Führer und auch der Gestalter des neuen Hotels mit strohgedeckten dorfähnlichen Cottages. Restaurant, Swimmingpool, Gartengrün und Heritage-Dekor mit Spiegelchen und Wandbildern. Koch- und Kunstkurse.*

In Bagar
Piramal Haveli (5), *€€€€, ☎ 01592-221220, www.neemranahotels.com. (Details s. S. 226 unten.)*

Verkehrsverbindungen

Bahnverbindungen: *Shekhawati-Express von und nach New Delhi, auch nach Jaipur, dorthin und zu Shekhawati-Orten weitere Züge. Meter-Schienennetz wird auf Breitspur umgestellt.*
Busverbindungen: *mit New Delhi ab 5 Uhr, auch nach Jodhpur, Bikaner und Ajmer sowie zu Shekhawati-Orten. ☎ 01592-27232664.*

Mandawa

Nur rund 25 km fährt man – per Bus oder Mietwagen – von Jhunjhunu zu dem touristischen Höhepunkt des Shekhawati-Landes, nach **Mandawa** (rund 21.000 Einwohner). Von dort aus ist die Fahrt zu kleineren Zielen der Gegend nicht weit, und es gibt in der überschaubaren Stadt selbst mit ihren sandüberwehten Straßen viel zu sehen: eine Reihe sehr reich bemalter *Havelis*, auch Tempel, ein Stadttor und ein Fort, das zu einem attraktiven, letzthin immer noch wieder vergrößerten Hotel wurde (s. S. 232). Wichtig ist dabei, dass es noch genug urige Ecken und Winkel gibt, nicht alles komfortabel geglättet wird. Zum Beispiel geht es zum Fort hinauf über eine steinige Auffahrt. Busse sind gehalten, nicht bis an die scheunentorgroßen Eingangsflügel hinaufzufahren.

All dies zusammen gefällt den meisten Indienreisenden, und so ist die Zahl der Übernachtungsmöglichkeiten kräftig gewachsen, zugleich auch die der Läden, der Führer und

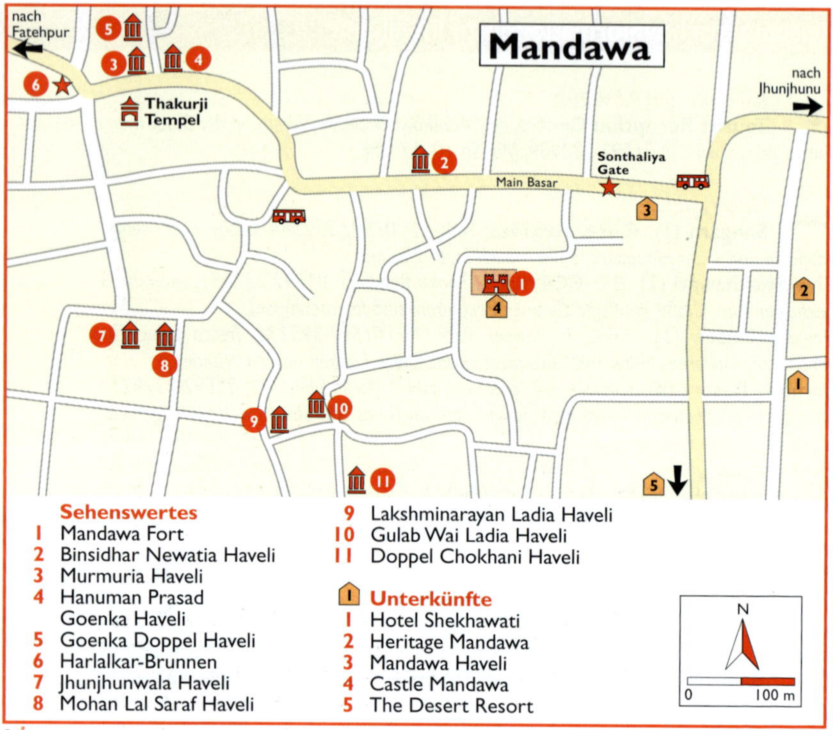

der unvermeidbaren *Touts*. Mandawa ist der meistbesuchte Ort im Shekhawati-Land. Das **Mandawa Fort (1)** gehört heute noch den Nachfahren des berühmten *Rao Sheka*. Das Hotel **Mandawa Castle** nimmt davon den größten Teil ein: ein erstaunlich weitläufiger, pittoresker Bau mit steilen Treppen, weitem Innenhof und angenehmen Gartenanlagen, die den ermüdeten Touristen Erholung gewähren. Innen ist alles indisch dekoriert, ohne überladen zu sein. Im Speisesaal isst man unter farbenfrohen Fresken, diniert wird bei Fackelschein im Gartenhof, mit Blick auf die hell erleuchtete Innenhof-Fassade des Forts, mit Feinmalerei nach Rajasthan-Art geschmückt, die Kellner in langen roten Jacken, mit weißen Jodhpurs und knielanger Weißwäsche, hinter den Turbanen lange Stoffschweife. Wieder, zum vierten Mal schon sahen wir dem Fackeltänzer mit dem urigen Weißbart bei seinem langsamen, rhythmischen Schreittanz zu, in jeder Hand eine Fackel, gefolgt von Trommler und Saitenspiel – eine Mandawa-Institution!

Frühmorgens bietet der Haupthof ein romantisches Bild, wenn sich schöne Pferde und geschmückte Kamele dort zum Aufbruch für Safaris und Trekkingtouren versammeln. Auch wer nicht im Fort wohnt, kann zur Besichtigung hinein.

Mandawa Castle – eines der ersten Palasthotels im Shekhawati-Land

Mandawa wurde um 1755 gegründet, und die Straßen haben die damalige Breite behalten, nur dass sich die kleinen Ladenstände wie üblich weit in die Straße vorgeschoben haben. Auch ist nicht überall asphaltiert, sodass die Fahrt durch den Ort stockend, langsam, das Wenden an jeder Ecke schwierig ist. Nach einem Regen erschweren Schlammlöcher zusammen mit den Abgas- und Staubwolken dem Spaziergänger das Fortkommen. Was für ein Leben und Handeln auf den Straßen!

Geschichte des Transports

Auf den Main Basar, der sich in ost-westlicher Richtung erstreckt, kommt man durch das dem Verkehr zu eng gewordene **Sonthiliya-Tor**. Es ist das einzige erhaltene Stadttor Mandawas. Nach 50 m in westlicher Richtung liegt auf der rechten Seite das **Binsidhar Newatia Haveli (2)**, leicht erkennbar, da dort die State Bank of Bikaner and Jaipur residiert. Wenn man vor dem Haus steht, sieht man rechts ein brüchiges Tor zum Hof, Abfall liegt dort, es stinkt, aber an der Wand des *Havelis* ist in präzisen farbigen Bildern die Geschichte des modernen Transportwesens dargestellt: **Lilienthal** mit seinen Mehrfach-Flügeln aus Segeltuch, das **Wright**-Flugzeug, ein Fahrrad, erste Automobile, ein Eisenbahnzug. Daneben die obligatorischen Gestalten aus der Hindu-Mythologie.

Vom Binsidhar Newatia Haveli aus hat man nach einigen hundert Metern westwärts auf dem Main Basar zwei Möglichkeiten, den Weg zu anderen ansehnlichen *Havelis* einzuschlagen, entweder in nordwestlicher oder in südlicher Richtung. So oder so: Abseits des Main Basars sind die Straßen oft fast menschenleer. Manche Einwohner sind aber doch unterwegs und so sehr auf suchende Touristen eingestellt, dass Fragen immer etwas bringt. Wenn jemand den Weg führt, zeigt man sich mit einem kleinen Trinkgeld erkenntlich. Es sollte aber wirklich nur klein sein, es sei denn, man ist an einen kenntnisreichen englischsprechenden Guide geraten, der mehr verdient.

Über den Dächern von Mandawa

Nordwestlich also liegt einige Straßen weiter das **Murmuria Haveli (3)**. An einer Wand dort ist wieder ein Eisenbahnzug abgebildet, aber auch Ministerpräsident *Nehru*, diesmal zu Pferde. An weniger sichtbaren Stellen über den Arkaden kann man Stadtansichten, etwa von Venedig entdecken. Die *Havelis* in der Nachbarschaft sind alle von der *Goenka*-Familie erbaut, anscheinend älter als das erst um 1930 errichtete Murmuria Haveli. Das **Hanuman Prasad Goenka Haveli (4)** prangt mit Göttern auf ihren „Fahrzeug"-Tieren, auch das **Goenka Doppel Haveli (5)** mit großen Pferde- und Elefantendarstellungen.

Auf dem Weg in den südlichen Teil der Stadt ist der **Harlalkar-Brunnen (6)** zu sehen, ein großer, charakteristischer Shekhawati-Brunnen mit vier turmartigen Pfeilern und einer Rampe für Tiere. Auch an ihm entdeckt man Reste von Bemalungen.

Zu den nächsten *Havelis* wandert man durch viele gewundene, teils enge Gassen, die oft knöcheltief sandig sind. Manchmal weitet sich ein stiller Platz. Da die Gassen keine sichtbaren Namen haben, ist es schwer, die eigenen Wege zu rekonstruieren, es kommt immer wieder auf den Spürsinn an.

Kitsch und Kurioses

Den Platz mit einem mächtigen Baum vor einem sehr großen Antiquitäten-Keller habe ich dennoch jedes Mal wiedergefunden, ich bin aber überzeugt, ich würde beim Suchen auch Hilfe erhalten. Eine phantastische Kuriositätenhöhle aus Krimskrams ist der Laden: suppentellergroße Opiumdosen mit Silbereinlage, Blecheisenbahnen, geschliffene Gläser, heftig schwere Vorhängeschlösser, uralte Spielfilmbilder. Ein alter Mann erzählte mir einmal unter dem Baum, dass *Havelis* von Goldhändlern früher geheime unterirdische Gewölbe hatten, wo die Edelmetalle sicher vor Räubern und

Feuersbrunst untergebracht waren. Es klang durchaus glaubwürdig. Anders als bei früheren Besuchen ist jetzt nicht nur der geräumige, halb unterirdische Keller, sondern auch das weitläufige Erdgeschoss bis in hinterste Winkel ausgefüllt.
Das **Jhunjhunwala Haveli (7)** in diesem südwestlichen Ortsteil hat am Haupthof einen Raum, in dem die gemalten Motive mit Goldauflage verziert sind. Es ist nur nicht immer möglich, jemanden zu finden, der den Raum aufschließt.

Südöstlich davon bürstet auf der Südwand des **Mohan Lal Saraf Haveli (8)** ein Rajpute seinen prächtigen Schnurrbart. Der Innenbereich ist mit Mosaik- und Spiegelverzierungen geschmückt.

Am **Lakshminarayan Ladia Haveli (9)** tanzen *Krishnas Gopis* trotz eines bedrohlichen Seeungeheuers, auch *Rama* ist im Bild zur Stelle, wie er den vielköpfigen Dämon *Ravana* meuchelt.

Vom **Gulab Wai Ladia Haveli (10)**, noch etwas weiter östlich gelegen, erzählt man, dass es früher viele erotische Darstellungen auf seinen Wänden trug. Da in Indien Prüderie triumphiert, sind all diese Bilder übertüncht. Einige weniger verfängliche sind immerhin recht anschauenswert.

Ein Beispiel der Wandmalerei nach 1900, die mit synthetischen Farben Reichtum und Überfluss zeigen wollte, bietet etwas weiter südlich das **Doppel Chokhani Haveli (11)**. Wieder wird *Krishna* im Bild gefeiert.

Tausende, Zehntausende Bilder überdauern, wer kann diese *Haveli*-Shekhawati-Welt von vorgestern ganz durchwandern? Shekhawati ist **eine lebendige Bildergalerie**: halbbebaute und unbebaute Grundstücke, zerbrochene Mauern, angefressene Mauern, dazwischen ein Betonklotz, bröckelnder Putz, Dachgärten, an deren Brüstungen es schwarz herunterströmt, die Ziegel von unzähligen Monsunregen gezeichnet.

Von **Mandawa** aus, dieser meistbesuchten Shekhawati-Residenz, gibt es gute Möglichkeiten, Touren hoch zu Kamel oder zu Pferd oder auch Fahrten mit dem Jeep zu unternehmen, der Weg geht dabei häufig nicht über Autostraßen.

Doch auch mit Mietwagen, Taxi oder Linienbus sind einige interessante Ziele, kleine Orte oder Paläste zu erreichen. Auf der 25 km langen Strecke zum Start-Ort Nawalgarh bleiben noch zwei Plätze zu besuchen, **dann schließt sich der Kreis der Rundfahrt.** Das Programm lässt sich frei variieren je nach den individuellen Erwartungen, je nach einzusetzender Zeit, je nach Lust und Laune!

Reisepraktische Informationen zu Mandawa

Unterkunft

Die Preise in Mandawa haben sich mit wachsender Nachfrage nach oben entwickelt, echte Budget-Unterkunft nur noch sehr schlicht!

Shekhawatis Bilderfülle leidet an Verfall und Vandalismus

Hotel Shekhawati (1), *€–€€, nahe der Mukundgarh Road, ☏ 0931-4698079, www.hotelshekhawati.com. Schön mit Malerei geschmücktes Haus, Restaurant und Internet. Henna-Malkurse!*

Heritage Mandawa (2), *€€–€€€€, gleichfalls nahe der Mukundgarh Road, ☏ 01592-223742, www.hotelheritagemandawa.com. Gebäude des 19. Jh., Restaurant im Innenhof, manche Zimmer fast ganz ausgemalt. Puppentheater und Musiker, auch Exkursionen.*

Mandawa Haveli (3), *€€€–€€€€, beim Sonthaliya-Tor, ☏ 01592-223088, www.hotelmandawa.free.fr. Das Team, das in Fatehpur das Haveli „Nadine Le Prince" (s. S. 212) restaurierte, hat auch hier mit schönem Erfolg gearbeitet, teils mit Wandbildern einer französischen Künstlerin. Restaurant und die üblichen Veranstaltungen.*

Castle Mandawa (4), *€€€€–€€€€€, südlich vom Main Basar, ☏ 01592-223124, 01592-223480, Reservierung 0141-5106081, www.mandawahotels.com. Ein märchenbuntes Heritage-Haus mit 71 Zimmern – oder sind es bereits wieder mehr? –, keines ist dem anderen gleich, mit prächtig ausgemalten Hallen und Salons, Restaurant und Terrassen, Swimmingpool und möglichen Ausritten.*

Außerhalb von Mandawa

The Desert Resort (5), *€€€–€€€€€, Mukundgarh Road, ☏ 01592-223151, www.mandawahotels.com. Eine Bungalow-Oase, mit komfortablen Lehmhütten und Cottages, Swimmingpool und Ayurveda-Massagen, Safaris.*

Verkehrsverbindungen

Keine **Bahnverbindung**, *aber zahlreiche Buslinien: nach Nawalgarh, Bikaner und Jaipur am „Bus Stand" im Osten der Stadt, noch östlich vom Sonthaliya-Tor, nach Fatehpur am „Bus Stand" in der Stadtmitte, am Main Basar.*

Mukundgarh, wo das Handwerk lebt

Rege Geschäftigkeit herrscht im Städtchen **Mukundgarh**, aber es ist nicht touristisches Getümmel, sondern der Fleiß traditionellen Handwerks, das hier noch betrieben wird: Messingware, Textiles und Handgeschmiedetes. Nur 14 km südlich von Mandawa hat der Ort ein mächtiges **Fort** aus dem 18. Jh., das als Hotel eingerichtet ist: mit Räumen, die in kühlen Farben (grün und blau) ausgemalt sind, mit blauen Kristallüstern im Speisesaal, Stühlen mit silbernen Beinen in der Lobby, einem arkadenumgebenen Hof, einem Garten unter hohen Bäumen – eine Besonderheit in der Halbwüste.

Traditionelles Handwerk

Das **Saraf Haveli**, mit einer Plattform für Elefanten, ist eines der größten *Havelis* im ganzen Gebiet, mit acht Höfen! An Wandbildern ist nicht viel zu sehen, doch wenn ein Hausmeister einlässt, kann man die altväterliche Einrichtung betrachten. In zwei Tempeln, **Gopinath** und **Venugopal,** lohnt der Besuch wegen der Bilder. Am **Ganeriwal Haveli** sind bei genauem Hinschauen auch einige erotische Szenen zu entdecken.

Stoffdruck gehört zu den kunsthandwerklichen Spezialitäten Rajasthans

Reisepraktische Informationen zu Mukundgarh

Unterkunft

Cross Country Mukundgarh Fort, €€€€, *Heritage Hotel, Dundlod Road, Mukundgarh, District Jhunjhunu, ☏ 01594-252397, www.crosscountry.co.in. 49 Zimmer, mit Restaurant und Bar, Swimmingpool, Safaris, Puppentheater und Rajasthan-Tänzen, Dinner auf der Düne. Kühlschrank im Zimmer. Auch Führer werden vermittelt.*

Verkehrsverbindungen

Bus *von und nach Jhunjhunu und Mandawa.*

Dundlod, Fort und Pferdeliebhaber

Empfehlenswerter Stopp

Nicht weit von Nawalgarh – etwa 20 km – sollte man doch in **Dundlod** (auch: Dunlod) haltmachen. Das **Fort**, das auch ein Hotel ist, gefällt vielleicht so sehr, dass man hier lieber wohnt als in einem größeren Ort. Das Fort ist eine Mischung aus Mugal- und Rajputen-Stil. Man hat sich mit Erfolg die Mühe gemacht, die Einrichtung des Forts aus dem 19. Jh., die auch europäische Einflüsse aufweist, geschmackvoll zu restaurieren. Prächtig sind der ehemalige **Diwan-i-Khana**, die Audienzhalle, die bunten Glasfenster, die vielen Porträts der Damengalerie und die sorgfältig in Glasschränken bewahrte Bibliothek! Auch im ehemaligen Frauenteil (*Zenana*) ist ein Lesesaal, die Damen des Hauses waren offenbar sehr an Literatur interessiert. Wie in Nawalgarh werden auch hier Pferde gezüchtet, Marwari-Pferde.

Auch in Dundlod hatten die Goenkas Hausbesitz, zu besichtigen ist das **Seth Arjun Das Goenka Haveli**, es wurde in großer Farbenfreudigkeit wiederhergestellt und gibt guten Eindruck vom Lebensstil der Kaufleute.
Beim Spaziergang durch Dundlod kann man noch andere *Havelis* von außen betrachten, auch das **Chattri** des *Ram Dutt Goenka*, das 1888 errichtet wurde (südöstlich des Forts). Unter der Kuppel tanzt *Krishna* mit den *Gopis*, den Milchmädchen – ein Symbol für göttliche Freude, verschönt noch durch Blumen- und Pfauendarstellungen.

Selbst der **Satyanarayan Tempel** (1911 gebaut) erhielt reichen Bildschmuck an der Außenwand: Europäer auf Fahrrädern und in Automobilen, eine Eisenbahn, vornehme Leute, die lesen oder Blumen betrachten, eine Frau, die in einen Spiegel schaut.

Auch von Dundlod aus können Ausflüge in das ganze Shekhawati gemacht werden, es eignet sich als Ausgangspunkt, ebenso sind Camping-Touren zu Pferd möglich (s. u.).

Reisepraktische Informationen zu Dundlod

Unterkunft

Dera Dundlod Fort, €€–€€€€, *Dundlod 333702, District Jhunjhunu, ☏ 01594-252199, www.dundlod.com. 22 Zimmer (teils werden Mängel kritisiert), mit Res-*

taurant (indisch/kontinental), Safaris, Dinner-Partys. Angebot einer 5-tägigen Shekhawati-Tour zu Pferde für etwa 650 €, mit Übernachtungen in Heritage-Hotels und Mahlzeiten.

Verkehrsverbindungen

Bus *von und nach Jhunjhunu und Mandawa.*

Von Dundlod nach Nawalgarh zum Ausgangspunkt der Rundreise sind es auf der Straße nur acht Kilometer. Wer sich zehn Tage oder noch länger Zeit für diese Shekhawati-Erkundung hat nehmen können, trägt den Bilderkosmos einer außerordentlichen indischen Region in sich: Bilder von Landschaften, Orten, Menschen – und die zahllosen gemalten Bilder an ihren Mauern, in ihren Höfen.

Samode, noch ein Märchenpalast

Muss man nach der Shekhawati-Rundfahrt zurück zum Flughafen Delhi und zum Heimflug, mag man sich noch etwas Gutes tun. Da empfehlen wir den **Samode Palace** – grandios in einem hohen Felstal über dem Dorf gleichen Namens gelegen. In ganz Rajasthan, sogar in ganz Nordindien, findet man kaum drei oder vier Plätze, die mit dieser Komposition aus Bergromantik und Hotelluxus konkurrieren könnten. Die indisch-muslimische Architektur entstand im 18. Jh. und wurde im 19. von einem Premierminister des Maharajas von Jaipur aufwendigst erweitert, dann auch die Durbar Hall und der Spiegelsaal (Sheesh Mahal) kostbar ausgemalt. Seit 1987 ist das Bergfort eines der Spitzenhotels Rajasthans. Besichtigung ist auch Besuchern möglich, die hier kein Quartier buchen, als Eintritt werden umgerechnet etwa 4 € berechnet.

Absolutes Spitzenhotel

Ein Tag geht rasch vorüber, wenn man noch zum **alten Fort** höher hinauf in die Aravalli-Berge möchte – auf dreihundert Stufen immerhin bequemer als der steinige Serpentinenpfad (wegen Einlass vorher im Hotel fragen!). Schöne Ausblicke! Überdies gibt es zwei andere Forts in der Umgebung, mit gangbaren Wegen – dergleichen sind anderswo in der freien Landschaft eher selten (etwa drei Stunden für den Rundgang – und feste Schuhe).

Wer nicht so weit möchte, sieht sich im Dorf um, wo es bemalte *Havelis*, einige prächtige Bäume und Kunsthandwerk-Läden zu sehen gibt.

Reizvoll ist auch der drei Kilometer entfernte **Samode Bagh,** ein jahrhundertealter, nun erneuerter kleiner Park mit Springbrunnen und einem kleinen Palastgebäude. In komfortablen Zelten schläft man etwas preisgünstiger als im Palast.

Reisepraktische Informationen zu Samode

Unterkunft

Samode Palace €€€€€ / **Samode Bagh** €€€–€€€€€, *zentrale Reservierung Samode House, Gangapole, Jaipur 3002002, ☎ 0141-2632407, 0141-2631068, www.samode.com. 42 km nördlich von Jaipur, 264 km von Delhi.*

Bikaner – Entdeckungen am Wüstenrand

Redaktionstipps

➤ **Kulturelles:** Bikaners **Junagarh Fort** (S. 239) besucht fast jeder Bikaner-Tourist. Es gibt viel zu sehen, nehmen Sie sich einen eigenen Führer oder gehen Sie ohne Führung – die Gruppen werden zu hastig durchgeschleust!

➤ **Zu Gast im Dorf:** Die meisten Inder leben im Dorf, nur etwa ein Drittel in den Städten, aber wer kennt das Leben auf dem Lande? Ein Tour-Operator in Bikaner macht es möglich:
Leben Sie **einen Tag mit einer Dorffamilie**! (S. 252)

➤ **Einkaufen:** In Bikaner gibt es meist bessere Preise als in Jaipur oder Jaisalmer. Man kann zum Beispiel in **Shri Marudhar Arts Emporium** (S. 256) hinuntersteigen und vielleicht etwas schon lang Gesuchtes entdecken.

➤ **Natur:** Mit Blick auf das Vogel- und Wild-Paradies des **Gajner Wildlife Sanctuary** (S. 251) oder auf die prächtigen alten Bäume des ehemaligen Jagdschlosses kann man im **Gajner Palace** wohnen, etwa 30 km südwestlich von Bikaner.

➤ **Kulinarisches:** Das Speiseangebot hat nichts Exquisites, aber der Platz für ein Café ist verführerisch schön: mit Blick auf die imposante Fassade des **Junagarh Forts**, im Baumschatten, gleich beim kleinen **Prachina Museum** (S. 241).

Um Bikaner breitet sich die Halbwüste aus mit spärlicher Vegetation, Sanddünen sind hier selten. Was auffällt ist, dass alles, was überall sonst aus Holz, Brettern, Pfosten, gebaut war, hier aus Stein, Steinplatten, rohen Steinbalken bestand.

Durch lange Ausfallstraßen – wenn ein Wind aufkommt, voller Staubwolken! – geht es ins Stadtinnere. Wer sich schon Jahre zuvor hier umgesehen hat, nimmt wahr, wie viel breiter die Straßen auch am Stadtrand geworden sind, ähnlich wie der National Highway NH 11. Und mit wie viel neuen Häusern sich Bikaner ins Umland vorschiebt – Bikaner, dem man keine Entwicklung zutraute.

Orientierung

Wenn man von Osten auf der Jaipur Road anreist, auf die Stadtmitte zu, fährt man direkt auf den Platz vor dem **Junagarh Fort**. Das ist kein erhaben ragender Blickpunkt wie das Fort in Jodhpur, es steht auf gleichem Niveau wie die Stadt, wurde geschützt von mächtigen Mauern und einem breiten Graben davor. Am Fort vorbei in südwestlicher Richtung gelangt man bald an den Rand des dichtbebauten **Bahnhofsviertels**, zugleich führt die M.G. Road direkt vor die Mauer der **Altstadt**, die rund 500 m südwestlich vom Fort beginnt. Richtung Nordosten geht es vom Junagarh Fort zum neueren königlichen **Lallgarh Palace**. Administration, Banken, öffentliche Parks und Museen befinden sich westlich und südlich vom Fort.

Geschichte

Es ist erst etwa 550 Jahre her, dass **Bika**, einer der 14 Söhne des Rathore-Maharajas *Rao Jodha*, auszog, neues Land für sich zu erobern. Der Vater hatte Jodhpur gegründet, das auch seinen Namen von ihm hat, *Bika* gründete 1488 Bikaner. Mit einigen adligen Kriegern, 100 Reitern und 500 Mann Fußvolk besiegte er die Landherren

Sand weht über den Asphalt

dort. Auch Kaufleute und „Schreiber" (für eine neue Verwaltung) brachte er mit und erklärte sich zum Maharaja, zum König. Überliefert ist: Eine Lokalheilige, **Karni Mata**, die heute noch verehrt wird, half dem Stadtgründer mit ihrem Charisma.

Der neue Rathore-Ort lag wie Jodhpur in der Wüste Thar, aber strategisch günstig zwischen **Punjab, Sindh** (an der Indus-Mündung), **Delhi** und **Shekhawati**. Die folgenden Maharaja-Generationen hatten gegen die Mogul-Sultane, aber oft auch gegen rajasthanische Rajputen-Rivalen zu kämpfen. 1538 musste sich der Sultan vor dem Bikaner-Fort geschlagen geben, danach brachten die Karawanen noch mehr Zoll-Einnahmen, die Wirtschaft blühte. 1588 erbaute Maharaja *Rai Singh* anstelle des Lehm-Forts das **Junagarh-Fort**.

Bikaner – Sehenswertes

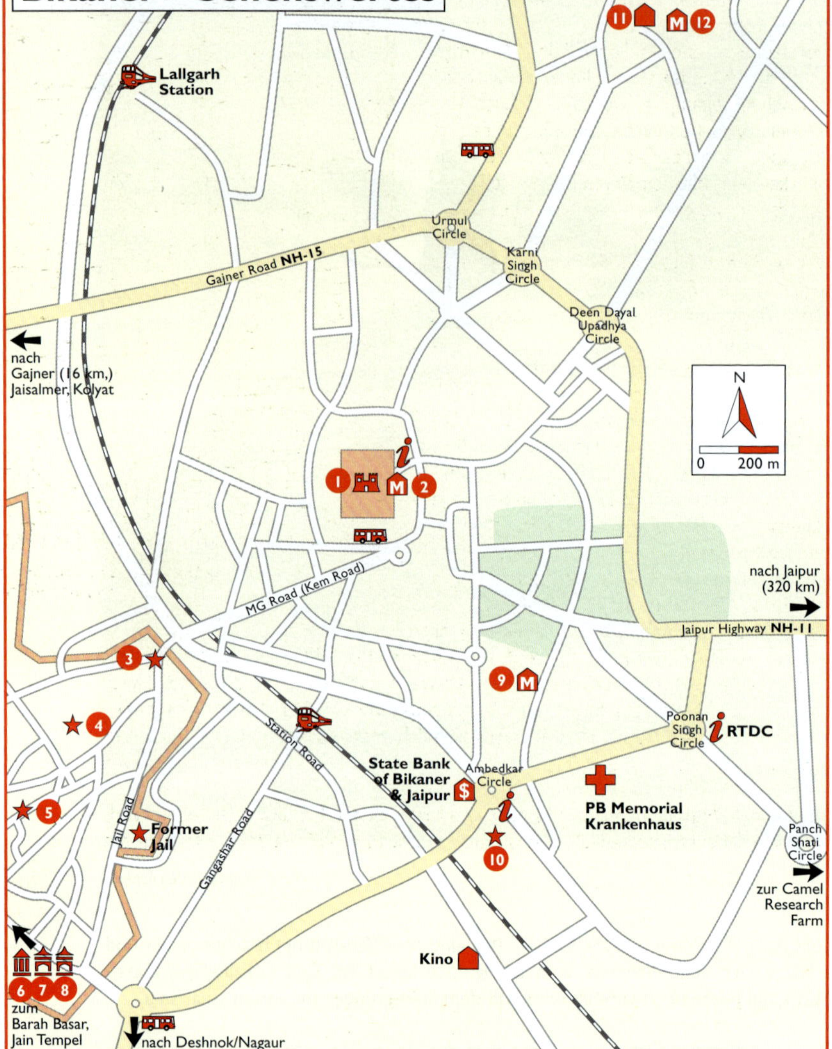

Sehenswertes

1 Junagarh Fort
2 Prachina Museum
3 Kota Tor
4 Altstadt
5 Bhanwar Niwas
6 Rikhi Bagri ki Haveli
7 Bhandeshwar-Tempel und Neminath-Tempel
8 Lakshminath-Tempel
9 Ganga Government Museum
10 Brahma Kumaris
11 Lallgarh Palace
12 Shri Sadul Museum

Steinschnitzerei und Lust an Blumen im Junagarh Fort

Aus der stolzen Rolle der Selbstständigkeit heraus konnte Bikaner die Oberherrschaft des Sultans anerkennen und ihm im Kriegshandwerk zur Seite stehen. Sogar Sultan **Aurangzeb**, der grundsätzlich alle „heidnischen" Herrscher bekämpfte, wollte schließlich den Bikaner-Herrscher nicht zum Feind, genoss der doch auch bei seinen Rajputen-Kollegen Anerkennung. Mit den Briten lebten die Maharajas später auf distanziert-gutem Fuß.

Der berühmte Maharaja **Ganga Singh** – er regierte von 1887 bis 1943 – verstand es, westliche Technologie, den Briten abgeschaut, für sein Land zu nutzen. Er eröffnete 1889 die erste Bikaner-Eisenbahnlinie. Ende des 19. Jh. ließ er den ersten Bewässerungskanal in die Wüste bauen und vergrößerte so die landwirtschaftlich nutzbare Fläche beträchtlich. Weitere Kanalprojekte – bis hin zum berühmten **Indira-Gandhi-Kanal** – gehen auf seine Pläne zurück. Besser als andere Fürstenstaaten bewältigte Bikaner Hungerkrisen nach ausbleibenden Monsunregen. *Ganga Singh* stand der **Chamber of Princes** vor, einer Vereinigung aller Maharajas von Rajputana, er war als Diplomat zwischen den Weltkriegen bei den Round Table-Konferenzen tätig. Noch heute wird er in Bikaner verehrt. Er war zwar kein demokratischer Herrscher – immerhin führte er die Gewaltenteilung zwischen Gerichten und Administration ein – aber ein, wie manche sagen, ziemlich despotischer Patriarch mit guten Absichten.

Die Altstadt, Museen und die Paläste, die um 1900 entstanden, all das ist sehenswert. Aber am sehenswertesten, als Herrschaftsgebäude wie als Schatzhaus, ist doch das Junagarh Fort.

Junagarh Fort: Versammlung glänzender Paläste

Uneinnehmbare Festung

Diese Festung wurde nie eingenommen! Zwischen 1588 und 1593 ließ **Rai Singh** das Fort anstelle von *Bikas* Lehmfestung erbauen. Mit seinem 120 m tiefen Brunnen und Vorratskellern ist es ein „Selbstversorgungs-Fort". Über Jahrhunderte setzten die Herrscher in aller Ruhe neue Paläste in den 986 m langen Mauerring, **Junagarh Fort (1)** wurde unvergleichbar in seiner Pracht. 37 Paläste, Pavillons und Tempel hat man gezählt.

Vergoldete Pracht an den Wänden des Karan Mahal

Wehrten früher Bikaners Maharajas feindliche Belagerer ab, so ist es heutzutage gelungen, die Belagerung seiner Besucher zu unterbinden: Ohne dass Scharen von Händlern sich herandrängen, kommt man von Osten durch das wuchtig starke **Suraj Pol**, das Sonnentor, anschließend ans **Daulat Pol**, wo die *Sati*-Hände an der hohen Torwand an die sich opfernden Helden-Witwen erinnern.

Klar, großzügig und opulent erstreckt sich über dem Hof – fast so groß wie ein Fußballfeld – die Palastfassade mit mehreren krönenden Kuppelpavillons, langen Reihen von Säulenarkaden, Fenstern, Erkern und feinem Steinschnitzwerk. Über dem Sandsteinrot im unteren Fassadenbereich dominiert Lichtgelb an den oberen Stockwerken. Hinter dieser Fassade gerät der Besucher dann bald ins Labyrinthische – das Ineinander von Bastionen und Höfen, Treppen und Hintertreppen, Nischen und Quergängen ist kaum durchschaubar. Staunenswert sind einige kostbare Raumschöpfungen, die in ganz Indien nicht ihresgleichen haben.

Prächtige Dekoration

Am großen Hof betritt man das **Karan Mahal**, dessen Wände und Säulen von Blattgold glänzen. Es stammt aus dem 17. Jh. und täuscht auf unglaublich kunstvolle Weise Marmor und Edelstein-Einlegearbeit vor. Nur bei genauestem Hinsehen wird man gewahr, dass es sich nicht um Marmor, sondern um polierten Kalkgrund handelt, aufs Feinste bemalt, auch mit Blattgold (*Sonakin*-Stil genannt). Heute muss diese hochartifizielle Dekoration gegen Pilzbefall verteidigt werden.
Mit noch mehr Gold empfängt den Besucher **Anup Mahal**, das mit ihren Säulenarkaden und dem üppigen Polstersitz des Herrschers für Privataudienzen bestimmt war: goldene Blätter und Blüten von den Säulenbasen bis an die Decke.

Ältestes Prachtensemble ist das **Phool Mahal**, noch aus der Zeit *Rai Singhs*, mit einer kleinen Ausstellung von Dingen, die ein Bikaner-Herrscher brauchte: zum Beispiel Schuhe aus Elfenbein und ein Schwert vom Mogulkaiser *Akbar*. Modernere Objekte werden im Palast auch gezeigt: Briefpapier und Lupe, Becher und Tasse. Und eine große Zeichnung der **Round Table Conference** von 1930/31 in Londons St. James Palace ist ausgestellt, mit Karikaturen der 98 Beteiligten.

Chandra Mahal, der Mondpalast, und **Badal Mahal** (19. Jh.), der Wolkenpalast, zeigen eine fast unbegrenzte Lust an der Dekoration mit Spiegeln, Bildern, Farben, mit holländischen Kacheln, chinesischen Tapeten und Rajputenmalerei. *Krishna* und seine *Gopis* (jede hat ihren eigenen *Krishna*, wie die Legende erzählt) tanzen an der reichgeschmückten, zeltähnlichen Decke eines Schlafgemachs im **Chhatra Mahal** im Oberstock des Palastes. Die Götter erscheinen in allen Jahrhunderten, Maharajas liebten aber auch das eigene Leben dargestellt zu sehen, mit Polospiel, Gartenfesten und Elefantenturnieren. Der Blick aus den rückwärtigen Palastfenstern ernüchtert heute: Wo Gartengrün und Blumenpracht war, ist der Boden versteppt und versandet.

Bikaners Havelis: viele sind verschlossen

Nicht zu versäumen: das **Ganga Niwas**, der jüngere Palast, in dem Maharaja *Ganga Singh* (1887–1943) residierte. Dessen Zuwendung zur westlicher Technik und seine Bereitschaft, die Briten im Ersten Weltkrieg zu unterstützen, werden im Palastmuseum dokumentiert – aber auch mit dem elektrischen Lift, der 1914 im Palast installiert wurde, als erster Rajasthans. Neben Elefantensesseln und Nobelwaffen, Luxus und Juwelen zeigt das Museum auch ein deutsches Maschinengewehr und frühes Fluggerät, ein Geschenk Großbritanniens.

Zum Beginn der *Rathore*-Herrschaft zurück führt ein überaus berühmter **Sandelholzthron** von 1212, den die *Rathores* aus ihrem frühen Standort Kanauj mitgebracht hatten. Darum gab es heftigen Streit: *Bika* war der Thron versprochen worden, seine Brüder gaben ihn nicht heraus und als sie das Erbe doch ausliefern mussten, flammte die Feindschaft immer wieder auf.

Erst vor einigen Jahren hat der Stiftungsfond, in den Maharaja *Karni Singh* (1924–1988) das **Junagarh Fort** überführte, noch zusätzlich das **Prachina Museum (2)** eröffnet – im Areal des Forts, ein modernes kleines Gebäude gegenüber der Palastfassade. Alltagsinventar der Palastbewohner ist das Hauptthema, von schönen Textilien und dem Make-up-Kabinett bis zum Einblick in die Arbeit der **Ustas**, der Kunsthandwerker – Steinschnitzerei, Stuckbemalung und Kamellederflaschen. Man findet auch einen Bündnisvertrag, geschlossen 1818 zwischen der **East India Company** und dem Maharaja von Bikaner. Ein kleiner Souvenirladen ist angeschlossen. Draußen stehen Tische und Stühle, Tee und Kaffee und auch ein *Masala Omelette Sandwich* sind für wenige Rupien zu haben.

Café mit Blick zum Fort

Junagarh Fort und Prachina Museum: *Das Fort ist tgl. 10–16.30 Uhr geöffnet, das Prachina-Museum 9–18 Uhr.*

Altstadt: Havelis, ein Hotel, heilige Kühe

Vom **Junagarh Fort** führt die M.G. Road (K.E.M. Road) direkt auf das **Kota Tor (3)** zu und zur **Altstadt (4)**: In der mittelalterlichen, sieben Kilometer langen Mauer gibt es fünf Tore vom Anfang des 19. Jh. Falls nach der Fort-Besichtigung Hunger aufkommt: Das **Gallops-Restaurant** ist gleich gegenüber dem Fort zu finden (s. S. 256).

In der Altstadt kommen Autofahrer schnell in Schwierigkeiten, sobald sie in die schmalen Gassen einschwenken und Einbahnstraßen sie von ihrem Ziel entfernen oder Kühe im Weg stehen. Gegenverkehr gibt es auch, Fußgänger, Motorradfahrer und Rikshas drängen sich in Schlängellinien aneinander vorbei, an den Straßenseiten steht fauliges Wasser in schmalen Gräben, die Luft ist voller fremder Gerüche und Geräusche.

Verschlungene Wege

Da es weder Straßenschilder gibt noch Orientierungspunkte, gleicht das Aufsuchen von bestimmten, besonders kunstvollen *Havelis* einer spannenden Schatzsuche. Man muss fragen, fragen, fragen, immer mit einem freundlichen Lächeln und langsamem Aussprechen des gesuchten Namens. Mancher auswärtige Fahrer lässt einen *Threewheeler* vor sich herfahren, der ihn geleitet.

Besser ist man zu Fuß unterwegs, ohne an die dichtbefahrenen Durchfahrtsgassen gebunden zu sein. Mit Zeit, in die zur Straße offenen Läden zu schauen, sich auf Umwege einzulassen, in einen Tempel einzutreten und die hohen alten *Havelis* anzuschauen. Auf die trifft man im Süden der Altstadt, noch südlich vom Barah Basar und Rangri Chowk. Da die Nachfahren der Karawanenkaufleute längst ihre klimatisierten Wohnungen und modernen Büroetagen in Mumbai haben, halten die noch immer stattlichen *Familienhavelis* in Bikaners Altstadt Dornröschenschlaf und sehen mit geschlossenen Fensterläden und Eisentoren abweisend aus, trotz ihres reichen Schmucks an Steinschnitzereien auf den Fassaden. Die Tore werden nur zu Festtagen und Familienfeiern gelegentlich geöffnet und heiter bevölkert. Fremde Besucher haben keinen Zutritt in die Innenhöfe, es sei denn, ein Hausbewahrer will sein Gehalt aufbessern und öffnet gegen *Bakshish* ein quietschendes Eingangstor.

Genauer hinschauend auf manche dieser tiefdunkelroten Sandsteinfassaden und das Feingespinst der Blütenformen an ihren Oberflächen, möchte man sogar den Fein-Formulierungen des Indienfahrers *Martin Mosebach* folgen. Wenn er von der Kunst der Steinmetze in Bikaner erzählt, spricht er ihnen eine phantastische, zauberische Kunst des Verwandelns zu: Sie „behandelten diesen seit Generationen vertrauten Stein mit zärtlicher Familiarität, sie verlangten ihm ab, nicht mehr Stein zu sein, sondern raschelnde Seide, knisternde Spitze, durchscheinender Schleier."

Faszinierende Steinmetzkunst

Ein Wunder-*Haveli* ist auf seine Weise das **Bhanwar Niwas (5)** in der Rampuria Street. Es ist eines von mehreren, fast einen Straßenblock füllenden *Havelis*, die zweifellos zu den schönsten und wichtigsten in Bikaner zählen. Sie stammen meist vom Ende des 19. Jh., sind also etwas über 100 Jahre alt, und zeugen mit ihrem Äußeren, vor allem mit den vorragenden *Jharokhas*, von der Lebendigkeit des Steinkunsthandwerks bis fast in die Gegenwart. Viele, die sie zum ersten Mal sehen, glauben, es allenfalls mit geschnitztem Holz zu tun zu haben. Durchbrochene Steingardinen könnte man die *Jalis* vor den Fenstern nennen, überall angebracht, damit die Frauen das Alltags- und Geschäftsleben genau verfolgen konnten, ohne gesehen zu werden.

Im **Bhanwar Niwas** kann man wohnen. Dieses *Haveli* ist erst 1927 für *Seth Bhanwarwal Rampuriya* erbaut worden, ist seit langem schon ein vielgefragtes Heritage-Stadthotel und als Gast staunt man immer wieder über die Großzügigkeit des mehrstöckig von Arkaden umrahmten Hofs, die palastartig breite Doppeltreppe und insgesamt über die kostbare Ausstattung. Der Eigner, Nachkomme der Gründer und

Musiker in Bikaners Altstadt

Kunstsammler, hat indisches und europäisches Kunsthandwerk, indische und europäische Kunst zu einer Symbiose versammelt, mit entschiedener Neigung zur Ästhetik des französischen *Fin de Siècle*. Das tut mancher Reiseführer als Kitsch ab, angesichts der Qualität der Gemälde, Gläser und Möbel sicherlich ein Missverständnis, umso mehr, da über Versailles gleich dasselbe Urteil gesprochen wird.

„Gedicht aus Stein"

Berühmt ist auch das sehr alte **Rikhi Bagri ki Haveli (6)** nahe dem **Mohta Chowk.** Es ist klein und besonders fein verziert, „ein Gedicht aus Stein" wird es genannt. Zu den Motiven seiner Fassade gehören nicht nur Blumen, sondern auch Pfauen und Elefanten.

Es ist schon sehr schade, dass man so wenige dieser Palasthäuser von innen sehen kann, ihre weiten Höfe, ihre Marmorböden, die Pfeiler in den Wohnräumen mit den schmückenden Spiegeln, die wunderbar geschnitzten vergoldeten Holzdecken in den repräsentativen Empfangsräumen (*Dankhanas*) und die gleichfalls mit Gold geschmückten Wohnzimmer im Flügel der Damen. Auch bei den Haustempeln mit den Figuren des *Ganesh*, des *Shiva*, der *Lakshmi* und *Parvati* haben die reichen Eigentümer keine Pracht gespart. Vom Stil der *Havelis* in den Shekhawati-Städten wie auch in Jaisalmer unterscheiden sich die Bikaner-*Havelis* deutlich, schon durch das vorherrschende braunrötliche Natursteinmauerwerk.

Wenige Schritte entfernt von den stattlichen Häusern wartet der Altstadtalltag mit Ochsenkarren, bockigen Eseln und einem kleinen Markt, der Kohl, Orangen und gerupfte Hühner anbietet.

Attraktion der Wüste: Kamele

Es ist in Bikaner eben Unspektakuläres und Sehenswertes nebeneinander zu finden. Die Stadt wird von Reisenden, die das wirkliche Rajasthan erleben wollen, sogar dem vielbesuchten, weil so malerisch auf seiner Höhe thronenden Jaisalmer vorgezogen: Bikaner ist Wüstenstadt ohne – oder fast ohne – den um Jaisalmer so forcierten Tourismus und Souvenirhandel und seine nur für die Fremden fabrizierten Produkte. Aber auch in Bikaner fehlt es nicht an guten Unterkünften und seriösen Angeboten für Safaris, lange oder kurze, in die Halbwüste und auch bis dahin, wo sie wirkliche Wüste wird.

info

Die Wüste schrumpft – Bewässerung

Vor wenigen Jahrzehnten war mehr Wüste in Rajasthan zu erleben als heute. Es ist eine seltsame Überraschung, wenn man vor einer Ansiedlung oder bei einem Tempel grüne Äcker, kleine Bäume und einen Garten antrifft, wo vorher Staub und Steine waren. Dieses Erlebnis hat man jetzt häufig, nördlich von Bikaner, bei Jaisalmer und auch im Shekhawati-Gebiet.

Um die Mitte des 20. Jh. knüpfte in Bikaner der Ingenieur *Kanwar Sain* an frühere Ideen zur Bewässerung an und legte einen Plan vor, das Rajasthan Canal Project, aus dem später das **Indira-Gandhi-Nahar-Project** wurde. Er entwarf den Bau eines Kanals, der Wasser aus dem Himalaya, von den Flüssen Beas und Ravi, nach Rajasthan leitete. Der Kanal wurde in mehreren Fünf-Jahres-Plänen gebaut, war schließlich 1.400 km lang und führte Wasser zum Trinken und zur Bewässerung in die Distrikte von Bikaner, Hanumangarh, Jaisalmer und Jodhpur. Das Bewässerungsunternehmen soll das größte der Welt sein. Die Lebensweise der Bewohner dieser Landstriche änderte sich sehr: Sie bauen heute anstatt der mageren trockenheitsliebenden Pflanzen ertragreicheren Weizen, Reis, Senf und Baumwolle an. Die Einwohnerzahl vergrößerte sich durch Zuwanderung. Auch die Wüstenfauna und die Flora veränderten sich.

info

Es könnte sein wie im Märchen. Aber es gibt auch Einwände. Kenner warnen zum Beispiel vor der Gefahr der langsamen Versalzung des Bodens, weil Mineralien durch das Wasser gelöst werden. Das droht die Fruchtbarkeit des Bodens zu beeinträchtigen. Es ist auch nicht auszuschließen, dass das abgeleitete Wasser irgendwo in den Gebieten seiner Herkunft fehlt, Rajasthan deswegen Streit bekommt mit den nördlich gelegenen Bundesstaaten.

Es ist zu wünschen, dass der Zweck, in Zukunft Lebensmittelknappheit zu verhindern, nachhaltig erfüllt wird!

Hundespalier, Goldwäscher und ein glitzernder Tempel

Auf dem Weg durch die Altstadt zum Jain-Tempel stehen Straßenhunde, gelbe, gescheckte, hängeohrige Hunde, in langen Reihen am Straßenrand, mit ziemlich gleichmäßigen Abständen voneinander, ernst und aufmerksam in eine Richtung schauend. Jeden Morgen kommen Männer, die in der Nachbarschaft zur Arbeit wollen, auf ihren Fahrrädern vorbei und werfen den Hunden ein *Tschapati* zu. *Tschapati* ist das bekannte indische Fladenbrot, das die Frauen morgens frisch auf der Eisenplatte backen für den Mann als Brotzeit. Die Hunde warten auf diese tägliche Spende und balgen sich nicht um den Bissen. Gegen Abend wiederholt sich das Ganze, die Radler kommen zurück und die Hunde stehen da, den Kopf erwartungsvoll in die andere Richtung gereckt.

Treue Hunde

Am Ende der Straße im Südwesten der Altstadt, gleich bei einem Teil der alten Stadtummauerung liegt der **Bhandeshwar-Tempel (7)**, auch **Bhandasar Temple**, das älteste Gebäude der Stadt, das aber nicht so alt aussieht. Es wurde 1468 bis 1504 erbaut, also in der Gründungszeit Bikaners, Zugaben folgten später, so die Gemälde im 18. Jh. und die Porzellanziegel aus England. Zu empfehlen ist wegen des Überblicks über die Stadt, den Turm hinaufzusteigen! Dieser Jain-Tempel hat im Innern nicht den himmlisch reichen Skulpturenschmuck, der zum Beispiel in Ranakpur fasziniert, dafür aber herrliche, farbenfrohe Wandgemälde und viele in die Wände eingelassene kleine Spiegel, die leuchten und glitzern im einfallenden Sonnenlicht. Die Bilder zeigen buntes Volkstreiben, Elefantenreiter und marschierende Krieger. Der Tempel ist dem fünften der heiligen Jain-Furtbereiter, *Sumatinathji*, gewidmet.

Tempel der Herrscher

Ein zweiter Jain-Tempel wurde gleich daneben ebenfalls schon im 15. Jh. geschaffen, zu Ehren **Neminaths,** des 22. *Thirkantara* (= Furtbereiters), mit den Marmorskulpturen vieler Jain-Heiliger, die nebeneinander aufgereiht ihren Blick in unbekannte Ferne richten. Auch hier schmücken Bilder mit Blattgold die Wände.

Ein Hindu-Tempel aus dem frühen 16. Jh. ist der rechts von den Jain-Tempeln errichtete **Lakshminath-Tempel (8)**, genannt nach dem Schutzgott der Herrscher von Bikaner, sozusagen der offizielle Tempel des Maharajas. In alten Zeiten gab es an religiösen Feiertagen Prozessionen mit großem Aufwand zu diesem Tempel, der reich ausgestattet ist.
Lakshminath-Tempel: *geöffnet von 6–13 und von 18–22.30 Uhr.*

Man nimmt denselben Weg zurück, wenn man zum Bahnhof östlich der Altstadt will, von da aus kann man weitere Ziele in der Stadt mit der Riksha gut erreichen.

Am Weg fallen arme Leute auf, die in großen Schüsseln den Schlamm aus den Gossenbächen waschen. Sie sind Goldwäscher. Dies ist das Viertel der Goldschmiede, und in den Kanälen soll zuweilen etwas Staub oder einige Goldspäne aus der Verarbeitung des edlen Metalls zu finden sein.

Stadtzentrum und Ganga Government Museum

Lokales Museum

Östlich von Altstadt, Bahnhof und **Junagarh Fort** ist das **Stadtzentrum** gewachsen: mit Parks und breiten Straßen, gesäumt von Läden jeder Art, dazu noch aus britischer Zeit Amts- und Gerichtsgebäuden. Wenig bekannt, aber für Indologen interessant, ist: In Bikaner wird das **Staatsarchiv** Rajasthans verwaltet, professionelle Interessenten erhalten Zutritt.
Staatsarchiv: ☏ *0151-2545345, beim MN Hospital, geöffnet Mo–Sa 10–17 Uhr.*

Ein Stück nördlich vom **RTDC-Reception Center** Dhola Maru an der Jaipur-Road finden Besucher ihr Ziel, die viele Aspekte der Geschichte Bikaners an Einzelobjekten erleben wollen. Das **Ganga Government Museum (9)**, auch **Golden Jubilee Museum** genannt, wurde auf Betreiben *Ganga Singhs* gegründet und ist wegen seines Art déco-Baustils auffällig, in seiner architektonischen Gestalt überraschend europäisch. Bis zurück in die Harappa-Kultur zeigt es Fundstücke, Terrakotten aus der Gupta-Zeit, die musealen Rajputen-Waffen und aus der Naturgeschichte Fossilien, die man in der Wüste fand.

Sehenswerte Hindu-Skulpturen

Ein „Eilbrief" von 1605 beeindruckt, in dem der spätere Sultan **Jahangir** den Maharaja auffordert, sofort und ohne Rast nach Agra zu kommen, da der große *Akbar* im Sterben liege – da ist also ein Zeugnis der Maharaja-Mogul-Beziehungen authentisch zu sehen. Manche werden die weniger authentischen, dafür aber theatralischen Ölgemälde mehr fesseln, die Szenen aus den alten Rajputen-Rachekämpfen darstellen.

Sehr sehenswert ist die Sammlung alter **Miniaturmalereien**, beste Stücke aus der Bikaner-Schule, deren Feinheit sogar viele begeistert, die keine Kunstkenner sind. Unter den frühen Hindu-Skulpturen, hier aus dem 10. und 11. Jh., ist eine Marmorstatue der **Saraswati,** der Gattin *Brashmas* zu bewundern, der Göttin, die der Wissenschaft, Kreativität und Musik zugetan ist. Unter den Textilien sind die Brokate besonders prächtig, man sieht eine Vielzahl indischer Musikinstrumente, vielerlei Glas und Keramik – und einen Salonwagen des Maharajas. Die obere Etage wurde renoviert, das Museum verfügt nun über eine deutlich größere Ausstellungsfläche.
Ganga Government Museum: *geöffnet Sa–Do 10–16.30 Uhr.*

Etwa ebenso nah wie das **Ganga Government Museum** nördlich des Tourist Reception Center zu erreichen ist, hat sich südlich davon die religiöse Gemeinschaft

Teile des Lallgarh-Palastes sind heute zum Hotel umgewandelt

Brahma Kumaris (10) (= Kinder *Brahmas*) eines ihrer insgesamt etwa 3.000 Zentren geschaffen, samt Museum. Man braucht nicht an Meditationskursen teilnehmen, sondern kann sich anhand der figürlichen Darstellungen dieser seit den dreißiger Jahren des 19. Jh. hinduistisch-buddhistisch-christlich entwickelten Lehre ein eigenes Bild machen. In Mount Abu hat sie die **Spiritual University Om Shanti Bhawan** gegründet (s. S. 333).

Das Lallgarh-Palastgelände, Tradition und Perfektion

In einem großen, sorgfältig bewässerten (und trotzdem einige Wochen nach dem Monsun wieder staubgrauen) Gartengelände im Norden der Stadt steht der **Lallgarh Palace-Komplex (11)** der Maharaja-Familie. Im Sonnenlicht glänzt der Sandstein manchmal erdbeerrot. Hauptteil der vergleichsweise riesigen Anlage ist der prächtige **Laxmi-Niwas-Palast**.

Indo-Britischer Palast

Dieser Palast entstand zwischen 1902 und 1926 für den damals noch jungen Maharaja *Ganga Singh*, auf Rat seines englischen Mentors. Wegen der indo-britischen Grandeur dieses vorletzten großen Maharaja-Palast-Neubaus im 20. Jh., wie auch wegen der handwerklich sorgsam ausgeführten Architektur lohnt es sich, das von dem britischen Architekten *Sir Swinton Jacob* entworfene Bauwerk mit seinen weiträumigen Höfen genauer anzusehen. *Sir Swinton Jacob* hielt mit sicherem Gefühl Abstand von viktorianischer Architektur, sorgte aber für technische Ausstattung westlichen Ursprungs. Neben Mogul-Stilelementen hatte er vor allem rajasthanisches Design genau studiert und setzte es geschickt ein. Außerdem haben **Laxmi Niwas** und

Für tapfere Rajputen: Heldenstein am Devi Kund

Lallgarh für Touristen den Vorzug, dass sie nicht um 17 Uhr von den Wärtern hinausgebeten werden, sondern über Nacht bleiben können – als Hotelgäste.

Portal und Fassade sind geschmückt mit plastischem Steinmetz-Schmuck, Blüten, Ranken, Rosetten und Blättern dicht bei dicht sowie durchbrochenen Steinschnitzereien an Balkonen und vor den Fenstern des ehemaligen Damen-Traktes (*Zenana*). Die Innenhöfe umgeben weiträumig und einladend Arkaden, an deren Wänden eine Vielzahl von alten schwarz-weiß-Fotografien zu sehen ist, eine interessante und amüsante Dokumentation des früheren Maharaja-Hofes. Teile des **Lallgarh-Palastes** sind schon vor Jahren zum Hotel umgewandelt worden.

Auch das **Shri Sadul Museum (12)** ist im Palast eingerichtet. Es zeigt eine der besten öffentlichen Sammlungen zur Dokumentation der Maharaja-Ära unter der britischen Herrschaft. Wo Durbar-Versammlungen, Hochzeitsfeste, politische Zeremonien und – immer wieder – fürstliche Jagdgesellschaften stattfanden, waren Fotografen zugegen. Außerdem gibt es persönliche Erinnerungsstücke in Fülle zu sehen!

Der **Laxmi-Niwas**-Teil diente den Fürstlichkeiten noch bis vor einigen Jahren als Privatquartier, bevor er mit all seiner kostbaren Ausstattung auch noch zum Hotel wurde (Hoteldaten s. S. 255). Geschnitzte Holzdecken, vergoldete Ornamente an Wänden und Pfeilern, Kronleuchter aus blauem Glas im Restaurant, überreich verzierte Möbel und eine Fülle von Jagdtrophäen könnten im Laxmi Niwas Maharajaträume wachrufen. Für Hotelgäste und auch Besucher von außerhalb werden zum Dinner die Tische in einem der Innenhöfe gedeckt, man speist bei Musik, Tanzvorführung und Feuerschluckern im romantischen Licht der Öllampen.

Ziele in Bikaners Umgebung

Östlich: Marmor am Devi Kund Sagar

Acht Kilometer östlich sind die **tempelartigen Gedenkstätten** zu finden, dort, wo der Verbrennungsplatz der *Bikaji*-Dynastie war. Die Gedenkstätte von Maharaja *Surat* fällt auf wegen ihres weißen Marmors und der Wandmalereien an der Decke im Inneren. Einige Gedenkstätten sind auch den *Satis* gewidmet, den Witwen, die sich nach Rajputenbrauch auf den Scheiterhaufen ihrer verstorbenen Männer das

Witwen-Verbrennung

Staatlich betriebene Kamelforschung in Bikaner

Leben nahmen, sie wurden darum als Heilige verehrt. Eine Besonderheit ist die Stätte eines *Sata*, das heißt eines Mannes, der sich mit seiner verstorbenen Frau verbrennen ließ.

Im Südosten: Hier sind die Wüstentransporter!

Camelus dromedarius – Dromedar also – ist ihre wirkliche Bezeichnung, und die weltbekannte **Züchtungs- und Forschungsfarm**, die sich mit den Tieren befasst, liegt neun Kilometer südöstlich von Bikaner, ist also sogar mit dem Fahrrad leicht zu erreichen. Leider muss man sagen: Die Institution hat kein Touristenprogramm, und wenn man sich nicht an einen Kenner der Dromedar-Szene wendet, wird man nicht viel erfahren, vielleicht nur eine Herde von der Weide kommen sehen (sie fressen tatsächlich all die dornigen harten Pflanzen, die hie und da aus dem trockenen Boden wachsen). Dabei sind die Tiere wichtig, für viele Einwohner das größte Kapital. Daher rührt das große Bedürfnis, sie farbenfreudig zu schmücken. Wer eine Tour mit „*Camel-Riding*" buchen möchte, kann bei einer Agentur auch nach dem Besuch der Camel-Research-Farm fragen.

Zu Besuch bei den Dromedaren

Camel-Research-Farm: *geöffnet Mo–Sa 15–17 Uhr.*

Kamele oder richtig: Dromedare

info

Die einhöckrigen langbeinigen Tiere sind unersetzbar in Rajasthan. Sie transportieren Waren und Personen durch die unwirtliche Wüste und sind auch durch übergroße Hitze und Wassermangel nicht so schnell zu ermüden.

Ein Dromedar kann pro Tag etwa 100 km ohne Anstrengung zurücklegen, mit einer Geschwindigkeit von 15 km/h. Viele Landbewohner haben nicht die Mittel,

info

sich zu motorisieren, ein Dromedar ist jedoch erschwinglich und eine gute Kapitalanlage. In der zweiten Hälfte des 20. Jh. kam die Verwendung des Dromedars als Zugtier auf. Die Karren laufen oft auf ausgedienten Flugzeugreifen, in manchen Teilen des Landes ist dieses Transportmittel unschlagbar!

Für die *Reikas* (oder *Rabaris*), die Hirten, ist ein Dromedar der ganze Stolz des Besitzers. Sie pflegen und schmücken es, die Frauen häkeln Netze und Verzierungen am Zaumzeug aus bunter Wolle, Decken werden bunt zusammengenäht, auf die Flanken des Tieres rasiert man abwechslungsreiche Muster in die Kamelwolle. Die dickflüssige Kamelmilch ist reich an Vitamin C und daher ein wichtiger Bestandteil der Ernährung.
Das Dromedar wird selbst nach seinem Tod noch verwendet: Die Haut ist transparent und ein Handelsobjekt für Dekorationszwecke, Trommeln oder Lampen – und auch für bestickte Schuhe. Die Wolle ist seit jeher ein gefragter Textilartikel. Die Bikaner **Camel Research Farm** ist Regierungseigentum. Nicht nur hier, sondern auch auf dem Land kann man Kamelstuten mit ihren Fohlen sehen; sie sind rührend in ihrer schlaksigen, staksigen, langbeinigen Unbeholfenheit.

Südlich: Der Tempel der Ratten und Poeten

Nichts für Geruchsempfindliche: In Deshnok sind die Ratten heilig

In **Deshnok**, 33 km südlich von Bikaner, beherbergt der **Marmortempel** aus dem 17. Jh. Hunderte von Ratten, die hier gehalten werden, weil Hindu-Gläubige in ihnen Poeten sehen, die als Poeten wiedergeboren werden können. Der Tempel ist der heiligen Seherin *Karni Mata* gewidmet, die von der *Bikaji*-Dynastie hoch verehrt wird. Die schweren Silbertore hat Maharaja *Ganga Singh* im vorigen Jahrhundert gestiftet.
Nach einer Sage soll eine Mutter *Karni Mata* gebeten haben, ihren gerade verstorbenen Sohn wiederzubeleben. Die heilige Frau, die spirituelle Kraft von der Göttin *Durga* hatte, versprach der Mutter zu helfen – es war aber zu spät, der Sohn war schon als Ratte wiedergeboren. Er und andere seines Berufs – er war ein Poet, ein Barde – haben nun das Privileg, als Ratten im Tempel zu leben. Hier bekommen sie täglich guten, gezuckerten Milchreis, man kann sie beobachten, wie sie rund um die große Schüssel sitzen.

Beim Besuch des Tempels muss man barfuß gehen Wenn jemand eine weiße Ratte erspäht, soll das ein sicheres Glückszeichen sein. Merkwürdig ist, dass die Ratten das Gelände des Tempels nie verlassen, auch dass sich trotz guter Fütterung ihre Zahl nicht bis ins Unerträgliche vermehrt.

Tempel: *geöffnet 6–12 und 16–21 Uhr, manchmal auch bis 22 Uhr.*
Weiter nach Süden liegt **Nagaur** an der Straße nach Ajmer etwa 70 km von Deshnoke (s. S. 257, Nagaur).

Heritage-Hotel am Vogelpark: Gajner

Nach Südwesten: Gajner und Kolayat

Gajner, Nationalpark und Palasthotel

Schon zu Maharajas Zeiten war der dichte Wald geschützt, denn der Hof versorgte sich hier, 30 km südwestlich von Bikaner, mit Wild. Heute ist der Wald Nationalpark – Tiger trifft man dort nicht, aber große Nilgai-Antilopen, Gazellen und Wildschweine, die in der trockenen Zeit zum See kommen und trinken. Am See liegt der **Gajner Palace**, sehr angenehm möbliert im Stil des frühen 20. Jh., mit alten Bildern und dem Wohnstil unserer Urgroßeltern. Natürlich ist alles renoviert, der Gast kann reiten oder mit dem Jeep in den Wald fahren, Billard oder Tennis spielen. Vom Palast aus oder vom Boot können Vogelliebhaber viele Arten beobachten, die im Winter hierher kommen. Für Gäste von auswärts gibt es dazu einen Picknick-Platz mit guter Aussicht (Hoteldaten s. S. 255).

Ruhe am heiligen See: Kolayat

Idylle am See

Der idyllisch ruhige See liegt etwa 50 km südwestlich von Bikaner, zwei Kilometer abseits der Straße nach Jaisalmer. Der See ist umgeben von 52 *Ghats*, den ummauerten Treppenanlagen zu Füßen von Tempeln. Hier ist meist ein Platz der Ruhe und Meditation, man sitzt unter schönen alten Bäumen, hört Vögel und Stimmen der Brahmanen, die *Mantras* in den Tempeln singen. Es gibt auch Boote auf dem See zu mieten. Natürlich sind sonntags mehr Leute da, die beten und sich vergnügen. Im November allerdings ist die Ruhe vorbei, da feiert man am Vollmondabend ein großes Fest, Pilger baden im See, es gibt einen Kamel- und Viehmarkt, der abends sehr turbulent sein soll. Aber sonst – ein wunderbarer Ort.

Hoch in Rajasthans Norden: Hanumangarh und Kalibanga

Für die Abenteurer, die sich ohne verlässliche Hoteladressen in die archäologisch interessante Nordecke Rajasthans begeben wollen, soll die Ausgrabungsstätte **Kalibanga** (205 km nördlich von Bikaner, eine Tagesfahrt) hier nicht unerwähnt bleiben. Vielleicht wird es sich ja bald einmal wieder lohnen, die ältesten Zeugen der Zivilisation auf indischem Boden zu besuchen. Es wurde nämlich dort eine Siedlung der **Prä-Harappa-Kultur** ausgegraben, die etwa 5.000 Jahre alt sein soll, und eine andere der Indus- oder **Harappa-Kultur**, die heute manche auch Saraswati-Kultur nennen (nach einem fast verschwundenen Fluss).

Archäologische Funde

Geologische Forschungen haben ergeben, dass in jener grauen Vorzeit tatsächlich der in den Veden genannte Fluss Saraswati als mächtiger Strom dort geflossen ist und in seinem Tal eine der Indus-Kultur ähnliche möglich war. Es gibt heute sogar eifrige Verfechter der Theorie, dass weder ein mesopotamischer (nahöstlicher) Einfluss auf diese Kulturen noch eine spätere arysche Einwanderung stattgefunden hat – die indische Kultur also voll und ganz auf indischem Boden entstanden sei. Wie auch immer: Nichts von all diesen Spekulationen wird man in Kalibanga bestätigt oder widerlegt finden, denn nach Auskunft des Archaeological Survey of India (ASI) hat man die Ausgrabungen vorläufig wieder zugedeckt, das kleine Museum geschlossen und auch verschiedene Funde nach Delhi gebracht (Meldungen vom Diebstahl archäologischer Funde gingen auch schon durch die Medien).

Die noch weiter nördlich gelegene Stadt **Hanumangarh** am Indira-Gandhi-Kanal ist als abgelegene Kleinstadt sicher erlebenswert. Das größte Bauwerk dort ist ein mittelalterliches Fort mit klotzigen Mauern und starken Türmen. Ein nahes Pilgerziel ist der **Maa Bhadrakali-Tempel** am Ufer des Flusses Ghaggar mit einer schwarzen Göttin inmitten von Blumenopfern der Gläubigen. Hanumangarh hieß bis 1805 Bhatner, damals wurde es von Bikaner erobert und dem Herrschergeschlecht der *Bhatis* abgenommen (die dann weiter in Jaisalmer herrschten). Im Internet: www.hanumangarh.com, über Kalibanga in www.wikipedia.org/wiki/Kalibangan.

info

Erlebnistouren auf Kamelen und in die Dörfer

So umständlich die Reise in den äußersten Norden Rajasthans sich noch anlässt, so gut sind längst die Kamelsafaris organisiert – wenn man sich einem bewährten Unternehmen anvertraut und das Wüstenerlebnis am Ende nicht als Abzockerei enttäuscht. Verschieden lange Ausflüge sind zu buchen, es gibt auch Touren in Kamelkarren und sogar Kameltouren mit motorisiertem Notfallwagen im Hintergrund. Je nach Wunsch werden eine oder mehrere Übernachtungen eingeplant, man kann alle Einzelheiten vereinbaren, um Wüstentage und Sternennächte zu erleben.

Ein Bikaner-Unternehmen bietet bereits seit einigen Jahren noch mehr: Reisen in bestimmte Wüstendörfer und Übernachtung bei Familien. Dazu wird vom Veranstalter intensive Vorbereitung geleistet und eine genaue Absprache mit dem Dorfältesten und den Familien getroffen, die sich bereit erklären, Gäste aus so fernen Ländern für eine Nacht in ihrem Haus aufzunehmen. Bei jeder Familie schließt sich ein Dolmetscher an, an alles wird gedacht, auch Bettzeug transportiert das Unternehmen dahin. Schon die gegenseitige Begrüßung wird als Dorffest vorbereitet mit Willkommensrede, kleinen Vorführungen der Dorfschüler und Blütenkränzen für die Gäste. Nachher erwandert man die Dorflandschaft, man isst gemeinsam und sitzt am Feuer zusammen – und steht am nächsten Morgen mit den Hühnern auf. So erlebt man das Dorfleben hautnah.

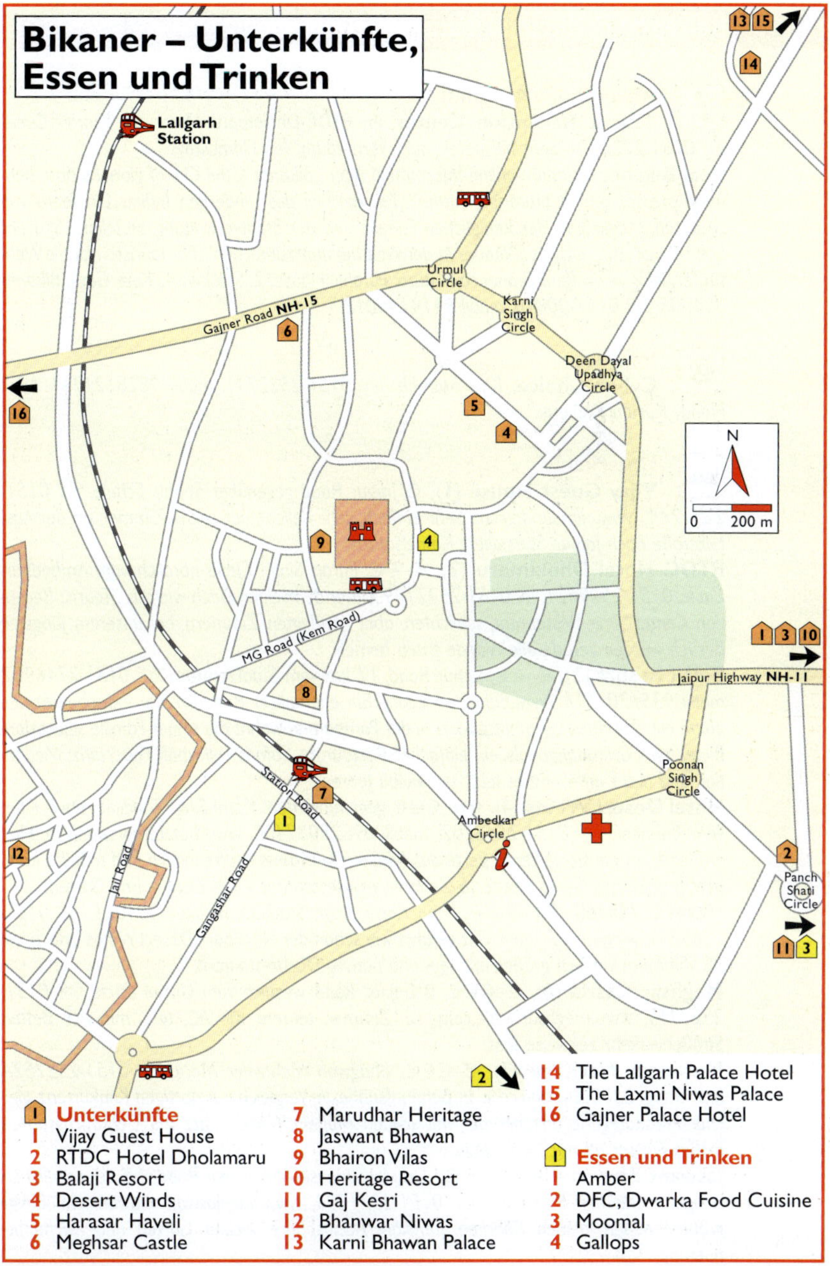
Bikaner – Unterkünfte, Essen und Trinken
Lallgarh Station
Urmul Circle
Karni Singh Circle
Deen Dayal Upadhya Circle
Gajner Road NH-15
MG Road (Kem Road)
Jaipur Highway NH-11
Poonan Singh Circle
Ambedkar Circle
Station Road
Gangashar Road
Jail Road
Panch Shati Circle
N
0 200 m
Unterkünfte
1 Vijay Guest House
2 RTDC Hotel Dholamaru
3 Balaji Resort
4 Desert Winds
5 Harasar Haveli
6 Meghsar Castle
7 Marudhar Heritage
8 Jaswant Bhawan
9 Bhairon Vilas
10 Heritage Resort
11 Gaj Kesri
12 Bhanwar Niwas
13 Karni Bhawan Palace
14 The Lallgarh Palace Hotel
15 The Laxmi Niwas Palace
16 Gajner Palace Hotel
Essen und Trinken
1 Amber
2 DFC, Dwarka Food Cuisine
3 Moomal
4 Gallops

Reisepraktische Informationen zu Bikaner

Ankunft und Auskunft

Tourist Reception Center, *im RTDC-Dholamaru Hotel am Pooran Circle, ☏ 0151-2226701. Sehr hilfsbereit, auch Vermittlung von Homestays.*

Real Bikaner: *Rundum-online-Information über „Bikaner – the City of glorious past, booming present and a promising future". Ein Beispiel des modernen Indien. Ein Team von „Autoren, Mitgliedern der königlichen Familie und der Stadtverwaltung, Hoteliers, Sportler und Bürger" tun mit, um „Bikaner in der Welt bekanntzumachen". Für Touristen ist die Website ergiebig: www.RealBikaner.com. Büro: Purohit House, 2. Stockwerk, Kote Gate, Bikaner 334005, ☏ 0151-00810, mobil 9414140013.*

Internet

Cyber Choice, *Kirti Stambh, ☏ 0151-2522741, mobil 9828121741. Auch Handy-Karten, Kopierer.*

Unterkunft

Vijay Guest House (1), *€, Jaipur Road gegenüber Sophia-Schule, ☏ 0151-2231244, www.camelman.com. Sehr einfach, sehr beliebt, nur sechs Zimmer, an der Ausfallstraße nach Jaipur. Spezialität: Kamelsafaris.*

RTDC Hotel Dholamaru (2), *€–€€, Puran Singh Circle nördlich vom Ambedkar-Circle, 0151-2529621, 🖷 0151-2522109. Unter demselben Dach wie das „Tourist Reception Center", mit Restaurant, schlichten, aber gepflegten Zimmern; bei unserem jüngsten Besuch wurden gerade alle Wände frisch bemalt.*

Balaji Resort (3), *€–€€, Jaipur Road, 17 km vom Stadtzentrum, ☏ 0151-2746902, mobil 9351201616, www.balajiresort.com. Ein ehemaliger Brigadier der indischen Armee baute ein schlichtes Lehmhüttendorf in der Pampa und wohnt mit seiner Familie selbst dort. Bietet zwei Swimmingpools, ein einfaches Restaurant, Safaris, Volleyball, Feuertanz, Meditation und mehr an – und es läuft seit vielen Jahren.*

Hotel Desert Winds (4), *€€–€€€, gegenüber dem Karni Singh-Stadium, etwa 1 km vom Bahnhof, ☏ 0151-2542202, mobil 09828067400, www.hoteldesertwinds.in. Hier gründete ein pensionierter Experte des Bikaner-Tourismus ein freundlich und tadellos kompetent geführtes Guest House (6 Zimmer, veg-Restaurant – mit Eiern – und Garten).*

Harasar Haveli (5), *€–€€, beim Karni Singh Stadium, Bikaner 334001, ☏ 0151-2209891, www.harasar.com. Gut geführt wie schon der Nachbar „Desert Winds", doch mit 38 Zimmern vielfach größer, mit veg- und nonveg-Dachrestaurant.*

Meghsar Castle (6), *€–€€€, 9 Gajner Road, westlich vom Urmul Circle, ☏ 0151-2527315, www.meghsarcastle.com 16 Zimmer, teurere mit AC, teils mit vier Betten, Straßenverkehr zeitweise laut.*

Marudhar Heritage (7), *€–€€€, Bhagwan Mahaveer Marg, ☏ 0151-2522524, hmheritage2000@yahoo.co.in. In Bahnhofsnähe, im Vergleich zur dortigen Konkurrenz gleicher Preiskategorie angenehmer, mit soliden Möbeln, Wände aber mit Gebrauchsspuren, heißes Wasser oft nur bis mittags.*

Jaswant Bhawan (8), *€–€€€, Daudsar House, Alakhsagar Road, auf der nördlichen, ruhigen Seite des Bahnhofs, ☏ 0151-2521834, www.hoteljaswantbhawan.com. Einige größere neben kleinen Räumen, familiäre Atmosphäre, kleiner Garten und Küchenbenutzung.*

Bhairon Vilas (**9**), *€€–€€€, gegenüber Junagarh Fort, Bikaner 334001, ☎ 0151-2544751, www.hotelbhaironvilas.tripod.com. Heritage-Haveli in günstig zentraler Lage, mit Garten. Vorsicht: steile Treppen! 18 Zimmer in orientalischem Ambiente, auf dem Dach Multicuisine-Restaurant mit Ausblick zum Junagarh Fort. Kleine Kunstgalerie mit Workshops. Ausfahrten im Chevrolet Jahrgang 1932. Restaurant und Bar.*
Heritage Resort (**10**), *€€€€, Jaipur Road, 9 km vom Stadtzentrum, ☎ 0515-2752393, Reservierung: ☎ 011-24692553, www.carnivalhotels.com. Moderne Cottage-Anlage (36 Zimmer) mit Gartengrün und Swimmingpool, Restaurant und Bar. Oft Busgesellschaften zu Gast. Erstes Resort in Rajasthan mit Golf „putting green".*
Gaj Kesri (**11**), *€€€€€, Bypass Road (nah den Kenotaphen der Maharajas und der Camel Breeding Farm), ☎ 0151-2400372, 0151-2201043, www.gajkesri.com. Imposanter Palast im Stil der großen Heritage Fort- und Palastbauten Rajasthans mit Swimmingpool, kleinem Spa, Ayurveda und allem Komfort. 36 geräumige De-Luxe-Zimmer, preisgünstig, entweder über die Straße NH 11 (rechts ab Richtung Devi Kund Sagar) oder über die Camel Research Farm erreichbar.*
Bhanwar Niwas (**12**), *€€€€€, Rampuria Street, ☎ 0151-2201043, 0151-2529323, www.bhanwarniwas.com. Heritage-Hotel in der Altstadt mit nostalgischer Eleganz. Exquisite vegetarische Küche.*
Karni Bhawan Palace (**13**), *€€€€€, Gajner Road, ☎ 0151-2524701-06, www.hrhindia.com. Heritage-Schmuckstück am Rande des Palastkomplexes: authentische Art déco-Architektur und Ausstattung aus den frühen 30er-Jahren, man spürt das Lebensgefühl der Großeltern-Ära, ein Stück altes Europa in Bikaner.*
The Lallgarh Palace Hotel *(Maharaja Ganga Singhji Trust)* (**14**), *€€€€–€€€, Lallgarh Palace Complex, Bikaner 334001, ☎ 0151-2540201 bis -07, 0151-2541509, www.lallgarhpalace.com. Heritage-Hotel, Ausstattung behutsam renoviert und aufgehellt, wie der benachbarte Laxmi Niwas Palace mit Arkadenhof, Speisesaal, Konferenz- und Festsälen (Durbar Hall für 2.000 Gäste). Opulente Schwimmhalle.*
The Laxmi Niwas Palace *(Golden Triangle Fort and Palace Pvt.,Ltd.)* (**15**), *€€€€€, Dr. Karni Singhji Road, Lallgarh Palace Complex, Bikaner 334001, ☎ 0151-2521188, 0151-2202777, www.laxminiwaspalace.com. Heritage-Hotel mit historischem Mobiliar, Jagdtrophäen, Bar, Speise- und Billard-Saal, Dinner im Arkadenhof mit Musik-, Tanz- und Artistik-Vorführungen. Business Center und Shopping Arcade.*

Außerhalb von Bikaner
Gajner Palace Hotel (**16**), *€€€€€, Gajner, 35 km südwestlich, ☎ 01534-275061-9, www.hrhindia.com. Ein Wohlfühl-Platz direkt am See und Wildlife Sanctuary (bei schwachem Monsun trocknet der See aus), mit herrlichem Baumbestand und noblen Zimmern, Restaurant, Rundfahrten im Sanctuary und mit Sonnenenergie betriebenem Boot auf dem See – ergiebig für Vogelbeobachter!*

Essen und Trinken

Außerhalb der Hotels gibt es fast ausnahmslos nur einfache vegetarische, dafür auch sehr preisgünstige Restaurants.

Amber (**1**), *€, Station Road, ☎ 0151-2201122, seit Langem auch ein Treffpunkt von Indienreisenden.*
DFC, Dwarka Food Cuisine (**2**), *€, Station Road, südöstlich vom Bahnhof, erfreulich heller Raum, mit Thalis und diversen Lassis. Bäckerei nebenan.*

Moomal (3), €, *Panch Shati Circle, Sadul Ganj, nah dem Tourist Reception Centre, ☏ 0151-2549575. Vegetarische Küche, auch südindische Rezepte. Geöffnet 11–16 und 18–22 Uhr.*

Gallops (4), €–€€, *gegenüber dem Junagarh Fort, ☏ 0151-3200833, bikaner_jp1 @sancharnet.in. Gute indische und chinesische Küche, veg und non-veg, angenehm helles Ambiente. Eine Spezialität: kaju kumb, ein Curry aus Pilzen und Cashew-Nüssen. Geöffnet 10–23 Uhr.*

Exkursionen

Adresse: Mr. Birendra Singh Tanwar, Kamelsafaris und Dorfbesuche über Nacht, Rajasthan Safaris und Treks, Siyana House, Gangasahar Road, Bikaner -334001. ☏ 0091-151-2540640, rajsafari@realbikaner.com, www.rajsafaris.com. Im Voraus buchen über: Delhi Office, Suntrek Travels, ☏ 011-5545643, 011-5549997, 011-5549997, suntrek@ ndf.vsnl.net.in.

Weitere Kameltouren *(ein halber, ein Tag oder mehrere Tage)*

Vijay Singh Rathore, *Vijay Guest House, Jaipur Road, Bikaner, ☏ 0151-2231244, www.camelman.com.*

Thar Camel Safari Dilip Singh Rathore, *☏ 0151-2202634, tharcamelsafari@ rediffmail.com*

Thar Desert Safari, *Ganganagar Rd., Bikaner (hinter dem Central Bus Stand), ☏ 0151-2521661, www.thardesertsafari.com.*

Camel Man, *gegenüber der Sophia-Schule, Jaipur Road, ☏ 0151-2231244, 0151-2231333, mobil 9829217331, www.camelman.com. Seit 1983 Kamelsafaris, pro Person Tag/Nacht in der Wüste, mit Mahlzeiten je nach Komfort, Specials und Englischkenntnis des Führers umgerechnet etwa 20–30 €.*

Einkaufen

Auch in Bikaner fanden zur Zeit des Mogulkaisers Aurangzeb viele Künstler eine neue Heimat, eine eigene Malschule wuchs. Heute bietet Bikaner beides: die Hochkunst der Maharaja-Tradition und das ländliche, überwiegend textile Kunsthandwerk aus den Dörfern. Als Bikaner-Spezialität gelten auch Lackarbeiten und Produkte aus Kamelhaut. Hier eine Auswahl von Adressen – zumeist sind die Preise deutlich günstiger als in Jaipur, Jodhpur, Jaisalmer und Udaipur.

Shri Marudhar Arts Emporium, *Basement Khajanchi Market, K.E.M. Road. Eine scheinbar unerschöpfliche Antiquitäten-Schatzhöhle in pittoreskem Kellergewölbe.*

Abhivyakti Handicrafts, *Ganganagar Road, nahe dem Bus-Stand, ☏ 0151-2522139. Preisgünstig handgewebte Decken, Tücher und mehr aus den Dörfern im Umland. Unterstützt von Oxfam und dem Urmul Fund.*

Swami Art, *Kirti Stambh, Krishna Block Lallgarh Palace Road, ☏ 0151-2523255, www.ajuswami.com. Miniatur-Gemälde von dem hochangesehenen Raju Swami, der Spezialist für Pflanzen und Blumen ist, und anderen Künstlern.*

Verkehrsverbindungen

Bahn: *Direktverbindung u.a. mit Delhi Sarai, Agra, Jaipur, Jodhpur, Mumbai, Kolkata, Ahmedabad, Chandigarh*

Bus: *Rajasthan Roadways nahe Lallgarh Palace (State Bus Stand nördlich vom Zentrum) und private Linien (Old Bus Stand südlich des Junagarh Fort) bieten ein Netzwerk in und außerhalb Rajasthans.*
Im Stadtverkehr Taxis (ohne Kilometermesser), Motor- und Fahrradrikshas.
Flughafen: *Nal Airport, 17 km vom Stadtzentrum, derzeit keine kommerziellen Flüge. Nächste Flughäfen Jaipur (325 km) und Jodhpur (254 km).*

Nagaur und Khimsar – Paläste, Markt und Wüste

Orientierung

Wie geht die große Rajasthan-Rundtour von Bikaner aus weiter? Der nächste Weg nach Jaisalmer führt südwestwärts nach Phalodi und Pokaran. Wenn es aber an Zeit nicht mangelt, bietet sich ein Umweg an: zu den überaus aufwendig renovierten Ruinen des **Ahhichatragarh Forts** mit seinen Palästen am Stadtrand von **Nagaur** und weiter zu einem Fort voller Leben, das schon Tausende von Gästen aufgenommen hat, **Khimsar**. Seit der Gründung 1523 bis heute ist es der gleichen Familie der *Karamsot Rathore* zugehörig, jetzt ein Hotel der Kategorie „Grand Heritage". Wer Ende Januar/Anfang Februar hier unterwegs ist und indisches Gedränge nicht scheut, kann dazu noch Außerordentliches erleben: den großen Rinder- und Kamelmarkt von Nagaur.

Redaktionstipps

➤ **Kulturelles**: Der Mogul-Kaiser *Akbar* ist weit nach Westen vorgedrungen, hat in Nagaur eine **Moschee** und einen **Palast** bauen lassen (s. S. 258).

➤ **Natur**: Wüste erleben: im „**Sand Dunes Village**" bei Fort Khimsar – in Hütten nach dörflichem Muster, nur komfortabler (s. S. 260 und 261).

➤ **Marktleben**: Man muss es selbst gesehen haben, auch Fernsehbilder reichen nicht aus, die Atmosphäre **eines der größten Viehmärkte** Rajasthans zu vermitteln. Auf nach **Nagaur**, Ende Januar, Anfang Februar!

Nagaur, ein Markt- und Palastort

Ein Halte- und Ruheort der Karawanen war Nagaur im Mittelalter. Was man heute auf dem **Nagaur Cattle Fair** (oder: Ramdev Pashu Mela) zu Gesicht bekommt, ist gar nicht so verschieden von den Märkten alter Zeiten. Selbst wenn unter den Zehntausenden von Bullen, Stieren, Kühen und Kamelen auch da und dort Lastwagen und andere Fahrzeuge unserer Zeit in den Blick kommen. Scharen von Viehhaltern und Viehhändlern strömen nach Nagaur, um beim einwöchigen Markt dabei zu sein, alljährlich einem der größten Rajasthans. *Großer Markt*

Auch dieser Markt ist wie andere in Rajasthan ein rechtes Volksvergnügen mit Musik, Gauklern, Geschichtenerzählern, Hahnenkämpfen und Tänzern. Außerhalb Rajasthans

Jeder Wagen hat seine Staubfahne: Unterwegs zur Wüste Thar

und Indiens ist der Nagaur-Markt nicht so bekannt wie der in Pushkar, dafür auch nicht von Fremden überlaufen. Mancher kommt gerade darum nach Nagaur statt an den Pushkar-See, auch wenn die Hotellerie des Ortes nicht auf ausländische Touristen ausgerichtet ist. Wer über Nacht bleiben will, hat zwischen schlicht und teuer zu wählen. Nagaurs Hotels sind billig und schlicht, die komfortablen Zelte („**Royal Camp**") vor den Mauern des Forts, die zu den Markttagen angeboten werden, kosten ihr Geld.

Die Stadt **Nagaur** (etwa 90.000 Einwohner) lebt außerhalb der Marktzeit in ihrem festen Mauerring ein schläfriges Dasein. Doch lohnt es, sich für einen Spaziergang Zeit zu nehmen, so manche malerische Ecke ist zwischen bröckelnden Mauern, spielenden Kindern und Ziegen zu entdecken: viel unverfälschtes indisches Alltagsleben! Schöne Häuser, kleine *Havelis* gibt es, ebenso schöne Tempel und die **Akbar-Moschee** samt zwei runden Minaretten, die Kaiser *Akbar* gründete. Sie ist Pilgerziel wegen des **Khwaja Hamid-ud-din**, des Grabes eines der Schüler des berühmten Heiligen **Muin-ud-din-Chishti** von Ajmer (s. S. 182).

Ungestört kann der europäische Besucher zwischen Scharen von Pilgern Tempel erkunden, mit einer Vielzahl von Götterfiguren und kräftigen Farben. Auch die Jains haben einen Tempel.

Und dann ist da noch das **Ahhichatragarh Fort** (= Fort der Kobra mit der Haube) samt seinen Palästen, dessen mächtige Mauern aus dem 11./12. Jh. stammen. Jüngere Forschungen im 370x400 m großen Gelände erbrachten sogar: Schon im 4. Jh. existierte hier eine Erdbefestigung. Der strategisch günstige Platz an der Handelsroute von Persien bis zum Ganges wechselte die Herrscher seit dem 12. Jh. wieder und wieder, von den Chauhans bis zu den Lodi-Dynastien, Sher Shah und schließlich den Moguls. Nach Akbar und seinen Nachfolgern waren es zuletzt die Rathores von Jodhpur und Bikaner.

Gelungene Restauration

Nach Abzug der britischen Kolonialherren 1947 sind die wichtigsten Eckdaten in der Geschichte des Forts folgende: In den 1950er-Jahren erbte es der Maharaja Gaj Singh von Jodhpur – damals noch Kind, 1972 übertrug er es an einen *Charitable Trust* der Familie (mitverantwortlich dann auch der *Meherangar Museum Trust*). Seit den 1990er-Jahren wird renoviert, unterstützt vom *Getty Grant Program*. Die ersten Rettungs- und Erneuerungs-Erfolge erbrachten 2002 den *UNESCO Pacific Award of Excellence for Cultural Heritage Conservation*.

Pause auf dem Heimweg von der Schule im Dorf Khimsar – der Kontakt zu Touristen kommt da als Abwechslung gerade recht

Es ist von außen nicht zu ahnen, dass sich hinter den drei bis vier Meter hohen Mauern die Architektur als eine erlesene Kombination von Mogul- und rajasthanischem Baustil versteckt. Fotos vom Verfall noch 1993 und Fotos von den restaurierten Bauwerken kann man in einem Dokumentationsraum vergleichen (ein Wärter schließt auf).

Auch Grundrisse und Informationen über die hier besonders hoch entwickelten Wasseranlagen, die Nutzung und das Speichern von Regenwasser sind ausgestellt. Die Springbrunnen und Wasserbecken sind ein überraschendes Merkmal des Forts, das ja in einem Wüstengebiet liegt. Auch ein *Hamam*, ein Badehaus, gab es. Wie das ganze System der Wasserversorgung funktionierte, kann sich der technisch interessierte Besucher ansehen, Pracht und Kühlung bei sparsamem Verbrauch war das doppelte Ziel.

Elegante Verzierungen

Durch eine Halle mit zahlreichen hellen Säulen und schön geschwungenen Bögen geht es an einem großen Becken vorbei auf einen hohen Palast zu, der im Innern viele, leider nicht vollständige ornamentale Wandmalereien enthält. Sparsame Goldverzierungen lassen das Weiß besonders elegant erscheinen. An der Längsseite des großen Wasserbeckens stehen zwei zierliche Pavillons, dahinter scheint früher eine Gartenfläche gewesen zu sein. Eine wunderhübsche Säulenhalle, *Bandari* genannt, dient dort jetzt als Restaurant des **Ranwas Hotel** (s. S. 261). Von der anderen Schmalseite des erwähnten Wasserbeckens kommt man über einen gepflasterten Hof zu einem Palast mit feinen *Jalis* und noch zu einem anderen Palastgebäude, das Akbar zugeschrieben wird.
Ahhichatragarh Fort: *geöffnet tgl. 9–17 Uhr.*

Etwa 40 km weiter südwärts haben die Eigner des **Khimsar Forts** weiter ausgebaut, was ihre Vorfahren vor 500 Jahren begannen. Ein vielbesuchtes Heritage-Hotel entstand, die Aura kriegerischer Vergangenheit um die wuchtigen Rundbastionen, Zinnen

Fremdenzimmer im Ethnostil: Runde Lehmhütten

und altertümlichen Kanonen hebt eher die Stimmung: Diese harten Zeiten gab es, hier sind sie vorüber! Hat der Gast den riesenhaften Torbau durchschritten, empfängt ihn Wohlfühl-Ambiente, von den Palastbauten, zwei- und dreistöckig mit Erkern und rotbraun umrahmten Fenstern, bis zu den gepflegten Rasenflächen, Gartenwinkeln und geräumigem Swimmingpool. Teils sind die Bauten historisch, teils wurden sie in den letzten Jahren für wachsende Gästescharen im gleichen Stil nachgebaut. Pittoresk blieb eine Burgruine erhalten, unter deren Kuppel die Gäste tafeln können.

Übernachten in der Wüste

Unter Rajasthans Heritage-Hotels ist **Fort Khimsar** sehr beliebt, weil sich *Gajendra Singh* und seine Familie – nunmehr in der 20. Generation seit der Gründung – viel einfallen lassen: Es gibt nicht nur Komfort-Einrichtungen wie den Kühlschrank im Zimmer, Sauna- und Dampfbad, dazu Tischtennis und Kricket, Jeep-, Kamel- und Pferde-Safaris, sondern auch seltenere Spezialitäten wie ein kleines Haustheater mit einer Kinoleinwand und Musikanlage, samt Filmen und Musik nach Wahl. Ein alter Turm bietet für Abendunterhaltungen eine romantische Atmosphäre (s. S. 307). Nicht zu versäumen: Nächtens in den klaren Sternenhimmel über der Wüste Thar schauen!
Um das Fort und das benachbarte Dorf Khimsar breiten sich grüne Felder und Buschwerk, aber der Wüstensand ist nicht weit. Eine der größten Dünen wird mit dem Jeep rasch erreicht.

In einem anderen Wüstenviertel, nicht weit vom Fort und Dorf Khimsar, kann der Gast in der Landschaft aus Sand und verstreutem Baumwuchs wohnen und übernachten, im **Khimsar Sand Dunes Village**, in AC-Cottages mit Restaurant, Bar und einem Teich. Hier sind die sternfunkelnden Nächte noch grandioser zu erleben. Noch schöner: bei Vollmond!

Der Distrikt Nagaur hat seinen Platz im Zentrum von Rajasthan, im sogenannten *thorn scrub forests belt* des Aravalli-Gebirges, also im nordwestlichen Dorngebüsch-Waldgürtel um die Wüste Thar. Zum Nagaur-Distrikt gehört Rajasthans größter See, der Salzsee **Sambhar**. Wer mehr Zeit hat, findet auch in kleineren Orten Stufenbrunnen oder Hindu- und Jain-Tempel, z. B. in **Hardesolav**. In **Peepasar** wurde *Jambhoji* geboren, als Gründer der Bishnois verehrt, die seit dem 16. Jh. als Naturschützer aktiv sind (s. S. 310). **Jorda** ist der Geburtsort des Hindu-Heiligen *Baba Hariram*, darum auch Pilgerort. Auf den gängigen Karten sind diese Orte kaum zu finden, erkundigen Sie sich im Hotel!

Reisepraktische Informationen zu Nagaur

Unterkunft

Ranwas Hotel, *€€€€€–€€€€€€, im historischen Areal. Reservieren: WelcomHeritage, Sales and Marketing Office, 25, Community Center, Basant Lok, Vasant Vihar, New Delhi, ☎ 011-46035500, holidays@welcomheritagehotels.com. 33 Zimmer und Suiten, schick, geräumig und repräsentativ. Pool und zwei Restaurants, internationale Küche.*
Royal Camp, *€€€€, Reservieren: WelcomHeritage, ☎ 0291-257232-1 bis -7, www.welcomheritagehotels.com. 20 Zelte mit Veranda, Wohn- und Schlafraum, Restaurant-Zelt und Foyer-Zelt, beim Fort.*
Hotel Baskar, *€–€€, Bikaner Road, nahe dem Bahnhof, ☎ 01582-240100. Unterschiedliche Zimmer, Küche empfohlen.*

Verkehrsverbindungen

Bahn: *Tgl. nach Bikaner und Merta Road (dort umsteigen nach Jodhpur und New Delhi).* **Express-Busse** *nach Bikaner, Ajmer, Jodhpur. Bahnhof und* **staatlicher Bus-Stand** *an zwei entgegengesetzten Plätzen der Stadt, der* **private Bus-Stand** *außerhalb vom Delhi Gate, mit Nachtverbindung nach New Delhi.*

Reisepraktische Informationen zu Khimsar

Unterkunft

Khimsar Fort *(WelcomHeritage), €€€€–€€€€€, P.O. Khimsar Fort, District Nagaur, ☎ 01585-262345, www.khimsarfort.com. Im Kern ein Bau des 16. Jh., im traditionellen Stil erweitert, mit Restaurants, Läden, großzügigen Rasenflächen, Swimmingpool, Tennis, Film- und Konzertvorführungen.*
Khimsar Sand Dunes Village *(WelcomHeritage), €€€€, 16 „Dhani"-Hütten mit Stroh- resp. Gras-Kuppeldach und lehmverputzten Wänden, nach dörflichem Muster. Gleiche Telefonnummer wie das 6 km entfernte Khimsar Fort.*

Phalodi und Fort Pokaran

Wo Kraniche tanzen und den Armen geholfen wurde

Man sollte sich den Anblick unglaublich vieler graziler Geschöpfe nicht entgehen lassen! Auf dem Weg von Bikaner nach Jaisalmer kommt man in **Khichan** vorbei. Vogelenthusiasten stoppen hier, an einem seichten Gewässer, wegen einer Kranichart, die sich hier in den Wintermonaten zu vielen Tausenden einfindet. In vollendeten Schwüngen bewegen sich die Vögel durch die Luft, formen Geschwader, die sich teilen und mit anderen zu neuen Fluggruppen zusammenfinden, landen hüpfend auf der

Stolzer Turbanträger aus der Gegend von Pokaran

Erde, grüßen sich gegenseitig mit anmutigen Verbeugungen. Sie haben Flügeldecken in schattigem Silbergrau, ihre langen schwarzen Hälse halten sie geschwungen, sie sind ungefähr 75 cm hoch. Ihr zoologischer Name ist *Anthropoides virgo*. In Rajasthan wird ihr Name wie *Karjas* ausgesprochen. Schon seit undenklicher Zeit wandern diese Vögel von Osteuropa, Zentralasien und Westchina nach Indien, überqueren den Himalaya, um im Warmen zu überwintern. Sie sind ein Teil der nordindischen Folklore, Lieder gibt es, die sie als Symbol der Sehnsucht nach entfernten Geliebten besingen. In Khichan werden sie von der Bevölkerung verehrt und mit Korn gefüttert.

Informationen über die Kraniche, Schutz und Fütterung vermittelt die International Crane Foundation, www.savingcranes.org.

Zehn Kilometer weiter westlich liegt die kleine Stadt **Phalodi**, in der man Quartier beziehen kann, wenn man die große Schar Kraniche bei Sonnenaufgang beobachten will. An Phalodi fährt man leicht aus Versehen vorbei: Reihen von einfachen Marktständen und Werkstätten entlang der Fernstraße lassen nicht ahnen, dass man nur wenige Meter entfernt von einer hübschen, wie verwunschenen Stadt ist, mit engen Gassen und kleinen *Havelis* mit Steinschnitzerei und malerischen Fassaden. Das WelcomHeritage-Hotel **Lal Niwas** ist auch ein solches *Haveli* mit Erkern, Balkonen, *Jali*-Arbeiten auch im Inneren, schmalen Durchgängen und Höfen (ein Hof ausgefüllt mit einem Swimmingpool). 15 zum Teil geräumige Zimmer sind mit antiken Möbeln ausgestattet, die Multicuisine-Küche versteht sich besonders auf rajasthanische Spezialitäten. Nebenan zeigt das kleine **Museum Dadha's Heritage** Jain-Kunst, Holzschnitzarbeiten, Elfenbein, alte Münzen und kleine Dinge aus der alten Marwari-Zeit. Auch von Phalodi aus kann man geführte Ausflüge in die Wüste machen, beim Dorf Jamba (25 km entfernt) gibt es sogar große Sanddünen.
Museum Dadha's Heritage: *geöffnet tgl. 10.30–19 Uhr (beim Hotel nachfragen).*

Gastliches Pokaran Fort und Ramdev Mandir, ein Ziel für Hunderttausende

65 km südwestlich von Phalodi steht man in **Pokaran** vor dem mächtigen alten Fort, das heute noch von seinen stolzen Besitzern bewohnt wird, die Pflege des roten Sandsteinbaus ist ihnen Ehrensache. Es thront ziemlich herrisch, aber nicht hochragend über dem Dorf, und als Gast hat man den Eindruck, zwischen Fort und Dorf ist

ein gutes Einvernehmen. Im Dorf sind die Gassen eng, die Häuser gut erhalten und mit Balkons verziert. Es gibt Läden für den Bedarf der Bevölkerung der Gegend, aber sie verkaufen auch gerne an vorbeikommende Touristen, zum Beispiel die charakteristischen spitzen Schuhe aus Kamelhaut, die leider den Westlern oft nicht passen, weil sie für zartgliedrige Wüstenbewohner zugeschnitten sind. Auch Handgewebtes wird angeboten, richtig brauchbare „*no nonsense*"-Ware, wie sie auch die Einheimischen benutzen, möge es so bleiben!

Schön zum Einkaufen

Pokaran hatte eine Zeit lang schlechte Presse, da dort die ersten indischen Atomsprengversuche stattfanden. Doch das geschah durchaus in Entfernung von dem Ort und wohl unterirdisch, sodass keine Strahlenschäden gefürchtet werden. Jedenfalls zeigten sich Leute, die schon immer dort wohnten, keineswegs beunruhigt.

Die Wüste ist hier Steinwüste, man geht über große raue Platten. Ein sehr schmaler Flusslauf spaltet wenige Kilometer östlich des Dorfes die Steinwüste. An den tief eingeschnittenen Wänden sahen wir Götterskulpturen aus längst vergangenen Jahren und andere Zeichen menschlicher Gegenwart. Gästen des gut eingerichteten **Heritage Hotels** im Fort weist man auf Anfrage den Weg in die Umgebung. Reisende sind im Fort freundlich willkommen, auch ein Museum hat man eingerichtet, das Gebrauchsgegenstände aus der adeligen und bäuerlichen Vergangenheit aufbewahrt. Es wurde uns erzählt, dass während der großen Wallfahrtszeit zum nahen *Ramdev*-Tempel auch viele hilfsbedürftige Pilger aufgenommen wurden.

Reisepraktische Informationen zu Pokaran

Unterkunft

Fort Pokaran, *€€€€–€€€€€, ☏ 02994-222274, 🖷 -222878, Buchung: Polaran House, P.W.D. Road, Jodphur-342001, ☏/🖷 0291-2432390, Mobil 91-9414469761. www.fortpokaran.com, 19 Zimmer, davon 4 Royal Apartements. Pool, Billard, eigenes Museum.*

Massen von Menschen, Bauern, Hirten, Handwerker vom Lande, machen Ende August/Anfang September die Straßen dieser Gegend fast unpassierbar. Sie gehen in ihrer Alltagskleidung, oft barfuß mit blutig gelaufenen Füßen zum **Dorf Ramdevra**, zehn Kilometer von Pokaran entfernt. Denn alle wollen zum Festtag des Heiligen *Ramdev* zu seinem Tempel. Große Verehrung genießt dieser heilige Mann aus dem 15. Jh. (der Tempel ist neu, stammt von 1931), Hindus und Muslime kommen zu seinem Schrein. Er trat für die Rechtlosen und Armen ein, ritt auf einem Pferd unermüdlich zu vielen Orten, um den Menschen zu helfen. Darum werden zu dem Fest zahlreiche Votivgaben in Form bunt geschmückter Pferde in den Tempel gebracht. An dem Weg zum Tempel warten reihenweise Souvenir- und Devotionalienläden. Natürlich wird auch jeder Besucher aufgefordert, zu kaufen und zu spenden – nach unserer Erfahrung aber in bescheidenem Ton. Großes Gedränge herrscht auf dem Gelände in den Festtagen, es wird gesungen und getanzt, zum Beispiel von jungen Frauen, die Gefäße voller Wasser auf dem Kopf balancieren.

Wallfahrts-Ort

5. DER WESTEN

Eine der stärksten Festungen Rajasthans: Kumbalgarh

Jaisalmer – die Goldene Festung

Es gibt kaum einen Reisenden, der bei der Annäherung an Jaisalmer nicht Staunen und Bewunderung fühlt. Da überragt sie die weite dürre Ebene, die **vieltürmige Burg-Stadt**, auf einem nicht einmal hohen Tafelberg, doch weithin sichtbar, ihre Mauern und Gebäude sind aus gelblichem Sandstein. Wenn man Glück hat und die Sonne scheint, glänzt die Stadt gelb wie Blütenstaub, wer noch mehr Glück hat und den Anblick im Abendsonnenlicht erlebt, sieht goldene oder gar rotgoldene Mauern – wie in einer alten Legende.

Orientierung

Das spektakulär **ummauerte Fort** ist der hochgelegene Teil der Stadt, von weither sichtbar. Nordöstlich, nördlich und nordwestlich liegt mit eigenem Mauerring die alte Stadt, in der sich die wunderschönen *Havelis* und die Basare befinden. Ihre Gassen sind im Kernbereich sehr eng, bis auf wenige befahrbare Plätze und Straßen. Vor den Toren hat sich Jaisalmer in den jüngsten Jahrzehnten kräftig in die Ebene gestreckt und zählt heute rund 80.000 Einwohner. Östlich der Stadt enden die Bahngleise von Delhi her, südöstlich liegt der erholsame **Gadi-Sagar-Tank**, südlich führen die Fernstraßen von Bikaner und Pokaran sowie von Jodhpur tangential an der Altstadt vorbei, westwärts weiter zum **Desert National Park,** südostwärts nach Barmer. Mehrere komfortable Hotels entstanden und sehr alte, sandverwehte Wüstenorte im näheren Umkreis wurden zu interessanten Ausflugszielen. Die **Sam Dunes** sind beliebt, weil bestens geeignet für kurze, wenn auch nicht gerade einsame Kamelritte.

Redaktionstipps

➤ **Kultur**: Die **Jain-Tempel** im Fort aus dem 12. bis 15. Jh., reich mit feinen Skulpturen geschmückt (s. S. 269).

➤ **Fest**: Das Fest der bunt behangenen Dromedare, der traditionellen Musik und Tänze, im Januar oder Februar auf einem extra dafür reservierten Platz in der Ebene: **Desert-Festival** (s. S. 285).

➤ **Natur**: Die Luft über dem heißen Sand, die Kühle der klaren Wüstennacht erfahren: **mehrtägige Kamel-Safari** in der Wüste Thar (s. S. 282).

➤ **Hotel**: Zelte beim **Mool Sagar**. Es fehlt einem an nichts in diesen Zelten und doch ist man der Natur näher als in einem Hotel-Gebäude. Der einstige fürstliche Sommersitz samt seinem traumhaften Rajputen-Garten entzückt und erfrischt (s. S. 278).

➤ **Museum**: Volkskunde, besonders Musikinstrumente und Gegenstände der Kultur der Wüstenbevölkerung, hat ein unermüdlicher Sammler am **Gadi Sagar** zusammengetragen (s. S. 275).

➤ **Kulinarisches:** Restaurant **Trio**, hoch über dem Gandhi Chowk, delikates Fleisch aus dem Tonofen, auch festlich-üppiges *Thali*. Interessante Aussicht auf den Platz und romantische Nacht-Ausblicke zum Fort (s. S. 284).

Geschichte

Wie kommt dieses Fort weitab anderer Siedlungen (Pokaran 110 km, Jodhpur 285 km, Jaipur 621 km) in die Wüste? Die **Bhati-Rajputen** hatten sich jahrhundertelang gegen Eroberungsversuche der Moguln zu verteidigen, einige Male wurde die Festung (1156 gegründet vom Fürsten *Jaisal*) gestürmt. Die imposanten 99 Bastionen des Stadt-

Eine Stadt aus Sandsteinornamenten: Jaisalmer

hügels wurden dann um die Mitte des 17. Jh. gebaut. Die Kamel-Karawanen brauchten auf der Handelsstraße quer durch die Wüste Thar vom Indus nach Osten einen befestigten Rastplatz, so zog die Hügelstadt Kaufleute an. Je mehr Wohlstand der Handel brachte, desto prächtiger wurden Häuser und Tempel gebaut.

Als Ende des 19. Jh. der Karawanenhandel wegen des Seehandels abbrach, geriet Jaisalmer jedoch fast in Vergessenheit. Die damals noch kleine Stadt wäre vergangen und verfallen, hätte ihre strategische Bedeutung in der Auseinandersetzung mit Pakistan nicht Indiens Regierung nach 1947 veranlasst, die Verkehrswege zur nahen Grenze auszubauen. Resultat: Nicht nur Soldaten kamen, sondern seit den 60er-Jahren des 20. Jh. auch Touristen, und die bald in Scharen. Jaisalmer wurde Traumziel der westlichen Reisenden, ist für viele ein Gipfel der Rajasthan-Exotik: Farben, Kamele und Wüstenexkursionen.

Bergan zum Rundgang durch das Fort

Wenn der Besucher nicht ohnehin in der ummauerten Altstadt oder im **Fort (1)** wohnt, geht er durch eines der Tore auf langsam ansteigenden Straßen auf die Burg zu, die von der wuchtigen, fast vollständigen Festungsmauer mit ihren imposanten 99 Bastionen umschlossen ist. Bis an den Fuß der steilen gepflasterten Straße zum Fort kann man fahren, doch dann müssen Auto und eigentlich auch Autorikshas zurückbleiben, auf dem offenen Gelände hinter dem **Akhai Pol (2)**. Rechterhand geht es zum **Gopa Chowk (3)** samt dem amtlich erlaubten *Bangh*-Laden, linkerhand an den Händlern vorbei, die Burgbesucher schon am Wegbeginn gern mit Kunsthandwerklichem versorgen. An den mächtigen Fort-Mauern hängen dutzendweise bunte Marionetten.

Der gepflasterte Weg zum **Suraj Pol (4)** steigt steil an, links und rechts ist er von hohen Mauern begrenzt. Die hellen Steine blenden im Sonnenlicht. In einer leichten Kurve geht es vom ersten Tor zum zweiten, die Kühle unter dem Bogen des schwer befestigten turmumgrenzten Tors ist angenehm. Finster dagegen, was Rechts- und auch Gesundheitspflege betrifft, erinnert der **Berisal Burj (5)** daran, dass in die Brunnentiefe einst Verbrecher gestoßen worden seien.

Mehrmals, zuletzt am **Ganesh Pol (6)**, wechselt der Aufstieg die Richtung, bis man durch das letzte Tor, das **Hawa Pol (7)**, ins Innere der Festung gelangt. Erst jetzt hat man die dreifache Ummauerung hinter sich. Im Fort herrscht keineswegs museale Stille: Es ist dicht bewohnt, Kinder spielen, Männer schleppen Lasten, Ziegen schauen von Mauern herab. **Manek Chowk (8)** heißt der Platz am **Hawa Mahal**, umrahmt von Restaurants, Läden und Hotels – und beherrscht von der Frontfassade des **Rajmahal (9)**, des historischen Palastes der Maharawals von Bhati.

Der Palast, ein Rundgang durch das Erbe

Rückzugsort der Maharawals

Die Maharawals verschanzten sich hier jahrhundertelang in immer neuen Kriegen, im Streit mit den Moguln aus Delhi und den Rathores aus Jodhpur. Auf dem marmornen **Löwenthron (10)** vor dem Palasteingang sprachen sie zu ihrem Volk.

Über seinem großen Hof türmt sich der Palast geradezu auf, sieben Stockwerke, sorgfältig geschmückt mit vielen steingeschnitzten Bögen, *Jalis* bei den Fenstern und *Chattris* auf dem Dach. Der Hofraum diente früher Empfängen von hohen Gästen sowie militärischen und artistischen Vorführungen. Den Palast kann man besichtigen.

Durch schmale labyrinthische Gänge geht man und ist überrascht von Ausblicken durch feine Steingitter. Drinnen findet man einen Waffensaal und einen silbernen Krönungsthron, der mit Löwendarstellungen verziert ist. Das Ansehen der königlichen Familie pflegt das **Tripolia Mahal** mit vielen Porträts und einem Stammbaum, der ihre Abkunft vom göttlichen *Krishna* darstellt. Im **Gaj Vilas** hat man sich im 19. Jh. den Luxus Delfter Kacheln als Wanddekor geleistet. Das **Akhai Vilas** will durch die Ausstellung von Banknoten und Briefmarken der rajasthanischen Fürstentümer deren Unabhängigkeit von der britischen Kolonialherrschaft belegen. Skulpturen aus dem 15. Jh. zeigt die anschließende **Galerie**. Im **Rang Mahal** findet man Wandmalereien im Stil des ausgehenden 18. Jh. und historische **Stadtdarstellungen** von Jaisalmer, Jaipur und Udaipur. Das Zimmer soll ein Schlafraum des Maharawals *Mool Raj II.* gewesen sein. Eine **Dachterrasse** gewährt beste Aussicht auf die Umgebung. Auch ein überdeckter Balkon ist zu sehen: Auf ihm harrte ein Wächter aus, der vor anrückenden Feinden mit Trommeldonner warnte.

Gut, dass die Zeiten der blutigen Auseinandersetzungen hier vorbei sind. Zweimal konnten

Berg und große Mauer: vom Salim Singh Haveli gesehen

die Damen die Eroberung des Forts mit ihrer Ehre nicht vereinbaren und begingen nach alter Sitte **Johar**, den kollektiven Verbrennungsselbstmord. Ein drittes Mal reichte es nur dazu, der Dame des Hauses die Kehle durchzuschneiden, bevor der Eroberer hereinstürmte.

Es gibt auch Zeugen milderen Umgangs: Auf der Ostseite des Palastes ist die Halle der Privataudienzen **Diwan-i-Khas** erhalten, zwar leergeräumt, doch als Aussichtspunkt auf die Stadt sehr lohnend. Die Steinschnitzereien in diesem Palast wirken in

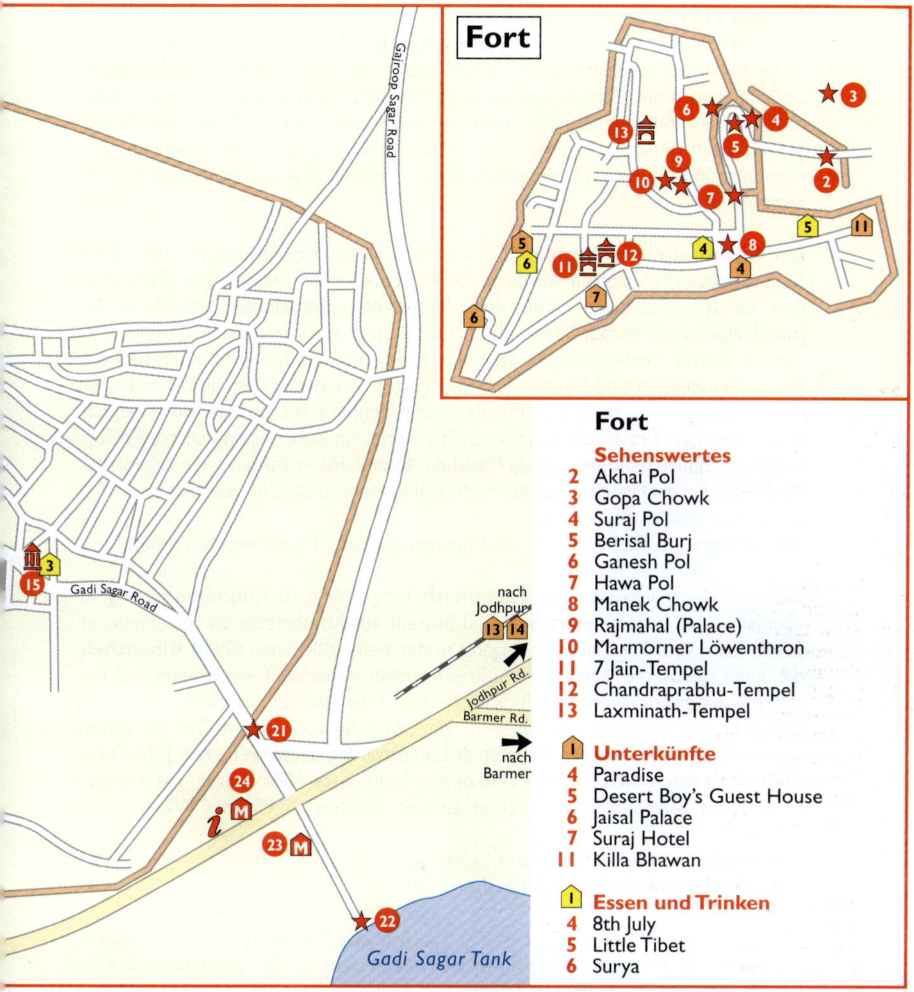

ihrer Feinheit immer wieder, als könnten sie nur aus weichem Holz geschnitzt sein. **Palast**: *geöffnet Sommer 8–18 Uhr, Winter 9–18 Uhr.*

Im Gassenlabyrinth

Die schmalen Gassen in der dichten Bebauung des Forts muten abseits der auch nur schmalen Hauptwege labyrinthisch an. Dem Hauptweg folgend, kann man aber einige sehr sehenswerte **Tempel** aus dem 12. bis 15. Jh. nicht verfehlen. Sieben **Jain-**

Tempel (11) stehen nahe beieinander, dazu etwas abseits einige Hindu-Tempel. Unter den reichen Kaufleuten Jaisalmers waren viele Jains, die großzügig stifteten. So wirkt die Steinschnitzkunst dieser Tempel wegen des verwendeten hellgelben Sandsteins und auch des Marmors geradezu überirdisch. Die Großzügigkeit einer Dilwara- oder Ranakpur-Tempelanlage sucht man wegen des beengten Raums freilich vergeblich. Beim Besuch gelten die üblichen Vorschriften: nicht nur keine Schuhe, sondern auch keine anderen Ledergegenstände – Taschen, Gürtel, Lederkleidung – im Tempel!

Kein Leder im Tempel!

Der **Chandraprabhu-Tempel (12)** hat schon in der Vorhalle, dem *Mandapa*, feine Skulpturenarbeiten. Gebaut wurde er 1509 zu Ehren des achten heiligen „Furtbereiters" der Jains. Das Innere ist mit vielen Bildern der unbekleideten *Tirthankaras*, der Jain-Heiligen, geschmückt, die wie üblich aus glatt poliertem Stein mit Augen aus Perlmutt in starrer Meditierhaltung dasitzen. Pfeiler und Torbögen sind reich verziert. Außer den Heiligen sind Statuen des Hindugottes *Ganesh* zu sehen und Abbildungen lebenskräftiger Mädchenfiguren. Hinter diesem Tempel steht der des **Parasvanath**, einem weiteren *Tirthankara* gewidmet. Man betritt ihn durch einen kunstvollen Torbogen. Auch hier sieht man üppige Mädchen, *Apsaras*, Himmelsfrauen, die zeigen, dass die Askese für die Heiligen wahrlich nicht einfach sein sollte. Die Tempeldecke ist mit zartbunter Malerei geschmückt.
Jain-Tempel: *geöffnet 7–12 Uhr, die Öffnungszeiten aller Tempel wechseln häufig.*

Der gleich anschließende kleine **Shitalnath**-Tempel, dem 10. *Tirthankara* gehörig, ist ebenfalls reich ornamentiert. Sein Bild besteht aus Kombinationen verschiedener Edelmetalle. Von hier führt der Zugang zu der tiefer gelegenen **Gyan-Bibliothek**, die uralte illustrierte Palmblattmanuskripte enthält – wer weiß, welch geheimes Wissen da aufbewahrt wird! Auch Schätze sind hier eingeschlossen: Arbeiten aus Edelstein und Elfenbein. Das Gerücht geht, es gäbe von diesem Ort aus **einen Geheimgang** zur früheren Hauptstadt Lodhruva. Von **zwei weiteren Jain-Tempeln** ist zu sagen, dass auch sie eine bewundernswerte Fülle in Stein geschnitzter Ornamente zeigen: Blüten, Tänzerinnen und Früchte an Pfeilern, Wänden und Decken.
Shitalnath-Tempel: *geöffnet 10–11 Uhr.*
Gyan-Bibliothek: *geöffnet 11–12 Uhr.*

Unbekanntes Wissen

Von den Hindutempeln im Fort ist der **Laxminath-Tempel (13)** der wichtigste, der Tempel der Herrscherfamilie. Er ist bei weitem nicht so reich geschmückt wie die Jain-Tempel, doch die Kuppel ist prächtig und im Innern ist viel Silber um den Eingang zum Heiligsten. Im **Rishabdev**-Tempel ist das Bild der furchtbaren Göttin *Kali* zusammen mit einer schönen unbekleideten Frau abgebildet – vielleicht eine Mahnung an die Vergänglichkeit irdischer Schönheit?
Rishabdev-Tempel: *geöffnet 7–12 Uhr.*

Durch die schmalen Gassen des Forts gehen viele Besucher mit hoch erhobenem Blick, um die Fassadendetails vieler Häuser nicht zu übersehen und sich an dem Farbkontrast des gelben Sandsteins und blauen Wüstenhimmels immer wieder zu erfreuen. Auch ist der Schatten in den Gassen meist sehr willkommen. Etliche *Havelis* wurden **Hotels,** das gibt Gelegenheit hinaufzusteigen, die Innenarchitektur zu entdecken und sich Zimmer zeigen zu lassen. Ohnehin spielt sich der beste Teil des Lebens im Fort auf Balkonen und Dächern ab – schauen, plaudern und die freie Luft über der Wüste atmen. Solange die Hitze nicht überhand nimmt.

Gefahr für das goldene Fort!

info

Wird das Wüstenfort langsam weggeschwemmt?

An allen Stellen, an denen man so nah an die mehrere Meter starken Mauern kommt, dass man Fernblick genießen kann (etwa am südlichsten Eck der Festung), lässt die Monumentalität der Mauer-Turm-Anlage erschauern vor Respekt – welche Kraftanstrengung, welche Planung steckt in all dem!

Leider muss dringlichst mehr als bisher geschehen darauf geachtet werden, dass der Besucherstrom dem Fort-Berg nicht gefährlicher wird als alle Kriegsheere. Vor allem der heftige Verbrauch von Wasser in den Hotels im Fort gefährdet die Statik des Festungshügels – **er wird langsam unterspült.** Wasser war immer kostbar und wurde sehr sparsam verwendet, bis die moderne Technik mit Pumpwerken die Verschwendung leicht gemacht hat. Mauerteile und ganze Türme rutschen schon. Gäste sollten ihr Quartier besser auswärts suchen, um die Burg auf dem goldenen Sand zu schonen.

Wer mehr über Initiativen zur Bewahrung und Rettung erfahren will: www.jaisalmer-in-jeopardy.org und www.intach.org geben Auskunft, auch darüber, wie man helfen kann.

Unterhalb des Forts: die schönsten Havelis

Um die einst ganz **ummauerte Stadt** zu besichtigen, geht man den Festungshügel auf dem Weg hinunter, den man gekommen ist. Gedränge und lautes Treiben empfängt den Gast. Es kann ein stundenlanges erfreuliches Erlebnis sein, von einem Restaurant aus die so verschiedenen Menschen auf der Straße davor zu beobachten: Ein Bilderbogen ausgespannt zwischen Tausendundeiner Nacht und dem 21. Jh.!

Durch die Basare

Geht man seiner Wege durch die Einkaufsstraßen, möchte man eine ganze Karawane beladen mit den glänzenden bunten Waren, die es hier überall im Basar gibt. Vieles allerdings zieht durch Buntheit und Kuriosität an, wirkt aber unter unserem europäischen matten Himmel zu schreiend, auffällig und stillos, wenn es zu zahlreich in der Wohnung ausgebreitet wird. Schlepper jeden Alters folgen einem oft auf dem Fuß mit ihren Angeboten.

Lange kann man durch Straßen mit reich verzierten honiggelben Sandsteinhäusern gehen, doch die wichtigsten Sehenswürdigkeiten sind einige große, überreich gestaltete **Havelis**. Als im 18. und 19. Jh. die Gefahr kriegerischer Überfälle abgenommen hatte, siedelten sich die Kaufleute zu Füßen des Forts an und hatten dort viel Platz zur Warenlagerung und Prachtentfaltung.

Es soll eine muslimische Gemeinschaft, die der **Silavat-Steinmetze**, gewesen sein, die in Jaisalmer die Aufträge der Kaufleute und Fernhändler ausführte. Diese Kunst-

Auch abseits der Sehenswürdigkeiten gibt es viel zu sehen

handwerker waren Meister sowohl der Steinornamente als auch der figürlichen Skulptur. Durch ihr Können wurden die *Havelis* in Jaisalmer **die schönsten im Land**, die stattlichsten auch, weil sie drei- und mehrstöckig um schöne Innenhöfe herumgebaut sind.

Als Geschenk an die Herrscher von Jaisalmer bauten die Silavat-Steinmetzen einen filigranen Turm aus Balkonen und Bögen in Form einer **Tazia** oder **Tarsia (14)**, eines religiösen Symbols der Schiiten, die nahe dem Gandhi Chowk zu bewundern ist (beim Mandir Palace). Die Silavat-Steinmetz-Familien verließen bei der Teilung 1947 Indien Richtung Pakistan. Ihre Kunst ist an vielen alten Häusern in Jaisalmer zu sehen. Auf die prächtigsten *Havelis*, die wenigstens zum Teil offen sind zur Besichtigung, soll hier hingewiesen werden.

Prächtige Steinmetzarbeiten

Wenn einen der Weg aus dem Haupttor des Forts hinausführt, findet man das *Haveli* des **Salim Singh (15)**, das auch **Moti Mahal** genannt wird, in kurzer Entfernung links in der nächsten Gasse. *Salim Singh* war kein Kaufmann, sondern um 1800 der **Diwan** (Premierminister) des Maharawals, doch seine Familie war durch Handel reich geworden. Als *Diwan* war *Salim Singh* der mächtigste Mann im Staat. Er versuchte rigoros, seines Herrn Geldbedarf durch überhöhte Steuern zu decken, ohne auf den Schaden für das Land zu achten. Außerdem verfolgte er gnadenlos sein eigenes Bedürfnis nach Rache, da sein Vater einst von einem Adeligen ermordet worden war. Die hohen Abgaben machten viele Leute arm. *Salim Singhs* Schuld war es, dass 84 Dörfer von ihren Einwohnern, den **Paliwals**, tüchtigen Brahmanen-Landwirten, in einer Nacht verlassen wurden. Reste dieser Dörfer werden auf Wüstenexpeditionen gezeigt. Verlassenes Land wird in dieser Gegend sofort von der Wüste erobert, darum war der Schaden, den *Salim Singh* anrichtete, so groß.

Grausamer Minister

Doch sein *Haveli* ist ein Kunstschatz, den der Bösewicht hinterlassen musste. Besonders die oberen Stockwerke des *Havelis* sind überreich geschmückt, Steingitter, Pfauendarstellungen und andere sehr feine Steinschnitzereien überziehen die Fassade. Der Premierminister ließ sich nichts abgehen, nach Mogul-Art ließ er an seinem Platz im Festsaal zur Kühlung drei Wasserfontänen anbringen, ließ auch Spiegel aus Brüssel kommen. Mit seinen sieben Frauen verkehrte er diskret: „never talk with the mouth in daytime, only in night!" Das Gebäude ist privat, der Führer erwartet einen Obolus, hinein kommt man nicht immer, reguläre Zeiten sind nicht zu erfahren. Den besten Blick auf die Fassade hat man vom Haus gegenüber (Restaurant).

Das **Nathamal-ki Haveli (16)** von 1885 erreicht man nahe beim **Gandhi Chowk (17)**, dem hinter dem Haupttor (**Amar Sagar Pol, 18**) in der Unterstadt liegenden Platz. Auch dieses mehrstöckige Haus ist mit Steinmetzarbeiten reich geschmückt. Das Eingangstor wird von zwei Sandstein-Elefanten flankiert. Sie sind das Zeichen des Erbauers, der gleichfalls Premierminister war, aber nicht von so schlimmem Ruf wie *Salim Singh*. Am ersten Stock, der durch Erker und Fensterbögen akzentuiert wird, sind nicht nur Elefanten und Pferde, sondern auch Eisenbahnen, Fahrräder und Soldaten zu entdecken. Innen – wenn man Glück hat, darf man einen Blick hineintun – sind Säle mit Wandmalereien geschmückt. Zwei Steinmetze, Brüder, sollen an diesem Gebäude gearbeitet haben. Die beiden Hälften sind fast gleich bis auf Kleinigkeiten, zum Beispiel zwei kleine Fenster an den Seiten der Haustür.

Im nordöstlichen Teil der ummauerten Unterstadt, nahe dem Zentrum, findet man das architektonisch unübertroffene *Haveli*-Ensemble: die **Patwon-ki Havelis (19)** – der Name variiert in vier verschiedenen Schreibweisen –, in der ersten Hälfte des 19. Jh. erbaut von dem Kaufmann-Clan der **Patvas**, die 300 Niederlassungen in Indien, Afghanistan und China besaßen. Sie handelten mit Opium, Seide und Brokat und waren auch Bankiers. Die *Havelis*, auch an Schnitzwerk, Erkern und Fassadenornamenten die reichsten in Jaisalmer, wurden für fünf Brüder gebaut: Fünf Wohnhäuser sind innen miteinander verbunden, haben aber jedes seinen eigenen Eingang. Viel Gold ist an Wänden und Decken verwendet worden. Von den flachen Dächern ist der Ausblick wunderbar. Auffällig sind die reich skulpturierten gedeckten Balkone an der Straßenseite. Die *Havelis* sind zum Teil in Staatsbesitz, eines ist ein Basar-Kaufhaus mit qualitätvoller Handwerkskunst zu anspruchsvollen Preisen.

Schöne Havelis

Patwon-ki Havelis: *geöffnet 9.30–17 Uhr.*

Zuletzt lohnt noch ein Architektur-Abstecher zum **Mandir Palace (20)**, nah dem Gandhi Chowk, dem Ortszentrum, wo man immer wieder vorbeikommt. Im Hintergrund bauten sich die Maharawals ihre Stadtresidenz, samt Tempel, als sie nicht mehr auf der Burghöhe bleiben wollten. Die Familie wohnt auch heute dort, hat aber einen Flügel als **Heritage-Hotel** geöffnet – so darf man dort eintreten und sich umsehen. Die Gesamtanlage und die Ausblicke sind allerdings interessanter als die Zimmer.

Gadi Sagar, ein See vor den Mauern

Nur etwa 400 m muss man vom **Gadi Sagar-Pol (21)** aus gehen, um zu diesem hübschen und meist malerisch-stillen – außer wenn das **Gangaur-Fest** dort gefeiert wird – Ort zu kommen. Der künstlich schon im 14. Jh. angelegte See, er wird manchmal auch *Garsisar* genannt, diente als Regenwasserbecken jahrhundertelang der Versorgung der Stadt. Natürlich trocknete er in den heißen Monaten regelmäßig aus, was ältere Touristen wohl noch gesehen haben. Erst 1965 wurde die Trinkwasserversorgung Jaisalmers durch Leitungen zu einem Grundwasservorkommen in 15 km Entfernung gesichert. Seit 1993 wird Wasser aus dem Indira-Gandhi-Kanal bei Bedarf in den See geleitet.

Idyllischer See

Rundum führen weiße Treppen (*Ghats*) hinunter ins Wasser, kleine Tempel glänzen in der Sonne, Tretboote machen auch Erwachsenen Spaß und die farbigen Saris der Inderinnen steigern noch das schöne Bild. Der Zugang zum See führt durch ein fein proportioniertes zweistöckiges Tor aus gelblichem Stein mit kleinen Pavillons auf dem Dach und Erkern, das **Tilon-ki-Pol (22)**. Eine Kurtisane, *Tilon*, aus dem heutigen Pakistan ließ um 1909 das Prachttor bauen, um ihrer Geburtsstadt Jaisalmer etwas Gutes zu tun. Als das Tor schon errichtet war, redeten Eiferer dem Maharawal ein, er könne nun nicht mehr zu den Tempeln am See gelangen, da er unter einem Tor mit solch schlechter Herkunft nicht hindurchgehen könne. Der Herrscher wollte das Tor entfernen lassen, doch die kluge *Tilon* holte sich guten Rat bei einflussreichen Brahmanen: Sie ließ in das Tor eine Stätte zur Verehrung des Bildes **Satyanarayan** (*Vishnu* als Gott der Wahrheit) einfügen – nun konnte das Bauwerk nicht mehr abgerissen werden.

Die Marionetten der Puppenspieler kann man auch kaufen

Museen: Die Kultur der Wüstenbewohner

Direkt am Gadi Sagar stellt das kleine, aber sorgfältig zusammengestellte **Jaisalmer Folklore Museum** (**23**) eine interessante Sammlung rajasthanischer Musikinstrumente, Dekorationen der Alltagskultur (Kamelschmuck), Gemälde, handgeschriebene Bücher und Kuriositäten aus. Besonders anziehend ist, wenn der Gründer und Sammler des Museums, *Mr. N. K. Sharma*, anwesend ist und von all den Dingen erzählt. *Mr. Sharma* gibt auch Auskunft über die Exponate des **Desert Culture Center and Museum** (**24**; an der Gadi Sagar Road fünf Minuten vom Folklore Museum). Dort sind unter anderem traditionelle Textilien und abends ein einstündiges Puppentheater zu sehen (um 18.30 Uhr).

Sehenswerte Museen

Jaisalmer Folklore Museum: *geöffnet 8–18 Uhr.*
Desert Culture Center and Museum: *geöffnet 10–17 Uhr.*

Übrigens war es einer der berühmtesten indischen, genauer bengalischen Filmemacher, der für Jaisalmer den Namen **Goldene Festung** (= Sonar Kella) fand. **Satyajit Ray** (1921–1992) hatte mit diesem Film 1974 einen seiner größten Publikumserfolge. Musik daraus wird heute noch gehört (www.molodezhnaja.ch/sonarkella.html).

Zum **Government Museum (25)**, an der Amar Sagar Road im Westen der Stadt (dem RTDC-Hotel Moomal benachbart), ist eine kleine Riksha-Fahrt nötig, interessant für den, der 180 Millionen Jahre alte Fossilien aus der Wüste Thar und mittelalterliche Skulpturen indischer Götter bewundern will.
Government Museum: *geöffnet Sa–Di 10–16.30 Uhr.*

Prozession mit Kokosnüssen als Opfergabe

Ausflüge und Exkursionen in die Wüstenumgebung im Norden: Gedenkstätten der Herrscher und herrliche Sonnenuntergänge

Bada Bagh

Gedenkstätten der Herrscher

So heißt der Platz, der „große Garten". Tatsächlich wächst ein Hain von Mangobäumen in einer Mulde. Ein Wasserreservoir aus dem 16. Jh. ist nahe bei, aus massiven Steinblöcken gefügt, mit unterirdischer Wasserableitung. Das Anziehende an diesem Ort aber sind die *Chattris*, viele Pavillons mit Schirmdächern, die wie Pilze auf dem Hügel beieinanderstehen. Sie sehen so festlich aus, dass man vergessen könnte, dass sie an Tod und Verbrennung der Herrscher erinnern, wobei in früheren Zeiten regelmäßig auch die Witwen in den Tod gingen. Die ältesten *Chattris* sind aus dem 16. Jh. In den *Chattris* stehen Steinplatten, skulptierte Bilder der Maharawals hoch zu Ross mit der Maharani daneben, weil sie als *Sati* mit ihm in den Tod ging. Auch andere Familienmitglieder haben ihre Gedenkstätten, die aber kleiner sind als die des Maharawals.

Die Gedenkstätte des letzten regierenden Herrschers ist unvollendet, da sein Sohn vor ihm starb und man es als schlechtes Omen ansah, an der des Vaters weiterzubauen.

Aber ein beliebter **Sunset point** ist dieser Ort auch, und es ist keinem Besucher verwehrt, auf dem Hügel in Ruhe und Bewunderung den Sonnenuntergang zu erleben. Der taucht die *Chattris* und das **Jaisalmer-Fort** im Hintergrund in märchenhaft goldenes Licht. Sogar die etwas entfernt stehenden Windkraftwerke – auch von Jaisalmer aus sichtbar – werden einen nicht stören! *(5 km nördlich)*

Amar Sagar: noch ein See, noch ein Wüstenpalast

Amar Sagar erreicht man, wenn man westwärts aus der Stadt hinausfährt für eine ruhige Stunde an einem künstlich geschaffenen See, der freilich sommers austrocknet, bei einem zweihundert Jahre alten Palast, der noch restaurierungsbedürftig ist. Drei Jain-Tempel dagegen sind jüngst mit Sorgfalt wiederhergestellt worden. *(7 km nordwestlich)*

Alter Palast

Die alte Hauptstadt Lodhruva (auch Lodurva)

Noch etwas weiter nordwestlich von Jaisalmer liegt diese Stadt, die einmal in alter Zeit Hauptstadt war. Sie wurde nach dem 11. Jh. so oft erobert und geplündert, dass man schließlich den Burghügel von Jaisalmer sicherer fand. Viel ist aus der Zeit der Blüte nicht übrig: Der **Haupttempel der Jains** allerdings ist eindrucksvoll. Er ist dem 23. *Tirthankara, Parasnath*, gewidmet, von dem ein silbernes Abbild im Tempel inmitten anderer Bildwerke steht. Der Eingang – *Torana* – ist von den Kriegen beschädigt, aber wunderschön. In der Vorhalle macht einen der Wärter auf die Decke aufmerksam, sie soll aus einem einzigen Stein bestehen. Jegliche Beschädigungen an Ornamenten und Skulpturen im Inneren sollen noch auf die muslimischen Eroberungen zurückgehen.

Man muss sich den Weg über einen Wirtschaftshof suchen, um zum göttlichen Baum **Kalp Taru** zu kommen, vor rund 130 Jahren wurde er von der Jain-Gemeinde geschaffen. Der Baum besteht aus Metall und Holzteilen mit geschnittenen Vögeln und Früchten im künstlichen Geäst. Unter dem Baum liegen Löwen und Gazellen, Schlangen und Vögel beieinander zum Zeichen des Friedens. Der Baum soll stumm gedachte Wünsche erfüllen, man kann es als Gast immerhin versuchen. *(14 km nordwestlich)*

Wunschbaum

Ausflüge Richtung Westen

Ein märchenhafter Garten

An der Straße Richtung Westen sieht man mehrere neuere Ferienhotels inmitten von Parkgrün liegen. Wenn man weit genug gefahren ist, kommt man aber doch in die karge Natur. Und nach neun Kilometern nimmt man abseits der Straße linker Hand eine hohe Steinmauer wahr. Nur wenn man weiß, was dahinter ist, wird man anhalten: **Mool Sagar**. Durch eine schmale schräge Pforte führt der Weg in eine annähernd quadratische Gartenanlage, in der es glänzt und grünt. Hinter einem hohen Torbau wird der Garten noch schöner, bepflanzt mit lauter blühenden Stauden und Büschen: Malven, Oleander, Ringelblumen, Rosen, an der Seite Bananen- und Papayabäume. Dann ein großer Pavillon, symmetrisch angelegte Treppen führen hinauf.

Wunschort für Gartenfreunde: Mool Sagar

Steinarbeiten aus dem beliebten Jaisalmer-Sandstein schmücken das Äußere, Elefantenköpfe halten einen Erker. Der Pavillon besteht aus offenen Außenräumen, einem Innenraum und der Dachterrasse.

Luxus-Unterkunft

Hinter dem Gebäude befinden sich wieder Gärten, im Maß symmetrisch zu denen vor der Pavillon-Anlage, ganz im Hintergrund ist ein kleiner Palast, der schwer überwuchert ist von rotvioletten Bougainvillien. Um das gesamte Gartenareal läuft die schon erwähnte hohe Mauer, aber sie hat in der Mitte der Längsseite unter einem Kuppeldach einen Treppendurchgang, der zu einer Reihe von luxuriösen Wohnzelten führt. Diese stehen auf Steinsockeln, haben Türen aus Bastmatten und sind innen hübsch ausgestattet mit breitem Bett, Sesseln und Schreibtisch, natürlich mit Badezimmer daneben. Hier kann man wohnen, im Gartenpavillon essen, lesen, schreiben, träumen. Und rundum ist viel steiniges Wüstenland. *(9 km westlich, Kontakt: s. S. 284)*

Gern besucht: Sam Dunes

Um das Bedürfnis zu befriedigen, endlich zwischen hohen Sanddünen auf Kamelrücken schaukelnd Sahara zu spielen, fahren in der Hauptsaison täglich Hunderte Touristen die 42 km west-südwestlich Jaisalmers zu den **Sam Dunes**.

Von Einsamkeit kann also keine Rede sein: fliegende Händler, Musiker, fliegende Händler, Tänzer, fliegende Händler, Kameltreiber, fliegende Händler, auch viel fliegendes Plastik – so sieht die Szenerie aus, es sind genug da, dass sich ein Dutzend auf einen Touristen konzentrieren können. Wer auf seiner Reise keine Zeit hat und schnell zum Erlebnis Kamelritt und Sonnenuntergang kommen will, kann das hier leicht tun.

Naturfreunde und Käfersammler werden an diesem Ort fündig, wenn sie den originellen Wüstenkäfer im Sand beobachten wollen, der unablässig eine Dungkugel vor sich her rollt, die viel größer ist als der Käfer selbst. *(42 km westlich)*

Mehrere Unternehmen bieten schlichte Zeltunterkünfte, so das **RTDC Moomal Hotel**, Jaisalmer, ☎ 02992-252392 (€€–€€€). Üppig genießt man die Wüstennacht im **Royal Desert Camp**, Kontakt Nachana Haveli, Jaisalmer, ☎ 02992-251910 (€€€€), inklusive Dinner, Animation und Kamelritt. Wer nur einen halbstündigen Kamelritt unternimmt, zahlt etwa 100 Rs für das Kamel, weniger als 100 Rs für den Kameltreiber, 10 Rs für die Ortsentwicklung (das Dorf Sam liegt ein Stück entfernt).

Das verlassene Dorf Kuldhara

Etwas abseits der Straße zu den Sam Dunes bringen Wüstenexpeditionen zu Jeep und zu Dromedar den Reisenden nach **Kuldhara**. Das ist eines der Dörfer, die seit der Unterdrückung ihrer Bewohner durch den Minister *Salim Singh* – sein *Haveli* aus dem 18. Jh. in Jaisalmer (s. S. 273) ist dem Besucher noch in Erinnerung – verlassen dastehen. Über Nacht wanderte die reiche *Paliwal*-Bevölkerung aus dem Ort aus, der mit seinen 700 Einwohnern fast eine Stadt war.

Nur noch Ruinen sind vom Ort Kuldhara geblieben

Heute, nach mehr als 200 Jahren, sind im trockenen Wüstenklima noch dachlose Häuser stehen geblieben, mit Stallungen, hier und da mit einer hölzernen Zimmerdecke, auch einen Stufenbrunnen hat man ausgegraben. Restauriert ist der hübsche *Krishna*-Tempel. Manche Leute aus Jaisalmer meinen, die *Paliwals* hätten unmöglich alle ihre Reichtümer in einer Nacht in Ochsenkarren wegführen können, sie hätten sogar die steinernen *Jalis* mitgenommen – das ist bloße Spekulation. Schatzgräberei ist allerdings verboten. *(26 km westlich)*

3.000 km² Desert National Park

Wer etwas tiefer in die Lebensbedingungen von Pflanzen und Tieren der Wüste blicken will, kann das mit Erfolg im **Desert National Park** tun. Er liegt zwischen 35 und 60 km südwestlich, und man erhält die Erlaubnis (gegen Gebühr) zum Parkbesuch im Büro des Direktors des Nationalparks, Jaisalmer, Barmer Road. Seit 1980 unter Naturschutz umschließt der Nationalpark dennoch einige **Bishnoi**-Siedlungen. Andere Gebiete des 3.000 km² großen Geländes stehen strikt unter Schutz, damit mehrere Adler- und Geierarten, Antilopen und Gazellen, Wüstenfuchs und Wüstenkatze ungestört leben können. Man hofft auch, die **Große Indische Trappe**, einen eindrucksvollen Vogel, der 40 cm groß und über 10 kg schwer wird, vor dem Aussterben zu bewahren. Unterkunft im Park ist höchst einfach, ohne Licht und Verpflegung (mitbringen!). *(etwa 32 km südwestlich)*

Ausflüge Richtung Süden

Akal Wood Fossil Park, wie die Wüste lebt: heute und vor 180 Millionen Jahren

Genau genommen war da vor jenen vielen Millionen Jahren keine Wüste, sondern Wald. Und das zeigt der **Akal Wood Fossil Park** dem Besucher. Versteinerte Baumstämme, mehrere Meter lang, sind unter Glas zu sehen, als sie aufrecht standen, haben sich vielleicht Saurier an ihnen gerieben. (*17 km südlich, an der NH 15*)

Kabha dokumentiert das frühere Leben

Die Fahrt nach Süden ist seit dem Ausbau der N15 leicht gemacht, nach 30 km wird eine Abzweigung nach **Kabha** angezeigt. Sie führt zu einem Fort mit Sonnenkollektoren und Antenne. Auf einem Pfad kommt man schon lange zu Fuß hinauf, nun im größeren Bogen auch auf einer Autostraße. In den letzten Jahren wurde das Kabha-Fort restauriert, ein Wärter bewacht ein kleines einfaches Museum, eine Sammlung von Gesteinsarten und Gebrauchsgegenständen, die heimatliebende Menschen zusammengestellt haben. Schön ist der Ausblick über das Wüstenland und hinunter zu den Ruinen eines verlassenen *Paliwal*-Brahmanendorfes. Eine Stille, die anregt. *(34 km südlich)*

Khuri lädt zum Wohnen ein

Nochmals Sanddünen erlebt man beim Dorf **Khuri**, deutlich westlich der N15. Rajasthan-Dorfkultur: Hier schmücken die Frauen den Weg vor der Hütte mit *Rangolis*, den weißen Zeichnungen voller Muster mit Tieren und Menschen. Immer mehr Gäste brechen von Khuri zur Kamelsafari auf. Zugleich ist es noch üblich, dass die prächtig farbig gekleideten Dorffrauen ihren kasten-spezifischen Gang zum Brunnen gewohnt sind: Jede Kaste benutzt den ihren. Seit Jahren wächst die Zahl der Guest Houses. Für einen mehrtägigen Aufenthalt, für Leute, die das Dorfleben am Wüstenrand besser kennenlernen wollen, empfiehlt sich zum Beispiel das **Badal House** (☏ von Jaisalmer aus: 935014-274120, von anderen Orten aus: 03014). Manche Gäste beklagen die Zunahme des Tourismus, also der Läden, Erfrischungsstände und Gästehäuser. Wo ein Besucher hingeht, kommen eben viele andere nach! *(40 km südlich)*

Barmer, unbekannte Großstadt

Da ist es von Vorteil, dass nicht alle Jaisalmer-Reisende auch nach **Barmer** fahren, zu der kleinen Landstadt an der N 15. Handwerk hat hier noch gutes Ansehen, besonders Stickereien erfreuen das Auge. Kettenstich und Knopflochstich verzieren, häufig

Dorfbilder an Wänden und auf dem Boden – freihändig von Frauen gemalt

durch Applikation leuchtender Stoffe ergänzt, Decken und Polsterbezüge, besonders gerne werden Spiegelstücke in die Muster einbezogen. Diese Kunst stammt aus Sindh, dem Indus-Mündungsbereich (jetzt Pakistan): Bei der Teilung 1947 mussten viele Hindufamilien nach Rajasthan fliehen, ihre Frauen brachten die traditionelle Handarbeitskunst mit.
Es gibt in Barmer eine sehr lebendige Industrie geschnitzter Möbel – es wird wirklich noch von Hand gearbeitet – und auch die Weberei von *Dhurries*, den farbigen Baumwollteppichen, ist verbreitet. Gleich gegenüber vom Bahnhof kann man in mehrere Läden hineinschauen, sich Textilien zeigen lassen und über die Preise reden.

Folgen des Klimawandels

Barmer erlebte vor wenigen Jahren eine klimatische Überraschung sondergleichen: Die Regenfälle waren so stark, dass das Wasser in den ausgetrockneten dichten Boden nicht abfließen konnte und weites Land überschwemmte. Barmer war als eine Insel in einem See wochenlang abgeschnitten vom Verkehr! Noch über ein Jahr danach gab es vereinzelt seichte Seen in der Wüste. Die Klimaveränderung wirkt sich gerade in Gebieten mit extremen Wetterbedingungen aus.

Sehr lohnende Architektur ist bei Barmer zu sehen: die fünf **Kiradu-Tempel,** etwa 20 km westlich der Stadt. Sie sind im 10. und 11. Jh. n. Chr. unter den *Panwar*-Königen entstanden und zeigen meisterhafte Skulpturen und mächtige, ausgewogene Proportionen, schöne Vorhallen und Friese. Wer sie besuchen will, muss in Jaisalmer beim Collectorate um eine Genehmigung nachfragen, denn das Gebiet ist militärische Sperrzone (nahe der Grenze zu Pakistan). Wer vor zehn Jahren oder früher schon einmal da war, kann staunen: Aus dem grünen Dschungel-Dickicht hat man die Tempel freigelegt, hat sie restauriert und sogar ausgeschildert. „Weitab am Rand der Wüste“ gilt nach zehn Jahren nicht mehr. (*153 km südlich von Jaisalmer*)

Auf dem Dromedarhöcker

Ein Dromedarritt macht Vergnügen – Sonnenschutz nicht vergessen!

Da es als ungeheuer romantisch gilt, ist das Reiten zwischen Sand und Wüstenhimmel auf einem der Dromedare für die meisten Besucher ein großes Muss! Das Angebot ist vielfältig und nicht gerade übersichtlich. Jeder Besucher fragt am besten Menschen, die jene Exkursion gerade hinter sich haben, nach den Erfahrungen: Wie lange dauert sie, einige Stunden, einen Tag, zwei Tage und eine Nacht...? Wie teuer war es? Gab es Mahlzeiten (meist *Chapatti* und Linsen), auch solche, die man essen konnte? Musste man auf dem blanken Boden schlafen oder auf Matten? Gab es genug Wolldecken für die wirklich bitterkalten Wüstennächte? Auch Hotels geben Auskunft, doch vielleicht sind sie selbst die Unternehmer und sagen daher nur Gutes. Auf jeden Fall sollte der Reisende vor dem Aufbruch nach diesen Einzelheiten fragen, sich die Expeditionsausrüstung ansehen, die häufig per Jeep vorausfährt.

Man gehe auch mit den Zeitangaben vorsichtig um. Ein Zweitages-Ausflug, der kurz vor Sonnenuntergang beginnt und am nächsten Morgen zur Frühstückszeit endet, ist keine seriöse Sache.

Es ist gewiss nicht klug, das billigste Angebot zu nehmen, aber es ist nicht sicher, dass teure Angebote gut sind.

Doch der Traum, sich als *Lawrence von Arabien* zu fühlen, muss verwirklicht werden. Also, was gehört dazu an eigener Ausrüstung? Wasser muss man meist selber mitbringen. Eine große Flasche, in einer Umhängetasche getragen, und mehrere im Gepäck. Eine Kopfbedeckung mit breiter Krempe, die auch Stirn und Nacken schützt. Sonnencreme mit hohem Schutzfaktor für Gesicht und Hände, Wundsalbe auf längeren Exkursionen für strapazierte Hintern, eine leichte Hose, die über die Knie reicht (Sonnenbrand ist dort sehr unangenehm, und Kamelhaar auf nackten Schenkeln kratzt), eine Baumwollbluse oder Hemd mit langen Ärmeln aus dem gleichen Grund, Toilettenpapier, Medizin gegen Durchfall, warme Socken und ein Wollpullover für die Nacht, einen Kumpel, mit dem man das Ungewöhnliche und das Unbequeme der Situation bewundern und beklagen kann.

Unbedingt mitnehmen!

Frauen sollten vorher schon darauf bestehen, ein Kamel für sich allein zu haben, keinesfalls einen Kamelführer hinter sich im Sattel dulden. Da hat es schon heftige Klagen gegeben. Wertsachen besser im Safe im Hotel lassen, wenn man müde ist, schläft man tief und kann nicht wachsam sein.
Aus Liebe zur Wüste: Abfälle, Plastik, Papier, Dosen und Ähnliches nicht liegen lassen!

Reisepraktische Informationen zu Jaisalmer

Ankunft und Auskunft

RTDC Tourist Office *an der südlichen Umgehungsstraße, nicht weit vom Gadi Sagar, ☏ 02992-252406. Jaisalmer-Infos auch: www.jaisalmer.net, www.jaisalmer.org.uk und www.jaisalmer.nic.in (alle drei Webseiten bieten verschiedene Informationen zu Jaisalmer). Ganz- oder Halbtags-Kamelritte sowie 4-stündige Jeep-Ausflüge in die Wüste werden vermittelt.*

Der Ort Jaisalmer verlangt von jedem Besucher, der mit dem PKW kommt, eine **„Eintrittsgebühr“** *von 20 Rs.*

Unterkunft

Ratan Palace *(und* **Renuka***)* **(1)**, *€, nördlich (100m) vom Ghandi Chowk, ☏ 02992-252757, hotelrenuka@rediffmail.com. Sehr gut geführte Hotels, vielfach empfohlen. Restaurant auf dem Dach, Internet, Besorgung von Bahnfahrkarten und Abholdienst. Auf Wunsch Vermittlung von Kamelsafaris. Bekannt für Höflichkeit und Sorgsamkeit.*

Shahi Palace Hotel (2), *€–€€, Shiv Road, im Fort, nahe Shiva Tempel, ☏ 02992-255920, www.shahipalacehotel.com. Neun hübsche Zimmer in neuem Sandstein-Gebäude, guter Komfort, freundlicher Manager.*

Golden City (3), *€–€€, Dibba Para, 02992–251664, hotelgoldencity@hotmail.com, www.hotelgoldencity.com. Die besseren Räume mit Klimaanlage, Familienpension, Swimmingpool, Internet. Günstig im Preis!*

Paradise (4), *€–€€€, gegenüber dem königlichen Palast im Fort, ☏ 02992-252674, www.paradiseonfort.com. 24 einfache Zimmer, doch die besten haben heiße Duschen, die meisten Balkone. Man darf auf dem Dach schlafen. Die Bedienung reicht nicht weit, aber es gibt abschließbare Schrankfächer.*

Desert Boy's Guest House (5), *€–€€, oberhalb vom Ganesh Pol im Fort, ☏ 02992-254693, www.geocities.com/desertboys_guesthouse. Einfache Zimmer, alle mit heißer Dusche, einige Zimmer gegenüber im Haus der Familie. Beste Ausblicke, sehr freundlich.*

Jaisal Palace (6), *€€–€€€, nahe Gandhi Chowk hinter SBI, ☏ 02992-252717, www.hoteljaisalpalace.com. Überwiegend mit Kühlung, im ersten Stock Balkons mit Aussicht.*

Suraj Hotel (7), *€€–€€€, bei den Jain-Tempeln im Fort, ☏ 02992-251623, hotelsurajjaisalmer@hotmail.com. Nur sechs Zimmer, mit Bad, in einem der ältesten Havelis. Einige Zimmer mit schöner Aussicht.*

Nachana Haveli (8), *€€–€€€€, Gandhi Chowk, ☏ 02992-251910, nachana_haveli@yahoo.com. Zimmer mit gutem Design im Haveli-Stil, das Haus ist ein modernisiertes Haveli mit Badezimmern, in der Hauptsaison mit Dachrestaurant.*

Jawahar Niwas Palace (9), *€€–€€€€, 1 Bada Bagh Road, ☏ 02992-252208, keine Website, doch ein Pool. Turmbewehrtes Haus, große Zimmer.*

Mandir Palace (10), *€€€€, Gandhi Chowk, etwas zurückliegend hinter einem Hoftor. ☏ 02992-252788, www.welcomheritagehotels.com. Palast mit Jalis in reicher Zahl und dem fabelhaften Badal Vilas Tower. Leider sind die Zimmer nicht so exotisch wie die Architektur, man fühlt sich nicht in einem Palast (der zum Teil noch vom Maharawal bewohnt wird), sondern eher in einem sachlichen Komforthotel.*

Killa Bhawan (11), *€€€€, Kotri Para, im Osten des Forts, ☏ 02992-251204, www.killabhawan.com. Wunderbares altes Gebäude, nur sieben Zimmer mit hochgelobter Einrichtung, jedoch nur zwei mit AC.*

Narayan Niwas Palace (12), *€€€–€€€€€, Malka Road, im Norden der Stadt, ☏ 02992-252408, www.narayanniwaspalace.com. Um eine ehemalige Karawanserei mit 51 teils einfachen Zimmern und opulenter Aussicht vom Dachrestaurant, origineller Pool im Haus.*

Außerhalb von Jaisalmer

Rawal Kot (13), *€€€€€, Jodhpur Barmer Link Road, ☏ 02992-252638, www.tajhotels.com. Der Taj-Gruppe zugehörig, entsprechend komfortabel und attraktiv eingerichtet, mit mehreren Restaurants, einem schönen Pool mit Aussicht und zuvorkommendem Service.*

Fort Rajwada (14), *€€€€€–€€€€€€, an der Jodhpur Barmer Link Road. ☏ 02992-253533, www.fortrajwada.com. Von außen mit imposantem Torbau einem Wüstenfort ähnlich, nach „Vaastu", der vedischen Architekturlehre, entworfen, im Innern mit allen 90 Zimmern und vier Suiten von einer deutschen Bühnenbildnerin gestaltet. Bauteile abgerissener Havelis schmücken die prächtige Eingangshalle. Großer Pool, gepflegte Bar, aufmerksamer Service.*

Mool Sagar (15), *€€€€–€€€€€€, Kontakt: Jodhpur Heritage, Marudhar Group of Hotels, Mandore Road, Jodhpur, ☏ 0291-2572321-26, www.jodhpurheritage.com.*

Im Desert National Park

Khuri Guesthouse (16), *€–€€, ☏ 03104-274044. Einfache Zimmer, gut und freundlich geführt.*

Moonlight Safari Camp (17), *€€€–€€€€, zwischen Khuri und Barana Village, 45 km von Jaisalmer, Kontakt: ☏ 02992-250267, moonlighthotelresort@yahoo.co.in. Lehmhütten in den Sanddünen, teils eigenes Bad, teils Gemeinschaftsbäder, dazu Zelte. Im Preis (für eine Person) sind Mahlzeiten, Kamel-Ausritt und Unterhaltungsprogramm eingeschlossen.*

Mehrere ähnliche Angebote: Zelte oder Hütten bei Sam und in Khuri, Preise von €€ bis €€€€€.

Essen und Trinken

*Falls man am „State Bus Stand" hungrig angekommen ist, hat man es nicht weit: Ein Stück nördlich beim Amar Sagar Pol steht am „Gandhi Chowk" gleich eine Reihe kleiner Restaurants zur Wahl. Was da gekocht wird, ist meist an den Geschmack der vielen West-Touristen angeglichen, zu den qualitativen Ausnahmen zählt das „*__Trio__*". Höhere Ansprüche können Hotels wie das „Taj", das „Fort Rajwada" und das „Rang Mahal" erfüllen, das letztere mit Rajasthan-Spezialitäten – gut gewürzt, aber ohne zu heftiges Chili-Feuer. Erträglich in ihrer Schärfe sind auch die langen grünen Chili-Schoten, die mit Kartoffelbrei gefüllten „Chili-Pakoras", die in den Basaren angeboten werden, eine Jaisalmer-Spezialität.*

Bangh, ein leichtes Rauschmittel aus der Hanfpflanze, ist in Jaisalmer wie in anderen Rajasthan-Orten offiziell erlaubt und wird Getränken („Bangh Lassi") wie auch Süßigkeiten beigemischt. Manche erleben Visionen oder Depressionen, wenn die – gekochte – Dosis zu stark ist, also Vorsicht!

Sehr viele Restaurants in Jaisalmer haben eine „Roof Top"-Terrasse!

Palace View Restaurant (1), *€, Gandhi Chowk. Amerikanische Gäste schwören auf die „apple pie" hier, aber es gibt auch andere, meist westliche, gute Sachen.*

Trio Restaurant (2), *€€, hat einen angenehmen Dachgarten am Gandhi Chowk, da schaut man bequem zum Fort hinauf, das rötlich im Sonnenuntergang und lichterglänzend bei Dunkelheit erfreut. Sowohl vegetarische als auch non-veg gute Mahlzeiten, Spezialität: „Royal Safari Soup". Auch Bier.*
Natraj (3), *€€, beim Salim Singh Haveli. Auf dem Dach, klimatisiert, mit märchenhafter Aussicht. Indisches und Chinesisches, veg und non-veg, Bier-Bar, gute Auswahl, sauber.*
8th July (4), *€€, im Fort, nahe beim Palace, mit Dach-Restaurant. Vegetarisches Essen, feines Frühstück, auch Pizza.*
Little Tibet (5), *€€, im Fort, am Palace Chowk. Delikate „Momos" (Teigtaschen), freundliche Bedienung, sauber und erfreulich.*
Surya (6), *€€, an der südöstlichen Ecke des Forts, romantisch ausgestattet mit Kissen und Decken, hoch über der Stadt. Ziemlich gutes Essen.*

Feste / Veranstaltungen

Desert Festival: *Andere Orte haben ihre jahrhundertealte Tradition pittoresker Viehmärkte, doch Jaisalmer hat das „Desert Festival" für seine Gäste erfunden – mit viel Folklore, „touristy" mit Tänzen, Musik, Wettbewerben um Turbane und Bärte, drei Tage lang auf einem eigens dafür freigehaltenen Platz außerhalb der Stadt. Alle Kamele sind reich geschmückt, Musik auf all den traditionellen Instrumenten ertönt und die alten Melodien der Region werden gesungen, zum Vollmond Ende Januar/Februar. Das Programm findet sich im Internet angekündigt: www.jaisalmer.nic.in.*

Kamel-Safaris: *Veranstalter u. a.* **Safari Tours**, ☏ *02992-251058,* **Ganesh Travels**, ☏ *02992-250138,* **Trotter's Independent Travels** *(im Fort),* ☏ *09414-469292. www.trotterscamalsafarijaisalmer.com.*

Einkaufen

Wegen der Wüstenhitze sind etwa zwischen 13.30 Uhr und 15 Uhr in der Regel fast alle Läden geschlossen!
Wer sein trautes Heim „indisieren" will, findet reichliche Angebote an Brokat- und Spiegelbestickten Decken oder Wandbehängen. Auch die bunten Stickerei- oder handbedruckten Stoffe verführen, den Schneidern sagt man allerdings gelegentlich lässige Arbeit nach. Gut arbeiten soll Mr. Durga Ram, im Pansari Basar nahe dem Fort-Eingang (Hemden). Am besten ist es, Gäste mit Erfahrung zu fragen oder in guten Hotels die Rezeption!
Andere Artikel sind: Emailarbeiten auf Messing, Bronzegegenstände und Lederarbeiten. Seit Jahrzehnten bewährt ist das **Kadhi Parishad Emporium** *mit seinen guten und preiswerten Baumwollstoffen oberhalb des Narayan Niwas-Hotels. Qualitätvolles Kunsthandwerk gibt es im* **Patwon-ki-Haveli** *(s. o.), und kleine, feine Juwelierläden locken im Fort.*

Light of the East, *im Fort nicht weit vom Palace, verlockend für Liebhaber von Mineralien und Edelsteinen. Man kann sich auch einen „biegsamen Stein" zeigen lassen, aber ist es wirklich ein Stein?*
Rajasthali, *am Amar Sagar Pol. Das staatliche Emporium hat Festpreise, das ist günstig, um die in der Regel niedrigeren Preise im Basar richtig einzuschätzen resp. als überteuert zu erkennen. Auf eine bessere Auswahl und Präsentation im „Rajasthali" wartet man seit Jahren, auch 2008 war es noch angestaubt.*
Desert Leather Arts, *am Gopa Chowk. Alles Gewünschte aus Kamelleder wird hergestellt.*

Internet/Fotografie

Die Bilder der Memory-Card aus der Digital-Kamera können beim Geschäft **Joshi** *(am Gopa Chowk bei der German Bakery) auf eine CD übertragen werden. Außerdem ist da natürlich ein Internet-Zugang. Gute Internet-Läden finden sich sogar im Fort.*

Verkehrsverbindungen

Bahn: *etwa 600 m östlich der Stadtmauer. Verbindungen nach Jodhpur (6 Stunden), Osyan (4 1/2 Stunden), Delhi (19 Stunden, der Expresszug 6 Stunden, aber oft verspätet). Das Ticket-Office ist am Bahnhof, geöffnet von 8–20 Uhr, ☎ 02992-252354, 02992-251301.*

Bus: **Staatlicher Bus Stand** *(RSRTC) an der südlichen Umgehungsstraße nahe der Abzweigung zum Gadi Sagar. Verbindungen mit Ajmer, Barmer, Bikaner (8 Stunden), Jaipur, stündlich nach Jodhpur (5 Stunden), umgerechnet jeweils für wenige Euros.*

Private Buslinien: *Abfahrten beim Amar Sagar Pol, Marudhara Travels, ☎ 02992-252351 und National Tours, ☎ 02992-252348.*

Stadtverkehr: *Autorikshas, gelegentlich Jeeps (keine Erlaubnis zur Einfahrt ins Fort).*

Flughafen: *Der nächste ist in Jodhpur, 275 km entfernt, mit täglicher Bahnverbindung.*

Jodhpur: Imponierfort, Stadtblau und Flügelhosen

Einzigartige paradoxe **Verführung der Sinne**: an einem heißen Vormittag in hellstem Sonnenlicht auf der Festung über der Stadt zu stehen und zu glauben, diese läge gerade im Mondschein tief unten – lauter Würfel mit blauen und mattweißen Seiten dicht beieinander tief zu Füßen des braunrötlichen Felsens. Tatsächlich wurden wohl wegen des kühl wirkenden Eindrucks die Häuser von den Bewohnern so **mondscheinblau** gestrichen. Ursprünglich machten die Brahmanen damit den Anfang. Auch soll die Farbe Moskitos abwehren und darüber hinaus von jeher den Hindus heilig sein – es gibt für die Bewohner viele Gründe für die Bemalung. Jedenfalls ist sie ein zusätzliches Stadterlebnis zu all den anderen interessanten Dingen, auf die der Reisende hier stößt.

Blaue Stadt

Orientierung

Von Südosten, vom Bahnhof her, dringt man durch eines der Tore in die ummauerte, verwinkelte Altstadt ein. Hoch über dem dichtbebauten Straßenlabyrinth im Norden der Altstadt ragt auf steilem, braunrotem Felsen das riesenhafte **Meherangarh-Fort** auf. Die Stadtmauer verläuft im Bogen östlich, nördlich und westlich teils weit außerhalb, auch tief unterhalb des Forts. Östlich außerhalb der Mauer entstand unter britischer Herrschaft die Bausubstanz des 19. und frühen 20. Jh., mit repräsentativen Verwaltungs-, Gerichts- und Museumsgebäuden. Immer weiter dehnt sich ost- und

Lebenslust und starke Farben in der blauen Stadt

südwärts, auch westwärts das neue, moderne, geräuschvolle Stadtbild aus. Jodhpur ist mit rund 850.000 Einwohnern – man hört auch schon die Zahl 1,2 Millionen! – die zweitgrößte Stadt in Rajasthan. Am Ostrand der Stadt thront breit und mit mächtiger Kuppel der vergleichsweise neue Maharaja-Palast aus der Mitte des 20. Jh., **Umaid Bhawan**, auf einer steinigen Höhe. Die ist halb ein gepflegter Park, halb naturbelassen wüstenartig. Pfauen stolzieren um den Palast.

In früheren Zeiten wurde die Region um Jodhpur „Land des Todes", Marwar, genannt. Doch heute ist die Umgebung Jodhpurs reizvoll und sehenswert, mit Seen und Palästen, auch wegen des ländlichen Lebens in traditionellen Dörfern, zu denen man per Wagen oder auch zu Pferde kommen kann.

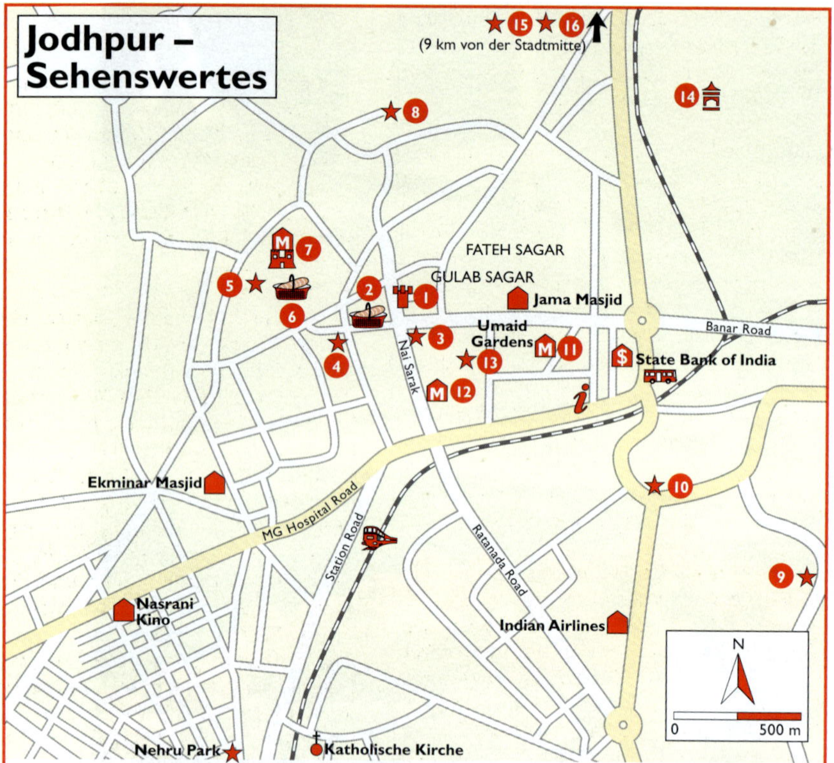

Sehenswertes

1 Clock Tower
2 Sardar Markt
3 Talhati-ka-Mahal
4 Kunj-Bihari-Ji-Mandir
5 Chamunda Devi Mandir
6 Sarafa Basar
7 Meherangarh-Fort und Museum
8 Jhaswant Tada
9 Umaid Bhawan
10 Antiquitäten etc.
11 Government Museum
12 Folk Art Museum
13 Zoo
14 Mahamandir
15 Bhalsamand
16 Mandore

Geschichte

Die Herrscher Jodhpurs gehören der *Rathore*-Rajputenfamilie an, die Anfang des 13. Jh. vom muslimischen Eroberer *Mahmud Ghori* aus Afghanistan besiegt und aus ihren Besitzungen im heutigen Uttar Pradesh vertrieben wurde. Notgedrungen ließen sie sich am Rand der Wüste, nördlich des heutigen Jodhpurs nieder (s. Mandore, S. 300). Der Platz erwies sich jedoch nicht als hinreichend zur Verteidigung geeignet, sodass 1459 auf dem Steilfelsen neun Kilometer südlich eine neue Festung von *Rao Jodha* gegründet wurde. In ihrem Schutzbereich wurde die neue Stadt ummauert und Jodhpur genannt. Die *Rathores* erlangten durch geschickte Politik die Unterstützung des Mogulkaisers **Akbar** (er verlieh ihren Fürsten den Titel *Raja*), sie zeichneten sich als Militärfachleute der Moguln aus und vergrößerten ihr Land, Marwar genannt, entscheidend.

In der Zeit des fanatischen Muslims Sultan *Aurangzeb* mussten die Maharajas von Jodhpur sich jedoch gegen die Mogularmee zur Wehr setzen, Jodhpurs **Meherangarh-Fort** wurde nie militärisch erobert. Doch nach Maharaja *Jaswant Singhs* Tod in Afghanistan 1678 konnte *Aurangzeb* das Fort in Besitz nehmen. Mit Unterstützung der *Rathores* entzog sich *Jaswant Singhs* schwangere Witwe der Gefangenschaft und rettete den Thronerben. Eine ihrer Hofdamen, heißt es, konnte bei Nacht mit dem Prinzen entfliehen, als sie von Mordplänen am Thronanwärter erfahren hatte, sie opferte dabei ihr eigenes neugeborenes Kind, das sie in der Prinzenwiege zurückließ. Durch sein Weinen täuschte das Kind die Feinde und wurde getötet.

Als 30 Jahre später die *Rathores* nach dem Tod *Aurangzebs* wieder zur Macht kamen, nahm der gerettete Prinz als *Ajit Singh* seinen Platz auf dem Thron ein. Stadt und Fort kamen wieder zu Wohlstand und großem Ansehen. Jodhpur lag günstig an Handelsstraßen, die Delhi und den Punjab mit Gujarat verbinden, aus dem Warenumschlag von Seide, Opium, Sandelholz, Datteln und anderen Gütern erwuchs Reichtum. Maharaja *Ajit Singh* ließ im 18. Jh. das Meherangarh-Fort erweitern und die Paläste dort reich ausbauen. Im 19. Jh. gelang es den Herrschern, im Einvernehmen mit der britischen Kolonialmacht zu leben.

Im März 1949, eineinhalb Jahre nach dem Beginn der Unabhängigkeit Indiens, vereinte sich Jodhpur mit den anderen Rajputen-Staaten zum Bundesstaat Rajasthan.

Redaktionstipps

➤ **Kulturelles:** Einzigartig ist Jodhpurs wuchtiges **Meherangarh-Fort** mit seiner architektonischen Wucht und palastgemäßen Feinheiten, mit prächtig geschmückten Sälen und kostbaren Kunstschätzen der **Meherangarh-Stiftung**. Speziell auch für Fotografen ein Fest für die Augen (s. S. 291)!

➤ **Natur:** Fünf Kilometer von Jodhpur liegt der **Bhalsamand**-See mitten in einem paradiesischen Parkgelände mit hohen Bäumen vieler indischer Arten: ein Platz zum Spazierengehen, Träumen und frische Luft Genießen (am Ufer: ein stattliches Heritage-Hotel) (s. S. 299).

➤ **Kulinarisches:** Die Läden der Gewürzhändler im bunten **Sardar-Basar** am Uhrturm, mit der ganzen Vielfalt tropischer Mischungen. Außerdem lockt ein halbes Dutzend anderer Altstadtmärkte, zum Beispiel der Süßigkeitenmarkt im **Kandoi-Basar** (s. S. 291).

➤ **Touristisches:** Das Tourist Reception Centre vermittelt – und vermittelte als eines der ersten in Rajasthan – sehr professionell gute Familien-Gastangebote, **Homestays**, meist bei Gastgebern, die etwas Englisch sprechen – Gelegenheit, indisches Leben aus der Nähe kennenzulernen (s. S. 302).

➤ **Einkaufen**: Fundgruben für Antiquitätenfreunde sind die großen und kleinen Läden an der Palace Road unterhalb vom **Umaid Bhawan**: Kurioses, Altes, Halb-Altes ist zu entdecken (s. S. 297).

Rundgang durch die Altstadt zum Fort

Von der High Court Road parallel zur Bahnlinie zweigt die ziemlich breite Nai Sarak Road nach Norden ab (wenn man vom Bahnhof kommt: nach links), sie führt in die Altstadt geradeaus auf den **Clock Tower (1)** zu, die Landmarke, die auf den seit hundert Jahren existierenden **Sardar Market (2)** weist. An der westlichen Seite der

Straße liegt, etwas abseits, ein mit reichem Steinschmuck verzierter Palast, der durch Säulen und geschlossene Balkone auffällt. Im frühen 17. Jh. erbaut ist es eines der ältesten erhaltenen Gebäude außerhalb des Forts, **Talhati-ka-Mahal (3)** genannt, und diente den Damen des Hofes dazu, dem festlichen Straßenleben zuzusehen. Heute wird es von einer Schule genutzt, ist also nur von außen zu besichtigen.

Schon nach wenigen Schritten ist man mitten im Basargewühl der Altstadt. Rund um den markanten Uhrturm werden im **Sardar Market** nicht nur Gemüse und Obst, sondern auch so manche interessante antike Gegenstände (aus Kupfer oder holzgeschnitzt) angeboten und in langer Budenreihe Gewürze.

info

Sieben Schwestern und Jodhpurs Markt-Machos

Der bekannte Laden von **Mohanlal Veromal** findet sich in einer Gasse etwas westlich vom Uhrturm. Der offene Laden – über drei Holzstufen steigt man hinauf – setzte Maßstäbe mit seiner reichen Auswahl an Gewürzen und raffinierten Gewürzmischungen für alle denkbaren indischen Gerichte, sei es mit Huhn oder Gemüse, scharf oder mild, erwärmend für die kalte und mildernd für die heiße Jahreszeit. Beeindruckend baute *Mohanlal* ein Netzwerk für die Vermarktung auf, bündelweise konnte er Bestellungen und Dankbriefe aus aller Welt vorzeigen.

Junge Gewürzhändlerin mit sechs Schwestern und einem prima geordneten Laden

Umso trauriger, dass der agile Gewürzkenner 2006 starb. Seine Witwe und sieben (!) Töchter versuchen, das Geschäft („MV Spices") fortzuführen. Sie haben Erfolg, konnten sogar zwei weitere Läden eröffnen, haben es aber nach 6 Jahren immer noch schwer. Frauen, die unabhängig einen Laden führen, werden verleumdet und bedroht. Eine männlich dominierte Marktszene scheut nicht vor Betrügereien zurück. Kaum ein anderer Gewürzladen reicht an den der Schwestern heran, in Qualität und Kundenfreundlichkeit – das macht die Situation eher noch schwieriger. Lassen Sie sich nicht in einen falschen Laden führen! Der Richtige ist der Shop 209 B (mohanlal@mvspices.com).

Vom Sardar Market aus kann man sich nun in das Gassengewirr um den Uhrturm begeben. Es ist so unübersichtlich, so voller abrupt endender Sackgassen, dass sich dort viele Fremde zwischen den zahlreichen blauen Häusern verirren – nicht einmal, sondern immer wieder. Einen Kompass dabeizuhaben, ist nützlich!

Belohnt wird die Anstrengung mit Tausenden Sinneseindrücken aus dem uralten indischen Leben – Musik, Gerüche und Farben in allen Schattierungen. Wer sich lieber nicht verlaufen will: Man kann sich vom **Tourist Reception Centre RTDC** einen Guide vermitteln lassen, der zu den interessantesten Märkten und Tempeln führt. Zum Beispiel südwestlich vom Clock-Tower: der **Kunj-Bihari-Ji-Mandir (4)**, nahe dem Fort: der **Chamunda Devi Mandir (5)**.

Der große Markt am Clock Tower: Hier ist immer was los

Dem Besucher ohne Guide ist zu raten, vom Uhrturm nach Westen zu gehen. Wenn man nämlich maximal zehn Minuten in diese Richtung gegangen ist, trifft man auf ansteigende Straßen nach Norden. Eine beginnt bei einem kleinen *Krishna*-Tempel, in einem leichten Schwung führt diese Gasse auf das Fort zu, dort findet man einen Eingang, **Fateh Pol** genannt, der früher der Haupteingang des Forts war.

Aber was sieht man im Gassengewirr zwischen Uhrturm und Fort? Da ist nicht fern vom Sardar Market der Stoffmarkt **Kapada Basar** mit handbedrucktem Baumwollstoff oder solchem in *tie-and-dye*-Technik gefärbtem, den man hier meterweise erwerben kann, auch Stoffbahnen zum Turbanschlingen. Wiederum nicht weit entfernt liegt dann der **Chudi Basar**, wo Tausende von *Bangles*, die beliebten Armreifen, verkauft werden. Wer dafür keine Vorliebe aufbringen kann, sollte sich vielleicht zum **Kandoi Basar** durchfragen, hier werden die typischen Süßigkeiten gefertigt und verkauft, die *Jalebis* und *Gulab jamuns*.

Schon in Fortnähe trifft man dann auf den **Sarafa Basar (6)**, das alte Zentrum der Goldschmiede. Wahrscheinlich war zur Blütezeit der Stadt das Angebot noch verschwenderischer, doch auch heute findet man wunderschönen traditionellen Schmuck: Halsketten und die kleinen Juwelen für die Mitte der Stirn, Schmuck, der quer über den Handrücken mit zarten Ketten getragen wird und Ketten für den Streifen sichtbarer Haut zwischen Bluse und gebundenem Rock. Wer etwas kaufen will, erinnere sich an die Ausführungen über das Feilschen, das ja ein Glanzlicht jeden Einkaufs ist.

Schöner Schmuck

Die Burg der Burgen: Meherangarh-Fort

Meistens nähert man sich dem **Fort (7)**, das selbst im festungsreichen Rajasthan einzigartig in seiner imponierenden mächtigen Gestalt ist (mit bis zu 36 m hohen Mauern), von der nördlichen Ecke des Felsens. Denn hier führt eine Straße hinauf, die Gäste in Rikshahs und Bussen benützen. Das Tor vor ihnen wirkt abweisend, im

Die blauen Mauern Jodhpurs: Insektenschutz, Brahmanenhäuser – oder einfach nur schön anzusehen

Durchgehen erkennt man, dass es tatsächlich schon öfter Feinden standhalten musste. Kanonenkugeln haben ihre Spuren im Lakkan-Pol hinterlassen.

Am Loha Pol beeindrucken die Eisenstacheln – Elefantenabwehr! – und erschüttern die silbern-roten **Sati-Handabdrücke**, die aus dem Mauerwerk hervorgemeißelt wurden. Von den Frauen verstorbener Maharajas wurde erwartet, dass sie sich mit ihrem Mann auf dem Scheiterhaufen verbrennen ließen – eine Rajputensitte. Sie wurden so zur *Sati* und als Göttin verehrt. Die britische Kolonialmacht untersagte Anfang des 19. Jh. den nach europäischen Maßstäben grausamen Brauch, doch dauerte es sehr lange, bis dieses Verbot auch von den Rajputen akzeptiert wurde.

Grausame Witwen-Verbrennung

Der Eingang zum Fort führt nicht geradeaus ins Innere, sondern in engen Winkeln – auch das war eine Abwehrmaßnahme gegen Kriegselefanten, die sich nicht so schnell umwenden konnten.

Über eine mit rauen Steinen gepflasterte Rampe geht es kräftig bergauf und durch das **Suraj Pol** – das dem Sonnengott geweihte Tor – hinein in das innere Fort. Wer den Anstieg zum Eingang vermeiden möchte, für den ist tatsächlich ein Lift eingebaut!

Hinweis: In den vielen in- und aneinander gebauten Gebäuden des Forts gibt es keinen verbindlichen Rundgang, man bewegt sich über verschiedene Stockwerke von Palast zu Palast und überquert manchen Hof zweimal. Übrigens wird der Audio-Führer, den man am Eingang mieten kann, sehr gelobt – wenn man keinen persönlichen

Viele Fassaden im Innern der Befestigungsmauer von Meherangar sind stark von muslimischer Architektur beeinflusst

Guide oder Freund hat, der einen führt, ist so ein „roter Faden" wegen der Unübersichtlichkeit des Riesenforts sehr zu empfehlen.

Im Hof **Singhar Choki Chowk**, in den man nach dem Eingang durch die Toranlage tritt, ist das Podest zu sehen, auf dem früher die Krönung eines neuen Maharajas stattfand. Hochragend umgeben diesen Hof die Mauern, an drei Seiten mit einer geschlossenen Front von wunderschön steingeschnitzten, abschirmenden Balkonen, den *Jarokhas*, geziert. Hinter ihnen liegen Galerien des ehemaligen Damenflügels, des *Zenana*, in dem die Schönen des Haushalts isoliert lebten. Durch die Öffnungen im Steinschnitzwerk der *Jarokhas* pflegten die Damen dem unterhaltsamen Treiben im Hof unten zuzusehen. Deshalb wurde der Teil des Palastes auch **Jhanki Mahal**, der **Guckloch-Palast**, genannt. In den Galerien soll beständige Zugluft herrschen. Was in unserem Klima als sehr lästig empfunden würde, ist in Rajasthan kühlende Wohltat. Über dem Thron-Podest sind die Öffnungen der *Jalis* schräg nach unten gerichtet, damit die Zugluft dem Fürsten zugute kommen konnte.

Kühlsystem

Die Palastbauten am **Singhar Choki Chowk** stammen größtenteils aus der zweiten Hälfte des 17. Jh., noch bevor die Moguln für einige Zeit das **Meherangarh-Fort** eroberten. Der Baustil ist von bengalischer Architektur beeinflusst, aber nicht vom Mogul-Stil. Anders die Teile des Forts nördlich, nordwestlich und westlich. Sie sind im 18. Jh. unter Maharaja *Ajit Singh* entstanden und weisen Merkmale der verfeinerten dekorativen Architektur der Moguln auf: mit vielen geschwungenen Bögen, Säulen mit üppigen Kapitellen und ornamentreicher Wandmalerei.

Unter *Ajit Singhs* Regierung entstanden **Daulath Khana** und **Sileh Khana** im Norden des Forts. Wenig später erbaut, aber umso prächtiger ist darüber im ersten Stock der **Phool Mahal** (Blumenpalast), der ganz mit floraler, vielfarbiger Dekoration an Wänden, Bögen und Decken geschmückt ist, teilweise mit glänzenden Lackfarben ausgeführt, auch an Goldauflage wurde nicht gespart. Wie erfreulich, dies zu sehen – besonders wenn man kurz vorher im **Sileh Khana** die **Waffensammlung** studiert hat, lauter kunstvoll mörderischer Stahl von hoher Qualität, auch mit der grausamen Technik der Dolche, die sich im Fleisch des Gegners scherenförmig öffneten – wie sie auch in der Waffensammlung im **City Palace** von Jaipur zu sehen sind. Nirgends, heißt es, findet man eine größere Sammlung indischer Waffen als im Meherangarh-Fort.

Neben Ausstellungen bietet der Rundgang sorgsam restaurierte Wohn- und Repräsentationsräume

Neben diesem Waffenmuseum sind in einem großen Saal silberbeschlagene **Howdahs**, Elefantensitze, ausgestellt, auf deren Samtkissen sich die königlichen Hoheiten durch die Gegend tragen ließen. Auch Sänften, die von Männern getragen wurden, sind da, die für Damen haben seidene Vorhänge, ein kleiner Spalt im Vorhang bedeutete einen großen Skandal! Sogar auf langen Reisen wurden diese Sänften benutzt. Elefantensitze und Sänften wurden auch als Staatsgeschenke zu feierlichen Anlässen vergeben, die Mogulsultane ehrten so die Maharajas. Abgesehen von dem historischen Reiz dieser höfisch feierlichen Fortbewegungsmittel faszinieren manche als kunsthandwerkliche Meisterstücke: was für eine Eleganz der Schmuckformen!

Benachbart dem Daulath Khana zeigt das **Sheesh Mahal** (= Spiegelpalast) wieder eine andere Variante exotischen Prunks: mit seinen scheinbar zahllosen Spiegelflächen, deren Wirkung erst voll hervortritt, wenn bei Dämmerung Öllampen angezündet werden. Im angrenzenden **Umaid Vilas** kann man sich in die Betrachtung feinster Miniaturen, edler Erzeugnisse verschiedener rajasthanischer Miniaturmalschulen, versenken.

Üppigstes Dekor aus dem 19. Jh. ist im **Takhat Vilas** zu bestaunen. Hier wird der Schmuck auch figürlich: Krishnalegenden (*Krishna Lila*), Tänzerinnen, Liebende und darüber eine dunkle Balkendecke, an der sehr große farbige Glaskugeln hängen.

Wiegen-Sammlung

Den Weg hinüber in den **Jhanki Palace** (des gleichen, von dem die Damen durch die Gucklöcher schauten) sollte man nicht versäumen: wegen der Sammlung königlicher Wiegen, die dort zusammengerückt wurden. Die jüngste ist ausgestattet mit dem letzten Schrei des 20. Jh.: Elektrisch betrieben schaukelte sie in sanftem Gleichmaß den Prinzen in den Schlaf.

Mitten im Damen-Trakt (*Zenana*) des Forts steht das großartige **Moti Mahal** (Perlen-Palast), schon im 16. oder doch erst – wie einige Forscher meinen – im 17. Jh. entstanden. Glaseinlagen und Goldmalerei bringen Glanz in die Halle, wenn Öllampen entzündet werden, denn auch die Wände schimmern, sie sind mit zu Staub zermahlenen Muscheln glänzend verputzt und poliert. Auf dem Hof davor, dem **Holi Chowk**, hatten die Damen ihren Spaß am Spiel mit farbigen Wassern zum *Holi*-Frühlingsfest. Dem schönen Marmor-Fußboden hat es nicht geschadet.

Irgendwann beim Spaziergang durchs Fort kommt man an eine der Balkonterrassen, von der man tief hinunter auf die blaue Stadt sieht. Ein wirklich unvergesslicher

Anblick! Stärken kann man sich in einem Café, dem **„Meheran"**, nahe dem Suraj Pol, das auch eine kleine Auswahl warmen Essens serviert.

Zeit nehmen

Es ist gewiss nicht übertrieben, wenn man für den Besuch des Meherangarh-Forts mindestens einen halben Tag ansetzt, um die Fülle schöner Einzelheiten dort nicht „abzuhaken", sondern mit Genuss zu betrachten.
Meherangarh-Fort: *geöffnet: 9–17 Uhr.*

Jhaswant Thada, das Marmorwunder

Bei der Fahrt zum Haupteingang des **Meherangarh-Forts** sieht man es rechter Hand etwas oberhalb auf den kahlen Felsen: ein weißes Gebäude mit Türmchen, Pavillons und Bögen. Es scheint ein kleines wundervolles Schlösschen zu sein. Aber **Jhaswant Tada (8)** ist eine Gedenkstätte, die 1899 erbaut wurde, am Verbrennungsplatz des Maharaja *Jaswant Singh*, der 1895 gestorben war. Er förderte den Eisenbahnbau in seinem Staat – die ersten Züge auf den neuen Schienen wurden von Kamelen gezogen! – und hatte sich um Modernisierung der Verwaltung bemüht. Bis heute wird er von der Bevölkerung sehr verehrt – vor seinem Bild in der Maharaja-Bildergalerie im Innern der Gedenkstätte trifft man häufig Leute aus der Umgegend an. Eine schöne Freitreppe führt zum Marmorgebäude, das aus rajasthanischem Makrana-Marmor erbaut ist. Innen kann man sehen, dass einige Marmorplatten der Wände das Sonnenlicht durchscheinen lassen. Ein kleiner Platz ist der eigentliche Verbrennungsplatz. Auch die Kenotaphe (Gedenktempel) von den vier auf *Jaswant Singh* folgenden letzten Rathore-Herrschern sind nahebei, ebenso ein Wasserbecken, in dem die Trauernden anschließend an die Verbrennung gemäß dem Hindu-Ritual ein Bad nehmen.

Pracht und einstige Macht: Umaid Bhawan Palace

Mächtiger Palast

Man kann ihn nicht übersehen, seine Proportionen gehen über alles hinaus, was in Jodhpur sonst zur Zeit der Maharaja-Herrschaft gebaut wurde, auch über die der Paläste auf dem Fort-Felsen. Der **Umaid Bhawan (9)** steht frei im Südosten der Altstadt, in den 30er-Jahren des vorigen Jahrhunderts gebaut als neue Residenz der Herrscherfamilie, heute noch als Wohnschloss, aber außerdem seit Jahren zu beträchtlichen Teilen als Luxushotel bewohnt.

Eine mächtige Kuppel krönt den Mittelbau des Palastes. **Chittar Palace** wird er auch genannt, nach dem Chittar-Hügel, auf dem er erbaut wurde und der heute rund um den Palast in eine liebevoll gepflegte, dem Wüstenboden abgerungene Garten- und Rasenlandschaft verwandelt ist. Sandstein, bei Jodhpur gewonnen, gibt dem Riesenbau seine helle rötlich-gelbe Farbe. Im Art déco-Stil ist die Fassade streng gegliedert, aber nicht schmucklos, das Bild des Milan (Gabelweihe, englisch „*kite*") als Wappenvogel der Herrscherfamilie taucht oft, raubvogelstill sitzend, auf Vorsprüngen auf.

Wo der Überfluss die Armut zur Nachbarin hat: Umaid Bhawan, Prunkstück und Arbeitsbeschaffungsmaßnahme der 30er-Jahre

Interessant ist die Entstehungsgeschichte. Natürlich wollte die Herrscherfamilie seit der zweiten Hälfte des 19. Jh. bequemeren Komfort und repräsentativere Großräumigkeit der Residenz, als sie auf dem verehrungswürdigen **Meherangarh-Fort** möglich war. Den Impuls für einen Neubau gab schließlich eine tragische Klimakatastrophe: Jahre hintereinander herrschte extreme Dürre, Verarmung der Bevölkerung und Hungersnot waren die Folge. Maharaja *Umaid Singh* entschloss sich 1928 kurzfristig, mit dem Palastbau zu beginnen. Noch mehr Geld aus seinem Vermögen, als ursprünglich vorgesehen, wurde dazu bereitgestellt.

Offensichtlich hatte ein Londoner Architektenbüro – *Lancaster and Lodge* – Pläne bereits ausgearbeitet. Die Arbeit begann in den Steinbrüchen bei Jodhpur, von denen Eisenbahngleise zur Baustelle gelegt wurden. Die Steinbrucharbeiten, der Bau und die Innenausstattung beschäftigten Tausende von Arbeitern über 15 Jahre lang, nicht gerechnet Zulieferer und spezielle Fachkräfte. Es war ein großes soziales Projekt, das dem wirtschaftlich ruinierten Land wieder auf die Beine half – mit Interesse von der britischen Kolonialverwaltung beobachtet.

Sozialer Palastbau

Die Arbeitsbeschaffung entsprach auch dem Verlangen der recht stolzen und eigenwilligen Marwar-Bevölkerung, die keine Almosen wollte. Rund 3.000 Menschen haben bis 1943 an dem 347-Zimmer-Palast gewerkt. Die handwerklichen Kenntnisse so vieler Leute, besonders der Steinarbeiter, kamen ganz zur Geltung: Die großen Steinblöcke wurden nicht mit Mörtel verbunden, sondern fugenlos mit Steinzapfen ineinander gesteckt.

Im Innern des Palastes glänzt alles in poliertem Marmor: Pfeiler und Fußböden, meist aus Marwar-Marmor aus Makrana, aber auch Importe aus Italien wurden verwendet. Herrlich weiträumig ist der Eingangsbereich, noch stolzer ist der Eindruck, tritt man unter die rund 50 m hohe zentrale Kuppel. Umso mehr, da der Bereich unter der Kuppel ganz frei von Möbeln oder anderen Ausstattungsstücken bleibt, außer einem immer neu bravourös variierten Blumenarrangement in der Mitte: ein Raumerlebnis pur! In verschiedenen Teilen des Palastes hat *Julius Stefan Norblin*, ein polnischer Maler, Wandgemälde mit Themen aus der indischen Mythologie in einem eigenartigen Indo-Art déco-Stil ausgeführt.

Luxus-Hotel

Kaum muss man noch erwähnen, dass sowohl der Wohnbereich der Fürstlichkeiten als auch das Luxushotel mit modernem Komfort des 20. und 21. Jh. ausgestattet ist: mit Lifts, opulentem Hallenbad, Internetzugang – und mit einem noblen Spa.

Außerdem beherbergt der Palast ein Museum mit Maharaja-Sammlungen indischer Miniaturen, historischer Uhren und persönlicher Erinnerungsstücke, vom Schiffs- bis zum Flugzeugmodell. Da die Herrscherfamilie sehr verehrt wird, ist im Palast stets jemand bereit, dem interessierten Gast aus früheren Zeiten zu erzählen.

Jodhpurs Neustadt wächst

Von der Terrasse des **Umaid Bhawan Palace** – ein empfehlenswerter Platz fürs Frühstück – hat man optimalen Ausblick fast über die ganze Stadt, mit dem fernen **Meherangarh-Fort** im Blick. Ganz rasch erreicht man am Fuß des Palasthügels die Reihe der **Antiquitätengewölbe**, Kunsttischlereien und Kunsthändler **(10)**. Die locken hier nah dem **Umaid-Bhawan**-Luxusquartier mit einer großen, straßenlangen Auswahl ihre potenziellen Kunden. Vielleicht nicht immer, aber doch manchmal sind die Schränke, lebensgroße hölzerne Rosse und antike Juwelenbänder wirklich echt. Auch in Indien gibt es dergleichen in solcher Fülle nicht so oft.

Feilschen erforderlich

Wandschirme, phantastische Lampen, Tierstatuen und historische *Paperweights* sind zu bestaunen oder zu erwerben, manchen Kunsthandwerkern kann man bei ihrer Arbeit zusehen. Es ist Geschick im Feilschen zu empfehlen. Der Transport der Einkäufe in alle Welt wird garantiert. Nur zum Schauen kann man auch kommen.

Der **Umaid Bhawan Palace** gehört zu der außerhalb des alten Mauerrings gelegenen neuen Stadt Jodhpur. Nächstens wird man wohl eine Million Einwohner zählen. Touristisch liegt die Stadt am Rande der Wüste günstig für Exkursionen in alle Himmelsrichtungen, die Auswahl an Hotels ist deutlich größer als in Bikaner. Wer nicht alle Tage Tourist unter Touristen sein möchte, wie zum Beispiel in Jaisalmer, lernt in Jodhpur umso besser indisches Leben kennen.

Dazu gehört im Zentrum der Neustadt britischen Erbes der alte Park „**Umaid Garden**" an der High Court Road. Noch vor wenigen Jahren hockten vor den Gerichtsbauten und dem GPO (der Hauptpost) etliche Männer mit einer Schreibmaschine auf winzigen Tischchen vor sich. Letzthin sahen wir weniger. Im Umkreis

Pferde, kunstvolle Möbel, restaurierte Antiquitäten: Kunsthandwerk in der Nähe des Circuit House

des **Umaid Garden** kann man die Stadtbibliothek und auch das schon aus britischer Zeit stammende **Government Museum (11)** besuchen. Es riecht nach Staub, und ausgestopfte Jagdtrophäen starren einen aus gläsernen Augen an. Von hohem Rang sind die ausgestellten Hindu-Skulpturen und eine Kollektion indischer Miniaturmalerei.
Government Museum: *geöffnet 10–16.30 Uhr.*

Fast nebenan: das **Folk Art Museum (12)** in der Rajasthan Sangeet Natak Akademi mit seiner Sammlung authentischer Musikinstrumente aus Rajasthan.
Der kleine **Zoo (13)** ist wie die meisten in Indien zu eng, wartet wie noch viele andere Alt-Zoos auf eine artgerechte Tierhaltung.
Folk Art Museum: *geöffnet Mo–Sa 11–17 Uhr.*

Gläubige vieler Religionen finden ihre Stätten des Gebets vor – ebenso wie in den meisten anderen Großstädten fehlt es nicht an Tempeln, Moscheen, Gurudwaras und Kirchen.

Jodhpur ist seit langer Zeit berühmt für seinen **Polo-Sport** und die dazugehörigen kleinen, wendigen Pferde. Wer gerne ein Polo-Match sehen möchte, erhält im Tourist Reception Center Auskunft. Und hier muss nun endlich ein Gegenstand genannt werden, der den Namen der Stadt weltweit im Pferdesport bekannt gemacht hat: die *Jodhpurs*, Reithosen mit engen Röhren, die in weite Flügel übergehen.

Ziele in Jodhpurs Norden: Alte Hauptstadt, Dörfer und Tempel

Jodhpur mitsamt dem Distrikt gleichen Namens hat teil an der Wüste Thar, zugleich aber auch am nicht mehr wüstenhaften Zentral-Rajasthan, das Waldungen und kontinuierlichen Ackerbau kennt. Das lockt zu Ausflügen in alle Richtungen, nicht nur zu kulturellen Höhepunkten, sondern auch ins flache Land, in Dörfer, zu Handwerkern oder zu ländlichen Festen. Einige Touren sind in wenigen Stunden zu machen, für Ziele, die über 50 bis 60 km entfernt liegen, kann man wohl eine Übernachtung vorsehen. An Unterkünften mangelt es nicht.

Mahamandir, der Große

Man verlässt die Stadt auf der Mandore Road – und schon nach zwei Kilometern kann man anhalten, um östlich der Straße und nicht weit von der Bahnstation gleichen Namens in **Mahamandir (14)** endlich wieder einen großen **Tempel** zu sehen. Mahamandir bedeutet nichts anderes als „großer Tempel". Hundert Säulen tragen das 1812 errichtete Gebäude und manchmal hört man aus der dort eingerichteten Schule heitere Geräusche. Auf den Innenwänden stellen Gemälde hingebungsvolle Yogameditationen dar. Im Allerheiligsten befindet sich ein goldgekrönter prächtiger Altar. Auch ein viel älterer Shiva-Tempel überdauert im Areal.

Lohnende Ausflüge

Bhalsamand, Wasser, Park, Palast

Auf derselben Straße liegt fünf Kilometer von Jodhpur entfernt **Bhalsamand (15)**. Wenn man sich nähert, sieht man große Bäume, verschwenderisches Grün – eine Oase, die um einen See herum liegt. Der ist der älteste künstliche See in Rajasthan. Dass er ein Wasserreservoir und nicht naturgeschaffen ist, sieht man ihm nicht an, wenigstens solange nicht Trockenheit die künstlichen Ufer sichtbar macht. Dicke Banyanbäume mit langen Luftwurzeln, riesige Neem-Bäume, Mangobäume, rot und violett blühende Bougainvillien – seine Umgebung ist ein erfreulicher Ort. Etwas verschlafen liegt ein romantischer Sommerpalast am See, der zum Hotel gemacht wurde (s. S. 304).

Naturidylle im weiträumigen Park um den Bhalsamand-Palast

Alte Hauptstadt Mandore

Nach weiteren fünf Kilometern ist man wieder einmal in der Geschichte angelangt, nämlich in **Mandore (16)**. Hier gibt es alles zu sehen: uralte, mit kyklopischen Bastionen verstärkte Festungsmauern, feierliche Kenotaphe in feiner Steinmetzarbeit, liebliche Gärten mit Blumen, Springbrunnen und, je nach Tageszeit, schüchternen Liebespaaren oder Familien beim Picknick – und mit bunten Helden.

Ursprung im 7. Jh.

Mandore ist eine alte Hauptstadt, älter als das Marwar-Königreich. Die großen dunklen Festungsmauern gehen auf das 7. Jh. zurück. Damals herrschte hier die Dynastie der *Pratiharas*, die 1395 von den *Rathores* abgelöst wurde (s. Geschichte Jodhpurs, S. 288).

Aus den Jahrhunderten der *Rathore*-Herrscher stammen die über den Verbrennungsplätzen der Könige und ihrer Frauen (häufig *Satis*) errichteten Kenotaphe. Meist sind sie aus dunklem Sandstein in feiner Steinmetzarbeit ausgeführt und eine Mischung aus Gedenkstätte und Tempel. In ihrem Bau- und Dekorstil erkennen Architekturkenner shivaitische und buddhistische Merkmale, im Innern an den Säulen auch Jain-Stil-Elemente. Die größten und auffälligsten Kenotaphe stammen aus dem 18. Jh., 1724 ließen sich mit dem Herrscher *Ajit Singh* angeblich 64 Frauen seines Harems verbrennen.

Bei den Kenotaphen betritt man dann die wunderschönen **Gärten Mandores**. Da sie öffentlich sind, erholen sich dort an Sonn- und Feiertagen viele Familien aus der Umgebung, die sich an Blumen und Wasserbecken mit Goldfischen ergötzen, aber auch Acht geben müssen, dass die Affen ihr mitgebrachtes Essen nicht stehlen.

Lebensgroß sind die bemalten Götterfiguren und Reiter der „Heldenhalle" von Mandore

Jodhpur – Unterkünfte
Essen und Trinken
1 Kalinga
2 Gypsy
3 On the Rocks
4 Bollygood
5 Mehran Terrace
Cafés
6 Shahi Samosas
7 Jodhpur Coffee House
8 Trophy Bar
Meherangarh-Fort
Clock Tower
Nai Sarak
Banar Road
MG Hospital Road
Station Road
Ratanada Road
Airport Road
Umaid Bhawan
Residency Road
Bhatia Circle
Ratanada Circle
Unterkünfte
In der Altstadt:
1 Cosy Guest House
2 Yogi's Guest House
3 Singhvi's Haveli
4 Krishna Prakash Haveli
5 Pal Haveli
In der Neustadt:
6 Durag Niwas (auch: Vilas!)
7 Govind
8 Madho Niwas
9 Devi Bhawan
10 Ratan Vilas
11 Karni Bhawan
12 Ranbanka
13 Ajit Bhawan
14 Taj Hari Mahal
15 Umaid Bhawan Palace
Außerhalb:
16 Jhalamand Garh (7 km)
17 Bhalsamand Palace (9 km)
18 Fort Chanwa (36 km)
19 Sardar Samand Palace (65 km)
20 Mandore Guest House (9 km)
21 Fort Khejarla Hotel (85 km)
N
0
500 m

© graphic

Im Hintergrund der Gartenanlagen leuchten die bunten Farben der langgestreckten Galerie, die man die **Hall of Heroes** nennt. Sie gehört zu einem Tempel, der dem Pantheon von 330 Millionen Göttern des Hinduismus gewidmet ist. Helden göttlicher oder menschlicher Herkunft sind dargestellt in Form von Skulpturen oder Reliefs. Auf den ersten Blick erscheinen sie vielen Reisenden neu, fast wie Plastikfiguren, aber sie sind tatsächlich aus dem 18. Jh. und aus einem einzigen langen Felsen in Stein skulptiert und farbig bemalt.

Darstellung von Helden und Göttern

Eine Aufzählung soll die Seltsamkeit dieser Versammlung aufzeigen. Die Reihe beginnt mit der Göttin *Chamunda*, einer Erscheinungsform der wilden schwarzen *Kali*. Daneben die Göttin *Mahisharsurmadini*, die auf einem schwarzen Dämon reitet. An dritter Stelle der Priester *Gusain*. Viertens *Mallinath*, ein Prinz, Sohn eines *Rathore*-Herrschers. Fünftens *Pabuji*, ein rajasthanischer vielbesungener Volksheld und Beschützer armer Bauern. Sechstens *Ramdevi*, ein göttlich verehrter Volksheld, zu dem jährliche Pilgerströme in sein Dorf nahe Pokaran kommen. Siebtens *Harbuji*, ein Heiliger, der für den Gründer Jodhpurs *Rao Joda* Wunder vollbrachte. Achtens *Mehaji*, ein Krieger und Heiliger. Neuntens *Gogaji*, ein Wohltäter, der bei der Verteidigung der Stadt gegen die Muslime getötet wurde. Zehntens *Brahma*, der Schöpfergott der Hindus. Elftens *Surya*, der Sonnengott. Zwölftens *Ramchandra*, der göttliche Held des *Ramayana*, eine Erscheinungsform *Vishnus*. Dreizehntens *Krishna*, ein Gott, Erscheinungsform *Vishnus* und Held des Epos Mahabharata. Vierzehntens *Shiva* oder *Mahadev* („der große Gott"). Fünfzehntens *Jaladharnath*, ein berühmter Asket. Sechzehntens *Jambhaji*, der einem Rajputenherrscher ein hölzernes Wunderschwert gab, mit dem dieser eine Festung eroberte.

Die Ruinenreste des alten Forts stehen auf einem Felsplateau, das in kurzem Anstieg hinter den Gärten des Tempelareals erreicht wird. Es sind noch schöne Skulpturen aus der Gupta-Zeit (*Krishna*-Legenden) zu sehen.

Das Fort wurde **Junagarh** genannt, seine beeindruckend kräftigen Mauern fielen einem Erdbeben zum Opfer. Aber der Legende nach brachte der Fluch eines verärgerten *Yogis* (eines weisen Asketen) sie zu Fall. Hinter dem Fort sind, erhöht, die Wasserbecken zu sehen, die Fort und Gärten versorgten. Es gibt auf dem Gelände auch noch einen alten Stufenbrunnen.
Das gleich vor dem Eingang der Gartenanlagen gelegene Museum zeigt einige schöne alte Skulpturen.
Mandore Museum: *geöffnet Sa–Do, 10–16.30 Uhr.*

Reisepraktische Informationen zu Jodhpur

Ankunft und Auskunft

Der südöstlich gelegene **Flughafen** *ist von der Stadtmitte nur etwa 5 km entfernt, mit Verbindungen von/nach New Delhi, Jaipur, Udaipur und Mumbai.* **Zugverbindungen** *in alle größeren Städte, teils mit „superfast trains".*
Tourist Reception Centre, *RTDC Hotel Ghoomar Campus, High Court Road, ☏ 0291-2545083. Auch Vermittlung von „Homestays" in Jodhpur und Safaris zu den Dörfern der*

Bishnois, mit Zutritt zu einzelnen Familien und Handwerkern. Seit Jahren ein überdurchschnittlich gut organisiertes Centre, immer auskunftsfreudig.

Internet

Vielerlei Informationen bietet die Website des Maharajas Gaj Singh II., der auch Präsident der „Indian Heritage Hotel Association" ist: www.maharajajodhpur.com. Empfehlenswert auch das „National Information Centre" mit seinem Regionalbüro: www.jodhpur.nic.in.

Unterkunft

Adressen in der Altstadt

Cosy Guest House (1), €, *Nawechokiya Road, Bhram Puri, ☏ 0291-2612066, www.cosyguesthouse.com. Nur sechs Zimmer, aber gute hausgemachte Speisen im Dachrestaurant.*

Yogi`s Guest House *(2)*, *€–€€, Rajpurohitji-ki-Haveli, Manak Chowk, Nayabas, ☏ 0291-2643436, www.yogiguesthouse.com. Dem Vernehmen nach soll das Haveli 400 oder 500 Jahre alt sein, jedenfalls sind die Farben frischer – und die Zimmer teils mit AC ausgestattet, teils hat man Gemeinschaftsbad. Dachrestaurant, Traveller-Treff!*

Singhvi`s Haveli (3), €–€€€, *Nawchokiya, Ramdevji Chowk, ☏ 0291-2624293. Gut eingerichtete, kleinere und größere Zimmer, gelobte Küche, Dachrestaurant. Ein Haveli wurde erfolgreich restauriert!*

Krishna Prakash Haveli (4), €€–€€€€, *Killikhana, ☏ 0291-3200254, www.kpheritage.com. Über 100 Jahre alt, angenehm große Zimmer, mit historisierendem Mobiliar. Dachrestaurant, freies Internet, mit Laptop-Anschlüssen.*

Pal Haveli (5), €€€–€€€€, *beim Glockenturm, ☏ 0291-3293328, www.palhaveli.com.*

Haveli Inn Pal, €€€, *benachbart beim Gulab Sagar, ☏ 0291-2612519, www.haveliinnpal.com. Beide sehr attraktiv, das 200-jährige Pal Haveli mit seinem Restaurant-Garten-Innenhof und Dachterrasse, schön ausgestatteten 20 Zimmern ist wohl die Adresse Nr. I in der Altstadt. Auch das Haveli Inn Pal hat geschickt gestaltete Räume, teils enorm große Fenster, Rooftop-Restaurant mit hervorragenden Ausblicken.*

Adressen in der Neustadt

Durag Niwas (*auch:* **Vilas**) **(6)**, €–€€, *I, Old Public Park, Raika Bagh ☏ 0291-2512298, www.durag.niwas.com. Nicht weit vom Circuit House. Zehn ruhige, gepflegte Zimmer, Familienunternehmen.*

Govind (7), €–€€, *Station Road (gegenüber GPO), ☏ 0291-2622758, www.govindhotel.com. 12 Zimmer über Bankfiliale, teils AC, teils ohne Fenster, mit veg-Restaurant auf dem Dach, Internet, hilfsbereiter Inhaber, preisgünstig, aber zur Straße laut.*

Madho Niwas (8), €€€, *New Airport Road, Ratanada, ☏ 0291-2512486, Madhoniwas@satyam.net.in, Reservierung: ☏ 022-24042211, www.nivalink.com. 16 schöne Zimmer mit Garten und Pool, in einem Heritage-Bungalow der 20er-Jahre. Hervorragende Marwari-Küche. Die Rajputen-Familie des Eigners ist auch in Ranakpur und Bhenswara tätig, gelobt für ihre Safaris und Trekking.*

Devi Bhawan *(9)*, €€–€€€, *I, Ratanada Circle (benachbart dem Madho Niwas). ☏ 0291-2511067, www.devibhawan.com. Angenehm umgrüntes Haus einer Rajputenfamilie, vorzügliche Küche.*

Ratan Vilas (10), *€€€, Loco Shed Road, Ratanada, ☏ 0291-2614418, www.ratanvilas.com. 15 Zimmer um einen attraktiven Innenhof, gepflegter Garten, kein TV.*
Karni Bhawan *(Kami Group)* **(11)**, *€€€–€€€€, Palace Road, Ratanada, ☏ 0291-2512101, 0291-2512101, www.karnihotels.com. Heritage-Hotel der ersten Hälfte des 20. Jh., mit familiärer Atmosphäre und 30 schön eingerichteten Zimmern und Suiten, meist mit AC. Pool und rustikales Garten-Ambiente, sehr freundliche Atmosphäre.*
Ranbanka *(***12***)*, *€€€€–€€€€€, Airport Road (im gleichen Heritage-Palastkomplex neben dem Ajit Bhawan), ☏ 0291-2512801, 0291-2510162, www.ranbankahotels.com. Die Zimmer renoviert, angenehm der große Restaurantgarten.*
Ajit Bhawan (13), *€€€€–€€€€€€, Airport Road, ☏ 0291-2511410, www.ajitbhawan.com. Stilmischung aus Heritage-Palast und Bungalows neueren Datums, im Wüsten-Stil mit Komfort. Attraktiver Pool, Oldtimer-Show, Tanz- und Musik-Vorführungen.*
Taj Hari Mahal (14), *€€€€€–€€€€€€, 5, Residency Road, ☏ 0291-2437900, www.tajhotels.com. Eines der neueren Taj-Hotels, mit großem Komfort, Pool in einer städtischen Oase, Themenabende und Touren aufs Land.*
Umaid Bhawan Palace (15), *€€€€€–€€€€€€€, ☏ 0291-2510101 (bis -12), www.tajhotels.com. Der größte Palast-Neubau aus der ersten Hälfte des 20. Jh., nicht nur in Rajasthan, sondern in ganz Indien (s. S. 295).*

Außerhalb
Mandore Guest House (20), *€€, Dadawari Lane, ☏ 0291-2545210, www.mandore.com. Hütten und ebenerdige Cottages in Garten-Ambiente, nah bei den historischen Bauten der einstigen Mewar-Hauptstadt. Umfängliche Neubau-Gassen in der Nachbarschaft, Naturfreunden als grüne Insel zu empfehlen!*
Jhalamand Garh (16), *€€€–€€€€, Jhalamand, ☏ 0291-2720481, www.heritagehotelsindia.com. Sehr erholsames, familiär geführtes Landhotel mit 17 Zimmern im Rajputen-Stil, gute Küche, Safaris per Jeep, zu Pferd oder im Kamelsattel (s. S. 307).*
Bhalsamand Palace *(WelcomHeritage)* **(17)**, *€€€€–€€€€€, Richtung Mandore, dann links abbiegen. ☏ 0291-2572321, www.welcomeheritagehotels.com. Die 9 Suiten sind spitze, der Platz direkt am See eine Freude, auch die 26 Zimmer in den ehemaligen Stallungen dank dem großen Park ein gutes Angebot. Restaurant und Pool, Service zuweilen eher langsam (s. S. 299).*
Fort Chanwa (18), *€€€€–€€€€€, am Rande des Ortes Luni, ☏ 02931-284216, www.fortchanwa.com. Das ehemalige, rund 200 Jahre alte Fort wurde in ein 47-Zimmer-Heritage-Hotel umgewandelt, bietet gute Rajasthan-Küche, ruhige Stunden am Pool (s. S. 307).*
Sardar Samand Palace (19), *€€€€–€€€€€, Sardar Samand, ☏ 02960-245001, www.marudharhotels.com. Eine ehemalige Hunting Lodge, in den Dimensionen eines Palastes, der mit Art-déco-Stil überrascht – mitten in einer Seelandschaft.*
Fort Khejarla Hotel (21), *€€€€–€€€€€, 85 km östlich von Jodhpur, abzweigen vom Highway Jodhpur–Jaipur, dann etwa 15 Minuten Fahrt, ☏ 02930-258485, www.jodhpurfortkhejarla.com. Mittelalterliche Burg, imposant mit Türmen und Zinnen in dörflicher Umgebung. Großer Pool, Ayurveda, Komfort, 38 Zimmer.*

Essen und Trinken
Kalinga (1), *€€, Station Road, ☏ 0241-2627338. Vorwiegend nordindische Küche.*

Gypsy (2), *€, C-Road, Sardarpur, ☏ 0241-2433288. Multicuisine wird meist im Untergeschoss, Thalis werden im Obergeschoss angeboten.*
On the Rocks (3), *€, beim Hotel Ajit Bhawan, ☏ 0241-2641205. Eine Felslandschaft mit Baumgrün mitten in der Stadt – überraschend, viel besucht, gemütlich.*
Bollygood (4), *€€, Khaas Bagh, Ratanada, ☏ 0291-2514513. Zwischen Großformat-Filmfotos drinnen und großer Grasfläche draußen ist zu wählen, an der Grasfläche gibt es auch einen Hochzeitspalast. Tandoori-Spezialitäten.*
Mehran Terrace (5), *€€€, ☏ 0291-25497090. Freiluftrestaurant mit Super-Fernblick direkt am Fort. Abends Kerzenlicht-Romantik. Reservieren!*

Cafés

Shahi Samosas *(**6**), €, 95B Nai Sarak, am Südtor des Sardar Market. Für Samosa-Liebhaber, besonders wenn sie scharfe Würze lieben.*
Jodhpur Coffee House (7), *€, High Court Road, im Stadtzentrum. Nicht nur Getränke, auch kleine Gerichte. Seit 1954 schon.*
Trophy Bar (8), *€€€, im Umaid Bhawan Palace Hotel, ☏ 0291-2510101. Für frühere Gäste auch das Veranda-Café „The Pillars" mit großartigem Ausblick und verlockender Karte. Beim Eintritt zahlt man im Voraus, umgerechnet ca. 25 €.*

Einkaufen

Neben den pittoresken Antiquitätenläden und Möbellagern im Umkreis der Palace Road (z. B. **Lalji Handicrafts**, *eine wahre Ali-Baba-Schatzhöhle, Ajit Colony) fanden wir nah dem Uhrturm und wenige Schritte vom* **Gewürzladen der sieben Schwestern** *(s. S. 290) entfernt den Laden zweier Brüder,* **J.G. Art&Crafts,** *besonders empfehlenswert, mit Kunsthandwerk, Malerei und Textilien (zweite Adresse: 96/97 Nai Sarak, Jodhpur). Am Sardar Basar und den anderen Altstadtmärkten haben vor allem die Augen ihre Freude, doch gern werden immer* **Gewürze** *gekauft, ebenso Stoffe.*
Spezialität sind die **Seiden und handgewebten Stoffe**, *zu finden im* **Lucky Silk Store** *und bei* **Thar Handlooms**, *beide nicht weit vom Sojati Pol, westlich der Kreuzung High Court Road und Nai Sarak. Oder bei den* **National Handlooms**, *die einen Laden am Nai Sarak und andere am Pratap Nagar sowie beim Circuit House haben.*
Auch wer **Exquisites**, *richtig Teures kaufen mag, wird bei Antiquitäten und Stoffen, aber auch unter den Juwelen in den Schmuckläden genug zur Auswahl finden. Und selbstredend in den großen Hotels, im Umaid Bhawan und im Taj-Hotel „Taj Hari Mahal". Jodhpur ist neben Jaipur und Udaipur die attraktivste Rajasthan-Stadt für Kauflustige und in den Preisen wohl etwas günstiger als diese anderen beiden.*

Ziele in der weiteren Umgebung

Im Nordosten: Osyan

65 km nördlich von Jodhpur, also gerade noch mit einem nicht überhasteten Tagesbesuch zu erreichen, liegt **Osyan** (auch **Osian**). Man erreicht es auf der Straße, die

Tongas heißen die einspännigen und einachsigen Pferdekutschen, die immer noch benutzt werden

von Mandore aus nach Phalodi führt. Die Stadt ist wegen ihrer **Tempel** aus dem 8. bis 12. Jh. berühmt. Sie wurden von der *Pratihara*-Dynastie gestiftet. Kunstkenner räumen den Tempeln herausragende kunstgeschichtliche Bedeutung ein, ähnlich denen der Hoysala in Karnataka (Südindien). Zwischen dem 8. und 11. Jh. war die Stadt ein reicher Handelsplatz, an dem viele Jain-Kaufleute wohnten und Tempel gründeten.

Sehenswerte Tempel

Sechzehn Tempel sind bis heute erhalten, Hindu- und Jaintempel, die im Norden, Westen und Süden der Stadt liegen. Sie werden besonders im März/April und Oktober/November viel von Pilgern besucht. Hinter Neubauten und Ladenreihen verschwinden im Stadtbereich die Tempel.

Ganz in der Nähe steht der über 200 Jahre ältere **Mahavira-**Tempel, einem der *Tirthankaras* (göttlichen Lehrer) der Jains geweiht. Die Bauweise ist, wie bei den Jains üblich, deutlich luftiger, mit offener Vorhalle, die durch reich skulptierte Säulen getragen wird. Unter der Kuppel blicken gut gewachsene steinerne *Apsaras*, Himmelsmädchen, auf den Betrachter. Von der im dunklen *Sanctum* verborgenen goldgeschmückten **Mahavira-Statue** wird behauptet, sie sei 2.000 Jahre alt. Auch dieser Tempel liegt auf einem Hügel und hat einen sehr schönen Torbogen (*Torana*).

Jain-Bauweise

Auf dem Weg von Tempel zu Tempel kommt man zum *Shiva*-Heiligtum, zu dem von *Surya* (dem Sonnengott) und dem Harihara-Tempel (von *Shiva* gemeinsam mit *Vishnu*). Viele sehr schöne ausdrucksvolle Steinbilder sind zu sehen, man wird bedauern, nicht länger Zeit zu haben. Sogar der alte Stufenbrunnen hinter dem *Surya*-Tempel trägt feine Skulptur-Verzierungen.

An der Straße nach Nagaur (s. S. 257) liegt, 95 km von Jodhpur entfernt, das imposante, gut renovierte **Fort Khimsar**, das von 1523 an die Straße sicherte. Die Gebäude sind meist aus dem 18. Jh., doch die Mauern und Bastionen sind älter, außerdem gibt es Ergänzungen aus dem 20. Jh. Ein alter Turm bietet für Abendunterhaltungeneine romantische Atmosphäre. Das ganze Fort ist ein Hotel mit gutem, modernem Service und erholsamer Bequemlichkeit, man kann auf Jeep-Exkursionen die Wüste, ihre Menschen und Tiere erleben (s. S. 261).

Ziele im Süden von Jodhpur

Viele Reisende nehmen die Gelegenheit wahr, nahe Jodhpur das Leben in den Dörfern kennenzulernen. Südlich von Jodhpur hat man dazu gute Gelegenheit, sogar eine Unterkunft in der Gegend, das kleine Schloss in **Jhalamand**, bietet sich an (s. S. 304). Überraschend im Wüstenland ist der **Guda-Bishnoi-See**, der von Oktober bis März von vielen Zugvögeln besucht wird und an den Antilopen zum Trinken kommen, beliebtes Ziel für Naturfreunde.

Zentrum der Weberei

Im Süden Jodhpurs liegt auch das nur zwanzig Kilometer entfernte **Salawas** (auch mit Linienbus zu erreichen), das sich in den vergangenen zwanzig Jahren zu einem bekannten Touristenziel entwickelt hat – verdientermaßen, denn durch Fleiß und Umsicht hat man hier das Handwerk des Webens von Baumwollteppichen (*Durrais*) zur Blüte gebracht. Ein gescheiter, schlichter Mann, *Roopraj Prajapti*, hat den Handwerkszweig, einschließlich der Vermarktung, ausgebaut. Mit seiner Familie am Ortsrand zuhause gibt er Auskunft über sein Handwerk und die kooperative Vermarktung.

Gewebt wird ohne Maschinen auf fest verankerten Bodenwebstühlen ländlicher Bauart, die Muster sind bunt, den Wünschen der Kunden gemäß, oder mit ruhigen Naturfarben gestaltet oder sogar aus Ziegenhaar gewebt, nicht aus Baumwolle. Auch der Postversand ist zufriedenstellend organisiert, kein Kunde muss seinen Teppich selber abschleppen. Man kann sich außerdem im Dorf umsehen, es gibt auch andere Handwerker zu beobachten.

Noch ein Fort: Luni

Ein anderes Dorf, das nicht durch Gewerbe, sondern durch sein Aussehen erfreut, ist das 40 km von Jodhpur gelegene **Luni**. Steinmetzarbeiten an den Fassaden, Wasserräder und ein altes Fort (jetzt Hotel, s. S. 304) runden das Bild ab.

Fährt man von Jodhpur in südwestlicher Richtung auf der Straße nach Barmer (s. S. 280), kommt man nach **Balotra** am – meist trockenen Flussbett – des Luni-Flusses. Auch diese Kleinstadt produziert Stoffe, oft noch auf den althergebrachten Boden-Webstühlen. Im Nebenort **Nakoda** gibt es mehr: den skulpturengeschmückten alten Jaintempel und im März/April einen wüsten-bäuerlichen Vieh- und Kamelmarkt ohne Touristengedränge am Ufer des Flusses Luni. Problem für den wählerischen Gast: man findet dort nur sehr einfache Privatunterkünfte, die man sich erst vor Ort erfragen kann. *(etwa 110 km südwestlich von Jodhpur)*

Abseits der großen Städte: Rohet, Kumbhalgarh, Ranakpur und mehr

Redaktionstipps

➤ **Natur:** Die Bishnois gaben sich schon vor 600 Jahren Öko-Regeln. In Rajasthan kann man sich von ihnen einen **Baumhain besonderer Art** zeigen lassen: Er erinnert an das Opfer von Bishnoi-Frauen, die ihr Leben für die Erhaltung von Khejri-Bäumen gaben (s. S. 310).

➤ **Kulturelles:** Als das Heer des Großmoguls den Herrscher der Mewar-Dynastie überwältigte, zog er sich in die Berge zurück und erbaute eine der größten Burgen Indiens: **Kumbhalgarh** (s. S. 314)! Zu den **Jain-Tempeln von Ranakpur** (s. S. 316) kommt man am besten zu Fuß, ein grünes Tal erwandernd. Die Kunst der Steinschnitzerei hat hier einen Höhepunkt erreicht, eingebettet in eine liebliche Landschaft.

➤ **Unterkunft:** Wohnen wie die Maharajas kann man vielerorts im Heritage-Staat Rajasthan. Der **Maharani Bagh Orchard Retreat** (s. S. 319) bietet weder einen Palast noch eine Burg, doch manchen seiner Gäste eine Ahnung vom Paradies.

Dies sind Namen, denen viele Reisende vor ihrem ersten Flug nach Rajasthan nie begegnet sind. Dennoch oder gerade darum empfehlen wir: Nehmen Sie sich Zeit für die Bishnoi-Dörfer, für die monumentale Burg in der Bergwildnis, für die Jain-Tempel im grünen Tal oder auch für eine Exkursion im Sattel, von einem Adelssitz zum anderen. Das Gelände beginnt südlich von Jodhpur und reicht bis ins Umland Udaipurs, erstreckt sich im Westen in den Distrikt Jalor, der seinerseits an die Wüste Thar grenzt, und im Osten bis zum Distrikt Rajsamand. Bauernland ist es großenteils, aber auch auf Paläste, Burgen und herrschaftliche Landsitze trifft man immer wieder, und nicht wenige laden als Heritage-Hotels zum Bleiben ein. Die Entfernungen sind nicht groß: Jeweils etwa 150 km erstreckt sich das Gebiet in Nord-Süd- und in West-Ost-Richtung.

Orientierung

Die wichtigsten Verkehrsadern sind die Nationalstraßen von Jodhpur nach Pali und weiter nach Sirohi (NH 65) und von Ajmer/Beawar Richtung Rajsamand (NH 8). Dagegen verläuft Rajasthans zur Autobahn ausgebaute Nord-Süd-Hauptverbindung Ajmer-Chittorgarh (NH 79) östlich von der hier vorgestellten Region, das kommt deren Ruhe zugute. Eine Eisenbahnlinie quert das Land von Ajmer in Richtung auf Mount Abu resp. Abu Road. Die Nordroute verläuft aber außerhalb, von Jaipur nach Jodhpur.

Geschichte

Zwischen den beiden großen Dynastien in Rajasthans Süden und Westen, den Mewar-Maharanas in Udaipur und den Marwar-Maharajas in Jodhpur, kam es im Lauf der Jahrhunderte nicht gerade selten zu Streit. Die hier beschriebene Region lag gerade zwischen den beiden Hauptstädten, beide hatten ihre Anteile. Fast als ein Wunder ist zu bestaunen, dass sich die fromme Pracht der Jain-Tempel von Ranakpur erhalten hat. Schon im Mittelalter mischten sich die Muslime auch in der Region nördlich von Udaipur ein, im 18. Jh. versuchten es die Marathen und im 19. Jh. folgten die britischen Kolonialisten und bauten ihre Herrschaft aus. In Pali sammelten sich 1857 mehr als 5.000

Aufständische und lieferten der britischen Armee heftige Gefechte. Nach dem Ende der „Mutiny" mussten sich dann auch Mewar und Marwar für fast ein Jahrhundert mit der Oberhoheit des britischen Vizekönigs und seiner „Residenten" abfinden.

Rajputen-Heros: Rana Kumbha

info

Die Reihe überlieferter Siege und Niederlagen wie das Elend ihrer Opfer sinkt ins Vergessen. Was bleibt, sind Erinnerungen, verklärende Bilder von Rajputen-Heroen. Einer der berühmtesten war *Rana Kumbha* (1419–1468 oder 1469, regierte seit 1433) aus der Sisodia-Dynastie. Er erneuerte das Mewar-Reich von Chittorgarh, besiegte die Heere *Mahmud Khiljis* und ließ 32 neue Forts bauen, darunter das nach Chittorgarh größte weit und breit, Kumbhalgarh, in den Aravalli-Bergen. Überdies studierte *Rana Kumbha* Sanskrit, war ein Musikliebhaber und schrieb über Musik. Wie er Konkurrenten mit eigener Hand getötet hatte, wurde er selbst von seinem Sohn *Udai Singh I.* ermordet (der bald darauf, heißt es, von einem Blitz getötet wurde). Während *Rana Kumbhas* Herrschaft entstanden die kostbaren Jain-Tempel bei Ranakpur.

Die jüngste Vergangenheit der Region ist vom wirtschaftlichen Aufschwung der Distrikt-Hauptstadt Pali und vom wachsenden Tourismus geprägt. Pali, die größte Stadt zwischen Jodhpur und Udaipur, ist mit Textilien und Baumwollspinnerei, mit landwirtschaftlichem Gerät und Zement ein industrielles Zentrum und kaum Ziel für ausländische Touristen – trotz des 1991 eröffneten **Shri Bangarh Museums** (auch Bangur-Museum), das mit Steinskulpturen und Bronzen aufwartet, u. a. einer Vishnu-Statue des 5. Jh., früher Jain-Kunst und einem Ganesha aus Jalor. Die weitere Umgebung lockt umso mehr.

Rundfahrt: Literaten, Marwari-Pferde und Baumfreunde

Südlich von Jodhpur ist man rasch im Dorf **Rohet** und entdeckt am Rande des Dorflebens hinter einer hohen, prächtig bemalten Fassade mit stattlichen Erkern eine baumgrüne Gartenidylle im Heritage-Glanz. Seit 1622 Familiensitz, begrüßt Rohet Garh seit 1990 Gäste aus aller Welt. Der Haus-

Opiumzeremonie in der Nähe von Rohet: Als religiös-traditionelle Handlung ist sie der Landbevölkerung erlaubt

herr, früher schon einmal Gesandter in Deutschland, hat Sinn für Literatur und Reitsport und züchtet die Marwari-Pferde (s. S. 209). Zu kreativen Langzeitaufenthalten sind hier schon der Brite *Bruce Chatwin* („Traumpfade") und später im selben Zimmer der Schotte *William Dalrymple* („City of Djinns – A Year in Delhi") eingezogen. In großer Zahl kommen die Freunde des Reitsports; es gibt auch ein Zimmer, in dem der Gast nur von einer großen Glassscheibe vom nachbarlichen Stall getrennt ist: Pferd und Reiter im Blickkontakt.

Für Pferdefreunde

Safaris in diesem Gelände zwischen den Rändern der Wüste Thar und landwirtschaftlichem Grün sind überraschend ergiebig, ob im Sattel oder im Jeep. Schon wegen der eleganten Sprünge, mit denen man Gazellen (Chinkaras) und weißgetupfte Chitals scheinbar schwerelos über die Felder huschen sieht. Mehr noch wegen der Begegnungen in dem einen oder anderen der achtzig Dörfer, zumeist von Bishnois bewohnt. Gäste auf „Village Safari" werden, wenn es nicht zu viele sind, in den mit Dorngezweig umzäunten Hof und auch in die Lehmhäuser gebeten. Den alten Männern und ihrer Opiumzeremonie darf man zuschauen, vielleicht auch einen Zug tun.

Wie seine Vorväter hält der Grundherr Kontakt mit den Dorfbewohnern. Und er tut auch manches für sie, beispielsweise mit einem Ärzte-Camp und kostenloser Augenbehandlung, für 700 Tribals. Zwei Indien gibt es, das traditionelle und das materialistisch fixierte, meint der Thakur und sagt es so: „Wir führen unsere Gäste ins wahre, unverdorbene Indien, das im Schlaf unter dem schweren Gewicht der modernen materialistischen Welt und ihrer Einflüsse liegt."

info

Wer waren die ersten Ökologen?

Die **Bishnois**, die im Distrikt Pali in mehreren Dörfern wohnen, sind die ältesten Umweltschützer. Bäume und Tiere sind ihnen heilig, darum sind bis heute die Jagd und das Fällen von Bäumen in ihrem Gebiet nicht gestattet. Sie sind eine bäuerliche Religionsgemeinschaft, die im 15. Jh. von Jambeshwar (Guru Jhamboji) gegründet wurde, einem Mann, der die damalige große Dürre auf menschlichen Raubbau an Bäumen und Tieren zurückführte. Er verkündete in seinem Dorf 29 Gebote – daher der Name der Gemeinschaft: Bishnoi heißt neunundzwanzig. Sie fordern, keine Tiere zu töten, keine Bäume zu fällen, die Toten nicht zu verbrennen, keinen Alkohol zu konsumieren, täglich zu baden, keine unnützen Reden zu führen und auf Reinlichkeit der Kleidung zu achten (weiß ist bei Männern die bevorzugte Farbe, auch der Turbane, sie zwingt die Leute zum Waschen!). Bishnois glauben an ihre Wiedergeburt als Antilopen, deswegen ist gerade dieses Tier ihnen heilig.

Diese Glaubensgrundsätze brachten die Bishnois oft in Konflikt mit den Obrigkeiten der Rajputen, wenn diese jagen und (mit Holz) bauen wollten. Zur blutigen Konfrontation kam es, als der Maharaja von Jodhpur Bäume bei den Dörfern der Bishnois fällen ließ. Militär war dabei und brach den passiven Widerstand der Frauen, die sich an die Baumstämme klammerten. Am Ende lagen 363 Menschen hingeschlachtet am Boden. Das war, heißt es, im Jahr 1730, es werden auch andere Zahlen genannt. Erschüttert von dem Massaker, befahl der Maharaja, in Zukunft die Gesetze der Bishnois zu respektieren.

Die Bishnoi leben auf einfache Weise – und haben ein starkes Selbstbewusstsein

Beim Besuch im Bishnoi-Gebiet fällt auf, wie dicht Wald und Busch dort stehen, wie erfüllt von Vogelgesang und Wild. Ein überzeugender Beweis, wie selbst dem Vordringen der Wüste durch Naturschutz Einhalt geboten wird. Sehr viele Antilopen leben unter dem Schutz der Bishnois, die auch auf Wilderer achthaben. *Dichte Vegetation*

Ist man südwärts von Rohet nach **Pali** auf der NH 65 unterwegs, kann man eine nach Osten abzweigende Straße benutzen und kommt zu einem Bishnoi-Zentrum mit Imbiss, Kamelritten und einfachen Unterkünften für Touristen. Abseits davon haben Bishnoi hier, wo Gräber der Massaker-Opfer noch erhalten sind, einen Wald von Khejri-Bäumen angepflanzt und einen sehr schlichten betongrauen Tempelblock erbaut.

Reisepraktische Informationen zu Rohet

Unterkunft

Rohet Garh *(Heritage), €€€€, an der Straße Jodhpur–Pali, Rohet Garh P.O., Rohet, Dist. Pali 306401, ☏ 02936-268231, 02936-2431161, www.rohetgarh.com. Postadresse: Rohet House, PWD Road, Jodhpur 324001. 34 Zimmer, großes Gartenareal und Swimmingpool, Gesundheitsclub, Jeep-Safaris (auch zu Bishnois) und Reiten (Marwari-Pferde). Ein Gastzimmer erlaubt sogar den Blick in den Nachbarraum zu einem Pferd (Vorhang nach Bedarf).*

Sardar-Samand-See und Sanctuary

Das Sardar-Samand-Hotel, eine Art-déco-Trouvaille, bewahrt zeitgenössische Einrichtungsgegenstände wie diese Musiktruhe

In der Welt der Maharajas kommt man wenige Kilometer nördlich vom Bishnoi-Zentrum an – und kann gleich in den Palast hoch über dem **Sardar-Samand-See** einziehen, denn auch diese architektonische Trouvaille wurde zum Heritage-Hotel. Erbaut 1933 von Maharaja Umaid Singh (Bauherr des mächtigen **Umaid Bhawan** in Jodhpur), zeigt sich die burgähnliche Architektur mit hohem Aussichtsturm und Natursteinfassaden in feudaler Abgeschiedenheit, dazu mit authentischen Art-déco-Möbeln und anderen Objekten ausgestattet. Ein Fortschritt im Namen der Natur: Als großdimensionierte Hunting Lodge angelegt, befindet sich der Palast jetzt inmitten eines Naturschutzgeländes. Die Vogelscharen auf dem See lassen sich ungestört beobachten, Bootsfahrten und lange Spaziergänge in Ruhe genießen. Im Dorf Sardar Samand fanden wir Töpfer und Schmiede tätig, die Souvenirs wählt man direkt beim Kunsthandwerker aus.

Reisepraktische Informationen zu Sardar Samand

Unterkunft

Sardar Samand Palace *(Heritage), €€€€, Sardar Samand, ☏ 02960-245001, www.welcomeheritage.com. Für Freunde von Art déco und Vogelbeobachter, mit weitem Ausblick direkt am Seeufer. Restaurant, Bar, Safaris.*

Und noch mehr Heritage – Rawla Narlai

Wieder ein Wohlfühlort, insbesondere für Pferdeliebhaber: Rawla bedeutet „kleiner Palast" und dieser kann sich inmitten der Aravalli-Berge einer beachtlichen Zucht von Marwari-Pferden rühmen. Heute ein Heritage-Hotel, bietet **Rawla Narlai** am Fuße eines über 100 m hohen Steilhügels ein angenehmes Quartier. Narlai ist auch ein Pilgerort, für Hindus wie für Jains.

Nach Narlai mit den Verkehrsmitteln der Moderne zu kommen, ist von Norden her am einfachsten über Pali, Sanden und Desuri. Direkte Straßenverbindungen beispielsweise vom Sardar Samand Lake fehlen, die Aravalli-Kette ist noch nicht untertunnelt. Nördlich von Narlai erstreckt sich in dünn besiedelter Berglandschaft das **Todgarhali Wildlife Sanctuary**, eines von den wenig bekannten und besuchten Schutzgebieten.

Reisepraktische Informationen zu Narlai

Unterkunft

Rawla Narlai *(Heritage), €€€€–€€€€€, ☏ 02934-260443, 0291-2510410, www.narlai.com, reservations@ajitbhawan.com. Im Village Narlai, erbaut als Fort am Rande der Aravalli-Kette in großartiger Felslandschaft, im 20. Jh. umgewandelt zu einem Wohnsitz der Jodhpur-Maharaja-Familie. 37 Zimmer, Restaurant, 24-Stunden-Coffee-Shop.*

Sodawas

Noch andere Heritage-Hotels bieten Exkursionen in die teils bäuerlichen, teils noch ganz naturbelassenen Aravalli-Berge. Ein stattliches Gebäude am Rande des Dorfes Sodawas ist das **Karni Kot Sodawas**, seit 1999 ein Hotel mit zehn Zimmern und zusätzlich auch mit Zelten. 1943 hatte es der Maharaja von Jodhpur an *Thakur Bishan Singhji* gegeben, dessen Familie hier noch lebt; Eigner ist jetzt *Thakur Sunder Singh*. Die Architektur ist eher nüchtern, der Garten schön und die Gastlichkeit der Familie rühmenswert. Barbecue-Abende mit schottischem Whisky und Gin-Tonic gehören zum Stil des Hauses, auch nächtliche Geländewagen-Exkursionen.

Reisepraktische Informationen zu Sodawas

Unterkunft

Karni Kot Sodawas *(Heritage), €€€€, Village Sodawas, Distr. Pali, Karni Group of Hotels, Hauptsitz Karni Bhawan, Palace Road, Jodhpur 342001, reservieren: ☏ 0291-2512101, -102.*

Ghanerao Royal Castle und ehemaliges Ghanerao-Jagdhaus

Ein Palace mit langer Geschichte, extrem steilen Treppen und nobler historischer Ausstattung – sehr zu empfehlen. Die breite Toreinfahrt öffnet den Blick auf unterschiedliche Fassaden aus dem frühen 17. Jh., geräumige Gastzimmer wurden behutsam modernisiert. Verlockend für Naturfreunde ist das ehemalige **Jagdhaus „Jungle Lodge"**, das mit nur 7 Zimmern Waldruhe und das nahe Gebirge erleben lässt.

Reisepraktische Informationen zu Ghanerao

Unterkunft
Ghanerao Royal Castle *(Heritage), €€€€–€€€€€, Anreise von Ranakpur oder Pali: über Sadri Richtung Desuri, vorher rechts abbiegen (kleines Ghanerao-Schild an der Dorfdurchfahrt), ☏ 02934-284035, www.ghaneraoroyalcastle.com. 15 Zimmer, in der Jungle Lodge nur 7, jüngst in schlichter Eleganz ausgestattet.*

Kumbhalgarh – Festung in den Bergen

Languren fühlen sich auf den Schlossterrassen zu Hause

Zur stärksten Begegnung mit einem historischen Bauwerk in großartiger Berglandschaft kommt es am Ostrand des **Kumbhalgarh Wildlife Sanctuary.** Gleich, ob man auf Trekkingpfaden zu Fuß, mit einem täglich nur selten verkehrenden Linienbus, mit einem Touristenbus oder im Mietwagen anreist und das **Kumbhalgarh Fort** erstmals auf seiner Höhe vor Augen hat – diese Burg hinter ihren sieben Toren und ihrem mächtigen Steinwall samt Bastionen prägt sich ein. Schon darum, weil bis auf einige andere Gebäude innerhalb vom Mauer- und Bastionenschutz – viele kleine Tempel und ein zweites kleineres Fort – die raue Bergnatur um die Burg dominiert. Auch nach Osten hin, außerhalb der Mauer, scheint die Besiedlung sehr dünn. Nur wenige Besucher prüfen nach, ob die Ummauerung hügelan, hügelab sich wirklich über 36 km erstreckt. Nachlesen kann man über den Bauherrn Rana Kumbha (s. Kasten S. 309), der aber vor der Vollendung des Bauwerks starb. Mehrmals wurde Kumbhalgarh in der Bergwildnis zur rettenden Zuflucht. Nur einmal, heißt es, konnte Kumbhalgarh erobert werden, weil die Wasserreservoire von den Truppen des Moguls vergiftet worden waren.

In den 90er-Jahren des 20. Jh. lag noch manches in Ruinen, seither hat der Indian Archaeological Survey diese – nach Chittorgarh zweitwichtigste – Burg des Mewar-Reiches intensiv restauriert, den Aufgang zur Burg mit vielen Stufen erneuert und in der Burg bröckelnde Wände und schwindende Malerei geduldig Raum um Raum wiederhergestellt. Auch für die Außenanlagen, Terrassen und Wachthäuser ist viel getan worden, fast wie neu, halb Festung, halb Palast ist Kumbhalgarh zu erleben. Vom

Hauptgebäude des Palasts ist der Zenana-Bereich der Frauen deutlich getrennt, dazu gehört auch ein anmutiger Innenhof – und viele, auch steile Stufen sind zu ersteigen.

Weil die Räume fast sämtlich leer sind, ziehen die sparsamen – oder zumeist unwiederbringlich zerstörten? – Wandbilder den Blick auf sich: immer wieder schmale Friese mit Elefanten, auch die Löwenköpfe an manchen Türen, die farbigen Marmorböden, die Blumen an Arkaden und die kreisrunden Öffnungen in manchen Fußböden, die Durchblicke von Stockwerk zu Stockwerk ermöglichen. Unbestreitbar großartig ist der Rundblick von der Dachterrasse auf die Rajasthan-Landschaft!
Kumbhalgarh Fort: *geöffnet tgl. 8–18 Uhr.*

Mehrere Hotels, voran das **Aodhi,** bieten Unterkunft in Sichtweite des Forts. Wer gern eine Fußwanderung einlegt, kann sich bergab und dann durch ebenes Gelände nach **Ranakpur**, zu den hochberühmten Jain-Tempeln aufmachen, am besten mit Führer. Auf dem streckenweise steilen Abstieg – teils über Stufen, die in den Naturstein geschlagen sind – trifft man auf ein Heiligtum mit Götterbildern in einer Felsnische. In der Ebene findet man sich zwischen vielen Sandwegen im lichten Busch- und Waldgelände schwer zurecht. Übrigens braucht man zu Fuß nicht viel mehr Zeit als mit dem Wagen – weil der die Fahrt mangels direkter Straßen durch das Gebirge nur in weitem Umweg machen kann. An der Straße sind immer wieder fast archaisch anmutende Brunnen zu sehen: Rinder werden stundenlang um einen Brunnen geführt, schöpfen das Wasser an Eimerketten aus der Tiefe, zur Bewässerung der Felder.

Im **Kumbhalgarh Sanctuary** kreuzen Jeep-Safaris durch das 610 km^2 große Gelände, gelegentlich werden auch Safaris im Sattel arrangiert (vom Hotel Kumbhal Castle), und mit einem Führer ist auch Trekking möglich, ein oder mehrtägig, mit Über-

Die kleinen Stufen im Vordergrund machen die steinerne Wucht der Kumbhalgarh-Ummauerung deutlich

nachtung in schlichten Forest Rest Houses. Das Wild macht sich im dichten Unterholz in den Waldungen freilich leicht unsichtbar. Nur mit Glück bekommt man Sambar-Hirsche, Wölfe, Hyänen, Panther oder gar Bären zu Gesicht – die alle hier ihre Reviere haben. Wegdauer Kumbhalgarh–Ranakpur: etwa 4 Stunden.

Reisepraktische Informationen zu Kumbhalgarh

Unterkunft

Forest Rest Houses, €, *in Thandiberi, Ranakankar, Sumer im Kumbhalgarh Sanctuary. Sehr einfache Ausstattung, Lebensmittel mitbringen! Reservieren: Assistant Conservator of Forests (ACF), Kumbhalgarh Wildlife Sanctuary, Sadri,* ☏ *02934-282529.*

Kumbhal Castle, *€€€, Fort Road, Kumbhalgarh, Dist. Rajsamand,* ☏ *02954-242171, www.thekumbhalcastle.com. 22 Zimmer, AC, Schlafsaal. Restaurant, Swimmingpool, Jeep- und Kamelsafaris.*

Aodhi *(HRH Hotels), €€€€–€€€€€, PO Kelwara, Dis. Rajsamand,* ☏ *02954-242341/46, Delhi Reservations HRH C-41, Gulmohar Park, New Delhi, www.hrhindia.com. Etwa 2 km vom ersten Tor des Forts. 27 Zimmer, AC, kolonialer Stil, direkt am Felsen erbaut. Restaurant, Bar, Swimmingpool – die beste Adresse im Umkreis von Kumbhalgarh*

Essen und Trinken / Einkaufen

Resort Kuber & Shivam Handicraft, *im Fort-Bereich, kleine Mahlzeiten, Souvenirs und interessantes Bücher-Angebot. Nach Satish Gupta fragen!*

Ranakpur und die Tempelpracht der Jains

Die Kriege von Mewar und Marwar und die Stürme der Muslime waren längst vorüber, als sich im späten 19. Jh. die Maharani von Jodhpur ein Gartengelände in dieser freien Natur wünschte, in einem breiten Talgrund mit einem Bachlauf, nur eine halbe Stunde zu Fuß entfernt von einem Tempelbezirk der Jains, der zu den schönsten Architekturen nicht nur Rajasthans, sondern ganz Indiens zählt.

Paradiesische Unterkunft

Aus dem Wunsch wurde – wie unter Maharajas üblich – Wirklichkeit. Heute ist der **Maharani Bagh Orchard Retreat** gastfreundlich offen, zum Übernachten wie zum Speisen, auch wenn man nicht übernachten will. Mancher mag länger in einem der komfortablen Bungalows mit überdachter Terrasse bleiben, in diesem grünen Ambiente, in dem seit langem schon alles stimmig erscheint, dank der Leitung Khumar Singhs, der andernorts auch selbst ein ländliches Anwesen besitzt.

Wandern ist hier im ländlichen Umkreis, zu einem kleinen Stausee, zu einem Badesee und im **Kumbhalgarh/Ranakpur Wildlife Sanctuary**, viel besser möglich als an vielen anderen indischen Orten und wird auch kaum beeinträchtigt durch die deutlich vermehrte Zahl der Hotels, die sich (noch nicht dominierend) an der schmalen Waldstraße zu den Tempeln reihen. Für Wanderungen im bergigen Gelände im Hotel nach einem Führer fragen!

Weitab der großen Städte entstanden die Jain-Tempel von Ranakpur

Unterwegs zu den **Ranakpur-Tempeln** sind Vogelstimmen, munteres Affengeschrei, vielleicht auch schon Musik und Glockentöne zu hören. Weitab vom Lärm der großen Städte, weitab auch von der Armut der Wüstendörfer stehen die Tempel von Ranakpur. Von Pilgern viel besucht (es gibt große Schlafsäle), stehen sie auch für die Religion der Jains, für ihre Achtung vor allem Lebendigen, für „Ahimsa", ihre vor zweieinhalb Jahrtausenden begründete Lehre der Gewaltlosigkeit. Viele Pilger tragen auf wochenlangen Wegen einen weißen Atemschutz vor dem Mund, um nicht ungewollt ein Insekt zu verschlucken.

Entschieden strikter als vor Hindu-Tempeln gilt darum auch die für alle Besucher gültige Vorschrift, im Tempel nichts aus Leder, also aus dem Körper getöteter Tiere Gefertigtes zu tragen: lederne Schuhe, Gürtel, Brieftaschen, Portemonnaies.

Dicht beieinander stehen die drei weißen Jain-Tempel von Ranakpur in ihrem Baumpark, hinter dem gleich eine hügelige Buschlandschaft beginnt. Doch drängen sie sich nicht so eng und fast verschachtelt aneinander wie in Mount Abu (s. dort auch den Kastentext über „Jainismus und Architektur", S. 327). Klar hebt sich der größte der drei Tempel hervor, dem Adinath gewidmet, dem frühesten „Furtbereiter" zur Erleuchtung. Auf einem gemauerten Podium über eine breite Freitreppe zu erreichen, öffnet sich der dreistöckige Bau Einblicken von außen in seine Säulenhallen, nimmt den Eintretenden aber umschließend in seine Hallen und in den Innenhof auf. Es gibt wenige Trennmauern, umso größer aber die Vielzahl der Säulen, ein wahrer Säulenwald bestimmt das Raumerlebnis. 1.440 Säulen, heißt es, tragen die Decken und Dächer, und es sind 20 mal 72, heißt es auch, weil Mahavira, der Gründer der Jain-Religion, 72-jährig gestorben sei. Einige Terrassen und offene Erker lassen dann wieder frei in die grüne – oder nach langer Trockenheit bräunliche – Landschaft schauen.

Jain-Tempel

Überwältigend in ihrer Fülle wirkt die Kunst der Steinschnitzerei, an allen Säulen, an den Decken, am kostbarsten wohl unter den Kuppeln und in der Halle um das Allerheiligste, in dem eine große Adinath-Marmorfigur mit vier Gesichtern (*chaumukha*) steht. Alle Jain-Figuren, marmorweiß in Nischen aufgestellt, mit eingelegten Augen, zeigen den gleichen Ausdruck feierlicher Ruhe, sehr fern von den teils andächtigen, teils intensiv fotografierenden Besuchern (Jain-Figuren dürfen jedoch nicht fotogra-

Bewegung und Anmut in Marmor

fiert werden). Von großer Schönheit sind die Reliefs auf flachen Steintafeln, mit Symbolen der Jain-Religion. Jain-Priester, die auch gut Englisch sprechen, sind oft gern und kostenlos bereit, Details zu erklären oder über ihre Religion Auskunft zu geben. Im 15. Jh. entstanden diese Werke extremer Steinmetzkunst. An ihrer Renovierung wird heute wieder gearbeitet.

Die beiden kleineren Tempel, Parshwanath und Neminath geweiht, zwei anderen Furtbereitern, zeigen eine ähnliche Baustruktur wie der Haupttempel. Jenseits des Parkplatzes findet sich auch ein erst im 20. Jh. erbauter Hindu-Tempel des Sonnengottes Surya.

Ranakpur-Tempel: *geöffnet für Nicht-Jain-Gläubige tgl. 12–17 Uhr, freier Eintritt.*

Wanderwege zu Fuß oder auch Reitausflüge durch das Ranakpur/ Kumbhalgarh Sanctuary führen nach **Thandiberi** (15 km), nach **Ranakakar** (15 km), nach **Kumbhalgarh** (25 km) und nach **Roopanmata** (30 km) – durch Täler mit dichtem Wald, zu Bächen und zu steilen Hügeln. Eine Besonderheit bietet der nur knapp vier Kilometer lange „Teerthankar Nature Trail": Hier sind alle jene Baumarten gekennzeichnet, unter denen die 24 „Furtbereiter" der Jains Erleuchtung fanden. Beigefügt sind auch ihre Lebensgeschichten.

Reisepraktische Informationen zu Ranakpur

Unterkunft

Dharamsala, *€, im Tempel-Komplex, ☏ 02934-285019, 02934-285119. Der „Sheth Sri Anandji Kalyanji Trust" bietet etwa 50 Zimmer und Schlafsaal (Steinboden mit Matratze), vegetarische Küche, Gemeinschaftsbad.*

Shilpi *(RTDC), €–€€, nah den Tempeln, Ranakpur/Dist. Pali, ☏ 02934-285470. Das schön gelegene Haus des „Rajasthan Tourism Development Corporation" hat 12 einfache Zimmer, vegetarisches Restaurant.*

Shivika Lake Hotel, *€€–€€€, Ranakpur/Dist. Pali, ☏ 02934-285078, www.shivikalakehotel.com. Abseits der Ranakpur Road, nah den Tempeln, zugleich direkt am Nulwania-See in schöner Hügellandschaft. Aus kleinem Anfang zu einem 13-Zimmer-Hotel mit zusätzlichen Zelten, Swimmingpool und gutem Restaurant gewachsen. Thakur Devi Singh Ji Bhenswara, „honorary warden" des Kumbhalgarh-Sanctuary, führt selbst Trekking-Exkursionen und Jeep-Safaris.*

Chandra Hill Resort, *€€€–€€€€, Ranakpur Road, Ranakpur, Sadri, Dist. Pali, ☏ 91-7568674974, www.chandrahillresort.in. Neu eröffnet, mit Restaurant und gut bestücktem Laden (bestes Buchangebot Ranakpurs).*

Ranakpur Hill Resort, *€€€€, Ranakpur Road, Ranakpur, Sadri, Dist. Pali, 3 km zu den Tempeln, ☏ 02934-286411, www.ranakpurhillresort.com. 16 Zimmer, auch einige Zelte, Restaurant, Swimmingpool in grünem Ambiente.*

Maharani Bagh Orchard Retreat *(Heritage), €€€€–€€€€€, Ranakpur Road, Ranakpur, Sadri, Dist. Pali, ☏ 02934-285105, www.marudharhotels.com. 18 Bungalows in Parkgelände, 2 Restaurants, naturnaher Swimmingpool, Jeep- und Reit-Exkursionen.*

Fateh Bagh Palace *(HRH), €€€€€, nah beim „Maharani Bagh". Ranakpur, Dist. Pali, ☏ 02934-286186, www.hrhindia.com, reservieren: HRH Group of Hotels, C-41 Basement, Gulmohar Park, New Delhi. Ein 200 Jahre alter Heritage-Palast, wird stolz berichtet, wurde um 50 km versetzt, mit 65 000 Teilen – und sieht wie neu aus. 16 Zimmer, 4 Suiten.*

Westwärts, nordwärts, abseits der Touristenscharen

Jalor

Unbekanntes Rajasthan

Hier kommen wirklich nur die hin, die Unbekanntes, verschwiegen auch von vielen Reiseführern, sehen wollen. Wer ausschließlich luxuriös übernachten möchte und sehr gut ausgebaute Straßen bevorzugt, mag über Unbequemes klagen. Dafür aber ist das ruhige, alte Landleben Rajasthans zu beobachten.

Jalor liegt rund 120 km nordwestlich von Ranakpur. Ein Hauptanziehungspunkt der heute etwa 50 000 Einwohner zählenden Stadt ist das uralte Fort (der heutige Bau ist im Wesentlichen aus dem frühen 14. Jh.), das auf einem steilen Hügel über engen Basargassen thront – sonnenheißer Aufstieg zwischen phantastischen Feldgebilden. In seinen Mauern stehen Moscheen, Hindu- und Jain-Tempel beieinander. Hier herrschte gleichfalls im frühen 14. Jh. ein afghanischer Emporkömmling, *Ala'uddin Khilji*, der sich selbst zum König ernannte. Er hatte Jalor der Marwar-Rajputenfamilie der *Rathores* weggenommen.

Erst Kaiser *Akbar* sorgte im 16. Jh. dafür, dass sein Marwar-Verbündeter Jalor zurückbekam. Wegen dieses Herrschaftswechsels findet man muslimische und Hindu-Denkmale nebeneinander, auch eine Moschee mit Bauteilen eines Hindu-Tempels zu Füßen der Burg – vermutlich ließ *Ala'uddin Khilji* einen Hindu-Tempel zur Moschee umbauen. Säulengänge, Bögen und – begehbare – Kuppeln formen eine romantische Kulisse. Im Basar findet man originelle Textilien und den Schmuck der ländlichen Bevölkerung.

Bhenswara

16 km östlich von Jalor findet man in Bhenswara (auch: Bhenswada, etwa 5.000 Einwohner) sogar eine angenehme Unterkunft in einem Landsitz, der **Rawla Bhens-**

Freundliche Begegnung in Bhenswara

wara (Heritage-Hotel). Mit schönem Gartenhof, guter Rajasthani-Küche und aufmerksamer familiärer Gastfreundschaft. Im Dorf werken Silberschmied, Weber und Keramiker. Schulkinder umdrängen neugierig die Gäste, Jains laden zu ihrem Tempelfest ein. Der Jawai-Fluss, nahe dessen Ufer die Rawla steht, bringt Frische und hilft der Landwirtschaft.

Die Umgebung ist zum Teil mit trockenem Buschwald bedeckt, zum Teil felsig, mit dem Granit der Esrana-Hügel. Auf Exkursionen von der Rawla Bhenswara aus sorgt der Eigner Thakur *Dalvir Singh*, dass man etliche Nilgai, Antilopen, Chinkara, Blackbuck und, wenn sie nicht von Hyänen vertrieben werden, auch Leoparden erspähen kann.

Reisepraktische Informationen zu Bhenswara

Unterkunft

Bhenswara *(Heritage), €€€€–€€€€€, im Ort Bhenswara, Dist. Jalore, ☏ 02974-222080, www.ravlabhenswara.com. 26 Zimmer, im Umkreis des Ortes mehrere Zelt-Camps, zur Übernachtung auf mehrtägigen Exkursionen.*

Deogarh Mahal

Auf den meisten Karten steht „Devgarh", damit ist die kleine (nach europäischen Maßstäben mittelkleine) Stadt gemeint, bei der das im Kern drei Jahrhunderte alte Fort liegt. Sehr günstig als Zwischenstation auf dem Weg von Udaipur nach Jaipur oder Delhi! Die Stadt ist von Fremden wenig besucht, der Basar schon deshalb interessant für Entdecker (preiswerte ethnische Textilien), und dann ist da das opulente **Fort Deogarh Mahal** in berghohem Rund. Altersschwach geworden, wurde ihm eine intensive, einfühlsame Renovierung von der Rajputen-Familie zuteil, nun ist es glanzvoll und geräumig mit mehreren Innenhöfen. Ersteigt man die Hügelflanke oberhalb der prächtigen Forthotellerie, findet man noch romantisch verfallenes Gemäuer.

Renoviertes Fort

Die zahlreichen Reisegruppen kommen durch die enge Zufahrt nur in schmalen Geländebussen an – wer von frühmorgendlichem Aufbruch um den Schlaf gebracht werden könnte, wählt unter den 60 Suiten und Zimmern rechtzeitig ein ruhig gelegenes. Beliebt: die kuscheligen Sitzgelegenheiten in Fensterecken.

Touristenmagnet

Der Service ist sehr hilfsbereit, die Familie, die in einem Teil des Forts wohnt, sucht freundlich den Kontakt mit den Gästen. Es gibt Tanzvorführungen und offene Feuer abends, tags Möglichkeiten zu Ausflügen mit Fahrrad, zu Pferd oder Jeep. Im kleinen Spa genießt der Gast Kerala-Ayurveda-Massagen. Ein Laden mit gehobener Auswahl steht zur Verfügung, auch mit guten Kopien der erwähnten Miniaturmalerei.

In der Nachbarschaft, an Ruinen der frühen Manpura-Tempel vorbei, 5 km weiter durch die dörfliche Landschaft, kann man ein exklusives Quartier beziehen, unmittelbar an einem kleinen See: Die **Villa Seengh Sagar**, einst auch **Teil eines Forts**, ist mit ihren nur vier sorgfältig ausgestatteten und gut bedienten Suiten etwas für ruhige Genießer. Im Winter bevölkern viele und auch seltene Vogelarten den See.

Reisepraktische Informationen zu Deogarh

Ankunft und Auskunft

Keine „Tourist Reception Centers“ in den Orten dieser Tour. Auskunft in Jodhpur oder Udaipur. Oder nachfragen in Hotels!

Unterkunft

Deogarh Mahal, €€€€€, *District Rajsamund 313331, ☏ 02904-252777, www.deogarhmahal.com. Hervorragend günstige und gebirgig romantische Lage, nur ca. 10 km von der NH 8 entfernt, 135 km nördlich von Udaipur, ca. 90 km nordwestlich von Ranakpur.*

Seengh Sagar, €€€€€€, *s. o. ☏ wie Deogarh Mahal.*

Verkehrsverbindungen

Ranakpur resp. die benachbarte Stadt Sadri ist per Bus gut mit Udaipur und Pali verbunden. Nach Kumbhalgarh nur wenige Busverbindungen, aber touristische Bus-Exkursionen von Udaipur nach Kumbhalgarh.

Bahn: *zwei Linien queren den Distrikt Pali: von Jodhpur nach Südosten, von Ajmer zum Südwesten.*

6. DER SÜDEN UND SÜDOSTEN

Den besten Blick auf Rajasthans größten Palast hat man bei einer Bootsfahrt über den Lake Pichola

Mount Abu – für viele etwas

Hoch oben im Aravalli-Gebirge wartet eine kleine Stadt auf immer neue Gäste. Die einzige **Hill Station** Rajasthans war einst Zuflucht für die von der Hitze geplagten britischen Kolonialherren. Heute erholen sich in 1.200 m Höhe Menschen aus aller Welt in dem milden Klima. Neben den Temperaturen locken ganz unterschiedliche Angebote die verschiedenen Besuchergruppen in den kleinen Ort mit seinen heute rund 30.000 Einwohnern. Nicht wenige **Gujaratis** freuen sich darüber, dass hier – im Gegensatz zu ihrem Heimat-Bundesstaat – keine Prohibition herrscht.

Da kann es an den Wochenenden hoch hergehen. Hindu- und Jain-Pilgern dagegen ist der Ort heilig. Für junge Verliebte wiederum ist die **Hill Station** mit ihren wunderschönen Ausblicken und grüner, gezähmter Wildnis ein wahr gewordenes Klischee indischer Romantik. Touristen aus aller Welt schließlich bestaunen die **Jain-Tempel von Dilwara** und die Bauten, die andere Besucher hier vor meist über 100 Jahren hinterlassen haben: Sommerpaläste und andere architektonische Schmuckstücke verschiedener Rajasthan-Maharajas und der Briten.

Redaktionstipps

➤ **Architektur**: Marmor, weiß wie Schnee und zart wie Eis: Die Tempelanlage von **Dilwara** ist eines der schönsten Bauwerke Indiens (s. S. 325).

➤ **Natur**: Erleben Sie feurige **Sonnenuntergänge** – und wie die indischen Ausflügler, die sich an den Aussichtspunkten jeden Abend versammeln, dem Abendrot die Schau stehlen (s. S. 332).

➤ **Sport**: Als Hill Station ist Mount Abu ideal für kleine und große **Wandertouren** durch die noch weithin erhaltene Bergnatur. Aber bitte nicht alleine – leider kam es jüngst abseits der belebten Wege immer wieder zu Überfällen.

Orientierung

Die **Hill Station** duckt sich nicht zwischen zerklüftete Bergspitzen, sondern liegt an der Westseite eines langgestreckten, leicht hügeligen Hochplateaus an einem See, dem **Nakki Lake**, der auch touristisches Zentrum ist, mit Hotelterrassen, Tretbootfahren und Ponyreiten.

Einen Bahnhof gibt es nicht, nur eine Straße führt in vielen Serpentinen die bewaldeten Hänge hinauf, 28 km lang. Zugreisende steigen an der Station **Abu Road** am Fuße des Berges in den Bus oder ein Taxi.

Das Zentrum Mount Abus ist die **Market Area** zwischen **Polo Ground** und dem südöstlichen Seeufer. Hier sind auch der **State Bus Stand** und ein Büro für Zugreservierungen und hier starten Sammeltaxis und Rikshas, wenn man einmal eine größere Distanz fahren möchte – sonst lässt sich Mount Abu auch zu Fuß entdecken.

Wie es sich für einen Kurort gehört, sind Unterkünfte über das ganze Städtchen verteilt; viele Restaurants liegen nahe der Nakki Lake Road, die von Abu Road heraufkommend in den Ort führt. Ins Grüne geht es im Süden und Osten des Sees – und,

Mount Abu – Sehenswertes

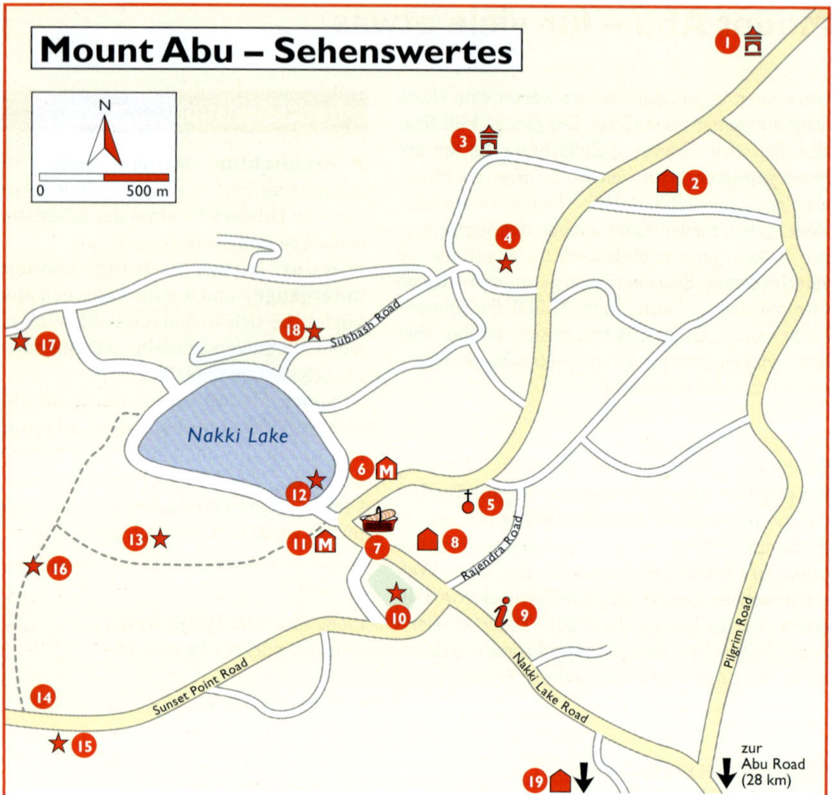

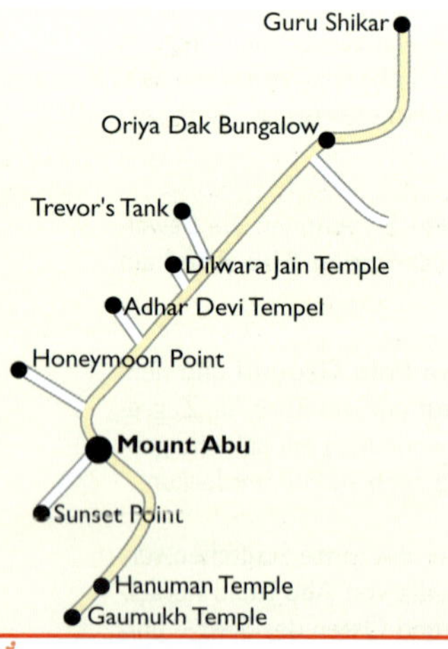

Sehenswertes

1 Dilwara-Tempel
2 Bikaner House (The Palace)
3 Adhar-Devi-Tempel
4 Cama Rajputana
5 St. Saviour's Church
6 Gov. Museum/Art Gallery
7 Market
8 Handicraft Emporium
9 Tourist Reception Center
10 Polo Ground
11 Brahma Kumaris Museum
12 Nakki Lake
13 Toad Rock
14 Sunset Point
15 Anadhra
16 Bailey's Walk
17 Honeymoon Point
18 Om Shanti Bhawan
19 Gujarat Mountaineering Institute

wenn es mehr als ein Spaziergang, schon eine Wanderung sein soll, auch im Nordosten des Plateaus, hinter den **Dilwara-Tempeln**. Dort erhebt sich der **Guru Shikar**, der höchste Berg Rajasthans. Ob man Mount Abu als kostspielige Touristenmeile oder ruhigen Luftkurort erlebt, kann sehr vom Zeitpunkt des Besuchs abhängen: Voll und teuer wird es im Hochsommer, zwischen April und August, und an Festtagen wie **Holi** (im Februar/März) und **Diwali** (November). Rechtzeitig reservieren!

Romantische Pflicht: Liebespaare schießen ein Foto für ihr Hochzeitsalbum

Geschichte

Auch wenn die **Hill Station** heute einen englisch klingenden Namen trägt: Für die meisten Hindu-Pilger reicht die Vergangenheit Mount Abus viel weiter zurück. Der Ort wird als **Arbudaranya** schon in den alten Schriften erwähnt, *Shiva* persönlich rückte den Berg in seine jetzige Position und im 8. Jh. sollen die vier Rajputen-Clans in der Nähe einem heiligen Feuer entstiegen sein. Die **Dilwara-Tempel** erscheinen vor diesem Hintergrund geradezu jung: Sie stammen aus der Epoche ab 1000 n. Chr., als der Berg Mittelpunkt des Herrschaftsbereichs der *Paramar*-Rajputen war – seitdem heißt die Gegend „Sirohi". Die Briten richteten sich in der ersten Hälfte des 19. Jh. der gesunden Luft wegen hier häuslich ein, zunächst mit einem kleinen Sanatorium für Soldaten. Bald wurde „*Aboo*", wie sie den Namen verniedlichten, zum kolonialen Luftkurort mit Internat und Militärposten. 1856 war das kühlere Sommerklima Mount Abus den tonangebenden Kolonialherren so unentbehrlich geworden, dass die Briten das Hauptquartier ihrer vier *Agencies* von Ajmer hierher verlegten (die *Agencies* kontrollierten die 22 Rajputen-Fürstentümer). Das geschah gerade ein Jahr vor dem ersten indischen Freiheitskampf gegen das Kolonialregime. Bis heute unterhält die indische Armee in Mount Abu einen Stützpunkt. Hohe Kolonialbeamte wie Maharajas aus ganz Rajasthan ließen sich um den **Nakki-Lake** herum schicke Sommerresidenzen bauen. Spätestens seit 1899, als die Eisenbahn in Abu Road an der Fernstraße Jodhpur-Ahmedabad eröffnet wurde, kommen fast jedes Jahr mehr Pilger und Touristen hierher.

Britisches Hauptquartier

Spaziergang: Dilwara – Pilgerziel der Jains

Immer wieder fallen in Mount Abu kleine und größere Gruppen hell gekleideter Fußgänger auf, manche mit einem Mundschutz und einem Fächer. Meist sind es **Jain-Pilger**, Besucher der Tempel von **Dilwara (1)**, einem der fünf bedeutendsten Berg-

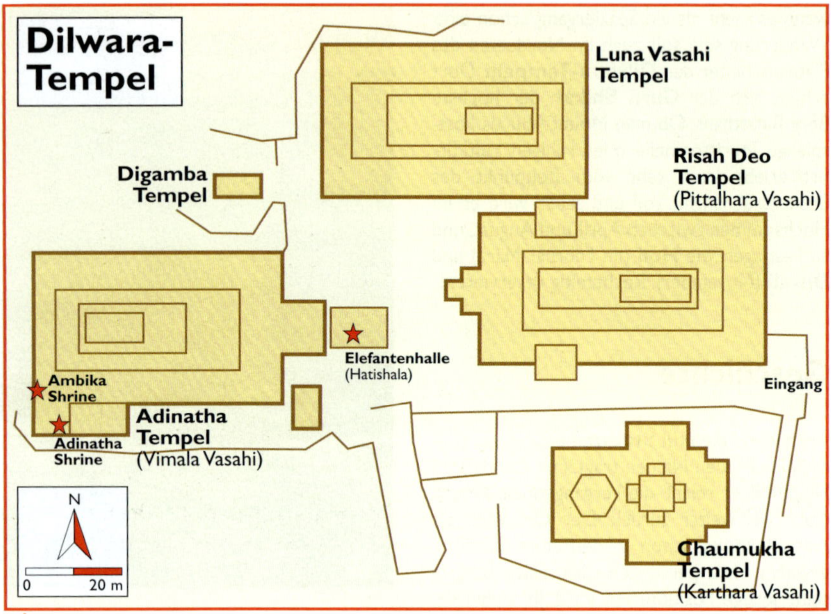

Heiligtümer der Jains. Der Fußweg von Mount Abus Markt dorthin ist zwar nicht länger als zweieinhalb Kilometer, geht aber bergauf, sodass es sich anbietet, für die Hinfahrt in ein Sammel- oder normales Taxi zu steigen. Wer sonst nicht ohne Kamera aus dem Haus geht, sollte vor dem Aufbruch überlegen, wem er sie während des Tempelbesuchs anvertrauen kann: Fotoapparate, auch die in Mobiltelefonen, sind in der Tempelanlage streng untersagt, genauso wie Leder. Menstruierende Frauen haben ebenfalls keinen Zutritt.

Deval wara (= Ort der Tempel, heute Dilwara) ist nicht nur eines der wichtigsten Pilgerziele der Jains, seine Bauwerke zählen auch zu den hervorragendsten Beispielen für die Kunst indischer Marmorschnitzer. In Rajasthan kommt ihnen nur noch **Ranakpur** mit seinem Jain-Heiligtum gleich.

Von außen unspektakulär

Mindestens zwei Stunden Zeit sollte man sich nehmen, denn es gibt viel zu sehen! Dabei wirkt die Anlage von Dilwara von dem Platz aus betrachtet, an dem die Taxis und Pilgerbusse ihre Last abladen, unspektakulär. Es ist laut und staubig, und zumindest zu den Zeiten, in denen Nicht-Jains Zutritt zum Tempel haben, drängen sich die Menschen am Eingang. Der von außen wenig repräsentative Anblick der Anlage erklärt sich auch dadurch, dass sie mit ihren insgesamt fünf Tempeln in über vier Jahrhunderten entstanden ist. Die Tempel liegen nebeneinander, die Mehrzahl von einer wehrhaften Mauer umgeben, kein gemeinsamer Hof wirkt als zentrales Element.

Die Tempel von Dilwara, vom Süden aus gesehen

Doch im Innern möchte man kaum glauben, dass all die filigrane Ornamentik und die Skulpturen von Tempeltänzerinnen, Stiftern und den *Tirthankaras*, den von den Jains verehrten „Furtbereitern", wirklich aus Marmor und nicht aus Holz geschnitzt worden sind.

Jainismus und Architektur

info

Für Jains ist ein Tempel kein Ort der Götteranbetung. In ihren Tempeln verehren sie ihre **Tirthankaras** (s. S. 77), die „Furtbereiter". Die Jain-Anhänger wollen sich durch diese Verehrung ein Bewusstsein vom rechten Verhalten in der Welt bilden. Die *Tirthankaras* zeigen Wege zu diesem besonderen Bewusstseinszustand auf, sie sind keine Propheten oder gar Götter. 24 Furtbereiter haben, nach Auffassung der Jains, die Erleuchtung erfahren. Besondere Beachtung finden der erste *Tirthankara*, *Adinath* oder *Rishabha*, sowie die letzten drei, *Neminath*, *Parshavanath* und jener *Mahavira*, der im 6. Jh. n. Chr. die Jain-Religionsgemeinschaft gegründet haben soll.

Jain-Tempel in Nordindien werden entweder nach den Furtbereitern, denen sie gewidmet sind, oder nach ihren Stiftern benannt, wie der **Vimala Vasahi** (= *Vimala*-Tempel) von Mount Abu.

Jain-Heiligtümer sind eine Darstellung des seelischen Idealzustands, den ein Jain anstrebt, sie sind der Versuch, eine spirituell vollkommene Welt nachzubil-

info

den. Daher beten Jains im Tempel nicht, aber sie versuchen, an diesem Ort den Geist in eine Verfassung zu versetzen, die so ausgeglichen, klar und rein wie möglich sein soll. Es geht um innere Werte und dies darf in doppelter Hinsicht wörtlich genommen werden: Ihre wahre Pracht zeigen die Tempel im Inneren, je wertvoller in der Ausstattung, desto besser. Großzügige Spenden der Jains sorgen seit jeher dafür, dass die Herrlichkeit nicht verfällt. Ununterbrochen werden die Tempel auf ihren ursprünglichen Zustand hin restauriert und erneuert.

Keine Säule gleicht hier der anderen

Der älteste der vier Haupttempel von Dilwara ist **Vimala Vasahi**. Er wurde 1031 von *Vimal Shah* gestiftet. Der Bau hat auch eine politische Bedeutung und zeugt von komplizierten Herrschafts- und Kompetenzstrukturen in Rajasthan vor tausend Jahren. Denn Namensgeber *Vimal Shah* war nicht nur Gouverneur der *Paramar*-Herrscher, sondern auch Minister des Chalukya-Königs *Bhim I.* von Gujarat, der von den *Paramars* die Oberherrschaft der Chandravati-Region um Mount Abu für sich beanspruchte. Der **Vimala-Tempel**, der dem ersten *Tirthankara*, *Adinath*, geweiht ist, war stilgebend für viele spätere Jain-Bauten.

Wenn man nicht in einem Strom von Besuchern steckt, sieht man sich in dem recht engen Zugang zum Tempel plötzlich vor der Qual der Wahl, wohin man sich zunächst wenden soll. Da sind zum Beispiel die kleinen Schreine in den 57 Nischen, die in der den Tempel umlaufenden Mauer untergebracht sind. In diesen Nischen stehen die Skulpturen von *Tirthankaras*. Sie ähneln sich sehr und sind nur durch erklärende Tafeln unterscheidbar. Eine Ausnahme bildet eine Skulptur in einem etwas größeren Raum, vom Haupteingang gesehen in der Ecke hinten links. Aus schwarzem Stein ist ein *Tirthankara* dargestellt. *Vimal Shah* soll die Skulptur unter einem Baum gefunden haben, nachdem ihm die Göttin *Ambika* das Versteck im Jahr 994 verraten hatte – so will es zumindest die Legende.

Große Gelassenheit

Gemeinsam ist allen *Tirthankara*-Figuren ihr Ausdruck von Gelassenheit. Dieser wirkt umso stärker im Kontrast zu der übersprudelnden Fülle floraler und anderer Verzierungen beispielsweise an der Decke des Umgangs, die tief in den Marmor hineingeschnitzt sind und immer neue Varianten des Steinschmucks zeigen.

Der Umgang schließt einen offenen Hof ein, in dessen Mitte sich das eigentliche Heiligtum befindet. Direkt gegenüber dem Eingang steht die *Rangamandapa*, eine **Tanzhalle**. Ein Oktogon überreich verzierter Säulen wird gekrönt von einer Kuppel, die

Bewegung, in Stein gebannt: Den Jain-Marmorschnitzern soll der bei der Arbeit angefallene Staub in Silber aufgewogen worden sein

die heitere Seite des Jainismus erkennen lässt: 16 Tempeltänzerinnen, die Erkenntnis und Wahrheit symbolisieren, scheinen schwerelos über dem Betrachter zu kreisen. Konzentrisch um den Mittelpunkt der Kuppel ziehen Elefanten, Tänzer und andere Verzierungen immer neue Kreise.

Diese Kreise geben einen Hinweis auf die Bauweise der Jain-Architekten: Hinter den kreisförmigen Friesen verbergen sich die horizontal gemauerten Steinlagen des Kraggewölbes, die Baumeister anstelle von Bogenkonstruktionen verwendeten, um ihre Kuppeln zu verwirklichen.

Weiter in Richtung *Cella* betritt man den ältesten Teil des Tempels über die nach drei Seiten offene *Mukhamandapa*, die **Vorhalle**. Die eigentliche *Cella* besteht aus **Versammlungsraum** (*Gudhamandapa*) und dem Allerheiligsten, der *Garbhagriha*. Hier steht die Skulptur des ersten *Tirthankaras, Adinath*, bewacht von der des 23. *Tirthankaras, Parshvanath*.

Etwa 14 Jahre soll am Kernbereich des Tempels **Vimala Vasahi** gebaut worden sein – angesichts der handwerklichen Vielfalt eigentlich keine lange Zeit. 2.000 Arbeiter waren nötig, um das Werk zu vollenden, und die Legende spricht von einem besonderen Motivationstrick des Auftraggebers *Vimal*: Seine besten Bildhauer entlohnte er, indem er den Marmorstaub, den sie aus dem Stein herausgeschliffen hatten, mit Silber aufwog.

Außerhalb der Tempelumfriedung, gegenüber dem Ausgang, befindet sich die **Hatishala** (= Elefantenhalle), in der elf Marmorelefanten, manche davon mit *Mahout* und Sänfte, auf den Tempeleingang zumarschieren. In einigen Sänften sitzen kleine Figuren, andere sind leer – möglicherweise gingen sie bei den Plünderungen durch islamische Soldaten verloren. Elefanten aus Marmor

Etwas oberhalb vom Ausgang des **Vimala-Tempels**, auf der linken Seite, liegt der **Luna Vasahi**. Er wurde 1231, etwa zwei Jahrhunderte nach dem ersten Jain-Tempel Dilwaras, gebaut. Die Stifter waren die Brüder *Tejapal* und *Vastupal*, ebenfalls Gouverneure, Namensgeber war *Tejapals* Sohn *Luna*. Der dem 22. *Tirthankara, Neminatha*, gewidmete Tempel erinnert im Aufbau an seinen Vorläufer, allerdings ist nicht zu übersehen, dass seine Auftraggeber den älteren Bau an Schönheit und feiner Ausarbeitung übertreffen wollten. Besonders auffällig ist die prächtige Lotusblüte, die den Schlussstein in der Mitte der Kuppel der *Rangamandapa* bildet. Es lohnt sich, die Friese und Winkel näher zu betrachten: Himmlische Musiker spielen zu einem kosmischen Tanz auf, Tänzerinnen tragen Schmuck, an dem jede einzelne Perle zu erkennen ist, und lange Figurenprozessionen erzählen mythische Geschichten. In der dem Eingang zum Tempelhof gegenüberliegenden Wand ist eine Galerie mit einer Reihe von Elefantenplastiken zu sehen, die noch etwas schöner ausgearbeitet sind als ihre Prototypen vor dem **Vimala Vasahi**.

Unvollendeter Tempel

Wenn man genug hat vom Gedränge und Trubel in den beiden berühmten Tempeln, lohnt sich ein Blick in den einfacher gestalteten, ein paar Stufen höher gelegenen **Pittalhara Vasahi** (erbaut um 1315–1439). Hier ist es oft ruhiger. Der *Adinath* geweihte Tempel blieb unvollendet; sein Glanzstück ist eine große, 4,5 Tonnen schwere *Tirthankara*-Figur aus fünf verschiedenen Metallen von 1468.

Der kleinste Schrein ist der *Mahaveerswami* vom Ende des 16. Jh., zu erkennen an den farbig bemalten Elefanten.

Bevor man das Tempelgelände wieder verlässt, sieht man auf der rechten Seite den dreistöckigen **Khartara Vasahi**, der dem 23. *Tirthankara*, *Parshvanatha*, gewidmet ist und um 1458 entstand. Zwar ist sein Steinschmuck nicht so kunstvoll ausgearbeitet wie in den älteren Tempeln, doch architektonisch steht er für den neuen Typ des Jain-Tempelbaus, der sich in dieser Zeit entwickelte. Anstelle der Ausrichtung der *Cella* zu nur einer Seite ist der Tempel zu allen vier Seiten offen – entsprechend der Vorstellung des Pfadbereiters in der Mitte seiner Anhänger, die seine Lehre aus allen vier Himmelsrichtungen aufnehmen (daher nennt man den Tempel auch *Chaumukh*, „viergesichtig"). Diese offene Bauweise setzt sich fort in dem Verzicht auf die den Tempel umgebende Mauer. Die umlaufende Säulengalerie wird ersetzt durch Säulen, die den zentralen Tempel einfassen.
Dilwara-Tempel: *geöffnet tgl. 12–18 Uhr.*

Von den Dilwara-Tempeln zurück nach Mount Abu

Der Platz war gut gewählt: Mit unverstellbarem Blick auf Dilwara ließ der Maharaja von Bikaner 1893 etwa einen knappen Kilometer südlich der Tempel seine Sommerresidenz erbauen. Architekt des **Bikaner House (2)** war der Ingenieur *Samuel Swinton Jacob* (1841–1917), damals mit seinen Bauten in Jaipur (Albert Hall, Rambagh Palace, s. S. 157, 160) bereits einer der prominentesten Architekten Britisch Indiens. Die Verbindung von neoklassizistischen und indischen Stilelementen scheint dem Rajputen gefallen zu haben, denn er ließ *Jacob* in Bikaner später noch zwei Paläste errichten (s. S. 247).

In den 1920er-Jahren kamen Anbauten im Stil des Art déco hinzu, inklusive eines heute stillgelegten, künstlichen Wasserfalls. **Bikaner House** ist zum Palasthotel umgewandelt worden, ein gepflegt herrschaftlicher Ort für eine Zeitreise in die jüngere Rajputen-Vergangenheit. Aber auch für Nicht-Hotelgäste lohnt es sich, einen Blick in den Park zu werfen und von dort aus die prächtig weißen **Dilwara-Tempel** inmitten grüner Landschaft zu sehen.

Britische Kolonialbeamte und ihre Familien, die nicht heimkehrten: christlicher Friedhof im Süden des Ortes

Auf der rechten Seite der Straße in Richtung Market Place, in Höhe eines kleinen Teichs, zweigt ein Weg zum **Adhar-Devi-Tempel (3)** ab. Über 340 Stufen gelangt man hinauf zu dem Heiligtum der Verkörperung *Durgas* – der Blick lohnt die Mühe! Weil die Göttin auch *Arbudar-Devi* genannt wird, handelt man sie als Namensgeberin von Mount Abu. Durch einen engen Durchgang gelangt man ins Innere des Felsens und damit in den Tempel. Ganz in der Nähe entspringt die **Dudh Baori**, eine heilige Quelle, deren milchig erscheinendes Wasser als göttliche Milch – „*Dudh*" – geschätzt wird.

Am Fuß des Tempelhügels liegt der ehemalige Club von Mount Abu, **Cama Rajputana (4)** – ebenfalls zu einem Hotel umgewandelt. Architektonisch interessant ist das Hauptgebäude: Für das Dach wurde zum Beispiel Wellblech verwendet – vor hundert Jahren für Kolonial-Zweckbauten als modern geschätzt. Dass es dennoch ehrwürdig zuging, ist den Räumen anzusehen: Die alte Bibliothek des Clubs ist genauso noch vorhanden wie das Billardzimmer.

Opfer von Hitze und Seuchen

Weiter geht es in Richtung **Market Area**! Nördlich davon steht die **St. Saviour's Church (5)**, eine ansehnliche neugotische Kirche mit schönen Bleiglas-Fenstern, erbaut bereits 1834 – nicht nur für Rajasthan ein frühes Datum für eine anglikanische Kirche in Indien. Hier kann man auch nach Einlass in den von Bäumen beschatteten **christlichen Friedhof** fragen, der südlich des Polofelds liegt – oder an der benachbarten Sophia High School. Die Grabsteine, manche über 150 Jahre alt, erzählen von dem Feind, vor dem die Briten nach Mount Abu flüchteten: Seuchen und Hitze ließen die Europäer nicht alt werden, viele Kindergräber sind zu sehen. Der Friedhof wird heute noch von der Gemeinde, die etwa 300 Mitglieder zählt, genutzt.

Westlich, näher zum **Nakki Lake**, ist an der Raj Bhawan Road Mount Abus **Gov. Museum** samt **Art Gallery (6)** zu finden, Steinskulpturen des 9. und 10. Jh. machen gewöhnlich den Hauptteil der Sammlungen aus.
Government Museum und Art Gallery: *geöffnet Sa–Do 10–17 Uhr.*

Buntes Basargelände schließt sich an, der **Market (7)** zwischen **Nakki Lake** und **Polo Ground**. Das staatliche **Handicraft Emporium (8)** fehlt nicht, auch hier lohnt ein Besuch schon darum, weil man Preise vergleichen kann. Im Emporium ist alles meist ein wenig teurer, aber zum Festpreis. Auf dem Markt wird gehandelt, mancher versucht es mit Mondpreisen – wenn der Kunde zu deutlich sein Interesse für ein schönes Stück merken lässt.

Noch ein Stück weiter südlich quert man die Rajendra Road mit ihren Heritage-Hotels in parkähnlichen Gärten, kommt bei Bedarf zum Bus-Stand, zum **Tourist Reception Center (9)** und zu einer Verkaufsstelle für Bahn-Tickets.

Um den See und zum Sonnenuntergang

Spiritualität und Weltfrieden

Westlich vom **Polo Ground (10)** wartet noch ein zweites, ein ungewöhnliches Museum. Ganz der Spiritualität und dem Weltfrieden verschrieben hat sich das **Brahma Kumaris Museum** (11), nach dem benachbarten Pony-Stand fragen, da dieser bekannter als das Museum ist! In einem raumfüllenden Diorama des Museums entfaltet sich das Bild des Kosmos, wie es das **Spiritual University Movement** der international organisierten **Brahma-Kumaris**-Organisation lehrt. Mount Abu ist ihr „Hauptquartier". Bei auffällig weiß gekleideten, nicht indisch aussehenden Passanten in Mount Abu handelt es sich vermutlich um ihre Anhänger. Der Organisation werden von Kritikern sektenähnliche Züge wie die Verbreitung von Endzeitgedanken und Ablehnung von Sexualität attestiert, für andere scheint es sich lediglich um einen Anbieter besonders effektiver Meditationskurse zu handeln. Ein Krankenhaus und andere wohltätige Einrichtungen wurden geschaffen.
Brahma Kumaris Museum: *geöffnet tgl. 8–20 Uhr.*

Der **Nakki Lake (12)**, der Sage nach entstanden, als die Götter den Berg mit ihren Fingernägeln („*Nakki*") ritzten, ist der richtige Ort fürs Unterhaltsame – sei es ein Ausflug mit dem Tretboot von der Anlegestelle im Südosten oder ein Uferritt auf einem Pony. Abends wird die Szenerie mit beleuchteter Fontäne, den Lichtern der Boote und Hotels am Ufer zur romantischen Kulisse. Am südwestlichen Seeufer reckt sich der **Toad Rock (13)**, der Felsen, dessen Form an eine Kröte erinnert und der beliebtes Ziel für eine kurze Wanderung ist – aber auch hierhin bitte nur in Begleitung gehen!

Zum landschaftlich verlockend schön über dem tiefen und breiten Talgrund gelegenen **Sunset Point (14)** sind meist Hunderte unterwegs, manche auch zu Pferde. Ähnlich schön oder noch schöner sind der **Anadhra**-Ausblick **(15)** und – wieder nordwärts über **Bailey`s Walk (16)** zu erreichen – der **Honeymoon Point (17)**.

Ein Tag in Mount Abu lässt sich am besten mit einem Ausflug zu einem der Aussichtspunkte abschließen. Ungestört wird man freilich weder am **Honeymoon Point** noch am **Sunset Point** die im Dunst der Ebene Rajasthans versinkende Sonne genießen. Man ist umgeben von Großfamilien, Schulklassen, Betriebsausflüglern und Flitterwöchnern, die sichtlich Spaß daran finden, sich und den Sonnenball mit der Kamera einzufangen, Zuckerwatte zu schlecken und den einen oder anderen Familienkrach auszutragen. Wer möchte, lässt sich in klappernden Bollerwagen vom Parkplatz zum Aussichtspunkt ziehen – was nicht immer sehr bequem aussieht. Gut, dass das Abendlicht alles in freundliche Farben taucht.

Östlich vom Honeymoon Point hat sich übrigens die erwähnte Brahma-Kumaris-Organisation (s. S. 332) im **Om Shanti Bhawan (18)** eingerichtet (Subhash Road, ☎ 02974-238 268). Gäste sind willkommen, es gibt auch einfache Übernachtungsmöglichkeiten, Meditations- und Yoga-Kurse.

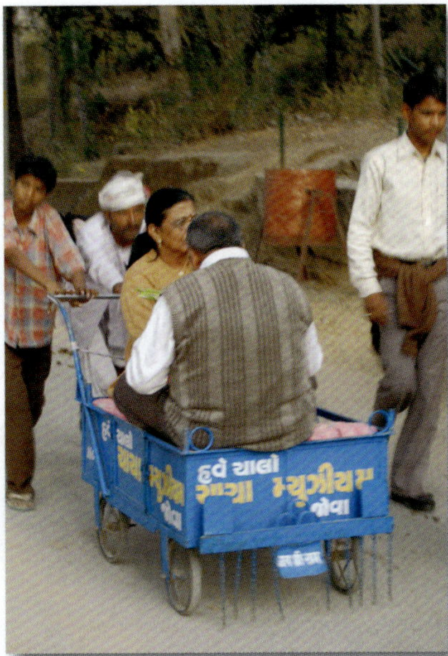

Mit gefühlten 100 km/h dem Sonnenuntergang entgegen

Ziele in der Umgebung

Im Süden

Gaumukh-Tempel: Wunder um Feuer und Wasser

Der **Gaumukh-Tempel** ist für Hindus ein Wunderort: Aus einem Stein, geformt wie ein Kuh-Gesicht („*Gaumukh*"), strömt Wasser – auch in Zeiten großer Trockenheit. Gleich nebenan ist ein Tempeltümpel, der **Agni Kund.** Hier, so die Sage, war der Schauplatz der legendären Feuerzeremonie des Weisen *Vasishta*, aus der wichtige Rajputen-Clans hervorgingen. So birgt der See die mythischen Wurzeln der *Paramars*, *Parihars*, *Chauhans* und *Solankis*. Wunderschön ist die Lage des Tempels – wer die über 700 Stufen hinaufgeklettert ist, wird mit herrlichen Blicken über das wilde Tal belohnt. *(7 km südlich)*

Achaleshwar-Mahadeo-Tempel: Legenden der Frühzeit

Heiliger Zeh

Die **Tempelanlage** ist für Hindus der spirituell wichtigste Ort des Berges. Am Anfang der Zeit hat *Shiva* an dieser Stelle, so glauben seine Anhänger, den Boden mit seinem Zeh berührt – und damit dem Berg, der umzustürzen drohte, in seine jetzige Position verholfen. Zeuge des Vorgangs ist das Loch, das im Tempel anstelle eines *Lingams* von einer *Yoni* umschlossen ist – es soll bis in unendliche Tiefen reichen. Der Zeh, der dem Gott damals abhanden kam, wird vor dem Tempel angebetet, wo er zu

Fels versteinert liegt. Dem Eingang gegenüber wacht ein großer *Nandi* aus glänzendem Metall.

Die drei steinernen Büffel, die an dem kleinen **Mandakini-See** in einer Reihe stehen, gehören zu der Statue des *Paramar*-Königs *Adi Pal* mit dem Bogen, die etwas entfernt zu sehen ist: Nach der Legende sind es drei Bergdämonen, die in dieser Gestalt Nacht für Nacht das heilige *Ghi*, mit dem das Becken einst gefüllt war, austranken – bis der König sie mit Pfeilen erlegte.

Im Norden

Aravalli-Gipfel: Guru Shikar

Rajasthans Höhepunkt – zumindest in geografischer Hinsicht – ist der **Guru Shikar**, 1.772 m über dem Meeresspiegel. Auch hier oben gibt es mehrere Tempel, einer darunter gewidmet *Guru Dattatreya*, in dem sich Inkarnationen *Vishnus*, *Brahmas* und

Shivas vereinen. Doch die eigentliche Attraktion sind die Panorama-Blicke über Rajasthan und die Aravalli-Gebirgskette – und, wenn man die 300 Stufen, die vom Parkplatz zum Gipfel führen, wieder heruntergestiegen ist, ein kühles Getränk an einem der Stände. *(15 km nördlich)*

Das **Fort von Achalgarh** mit schönen Jain-Tempeln errichtete *Rana Kumbha* von Mewar im 15. Jh. *(etwa 11 km nördlich)*

Im Naturpark: 250 Vogelarten

Im Sommer – von März/April an – soll üppigste Natur im **Wildlife Sanctuary** sprießen und blühen. Wir haben Mount Abu immer wieder nur früher im Jahr besucht, ließen uns aber von Mangobäumen, Jasmin und vielen anderen Pflanzen erzählen. Vor allem auch von Vögeln („*birdwatcher's paradise*"), dazu noch von Bären, Leoparden und Languren. Letztere trauen sich auch in den Stadtbereich. Auch Jeeps haben Einlass in den eher kleinen Park (nicht ganz 300 km²). Vom **Tourism Department** werden 17 Wanderwege vorgeschlagen. *(8 km nördlich)*

Pflanzen und Tiere

Reisepraktische Informationen zu Mount Abu

Ankunft und Auskunft

Tourist Office *gegenüber dem „Main Bus Stand". Der dort gratis ausgegebene Ortsplan ist eine schwungvolle Phantasieskizze. Auch in Mount Abu gilt: Bitte fragen Sie im Tourist Office, in Hotels und auf der Straße! Und im Internet: www.mountabu.com.*

Internet

Yanj-Ya Cyber Zone, *Raj Bhawan Road, ☏ 0941-4301127. Effizientes Internet-Café im Tiefparterre des Hotel Mount Wind. Auch Ausdrucke und das Brennen von CDs sind möglich.*

Unterkunft

Die hier genannten offiziellen Preise können in der Hochsaison und an Festtagen stark steigen. Rücksprache vor Buchung empfohlen!

Shri Ganesh Hotel (1), *€, an der Straße hinauf zum Jaipur Hotel, nahe Sophia High School, westlich vom Polo-Feld, ☏ 02974-237292, lalit_ganesh@yahoo.co.in. 23 teils sehr einfache Zimmer, einige mit Gemeinschaftsbad, aber hervorragendes Preis-Leistungs-Verhältnis, ruhig und mit Dach-Café. Besitzer Lalit und seine Familie bieten auch Internetanschluss, indische Kochkurse und geführte Wanderungen.*

Savera Palace (2), *€€€, Sunset Road, nicht weit vom Nakki Lake, ☏ 02974-235354, www.savshantihotels.com. 24 Zimmer, meist AC, besten Eindruck machen die im ersten Stock. Sauber und modern eingerichtet, wenn auch etwas kühle Atmosphäre. Kleiner Pool.*

Hotel Lake Palace (3), *€€€–€€€€, Nakki Lake, ☏ 02974-237154, www.savshantihotels.com. Wer direkt am Wasser wohnen und vom Gartenrestaurant aus die tägliche Promenade beobachten möchte, ist in diesem 13-Zimmer „Lake Resort" richtig.*

Hillock Hotel (4), *€€€€, nah an der Einfahrt zur Stadt von der Nakki Lake Road her, ☏ 02974-238463, www.hotelhillock.com. Modernes Haus, in den jüngsten Jahren zu internationalem Komfort und Anspruch avanciert, mit guter Küche, Pool und Garten.*

Kishangarh House (5), *€€€–€€€€, Rajendra Road, ☏ 02974-238092, www.royalkishangarh.com. Noch ein Heritage-Hotel mehr in Mount Abu, die einstige Sommerresidenz der Maharajas von Kishangarh (bei Ajmer) von 1894, nun erweitert mit „Cottages". Gepflegter Rasen und Kaminfeuer haben ihren Charme.*

Kesar Bhawan Palace (6), *€€€€, Sunset Road, ☏ 02974-235219, www.kesarpalace.com. Das Haus wirbt für sich als ältester Palast Mount Abus, das trifft auf das Hauptgebäude von 1868 zu – doch die Hotelzimmer befinden sich in modernen Anbauten. Schöne Ausblicke, sogar aus mancher Badewanne sieht man durchs Panoramafenster ins grüne Hügelland. 22 elegante, unterschiedliche Räume werden zum gleichen Preis angeboten, eine Nachfrage nach einem besseren Zimmer kann sich lohnen (dazu 2 Suiten).*

Connaught House (7), *€€€€, Rajendra Road, ☏ 02974-238560, www.welcomheritage.com. Sehr authentisch erhaltenes Ambiente der Kolonialzeit mit Mobiliar und vielen Fotos, in nur fünf Zimmern und Speisesaal, liebenswerter Garten (die Räume im Neubau weiter oben am Hügel sind moderner).*

Palace Hotel, *früher* **Bikaner House (8)**, *€€€€, Delwara Road, ☏ 02974-235121, www.palacehotelbikanerhouse.com. Der Name wird dem Bikaner House gerecht: Einrichtung und Lage des 1893 erbauten, jüngst großenteils restaurierten Palastes mit 33 Zimmern und Suiten geben einen guten Eindruck vom Luxus-Lebenstil der Maharajas zur britischen „Raj"-Zeit. Gute Küche – und großartig ist der Park mit seinen alten Bäumen. Tennisplatz, Billard.*

The Jaipur House (9), *€€€€, ☏ 02974-235176, www.royalfamilyjaipur.com. Hoch über dem Nakki Lake thront die frühere Sommerresidenz des Maharajas von Jaipur von 1897, dessen Familie das Palasthotel bis heute führt. Von hier hat man die besten Blicke auf See und Stadt. Vielleicht ist inzwischen etwas fürs Restaurant getan worden – bei unserem Besuch passte die Werkskantinen-Atmosphäre nicht zum königlichen Heritage-Ambiente, ganz anders als der „Rambagh"-Palast in Jaipur.*

Cama Rajputana Club Resort (10), *€€€€, Adhar Devi Road, 02974-238205, reservations@camarajputanaclubresort.com, www.camahotelsindia.com/AboutUs_abu.html. Heritage-Tourismus einmal nicht in einem Palast, sondern im Club der Kolonialzeit: Um das historische Haus laden neue Unterkünfte ein, Wellness und Sport werden auf dem weitläufigen Gelände geboten – aber nur für Gäste.*

Essen und Trinken

In Mount Abu wird zumeist in den Hotels gespeist. In den Restaurants ist einfache Ausstattung üblich, die Preise sind niedrig, die Küche überwiegend indisch, oft rein vegetarisch. Empfohlen an der Nakki Lake Road, wo man sich am Abend gern unterhält und unterhalten lässt:

Kanak Dining Hall (1), *mit Thalis im Gujarat Stil, aber auch vielen nord- und südindischen sowie chinesischen Veg-Gerichten.*

Jodhpur Bholnalaya (2), *serviert unstrittig echte Rajasthan-Küche – wo viel Ghee und Spices die Speisen gewichtig machen.*

Veena (3), *bietet an der Nakki Lake Hauptstrasse Speisen unterm Nachthimmel an, mit Bollywood-Musik und am offenen Feuer.*

Madras Café (4), *schenkt im Garten Kaffee und andere Getränke aus, aber drinnen werden auch Mahlzeiten serviert.*

Wer vor der Busreise noch satt werden will, hält sich ans

Neelam (5), *wo Indisches, Chinesisches und Westliches geboten wird, oder probiert – ebenfalls beim Bus-Stand –* **Kanak and Purohit (6)**, *wo das etwa ebenso breite Programm bemerkenswert rasch serviert wird.*

Einkaufen

Spezialität sind zum Beispiel die silbernen Schmuckstücke der Garasia-Stämme (s. S. 61), man findet sie nahe beim GPO. Läden mit Kunsthandwerk und Textilien:

Chacha Museum *ist kein Museum, sondern ein übervoller Laden nahe beim Markt-Zentrum, von Kuriositäten bis zu Kunstwerken.*

Roopali, *nahe dem Nakki Lake, hat oft schöne Silberarbeiten.* **Saurashtra und Rajasthan Emporia**, *an der Raj Bhawan Road, gegenüber dem Bus Stand, bietet Kunsthandwerk vieler Art zu festen Preisen an.*

Sport

Gujarat Mountaineering Institute (**19**), *beim Gujarat Bhawan Hostel, veranstaltet Felsklettern und Exkursionen.*

Polo Sport *wird nach langer Pause wieder veranstaltet, im Tourism Reception Center kennt man die jeweiligen Termine und Mannschaften.*

Verkehrsverbindungen

Straße: *Auf den 2008 großenteils vierspurig ausgelegten Nationalstraßen NH 76 von Udaipur und NH 14 von Pali kommt man deutlich rascher als zuvor ins Tal des Banasite, an dessen Westseite die Gebirgsstraße nach Mount Abu abzweigt.*

Mit dem **Bus** *(stündliche Abfahrten) braucht man etwa 45 Minuten für die Auffahrt von Abu Road. Busse nach Mount Abu fahren von vielen Großstädten, von Delhi und Mumbai wie auch von Jaipur, Jodhpur, Pune und anderen.*

Bahn: *Zugverbindungen gleichfalls von den meisten der genannten Orte, jeweils Halt in Abu Road. Reisedauer wegen Umsteigens in den Bus meist etwas länger.*

Udaipur – Rajasthans schönster Süden

„Eine romantische Stadt", von ihrem Anblick „entzückt", „das Venedig des Ostens" – Lobpreisungen von Reisenden in Vergangenheit und Gegenwart erwecken große Erwartungen an **Udaipur** schon vor dem ersten Besuch. Und der Traum wird beim ersten Anblick wirklich wahr: Weiß glänzend liegt eine Uferstadt an einer Seenkette, es grünt ringsum. Purpurne Bougainvilleen hängen über weißen Mauern. Weit weg, nie dagewesen scheinen die fahlen Wüstenlande, über die doch in Rajasthan weite Wege führen. Blaue Berge umstehen, waldbewachsen, die Seenlandschaft.

Ersehnter Regen

Ist dem Besuch eine längere Dürreperiode vorausgegangen, wie vor einigen Jahren, bleibt nur wenig Wasser in den Seen, die Nahrung für Wasserpflanzen aber ist angereichert. Damals wucherten Wasserhyazinthen den großen **Pichola-See** so gut wie zu, und so hübsch eine einzelne dieser Pflanzen mit fetten grünen Blättern und zarter blauer Blüte auch aussieht, im Lauf der Wochen verblüht, verfault die Pracht, verwandelt das Wasser in eine stinkende, schmierige Brühe. Udaipur bekam damals von seinen Besuchern schlechte Noten, die Einwohner hatten Mühe, die Wasserwege wieder frei zu machen – was dann schließlich wohl auch mit Hilfe des gnädig wechselnden Wetters gelang. Und so glänzt es wieder.

Der Zauber einer Seenlandschaft – und als Insel darin das Lake Palace Hotel

Orientierung

Der Kern der alten Stadt erstreckt sich nord-südlich am Ufer des **Lake Pichola**, der ein jahrhundertealter künstlicher See ist. Eine längere Strecke der östlichen Uferfront nimmt der **königliche Palast** ein, der aus mehreren hohen, miteinander verbundenen Gebäuden besteht. Im See sind zwei malerische, **mit Palästen bebaute Inseln** zu sehen. Über den Ausfluss des Sees führt eine Brücke zu einem kleineren Stadtteil am anderen Ufer, dort und in der Altstadt mit ihren schmalen Straßen finden sich viele Hotels. Mehrere Tore, Überreste der früheren Stadtmauer, sind die Zufahrten zum Altstadtgebiet, durch die engen Durchfahrten muss sich der Verkehr quälen. Nach Norden kommt man durch das **Hathia Pol** in die neueren, wenngleich engen, belebten Markt- und Geschäftsviertel. Noch weiter nach Norden dehnt sich die Stadt großzügig mit Avenuen und Gärten aus, um das Ufer des **Fateh Sagar**. Auch in diesem See leuchtet eine Insel, sie ist im Gegensatz zu denen im Pichola-See für jedermann zugänglich. Im Süden schließt sich an das Gebiet des Königspalastes ein **großer Park** und weiter locker bebautes Land an. Westlich sieht man die Aravalli-Höhen, feinste Kulisse für malerische Sonnenuntergänge. Das Stadtgebiet ist keineswegs überall eben, besonders in der Altstadt geht es auf und ab über Kopfsteinpflaster oder über Stufen.

Geschichte

Legendär sind Ruhm und Herkunft der alten *Ranas* von Mewar, die ihre Abstammung von der Sonne herleiten, ihr Land aber als Eigentum der Gottheit von Eklingji (nördlich von Udaipur) betrachten, das sie treuhänderisch über die Jahrhunderte hin regieren. Der besondere Titel „*Rana*" ist den Herrschern von Mewar vorbehalten und hebt ihre außerordentliche Stellung hervor. Der alte Regierungssitz Chittorgarh (s. S. 375) musste nach mehrmaliger muslimischer Eroberung aufgegeben werden. *Maharana Udai Singh II.* hatte 1559 den Platz für eine neue Hauptstadt zwischen See und hügeligem Gelände ausersehen, sie sollte geschützt und günstig an einem Handelsweg liegen. Die umgebenden Seen waren schon vorher künstlich angelegt worden, um Überschwemmungen der Straßen zu verhindern und auch zur regelbaren Bewässerung. Der kleine Mewar-Staat hatte sich nicht nur immer wieder gegen die Moguln zu verteidigen, sondern auch gegen mit diesen verbündete Hindu-Maharajas. Besonders Maharana *Pra-*

Eine neue Hauptstadt

tap Singh wird heute noch als Held und Retter des Landes auf Bildern und mit Statuen dargestellt.

Die Maharanas von Mewar pochten immer wieder auf ihre Unabhängigkeit und auf ehrenhafte Erhabenheit über andere Herrscher. Sie verheirateten ihre Prinzessinnen nur an Hindu-Herrscher, nicht an Moguln. Zur Kolonialzeit vermieden sie nach Kräften britischen Kulturimport. Als Indien 1947 unabhängig wurde, stimmte der Maharana zu, Udaipur mit dem neuen Staat zu vereinen. Es gehört seit 1949 zum Bundesstaat Rajasthan in der Republik Indien.

Ein Teil des imposanten **City Palace** wird von der Familie des Maharanas bewohnt und ist also nicht für die Öffentlichkeit zu besichtigen. Repräsentant des Mewar-Geschlechts ist seit 1984 *Shriji Arvind Singh* – nicht mehr in politischer Funktion, aber immer noch von hoher gesellschaftlicher Bedeutung in Udaipur und darüber hinaus. Die **Maharana of Mewar Charitable Foundation** (MMCF), die soziale und wissenschaftliche Projekte fördert, hat ihren Sitz im City Palace.

Redaktionstipps

➤ **Kultur**: Die Glitzerwelt des **City Palace Museum** und der **Crystal Gallery**.

➤ **Natur und Kultur**: Eine Rundfahrt auf dem **Lake Pichola** mit Blick auf Landschaft, Stadt und Palast (s. S. 351).

➤ **Garten und Parks:** Beschaulicher Spaziergang im Garten **Sahelion-ki-Bari** zwischen Blumen und Springbrunnen (s. S. 356).

➤ **Exkursion:** zum **„Wolkenpalast“**, einem unvollendeten Schloss des 19. Jh. (s. S. 390).

➤ **Kulinarisch**: **Abendessen im „Ambrai“** nah am Ufer mit Blick auf das beleuchtete **Lake Palace Hotel** auf seiner Insel, vorher am Nachmittag Teetrinken oder Aperitif auf der Insel **Jag Mandir** (Sonnenuntergang) (s. S. 366).

Spuren eines Abenteurers

info

Von *Walter Reinhard* (1725–1778) weiß man weder den Geburtsort noch seine Nationalität, aber ob er in Straßburg oder – wahrscheinlicher – in Simmingen bei Trier geboren ist, ob Österreicher, Schweizer oder Luxemburger, seine Sprache war Deutsch. Ein „Glücksritter und Abenteurer“, der auf einem französischen Schiff nach Indien gelangte. Briten, Franzosen und einheimische Fürsten kämpften gegeneinander. *Reinhard* wechselte rasch von Truppe zu Truppe, desertierte, verpflichtete sich neu, gewann an Einfluss und stellte selbst eine Söldnertruppe auf. Den Hass der Briten zog er sich zu, als er sich, wie ihm nachgesagt wird, an der Ermordung eines britischen Residenten und dessen Mannschaft beteiligte.

Willkommen war *Reinhard* mit seiner Privat-Truppe dem Mogul-Sultan in Delhi. Er stieg zum Gouverneur von Agra auf und erhielt das Fürstentum Sardhana, ein Gelände von großem Ausmaß bei Delhi. Um 1765/70 heiratete *Reinhard* eine sehr junge Frau „dubioser Herkunft“, aber von hoher Intelligenz, Menschenkenntnis und bravouröser Überzeugungskraft. *Reinhard* starb wenige Jahre später, 1788, in Agra ist sein Grab noch zu finden. *Begum Samru*, wie sie sich nennen ließ (nach dem von *Reinhard* angenommenen Namen) war 85 oder 90 Jahre alt, als sie 1838 starb, war gesellschaftlich anerkannt und überaus reich. Um ihr Erbe wird noch heute gestritten, „Reinhard's Erbengemeinschaft“ arbeitet daran (www.reg-sardhana.de).

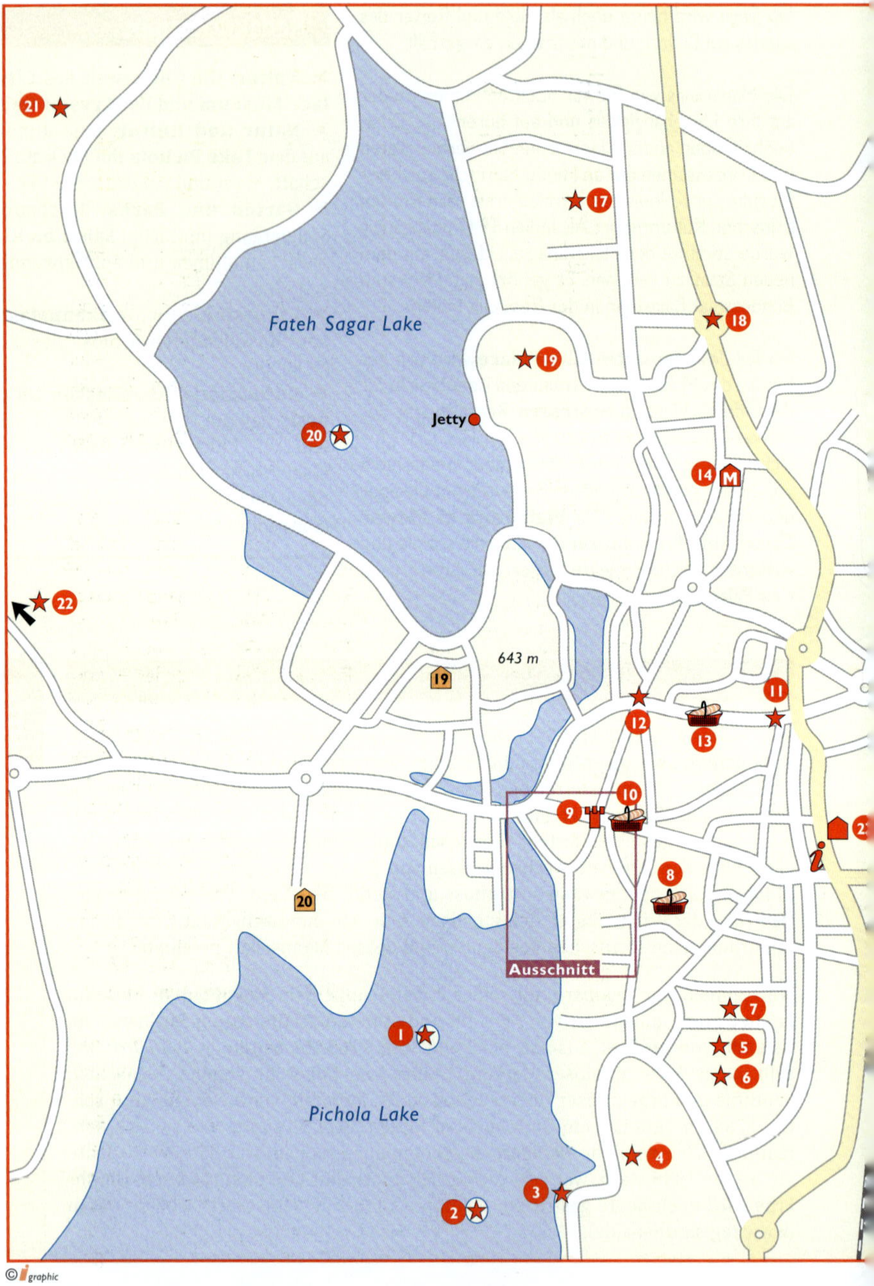
21
22
17
18
19
Fateh Sagar Lake
Jetty
20
14
M
643 m
19
12
11
13
10
9
20
8
Ausschnitt
7
5
6
1
Pichola Lake
4
3
2

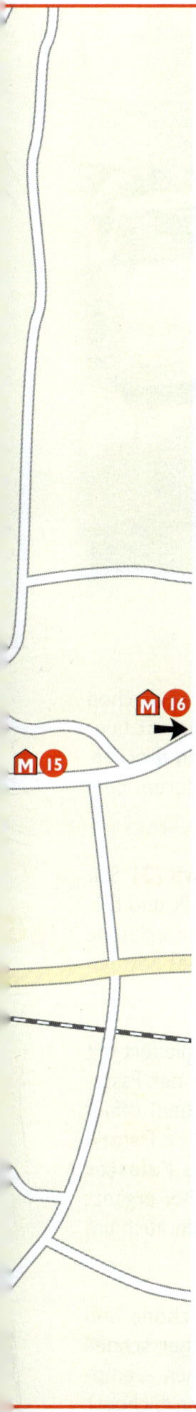

Udaipur
s. Text ab Seite 351 unten

Sehenswertes
1 Lake Palace (Insel)
2 Jag Mandir (Insel)
3 Sunset Point
4 Musical Fountain
5 Sajjan Niwas Gardens/ Gulab Bagh
6 Zoo
7 Vintage and Classic Car Collection
8 Mandi Basar
9 Clock Tower
10 Bada Basar
11 Delhi Gate
12 Hathi Pol
13 Ashwani Basar
14 Bharatiya Lok Kala (Volkskundemuseum)
15 Tribal Museum
16 Kenotaphe der Sisodia-Dynastie/Ahar-Museum
17 Sahelion-ki-Bari (Park)
18 Sukhadia Circle
19 Moti Magri/Pratap-Denkmal Park
20 Nehru Island Park
21 Shilpgram – Kunsthandwerker-Dorf
22 Sajjangarh („Monsunpalast"), Wildlife Sanctuary
23 Town Hall (Rathaus)

Unterkünfte
19 Hilltop Palace
20 Udai Niwas

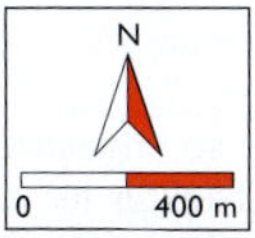

Rundgänge in Udaipur

City Palace – der größte!

Siehe die Übersichtskarte „City Palace", S. 343. Die Ziffern dort verweisen auf den folgenden Text. Doch bei weitem nicht alle Höfe, Hallen und Kabinette sind dort bezeichnet – zu groß ihre Zahl in diesem vielstöckigen, immer wieder erweiterten Palast der Sisodia-Dynastie über dem **Lake Pichola!**

Die zentrale Lage und das fesselnde äußere Erscheinungsbild legen nahe, den **City Palace** (**1**, Karte S. 351) mit seinem Museum, der **Durbar Hall** und der **Crystal Gallery** im **Fateh Prakash Palace** an den Anfang – oder auch an das Ende? – der Stadterkundung zu setzen. Der Zugang zum vielstöckigen Komplex so vieler Bauformen und Geschichten liegt an der nördlichen Schmalseite (und Landseite) des Palastes, zu erreichen über die Fortsetzung der Jagdish Temple Road nach Süden, wo das **Lal Ghat** (**2**, Karte S. 351), das aus dem Anfang des 17. Jh. stammt, durchschritten wird.

Hinter dem Tor sieht man an der Seite eine niedrige Mauer mit sieben auf Säulen ruhenden leeren, kunstvoll skulptierten Torbögen. Diese Torbögen erinnern an das alte Ritual, den herrschenden Maharana zu besonderen Gelegenheiten mit Gold, Silber und Getreide aufzuwiegen.

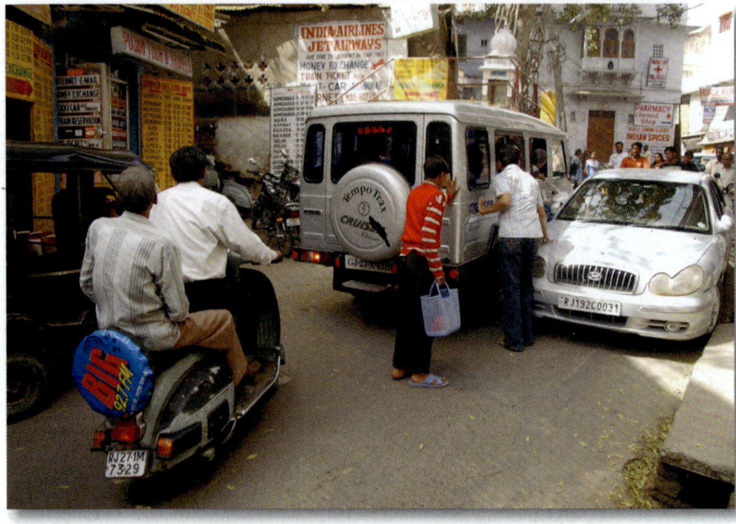

Die Altstadt, hier in der Nähe des Jagdish-Mandir, ist nicht autofreundlich

Diese Schätze wurden anschließend an die Untertanen verteilt. Aber wir sind schon vor einem mächtigen zweiten Tor angelangt, dem **Tripolia Gate (2)**. Dies ist hundert Jahre nach dem **Badi Pol (1)** entstanden und erheblich prächtiger mit drei verzierten Bögen und reichlichen Umbauungen aus späterer Zeit, unter anderem dem **Hawa Mahal** mit feinsten Steinschnitzarbeiten.

Feste auf dem Hof

Vor dem Besucher liegt hinter dem Tor der große Palasthof **Manek Chowk (3)**. Seit dem 17. Jh. werden hier Feste, Rituale und Zeremonien gefeiert, mit Musik und Elefantenparaden. Heute gibt es Gartenhecken und Rasen, zur Seite warten erlesene teure Geschäfte und ein ebensolches Café auf die Touristen. Wer ein großes Fest feiern will, kann den Platz eventuell mieten.

Die Palastfassade ist – im Gegensatz zur massiven Wasserfront – reich gegliedert mit Erkern, Pavillons und Balkonen. Zwischen zwei bühnenartigen Stufen vor der Fassade (als Aufsteigehilfen, heißt es, für Reiter zu Pferd oder Elefant vorgesehen) öffnet sich das Eingangstor zum **Mardana Mahal**, dem Hauptgebäude des **City Palace Museum (5)**. Man kommt so gleich zu Anfang in **den ältesten Teil des Palastes** (Mardana Mahal), der über Jahrhunderte hinweg von jedem neuen Herrscher ergänzt und im Sinn des jeweiligen Geschmacks verschönert oder erweitert wurde, auch um die wachsenden Luxusbedürfnisse zu befriedigen.

Den City Palace zu durchstreifen, braucht Zeit – so unglaublich viele, schöne und auch seltsame Dinge sind zu sehen! Weil die Architektur für den Besucher schnell unübersichtlich wird – es geht öfters auf und ab zwischen den Stockwerken –, empfiehlt es sich, dem vorgegebenen Rundgang zu folgen (durch Pfeile gekennzeichnet).

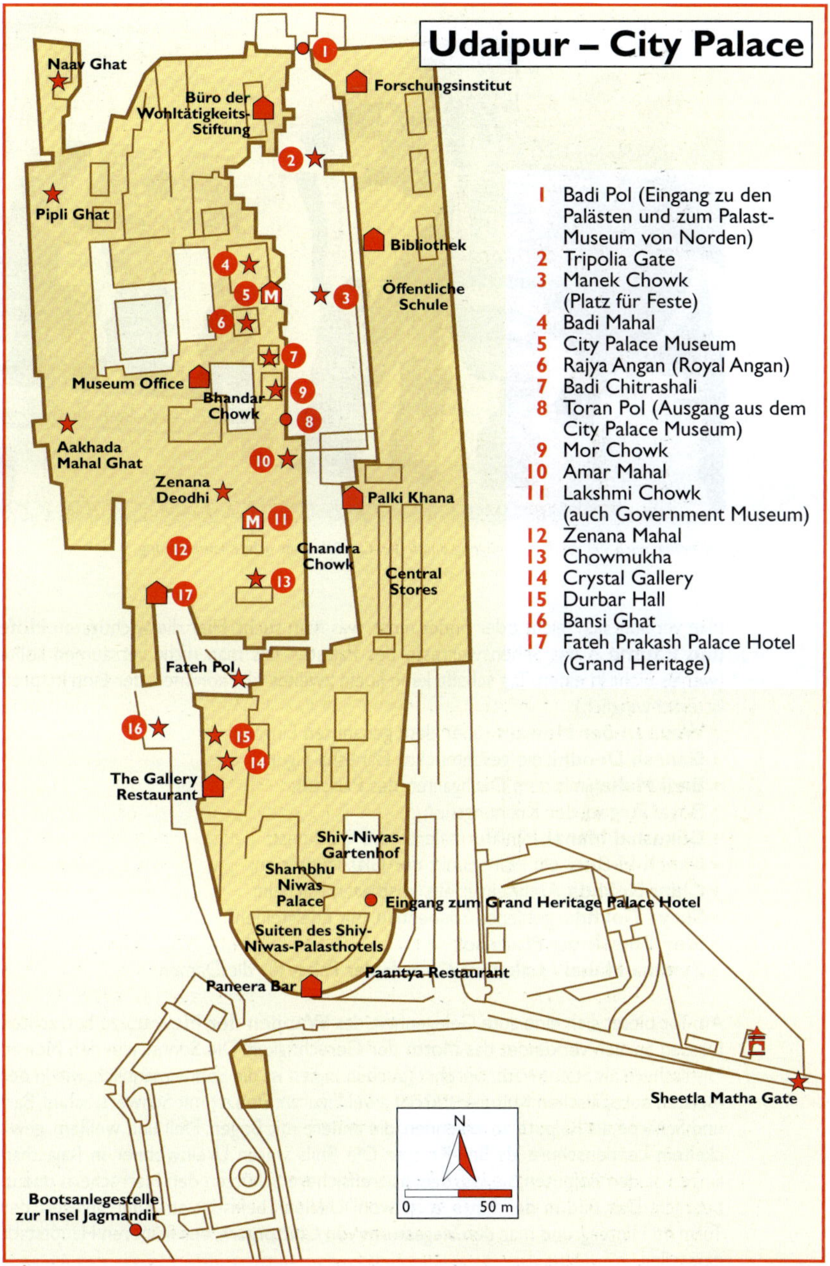
Udaipur – City Palace
1 Badi Pol (Eingang zu den Palästen und zum Palast-Museum von Norden)
2 Tripolia Gate
3 Manek Chowk (Platz für Feste)
4 Badi Mahal
5 City Palace Museum
6 Rajya Angan (Royal Angan)
7 Badi Chitrashali
8 Toran Pol (Ausgang aus dem City Palace Museum)
9 Mor Chowk
10 Amar Mahal
11 Lakshmi Chowk (auch Government Museum)
12 Zenana Mahal
13 Chowmukha
14 Crystal Gallery
15 Durbar Hall
16 Bansi Ghat
17 Fateh Prakash Palace Hotel (Grand Heritage)
Naav Ghat
Büro der Wohltätigkeits-Stiftung
Forschungsinstitut
Pipli Ghat
Bibliothek
Öffentliche Schule
Museum Office
Bhandar Chowk
Aakhada Mahal Ghat
Zenana Deodhi
Palki Khana
Chandra Chowk
Central Stores
Fateh Pol
The Gallery Restaurant
Shiv-Niwas-Gartenhof
Shambhu Niwas Palace
Eingang zum Grand Heritage Palace Hotel
Suiten des Shiv-Niwas-Palasthotels
Paantya Restaurant
Paneera Bar
Sheetla Matha Gate
Bootsanlegestelle zur Insel Jagmandir
N
0
50 m

Die haben noch viel vor: Der Rundgang durch den City Palace ist acht Kilometer lang

Man verläuft sich leicht oder findet nicht, was man sucht. Hier die wichtigsten **Höfe und Räume** – das Sehenswerteste des Palastes, das man nicht versäumen sollte (wer es nicht in einem Tag schafft, kann ja ein zweites Mal kommen, der Eintrittspreis ist erschwinglich):

- **Wappen der Mewars** (über dem genannten Eingang);
- **Ganesh Deodhi**, die geschmückte Ganesha-Figur;
- **Badi Mahal**, mit dem Dachgarten des Palastes;
- **Royal Argan**, der Krönungshof;
- **Dilkushal Mahal**, Miniaturmalerei und Glaskunst;
- **Kanch-ki-Burj**, ein Höhepunkt der Glasdekoration;
- **Chini Gokhda**, Architektur aus kostbaren Kacheln;
- **Surya Gokhda**, goldenes Sonnenbild, mit Edelsteinen;
- **Mor Chowk**, der Pfauenhof;
- **Zenana Mahal / Lakshmi Chowk**, der Palast für die Damen.

Rajpute und Bhil-Krieger

Am Tor bietet sich eine gute Gelegenheit, das **Wappen der Mewars** zu betrachten. Dessen Spruch verkündet das Motto der Gerechtigkeit. Die Sonne, von den Mewar-Herrschern als Stammvater verehrt (auch in Indien ist die Sonne männlich, wie in den meisten europäischen Kulturen), krönt zwei Figuren: Eine ist mit Schwert, Schild, Bart und Schärpe als Rajpute zu erkennen, die andere mit Bogen, Pfeil und weißem, gewickeltem Lendenschurz als Bhil-Krieger. Die Bhils waren Ureinwohner in Rajasthan, lange vor den Rajputen, sie wurden als treffsichere Schützen den Herrschern unentbehrlich. Das Bild in der Mitte zeigt wohl Udaipur, befestigt am Ufer gelegen, der Turm im Hintergrund mag den Siegesturm von Chittorgarh, der früheren Hauptstadt, darstellen.

Am Treppenabsatz empfängt den Besucher das fast vierhundertjährige Bild des elefantenköpfigen Gottes *Ganesh*, der in Häusern und Tempeln der Hindus stets im Eingangsbereich steht (*Ganesh Deodhi*). Vor der reich mit Glasmosaiken geschmückten Nische thront er, die Kacheln zu seinen Füßen allerdings sind aus jüngerer Zeit und aus Ostasien – auch hier ein liebevoller Versuch zur Verschönerung.

Anschließend betritt man den ebenfalls zum ältesten Palastteil gehörenden **Royal (Rajya) Angan (6)**, den „*Royal Court*", noch zu Lebzeiten des Gründers von Udaipur gebaut (1559). Hier wurden die neuen Maharanas mit einer zeremoniellen Ölung in ihr Amt eingeführt. In diesem Hof ist ein kleiner Tempel jenem heiligen Mann gewidmet, der *Udai Singh* zur Gründung der Stadt Udaipur geraten hatte, eine Art spirituelle Keimzelle der Stadt.

Spirituelle Keimzelle

Von Kampf und Grausamkeit zeugt das Waffengewölbe **Silekhana** im Untergeschoss: mit Stich- und Schneidewaffen, in extremen Fällen mit frühen Pistolen (im Degengriff) kombiniert. Auf den Bildern in diesem Waffenarsenal ist die rührende Erzählung von der Amme dargestellt, die ihr Kind opfert, um den Thronfolger zu retten. Die gleiche pathetische Geschichte wird übrigens in Jodhpur aus der Vergangenheit der dortigen Dynastie berichtet!

Im Raum östlich des **Royal Angan** erinnert die Statue des *Rana Pratap* auf seinem klugen Pferd *Chetak* an den Helden und die Schlacht von Haldighati nördlich von Udaipur (siehe Umgebung von Udaipur, S. 359). Das Pferd hat, getreu der Überlieferung, eine Elefantenrüsselmaske auf seinem Kopf – die Mogul-Elefanten sollten glauben, dass sie einen kleinen Elefanten vor sich hätten!

Eine enge Treppe am Royal Angan neben dem Tempel des heiligen Ratgebers leitet ein Stockwerk höher ins **Chandra Mahal**. Die großen Becken dort waren nicht zum Waschen gedacht, sondern als Sammelgefäße für Gold- und Silbermünzen, die an arme Leute verteilt wurden, also eine Art Sozialkasse. Durch die Steinschnitzereien der *Jharokas* hat man einen guten Ausblick auf den **Lake Pichola**. Neben dem Chandra Mahal kann man einen stattlichen Maharana-Thron bewundern.

Daran, dass die Gänge von einem Palast zum anderen ansteigen, ist noch zu erkennen, dass der **City Palace** um einen Hügel herum gebaut wurde, auch wenn das von außen nicht mehr zu erkennen ist. Wir sind vom Chandra Mahal aufwärts nun gleich auf dem höchsten Punkt angelangt: bei den Bäumen, Steinbecken und Bogengängen im **Badi Mahal** (**4**, auch: Bari Mahal), dem Gartenpalast, in dem die Familie des Maharana vor der brütenden Hitze und dem Monsunregen sicher war. Und der Ausblick? Auf das Tripolia-Tor und die Stadt Udaipur.

Schutz vor Hitze und Regen

Ein Relikt des diplomatischen Widerstands steht überraschenderweise hier: der Sessel, der extra für die Teilnahme des Maharana an der von den Engländern anberaumten Fürstenversammlung, dem großen *Delhi Durbar* 1911, vorgesehen war. Der Maharana sagte selbstbewusst ab ... und der Sessel blieb zu Hause.
Vom **Badi Mahal** aus kommt man zu einigen reich und prächtig dekorierten Räumen: dem **Dilkushal Mahal**, frei übersetzt „Liebesnest", mit Spiegeln und buntem

Mit dem Garten im vierten Stockwerk überrascht der Badi Mahal am Südende des City Palace

Glas ausgestattet. Die Mauern hielten die Hitze ab und die rot-grünen Fenster schützten vor dem blendenden Sonnenlicht. Heute sind hier die besten Stücke der Sammlung Mewar'scher Miniaturmalerei aus vier Jahrhunderten ausgestellt. Es lohnt sich sehr, etwas Zeit zum Betrachten der unsagbaren Feinheit und Eleganz dieser Malerei aufzuwenden.

Eindrucksvolle Miniaturen

Aufwand und Glanz steigern sich noch. Nur von der Türschwelle aus lässt sich der kleine Raum des **Kanj-ki-Burj** betrachten, links vom Eingang des Dilkushal Mahal. Golden-grün und rot glitzert es bis hinauf zu Kuppel und Decke in Spiegelglas-Dekoration, Werke des 18. und auch 19. Jh.

Auf der dem Dilkushal gegenüberliegenden Seite geht es weiter zum **Chitram-ki-Burj**: Der Raum ist bis unter die Decke mit Miniaturen verkleidet, mit höfischen und kriegerischen Szenen. Doch zwischen Kanj-ki-Burj und Chitram-ki-Burj liegt noch **Chini Gokhda**, ein Terrassen-Erker, ganz und gar mit blauen Kacheln ausgestattet, Importen aus China und den Niederlanden. Vom Erker, der auch außen mit schimmernden Kacheln geschmückt ist, hat man einen wunderbaren Blick auf den **Manek Chowk** tief unten.

Auf gleicher Ebene wie dieser Erker befindet sich der Hof **Badi Chitrashali (7)** mit Pavillons und wiederum Zimmern voller Gemälde und Wandgemälde.

Der **Moti Mahal** (= Perlen-Palast) war den Damen vorbehalten, er ist ganz mit Spiegeln und buntem Glas dekoriert. Ein anrührendes Zeugnis enthält das **Pritam**

An den behinderten Maharana Bhupal Singh wird in seinem Schlafzimmer erinnert – ein auffällig schlichtes Lager

Niwas: Ein Rollstuhl erinnert an den durch Kinderlähmung schwer behinderten Maharana *Bhupal Singh*, der hier bis zu seinem Tod 1955 wohnte. Er hat das sehr reiche goldene, mit Edelsteinen geschmückte Sonnenbild gestiftet, das er hier in einem separaten Raum, dem **Surya Chokra**, verehrte. In der Nähe hat man ein kleines Zimmer der Erinnerung an den Briten *James Tod* gewidmet, der die erste große Geschichte Rajasthans schrieb (s. S. 29).

Nächster kostbarer Höhepunkt ist der Pfauenhof (**Mor Chowk, 9**), im 19. Jh. der Ort feierlicher *Durbars*. Einlegearbeiten aus Glas und plastische Bilder von Pfauen in Mosaikarbeit aus blauem Glas und Spiegeln sehen selbst für einen indischen Palast ungewöhnlich prächtig aus, die Augen flimmern vor Farb- und Spiegeleffekten. Der offene Hof war im Lauf der Jahrhunderte übrigens von Regen und starkem Sonnenlicht arg mitgenommen, 2004–2005 wurde die ganze Pracht von einheimischen Kunsthandwerkern restauriert. Zeugnis davon gibt eine Fotodokumentation in der südlichen Veranda des Hofs.

Unvergleichliche Pracht

An den Mor Chowk schließt sich ein Raum namens **Manek Mahal** an, in dem ein Podest auffällt. Hier war im 19. Jh. der Speiseraum des Maharanas, auf dem Podest nahm auf Seidenbrokatkissen sitzend der Maharana seine Mahlzeiten ein, während seine Gäste oder Freunde, die keinesfalls auf gleicher Ebene sitzen durften, auf einem Teppich auf dem Fußboden Platz nehmen mussten.

Durch einen einfachen Verbindungsgang kommt man, wenn man noch nicht völlig überanstrengt von so vielen kunstvollen Einzelheiten ist, zum Palast der Königin und ihrer

„Prosperity", Wohlstand durch und für die Ganesh Gallery – die Erlöse fließen in die Maharana-of-Mewar-Stiftung

Damen (**Zenana Mahal**, **12**). Der Weg führt durch das **Amar Mahal (10)**, wo auf einer offenen Galerie Sänften mit bestickten Seidenpolstern und Einlegearbeit an den Holzteilen zu sehen sind.
Andere Gebrauchsgegenstände und Mobiliar findet man im *Zenana*. Es fällt auf, dass die Wände in Wassergrün gehalten sind, dies sollte in der heißen Zeit das Gefühl der Kühle hervorrufen. Die Einrichtung ist deutlich schlichter als im „offiziellen" Palast des Maharanas. Man kann auch eine einfache Küche besichtigen. Sie wurde wohl bis 1973 benutzt und zeigt, dass man hier so bescheiden über offenem Feuer kochte wie damals in manchen einfacheren indischen Häusern in Stadt und Land.

Ein eigener Raum präsentiert die Wappen anderer königlicher Rajputen-Familien, in wieder einem anderen findet man die „*Phads*", die traditionellen auf Stoff gemalten Bilderbögen, mit denen die Sagenerzählungen der Barden illustriert wurden. Eine Galerie ist ganz *Ganesh*, dem elefantenköpfigen Sohn *Shivas*, gewidmet: mit Bildern aus vielen verschiedenen Materialien.

Anschließend an noch eine Gemäldegalerie findet der Besucher „**Udaya**", einen Museumsladen mit hauseigenen Produkten, in dem die Foto-CD „*101 Moments*", Postkarten, Audio-Kassetten und „*A Walk through History*", ein genauer Führer durch das **City Palace Museum**, verkauft werden.

Die letzten Räume im westlichen Flügel beherbergen eine Galerie, die dem derzeitigen Oberhaupt des Hauses Mewar, *Shriji Arvind Singh*, gewidmet ist, dem 76. *Custodian* (Bewahrer) des Hauses Mewar, mit Kunstwerken und Erinnerungsstücken.

Millenium-Kuppel

Im Hof **Lakshmi Chowk (11)** vor dem *Zenana* Palast sieht man zu einer filigran durchbrochenen Kuppel hinauf, der Millenium-Kuppel aus dem Jahr 2000, die einen offenen Pavillon namens **Chowmukha (13)** krönt. Übrigens ist dieser Hof manchmal ein sehr stimmungsvoller Ort von Konzerten, teuren Hochzeitsfeiern und Tanzveranstaltungen.

Neben dem privaten City Palace Museum, aber ganz eingebettet zwischen den zahlreichen Palastflügeln, gibt es beim Lakshmi Chowk noch ein **Government Museum**, das im wesentlichen eine Vielzahl von Miniaturbildern und eine offene Halle mit zum Teil sehr alten (5. bis 8. Jh.), eindrucksvollen Steinskulpturen ausstellt.

Der Ausgang für die Besucher ist das **Toran Pol (8)**. Das hölzerne Gestänge über dem Tor sieht man, in kleinerem Maßstab, über vielen rajasthanischen Haustüren. Es erinnert immer an eine Hochzeit: Der Bräutigam muss es mit seinem Schwert berühren, bevor er eintritt, um die Braut abzuholen.

Nach diesem über 1,5 km langen Rundgang ist der Besucher wieder am Manek Chowk eingetroffen.
City Palace: *geöffnet tgl. 9.30–16.30 Uhr, Eintrittsgebühr gering, dafür Kameragebühr teurer, zugunsten der Besucher, die nur schauen wollen. Autorisierte Führer nur am Eingang beim Bari Pol, nicht autorisierte werden nicht zugelassen. Am Ticketschalter auch nach Karten für Durbar Hall und Crystal Gallery fragen.*

Mit mächtigen Orchestertönen und feierlichen Worten wird im Manek Chowk allabendlich die von den meisten Gästen sehr geschätzte **Sound and Light Show** „*The Legacy of Honour*" mit einem dramatischen Überblick über 1.500 Jahre Mewar-Geschichte vorgeführt – in 57 Minuten. Die Anfangszeiten ändern sich nach Jahreszeit.

Maharana *Fateh Singh* (1884 bis 1930) fügte an den aus mehreren Palästen gewachsenen Komplex **City Palace** noch eine weitere Fortsetzung nach Süden, den **Fateh Prakash-Palace (17)**, der durch seinen halbkreisförmigen Abschluss dem riesigen Komplex das Aussehen eines steinernen Ozeandampfers gibt. Im **Fateh Prakash-Palace** ist die sehr weiträumige **Durbar Hall (15)** zu besichtigen, mit großer Porträt-Galerie und riesigen Kronleuchtern europäischer Herkunft. Diese Halle ist übrigens in voller Pracht für Festlichkeiten und Versammlungen zu mieten.

Eine besonders seltene Sehenswürdigkeit ist die **Crystal Gallery (14)** unter dem hohen Dach der **Durbar Hall**, die alltägliche Gebrauchs- und Einrichtungsgegenstände aus reinstem Kristall zeigt, zum Beispiel ein Bett, einen Schreibtisch, Thronsessel, Leuchter, Tischbrunnen, vollständige Bestecke mit Familienwappen – unzählbar, alles glitzert und funkelt. All das entstand in Birmingham in der Firma *Osler* auf Bestellung des Hofes. Nicht alles, aber der größte Teil lag etwas über 100 Jahre verpackt auf dem Speicher des City Palace, weil eine große Lieferung kurz nach dem Tod des auftraggebenden Maharanas eintraf und deswegen einfach vergessen wurde, bis man sie in unseren Tagen entdeckte und zum Ausstellungsobjekt machte. Eine außerordentliche Kuriosität!

Kristallene Möbel

Crystal Gallery: *Eintritt nur mit Führung, 325 Rs, geöffnet 9–20 Uhr.*

Altstadt: Vom Jagdish-Tempel zum Gangaur Ghat

Der steil ansteigende Bau beherrscht stolz das Zentrum der Altstadt und erhebt sich direkt über der Gabelung von fünf, meist bunt und geräuschvoll belebten Straßen. Geweiht ist der **Jagdish-Tempel** (**3**, Karte S. 351), wie sein Name verrät, *Lord Jagannath*, einer Erscheinung des Gottes *Vishnu*. Die wichtigsten Opferzeremonien finden bei Sonnenauf- und -untergang statt, angezeigt durch unüberhörbares Schlagen von Messingplatten. Auch über Tag sind oft Gesang und Musik zu hören. Hoch, weil auf einem Felsen gebaut, ragt der Tempel auf; seine Mauern und die *Shikara*, der Tempelturm, sind mit Steinfiguren verziert. Zu erkennen sind *Vishnu* mit seinen Insignien, *Krishna* mit der Flöte und die schönen Himmelsnymphen, *Apsaras* genannt. Eine Flucht von Marmor-

Steil auf einen Felsen gebaut: Der Jagannath-Tempel Jagdish Mandir, ein Vishnu-Heiligtum

stufen mit Elefantenbildern zur Seite führt zur *Mandapa*, der Vorhalle. Weil der Andrang der Gläubigen und der Touristen oft heftig ist, sind die breiten Treppen in der Mitte geteilt, den Aufsteigenden steht die eine, den Absteigenden die andere Seite zu. Vor dem Eingang wartet *Garuda*, *Vishnus* „Reittier", eine vogelköpfige Menschengestalt. Drinnen im *Sanctum* inmitten von Opfergaben befindet sich der schwarze *Vishnu*, in Gestalt des Weltherrschers *Jagannath*. Wer sich im Eingangsbereich umschaut, entdeckt auch Statuen von *Shiva* und von *Hanuman*, dem Affengott.

Der Jagdish-Tempel, 1652 errichtet, entging der Zerstörungswut des erobernden Sultans *Aurangzeb*, seine Architektur ist noch ganz ohne Einfluss der Mogul-Baukunst. **Jagdish-Tempel**: *geöffnet von 5–12 und 16–22 Uhr.*

Vom **Jagdish Mandir** aus wendet man sich in die Straße Gadiya Devra nach rechts (man wird, wie meistens, kein Straßenschild finden) und dann bei nächster Gelegenheit wieder nach rechts hinunter zum Seeufer, das heißt zu den *Ghats*, den breiten Stufenbändern zum Wasser hin. **Gangaur Ghat (4)** und **Lal Ghat (2)** heißen sie am Ostufer des **Lake Pichola** und sind bis in die Nacht lebhaft bevölkert, schon ganz früh morgens von waschenden Frauen, die ihre Wäschestücke gegen den Stein klatschen, dass es straßenweit knallt.

Geschichte und Kunst

Auf der Spur nach der Lebensweise früherer Jahre kann man im **Bagore ki Haveli (5)** unter vielem anderen Küchengeräte vergangener Tage und alte sonderbare Musikinstrumente finden. Aber es gibt auch Ausstellungen junger Maler, teils von Dorfkünstlern, die ländliche Motive auf eigene Weise sehen, teils Versuche, indische Elemente in die globale Kunstszene einzubringen. Sehens- und diskutierenswert! In dem ansehnlichen 138-Zimmer-Haus mit umbauten Höfen ist viel Platz, um die Mitte des 18. Jh. hat es sich ein Mewar-Premierminister erbauen lassen. Das *Haveli* wird jetzt genutzt vom **West Zone Cultural Centre**, das aktiv ist in der Förderung darstellender Kunst des westlichen Indiens (Tanz, Theater) traditioneller Herkunft. **Bagore-ki-Haveli**: *geöffnet 10–17.30 Uhr, wechselnde Veranstaltungen um 19 Uhr.*

Auf dem Lake Pichola

Lake Pichola ist benannt nach dem Dorf Pichol, das bis zum 15. Jh. an dieser Stelle stand, bevor der See aufgestaut wurde. Ein Besuch in Udaipur ohne Bootsfahrt auf dem Pichola-See ist kaum denkbar, hat man doch vom Wasser aus die herrliche, sanft ansteigende Gebäudefront der Stadt vor sich: nicht nur den gelblich gleißenden **City Palace**, sondern auch die Reihe vielstöckiger weißer Häuser mit ihren Dachgärten, die breiten, bunt belebten *Ghats* (Treppenufer), die Westseite des stattlichen **Jagdish Mandir**, weiter südlich das grüne Gelände, das bei dem kleinen Teich **Panch Devi Mandir** (= Milchsee) **(6)** anfängt. Im Norden, wo der See sich zum Rang Sagar verengt, befindet sich die hübsche Brücke beim **Chandpol (7)**, die Gebäude am **Hanuman Ghat Marg (8)** gegenüber dem Jagdish Tempel sind zu erkennen und schließlich der **Lake Palace**, das filmberühmte Inselhotel, das auf dem See zu schwimmen scheint, sowie die andere Insel **Jag Mandir** mit würdevoller Kuppel und der Reihe weißer Steinelefanten bei der Anlegestelle. Boote zur Rundfahrt vom **Bansi Ghat** (**16**, Karte S. 343, zu Füßen des City Palace am Ende der Lake Palace Road), von 10–17 Uhr, die längeren, teureren Rundfahrten machen auch Halt an der Insel Jag Mandir.

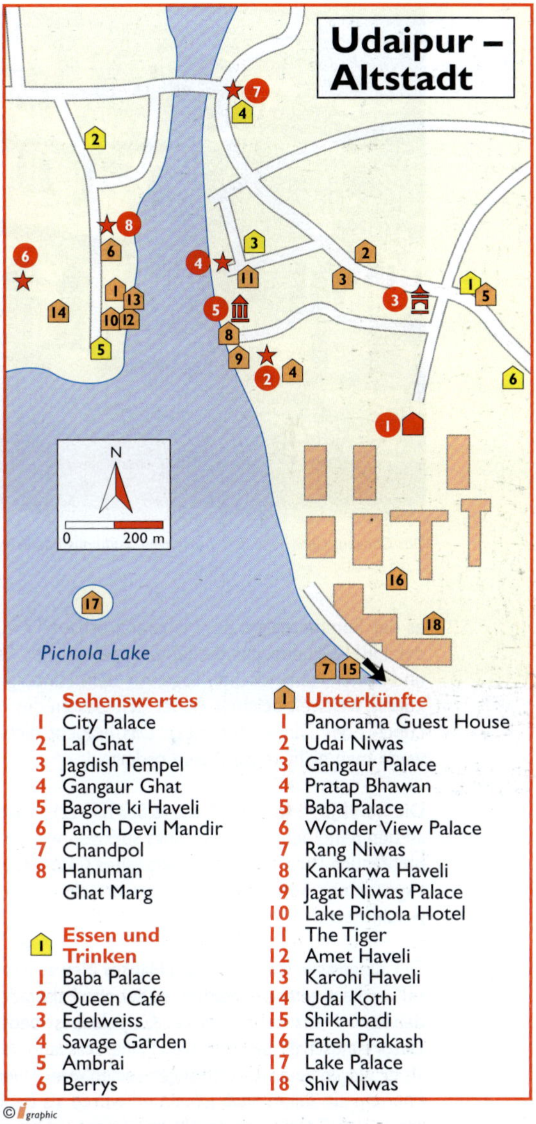

Sehenswertes
1 City Palace
2 Lal Ghat
3 Jagdish Tempel
4 Gangaur Ghat
5 Bagore ki Haveli
6 Panch Devi Mandir
7 Chandpol
8 Hanuman Ghat Marg

Essen und Trinken
1 Baba Palace
2 Queen Café
3 Edelweiss
4 Savage Garden
5 Ambrai
6 Berrys

Unterkünfte
1 Panorama Guest House
2 Udai Niwas
3 Gangaur Palace
4 Pratap Bhawan
5 Baba Palace
6 Wonder View Palace
7 Rang Niwas
8 Kankarwa Haveli
9 Jagat Niwas Palace
10 Lake Pichola Hotel
11 The Tiger
12 Amet Haveli
13 Karohi Haveli
14 Udai Kothi
15 Shikarbadi
16 Fateh Prakash
17 Lake Palace
18 Shiv Niwas

Die Inseln Jag Niwas und Jag Mandir

Jag Niwas ist gänzlich vom **Lake Palace** (**1**, Karte S. 340/341) überdeckt, der sich weiß im blauen Wasser spiegelt (wenn der Wasserstand ausreichend ist). Einst war

Das Gangaur Ghat nahe dem prächtigen Stadthaus Bagore-ki-Haveli

es der Sommerpalast des Maharana, erbaut 1746, heute ist es ein Fünf-Sterne-Hotel der HRH-Gruppe, das die Taj-Gruppe betreibt. Es ist berühmt wegen seiner Eleganz und seiner romantischen Lage vor dem Hintergrund der Stadt und wurde als Filmkulisse weltweit bekannt. Außer den Gästen des Hotels hat nur Zutritt, wer sich zum Lunch oder Dinner anmeldet. Das braucht nicht übermäßig kostspielig zu werden, wenn man nicht teure Weine ordert.

Die **Insel Jag Mandir** (**2**, Karte S. 340/341) ist weitaus verträumter, nicht so dicht bis an den Rand bebaut. Neuerdings springen wieder Fontänen und der Rosengarten erblüht, auch kann ein kleines exquisites Café-Restaurant besucht werden, ein wirklich angenehmer Aufenthalt. Im Programm einiger Seerundfahrten ist hier eine Rast eingeschlossen.

Zuflucht für Taj Mahal-Erbauer

Der junge agile Kronprinz des Hauses Mewar hat sich um die neue Gestaltung der Insel verdient gemacht. Seither ist der alte Palast, dessen Kuppelbau erhalten blieb, wieder festlich anzusehen. Dieser Kuppelbau ist bedeutsam in der Geschichte: Dank der Gastfreundschaft des damaligen Maharanas fand der Mogul-Prinz *Khurram* hier Zuflucht, als er wegen einer Revolte gegen seinen Vater *Jehangir* fliehen musste. Später hieß Prinz *Khurram* als Sultan *Shah Jahan* und wurde als Bauherr des Taj Mahal in Agra unsterblich in der Geschichte der Weltarchitektur. Der symmetrische Kuppelbau auf der Insel **Jag Mandir**, meinen manche, habe den Entwurf des Taj Mahal beeinflusst.

Und noch einmal in der Geschichte wurde der Name der Insel bekannt, als sich 1857 während des indischen Aufstandes britische Frauen und Kinder hierher vor der Wut der Aufständischen flüchten konnten, um die Tage der Gefahr zu überstehen.

Spaziergang am See südlich des City Palace (s. Karte S. 340/341)

Einen ruhigen Gang, der am Spätnachmittag oder Abend sehr erholsam ist, kann man nach Süden am See entlang genießen. Ein Hügel mit einem hübschen Park, dem **Manikya Lal Verma Park**, ist ein beliebtes Ziel der Einheimischen und der Touristen. Vom Hügel aus kann man die Sonne über dem See untergehen sehen – **Sunset Points (3)** werden an vielen landschaftlich schönen Orten Indiens geliebt, man bringt hier der untergehenden Sonne besondere Verehrung, sogar Begeisterung entgegen. Um die „Romantik auf Indisch" zu krönen, gibt es hier zur Abendstunde noch eine **Musical Fountain (4)**, die im Takt der Lieder springt und sprüht. Auch ein kleiner Teich, genannt *Dudh Talai*, der „Milchsee", trägt zum Landschaftsgenuss bei. Vom Schönsten: Die Ausblicke über den **Pichola Lake** hinweg und nach Süden auf (noch) nicht bebaute Hügel.
Manikya Lal Verma Park: *geöffnet bis 22 Uhr.*

Aus der Mewar-„Vintage and Classic Car Collection": Eine von etlichen Prachtlimousinen

Auf dem Weg etwas landeinwärts zurück zum Palast liegt ein anderer Park, die **Sajjan Niwas Gardens (5)**, der früher dem Hof zu Freiluftveranstaltungen diente. *Gulab Bagh* hieß er damals, Rosengarten. Heute ist er gegen eine geringe Eintrittsgebühr für jedermann da, ein kleiner melancholisch stimmender **Zoo (6)** und eine weit lustigere Kindereisenbahn sind die Attraktionen.
Sajjan Niwas Gardens: *geöffnet bis 22 Uhr, Eintrittsgebühr.*

Nördlich dieses Parks gegenüber dessen Haupteingang freuen sich Liebhaber von alten und uralten Prachtlimousinen und Cabrios an Glanzstücken der Automobilgeschichte, von Nahem zu sehen in der **Vintage and Classic Car Collection (7)**. Die Edelkarossen sind tiptop, fahrbereit erhalten. Sie stammen aus dem Fuhrpark der Maharanas.
Vintage and Classic Car Collection: *geöffnet 9–21 Uhr. Eintrittsgebühr ermäßigt für Gäste des angrenzenden „Garden Restaurant" (auch Hotel).*

Enge Gassen, bunte Märkte: Rundgang zweiter Teil

Selbst der Glanz hat seine Schatten. Schönheit zieht Bewunderer an, und heute können sie dank moderner Verkehrsmittel zu Millionen kommen: Udaipur ist zur Hochsaison schlichtweg überlaufen. Auch von Touristen, die sich höchst ungezwungen in Kleidung und Benehmen geben, und anderen, die so viel mehr Geld haben als die Einwohner. An ihnen kann, muss man verdienen. Und so entstehen straßauf, straßab in der Altstadt Souvenirläden, Cafés, Restaurants, Kioske und Verkaufstheken. Vor vielen Läden tönt Konservenmusik. Und natürlich ist auch alles etwas teurer als an weniger paradiesischen Orten.

Schattenseiten

So geht man vom Platz vor dem Tempel **Jagdish Mandir** in die Gassen hinein, manche enden als düstere Sackgassen. Hupende Personenwagen kommen nur voran, wenn Fußgänger sich schnell in Läden oder Eingänge flüchten. Auf vielstöckige Häuser wird immer noch ein Stockwerk mehr aufgesetzt, das Wort „Abstand" scheint nicht zu existieren. Aber wenn man das alles wahrgenommen und sich damit innerlich abgefunden hat, kann man tief durchatmen und sich der Entdeckung der Schönheit Udaipurs widmen, die stark genug ist, alles Störende vergessen zu machen.

Hat man Interesse an kleineren Souvenirs, sucht man einen Hemdenschneider oder will man einfach nur das lebhafte Treiben auf sich wirken lassen, kann man gemütliche Spaziergänge machen, ohne sich zu verlaufen – irgendwann findet man sich in der Nähe des **Pichola-Sees** oder man kommt an ein Altstadttor. Nach Erfrischung mit Speis und Trank muss man auch nicht suchen, allerorten gibt es Cafés oder Schilder, die einladen, auf schmalen Treppen einen Dachgarten zu ersteigen.

Wenn man auf diesen Spaziergängen auf dem **Mandi Basar (8)** angekommen ist, ist man bald beim **Clock Tower (9)** angelangt und gerät hinter diesem mitten hinein in den **Bada Basar (10)**, der mit seinen Nebengassen zu den großen Einkaufsvierteln gehört. Zur Wahl stehen: Dinge des täglichen Bedarfs, allerlei Metallwaren, einfachere Textilien, dazwischen aber ab und zu Dekoratives, handgedruckte Stoffe oder gar neuere (nachgemachte) *Phats*, die grellfarbigen Illustrationen von Volkssagen, wie sie früher auf den Straßen vorgetragen wurden – eine Kunst, die mit der Einführung des Fernsehens vergangen ist. Zwischen Bada Basar und dem nördlich gelegenen **Delhi Gate (11)** bieten Händler in verwinkelten Gassen und auf immer neuen Märkten ihre Waren feil: auch Obst, *Jaggerie*-Süssigkeiten, Korbwaren, Gemüse oder Gewürze.

Modernes Geschäftsviertel

Hält man vom Clock Tower nördlichen Kurs, ist man bald beim **Hathi Pol (12)**, rechts zweigt der größere **Ashwani Basar (13)** ab, weiter geradeaus führt die Straße zum verkehrsreichen **Chetak Circle** mit *Prataps* heldenhaftem Pferd als Denkmal in der Mitte. Hier ist man mitten im modernen Geschäftsviertel mit Konfektionsläden, Juwelieren, Banken und größeren Stadtrestaurants. Allenthalben herrscht ein großes Angebot inmitten nüchterner, wenig ansprechender Architektur, ganz anders als im Altstadtviertel. Einige Schritte abseits vom Chetak Circle ist das **General Post Office** (GPO), Ziel für jene Touristen, die sicherheitshalber ihre Post dort abgeben und dabei gleich die Marken stempeln lassen, auch für alle, die selber ein Paket zur Erleichterung des Gepäcks abschicken wollen (s. S. 119).

Eine wirkliche Attraktion für alle, die Ursprüngliches aus Rajasthan schätzen und suchen, ist das wenige hundert Meter nördlich des Chetak Circle gelegene Volkskundemuseum **Bharatiya Lok Kala (14)**. Es bewahrt und zeigt Volkskunst und Brauchtum in vielen Beispielen: Masken, Musikinstrumente, Puppen, Gebrauchsgegenstände und Gemälde, zusammengetragen von dem früh verstorbenen enthusiastischen Sammler und Direktor *Ranchhor Singh Asiya*.

Nur selten verlaufen sich Touristen auf die Märkte im Dreieck Clock Tower, Delhi Gate und Hathi Pol

Bharatiya Lok Kala: *geöffnet tgl. 9–19.30 Uhr. Abends werden zwischen 18 und 19 Uhr Volkstänze und Puppenspiele vorgeführt.*

Wegen der größeren Entfernungen der einzelnen Orte zueinander empfiehlt es sich jetzt, eine Autoriksha zu nehmen. Zu verschiedenen interessanten Zielen geht es in Richtung Osten vom Chetak Circle aus: zum **Tribal Museum (15)** und zwei Kilometer weiter östlich zu den Königlichen Gedenkstätten – **Royal Kenotaphs** – in Ahar und zum vorgeschichtlichen Museum dort. Das **Tribal Research Institute** wird wegen seiner Sammlungen insbesondere zur Kultur der Ureinwohner (*Adivasis*) als Geheimtipp empfohlen. Nirgendwo in Rajasthan kann man so viel über die ursprüngliche Kultur erfahren.
Tribal Research Institute: *University Road, östlich des Shastri Circles, ☏ 0294-410958. Anmeldung empfiehlt sich, es ist kein Museum mit regelmäßigen Öffnungszeiten.*

Die Kuppeln der **Kenotaphe (16)** jenseits des Flusses Ahar stehen dort, wo die Toten der königlichen Familie eingeäschert werden. Sie überdachen kleine tempelartige Pavillons, die auf Plattformen stehen. Auf einigen sieht man religiöse Darstellungen. Leider ist der Platz nicht sehr gepflegt, die verdienstvollen Maharanas, die zu Lebzeiten die Pracht des **City Palace** schufen, verdienten würdigeres Gedenken. *Gedenkort für Maharanas*
Eine kleine Wegstrecke weiter haben Archäologen Hinterlassenschaften aus grauer Vorzeit gefunden, die der Wissenschaft als Ahar-Kultur bekannt sind. Rund 4.000 Jahre alt, gehören sie zu den ältesten Funden Indiens. Außerdem sind einige „neuere", auch etwa 1.000 Jahre alte Skulpturen aufgestellt.

Um den Fateh Sagar: Erholsames und Denkwürdiges

Vom **Bharatiya Lok Kala** (s. o.) bringt eine Autoriksha den vom vielen Laufen ermüdeten Gast schnell zum **Sahelion-ki-Bari (17)**, östlich des **Fateh Sagar** (= Fateh-See). Hierher kommt man zur Erholung und zum Vergnügen, gleich am Eingangsgittertor stehen die Buden für Zuckerzeug und Süßgetränke. Drinnen umfängt einen erfrischende subtropische Gartenatmosphäre: Bäume, Hecken und blühende Büsche, Blumenbeete, Wasserbecken mit blühenden Seerosen, wasserspeiende Elefantenfiguren, schattenspendende Pavillons – alles, was die Gartenkunst vergangener Zeiten zu bieten hat, dazu noch exotische Brunnen mitten im kleinen See. Ihr Wasser bekommt diese Oase aus dem nicht weit entfernten Fateh Sagar. Die Geschichte der Oase: Sie entstand, um das Gefolge einer Prinzessin-Braut, es sollen 48 Damen gewesen sein, bei Laune zu halten. Lüsterne Legenden, die von Konkubinen ganzer Maharana-Generationen an diesem Platz erzählen, entbehren jeder historischen Wahrheit.

Ausruhen im Garten

Saheliyon-ki-Bari: *geöffnet 9–17.30 Uhr.*

Südöstlich ist der **Sukhadia Circle (18)** ein lustiger Ort der Entspannung für Kinder und Erwachsene. Ein großes Wasserbecken wird um einen eleganten dreistöckigen Brunnen herum von niedlichen Tretbooten befahren, die wohl für Kinder vorgesehen sind, aber auch von Erwachsenen gerne benutzt werden. Den Brunnen krönt eine steinerne Weizenähre, die der Stifter, ein *Chief Minister* in Rajasthan, als Symbol des Wohlstandes seinen Landsleuten beschert hat. Die Abendstimmung hier ist angenehm und sympathisch.

Westwärts ist der Weg nicht allzu weit zu der hübschen Parkanlage (Eingang von Süden) des **Moti Magri (19)**, des „Perlenhügels", mit japanischem Steingarten, dem Reiterstandbild des gefeierten *Rana Pratap* auf seinem Heldenpferd *Chetak* und spärlichen Ruinen des alten Palastes aus dem 16. Jh., in dem *Udai Singh II.* wohnte, während der älteste Teil des **City Palace** im Bau war.

Schöner Ausblick

Etwas unterhalb des Hügels zeigt eine **Rana-Pratap-Gedenkhalle** Modelle der **Festung Chittorgarh** und des Schlachtfelds von **Haldighati**. Am Tage ist der Ausblick vom Hügel auf den Fateh Sagar das Schönste hier, anders als der **Pichola-See** ist er von bergiger Landschaft umgeben. Auch dieser See wurde im 17. Jh. künstlich angelegt.

Rana-Pratap-Gedenkhalle: *geöffnet 9–18 Uhr.*

Am Ostufer des Sees, westlich vom **Moti Magri**, kann man ein Boot zur Insel nehmen, wo der **Nehru Island Park (20)**, ein Park mit Spiel- und Vergnügungsplätzen und einem Café, auf Besucher wartet. Touristen kommen nicht viele dorthin.

Nehru Island Park: *geöffnet März–Okt. 8–19.30 Uhr, Nov.–Febr. 8.30–18.30 Uhr.*

Den Fateh Sagar umrundet man im Süden auf der Straße, die dann fünf Kilometer weiter westlich zum Volkskunst- und Handwerkszentrum **Shilpgram (21)** führt. *Rajiv Gandhi* hat dieses Bauernhütten-Museum eingerichtet, um das Handwerks- und

In Udaipur, der Stadt der Seen, blüht es an vielen Orten – hier im Restaurant Savage Garden

Volkskunstgewerbe Rajasthans zu würdigen, bekannt zu machen und zu erhalten. In den Werkstätten in den kleinen Häusern wird viel Kunsthandwerkliches produziert und auch verkauft. Außerdem gibt es Tanz- und Musikvorführungen, die Touristen werden dafür um etwas Geld gebeten.
Shilpgram: *geöffnet tgl. 11–19 Uhr.*

Zum Monsunpalast!

Ein großartiger Aussichtsplatz, ein Palast mit ansehnlicher Fassade, ein Naturschutzgebiet und eine Ausstellung mit interessanten ökologischen Informationen: All das ist **Sajjangarh, der „Monsunpalast" (22)**. Auf einem bewaldeten Berg 5 km außerhalb der Stadt westlich des **Fateh Sagar** hat Maharana *Sajjan Singh* den Palast Ende des 19. Jh. als Sommeraufenthalt errichtet. Der Maharana plante dort ein Observatorium, er wollte sich an den Monsunwolken erfreuen. Der Tod des Maharanas und Wassermangel machten dem Observatoriumsplan ein Ende und schließlich blieb das hohe Gebäude unbewohnt und vernachlässigt. Doch nach dringenden Reparaturen hat man Ausstellungsräume geöffnet, zeigt Tier- und Pflanzenwelt, veranstaltet Theater und Besucher können zu Fuß durch das **Wildlife Sanctuary** wandern (erhebliche Steigung zum Palast) oder sich aus der Stadt hierher fahren lassen.

Kultur und Ökologie

Sajjangarh, der „Monsunpalast": *geöffnet 9–17.30 Uhr (Aufenthalt bis zum Sonnenuntergang erlaubt).*

Ziele in der Umgebung

Eklingji und Nagda: frühe Hauptorte der Hindu-Tradition

Eng verbunden mit der Mewar-Dynastie ist die Gottheit im Tempel von **Eklingji**, seit der Herrscher im 8. Jh. von seinem Guru mit dem Titel und der Verpflichtung „Diener des *Eklingji*" versehen wurde (*Eklingji* ist eine göttliche Manifestation *Shivas*, wurde erst später Ortsname). Jeden Montag – in ganz Indien der Tag *Shivas*! – besucht das Oberhaupt der Herrscherfamilie den Haupttempel inmitten von 108 (!) kleineren Heiligtümern. Seit 754 soll es hier schon ein Heiligtum geben; der gegenwärtige, aus weißem Marmor errichtete Tempel stammt wohl erst aus dem 15. Jh., bewahrt aber ein uraltes schwarzes Marmor-*Lingam* des viergesichtigen *Shivas*. Rund um den Haupttempel scharen sich 108 kleinere Heiligtümer, eine Marmormauer umfasst alle. Stets sind Pilger anwesend, entsprechend viele Straßenläden bieten Devotionalien, Bilder, Schriften und Amulette an, auch Blumengirlanden als Opfergaben. Besucher haben nicht nur Schuhe, sondern auch Strümpfe auszuziehen (an einem Januarmorgen ist der Marmorboden unerwartet kalt!).

Über 100 Heiligtümer

Tempel von Eklingji: *geöffnet 5.30–7.30, 10.30–13.30 und 17.30–19.30 Uhr – oder wieder einmal geändert! Keine Foto-Erlaubnis.*

Reisepraktische Informationen zu Eklingji

Unterkunft

Heritage Resort, *€€€€, am Lake Bagela, ☏ 0294-2440382, www.heritageresort.com. Kein echtes Heritage, aber ein schöner Platz mit 30 Bungalow-Gastzimmern. Bio-Mahlzeiten, Gemüse auf eigenem Grund geerntet. Auch Pool, Jacuzzi, Boot- und Radfahren, Reiten.*

Den Ausflug nach Eklingji verbindet man sehr gut mit einem Besuch in **Nagda** (auch Nagada). Diese Stätte nah einem See mit etwa ein Jahrtausend alten Tempeln war einmal eine Hauptstadt von Mewar. Nur in Ruinen liegt ein Jain-Tempel, doch reich ist der Skulpturenschmuck des Hindu-Tempels **Sas-Bahu** aus dem 10. Jh.: außen mit Apsaras (Himmelsschönheiten) und liebenden Paaren, innen mit Szenen aus Mahabharata und Ramayana (zur Deutung ist ein guter Führer nötig!). Der Name „Sas-Bahu" bedeutet „Schwiegermutter-Schwiegertochter", vielen westlichen Gästen ein Rätsel. Doch begreiflich wird die Namensgebung, wenn man bedenkt, wie wichtig im indischen Familiengefüge das Verhältnis dieser beiden Personen ist – es ist notwendig, religiösen Rückhalt zu erbitten. Andere deuten „Sas-Bahu" als eine Verkürzung von Sahastrabahu, „tausendarmig".

Die NH 8 führt über einen hohen Pass des Aravalli-Gebirges. Nordöstlich von Eklingji ist nur etwa 5 km entfernt das Dorf **Delwara** mit dem Hotel Devigarh: Heritage der Luxusklasse! (Nagda etwa 22 km, Eklinji, dem Dorf Kailashpuri zugehörig, etwa 23 km nördlich von Udaipur)

Nathdwara – das Götterbild bestimmte seinen Ort

Der ebenso jugendlich erscheinende wie weise Gott *Krishna,* eine Manifestation des *Vishnu,* wird durchaus nicht immer als grazile Hirtengestalt dargestellt. Als mächtigen und auch mystischen Herrscher gab man ihm massive, schwarze Gestalt, und in dieser wird er in **Nathdwara** verehrt. Gläubige aus ganz Rajasthan und auch aus dem Nachbarstaat Gujarat kommen zu seinem Tempel, der durch die vielen Spenden einer der reichsten Indiens geworden ist. Das Götterbild, auch Shrinathji oder einfach Nath genannt, wurde 1669 von Hindus aus Mathura (unweit Agra) entfernt, um es vor dem zerstörerischen Glaubenseifer des Mogul-Sultans *Aurangzeb* zu retten. Es sollte nach Udaipur gebracht werden, doch in Nathdwara blieb der Tempelwagen stehen und konnte mit aller Mühe nicht zum Weiterfahren gebracht werden. Man schloss daraus, der Gott wolle dort bleiben. Ein Palast der königlichen Familie wurde als Tempel seine neue Heimstatt.

An Feiertagen drängt sich in den Gassen zum **Shrinathji-Tempel** die Menge. Nicht-Hindus ist es verboten hineinzugehen, doch hört man von seltenen Fällen, wo Fremde auf freundliche Einladung von Gläubigen in den heiligen Tempel kameradschaftlich mit hineingenommen wurden.

Reicher Tempel

Im Basar des kleinen Ortes Nathdwara lohnt es, sich nach Pichwai-Bildern umzusehen, den auf handgewebten Stoff mit organischen Farben gemalten, sehr figurenreichen Illustrationen, die früher von Volkssängern zu ihren Götterlegenden und Heldengeschichten gezeigt wurden. Hier ist die Pichwai-Farbigkeit extra stark! Auch das Angebot an volkstümlichem Silberschmuck ist interessant. (*48 km nördlich, an der NH 8*)

Haldighati – das Pferd Chetak rettete

Ein Ort im Wald ist die Stätte der Schlacht vom 21. Juni 1576, an dem *Rana Pratap* von Mewar mit seinen Kriegern auf das Heer des *Raja Man Singh* von Amber traf. Dieser war ein General des Mogul-Kaisers *Akbar* und sollte Mewar erobern. Die Schlacht ging nicht gut aus für den Mewar-Fürsten *Pratap*: Er wurde verwundet, desgleichen sein Pferd *Chetak*. Doch das Pferd brachte *Pratap* mit letzten Kräften in Sicherheit, bevor es starb. Es war zwar kein Sieg für *Mewar,* aber auch keine Niederlage: Das Land wurde nicht erobert. Darum wird dieser Tag noch heute gefeiert, **Haldighati** ist eine Gedenkstätte, nicht zuletzt auch für das Pferd *Chetak*, und hat neuerdings ein **Museum**: mit Modell der Schlachtszene und Dioramen (auch Sound-and-Light-Show). Ausflugsbusse nach Haldighati und Nathdwara fahren stündlich vom Udai Pol in Udaipur, Government Bus Stand. (*40 km nördlich von Udaipur*)

Tapferes Pferd

Haldighati: *geöffnet 7–19 Uhr.*
Museum: *geöffnet tgl. 8–20 Uhr.*

Rajsamand Lake und Kankroli – Wasserkunst und mehr

Ein angenehmes Landschaftserlebnis ist dieser aus drei Flüssen geschaffene **See**, dem man seine künstliche Entstehung nicht mehr ansieht. Am Westufer, dessen hoher Kai gut 300 m lang ist, führen Marmortreppen ins Wasser, über denen einige Pavillons und Toranas, ebenfalls aus Marmor, stehen. Nauchowki wird diese unvermutete Promenade genannt. Schriftkenner finden hier, heißt es, die längste in Stein gehauene Inschrift weltweit: die Geschichte des Mewar-Reiches auf 24 Granitpfeilern, in Sanskrit um 1660.

Ein schöner Krishna-Tempel, der **Dwarkadish-Tempel**, steht beim Marktstädtchen **Kankroli** nicht weit vom See. Man kann einen steilen Berg hinaufsteigen zum Jain-Tempel und über die See- und Aravalli-Landschaft blicken. Auf ihren Hügeln sind noch die Ruinen alter Paläste auszumachen. Der Stausee wurde übrigens im 17. Jh. angelegt, eine frühe Arbeitsbeschaffung *Ranas Raj Singh*, des damaligen Herrschers von Udaipur, um die Not einer langen Dürre zu überwinden. (*65 km nördlich, NH 8*)

Heimat der Terrakotta-Kunstwerke

Inschrift in Stein

Im Dorf **Molela** übt man die Kunst aus, aus reichlich vorhandenen Lehm- und Tonvorkommen türgroße Terrakotta-Kunstwerke zu produzieren, im Relief geformte figurenreiche Göttergeschichten oder Skulpturen verschiedener Größe, die Tiere (häufig Pferde) oder Menschen abbilden, bunt bemalt oder in dem schönen warmen Terracotta-Ton naturbelassen. Viele dieser Werke haben schon ihren Weg als exotisches Design in ferne Kontinente gefunden. Das Dorf aber ist ein bescheidenes indisches Dorf geblieben, man merkt nichts von schicker Wohlhabenheit. (*ca. 45 km nordwestlich von Udaipur*)

Devigarh Fort – Hort der Ruhe und modernen Designs

Luxus pur

Hoch über dem freundlichen Dorf **Delwara** nahe der NH 8 thront dieses monumentale Fort mit den steilen fensterlosen Grundmauern, den balkonreichen Fassaden darüber und den Ecktürmen mit Zwiebelhauben – inmitten noch weithin ursprünglichen Hügellandgeländes. Innen empfängt den Gast raffiniertes Formspiel, Gestaltung mit edlen Materialien (Halbedelstein-Einlegearbeiten bestimmen die Farbauswahl mehrerer Räume), man ruht sich aus auf feinsten Textilien, sieht jenseits der Fenster und Balustraden herrlich grüne Rajasthan-Landschaft – weitab von den Sandwüsten im Westen. Das Hotel und Spa (s. u.) bietet von allem das Beste. Zum Dinieren (bei Sonnenuntergang oder bei Kerzenschein) wird das Fort den Genießern empfohlen, die den Tag des Besuchs von Eklingji und Nathdwara luxuriös abschließen wollen. (*ca. 25 km nördlich von Udaipur*)

Reisepraktische Informationen zu Delwara

Unterkunft

Devigarh, €€€€€€€, ☏ *02953-289211, www.deviresorts.com. Indiens schönstes Beispiel für eine monumental romantische Heritage-Burg, die ihre Gäste in einem Ambiente modernen Designs empfängt. Mit Spa etc., s. o.*

Bambora – ein Fort in neuem Glanz

Nur eine Stunde südöstlich von Udaipur entfernt finden sich drei schöne Erlebnisplätze relativ nah beieinander, der **Jaisamand Lake**, der kostbar alte **Jagat Tempel** und das **Karni Fort Bambora**. Auf seinem Hügel erhebt es sich hoch über die ländliche, grüne, teils auch abenteuerlich felsige Umgebung.

Leuchten in der Abendsonne

Sollte man in der Abendstunde ankommen, wenn die Sonne tief steht, leuchten die Sandsteinmauern des Bambora-Forts goldgelb. Das Gebäude ist mächtig und breit, mit begehbarem Dach, mit zierlichen Pavillons darauf und einem mächtigen Rundturm an der Seite.

Es ist kaum zu glauben, dass diese festungsartige Burg des 18. Jh. vor wenigen Jahrzehnten fast nur noch eine Ruine war, in ihrer Substanz zwar aufrecht stehend, aber mit eingebrochenen Mauerecken, beschädigten Arkaden, abrutschenden Treppen und wassertriefenden Dächern.

Dann kam *Thakur Sunder Singh,* mit Familie, und ging mit der ganzen noblen Leidenschaft eines Rajputen-Fürsten an den Wiederaufbau, fing an, aus der Ruine ein Traumschloss zu machen. Es ist ihm gelungen, mit der ideenreichen Hilfe der *Thakurani Chanda Kanwar.* Es wurde ein Schloss-Fort, so exotisch, wie es sich ein Reisender nur vorstellen kann. Die Inneneinrichtung bevorzugt feines Holzmobiliar mit lebhaft farbigen textilen Ergänzungen, blankem Satin, lokalen handgewebten Stoffen und mattgoldenen Auflagen an manchen Möbeln. Spiegel sind reichlich in den Räumen verteilt (in 20 komfortablen, individuell ausgestatteten Doppelzimmern und in zehn großen Suiten), Mini-Spiegel auch als glänzende Verzierungen in den weißen Stuck der Säulen gedrückt, eine altbeliebte Rajasthan-Dekoration. Im Angebot sind auch einige kreisrunde Betten mit Satindecken, sie können zu fürstlichen Phantasien anregen.

Übernachten im Traumschloss

Am schönsten ist der Aufenthalt, wenn die Frühlingswärme den kühlen Winter verdrängt hat und man in der Nachmittagshitze auf der von luftigem Wind durchströmten Terrasse im Zwischengeschoss Tee trinken kann. Offenheit und Helligkeit prägen den Ort. Und immer wieder lädt der Marmor-Pool zu sportlicher Abkühlung, mit seinem grazilen Pavillon zu Füßen des Fort-Hügels. Genüsslich lässt man die Wasserstrahlen aus den Rüsseln der Marmorelefanten auf sich niederrieseln. Jüngst ist den badenden Gästen das Areal um das Marmorbecken noch attraktiver gestaltet worden.

Wir schlagen vor, nach einigen Tagen intensiver Stadt- und Bildungserlebnisse in **Bambora** auszuspannen, es sich wohl sein zu lassen im Heritage-Komfort samt Ayurveda Massage und/oder Barbesuch. Vielleicht auch nach Lust und Laune einmal oder öfter das Rajasthan-Leben abseits der Touristenhochburgen zu erkunden: zu Fuß auf einem Dorfspaziergang nah dem Burghügel, mit dem Wagen zu dem kaum bekannten, staunenswert wohlerhaltenen Tempel, im Sattel hoch zu Pferd in die offene Landschaft.

Auch eine Fahrt zum **Jaisamand-See** ist der Landschaft wegen zu empfehlen. (*40 km südlich von Udaipur*)

Reisepraktische Informationen zu Bambora

Unterkunft
Karni Fort Bambora *(Karni Hotels), €€€€–€€€€€, ☎ 0291-2512101. www.karnihotels.com. Ein gerettetes Heritage-Kleinod, mit 30 reizvoll ausgestatten Zimmern und Suiten, Marmor-Pool, Restaurant und Bar.* *S. S. 361.*

Tempel im Abseits: Jagat

Eine Entdeckung ist der **Jagat-Tempel** (auch „Jagdir"). Im **Bambora Fort** sagt man dem Gast, wie er dorthin kommt – über die Dörfer nämlich, an Ziegenherden vorbei, an kleinen schmalen Ladenstraßen in den Dörfern und an trockenen Flussbetten vorbei.

Unbekannter Tempel

Eine niedere Ummauerung mit offener Pforte und kein Wärter – der Tempelbau steht am sandigen Ortsrand, es gibt etliche schlanke Pavillons, außerhalb der Mauer, wohl Chattris. Nicht monumental groß, doch reich gegliedert und wohlerhalten mit Vorhalle, Haupthalle, Cella und dem markanten Turm steht der Tempel wohl seit dem 10. Jh., gewidmet der *Ambika Mata* (Durga). Unversehrt ist die Vielzahl der Reliefbänder und Giebeldreiecke, der Charme der schlanken und schwellenden Formen der Tänzer und Tänzerinnen und der grazilen Apsaras in den Nischen – und bewundernswert die Gesamtwirkung. Auch einige erotische Gruppen sind im Jagat-Tempel zu sehen. Ein kleines Stück „Khajurahu" im Süden Rajasthans. Manchmal ist ein Platz abseits der Städte günstig für den Erhalt kostbarer Architektur. *(etwa 30 km westlich von Bambora, etwa 60 km von Udaipur)*

Jaisamand Lake – einst der See der Sommerpaläste

Auch dies ist ein künstlicher See aus dem 17. Jh. und war mit seiner Fläche von 150 km^2 sogar der zweitgrößte Asiens. Damals verbrachten die Maharanas von Udaipur ihre Sommer gern in den beiden Palästen auf den Aravalli-Höhen südöstlich von Udaipur, nicht weit vom See, mangels noch höherer Hill Stations. Man kann hinauffahren zum **Hawa Mahal** und zum **Ruti Rani Palace**, der Fernblick lohnt. Auch rund um den See ist die Landschaft schön, teils auch waldig. Wieder ein künstlich angelegter See und wieder ein Zeugnis dafür, wie besorgt die Landesherrn – und wohl auch das Volk – um ausreichende Wasserversorgung waren. Mit 150 km^2 ist er wirklich groß zu nennen und der umgebende Wald (auch Teakholzbestand) bietet allerhand Wildtieren (keinen Tigern, auch Pantern!) Zuflucht, auch die Inseln im See sind Schutzgebiet für Vögel.

Auf der Baba-Insel ist das **Jaisamand Island Resort** mit dem Boot in 20 Minuten zu erreichen. Die Unterkunft mit 40 Zimmern, Restaurant und Pool ist modern, wenn auch mit zu viel Betonoptik. Natur und Inselruhe gleichen Schönheitsmängel aus. Im Wildschutzgebiet gibt es noch ein Forest Guest House, wer dort wohnen will, muss beim **Deputy Chief Wildlife Warden** in Udaipur reservieren.

Reisepraktische Informationen zu Jaisamand

Unterkunft
Jaisamand Island Resort, *€€€–€€€€, Island 1, Jaisamand Lake, Udaipur-Baswara Road, ☏ 09928-098555, www.jaisamand.com. Mit dem Boot in 20 Minuten zu erreichen. Die Unterkunft mit 40 Zimmern, Restaurant und Pool ist modern, wenn auch mit viel Betonoptik. Natur und Inselruhe machen Schönheitsmängel wett.*

Sitamata Wildlife Sanctuary

Noch weiter südöstlich ist dichter Dschungel für das **Sitamata Wildlife Sanctuary** gerade richtig. Außer dem reichen Tierbestand wird auch wirklich frische Luft gepriesen – keine Hauptverkehrsstraßen nahebei –, aber wegen der Entfernung bliebe bei einem Tagesausflug von Udaipur zu wenig Zeit für den Besuch des Wildlife Sanctuary. Die Dörfer in der Gegend werden von Bhils, Ureinwohnern, bewohnt. Unterkunft bietet das alte **Fort Dhariyawad** – 20 km von Udaipur entfernt, eine Gründung aus dem 16. Jh. von einem Sohn des berühmten Rana Pratap. Dort kann man sich Jeep-Touren organisieren lassen.
Sitamata Wildlife Sanctuary: *☏ 02950-3500/4000, 90 km südöstlich von Udaipur.*

Reisepraktische Informationen zu Sitamata Wildlife Sanctuary

Unterkunft
Fort Dhariyawad, *€€–€€€, ☏ 02950-270050, mobil 94142-96746, www.fortdhariyawad.com. 18 Zimmer und Suiten, teils in ehemaliger Burg (16. Jh.), teils in Cottages.*

Rishabdeo – eine Jain-Pilgerstätte

Schwarze Steinelefanten begrüßen den Besucher, vor und auch hinter dem Eingang. Der weiße Marmor im Tempel leuchtet darum besonders hell. Der ungewohnte Name bezeichnet eine Reinkarnation des letzten *Tirthankara* (= Furtbereiter) der Jains. Das Besondere an diesem noch meist touristenfreien Heiligtum ist, dass sein schwarzes Marmorbild nicht nur von Jains, sondern auch von Hindus und von Bhils verehrt wird. Die Hindus nennen es *Kesaryaji*, das Safran-Idol, weil sie dort dem Gott *Vishnu* Safran opfern. Für die Bhils ist das Bild *Kala Deo*, eine schwarze Gottheit. Wie andere Jain-Tempel zeigt auch dieser zahlreiche Säulen und figürlichen Schmuck. Die Umgebung bietet nicht viel außer den gewohnten Devotionalien-Läden. *(65 km südlich von Udaipur)*

Reisepraktische Informationen zu Udaipur

Auskunft

Tourist Reception Center, *im Fateh Memorial Building, Suraj-Pol, nahe der* **Town Hall (23)** *an der Ausfallstraße ostwärts zum Flughafen und nach Chittorgarh, ☏ 0294-2411535, 0294-2521971. Etwas weiter südlich: zentraler Bus Stand. Die Angestellten dort sind nach unserer Erfahrung hilfsbereit, wenn Kunden mit gezielten Fragen zu ihnen kommen. Im Angebot: Stadtrundfahrten und Touren in die Umgebung. Weitere Informationsstellen an der „Udaipur City Station" der Bahn (südöstlich der Altstadt) sowie – nur zu den Flugzeiten – am Flughafen (Dabok Airport, ☏ 0294-2655433).*

Internet

Sehr viele Hotels haben Internet-Service für die Gäste, allerdings unterschiedlicher Qualität. Auch in Läden findet man dazu gelegentlich Internet-Service. Empfehlenswerte Adressen sind Mewar International, 35 Lal Ghat, und im Untergeschoss des Udai-Niwas-Hotels ein heller, sauberer Raum mit etwa sechs Internet-Arbeitsplätzen.

Unterkunft

Sicher will jeder Gast die besondere Stimmung Udaipurs zwischen Hügeln, Palästen und Seen zu allen Tageszeiten erleben. Und das ist, vom Unterkunftsangebot her, auch möglich, denn es gibt in den alten Gebäuden der Altstadt entlang den Ghats und in den palastartigen Bauten viele Unterkünfte aller Preisklassen, alt, neu oder halbalt, entweder mit Dachgarten-Restaurant oder/und mit Fenstern zum See und Lake Palace. Dazu kommen noch die Häuser am Hanuman Ghat am westlichen Ufer des Lake Pichola, von denen man prächtige Aussicht auf Jagdish Mandir und City Palace hat. Lebhaftes Treiben herrscht noch am Abend. Ruhiger ist es entlang der Lake Palace Road, sehr still, aber auch abgelegen, wohnt man am Ufer des Fateh Sagar.

Auch in Udaipur bieten Paying Guest Houses preiswerte Unterkünfte (umgerechnet oft unter 10 €) mit Einblick in indisches Alltagsleben. Nachfragen im Tourist Reception Center!
Panorama Guest House (1), *€–€€, am Hanuman Ghat, ☏ 0294-2431024, www.panoramaguesthouse.in. Bestes Budget-Hotel in der Stadt, Bestlage mit wunderschönem Blick auf Lake Pichola und Altstadt, 10 Zimmer in leuchtenden Farben, schlichtes Dachrestaurant, gute Küche, auch Kochkurse.*
Udai Niwas (2), *€–€€, Gangaur Marg, nahe dem Jagdish-Tempel, ☏ 0294-5120789 14, www.hoteludainiwas.com. 14 ansprechend gestaltete Zimmer, ein Dachgarten mit guter Aussicht, ein neues „Penthouse" mit Seeblick, mit Internet – und hilfsbereitem Personal.*
Gangaur Palace (3), *€–€€, Gangaur Ghat Road, ☏ 0294-2422303, www.ashokahaveli.com. Beliebte low-budget-Adresse, ein Haveli mit Innenhof und aufgesetztem Dachgartenrestaurant. Die Zimmer sind sehr verschiedener Qualität, einige mit Seeblick, einige mit sehr alten Wandmalereien. Gute Backstube „European style"!*
Pratap Bhawan (4), *€€, 12, Lal Ghat, ☏ 0294-2560566, pratapbhawan@yahoo.co.in. Anerkannte familiäre Gastfreundlichkeit und gute Küche, 14 große, gepflegte Zimmer mit Bad, Restaurantterrasse zum See.*
Baba Palace (5), *€€–€€€, Seitengasse der Gangaur Ghat Road, ☏ 0294-2427126, www.hotelbabapalace.com. Direkt gegenüber dem Jagdish Tempel: freundliche Zimmer, Lift*

zur Dachterrasse, wo außer gutem Essen auch die Beobachtung des Lebens um den Tempel und der weite Blick über Udaipurs Dächer der Stadt zu genießen sind.

Wonder View Palace *(6), €€–€€€, 6, Panch Dewari Marg, Hanuman Ghat, ☏ 0294-2432494, www.wonderviewpalace.com. Vier Stockwerke (Eckzimmer mit bester Aussicht), Dachrestaurant mit Rundsicht, in ruhiger Lage, freundlich und komfortabel.*

Rang Niwas (**7**), *€€–€€€€, Lake Palace Road, ☏ 0294-2523890, www.rangniwaspalace.com. Ein sorgfältig renoviertes altes Haus mit neuerem Anbau. Breite Auswahl: von einfachsten Zimmern ohne eigenes Bad bis zu luxuriösen Suiten. Die Zimmer zum Garten sind am angenehmsten, Gäste können am Pool ausspannen, guter Service.*

Kankarwa Haveli (**8**), *€€–€€€€, 26, Lalghat, ☏ 0294-2411457, khaveli@yahoo.com. 250 Jahre alt, mit Innenhof, nah dem Lake Pichola. Dachterrasse, Mahlzeiten auf Bestellung, nette Wirte. Zimmer mit Seeblick buchen!*

Jagat Niwas Palace (**9**), *€€€–€€€€, 24–25 Lalghat, ☏ 0294-2420133, www.jagatniwaspalace.com. Schönes, gut restauriertes Haveli mit Innenhof aus dem 17. Jh., Restaurant (auch für Nicht-Gäste) mit Blick auf Lake Pichola, Vermittlung von Ausflügen, freundliches, effizientes Personal.*

Lake Pichola Hotel (**10**), *€€€–€€€€, Hanuman Ghat, ☏ 0294-2431197, www.lakepicholahotel.com. Ein alter Palastbau, die freundlichen adligen Eigner haben jüngst wieder erfolgreich renoviert und neuen Glanz eingebracht. Die Lage direkt über dem See mit Balkons und Dachterrassenrestaurant samt Aussicht auf die Ghats ist und bleibt großartig.*

The Tiger (**11**), *€€€€, 3 Gangaur Ghat Road, ☏ 0294-2420430, www.thetigerudaipur.com. Schick und neu, erstrebt mit der Dekoration Bollywood-Charme. Restaurantterrasse, Spa, Massagen.*

Amet Haveli (**12**), *€€€€, Chand Pole, am südlichen Ende des Hanuman Ghat, an der Spitze der Halbinsel, ☏ 0294-2434009, www.amethaveliudaipur.com. 2003 zum Hotel gestalteter Heritage-Bau mit herrlichem Blick auf City Palace und See. Zimmer: elegant und bequem. Service: freundlich. Restaurant siehe: Ambrai, S. 366.*

Karohi Haveli (**13**), *€€€€–€€€€€, neueröffnet auf der Halbinsel beim Hanuman-Ghat, ☏ 0294-3290228, www.karohihaveli.com. Ein Haveli des 19. Jh., effizienter Service, komfortable Zimmer und schöne Aussicht auf den Lake Pichola. Sogar zwei Restaurants.*

Udai Kothi (**14**), *€€€€€, Hanuman Ghat, ☏ 0294-2432810, www.udaikothi.com. Man kann auf dem Dach nicht nur essen – und das auch noch gut und angenehm – sondern auch baden: im ersten Rooftop-Pool weit und breit!*

Shikarbadi *(HRH)* (**15**), *€€€€–€€€€€, Govardhan Vilas, an der Ahmedabad Road 5 km südlich vom Zentrum, ☏ 0294-2583201, www.hrhindia.com. Am Fuß der Aravalli-Höhen in ehemals fürstlichem Jagdhaus, der rechte Platz auch für sportliche Leute, die sich gern in den Sattel schwingen. 26 komfortable Räume, Garten, Pferdezucht und Wildbeobachtung.*

Fateh Prakash *(HRH)* (**16**), *€€€€€€, im City Palace, ☏ 0294-2528016, www.hrhindia.com. Die exquisiten Zimmer sind meist im modernen Flügel, im Hauptpalast die sieben Suiten. Sowohl der neue als auch der ältere Palastteil haben gute Sicht auf den Lake Pichola, ein Sonnenuntergang vom Sunset-Restaurant kann ein Höhepunkt der Reise sein. Die Einrichtungen des „Shiv Niwas" im selben Palastkomplex können mitbenutzt werden.*

Lake Palace (**17**), *€€€€€€€, ☏ 0294-2528800, www.tajhotels.com. Ist nicht nur zu bestaunen, wie er als Trauminsel abends erleuchtet auf den dunklen Wassern des Lake Pichola schwimmt, man kann auch darin wohnen (84 Gasträume) – und sich wie ein Filmstar fühlen. Die Suiten sind vornehm ausgestattet, jede ein orientalischer Traum, die*

Zimmer im Design vergleichsweise zurückhaltend. Den Pool im Gartengrün ist vergleichsweise klein.

Shiv Niwas *(HRH)* **(18)**, *€€€€€€€, im City Palace, ☏ 0294-2528016, www.hrhindia.com. Allein schon der märchenhafte Marmor-Pool verdient Lobpreisungen. Vorzüglich gelegen am Südende des Palast-Komplexes gehört das Hotel zur obersten Liga in Rajasthan, in Indien. Die 19 Zimmer haben guten Standard, auch hoch gesteigerte Palasterwartungen erfüllen die luxuriösen Suiten, und herrlich ist der Ausblick.*

Hilltop Palace (19), *€€€€, 5, Ambavgarh, ☏ 0294-2413845, www.hotelhilltoppalace.net. Großes Haus mit 62 Zimmern, nahe dem Fateh Sagar, abseits der touristenreichen Altstadt. Gäste schätzen besonders die Zimmer mit Balkon in den oberen Etagen und das Dachrestaurant.*

Udai Niwas (20), *€€€€€€€ („Packages" auch günstiger). Am Westufer des Lake Pichola, ☏ 0294-2433300, www.oberoihotels.com. Die Oberoi Group hat in den jüngsten zwei Jahrzehnten in mehreren Neubauten Maharaja-Pracht und modernes Wohlfühl-Ambiente zusammengeführt. Exzellent gelungen im Udaivilas! Parkgrün und Pools umher.*

Essen und Trinken

Wo geht man hin in Udaipur? Man steigt auf eine Dachterrasse, wo es abends angenehm abkühlt und über den Lichtern von Stadt und See so schön romantisch werden kann. Auch die Seeterrasse drüben am Lake Palace ist (zu teuren Preisen) romantisch, aber die meisten Touristen finden es auf den Dächern schöner. In der einfachen Klasse wird man einfache europäische Gerichte (Spaghetti) und wenig einfallsreiches Indisches finden, schon in der unteren Mittelklasse kann raffiniertere indische Kost erfreuen. Hotels haben auch hier meist die besten Köche. Manche aber bieten Buffet-Dinners an, wo oft die Töpfe stundenlang über den Wärmeöfchen schmoren, das ist nicht besonders vorteilhaft.

Baba Palace (1), *€, Dachrestaurant des gleichnamigen Hotels (siehe oben), ☏ 0294-2427126. Wer hoch hinaus will, steigt gegenüber dem Jagdish Mandir im Baba Palace Hotel in den Lift und ist dann auf einem der höchsten Dächer der Altstadt, eindrucksvoller Rundblick, bei dem man sich das gute Speisenangebot schmecken lässt!*

Queen Café (2), *€, 14, Bajrang Marg, am Chand Pol, ☏ 0294-2430875. Indische Küche gibt es hier, mit speziellen Curries, auch schweizerische. Dazu unglaublich preiswert. Koch- und Hindi-Kurse. Kein Wunder, dass „Queen" (samt Dachterrasse) vor allem bei jungen Individualtouristen als Geheimtipp gilt.*

Edelweiss (3), *€, 71, Gangaur Ghat Mar. Hier treffen sich Reisende und ersetzen eine warme Mahlzeit durch wunderbaren Apfel- oder Schokoladenkuchen aus der angeschlossenen europäischen Backstube (und Sandwichs). Auch der Kaffee ist vorzüglich.*

Savage Garden (4), *€–€€, nahe beim Chand Pol, ☏ 0924-2425440. Das einfallsreiche Design: ein blauer Traum! Einfalls- und abwechslungsreich auch das meist kontinentale, ausgezeichnete Speisenangebot. Auch Bier ist zu haben.*

Ambrai *(5)*, *€–€€, Lake Pichola Road, beim Amet Haveli, ☏ 0294-2431085 (siehe „Unterkunft"). Optimal, was Lage und Stimmung anbelangt – am Ufer, unter hohen Bäumen, bei guter indischer Musik, nachts mit Lichtergefunkel über dem See. Das Essen ist indisch oder kontinental, frisch, köstlich und günstig.*

Berrys (6), *€€, am Chetak Circle, ☏ 0294-2429027. Gutes Restaurant beim Chetak Circle, im Geschäfts- und Basarviertel der Stadt. Sehr geeignet für den, der nach dem Einkaufsbummel essen gehen will. Sehr gute Küche!*

Feste/Veranstaltungen/Exkursionen

Sightseeing-Fahrten in die Umgebung organisiert **Gangaur Tours`n Travels**, *☏ 0294-2411476, Gangaur@hotmail.com.*
Breites Angebot, vom Leihwagen bis zur Hotelsuite: **Parul**, *beim Jagat Niwas Hotel, Lalghat, ☏ 0294-2421697, parul_tour@rediffmail.com.*
Unterkunft, Tickets für Bahn, Bus oder Flug auch bei: **„People & Places“**, *34–35 Shrimal Bhawan, Garden Road, ☏ 0294-2417359, www.palaces-tours.com. Ebenso beim* **RTDC Tourist Reception Center** *(siehe „Auskunft“) und beim* **RTDC Hotel Kajri**, *Shastri Circle, ☏ 0294-2410501/2/3 (Tages- und Halbtagsausflüge, zwischen 150 und 400 Rs).*
Fremdenführer vermittelt das **Tourist Assistance Centre**, *3 Paneri House, Bhattiyani Chota, ☏ 0294-2528169. Guides mit Government-Lizenz verlangen bis zu 500 Rs pro Tag (bis zu vier Teilnehmer).*
Reisebüros bieten auch Ausritte an. Ausflüge zu Pferde, stundenweise oder zwei, vier und bis zu acht Tage lang, veranstaltet **Princess Trails**, *☏ 09829042012 oder 0294-2424414, www.princesstrails.com. Eine gute Gelegenheit, Rajasthans berühmte Marwari-Pferde (s. S. 209) kennenzulernen! Auch Kamel- und Elefanten-Ausritte kann man probieren (z. B. über die Agentur* **Parul**, *siehe oben).*

Fest

Mewar-Festival, *dreitägig, mit großer Prozession, Tanz und Musik – vor allem ein Fest der Frauen. Am Abend des dritten Tages großes Feuerwerk. Termine wechselnd von März bis Mai.*

Einkaufen

Die Tradition der **Mewar-Miniaturmalerei** *wird heute noch fortgesetzt, es gibt also reichlich, überreichlich Miniaturen zu kaufen. Viele Gäste wollen sich ein schönes Motiv aus der Krishna-Mythologie oder eine höfische Szene als Erinnerung mitnehmen. Es ist sehr zu empfehlen, die Malereien genau und vergleichend in Augenschein zu nehmen, so erkennt man die wirklich kunstvoll-feinen, hochwertigen Miniaturmalereien, die sich von einfacheren Ausführungen unterscheiden.*
Es gibt übrigens Gelegenheiten, sich in die Kunst der Miniaturmalerei praktisch einführen zu lassen: etwa bei **Hare Krishna Arts** *in der City Palace Road, ☏ 0294-2420304. An der gleichen Adresse vermittelt man auch Kochkurse in indischer Küche und Hindi-Unterricht. Unterricht in Miniaturmalerei bietet auch* **Janak Arts**, *Lalghat 12.*

Indiens moderne, zeitgenössische Kunst hat seit einiger Zeit – endlich! – internationale Aufmerksamkeit gewonnen, der Kunstinteressierte kann sich danach auch in Udaipur umschauen, zum Beispiel in der **Gallery Pristine** *(Kalapi House, Bhatiyani Chotta, Palace Road, ☏ 0294-2423916) oder bei* **Bougainvillaea** *(135 Saheli Marg, ☏ 0294-3290822, www.bougainvillaea.com).*

Udaipur hat gute **Silberschmiede**, *deren Läden und Werkstätten man zum Beispiel östlich des Clock Tower im Bada Basar findet.*

Das textile Angebot ist überwältigend, ethnische Arbeiten, wie zum Beispiel Stickereien mit und ohne eingenähte Spiegel (oft stammen sie aus Gujarat), Bandari, also Stoffe in Abbinde-Technik gefärbt, Batik und Handgedrucktes ist in Überfülle im Angebot. Gute Läden dafür

reihen sich an der Lake Palace Road und an der Bhatiyani Chotta (längs des City Palace an der Landseite), dort gibt es auch andere Volkskunst, Holzarbeiten, Bronzen, handgeschöpftes Papier, zu hübschen Alben und Notizbüchern verarbeitet, und ähnliches.
Für Stoffe und zugleich für Maßgeschneidertes (binnen eines Tages!) ist in der Bhatyani Chotta eine gute Adresse die **Monsoon Collection**. *Besonders hinweisen möchten wir auf die einem guten Zweck dienende* **Sadhna**, *ein Unternehmen handwerklich tätiger Frauen, die viele schöne Textilien herstellen: Decken, Blusen, Schals, Kissenhüllen und anderes (Jagdish Temple Road, ☏ 0294-2417454, www.sadhna.org).*

In der Lalghat-Gegend gibt es sehr viele kleine Läden, die vom Souvenirhandel leben. Man kann dort schöne Dinge finden – und sollte Preise vergleichen.

Übrigens konkurrieren ums Lalghat und den City Palace auch mehrere Buchläden. Wer Englischsprachiges liest, kann sich mit neuer indischer Belletristik versorgen (zum Beispiel im **Mewar International**, *35 Lalghat). Geschichtliche und kunstgeschichtliche Werke findet man bei „***Sai***" (168, City Palace Road), in der Nähe des Eingangs zum City Palace.*

Auserlesen feine Läden, die preislich natürlich anspruchsvoll sind, haben sich ihren Platz innerhalb des City Palace-Geländes gesichert, am Manek Chowk. Dort ist auch eine Filiale des beliebten **Anokhi-Ladens** *(Kleider und mehr) aus Jaipur.*

Am Abend
Das **Bharatiya Lok Kala Museum** *(Adresse s. Seite 354) zeigt von September bis März von 18–19 Uhr eine Marionettenschau und Volkstänze.*
Im **Meera Kala Mandir** *(südlich der City Railway Station, ☏ 0294-2583176) folgt eine Stunde später Programm mit Akrobaten, Musikern und Tänzern.*

Verkehrsverbindungen

Bahnhof: *Die „Udaipur City Station" in der Stadt, viel weiter nördlich außerhalb liegt die „Udaipur Station". Die beste Verbindung nach New Delhi ist der tägliche Mewar Express, Fahrtdauer etwa 12 Stunden. Nach Jaipur geht es in 8 1/2 Stunden mit dem Jaipur-Express über Nacht.*

Bus: *Abfahrtszeiten erfragt man telefonisch über 0294-2484191. Fahrzeiten: nach Agra 16 Stunden; nach Chittorgarh 2,5 Stunden; nach Ranakpur 3 Stunden; nach Jodhpur 7 Stunden, nach Mt. Abu 6 Stunden (man muss fragen, ob der Bus auf die Anhöhe von Mt. Abu fährt oder nur bis Abu Road am Fuße des Berges). Preise sind unterschiedlich je nach Qualität der Busse.*

Stadtverkehr: *Man benutzt Taxis oder Autorikshas. Oftmals mieten Touristen Fahrräder, zwischen 30 und 50 Rs pro Tag, aber der Verkehr ist stressig! Fahrradvermietung z. B. „Heera Cycle Store" an der Gangaur Ghat Marg nahe dem Jagdish Mandir.*

Flughafen: *Dabok Airport,* **25** *km nordöstlich des Stadtkerns. Innerindische Flugverbindungen nach und von New Delhi, Jaipur, Jodhpur, Aurangabad, Mumbai. ☏ Jet-Airways: 0294-2656288, Indian Airlines: 0294-2655453. Fahrtkosten vom Flughafen mit Taxifahrt zum/vom Flughafen: umgerechnet 3–4 €.*

Dungarpur und Baneshwar: Rajasthans südlichster Süden

Leicht erreichbar von Udaipur und doch vom Tourismus erst jüngst entdeckt, lockt **Dungarpur** mehr und mehr Liebhaber einer noch unverfälschten Indien-Szene. Dungarpur, die „Stadt der Hügel", war fast acht Jahrhunderte Residenz der herrschenden Maharwals aus der Mewar-Dynastie. Deren gegenwärtige Generation hat ihren **Udai Bilas-Palast** teils in ein Heritage-Hotel umgewandelt, in schönster Lage unmittelbar am **Gaib-See** und nah seinen Vogelrevieren.

Redaktionstipps

➤ **Kultur:** Udai Bilas und Juna Mahal, **zwei Paläste**, sind zu vergleichen – und zu bewundern, in ihrer Architektur wie in ihrer künstlerischen Ausstattung (s. S. 371, 373).
➤ **Natur**: Nicht nur an den Ufern des **Gaib-Sees**, auch im waldreichen Umland sind **Vögel in Vielzahl** zu beobachten.
➤ **Fest:** Märkte beim großen **Stammesfest der Bhils** am Zusammenfluss der drei Ströme Jakham, Mahi und Som bei Banswara (Januar/Februar) (s. S. 374).

Orientierung

Die Stadt **Dungarpur** ist nur zwanzig Minuten zu Fuß vom Palast entfernt, voller kleiner Läden, *Threewheeler* und Kleintransporter, bunt und geschäftig. Ein architektonisches Unikat überragt Stadt und See: der mittelalterliche **Juna Mahal,** unbewohnt, aber siebenstöckig und voller Kostbarkeiten.

Dungapurs Lage am west-östlich langgestreckten See macht die Orientierung leicht: Die Stadt breitet sich im Südwesten und Westen aus, mit neuen Stadtvierteln – und einem Archäologischen Museum – auch im Nordwesten, während der Osten fast unbebaut geblieben ist. Im Südosten ist ufernah eine Tempelinsel im Blick, am Ufer dort steht der **Udai-Bilas-Palast** in seinem Parkgelände. Für Exkursionen ins Umland zu Fuß, im Sattel oder mit dem Wagen fragt man in den Hotels um Rat (kein Tourist Information Center in Dungarpur).

Naturfreunde fühlen sich am Rand der Aravalli-Kette inmitten von Feldern, Waldstücken und umgrünten Tempelstätten wohl. Zu den Nachbarstaaten Gujarat und Madhya Pradesh hin sind die einstigen Fürstentümer und heutigen Distrikte Dungarpur und Banswara (Baneshwar) nicht so rau, steinig und kakteenstachlig wie nördlich der Residenzstadt.

Geschichte

Maharaval *Samant Singh*, ein Erstgeborener der *Guhilot-Ahara*-Dynastie, eines Zweiges der Mewar-Dynastie in Chittorgarh, brachte das Land der Bhils um Dungarpur im 12. Jh. unter seine Herrschaft. Sei es, dass sein Vater ihm die Nachfolge verweigert hatte,

Hoch über Dungarpur ragt die Juna-Mahal-Burg auf: siebenstöckig, mauernstark, überraschungsreich

sei es sein Mut oder seine Ungeduld gewesen, Neues zu gründen. Immer wieder wurde die neue Herrschaft in der Folge umkämpft, wurde angegriffen von den Mewars im Norden und von den Solankis im Süden. Wie sich Dungarpur dennoch behauptete, ist seit dem Mittelalter in den Gesängen der Barden überliefert. Tapferkeit und leidenschaftliche Liebe sind ihre Hauptthemen, zugleich haben sie ihren Wert als Chroniken.

Als „inoffizieller Hofchronist" hat *Mahesh Purohit* jahrelang diese und andere Zeugnisse aufgearbeitet. Im **Udai-Bilas-Palast** ist ein zweistöckiger Archivraum mit Büchern und anderen Schriften angefüllt (nicht allgemein zugänglich).

In neuerer Zeit ist die Stadt Dungarpur immer weiter nördlich gewachsen, mit Schulen, Krankenhäusern, Bürobauten und dem Archäologischen Museum.

Seit sieben Jahrhunderten: Burg und Palast

Anstrengender Aufstieg

Juna Mahal, das Fort auf der Höhe, ist noch immer im Besitz der *Guhilot-Ahara*-Dynastie, die sich im 19. Jh. ihren neuen **Udai-Bilas-Palast** am See baute. Dort, im neuen Palast, meldet man sich zum Besuch im Juna Mahal an. Die Straßenkurven hinauf zu dessen Höhe sind der Sonne ausgesetzt, und nicht jeder *Threewheeler* bewältigt sie – man lässt sich an der Udai-Bilas-Rezeption beraten und ein Fahrzeug vermitteln. Wer früh aufsteht und den Aufstieg nicht scheut, erlebt die Stadtrand-Besiedlung und die umgebende Hügellandschaft intensiver und nimmt auch die vielen Neubauten genauer wahr. Leute aus Dungarpur und dem Umland arbeiten jahrelang in den arabischen Staaten am Persischen Golf und können sich nach der Rückkehr ein Haus leisten.

Zurück ins Gründungsjahr der Burg, 1282: *Rawal Veer Singh* von Vagad wählte den Platz zwischen zwei Hügelrücken und ließ ein kleines zweistöckiges Fort bauen. Juna Mahal ist eines der ältesten Bauwerke der Stadt Dungarpur, zugleich das am öftesten erweiterte – neben den *Shiva*- und *Vishnu*-Tempeln, Moscheen muslimischer Sekten und Tempeln von Göttinnen, die Gläubige verschiedener Religionen aufsuchen. Seit

Eine kleine Spiegelwelt mit kostbaren Einlegearbeiten und Miniaturen bildet das Sheesh-ka-Kamra im Juna Mahal

langem ansässige Stämme wie die Bhils wurden von den Rajputen auch hier unterworfen. Schon damals führten Fernstraßen von Zentralindien (Malwa) und Delhi nach Ahmedabad in Gujarat und bis zur Arabischen See durch Vagad und Dungarpur. Die östlich angrenzenden Sultanate, später das Mogulreich wirkten auf Dungarpur ein und beherrschten es zeitweise.

Interessante Skulpturen

Hinter hoher Feldsteinmauer ragt die weißhelle, teils bräunlich gealterte Schmalfront des Burggemäuers auf. Hinter dem hohen Tor befindet sich ein gepflasterter Innenhof mit prächtig großem, schattenspendendem Maulsari-Baum. An den Mauern hinaufschauend, den Kopf weit im Nacken, sieht man eine Vielzahl von breiten Balkonen, dazwischen offene Säulenhallen. Und Kunst ist zu entdecken, auch sie vielfältig: Skulpturen von Kriegern, speertragenden Reitern und auch von Tänzern und vollbusigen Frauen, ein Mann greift begehrlich zu. Die Außenseiten der Balkone sind reich geschmückt, und Reliefbänder mit Elefanten und blühenden Pflanzen, mit Kriegszügen und Jagdszenen sind über viele Meter in die aus robusten Natursteinen gefügten Burgmauern eingelassen.

Das Burginnere ist auf schmalen, steilen Steintreppen zu ersteigen – wie in vielen Rajasthan-Forts baute man sie vorsätzlich so eng, um eindringende Gegner leichter Mann um Mann zu überwältigen. Fast alle Räume der Burg sind seit Jahrzehnten ausgeräumt – doch die Besucher staunen von Stockwerk zu Stockwerk. Nicht überall umfängt sie kahles Mauerwerk, sondern sie entdecken eine siebenstöckige Kunsthalle, reich an prächtigen Wandbildern, dazu Säulen und Pfeiler mit eingelegtem bunten Glas- und Steindekor, Kabinette voller Spiegelschmuck und Malereien, die auch an die

Markantes Stadthaus inmitten von Dungarpur: Vor zwanzig Jahren sah es in Indiens Altstädten fast überall so aus

Havelis in Shekhawati erinnern, mit Bildmotiven aus der britischen Ära. Seit dem frühen 19. Jh. hatte die British East India Company, später die britische Krone in Dungarpur das Sagen. Die Vögel freilich fliegen in manchen Saal ungehindert ein, aus den Polstern letzter Möbelstücke kommt das Futter zutage. Es mangelt noch immer an staatlicher Unterstützung, um dieses außerordentliche, über Jahrhunderte hin immer wieder erweiterte Bauwerk endlich behutsam zu restaurieren.

Doch bei unserem jüngsten Besuch konnten wir erste konservatorische Ansätze beobachten, auch hilfreiche Schrifttafeln zur Erklärung der einzelnen Räume und Bereiche: etwa der **Jambua Chowk**, der zentrale Hof, von dem aus alle Teile der Burg erreichbar sind. Darunter geht es noch zwei Ebenen tiefer, darüber sind die sieben Stockwerke gebaut. Um den Jambua Chowk fanden die Anhörungen statt, bei denen die Untertanen sich an den Maharawal und seine Minister wenden konnten.

Die gleiche Funktion hatte zeitweise auch der **Baradari**, wörtlich ein „Raum ohne Wände", tatsächlich ein Pavillon des 17. Jh. auf dem obersten Stockwerk, der vor allem der Erholung diente. Ringpaare an der Decke hielten übergroße Fächer, die per Hand bewegt wurden. Auf dem Dach konnte Dungarpurs Staatsflagge gehisst werden.

Diskreter, unauffällig sind zwei niedere Türen am Gemäuer einer anderen Halle. Hinter ihnen zeigt sich aber nicht ein Wandschrank, sondern eine etwa mannshohe Kammer, und die ist ausgemalt mit Dutzenden von erotischen Bildern. Kamasutra in Dungarpur, ein buntfarbiger Katalog möglicher und fast unmöglicher Positionen – der Führer öffnet die Türen und erwartet ein kleines Trinkgeld.

Sehenswerte Wohnhäuser

Das repräsentative **Tosha Khana** war im 14. Jh. für den Premierminister bestimmt. Im 19. Jh. stürmten Pathan-Truppen, denen ihr Sold nicht ausgezahlt worden war, das Ministerbüro; sie hätten den Minister umgebracht, als der kein Geld zur Hand hatte. Ein Stammesführer der Bhils öffnete ihm einen Ausweg, kam dabei aber selbst ums Leben. Im reich ausgemalten Apartment **Ranji ka Kamra** wohnte um 1800 *Suraj Bai*, Konkubine des Maharawal *Udai Singh II.* Auf einem der Wandbilder sind beide zwischen zwei Dienern dargestellt, auf einem anderen eine Prozession mit Tänzern und Feuerwerk zum *Gangaur*-Fest. Ein mächtiger Elefant trägt den Herrscher. Mit Raffinement ist das Zimmer eines der letzten regierenden Maharawals angelegt, nämlich mit Spiegeln nicht nur an allen vier Wänden, sondern auch an Boden und Decke.

Das wohl einzige Kriegsbild im gesamten Palast findet sich im ersten der fünf Räume des **Shiv Niwas-Mahal** (Architektur des 17. Jh.), der dargestellte Aufmarsch erinnert an den Vergeltungszug 1879 gegen Bhil-Krieger, die im Jahr zuvor 18 Soldaten des Staates getötet hatten.

Ist die Dachlandschaft über dem siebten Stockwerk erreicht, bietet sich großartig der weite Ausblick über die Stadtlandschaft und den See an. Viele blaue Häuser erinnern an die Szene um Jodhpurs **Meherangarh-Fort**. Eine so sorgliche Pflege, wie sie diesem zuteil wird, wünscht man dem Juna Mahal. Aber wer spürt nicht die Faszination, die von einem solchen Bau ausgeht, unter drohendem Verfall doch so reich in seiner Architektur, reich auch an Kunstwerken und nicht zuletzt an historischer Atmosphäre!

Udai Bilas – Wasserspiel und Spiegelwände

Die Silhouette der Tempelinsel begrüßt die Rückkehrer einer Vogelbeobachtung per Boot auf dem Gaib See

Manchen gefällt der Palast direkt am See so gut, sie fühlen sich so wohl, dass sie in ihre Indientour eine Pause einlegen, den einen oder anderen Tag. Um die Mitte des 19. Jh., als das Bergschloss Juna Mahal dem Maharawal *Udai Singh II.* wohl zu alt und unbequem erschien, baute er sich den neuen Palast am See. Dazu gehörte bald eines der merkwürdigsten Bauwerke Rajasthans: das **Ek Thambia Mahal**, zu Deutsch „Palast mit einer Säule", ein Bauwerk wie eine Architektur-Zauberei. Schon die Fassaden überraschen mit einer Fülle von Zierrat, Skulpturen, kleinen Balkonen und farbigen Abstufungen vom blaugrauen „*Pareva*-Stein", der sich in der Nähe vorfindet, bis zum Marmorweiß. Um 1940 erweiterte Maharawal *Laxman Singh* den Palast, baute drei neue Flügel und machte so das Ek Thambia Mahal zum Zentrum des Palasthofs.

Udai Bilas ist einer der Heritage-Hotelpaläste, die Gästen offen stehen und zugleich von ihren fürstlichen Eignern bewohnt werden. Und mehr als das: Ohne selbst hervorzutreten, verstehen sich die Eigner Maharawal *Kumar Harshvardhan Singh* und seine Gattin *Priya* darauf, ihren Gästen einen Wohlfühl-Aufenthalt zu bereiten. Dazu gehören die Ruheplätze im Park, wo sich die vielfältig schönen Baumarten nicht nur mit Namensschildern vorstellen, sondern gleich mit einer Beschreibung ihrer Vorzüge. Das Schwimmbecken ist eines der schönsten, so angelegt, dass es in den See überzugehen scheint. Dazu noch mit einem eigenen adretten Gebäude zum Umkleiden.

Baneshwar

Eine Warnung gleich zu Anfang: Der Name wird manchmal mit dem der nicht weit entfernt gelegenen Stadt **Banswara** verwechselt, die auch ihre Attraktionen vorweist, mit alten Tempeln und einem See samt „Wunschbaum".

Heimat der Bhil

Baneshwar jedenfalls liegt etwa 80 km von Dungarpur entfernt an der Mündung von drei heiligen Flüssen, dem Mahi, dem Som und dem Jakham, daher rührt ihre spirituelle Bedeutung. Die kriegerischen, im Bogenschießen treffsicheren **Bhils** sind hier zuhause. Wie aus Udaipur schon bekannt, ist auf dem Mewar-Wappen ein Bhil mit Pfeil und Bogen abgebildet, ein Zeichen, dass Rajputen und Bhils nach anfangs kämpferischen Auseinandersetzungen traditionell zusammenhielten.

Der Ort wird auch „die Stadt der 100 Inseln" genannt, denn die Flussmündung war ein verästeltes Delta. Heute gibt es hier einige wertvolle alte Tempel, der bekannteste ist ein *Shiva*-Tempel mit einem sehr verehrten *Lingam*, der als „Herr der Flussmündung" angerufen wird. Um das göttliche Gleichgewicht zu halten, ist auch ein fast ebenso heiliger *Vishnu*-Tempel, der **Mavji-Tempel**, vorhanden.

Hier, in Ufernähe, findet zur Vollmondzeit von Januar/Februar das berühmte **Bhil-Festival** statt. Tausende kommen hierher, auch aus den Bhil-Gebieten in Gujarat und Madhya Pradesh. Alle tragen ihre traditionellen, sehr farbenfrohen Trachten. Nicht der Handel (etwa mit Vieh) ist hier die Hauptsache, auch nicht die kleinen Karussells und Buden, sondern das Zusammenkommen, das mit Tanz, Musik, improvisierter Akrobatik, Gesang und gemeinsamer Gottesverehrung begangen wird. Das Bad im Fluss gilt zu dieser Zeit als besonders heilig. Das Fest wird meist bewegt, fröhlich und laut. Zu einem Tanz, dem *Gir* (auch *Gair* geschrieben) rührt man heftig Trommeln, und die Männer schwingen und schlagen Stöcke oder auch Schwerter. Das silberne Bild des *Mavji* wird in einer Prozession zum Wasser getragen, man verehrt Lord *Krishna*, als ob er anwesend wäre.

Reisepraktische Informationen zu Dungarpur

Unterkunft

Udai Bilas Place, *€€€€, Dungarpur, ☏ 02964-230808, www.udaibilaspalace.com. 8 Zimmer, 10 Suiten und 6 „Grand Suiten", alle mit vielfältiger Dekoration. Gepflegter Park, direkt am See, mit Spazierwegen in die ländliche Umgebung, elegantem Speisesaal und Pool. Auch Vogelschutzgebiet.*

Verkehrsverbindungen

Nächster Flughafen bei Udaipur, etwa 110 km.
Vierspuriger National Highway NH 8.
Dungarpur ist Bahnstation, an der Strecke Udaipur-Ahmedabad.
Nächste Bahnstation für Baneshwara: Ratlam, in Madhya Pradesh.

Chittorgarh – das Hochplateau der Heroen

Station machen zwischen Udaipur und Bundi, im grünen Osten Rajasthans! Schon von Weitem ist der langgestreckte Höhenrücken nicht zu übersehen, den siebenhundert oder gar achthundert Jahre lang die Hauptstadt der **Mewar-Dynastie** krönte. Die Begegnung mit den Ruinen der Rajputen-Pracht auf dem Chittorgarh-Felsen fasziniert auch darum, weil die *Sisodia*-Dynastie 1568 den Platz räumte und Udaipur als neue Hauptstadt des Mewar-Reiches gründete. Seither baute man am Fuß des Hochplateaus, wo ein neues Chittorgarh mit jetzt etwa 90.000 Einwohnern wuchs. Fast ohne neue Bebauung hat die Höhenstadt mit ihren Ruinen weiter Bestand.

Auf der Höhe, abseits der Ruinen, wohnen nur da und dort Dorfleute in bescheidenen Behausungen. Legenden blühen, gerühmt wird noch immer die schöne *Padmini*, auf die Sultan *Alad-ud-Din Khilji* begehrliche Blicke warf (s. S. 381).

Redaktionstipps

➤ **Kulturelles**: Der Siegesturm (**Vijay Stambha**) ist mit seinen 37 m Höhe die prominenteste Landmarke des Hochplateaus und ein Meisterstück der Architektur und Steinschnitzkunst (s. S. 381).

➤ **Gastlichkeit**: Rund 20 km nordöstlich von Chittorgarh haben die Eigner von **Fort Bassi** ihren stark ummauerten Palast in ein Heritage-Hotel verwandelt. Freundlichkeit, schmackhafte Küche, günstige Preise und mehr machen Fort Bassi zur guten Wahl (s. S. 383).

➤ **Tempelort Menal:** Überraschung am Straßenrand – noch ohne große öffentliche Aufmerksamkeit, nicht einmal eingezäunt, überdauert zwischen Chittorgarh und Kota (einige Kilometer (nach dem Abzweig der Straße nach Bundi) ein **Ensemble von Tempeln**, die bis in die klassische Zeit der Gupta-Herrscher zurückreichen (320–500 n. Chr.) (s. S. 385).

Orientierung

Rasch ist die Neustadt Chittorgarhs durchfahren. Vom Bahnhof sind es sechs Kilometer bis zum Fort, vom Bus-Halt weniger. An Steilabstürzen entlang und durch acht Festungstore hindurch erreicht man die Höhe – und kann leicht einen ganzen Tag auf den Spuren der frühen Zeiten verbringen, zwischen den teils noch stattlichen Resten der Paläste und Tempel. Die Bauten sind ausgeschildert, die Wege gangbar, und das langgestreckte Gelände insgesamt strahlt noch etwas von der Ursprünglichkeit eines lange verlassenen Ruinenorts aus – trotz der schon im 19. Jh. begonnenen Restaurierungsarbeit und der Hundertschaften der Besucher. Zu Fuß dauert der etwa zehn Kilometer lange Rundgang wenigstens vier Stunden. Voran in der Mitte und im Süden des Hochplateaus sind Bauten und Ruinen aus Chittorgarhs großer Mewar-Zeit zu finden. Erlaubt ist auch die Einfahrt mit einem Leihwagen, die Hauptstraße schwenkt aber noch vor dem Kerngebiet des einstigen Forts ostwärts ab. Eine Riksha-Rundfahrt kostet für drei Stunden etwa 200 Rs.

Ruinen Chittorgarhs: *geöffnet tgl. 7–18 Uhr.*

Geschichte

Auch im 19. und 20. Jh. waren sich die *Sisodias* des bleibenden Wertes der Chittorgarh-Ruinen bewusst: Sie spiegeln und symbolisieren die frühe Größe des Mewar-

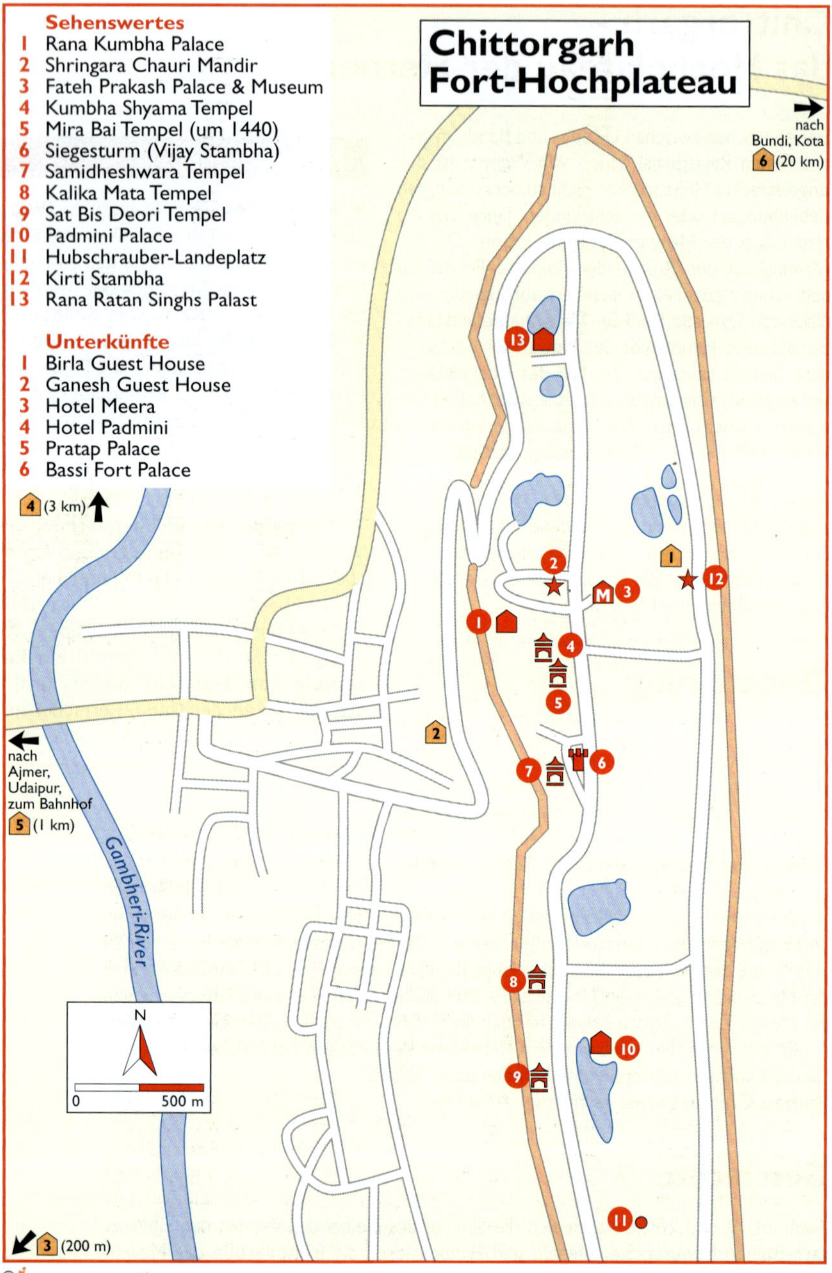
Chittorgarh Fort-Hochplateau
Sehenswertes
1 Rana Kumbha Palace
2 Shringara Chauri Mandir
3 Fateh Prakash Palace & Museum
4 Kumbha Shyama Tempel
5 Mira Bai Tempel (um 1440)
6 Siegesturm (Vijay Stambha)
7 Samidheshwara Tempel
8 Kalika Mata Tempel
9 Sat Bis Deori Tempel
10 Padmini Palace
11 Hubschrauber-Landeplatz
12 Kirti Stambha
13 Rana Ratan Singhs Palast
Unterkünfte
1 Birla Guest House
2 Ganesh Guest House
3 Hotel Meera
4 Hotel Padmini
5 Pratap Palace
6 Bassi Fort Palace
4 (3 km)
nach Bundi, Kota
6 (20 km)
nach Ajmer, Udaipur, zum Bahnhof
5 (1 km)
Gambheri-River
N
0 500 m
3 (200 m)
M

Rajputen-Sieg vor sechs Jahrhunderten: Der Siegesturm, Chittorgarhs Wahrzeichen

Der Siegesturm vor 100 Jahren, von dörflichen Anbauten umgeben

Reiches. Im späten 19. Jh. wurde der Gartenpalast der *Padmini* rekonstruiert, im frühen 20. Jh. der **Fateh-Prakash-Palast** erbaut, und der **Archaeological Survey of India** (ASI) hat sich eine Station auf der Höhe eingerichtet.

Ein sehr altes Fort

Aufgefundene Steinwerkzeuge frühester Chittorgarh-Bewohner sind etwa 500.000 Jahre alt, buddhistische Zeugnisse gehen auf die Jahrhunderte vor Christi Geburt zurück. Auch die Maurya-Dynastie (um 320–185 v. Chr.), deren ursprüngliches Territorium am Ganges Kaiser *Ashok* mächtig ausweitete, drang wohl bis hierher vor. Rajasthans *Sisodia*-Dynastie, die „Söhne der Sonne", stammt nach der Überlieferung von *Lord Rama* ab, dem Heros im „Ramayana"-Epos. Als Gründer des Forts wird *Shiladitja* verehrt, den *Guhilas* zugehörig (auch „*Guhilot*" genannt) und als *Bappa Rawal* bekannt, nach der Überlieferung von einer Königin namens *Pushpavati* in einer Höhle geboren und aufgewachsen bei den Bhils. Als Gründungsjahr des **Forts Chittorgarh** gilt 728 oder 734.

Auch Hinweise auf andere Chittor-Herrscher wurden zahlreich schon aus dem 8. Jh. und aus den folgenden Jahrhunderten gefunden. In der neuesten „History of Rajasthan" (siehe Literaturhinweis, S. 506) dankt die Autorin *Rima Hooja* dem Rajasthan-Erkunder Colonel *James Tod* (1782–1835) für seine Aufzeichnungen von inzwischen verlorenen Fundstellen. *Rima Hooja*, die in den USA indische Geschichte lehrt, schätzt Chittorgarh (früher: Chitrakuta) als einen der strategischen Schlüsselplätze Rajasthans ein, im Ringen der *Chalukyas*, *Parmars*, *Chauhans* und *Guhilas* um Vorherrschaft.

Riesige Mauern und luftige Tempelhallen auf dem Tafelberg von Chittorgarh

Dreimal mussten sich die Mewar-Herrscher in ihrem starken Fort einer Übermacht geschlagen geben. *Ala-ud-Din Khilji* besiegte sie 1303, über 200 Jahre später, 1535, gelang es *Bahadur Schah*, dem Sultan des benachbarten Gujarat (heute ein indischer Bundesstaat) ein zweites Mal und 1568 war es der Mogulkaiser *Akbar*, der die Verteidiger Chittorgarhs überwältigte. Dreimal kam es am Ende zu den grausamsten Szenen der Rajputenkämpfe mit den muslimischen Herrschern. Nach der Überlieferung zogen die Rajputen-Krieger der Gefangenschaft den Tod vor: Sie stürzten sich den Belagerern in orangegelben Kleidern entgegen, um im Kampf zu sterben. Ihre Frauen vollzogen den **Jauhar** und stürzten sich in die Flammen riesiger Feuer, um sich nicht den Eroberern auszuliefern. Ob es tatsächlich, wie berichtet, 30 000 bis 50 000 Tote waren oder doch deutlich weniger – auch diese schrecklichen Erinnerungen haften am Hochplateau von Chittorgarh. (Zur weiteren Geschichte der Mewars siehe S. 338, Geschichte Udaipurs.)

info

Nicht nur in Rajasthan die Ältesten: die Sisodias, Mewars Fürsten

Von der eisernen Disziplin und stoischen Entschlossenheit ihrer Vorfahren im 6. und 7. Jh. sprechen spätere Berichte. In der Familie der *Guhilot* erscheint als einer der frühesten *Guhil* (reg. 569–586). *Guhil* gründete den Mewar-Staat und, so heißt es, die Dynastie. Ihre Hauptstadt wurde in der Folge Chittorgarh. Im 12. Jh. soll es zu einem Bruderstreit und zur Trennung der Dynastie gekommen sein. Zwei Söhne des *Rawals Karan Singh I.*, *Mahap* und *Rahap*, konnten sich nicht einigen. *Mahap* gründete das kleine Königtum um Dungarpur, *Rahab* dagegen besiegte den Fürsten von Mandore (bei Jodhpur, s. S. 300) und gab seinem *Guhilot*-Clan den Namen Sisodia, mit dem Titel „*Rana*“. Und zwar benannte er ihn nach der Stadt Sisoda, bei der er den Sieg errungen hatte, etwa 15 km nordwestlich von Nathdwara und ähnlich nahe auch der frühen Hauptstadt der Mewar-Herrscher, Nagda.

Die Hauptstadt auf dem Hochplateau

„Wie ein von Titanenhand aus der Gebirgskette herausgerissener Riesenblock“, so schrieb vor bald hundert Jahren der Indienreisende *Joseph Dahlmann*, und wer es melodramatisch mag, kann den Tafelberg von Chittorgarh, seine felsige Wucht und seine Steilwände auch heute so beschreiben. Noch immer imposant ragt auch der **Rana Kumbhas Palace (1)** auf, dreistöckig, aber ohne Fußböden oder Decken in den oberen Stockwerken. Dorthin führen Stufen ins Leere. Eine Treppe in die Tiefe führt dagegen zu einem unterirdischen Gang, durch den die königlichen Herrschaften ein Badebecken erreichten. Ein Thronsaal ist nicht zu erkennen, aber lange Reihen schmaler Gelasse für die Bediensteten, auch ehemalige Stallungen. Von *Rana Kumbha* (reg. 1433–68), der so viele Forts zur Verteidigung gegen die Muslime bauen ließ (s. S. 308, Kumbhalgarh), ist überliefert, dass er einen Friedensschluss zwischen den konkurrierenden Staaten Mewar und Marwar zustande brachte. An den Außenwänden des Palastes aus dem frühen 15. Jh. (*Rana Kumbha* war nicht der Bauherr) zeigen sich noch Farbreste, die die einstige Pracht ahnen lassen.

Gegenüber blieb noch gut erhalten einer von vielen Chittorgarh-Tempeln, ein Tempel der Jains, der **Shringara Chauri Mandir (2)**, kostbar mit Steinschnitzerei geschmückt. Auch in Chittorgarh war das 15. Jh. eine Glanzzeit der indischen Baukunst.

Trommeln und Tanzen: Lebensfreude am Jain-Tempel Sringara Chauri

Schon kommt ein Bau neuerer Herkunft und schlichterer Gestalt in den Blick: der **Fateh Prakash Palace (3)**, um 1920 erbaut im Auftrag des Maharana *Fateh Singh* (reg. 1884–1930). *Fateh Singh* wuchs ohne die damals schon weithin übliche Ausbildung der Rajputen-Söhne an englischen Universitäten auf, konnte aber in Konflikten mit den britischen Kolonialherren seine Schlauheit ausspielen. Anders als alle anderen prominenten Fürsten Rajasthans vermied er den Besuch der großen *Durbars* in Delhi 1903 und 1911, die vorzugsweise dem Image des „indischen Kaiserreichs“ unter der britischen Krone dienten. Die *Sisodia*-Dynastie kooperierte zu Mogul- wie zu Briten-Zeiten mit den Mächtigeren, doch wollte sie sich die Gleichrangigkeit nicht abhandeln lassen. In *Fateh Singhs* Chittorgah-Palast ist ein kleines Museum zu besichtigen: Waffen, Kostüme und Überreste von religiösen Skulpturen der Hindus und Jains.

Museum des Fateh Prakash Palace: *geöffnet Sa–Do 10–17 Uhr.*

Großartig wirkt bis heute der **Kumbha Shyama Tempel (4)**, erbaut zur Zeit *Rana Kumbhas* und nach ihm benannt. Der hohe Tempelturm (*Shikara*) über der *Cella* trägt

Seltenes Götterbild: Trimurti – Brahma, Shiva und Vishnu

eine Fülle von Ornamenten und Figuren – so reich, dass man ihn mit den weitaus berühmteren Tempeln von Khajuraho vergleichen kann. Ein schmaler Umgang in der *Cella* gibt schöne Ausblicke auf den **Rana-Kumbha-Palast**. Ein eigener Pavillon ist dem Sonnenadler *Garuda* gewidmet, der „Fahrzeug" *Vishnus* ist und hier als schwarze Statue erscheint. Auf *Vishnus* Inkarnation als *Varaha*, als wilder Eber, trifft man in einer Nische des *Cella*-Umgangs. Kaum übersehbar ist die Fülle der Gestalten, in denen *Vishnu* von den Vishnuiten als höchstes Wesen verehrt und dargestellt wird!

Nahe beim **Kumbha Shyama Tempel** erinnert der **Mira Bai Tempel (5)** an die Sängerin *Mira Bai*, eine Prinzessin aus Jodhpur. Ihrer Achtung für die kastenlosen „*Harijans*" gilt das in den Stein gemeißelte Bild der fünf menschlichen Gestalten mit einem einzigen Kopf, in denen die vier Hauptkasten und die *Harijans* symbolisiert sind, die alle Gott nahe sein können (siehe Kasten „Bhakti-Poesie auf Rajputen-Burgen", S. 181).

Berühmte Lieder und Gedichte

Die dominante Landmarke Chittorgarhs ist älter und wurde schon von den Architekten und Steinmetzen *Rana Kumbhas* geschaffen: der **Vijay Stambha**, der **Siegesturm (6)**, zum Gedenken an den Sieg, den *Rana Kumbhas* Heer um 1440 gegen den Sultan *Mehmud Khilji* von Malva (= Mandu, rund 300 km südlich in Madhya Pradesh) erstritten hatte. Reich gegliedert, ein begehbarer schlanker Schmuckpfeiler, 37 m hoch, um 1468 vollendet, ist der Siegesturm in seinen neun Stockwerken an Innen- wie an Außenwänden mit Steinschnitzerei überzogen, innen auch mit einer Fülle figürlicher Szenen. Die Stufen sind steil und schmal, das Mauerwerk öffnet sich vielfach zu Durch- und Ausblicken – wenn die Besucher nicht zu heftig drängen, kann man schauend viel Zeit verbringen.

Weiter südwärts ist der **Samideshwara Tempel** (**7**, erbaut vom 11.–15. Jh.) noch immer Pilgerziel zu Ehren *Shivas* und unter seinem hohen Tempelturm zugleich künstlerisch interessant. Auf dem Dach wacht eine Löwenskulptur, im Innern zeigt ein *Trimurti* dreiköpfig die Hauptgötter des Hinduismus in einer Gestalt: *Brahma*, *Vishnu* und *Shiva*. Tänzerinnen, himmlisch oder irdisch, rahmen als Skulpturenfries die Außenmauer des Tempels. Unterhalb des Tempels gibt es wohl Wasseradern, sie ergießen sich in den **Gaumukh Kund.** „*Gaumukh*" heißt „Kuhmaul", und diesem ähnlich sind die Öffnungen, durch die das Wasser rinnt oder strömt, je nach Jahreszeit.

Zu Ehren Shivas

Mehr als 50 Tempel- und Palastruinen, Tempelteiche und Pavillons sind auf der Chittorgarh-Höhe zu finden. Der im 8. Jh. gegründete **Kalika Mata Tempel (8)** war ursprünglich ein Sonnentempel, wurde aber im späten 16. Jh. restauriert und der *Mahadevi*, der „Großen Mutter" geweiht. Vom benachbarten **Sat Bis Deori Tempel (9)** heißt es, sein Bau gründe sich auf ein *Zenana*, also einen Teil des **Rana-Kumbha-Palastes**, der den Frauen vorbehalten war.

Legende von Padminis Glück und Ende

info

Letztes Ziel im Südteil der ummauerten Chittorgarh-Höhe, zu dem sämtliche offiziellen wie nicht-offiziellen Führer drängen, ist der **Padmini Palace (10)**. Inmitten eines rechteckigen Teiches (= „Tank") steht ein kleiner zweistöckiger Pavillon vor dem Hintergrund hoher *Zenana*-Mauern, der Pavillon wurde wohl im 18. Jh. restauriert. Exakt hier soll die überaus schöne, vielbesungene *Padmini*, Gattin des *Rana Ratan Singh*, an ein Fenster getreten sein, vor dem sich ihre Gestalt im Wasser spiegelte. Wiederum in einem Spiegel konnte sie so der siegreiche Sultan *Ala-ud-din-Khalji* erblicken. Der hatte gerade über die Armee *Rana Ratan Singhs* gesiegt und gefordert, die Königin sehen zu dürfen, er werde dafür die Besiegten und ihre Stadt verschonen.

Von dieser nur bedingt romantischen Annäherung werden etliche Varianten erzählt, zum Beispiel: Der Sultan habe nach erfolgtem Blick in den Spiegel beim

info

Verlassen des Palastes den *Rana* in seine Gewalt gebracht, um ihn gegen *Padmini* auszutauschen. Daraufhin habe *Padmini* dem begehrlichen Sultan signalisiert, sie werde in sein Lager kommen, unter der Bedingung, von ihren Ehrendamen und Kammerzofen begleitet zu werden. Als sie bei *Ala-ud-din-Khalji* eintrafen, warfen die „Damen" und „Zofen" ihre Frauengewänder ab, waren Krieger, zückten ihre Schwerter und retteten den entführten *Rana* samt *Padmini*. Dennoch gab es keine Zukunft für das Paar, die Sänger betrauern das Ende bis heute: Das Sultansheer siegte noch einmal, es kam zum *„Jauhar"* und *Padmini* starb in den Flammen.

Historiker erklären einhellig: Diese *Padmini*-Erzählungen sind sämtlich Phantasie und Legende, nie hätte ein Rajpute einem solchen Verlangen nachgegeben, ob einem Sultan oder wem auch immer. Ist *Padmini* eine Erfindung des 16. Jh.? Historisch ist allerdings des Sultans Eroberung im Jahre 1303, die Mewar-Herrscher konnten Chittorgarh erst 1326 zurückgewinnen.

„Luftgekleidetete" Jains

Noch weiter zur Südspitze hin, auf einem ehemaligen Exerzierfeld, ist ein **Hubschrauber-Landeplatz (11)** für prominente Gäste angelegt worden. Auf der Ostseite verläuft die Straße wieder parallel zur Ummauerung durch Bauernland, am Suraj-Tor vorbei und auf das **Kirti Stambha (12)** zu, einen Turmbau der Jains aus dem 13.–15. Jh., und zwar der Digambara-Jains, die kleiderlos („luftgekleidet") leben. Nicht so hoch wie der Siegesturm, aber vielleicht ein Vorbild für diesen, zeigt der gleichfalls ersteigbare Ruhmesturm Kirti Stambha in seinen sechs Stockwerken *Adinath*, den ersten „Furtbereiter" der Jains, in vielen Darstellungen, doch konsequent unbekleidet.

Nah der Nordspitze mag man noch **Rana Ratan Singhs Palast (13)** aufsuchen (erbaut um 1530), der freilich weniger imposant als die Ruinen des **Rana-Kumbha-Palasts** erscheint. Wie es heißt, bewohnte die Familie *Rana Ratan Singhs* den Palast im Norden meist in den kühleren Monaten, während der **Padmini-Palast** im Süden sommers bevorzugt wurde.
Im Namen Chittorgarh überdeckt das Grauen der vor Jahrhunderten ausgefochtenen Kämpfe und der „freiwilligen" Opfer in den Flammen des *Jauhar* den Besuchern oft, wie friedlich doch die meiste Zeit auf dieser befestigten Höhe gelebt wurde. Heute ist zwischen der Nordspitze des Hochplateaus und der Auffahrt beim Ram Pol (dem höchstgelegenen der acht Tore) mit dem nahen **Ram Tempel** eine neue Siedlung entstanden, mit Ruinenresten zwischen den Häusern.

Für die Besucher gibt es bislang kein Hotel im Bereich des Forts auf dem Tafelberg, doch ein schlichtes Low-Budget-Guesthouse wurde beim Kirti Stambha eröffnet. Drunten in der Stadt gibt es mehrere Hotels zur Wahl. Gäste, die das Ambiente von Heritage-Hotels schätzen, finden nach einer halben Stunde Fahrt ostwärts in Richtung Bundi das **Fort Bassi** beim gleichnamigen Dorf (s. S. 383).

Dem Chittorgarh unserer Zeit wuchsen am Stadtrand Industrien zu, dank der günstigen Lage an zwei Hauptachsen des indischen Fernverkehrs: Hier am Fluss **Gambheri** (oder Gambhari) kreuzen sich die Nord-Süd-Nationalstraße N 79 und die westöstliche N 76. Beide werden zu vierspurigen Autobahnen ausgebaut.

Ziele in der Umgebung

Bassi Fort Palace und die Dörfer

Innenhof von Fort Bassi – ein Heritage-Hotel

Die breite Hauptstraße, die das Dorf durchschneidet und täglich von mehreren hundert Fahrzeugen dröhnte, ist überraschend viel ruhiger geworden. Ursache: Die Autobahn NH 76 kreuzt neuerdings den ganzen Süden Rajasthans, von Abu Road im Westen bis Kota im Osten und weiter noch bis zur NH 25 Richtung Lucknow und bis hinauf zum Himalaya. Der Schwerverkehr rollt seither ein gutes Stück nördlich abseits von Bassi, stört nicht mehr beim Dorfspaziergang. Im Nordteil leben viele Muslime zwischen Wiesengrün von der Landwirtschaft. Im Dorfzentrum bieten Läden allen Tagesbedarf, vom metallglänzenden Küchengerät bis zu Textilien. Für Reisende am interessantesten: In den Schmalgassen, gerade noch breit genug für ein Mittelklasse-Automobil, zeigen Bassis Holzschnitzer ihre Spezialitäten: buntes Spielzeug, auch Miniaturtempel, aus Holz. Erst am südlichen Dorfrand, am Fuß des Hügels mit dem hohen Mauerkranz um das einstige Fort, empfängt den Besucher der **Bassi Fort Palace**. *(24 km östlich)*

Es überrascht einen immer wieder: aus einer ländlich schlichten Dorfstraße in Rajasthan herauszutreten und vor einem Rajputen-Palast zu stehen, vor üppigen Kuppeln, Gartengrün vor weißen Fassaden mit vielerlei Erkern und den *Yarokhas*, den Dachschwüngen, über Balkonen, dazu noch hohe Portale, Wandmalerei und vielleicht lebendige Pfauen. Einer der Bäume ist ein *Kalp Vraksha*, ein Glücksbaum, und empfohlen wird: in seinem Schatten sitzen, meditieren, wünschen, denn Glück bringen herabgefallene Früchte (nur darf man nicht nachhelfen, sie selbst vom Baum holen). Der Bassi Palace, erbaut im 16. Jh. vom *Chundawan* Clan, einem Zweig der *Sisodia-Dynastie*, ist erkennbar immer wieder erweitert worden, über Generationen hin – ohne der Architektur ihre Proportionen zu nehmen.

Die jüngsten Nachfahren jenes Bauherrn *Thakur Jamal* im 16. Jh., der ein Vetter des Maharana *Pratap* war (s. S. 356), bieten ihren Gästen noch mehr als die Unterkunft in ihrem Palast und einen Platz unter ihrem Wunschbaum: Bootsfahrten auf den beiden nahen Seen, Zeltnächte im „Hill Top Resort" und Exkursionen zu den Bhils-Dörfern in der Umgebung. Die *Chundawat-Familie* unterstützte die urtümlich lebenden Bhils, sorgte dafür, dass sie beim Verkauf ihrer Gemüse-Ernten von den Markthändlern nicht betrogen wurden. Doch wollten die Dörfler sich nicht dazu drängen lassen, mit Elektrizität und Fernsehen zu leben, auch wenn der Staat dafür zahlte. Selbst das Schulhaus blieb leer, Besuche von Touristen wurden lästig. Unversehens machten sich die Bhils auf den Weg, wurden nicht mehr gesehen.

Anders in dem Dorf **Pal** auf steiniger Hochebene, eine Viertelstunde Fahrt vom Bassi Fort Palace, vorbei an einem See mit Fischen, an imposanten Bäumen, an einem Feld voll weißer Mohnblüten. Über das Opium verfügt die Regierung, die Bauern geben aber vielleicht doch nicht die ganze Ernte her. Solide Steinhäuser und einen wuchtigen Wasserbehälter haben die rund 200 Einwohner, davon etwa 40 Schulkinder. Ein kleines, sehr altes Tempelheiligtum und bemalte Hauswände ziehen auch touristische Besucher an.

Bijaipur – hoch über alter Stadt

Abwechslungsreiche, wilde Landschaft 40 km östlich von Chittorgarh – die Ebenen wurden verlassen, nun stellen sich Hügel, sogar Berge in den Weg, mit Bächen und aufgestauten Seen. Fährt man von der Hauptstraße steil zum **Bijaipur Fort** hinauf, durchquert man erst einmal ein dem Anschein nach uraltes Städtchen, mit starken Mauern und schmalen Gassen. Auf seiner Höhe thront ein exotisches, mehrstöckiges Schlossgebäude mit Bogengängen in jedem Stockwerk, mit malerischem Innenhof und Terrassen mit Ausblick in alle Himmelsrichtungen.

Das rund 500 Jahre alte Gebäude hat *Rao Saheb Narendra Singh* in ein Heritage-Hotel verwandelt, mit sechzehn komfortabel-gemütlichen Gastzimmern. Der Gast kann unter kundiger Führung in die Natur gehen, im Jeep oder zu Pferd: zum **Lotus Lake**, zu den Ruinen des uralten **Pangarh Forts** (13 km), in das **Bassi-Bijaipur Wildlife Sanctuary** oder ins **Dorfleben** der *Adivasis*. Der **Stausee Modea Mahadev Bandh** (5 km) ist ein guter Platz zum Vogel-Beobachten. Entspannen kann man am Pool, im Gartenhof und beim Yoga.

Viele Forts in der umkämpften Region

Andere Forts in dieser jahrhundertelang von Mogul- und Rajputenheeren umkämpften Mewar-Region liegen abseits in Ruinen. Etwa zehn Kilometer von Bijaipur, ein Stück abseits der NH 76 und nah der Grenze zwischen Rajasthan und Madhya Pradesh, ist die Hügelburg **Choti Gwalior Fort** ein Beispiel. Erbaut von der *Scindia*-Dynastie und nach deren Hauptsitz *Gwalior* benannt, sind die alten Mauern auf einer Erdstraße zu erreichen (empfohlen: mit Führer!).

Bijolia und Menal: Tempel in der Landschaft

Den Jains und den Shivaiten ist die Hügelstadt Bijolia heilig (etwa 110 km östlich von Chittorgarh). Früher hieß der Ort auch Vindhyavali und hundert Tempel sind es einst gewesen, wird erzählt. Die Zerstörung der meisten wird den muslimischen Überfällen vor Jahrhunderten angelastet. Unter den wenigen mittelalterlichen Bauten, die nahe der Stadtmauer südwestlich vom Zentrum der Stadt überdauert haben, ist der **Hajareshvara-Mahadeva-Tempel** geweiht und nach dem hohen *Shiva-Lingam* benannt, das inmitten von Hunderten kleinerer *Lingams* steht. Noch drei andere große Tempel sind zu besuchen, auch ein Tempelteich. Inschriften an den Tempelwänden sind für die For-

Die Tempel von Menal bieten noch viel Arbeit für den Archaeological Survey of India

schung interessant, speziell für die Geschichte der *Chauhan-Dynastie* im frühen 13. Jh. Reiche Steinschnitzerei erfreut die Augen! *(s. auch Kapitel über Bundi / Kota, S. 389)*

Nicht vorbeifahren: Etwa 16 km nördlich von Bijolia, nahe der Grenze zum Distrikt Bundi, aber nicht sehr deutlich ausgeschildert und hinter Baumgrün halb verborgen, stehen im Distrikt Bhilwara die Tempel und Tempelruinen von Menal. Wir haben noch nie viele Menschen bei diesen Tempeln gesehen, konnten immer in Stille ihre Schönheit wahrnehmen. Schon von einem Chauhan-König – *Prithviraj Chauhana*, der zeitweilig Delhi eingenommen hatte – wird berichtet, wie sehr er sich aus der sommerlich heißen Yamuna-Ebene nach dem Hügelland am Menal-Fluss sehnte und immer wieder an diesen Platz kam. Den schmücken nicht nur die Hindu-Tempel, es sind auch Reste von Palastbauten übrig, oberhalb des rund hundert Meter tiefen Taleinschnitts, den der Menal Fluss sich geschaffen hat – nach einem Steilabsturz vom felsigen Flussbett auf der Höhe der Tempel- und Palastbauten. An den Talflanken kann man hinabsteigen, Picknick machen – und nach einem kräftigen Monsun einen großartigen Wasserfall erleben. Eine dramatische Landschaft weitab von der Wüste!

Schöner Wasserfall

Die **Menal-Tempel** stammen aus der Zeit vom 8.–12. Jh., der ASI, der Archaeological Survey of India, nimmt sich der Bauten an, Einsturzgefährdetes wird stabilisiert. Viel Skulpturenschmuck hat sich erhalten, auch Musikanten, Tänzer und erotische Paare wie in Khajuraho, in langen Friesen und in Einzelfiguren. Menal war ein Zentrum des *Shiva*-Kults. Umso überraschender ist auf einem nur noch in Resten erhaltenen Tempel (8. Jh., nordwestlich vom Hauptbau) eine *Vishnu*-Skulptur über dem Eingang zum Allerheiligsten.

Reisepraktische Informationen zu Chittorgarh

Auskunft

Tourist Reception Centre, *RTDC Tourist Reception Center, Janta Avas Grih, nahe beim Bahnhof von Chittorgarh, ☏ 01472-241089. Hilfsbereit, aber kaum Prospekte. Führer werden vermittelt, etwa 250 Rs. halbtägig.*

Unterkunft

Birla Guest House (1), €, *beim Kirti Stambha auf dem Hochplateau, ☏ 01472-246939. Von der Dharamshala Group eingerichtet, dharamsalagroup@gmail.com. 17 spartanische Zimmer in Bestlage.*

Ganesh Guest House (2), €–€€, *New Fort Road, ☏ 01472-248240. 20 empfohlene schlichte Zimmer, teils indische Toiletten.*

Hotel Meera (3), €€–€€€, *Neemuch Road, nah beim Bahnhof, ☏ 01472-240266. Originell modern und neu eingerichtet, Restaurant mit nordindischer Küche. Wagenvermietung.*

Hotel Padmini (4), €€–€€€, *Chanderiya Road, nördlich vom Stadtzentrum am Westufer des Berach-Flusses, ☏ 01472-241718. Traditionsadresse mit Freigelände (große Hochzeitsfeiern!), Ausritten und Safaris, 2008 gründlich renoviert.*

Pratap Palace (5), €€€–€€€€, *beim Post Office, etwa in der Mitte zwischen Bahnhof und Bus Stand, ☏ 01472-243562, www.castlebijaipur. Gepflegtes Haus mit Garten, Restaurant, 47 Zimmern. Gleicher Besitzer wie Castle Bijaipur (s. u.).*

Außerhalb von Chittorgarh

Bassi Fort Palace (6), €€€–€€€€, *am Dorfrand von Bassi, ☏ 01472-225321, www.bassifortpalace.com. Vom alten Fort ist noch eine riesige Umfassungsmauer übrig, oberhalb vom jüngeren, im Kern aus dem 16. Jh. stammenden Wohnkomplex. 16 Zimmer (s. S. 383).*

Castle Bijaipur *(Rajput Special Hotels)*, €€€–€€€€, *Bijaipur, ☏ 01472-240099. Ein starkes Schloss mit dem Charme der prominenten Lage in weiter Landschaft. 27 Zimmer, Restaurant mit rajasthanischen Menüs, Swimmingpool, Garten. Safaris, Trekking im Dschungel.*

Essen und Trinken

Restaurants *bieten die genannten Hotels. Einfache Imbiss-Angebote im Umkreis des Bus-Standes.*

Fahrradverleih

gegenüber vom Bahnhof, umgerechnet etwa 2–3 € /Tag.

Verkehrsverbindungen

Bahn: *Fernzüge nach Delhi und Udaipur (Nizamuddin-Udaipur-Express) und nach Jaipur (Mewar Express).*

Straße: *NH 76 und NH 79 kreuzen sich, wenn der vierspurige Ausbau vollendet sein wird, gibt es schnelle Fahrten von und nach Udaipur, Jaipur, New Delhi, Kota etc. Bus-Stand zentral am Gandhi Marg, nördlich von Bahnhof und Tourist Reception Centre. Busverkehr auch zum Hochplateau.*

Flughafen: *Dabok Airport bei Udaipur, ca. 110 km, etwa 2 ½ Stunden. Täglich Flüge nach und von New Delhi, Mumbai, Jodhpur und Jaipur.*

Rajasthans Südosten: Grüner Winkel, großer Strom, viel Unbekanntes

Bundi – Palast und Altstadt zum Staunen

Mit Schwung umfährt der Fernverkehr die Stadt Bundi, dann steigt die Nationalstraße 12 am Fuß des Aravalli-Gebirges zur Linken an – und wer jetzt oberhalb des Tempelsees **Nawal Sagar** rechts abbiegt, ist ganz rasch im engen Netzwerk der Altstadtgassen. Zugleich auch nah dem mächtigen **Palastkomplex** am Hang über der Altstadt, den man schon aus kilometerweiter Entfernung wahrgenommen hat. Noch höher hinauf ist ein Mauerring am Gebirgsrücken erkennbar, darüber befindet sich das Gemäuer des **Taragarh Forts**.

Pittoresk und imposant, manchem gar bedrohlich erscheint dieses mittelalterliche Ensemble. Schon der Indien-erprobte Brite *Rudyard Kipling* hat notiert, wie stark ihn Alt-Bundi beeindruckte: „Der Palast (...) wirkt selbst in hellem Tageslicht wie eine Burg, die sich Menschen in unbehaglichen Träumen bauen – ein Bau von Kobolden, eher nicht von Menschen. (...) wie eine Lawine aus Mauerwerk, die jederzeit losbrechen und die Schlucht blockieren könnte." Wer *Kiplings* „Dschungelbuch" gelesen hat, weiß, dass der Autor Phantasie hat.

Redaktionstipps

➤ **Kulturelles**: Rajasthans Kunst kennt nicht, wer noch nicht die Wand- und Deckenbilder im **Garh Palace** gesehen hat. Wie ein exotisches Bilderbuch zeigen die Werke der Bundi-Malerschule Götter und Heroen, kriegerische und höfische Szenen, dekorativ und detailgenau (s. S. 390).

➤ **Natur**: Bundi hat um seinen See **Jait Sagar** östlich des Burgbergs waldgrüne Plätze. Hohe Baumkronen umschatten den traumstillen **Kesar Bagh**, in dem die Kenotaphe von mehr als sechzig Maharajas und ihrer Angehörigen die Jahrhunderte überdauern (s. S. 393).

➤ **Haveli-Hotel Braj Bushanjee**: Nachkommen eines Premierministers von Bundi sorgen für ihre Gäste, die zwischen dem malerisch erhaltenen Ambiente eines zweihundertjährigen Palastes und benachbarten neu erbauten Zimmern wählen können (s. S. 396).

➤ **Ausblick**: Hinauf zum **Taragarh Fort**! Der Aufstieg zum Fort ist zwar rau und schattenlos, doch der Ausblick über Stadt, Gebirgshänge und weites Vorland lohnt die Mühe (s. S. 391).

➤ **Exkursion**: Hoch über dem Ufer des Chambal auf einem steinernen Plateau thront der Tempel **Keshav Rai Ji Maharaja**. Es ist ein **Vishnu-Heiligtum** und Pilgerziel (s. S. 402).

Orientierung

Bundis Einwohnerzahl wurde vor einem Jahrzehnt noch mit 65.000 angegeben, rückt aber auf die 100.000 zu. Vorzug der Altstadt: Sie hat sich bisher noch sehr authentisch erhalten, dank der städtischen Erweiterung nach Süden hinaus in die Ebene. Lustvoll zu erkunden ist die teils ummauerte Altstadt mit ihren Tempeln, Basaren, *Baoris* (Stufenbrunnen) und Hotels, etliche davon sind Heritage-*Havelis*. Weiter hinaus nordöstlich an der Uferstraße des Jait Sagar trifft man auf das **Sukh Mahal** mit kleinem Park, kurz vor 1900 zeitweise *Kiplings* Quartier, dann im Sar Bagh auf die **Kenotaphe** der Maharaja-Familie und noch weiter hinaus kommt man zum Ausflugsgelände um das Shikar Burj, ein ehemaliges Jagdhaus der Maharajas. In der Neustadt gibt

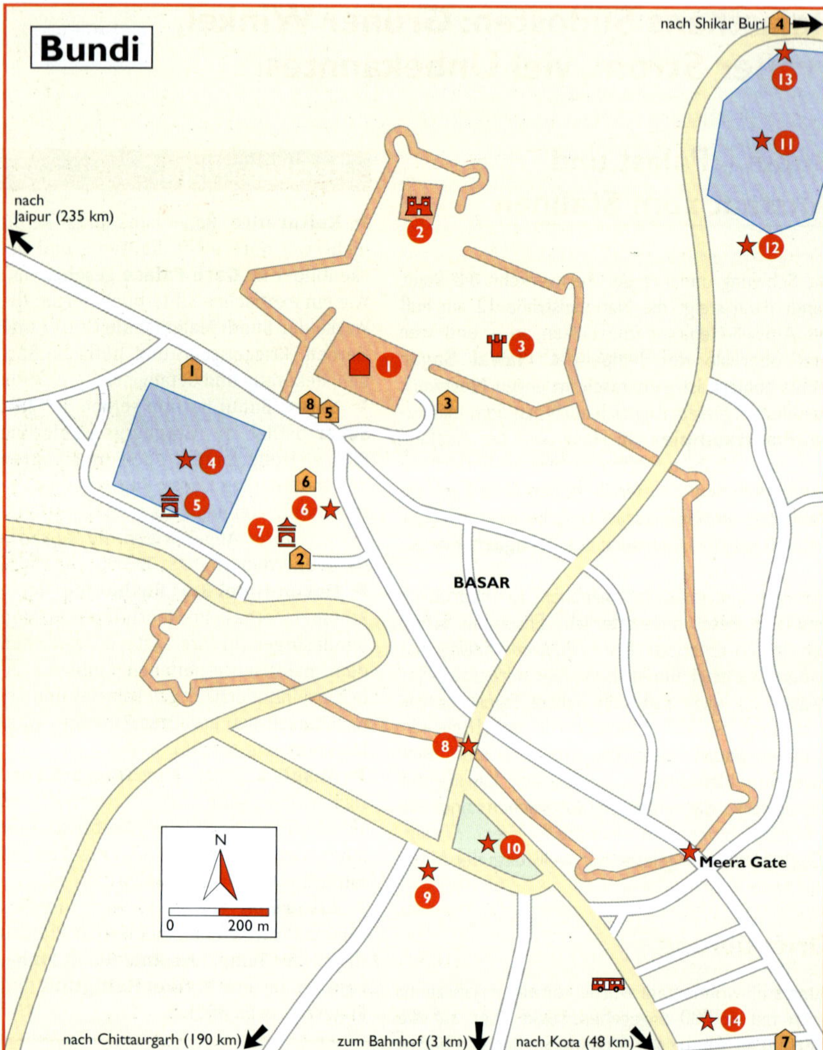

Sehenswertes
1 Garh Palace
2 Taragarh Fort
3 Bhim Burj (Festungsturm)
4 Nawal Sagar
5 Varuna Tempel
6 Laxmi Nath
7 Sharbuja Tempel
8 Chogan Gate
9 Raniji-ki-Baori (Stufenbrunnen)
10 Azad Park
11 Jait Sagar
12 Sukh Mahal
13 Kesar Bagh
14 Chaurasi Khambon-ki-Chattri

Unterkünfte
1 Lake View Guest House
2 RN Haveli
3 Royal Retreat
4 RTDC Hotel Vrindavati
5 Kasera Paradise
6 Bundi Haveli Hotel
7 Ishwari Niwas Palace
8 Haveli Braj Bushanjee

es die nötigen touristischen Einrichtungen, vom Tourism Office bis zu Internet, Bank und Postamt sowie Hotels, ein kostbares Architektur-Monument, das **Chaurasi Khambon ki Chattri** (ein Totengedenken) – und einen Amateur-Archäologen, ein Bundi-Original.

Das Hathi Pol, Eingangstor zum Palast hoch über der Stadt Bundi

Geschichte

Die frühen Anfänge der *Chauhan*-Dynastie liegen im Dunkeln, sie werden im Nordosten Rajasthans vermutet, in den heutigen Distrikten Jhunjhunu, Sikar und Churu, also im Shekhawati-Land. Aus Dholpur berichtet eine Inschrift über einen *Chauhan*-Herrscher schon um das Jahr 842. In Ajmer war im 10. und 11. Jh. die Herrschaft der *Chauhans* gefestigt, noch lange vor der islamischen Heiligung der Stadt durch den Sufi-Meister *Khwaja Muin-ud-din Chishti*, der 1236 hier starb. Bereits 1193 unterlag *Prithvi Raj Chauhan* der Armee Sultan *Mohammed Ghauris*.

Von Ajmer zog daraufhin *Chauhan*-Prinz *Deva Hada* mit Unterstützung eines *Rana* von Mewar los, um östlich und südöstlich Land zu gewinnen und zu beherrschen. Dort waren die Stämme der Mina und Bhil heimisch. Prinz *Deva Hada* sicherte sich Ranthambore und weiter südlich die Region um das heutige Bundi – diesen Namen gab er seiner Hauptstadt nach dem Tal, in dem er sie gründete. Aus seinem eigenen Namen soll Hadoti entstanden sein, bis heute der Name des südöstlichen Rajasthan. Die Frage, wann diese Eroberung stattfand, ist noch ungeklärt: Das geschah um 1240, manche behaupten aber erst um 1340.

Politische Intrigen

Die *Chauhans* in Bundi gerieten allerdings bald in Gefahr, von Westen her von der mächtigen Mewar-Dynastie und von Delhi aus von den islamischen Herrschern, den *Khiljis* und den Moguln überwältigt zu werden. Wechselnde Bündnisse, diplomatisch motivierte Hochzeiten und erzwungene Verzichte auf Souveränität prägten das Schicksal, von Generation zu Generation. Extrem, aber nicht selten waren Mordanschläge, auch im Zeichen von Scheinfreundschaft. So wie jene Einladung zu gemeinsamer Jagd, bei der ein Mewar-Prinz den geladenen *Chauhan*-Chef hinterrücks mit einem Dolch anfiel, jener aber blitzschnell mit seinem Dolch reagierte und schließlich beide tot am Boden lagen.

Auch Kota hatten die *Chauhans* unter ihre Herrschaft gebracht, ihr Hadoti-Reich umfasste Bundi, Kota und Jhalawar. Es brach erst im Jahr 1625 auseinander, als Großmogul *Jehangir* Kota als unabhängig von Bundi erklärte.

Im 18. und 19. Jh. entwickelte sich wachsender britischer Einfluss zu britischer Vorherrschaft (1818). Bundi lag im Schatten, Kota wuchs rascher und größer. Am 25. März 1948 trat Bundi der Indischen Union bei.

Märchenhaft wirkt der Palast mit seinen mächtigen Mauern hoch über der Stadt

Rundgang durch Bundi: Zuerst der Palast!

Der erste Weg kann hinauf zum Palastkomplex mit seinem riesig an den Berghang gelehnten Mauerwerk führen – der **Garh Palace (1)** liegt nicht in vornehmer Distanz vom städtischen Getriebe, sondern in Fußgängerdistanz oberhalb der Altstadtgassen, freilich so stark ummauert, dass die Hada-Herrscher nach Belieben volksnah oder in sicherer Isolation regieren konnten.

Kopfsteinpflaster deckt die steile Auffahrt, seitlich gegenüber der hohen Ummauerung – bis etwa zehn Meter hoch! – öffnen sich Höfe, ehemalige Ställe und andere Wirtschaftsgebäude. Wer keine Komfort-Ansprüche stellt, kann sich einquartieren. Auch ein Restaurant lädt ein. Erst einmal geht es weiter hinauf bis an das monumentale Tor (**Hathi Pol**, aus dem Jahr 1607) mit den Elefantenskulpturen!

Erbschaftsstreitigkeiten

All die Palastherrlichkeit hinter dem Hathi Pol hat unter dem Zwist der Erben nach 1947 jahrzehntelang gelitten. Nach den kriegerisch harten Zeiten der frühen Bundi-Jahrhunderte war im 17. Jh. ein Kultursprung gelungen. Dank kunstfreudigen Herrschern wurde der Palastkomplex mit seinen Innenhöfen zu einem Schatzhaus indischer Wandmalerei. Doch Mitte des 20. Jh. zog die Maharaja-Familie aus, nachdem sie im unabhängigen Indien ihre politische Macht verloren hatte. Die meisten Palasträume blieben auch Besuchern verschlossen und, schlimmer noch, die Kunstwerke nahmen unter dem Monsunklima Schaden. Von langwierigen Erbschaftsstreitigkeiten wurde geredet.

Erst um 2005, bei nunmehr wachsenden Touristenzahlen, öffnete die Familie ihre älteren Paläste **Chattra Mahal** (erbaut 1644), **Phool Mahal** (1607) und **Bada Mahal**

(= Wolkenpalast, 1607), zusätzlich zu dem Palast **Chitrasala Mahal** aus dem 18. Jh., mit separatem Zugang.
Alle Paläste: *geöffnet tgl. von 8–17 Uhr, Änderungen vorbehalten*.

Im Hathi Pol: Man schreibt, wie man es spricht

Gleich rechts hinter dem Haupttor, ein paar Stufen aufwärts, sind die Reste der Halle für öffentliche Audienzen (**Ratan Daulat**, 17. Jh.) mit einem schlichten Marmorthron noch erkennbar.

Traditionen der kräftig farbigen Volkskunst mischten sich mit den vorbildhaften Beispielen der Mogul-Malerei. Was jedoch die Inhalte der Wandmalereien betrifft, dominieren die Überlieferungen der Hindu-Religion in Bundis Palästen, allen voran die *Krishna*-Legenden. Sie zeigen den göttlichen Flötenspieler mit seinen Gefährtinnen, im Reigentanz oder in Andacht. Viele Maler lernten ihre Kunst an Ort und Stelle, im Chattra Mahal, wo um die Mitte des 17. Jh. vom Herrscher eine Malschule eingerichtet worden war. Die virtuose Feinmalerei der Mogulhöfe mit ihrem persischen Hintergrund ist gerade auch an den Darstellungen der höfischen Feste und höfischer Szenen zu finden, in Bildern wie dem einer jungen Frau im Chitrasala Mahal, die in kostbar goldgewirkter Kleidung einen großen Vogel auf ihrer rechten Hand hält – charmant wie eine europäische Rokoko-Szene von *Watteau* oder *Boucher*. Die Farben der Bundi-Schule sind jedoch anders, grüne Hintergründe waren offenbar sehr beliebt, braune Töne sind häufig – und feine Goldlinien fast unentbehrlich.

Vor den Palästen existierte schon das **Taragarh Fort** (**2**, = Sternfestung), wohl aus dem 14. Jh. und mit heute noch stattlicher Ummauerung. Der Weg hinauf vom Chitrasala Mahal ist rau und in den heißen Monaten nur für die Morgen- und späten Nachmittagsstunden zu empfehlen; am kleinen Dudha Mahal links vorbei führt der steinige Pfad zu den einstigen Wasserreservoiren, die aus dem Felsen gehauen wurden. Ein Stock ist nützlich, aggressive Affen abzuwehren. An der Südostecke der Ummauerung überragt die Bastion **Bhim Burj (3)** mit großer Kanone die baufälligen Reste des Forts. Lohn der Aufstiegsmühe sind die Ausblicke über die Stadt und exzellente Sonnenuntergänge. Schöne Ausblicke

Altstadt zum Staunen

Kein umfangreiches Besichtigungsprogramm ist angesagt, aber zu sehen gibt es genug indisches Leben. Dabei erstreckt sich das Netzwerk aus schmalen Gassen inmitten der einstigen, teils noch erhaltenen, teils sogar beachtlich hohen Altstadtmauer in Nord-Süd- wie in West-Ost-Richtung über je kaum mehr als 600 m. Die zwei größeren Straßenstränge Charbuja Road vom Nordwesten und Churi Basar Road vom Nordosten kreuzen einander nah dem südlichen Chogan Gate.

Friedlich und farbenfroh, manchmal ländlich: Bundis Altstadt

Direkt unterhalb des Garh Palace zeigen etliche historische *Havelis* der Bundi-Minister und anderer Hofleute wie auch Kaufleute schöne Fassaden, manche so dicht beieinander, dass sie nur über schmale Gänge zu erreichen sind, in die nicht einmal *Threewheelers* einfahren können. Letzthin verwandeln sich immer mehr *Havelis* in Hotels oder Gästehäuser – und können so auch besichtigt werden, wenn nicht die Zimmer, so doch die spektakulären Innenhöfe, die über mehrere Etagen bis zum Dach reichen.

Tempel auf dem Seegrund

Südwestlich vom Palastfelsen liegt der **Nawal Sagar (4)**, ein rechteckiger Tempelteich mit einem kleinen Tempel inmitten der Wasserfläche, dem Wasser-Gott *Varuna* gewidmet. An seinem Nordufer reihen sich mehrere Gästehäuser, teils auch mit schlichter Bewirtung im Garten- und Baumgrün samt Ausblick auf den See. Wenn der Monsun zu wenig Regen gebracht hat, sieht man den **Varuna Tempel (5)** auf dem trockenen Seegrund.

Westlich der Sharbuja Road stehen zwei der vielen Bundi-Tempel, nahe dem von Frauen geführten Gästehaus RN *Haveli*: der **Laxmi Nath (6)** und der **Sharbuja Tempel (7)**. Noch eine kleine Strecke weiter südlich reihen sich um das **Chogan Gate (8)** die Basare: der Sadar Basar, der Churi Basar und – speziell für Gemüse – der Sabzi Basar. Einer der schönsten Stufenbrunnen, der **Raniji-ki-Baori (9)**, findet sich südlich vom Sabzi Basar, westlich vom **Azad Park (10)**.

Am **Raniji-ki-Baori** ist die ganze Kunstfertigkeit der Brunnenbauer und Steinmetze im 16./17. Jh. zu bestaunen: Symmetrische Treppenanlagen führen mehrstöckig fast 50 m unter das Bodenniveau, schön gemeißelte Säulen und Bögen und die Skulpturen der zehn Erscheinungen (= *Avatare*) *Shivas* schufen einen gleichsam auf den Kopf gestellten prunkvollen Schlossbau. Darin wurde Wasser gesammelt und Frauen kamen, heißt es, in ihren schönsten Kleidern zum Wasserschöpfen. Je nach Wasserstand boten die Kammern über dem Wasser erfrischende Abkühlung von der sommerlichen Hitze draußen.

Das Chogan-Gate ist der südliche Zugang zur Altstadt, nicht weit vom Raniji-ki-Baori (Stufenbrunnen)

Exkursionen ins Grüne

Rund ein halbes Hundert Stufenbrunnen (*Baoris*) sollen in und um Bundi existiert haben, nur wenige sind erhalten, auch diese nur zum Teil zugänglich. Doch Bundi überrascht mit Wasserflächen, Waldgrün und viel grüner Landschaft außerhalb der Stadt, mit Tempelteichen und dem langgestreckten **Jait Sagar (11)**, dem See im Nordwesten. Schöne Ausflugsziele reihen sich an seinem Ufer und im Hinterland:

Schon am Südende des Sees steht direkt am Ufer der **Sukh Mahal** (**12**, = Palast der Glückseligkeit), ein charmantes Sommerschlösschen, jüngst sorgsam renoviert. Anders als der **Garh Palace** zeigt der 1773 erbaute **Sukh Mahal** mit seinem Dachpavillon den deutlichen Einfluss der Mogul-Architektur. Kipling-Leser finden Erinnerungen an ihn, um 1900 war der Autor des „Dschungelbuchs" hier für längere Zeit zu Gast.

Ort der Ruhe

Andere ehemalige Maharaja-Plätze am und um den Jait Sagar sind der **Kesar Bagh** (**13**, heute oft Sar Bagh genannt) und der **Shikar Burj**, eine Jagdhütte resp. ein Jagdschlösschen des 18. Jh., heute ein Ausflugsplatz mit Picknickeignung. Hinter der hohen Mauer des Sar Bagh findet man die Marmor-Kenotaphe (= *Chattris*) und auch einige Sarkophage von 66 Chauhana-Herrschern, ihrer Frauen und Prinzen bewahrt, errichtet von 1581 bis 1821. Manche dieser Pavillon-Gedenkstätten zeigen Götter- oder Tierskulpturen, auch Inschriften. Mit seinen hohen Bäumen, Buschwerk und Gras ist dies ein Platz ruhiger Nachdenklichkeit und ungestörter Ruhe.

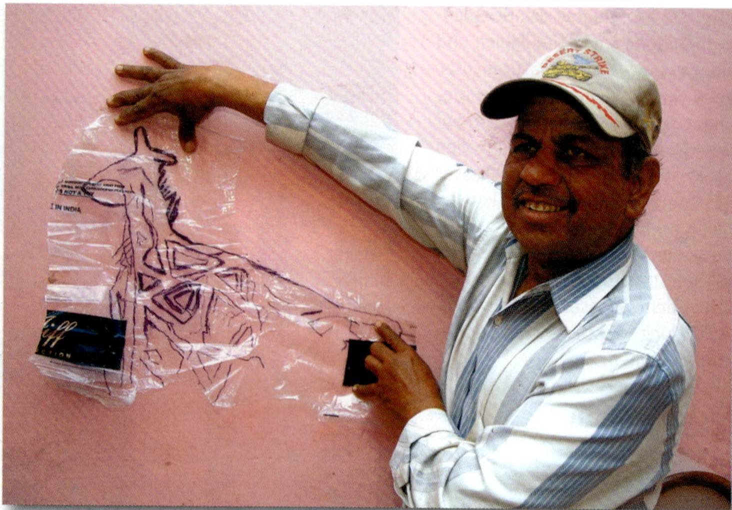

Die Felszeichnung hat Bundis Amateur-Archäologe Kukki selbst abgezeichnet

Die wachsende Neustadt südlich der Altstadt umschließt schon seit 1683 ein einzeln in der Landschaft erbautes Monument: das zweistöckige **Chaurasi Khambon-ki-Chattri (14)**. *Chaurasi* heißt 84, und gerade so viele Säulen tragen das luftige Bauwerk – Tempel und zugleich Totengedenkstätte –, das *Rao Anirudh Singh* für seine Amme *Deva* errichten ließ, zum Dank für ihre Opferbereitschaft. Noch heute verehren hier Hindus in großer Zahl das *Shiva Lingam*. Den Gästen aus aller Welt sind immer besonders die Steinschnitzereien mit Szenen aus dem Rajputen-Leben um 1700 interessant. Nächtlich angestrahlt, zeigt sich das *Chattri* am schönsten.

info

„Kukki", der Amateur-Archäologe

Wenige hundert Meter vom *Chattri* der 84 Säulen entfernt begegneten wir ihm, einem kleinen Ladenbesitzer mit Familie, der seine ganz eigenen Entdeckungen in der frühesten menschlichen Vergangenheit der Hadoti-Region macht. Im Oberstock seines einfachen Hauses zeigt er uns sein „**Shri Lal Dayal Museum**", Funde von bemaltem Gestein und Steinmessern aus den prähistorischen Höhlen. Vieles hat er den staatlich angestellten Archäologen überlassen, hat sie, versichert er, jedes Stück sehen lassen, bevor er etwas für die eigene Kollektion behalten durfte.

Weil die Höhlen-Fundplätze meist zugänglich, aber schwer auffindbar sind, kann „*Kukki*" archäologisch interessierten Bundi-Besuchern Führungen anbieten: „Rock-painting Sightseeing". *Om Prakash Sharma („Kukki"), 43 New Colony, Bundi/Raj., ☏ 0747-2444985, mobil 09828404527, www.angelfire/folk/bundiutsav/kukki/html, kukkibnd@rediffmail.com oder ashwini-sharma2008@yahoo.com.*

Reisepraktische Informationen zu Bundi

Ankunft und Auskunft

Tourist Reception Centre, *Rajasthan Tourism, Collectorate Campus, schräg gegenüber vom Ishwari Niwas Hotel, ☏ 0747-2443697. Dort werden Führer vermittelt. Zweifellos der bekannteste Guide und einer der beredtesten ist Billu – fragen Sie am Wasserturm beim Indra-Markt und Azad-Park nach ihm!*

Unterkunft und Restaurants

Bundi hat seinen Platz noch immer abseits der breiten Touristenströme. Doch galt es bis vor wenigen Jahren als einer der preisgünstigsten Plätze Rajasthans, so haben sich binnen eines halben Jahrzehnts manche Hotelpreise verdreifacht, zugleich sind mehrere alte Havelis zu „Guest Houses" oder Hotels geworden. Bei „Low Budget"-Häusern vor dem Buchen immer erst das Zimmer zeigen lassen! Es gibt auch ein modernes Hotel in der Altstadt. Wie es heißt, wird Oberoi – wie schon seit Jahren im Gespräch – nächstens im Phool Palace am gleichnamigen See westlich der Stadt ein Hotel eröffnen. Der Phool Palace wurde um 1940 vom Bundi-Maharaja erbaut, ist seit Langem unbewohnt und für Touristen nicht zugänglich. Erkundigen Sie sich bei der Tourist Reception!

Lake View Guest House (1), *€, direkt am Nawal Sagarh, ☏ 0747-2442326, lakeviewbundi@yahoo.com. Einst das Haus eines Premierministers, von seinen Nachfahren als einfaches Guest House betrieben, mit großer Terrasse, in den besseren Zimmern noch Reste alter Wandmalerei, Ausblicke auf den See. Restauranttische im Garten („Rajasthani-Pizza").*
RN Haveli (2), *€, in der Altstadt, ☏ 0747-5120098, rnhavelibundi@yahoo.com. Schlichtes Haveli des 18. Jh., heute als Guest House von drei Frauen – zwei Schwestern und ihrer Mutter – betrieben, ihre Küche wird hoch gelobt. Die männliche Konkurrenz hat vergeblich mit allerhand Tricks versucht, den Ruf der drei zu ruinieren.*
Royal Retreat (3), *€, Fort Compound, Garh Palace, ☏ 0747-2444426, www.royalretreatbundi.com. Im Umkreis des Palastgeländes, also oberhalb der Altstadt. Fünf geräumige, einfach eingerichtete Zimmer mit Bad, mit entsprechendem Restaurant, auch vier Zelte.*
RTDC Hotel Vrindavati (4), *€ , Bavlana Road, Jait Sagar (300 m vom Sukh Mahal), ☏ 0747-2442473. Abseits der Stadt eine Gartenidylle, jenseits der Straße das Seeufer. Die sieben Zimmer der „Rajasthan Tourism Development Corporation" sind nicht „super Deluxe", aber preisgünstig.*
Kasera Paradise (5), *€–€€, Balchand Para, am Fuß des Palastbergs, hinter dem Haveli Braj Bhushanjee, ☏ 0747-2444679, mobil 09829170982, www.kaseraparadise.com. 17 teils kleine Zimmer in altem Haveli, auch Restaurant.*
Bundi Haveli Hotel (6), *€€–€€€, 107 Balchand Parra, ☏ 9414935209, www.hotelbundihaveli.com. Auf der eigenen Webseite als „finest heritage hotel in Bundi" vorgestellt, ist das 2008 inmitten der Altstadt eröffnete Haus mit Arkaden, Säulen und Jharockas im Neo-Heritage-Stil ausgestattet, modern mit weißen Wänden, eleganten Glastischen, teils mit TV und sämtlich mit AC. Restaurant, Rooftop und Internet.*
Ishwari Niwas Palace (7), *€€€, 1 Civil Lines (in der Neustadt, gegenüber dem „Collector Bungalow"), 323001 Bundi, ☏ 0747-2442414, www.ishwariniwas.com. 24 Zimmer um großen Gartenhof, erbaut in der ersten Hälfte des 20. Jh. zur Regierungszeit des Maharao Raja Ishwari Singh, 1992 von dessen Nachfahren in ein Guest House umgewandelt. Angenehmes Restaurant.*

Haveli Braj Bushanjee (8), *€€€–€€€€, gegenüber dem Ayurveda-Hospital in der Altstadt östlich vom Bhairon-Tor, unterhalb des Palastes, ☏ 0747-2442322, www.kiplings bundi.com. Gepflegter Familienbetrieb unter Leitung von Mr. Mehta und seinen Söhnen mit hilfsbereitem Team. Mindestens 150 Jahre altes Gebäude mit authentischer Ausstattung, seit 2007 um einen neuen Flügel erweitert, mit hellen, großzügigen Räumen, AC, teils Jacuzzi. Restaurant (vegetarisch, kein Alkohol), schöne Ausblicke von mehreren Zimmern und vom Dachgarten. Auch ein gut bestückter Laden mit Kunsthandwerk.*

Restaurants außerhalb der Hotels waren bei unserem Bundi-Besuch 2008 kaum vorhanden, die meisten Hotels versorgen nur ihre eigenen Gäste – doch fanden wir am Ufer des Nawal Sagar freundliche Bewirtung.

Feste

Das originellste Bundi-Fest ist **Teej**, *das farbenbunt zur Wiedervereigung von Shiva und Parvati in der beginnenden Monsunzeit (26.–27. Aug. 2010, 15.–16. Aug. 2011) gefeiert wird – und nach dem offiziellen Teil noch etwa eine Woche länger andauert. In Bundi wird eine Figur der Göttin Teej in einer prächtigen Prozession vom Nawal Sagar zum Azad-Park getragen. Elefanten, Kamele und Artisten geben dazu ihr Bestes.*

Einkaufen

Bundi Art im **Palast-Komplex**, *Kopien der Wandgemälde im Garh Palast.*
Mayur Art in **Nahar ka Chotta**, *☏ 0747-2447297. Der Maler Soni Gopal, ausgebildet im traditionellen Bundi-, Kota- und Jaipur-Stil, malt auf Papier, Seide und Marmor, nimmt auch Aufträge an.*

Verkehrsverbindungen

Der **Bus-Terminal** *liegt in der Neustadt, etwa einen Kilometer von der Altstadt entfernt. – Zum* **Bahnhof**, *der noch südlicher liegt, sind es vom Stadtzentrum etwa fünf Kilometer, bessere Verbindungen von Kota (36 km). – Nächster* **Flughafen** *ist Jaipur (206 km). – Im Ortsverkehr Autorikshas ohne km-Zähler, Fahrpreise nach geschätzter Entfernung, ebenso die Taxis für Halb- und Ganztages-Exkursionen. Für einen halben Tag sind rund 500 Rs, für einen ganzen Tag 1.000–12.000 Rs. verhandelbar, je nach Entfernung.*

Bahn: *Bahnhof 5 km südlich vom Stadtzentrum, Direktverbindungen nach Chittorgarh, Sawai Madhopur, Bharatpur, New Delhi (ca. 13 Std.) sowie zum Ranthambore-Nationalpark, nach Fatehpur Sikri und Agra (ca. 13 Std.).*

Bus: *Häufige Verbindung mit Kota und Ajmer. Nach Jaipur 5, zum Ranthambore-Nationalpark 4,5, Udaipur 8, Jodhpur 10, Bikaner 10 Std.*

Ziele in der Umgebung: Tempel, Töpfer, Badeteich

Bundi verwandelt sich gerade von einem Ort im touristischen Abseits zu einem Ziel, das von immer mehr Rajasthan-Reisenden „entdeckt" wird. An manchen Tempelorten und Naturschönheiten im Umkreis von Bundi sind die Einheimischen dagegen noch fast unter sich, die Ära des Tourismus hat noch kaum begonnen.

Im Nordosten: Wasserfall bei Rameshwar

Auf schmaler Straße nördlich vom **Jait Sagar** erreicht man etwa 17 km von Bundi kurz vor **Rameshwar** einen Wald mit einem schmalen Tal. Darin stürzt nah einem *Shiva*-Tempel ein Wasserfall nieder und füllt einen Teich, in dem man auch ein Bad nehmen kann. Oberhalb des Wasserfalls gibt es eine schöne Aussicht!

Im Nordosten: Töpferdorf und Vogelsee

Ausflugsziele

Eine längere Fahrt – gut 50 km – führt nach Talwas: Auch dort gibt es einen *Shiva*-Tempel („Dhoolshwar Mahadev") bei einem Wasserfall, dazu einen schön gelegenen See und die benachbarten Dörfer **Thikarda** und **Borkhandi**, wo man Töpfer besuchen kann. Das **Ramgarh Wildlife Sanctuary** ist gleichfalls nah. Der Kanak Sagar bei Dugari ist nicht so groß und berühmt wie der Keoladeo National Park, aber auch ein Rastort der Zugvögel.

Im Nordosten: Fort Indragarh

Ein Hada-Prinz gründete im 17. Jh. die Stadt und oberhalb von ihr das **Fort Indragarh**, knapp 80 km von seiner Heimatstadt Bundi entfernt. Nah dem Eingangstor weist ein Schild zu der Familie, die im Besitz der Schlüssel ist und Besucher zu den **Wandbildern im Bundi-Stil** führt.

Im Südwesten: Bijolia (Bijolyan)

Die kleine ummauerte Stadt **Bijolia** auf einem Hügel, der von einer mittelalterlich anmutenden Burg bekrönt wird (heute Heritage-Hotel), liegt etwa 50 km von Bundi entfernt. Drei *Shiva*-Tempel stehen um einen Tempelteich, voran der Uddeshwar-Tempel (*Uddeshwar* ist eine Erscheinungsform *Shivas*) zeigt hervorragend schöne Steinfiguren. *(s. Kapitel Chittorgarh, S. 384)*

Kota – Aufschwung am Chambal-Fluss

Vorteil Flusslage

Kota ist als Distrikthauptstadt der viel jüngere Bruder Bundis, nur gut eine halbe Autostunde von Bundi entfernt und heute mit wohl bald 800.000 Einwohnern doch zehnmal so groß – und dabei so modern wie Bundi vergleichsweise idyllisch ist. Wichtigster wirtschaftlicher Vorteil Kotas, nicht nur im Vergleich mit Bundi, sondern gegenüber allen anderen Städten Rajasthans, ist der mächtige **Chambal-Fluss.** Der Chambal ist Rajasthans einziger ganzjährig Wasser führende Strom. Bei Indore im Vindhya-Gebirge entspringend, im Nachbarstaat Madhya Pradesh, speist der Chambal die großen Stauseen **Gandhi Sagar** und **Rana Pratap Sagar** südlich von Kota und strömt nördlich von Kota weiter nordostwärts, über lange Strecken als Grenzfluss zwischen Rajasthan und Madhya Pradesh, bis er zwischen Gwalior und Kanpur in die Yamuna mündet (die strömt in den Ganges und mit Indiens heiligstem Fluss in die Bucht von Bengalen).

Mit dem Chambal avancierte Kota zu einem Wirtschaftszentrum, hat seit Jahrzehnten ein Kernkraftwerk, Thermal- und Wasserkraftwerke und damit die Energie für chemische Industrien, unter anderem für die größte Düngemittelproduktion Südasiens. Zu mehrtägigem Aufenthalt verlockt Kota trotz dieser Industriekonzentration:

Da ist der im Kern viele Jahrhunderte alte **Stadtpalast** mit opulentem Museum, da sind die *Havelis* adliger Familien, die Parks und die Schiffsfahrten auf dem Chambal. Dank einiger attraktiver Heritage-Hotels ist Kota auch als Standquartier für die Erkundung des rajasthanischen Südostens zu empfehlen. Jüngst hat Kota einen indienweit guten Ruf auch als ein Bildungszentrum mit mehreren **Technik-Colleges** und Vorbereitungs-Instituten für die Aufnahmeprüfungen gewonnen, viele im *private sec-*

Größte Attraktion des industriell geprägten Kota ist der Stadtpalast – wo die Elefanten bunter sind als in Bundi

tor. 60 000 Schüler und Studenten wurden gezählt. Die Konkurrenz ist heftig, US-Medien meldeten, einen Studienplatz in den bestqualifizierten Kota-Colleges zu bekommen sei derzeit schwieriger als die Aufnahme in der Harvard University.

Orientierung

Kota breitet sich in seiner ebenen Landschaft aus, gibt der Industrie zumeist Standorte westlich vom Chambal und reserviert das Gelände östlich vom Fluss dem städtischen Leben. Bei der Anfahrt auf der Bundi Road kommt man nach der Chambal-Brücke rasch zum Tourist Reception Center und wenige Straßen südlich davon zum **Kishor Sagar**, dem stadtzentralen See mit dem **Jagmandir-Palast**. Südwestlich vom See geht es zum **Palace-Museum** und **Fort**, nördlich zu Wohngebieten mit Gärten und Alleen bis hin zu den Nobelhotels Brijraj Bhawan und Umed Bhawan. Städtische Basare, administrative Bauten, Flyovers und Kreisverkehre, doch auch ungewöhnlich grüne Parks durchsetzen die Wohnquartiere – in Kota ist man nicht so arm an Wasser wie anderswo in Rajasthan. Der **Chambal Garden** mit kleinen Bootsrundfahrten liegt im Südwesten, deutlich südlicher als der Palast. Achtung, mehrere „Gardens" konkurrieren, Rundfahrt-Bootsanleger erfragen!

Grüne Parks

Geschichte

Schon der *Chauhan*-Herrscher, den 1195 *Mohammed von Ghori* aus Ajmer vertrieben hatte, riss einen Großteil des Hadoti-Landes an sich. Zur Hauptstadt wurde in der Folge Bundi. Die *Hada-Chauhans* hatten sich auch das damals von den Stämmen der Meena und Bhils bewohnte und beherrschte Kota (benannt nach einem Bhil-Anführer namens *Koteya*) angeeignet, im Jahr 1264, sagt die Überlieferung. Zu dieser Zeit wurde auch bereits das Fort nahe dem Fluss erbaut.

Ab dem 17. Jh. Hauptstadt

Zur eigenständigen Hauptstadt wurde Kota dann erst viel später, als der Mogul *Shah Jahan* um 1620/30 nach dem Prinzip „Teile und herrsche!" dem *Chauhan*-Prinzen *Rao Madho Singh* einen eigenständigen Staat zugestand. Der wurde auch von den mächtigen Mewars in Udaipur geduldet und existierte bis 1947, als Rajasthans Fürsten ihre Staaten an die von Kolonialherrschaft befreite Indische Union abtraten.

Kotas fürstliche Architektur: Paläste und Havelis

James Tod (1782–1835), Englands weitgereister Political Agent in Rajasthan, war von Kota stark beeindruckt: „Wohlstand und Aktivität sind hier lebhafter wahrzunehmen als in den meisten anderen Städten Indiens", schrieb er 1820 und bewunderte die „leichte Eleganz des Palastes, seiner Kuppeln und schlanken Minarette". Der Palast war nah dem Chambal hinter hohen Bastionen in ein Fort eingebaut, getrennt von der Stadt. All das trifft noch heute zu, nur ist die Stadt nach allen Seiten so gewachsen, dass der prächtige **Garh Palace** (1, auch **City Palace** genannt) mit seinen Nebenbauten hinter immer noch hohen Mauern nunmehr eher zentrumsnah liegt. Im Palast ist das Maharao Madho Singh Museum das wichtigste der ganzen Hadoti-Region.
Maharao Madho Singh Museum: *geöffnet Sa–Do 10–17 Uhr.*

Redaktionstipps

➤ **Kulturelles**: Ein Schatzhaus ist der **City Palace** (S. 400) mit seinen Sammlungen, doch etwas ganz Außerordentliches, auch in indischen Palästen Seltenes bieten die wohlerhaltenen Bildergemächer des **Barah Mahal**, abseits der anderen musealen Schauräume (s. S. 400).
➤ **Natur**: Von den **Chambal Gardens** (s. S. 401) legen Boote zu kurzen Rundfahrten ab – erkundigen Sie sich nach längeren, das Erlebnis einer Flussfahrt ist Rajasthan-einmalig!
➤ **Hotel**: Direkt am Chambal liegt inmitten eines kleinen Parks das **Brijraj Bhawan** (S. 402), ein kleiner Palazzo aus der kolonialen Ära – weitab von aller Kota-Verkehrshektik.

Den ersten Höhepunkt des Rundgangs bringt schon die Durbar-Halle für große Empfänge und Ratssitzungen: Ein breiter Silberthron und eine silberne *Howdah* (= Elefantensitz) samt einem lebensgroßen hölzernen Elefanten bezeugen den einstigen Lebensstil, neben einer Vielzahl anderer Exponate. Die benachbarte etwas kleinere, zum Innenhof hin offene zweite Durbar-Halle glänzt mit fein verspiegelten Säulen, die folgende Halle voller historischer Kriegs- und Jagdwaffen zeigt auch eine Wildlife-Galerie. *Rao Madho Singh* (reg. 1625–49), von *Shah Jahan* begünstigt, ließ den ersten Palast in das ältere Fort-Gelände (13. Jh.) bauen, seine Nachfolger erweiterten den Palast bis ins frühe 20. Jh. Die Kota-Herrscher der *Hada*-Dynastie haben sich gern fotografieren lassen, die Fotoschau füllt mehrere Räume.

Zur reichen Bildkunst der **Kota-Malschule** lässt man sich die Treppen zu den oberen Stockwerken, zum **Barah Mahal**, zeigen (früher oder auch noch heute mit zusätzlichem Ticket). Durch eine offene Säulenhalle – alle Säulen tiefrot, das steigert die Wirkung! – mit Ausblick auf Stadt und Fluss kommt man in zwei große Räume voller Miniaturmalerei: Bild an Bild reihen sich Götter-, Hof- und Jagddarstellungen, dazu Szenen mit Musikanten, Liebespaaren und Tanzenden. Zeit mitbringen!

Außerhalb des Palastes: noch viele, teils verfallene Gebäude überdauern in der Ummauerung, rund zwei Dutzend Türme, sechs Tore, bescheidene Reste alter Gartenkunst. Ein kleines Café mit Baumschatten und Blick auf das **Hathi Pol**, das dekorativ bemalte Elefantentor, sorgt mit kleiner Speisekarte für Erfrischung.

Wer gut zu Fuß ist, schafft es in einer halben Stunde in Nordostrichtung zum **Kishor Sagar (2)**, hat aber eine starke Portion Verkehrslärm auszuhalten. Ein *Threewheeler* bringt einen rascher zu den jüngst restaurierten *Chattris*, den steinernen Totengedenkstätten der Kota-Fürsten in den **Chattar Bilas Gardens (3)**, einem kleinen Parkgelände zwischen dem nördlichen Ufer des **Kishor Sagar**, dem nicht viel weiter nordwestlich gelegenen RTDC Tourist Office und dem Chambal Tourist Bungalow.

Weit breitet sich der See, ein Werk des 14. Jh., wie es heißt; die Insel mit dem langgestreckten kleinen **Jag Mandir Palace** soll um die Mitte des 18. Jh. für eine Prinzessin der stolzen Mewar-Dynastie erbaut worden sein – zur Kühlung, weil sie die sommerliche Hitze nicht ertragen konnte. Beim Tourist Office nachfragen, an welchen Tagen Bootsfahrten auf dem See angeboten werden! Der Jag Mandir ist allerdings – noch – nicht zugänglich. *Bootsfahrt*

Ergiebig auf den zweiten Blick ist das **Government Museum (4)** im **Brij Vilas Palace**, ein niederer Vierflügelbau nordwestlich vom Kishore Sagar. Um ein Gartenareal mit alten Bäumen reihen sich die Ausstellungssäle, viele Vitrinen findet man museal vernachlässigt vor, oft nur im Halbdunkel, ohne oder mit total verblasster Beschriftung – aber um so mehr überraschen dann etliche hervorragend schöne Exponate. Als Hauptstücke sind Skulpturen von Göttern und Göttinnen aus dem 9. bis 12. Jh. zu bewundern, auch eine Miniaturen-Galerie der Kota-Schule.

Government Museum: *geöffnet Sa–Do 10–17 Uhr.*

Erholsam bieten sich die **Chambal Gardens (5)** südlich vom Garh Palace mit ihren Picknickplätzen und kleinen Imbissbuden an – und mit einem Becken für die Krokodile, die auch im Chambal-Fluss zuhause sind. Kurze Flussfahrten sind für wenige Rupien, lange (10–15 km flussaufwärts) für 300 bis 400 Rs beim Tourist Office zu buchen.

Reisepraktische Informationen zu Kota

Auskunft

Tourist Reception Center, *RTDC Hotel Chambal, ☏ 0744-2327695*

Reisebüro: Hadoti Tours, *G-12 Vinayak Complex, Nayapur/Kota, ☏ 0744-2326221, 0744-2326224. Sehr engagiert in der Tourismusentwicklung.*

Unterkunft

RTDC Chambal Tourist Bungalow (1), *€€–€€€, nördlich vom Kishore Sagar, ☏ 0744-2326527. In kleinem Park, geräumige Zimmer, aber matter Service, sehr schlichtes Restaurant.*

Navrang (2), *€€–€€€, Station Road, ☏ 0744-2323294, 🖷 0744-2450044. Unter den Low-Budget-Hotels empfohlen: sehr freundliches Personal, saubere Zimmer, teils AC und vegetarisches Restaurant.*

Brijraj Bhawan Palace (**3**), *€€€–€€€€, Civil Lines, Nayapura; ☏ 0744-2450529, www.indianheritagehotels.com. Ruhige Bestlage am Chambal-Fluss mit eigenem Park, Heritage-Hotel mit nur acht, aber großen Zimmern, einst von britischen Kolonialherren bewohnt, nach 1947 Gästehaus der Regierung. Viktorianisches Mobiliar, gute Küche.*
Sukhdham Kothi (**4**), *€€€–€€€€, Civil Lines, nahe Collectorate Circle, ☏ 0744-2320081, www.sukhdhamkothi.com. Vor bald 150 Jahren aus rotem Ziegelstein erbautes Heritage-Haveli mit Park, 15 Zimmer mit historischem Wohn-Ambiente und gepflegter vegetarischer Küche, sehr aufmerksame, freundliche Gastgeber.*
Palkiya Haveli (**5**), *€€€–€€€€, Mokha Para, nahe dem City Palace, ☏ 0744-2387497, www.alsisar.com. Eines der schönsten Heritage-Häuser der Stadt, mit Balkonen, Terrassen, Innenhöfen, erbaut von Thakur Deo Singh Ji, von der Familie geführt.*
Umed Bhawan Palace (**6**), *WelcomHeritage Group, €€€–€€€€, Palace Road, im Norden der Stadt, ☏ 0744-2325262, www.welcomeheritage.com. 1904 erbaut von Architekt Sir Samuel Swinton Jacob in Zusammenarbeit mit indischen Kollegen. Großes Parkgelände mit Pfauen, 32 Zimmer und Suiten, Internet. Komfortabel, ruhig, gepflegtes Restaurant (auch für auswärtige Gäste).*

Außerhalb der Stadt
Bhainsrorgarh Fort (**7**), *€€€€€–€€€€€€, 55 km südwestlich von Kota, P.O. Kota, Dist. Chittorgarh, ☏ 01475-232006, www.bhainsrorgarh.com. Mächtiger Bau hoch auf Steilfels direkt über dem Chambal-Fluss, erbaut Mitte des 18. Jh., nur 9 Suiten, mit brillantem Ausblick, ebenso das Dachrestaurant. Exkursionen zu Tempeln, Dörfern und in den Nationalpark Mukundara. Flussfahrten.* *S. s. 404.*

Essen und Trinken

Wie in Bundi sind auch in Kota Restaurants außerhalb der Hotels selten, in den kleineren Hotels werden oft nur die Hausgäste beköstigt. Ausnahmen sind das Venue-Restaurant im Hotel Navrang, wo man auch Pizzas und chinesische Küche serviert, und für höhere Ansprüche der Umed Bhawan Palace.

Einkaufen

Adarsh Saree, Bheru Gali, Rampura Basar. Hier und in anderen Läden ist eine Kota-Spezialität zu haben: der „Kota Doria Sari", aus besonders leichtem, hellem Baumwoll- oder Seidenstoff.

Verkehrsverbindungen

Bahn *und* **Bus**: *Der Bahnhof liegt im Norden der Stadt, etwa drei Kilometer vom „Bus-Stand" an der Bundi Road. Gleiche und ähnliche Verbindungen wie von und nach Bundi, insgesamt aber noch mehr. Siehe dort!*

Ziele in der Umgebung

Im Nordosten: Keshoraipatan, geheiligt im Hadoti-Land

An der Straße, die etwas nördlich vom Chambal-Fluss verläuft, erreicht man nach etwa 22 km an einem Hochufer einen religiös bedeutungsvollen Platz, **Keshoraipatan**: Hinter einer Ummauerung über dem Fluss steht ein Tempel für *Shri Keshav Rai*

Fährt man am südlichen Ufer des Chambal zum Pilgerziel Keshoraipatan, setzt man mit der Fähre zum Tempel über

Ji, den die Hadoti-Bevölkerung – und früher auch die Hadoti-Herrscher – vor allen anderen anrufen als eine Erscheinungsform *Krishnas*. Wenn im Oktober/November der große *Chandrabhaga*-Markt stattfindet (s. S. 405), versammeln sich Tausende um den Tempel und nehmen auch ein Bad im Chambal-Fluss. Auch Bootsrennen werden veranstaltet.

Im Südwesten: Chambal-Schlucht und Geparnath-Tempel

Ebenso weit entfernt von Kota wie Keshoraipatan, also 22 km, jedoch in Gegenrichtung ist der **Geparnath-Tempel** zu erreichen. Schwächlich zu Fuß sollte man für diese Exkursion nicht sein: Abzweigend von der Straße nach Badoli erreicht der Wagen den Rand der Schlucht, wo ein langer Abstieg über steile Felsstufen zu leisten ist. Der Fluss selbst wird nicht von jedem erreicht, doch ein Wasserfall, der in mehreren Stufen zum Chambal hinabstürzt, und ein *Shiva*-Tempel, der Geparnath. Schon im 5. und 6. Jh. pilgerten Shivaites hierher, der gegenwärtige Tempel, so besagt eine Inschrift, stammt aus dem Jahr 1569. Waldgrün und Vogelstimmen!

Gute Kondition erforderlich

Im Südwesten: Badoli, das Waldheiligtum

Nach **Badoli** (auch: Barodi), 45 km von Kota, kommt man mit einem Linienbus, in etwa anderthalb Stunden. Die Tempelstätte geht mindestens bis auf das 9. Jh. zurück, ist aber in der Mogul-Ära teils verwüstet worden (zerstörte Gesichter von Götterskulpturen!). Heute wachsen Mango- und Pipalbäume um die Stätte, die vom Archaeological Survey of India (AIS) betreut wird. Immer noch sind meisterliche Götterdarstellungen erhalten, *Shiva* in mehreren Gestalten, auch *Brahma* und *Vishnu* mit der beschützenden Kobra.

Im Südwesten: Bhainsrorgarh, auch zum Wohnen

Das **Bhainsrorgarh Fort** auf einem Steilfelsen über dem Chambal-Fluss, 55 km von Kota, hat sich vor 200 Jahren schon der britische Historiker und politische Agent James Tod als Wohnung gewünscht. Jetzt neu als Hotel eröffnet: hoch über Dorf und Chambal, großartige Ausblicke in die Fluss- und Waldnatur, ein naher Nationalpark, ungestörte Ruhe …

Bhainsrorgarh Fort: *P.O. Kota, Dist. Chittorgarh, www.bhainsrorgarh.com. S. s. 402.*

Im Süden: Darrah Sanctuary

Etwa 50 km südlich von Kota erstreckt sich über mehr als 200 km² ein Wildschutzgebiet, das **Darrah Sanctuary**, in dem auch Leoparden und Panther leben. Besuche im Wagen sind möglich, die Erlaubnis ist in Kota beim District Forest Office einzuholen (☏ 0744-2321263).

Darrah Sanctuary: *geöffnet von Sonnenaufgang bis Sonnenuntergang.*

Kotas Nachbardistrikte: Jhalawar und Baran

Indien, bevor die Touristen kommen: Von Kota erstreckt sich Rajasthan mit dem Distrikt **Jhalawar** südwärts wie auch mit dem Distrikt **Baran** ostwärts weit in den Nachbarstaat Madhya Pradesh. Dieser Südostzipfel Rajasthans – von Kota bis zum Südkap 600 km Luftlinie – hat keine einzige große Fernstraße südlich des jetzt schon weithin vierspurig ausgebauten West-Ost-National-Highways 76, der den Transportverkehr von Gujarat über Kota nach Kanpur und Lucknow in Nordindien trägt.

Individualisten, Backpacker und andere Neugierige fragen sich dennoch durch dieses „unbekannte Rajasthan“ hindurch. 85 km südlich von Kota zeigt **Jhalawar** in seinem Palastkomplex das **hundertjährige Government Museum** mit sehr beachtlichen Sammlungen, dazu noch eine architektonische Rarität: das **Parsen-Theater Bhawani Natya Shala**, nur wenige Jahre jünger.

Government Museum: *geöffnet Sa–Do 10–17 Uhr.*

Auch das **Rain Basera**, ein pittoreskes Holzgebäude am Ufer des Kishan Sagar, 6 km außerhalb von Jhalawar, hat seine besondere Geschichte: Maharaja *Rajendra Singh* hatte das Bauwerk 1936 auf einer Ausstellung in Lucknow entdeckt, erworben und nach Jhalawar transportieren lassen. Der Fürst wollte zugunsten seines Sohnes abdanken und Gedichte schreiben – leider starb er unversehens.

Ungewöhnliche Architektur

In mittelalterlicher Umwallung zeigt sich das benachbarte Städtchen **Jhalarapatan** (7 km südlich von Jhalawar) mit seinem prächtigen **Padmanath-Surya-Tempel** aus dem 10./11. Jh. Die 52 Tempelsäulen und das Mauerwerk haben die Künstler mit Reliefschnitzerei geschmückt. Erotische Friese überraschen; sie zeigen kleinere Schäden und blieben weithin unbekannt, obwohl sie den weltweit berühmten an den Tempeln von Khajuraho ähneln. Am Eingang zum Shantinath-Tempel der Jains stehen zwei Marmorelefanten.

Malerisch unter Sonnenschutzmatten schlängelt sich das Bunt der **Basarstraßen** durch die Altstadt, unter mächtigen Wehrmauern ersteigt man die Höhe des Forts, staunt in der Hügellandschaft über die phantastischen Formen der wagengroßen Natursteinbrocken und über die **Architekturen im Fort-Areal**.

Im November strömen alljährlich viele Tausende zum **Chandrabhaga-Markt**, zum großen Kamel- und Viehmarkt – so bunt und gedrängt wie der berühmte Pushkar-Markt, aber noch mit nur sehr wenigen touristischen Besuchern.

Noch weniger Touristen wissen von den **tausendjährigen Klausen buddhistischer Mönche** beim Dorf **Kolwi**, noch weiter im Süden. Durch Bauernland mit sandigen Flussbetten geht die vierstündige Fahrt, Frauen sind im Feldergrün unterwegs. Die Fahrstrecke wurde länger, weil Wegzeichen fehlten. Doch dann: Ein Hügelhang und 30 hohe Stufen führen zu den Mönchsklausen hinauf. Aus dem Fels sind sie geschlagen, die dämmrigen, kubischen Wohnquader mit der Fernsicht in die Landschaft. Erhalten in der meditativen Szene blieb auch eine überlebensgroße stehende Skulptur.

Reisepraktische Informationen zu Jhalawar

Auskunft

Tourist-Information *im RTDC-Hotel Chandrawati, Jhalawar, ☏ 07432-230081.*

Unterkunft

RTDC-Hotel Chandrawati *€€, am NH 12, Patan Road, ☏ 07432-234023, 6 Zimmer, Restaurant.*
Prithvi Vilas Palace (Darbar ki Kothi) *€€–€€€ Harish Chandra Civil Lines, ☏ 07432-231347/099. 16 Zimmer, im* **Palace Guesthouse** *(gleiche Adresse), €€– 4 Zimmer, Restaurant, Bibliothek, Führungen werden angeboten.*

Seit 1991 ist **Baran** (72 km von Kota) nicht nur der Name der Stadt, sondern auch des Distrikts, der damals aus einem Teil des Kota-Distrikts gebildet wurde. Großartige Berglandschaften, mehrere Ströme (alle in Süd-Nord-Richtung), Stufenbrunnen und jahrhundertealte Forts, Moscheen und Hindu-Tempel mit feiner Steinschnitzkunst sowie inmitten weiter Wälder die Ruinenstadt **Bilasgarh** erinnern an das ländlich geprägte Leben, wie wir es in seiner Naturnähe und Gemächlichkeit auf unseren ersten Reisen vor bald einem halben Jahrhundert indienweit vorfanden.

Archäologisch und kunsthistorisch wichtigste Orte außer Baran und dem benachbarten **Krishan Vilas** sind Kakoni, Khandala, Nahagarh, Ramgarh, Shahabad, Shergarh und Sitabari. Die Hadoti-Region südlich und östlich von Kota hat ihre touristische Zukunft vor sich.

Touristisch unerschlossen

Über Baran und Mangrol erreicht man **Khandala**, fährt an einem Waldsee aus der Ebene ins Hügelland – und hat zwei anrührende **Tempel-Erlebnisse**. Noch im Talgrund überdauert mit säulengetragener Vorhalle ein einst prachtvoller Bau, in seiner Struktur wie mit den erotischen Skulpturen-Reihen den Khajurao-Tempeln ähnlich. Viel schlichter, doch feiertags von Hunderten besucht: Hoch am Berg, über ein langes, gut gepflegtes Stufen-Zickzack zu ersteigen, verheißt ein an den Fels gedrängtes Heiligtum Hilfe in der Not. Stürmisches Trommeln begleitet virtuos die Gebete.

7. DER OSTEN – MIT AGRA UND DELHI

Shah Jahan baute sich hier am See das Jagdschloss Khampur Mahal in Talaab Shahi

Der Osten: Tiger! Paläste! Vogelscharen!

Ranthambore National Park / Sawai Madhopur

Riesig ist die Begeisterung für den „Tiger Park", immer noch einmal erzählen die, denen der Tiger plötzlich über den Weg lief: wie lautlos der Tiger aus dem Dschungel kam, wie nah das Gelb seiner Augen war, wie muskulös und geschmeidig zugleich seine Bewegungen. Nur leider: niemand, auch der kundigste Wildhüter nicht, kann Ihnen garantieren, dass der Tiger Ihnen den Gefallen tut und sich zeigen wird. Obwohl der **Ranthambore National Park** einer der kleineren indischen Nationalparks ist, gehört er aber doch zu der Spitzengruppe, was die Zahl der Tiger betrifft – und das ist nicht sein einziger Vorzug.

Redaktionstipps

➤ Zu den **Tigern** – und den anderen Tieren des Parks – reist man am besten im März oder April: Da trocknen in der wachsenden Hitze viele Wasserstellen aus, die Tiere kommen öfter aus ihren Dickicht-Plätzen. Beste Tageszeit für Tigerbegegnungen: der frühe Morgen!
Quartier mit Safari-Atmosphäre bietet das „**Tiger Moon Resort**", weitab der Hauptstraße, in Natursteinhütten (s. S. 412).

Der Tiger kommt! Öfter begegnet man ihm am Morgen als am Abend

Orientierung

Ob von Kota im Süden oder von Jaipur im Norden – die meisten Gäste kommen per Bahn, Bus oder Mietwagen zuerst in **Sawai Madhopur** an. Etwa 12 km ostwärts über die Hotel-gesäumte **Ranthambore Road (1)** erreicht man den **Eingang zum Nationalpark (2)** – und im Umkreis noch mehr Hotels zur Auswahl. Innerhalb des Parks ist der Zugang zu Fuß hinauf zum Fort und im Fort erlaubt, im Park selbst bewegt man sich nur in Wagen der Parkverwaltung, auf jeweils einer von sieben Routen durch den *Jungle* mit seinen Seen und Teichen. In Nord-Südrichtung wird der Park vom **Banas (5)** durchströmt, der am Ostrand des Parks in den **Chambal-Fluss (6)** mündet. Der – nur teils eingezäunte – Park ist streckenweise zu Fuß, per Rad oder Wagen zu umrunden, reizvoll dank der Dörfer, historischer Gebäude, Wald und Fels.

Geschichte

In grauer Frühzeit, wohl im 10. Jh., ließen sich die *Chauhan*- Herrscher von Ajmer das erste Fort auf einer felsigen Höhe in den Ranthambore-Wäldern bauen. Von *Mohammed Ghauri* 1192 aus Ajmer vertrieben, hatten die *Chauhans* hier ihre Hauptstadt, bevor

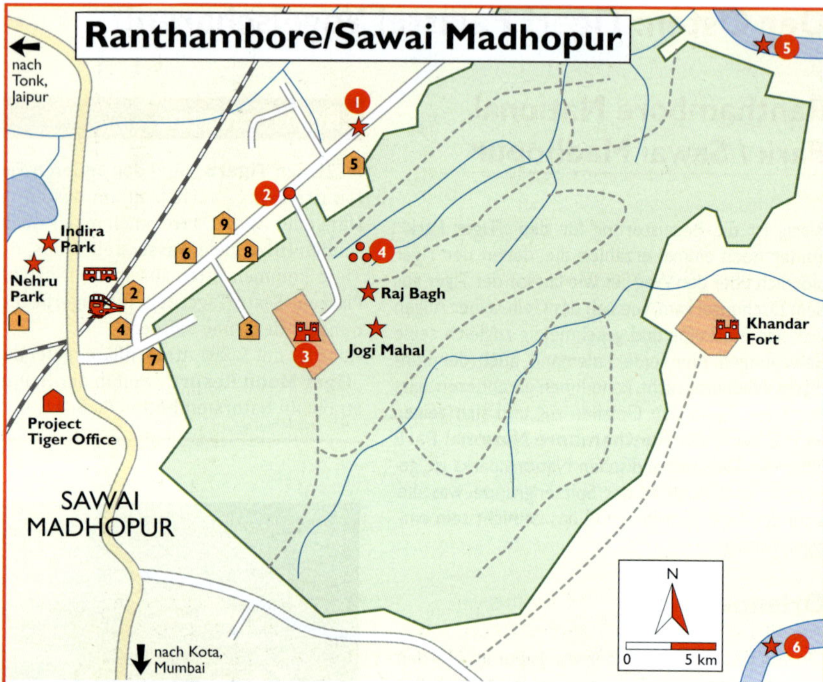

Sehenswertes, Praktisches

1 Ranthambore Road
2 Eingang zum Nationalpark
3 Ranthambore Fort
4 Jagdhaus Padam Talao
5 Banas-Fluss
6 Chambal-Fluss

Unterkünfte

1 Hotel Pink Palace
2 Ankur Resort
3 RTDC Castle Jhoomar Baori
4 Hotel Tiger Safari Resort
5 Tiger Moon Resort
6 Nahagarh
7 Sawai Madhopur Lodge (Taj)
8 Vanyavilas (Oberoi)
9 Ranthambore Forest Resort

sie sich für Bundi entschieden. Um 1300 eroberte Sultan *Ala-ud-din-Khilji* zeitweise Rajasthans Osten und auch Gujarat. Die Muslime erstürmten auch das Ranthambore-Fort und es kam zum ersten *Jauhar* der Rajputen, die Frauen der Rajputen stürzten sich in die Flammen eines Scheiterhaufens.

Später war es der Großmogul *Akbar*, der 1567/68 Ranthambore nochmals unter muslimische Herrschaft brachte. Seit Mitte des 18. Jh. konnten dann wieder die Maharajas von Jaipur ihre Jagdleidenschaft in den Ranthambore-Wäldern ausleben, der Mogul-Kaiser *Shah Alam* schenkte Ranthambore 1754 dem Maharaja *Sawai Madho Singh* (daher der Name der benachbarten Stadt). Gern ließen sich die britischen Kolonialherren und ihre königlichen Hoheiten zu Tigerjagden einladen.

Tiger werden heute nicht mehr mit dem Gewehr, sondern nur noch mit der Kamera gejagt

Noch 1960 nahmen Queen *Elizabeth II.* und der Herzog von Edinburgh eine solche Einladung zur „Royal Safari" an. Wohl ohne schlechtes Gewissen, verlautete doch auf eine kritische Anfrage der „Fauna Preservation Society" in London offiziell: „... der Tiger ist in Indien keine geschützte Art, ... wenn die königlichen Hoheiten einen Tiger schießen, ist es gerade so wie eine Hirschjagd in Schottland. Niemand sollte deshalb die Stirn runzeln."

Indiens Tiger vor der Ausrottung?

info

„Project Tiger" in der Krise

Leidenschaftliche Tierschützer setzten sich bald nach der Gründung des indischen Staats für ein striktes Tigerjagdverbot ein. 1955 wurde der Ranthambore-Park zum **Wildlife Sanctuary** erklärt. 40.000 Tiger soll es noch zu Beginn des 20. Jh. auf dem indischen Subkontinent gegeben haben. Das ist heute kaum mehr vorstellbar! Ihre Zahl betrug 1972 nur noch etwa 2.000. Die Tigerjagd wurde nun endlich verboten (in einigen Gebieten auf Betreiben der Maharajas schon früher). Die Oberschicht, sowohl die kolonialen Briten als auch die einheimische, hatte jagd- und trophäenwütig den Bestand so stark verringert, „unterstützt" von einem Jagdtourismus, zu dem in den 1960er-Jahren Dutzende von Shikar-Reiseagenturen animierten. Doch gilt der Tiger als ein Nationalsymbol Indiens, als Inbegriff von Stärke und Vitalität, noch vor Löwe und Elefant.

Auch *Adivasis* oder *Tribals*, die indische Urbevölkerung, respektierten die Lebensräume des Tigers. Der Ureinwohner-Bevölkerung hat man von Regierungsseite gewisse Zugangsrechte (*tribal bill*) eingeräumt. So liegt zum Beispiel am Rande des

info

Ranthambore-Parks auf steiler Anhöhe ein **Fort** mit einem **Ganesha-Tempel**, der zum Fest **Ganesh Chaturthi** (August/September) Massen von Feiernden anzieht, von denen viele zu Fuß durch den Park gehen.

Erst langsam hat die Forschung herausgefunden, dass Tiger zwar Wildtiere jagen (und so zum Gleichgewicht der Natur im *Jungle* beitragen), doch Weidetiere (Kühe, Schafe) nur dann reißen, wenn durch das Vordringen des Menschen in den *Jungle* ihre Beute verdrängt wird und die Tiger sich in ihrem Habitat eingeengt fühlen. Auch Horrorgeschichten vom *Man eater,* der am liebsten Menschen verspeist, sind auf Grund falscher Schlüsse entstanden.

1973 wurde das **Project Tiger** ausgerufen, das großenteils von der Regierung finanziert wird. Schutzgebiete wurden eingerichtet, insgesamt von der Größe Hessens, einer der Hauptstützpunkte war Ranthambore. Tiger gelten auch als Bio-Indikator: Wo sie leben, sind die Natur und ihre Artenvielfalt noch im Gleichgewicht. Indiens Biologen schätzen die „Tiger Reserves" als unschätzbar wertvoll für die Zukunft: Es sind lebendige Gen-Banken.

In Ranthambore war *Fateh Singh Rathore* aufopferungsvoll als ausgezeichneter Tigerkenner tätig. Anfangs stand er allein als Verfechter des Tigerschutzes, wurde von Bauern der Gegend angefeindet, sogar lebensgefährlich angegriffen. Er gab nicht auf, überzeugte viele seiner Feinde von der guten Sache des Wildlife-Schutzes. Er war ein ausgezeichneter Spurenleser und wusste, wo „seine" Tiger steckten, wurde „Field Director of Ranthambore" und als „Ehren-Wildhüter" ausgezeichnet. Jüngste Nachrichten berichten von seiner Schule für Kinder aus der ländlichen Umgebung.

1992 vergrößerte sich das Gebiet der **Ranthambore Tiger Reserve** mit der Angliederung der benachbarten Sanctuaries auf 1 174 km². Doch bis heute ist noch nicht gewiss, ob die Rettungsaktion gelungen ist, hier oder in anderen Regionen Indiens. Ist das Schutzgebiet sehr groß, kann es nicht vor Wilderern geschützt werden. Ist es zu klein, leiden die Bauern und ihre Herden, werden selbst von Tigern getötet. Erst vor wenigen Jahren wurde in Rajasthan der Tigerbestand im **Sariska-Schutzgebiet** von *poachers* vernichtet. Das traf auch alle, die ihr Einkommen aus dem Tourismus haben – in Sariska blieben die Touristen aus. Inzwischen ist es gelungen, Tiger neu anzusiedeln, die Wildhüter haben bereits Tiger-Nachwuchs beobachtet. Unverändert aber sind Wilderer immer wieder aktiv.

Die geografischen Bedingungen sind im Ranthambore-Park günstig: gebirgiges, auch schroffes, dicht bewachsenes Gelände, Wasser in Seen, guter Wildbestand (Hirsche, Antilopen, Gazellen). Die Tiger sind der hohen Besucherzahlen wegen an Menschen gewöhnt, das kommt den Schaulustigen zugute, aber es macht auch den Wilderern ihr Töten leichter – und der *Jungle* ist undurchsichtig. Es gab auch immer wieder Streit um Weiderechte, um landwirtschaftliche Nutzung oder um Siedlung im Schutzgelände. Auch die Zählung der Tiger wurde neuerdings angezweifelt und der Verdacht bestätigte sich: Geschönte Zahlen waren veröffentlicht worden. Heute wird die Gesamtzahl von etwa 2.000 Tigern in freier Wildbahn genannt, davon 20 bis 26 im Ranthambore-Schutzgebiet.

Unterwegs im Park

Eine 3½-stündige geführte Jeep-Safari ist ein packendes Erlebnis, denn man sieht natürlich auch viele andere Tiere, bevor man die Chance auf einen Tiger hat! Es gibt auch größere Transportmittel, offene *Canter*, die mehr Gäste fassen und billiger sind. Die Zahl der Nationalpark-Jeeps („*Gypsies*") und der Aussichtswagen („*Canter*") ist beschränkt. Auch etliche Reiseveranstalter haben ihre Fahrzeuge im Einsatz. Darum ist es sinnvoll, die Plätze im Voraus zu buchen – möglichst früh! Doch die Tiger-Chancen werden durch die lauteren Motorengeräusche nicht besser.

Am besten ist das Safari-Erlebnis am frühen Morgen. Der Jeep ohne Windschutzscheibe fetzt über die Sandwege, die kühle Luft fährt einem übers Gesicht, jeder Vogelschrei und knackender Ast verheißt den erhofften Tiger! Ist nicht eine Fahrt durch einen naturbelassenen *Jungle* allein schon ein wunderbares Erlebnis? *Jeep-Safari*

Architektonische Zeugnisse aus der Mogul- und Maharaja-Ära sind da und dort im Park noch erhalten, zum Beispiel ein 250 Jahre altes **Jagdhaus** am Lotus Lake (**4** Padam Talao), mit Blick auf das **Ranthambore Fort (3)**. Ein Halt dort lohnt auch wegen des riesigen Banyanbaums in der Nähe, eines der größten in Indien, der wegen seiner enormen Ausbreitung mit Luftwurzeln auch *running tree* genannt wird.

Ende März und Anfang April färbt sich das **Kachida-Tal** mit den Blüten der „*Flame of the Forest*"-Bäume rot. Oft hat man hier Leoparden gesehen. Im Oktober und November kann der Führer in den *Backwater*-Teichen am **Rajbagh Lake** junge Sumpfkrokodile zeigen, die hier aus den Eiern geschlüpft sind. Lotusblüten überdecken im Oktober und Mai den See. Von hier aus geht eine Tour über den Ghazal-Hügel zum **Kukraj Peak**, mit weiter Aussicht über den Nationalpark. Auch werden in dieser Region oft Bären gesichtet. Auf dem Grasland des **Lahpur Valley**, wo ein kleiner See meist bis März Wasser hat, trifft man auf Rotwild und Antilopen, auch auf viele Vögel, speziell auf Pelikane.

Wacher Blick, schmückendes Rot: ein Rotlappenkiebitz

Die Liste der Tierarten, denen der Parkbesucher begegnen kann, ist lang, von den prächtigen Sambarhirschen bis zu *Chinkaras* (Gazellen), von Krokodilen bis zu Adlern und Fischadlern – und ähnlich groß wie diese Artenfülle der Fauna ist auch die der Flora, allein Baumarten gibt es rund 70.

Einen Besuch der **Ruinen des Forts** am Parkeingang sollte man nicht auslassen. Es ist im Kern uralt, vor mehr als tausend Jahren strategisch günstig am Schnittpunkt der Aravalli-Berge mit dem Vindhya-Gebirge gegründet und Zeuge des historischen Widerstands der Rajputen gegen Eindringlinge, den erst die Moguln entscheidend bezwangen. Man hat vom Fort, das frei zugänglich ist, eine gute Sicht auf den Park mit seinen Seen. Rund sieben Kilometer lang erstreckt sich die Ummauerung des Forts.

Schöne Aussicht

An der Südseite des Forts findet sich der vielbesuchte **Ganesh-Tempel**, neben zwei anderen Hindutempeln im Fort; erbaut mit dem roten Sandstein von Karauli, stammen sie vermutlich alle aus dem 12. oder 13. Jh. Zum jährlichen *Ganesha*-Fest im August/September zu Ehren des glückbringenden *Shiva*-Sohns mit dem Elefantenkopf sind rund eine Million Pilger unterwegs.

Ins unverfälschte ländliche Leben gerät, wer den Nationalpark von Ranthambore südöstlich umfährt und an der südöstlichen Flanke den kleinen Ort **Khandar** erreicht. Ein halbstündiger Aufstieg führt dort in ein monumentales, längst verlassenes, überwachsenes **Fort** auf langgestrecktem Felsrücken. Chittorgarh in nicht ganz so großem Format, doch voller Ausstrahlung!

Reisepraktische Informationen zu Ranthambore

Auskunft

Tourist Reception Center *im RTDC Vinayak Tourist Complex in Sawai Madhopur, ☏ 07462-220766, kleineres Büro im Bahnhof. Auch beim* **Forest & Project-Tiger-Office** *an der Ranthambore Road, etwa 500 m vom Bahnhof, können einige Unterkünfte gebucht werden (☏ 07462-220479).*

Unterkunft und Restaurants

Budget Hotels finden sich in Sawai Madhopur, die besseren und sehr guten Unterkünfte liegen näher am Nationalpark, ein RTDC-Quartier auch im Parkbereich. Bei vielen Hotels sind die Mahlzeiten im Preis enthalten.

Pink Palace (1), *€–€€, plot A1, Bal Mandir Colony (bei der Bahnüberführung), ☏07462-220722. Einfache Zimmer, teils Gemeinschaftsbad, auch Restaurant.*

Ankur Resort (2), *€€€, Ranthambore Road, etwa 3 km vom Bahnhof, ☏ 07462-220792. 15 helle Zimmer und 18 Cottages, mit Garten und Swimmingpool, Safaris.*

Jhoomar Baori Castle *(RTDC)* **(3)**, *€€€, ☏ 07462-224701, www.hotelsranthambore.com, im Nordwesten des Nationalparks, etwa 2 km von der Hauptstraße entfernt. Einzige Unterkunft im Bergwald, ein ehemaliges Jagdschloss – alles frisch erneuert, sehr empfehlenswert.*

Tiger Safari Resort (4), *€€€, Ranthambore Road, ☏07462-221137, www.tigersafariresort.com. Zimmer und Cottages mit TV, teils mit AC, in der Nähe von Rezeption und Rooftop-Restaurant manchmal etwas laut. Garten, Internet.*

Tiger Moon Resort (5), *€€€–€€€€, 12 km vom Bahnhof, am Rande des Parks, nahe Sherpur, ☏ 07462-252042, mit 32 Stein- und fünf Bambus-Cottages. Mit Swimmingpool, Buffet-Restaurant, Safaris. In der Hochsaison zusätzlich Zelte.*

Nahagarh (6), *€€€€€, beim Dorf Kilchipur, nördlich der Ranthambore Road, ☏ 07462-252281, 07462-252146, www.alsisar.com. Ein Rajputen-Jagdpalast wie aus dem Bilderbuch, neu erbaut mit Pavillons, Arkaden und Kuppeln, Gartengrün und Wasserkanälen, Swimmingpool und farbig dekorierten Zimmern. Reservierung: Alsisar Haveli, Jaipur, s. S. 171.*
Sawai Madhopur Lodge (7), *€€€€€, ebenerdiger Bau (um 1930) des Jaipur-Maharajas, 1,5 km von der Stadt im Parkareal (westlich vom Nationalpark), ☏ 07462-220541, www.tajhotels.com. Stilvoll mit Heritage-Charme, Swimmingpool, in der Hochsaison auch Zelte.*
Ranthambore Forest Resort (9) *€€€€€–€€€€€€, abseits der Straße entlang des Nationalparks, Sawai Madhopur, ☏ 07462-2211-20/-22, holidays@welcomheritagehotels.com, in Delhi ☏ 011-46035500. Ruhiger Baumpark, schöner Pool, auch Tennis und Badminton.*
Vanyavilas (8), *€€€€€€€, nah am Nationalpark, ☏ 07462-223999, www.oberoihotels.com. Ein königlicher Palast, umgeben von luxuriösen Zelten – traumhafte Verwöhnung zu sattem Preis, vorzüglich die Küche, ebenso der Service und das Spa. Auch Gäste, die nicht hier wohnen, können ein Gourmet-Dinner genießen.*

Parkbesichtigung

Der Nationalpark ist von Okt. bis Juni geöffnet (Juli–Sept. ist Monsunzeit, die Forststraßen im Park sind zeitweise nicht befahrbar). Touristen ist der Zugang nur in Fahrzeugen der Nationalparkverwaltung erlaubt. Dörfler, die im Park Weiderechte haben, sind auch zu Fuß im Park unterwegs, ebenso auch Pilger an religiös bedeutenden Tagen, wie am 4. Tag des Neumonds.
Fahrzeuge/Zeiten: *Zur Wahl stehen beim „Rajasthan Tourism Department" für die täglich morgens und nachmittags veranstalteten Rundfahrten im Park Jeeps („gypsies") für jeweils maximal 5 Personen und offene Busse (ohne Dach, „canter") für 10 bis 20 Personen (Abfahrt Okt.–Febr. 7 und 14.30 Uhr, März–Juni 6.30 und 15.30 Uhr, Dauer 3 Std.).*
Preise: *Jeeps kosten für Ausländer in der Hochsaison 18 Dollar/Person, zuzüglich 3.50 Dollar für den Guide, der Bus kostet pro Person 9 Dollar. Im Jeep sind die Chancen für interessante Tierbegegnungen günstiger, es dürfen jedoch nicht mehr als 20 Jeeps zu gleicher Zeit im Park unterwegs sein (auf fünf Routen).*
Wegen des Andrangs wird Reisenden geraten, die Jeep-Safari mindestens 60 Tage vorher beim RTDC Office im Vinayak Hotel, Ranthambor zu buchen (oder von einer Reiseagentur buchen zu lassen). Der Park ist in den Besuchsmonaten tgl. 6.30–10 a.m. und 1.30–5.30 p.m. geöffnet. Er wird am besten in den Monaten Oktober bis April besucht, im Mai und Juni ist es sehr heiß, allerdings ist die Tierbeobachtung wegen des dürren Buschwerks leichter. Bitte beachten: Die Regeln und auch die Preise sind in den letzten Jahren öfter geändert worden.

Einkaufen

Ranthambore School of Art, *Ranthambore Road, ☏ 07462-234813. Kunst-Souvenirs kann man mitnehmen, wenn man vom Park zurück nach Sawai Madhopur fährt. Direkt an der Straße liegt die Ranthambhore School of Art. Künstler aus der Gegend stellen Bilder vom Wildlife des Parks aus, ein Teil des Erlöses kommt dem Schutz der Tiger zugute.*
Village Women Craft, *F-15, Riiko Ind. Area, Ranthambore Road. Unter mehreren Frauen-Aktivitäten und Frauen-Läden ist dieser Laden – etwas abseits der Hauptstraße – mit seinen Textilien und anderem Kunsthandwerk besonders zu empfehlen.*

Verkehrsverbindungen

Sawai Madhopur *(etwa 30.000 Einwohner) ist der Bahnknotenpunkt der Verbindungen von und nach Jaipur, Delhi, Mumbai und auch Udaipur. Ebenso führen die wich-*

tigsten Zufahrtsstraßen von Jaipur über Tonk nach Sawai Madopur, von dort aus geht es per Riksha oder Tonga zum Hotel oder gleich zum 12 km entfernten Eingang in den Nationalpark (wenn man bereits ein Ticket hat).
Bahn: *Direktverbindungen nach Jaipur (ca. 3 Std.), nach Mumbai (ca. 16 Std.), von Jaipur Anschlüsse nach Jodhpur und Udaipur. Nach New Delhi in gut 6 Std.*
Bus: *Langsamer als die Bahn, aber häufigere Verbindungen, z. B. nach Jaipur (ca. 4,5 Std.). Nach Delhi und Agra wird Umsteigen in Jaipur empfohlen.*

Ziele in der Umgebung

Ob von Jaipur nach Bundi und Kota, ob in der Gegenrichtung nach Jaipur – die einstige muslimische Residenzstadt Tonk liegt an der NH 12 und ein Abzweig bei Tonk führt an der alten Stadt Uniara entlang nach Sawai Madhopur und Ranthambore.

Tonk und das Goldene Haus

Reicher Schatz an Büchern

Wer mit dem Wagen von Jaipur zum Ranthambore-Nationalpark unterwegs ist oder in umgekehrter Richtung, kann sich leicht einige Stunden in der einstigen Residenzstadt des kleinen muslimischen Fürstentums umschauen: **Tonk** (etwa 50 000 Einwohner). Der nächste Bahnhof (Banasthali-Newai) ist allerdings 35 km entfernt und der Fernbus-Stand lag bis vor Kurzem außerhalb des Zentrums. Ausländer beschwerten sich über die Preise, die von Riksha- und Taxifahrern für die Fahrt in die Innenstadt verlangt wurden. Spezialisten der persisch-arabischen Kultur und Sprache ließen sich davon nicht abschrecken: Dank des bibliophilen Eifers der *Nawabs* von Tonk – beginnend mit dem Gründer *Mohammad Aamir Khan* im 13. Jh. – kann sich die mittelgroße Landstadt eines Schatzes an persischen und arabischen Büchern rühmen.

Unlängst entstand auch das **MAKA Arabic and Persian Research Institute**, nah beim neuen Bus-Stand und der attraktivsten Architektur der Stadt, dem **Goldenen Haus** (*Sunahari Kothi*). Von außen kaum auffällig, glänzt es innen mit goldrot schimmernder Ausstattung, mit farbigen Gläsern, eingelegten Steinen, Deckengemälden, Arkaden und Hunderten kleiner Spiegel. Dieses orientalische Wunderwerk des 19. Jh., Rest des lange vernachlässigten Palastes, wird seit Jahren restauriert. Auch zu Anfang 2012 gab es noch keine Auskunft, wann mit der Öffnung zu rechnen ist. Vorerst ist nur zu empfehlen, in dem genannten Institut nachzufragen. Dort hat man den Schlüssel zum Goldenen Haus.

Viele Überraschungen

Als unauffällige Landstadt mit Getreide- und Erdnussproduktion und dazu Granit- und Sandsteinbrüchen wartet Tonk aber noch mit anderen Überraschungen aus seiner Geschichte auf. Die **Jama Masjid**, kurz vor 1300 im Mogulstil vollendet, ist mit ihren vier Minaretten eine der größten und schönsten. In Tonk überdauern auch mehr **muslimische Havelis** als irgendwo sonst in Rajasthan. Sie zeigen an den Toren statt Figuren überall typische florale Dekoration, manche auch arabische Inschriften. Das größte ist **Mahmud Khans Haveli** in der Altstadt, von 1820. Aus den letzten Jahren der mittelalterlichen Hindu-Herrschaft in Tonk stammt dagegen der riesige, mit baumstarken Beinen aus einem Felsen außerhalb der Stadt gemeißelte **Elefant**, genannt

Das goldene Haus von Tonk

Hathi Batha. Die erhaltene Inschrift am rechten Ohr der Skulptur nennt den Namen des Künstlers *Ram Nath Slat* und die Jahreszahl 1200, „zur Zeit der Herrschaft von *Sawai Ram Singh*".

Bisher gab es kein Tourist Office in Tonk. Wenn es noch immer fehlt und weder ein Riksha-Fahrer noch das erwähnte Institut helfen kann, empfehlen wir, beim **Heritage-Hotel Rajmahal Palace** nachzufragen, südwestlich von Tonk direkt beim Fluss Banas in schöner Landschaft vorm Gebirge gelegen, mit 23 Zimmern, stattlicher Fassade, baumgrünem Innenhof. Ein Platz für romantische Stunden und lange Siestas.

Reisepraktische Informationen zu Tonk

Unterkunft

Heritage-Hotel Rajmahal Palace, *€€€€, www.hotelnarainniwas.com, reservieren über Narain Niwas Palace in Jaipur, ☏ 0141-2561291, 🖷 0141-2561045.*

Uniara – mit Mittelalter-Ambiente

Noch eine Verführung unterwegs zwischen Jaipur und Sawai Madhopur: Die alte Stadt **Uniara** (etwa 6 000 Einwohner), mit ihren Gassen und Märkten noch immer von starken Mauern umringt, lockt zu einem Rundgang durch diese noch nicht von Autolärm und Hektik beherrschte Szene. Das **Uniara-Fort** der Nachfahren von Raja Udai Karan of Amber war lange ein beliebtes Hotel, nicht zuletzt wegen der Gastfreundschaft des Hausherrn *Rao Raja Saheb*. Im Frühjahr 2012 fanden wir jedoch alles abgeschlossen, ohne Hinweis auf Wiedereröffnung. (*etwa 40 km westlich von Sawai Madhopur*)

Alwar – Aufstieg aus dem Abseits

Seit eine der ersten indischen Autobahnen eine rasche Verbindung Delhi-Jaipur herstellt, ist die einst vielumkämpfte alte Stadt **Alwar** noch mehr ins touristische Abseits geraten. Bislang wirkten Jaipur und die großen **Wildlife-Parks** Keoladeo, Sariska und Ranthambore unbestritten als die stärkeren Magnete. Doch das mag sich ändern. Viel mehr als noch vor wenigen Jahren zieht es wohlhabende Delhi-Bürger ins weitere Umland, und dort entstehen neue Hotels und Resorts – auch in Alwar, das sich in einem weiten Bergtal der Aravallis zu Füßen eines einst gewaltigen **Forts** ausbreitet.

Orientierung

Redaktionstipps

➤ **Kulturelles:** Das Museum in Alwars **City Palace** zeigt sich sehr attraktiv, endlich kam es zur lange erwarteten Umgestaltung. Kunstvoll ist gegenüber dem Palast auch die Architektur des **Moosi Rani ki Chattri**, das an den Sati-Tod der Maharaja-Gattin erinnert (s. S. 417).

➤ **Natur:** Zehn Quadratkilometer groß erstreckt sich inmitten weithin unbewohnter Gebirgswelt der **See**, an dem ein anderer Maharaja 1845 den **Siliserh-Palast** erbaute. Heute ein Heritage-Hotel, auch Boote stehen bereit (15 km südlich) (s. S. 421).

➤ **Architektur:** Nochmals ein Heritage-Hotel, doch viel älter! Das im 14. Jh. erbaute **Fort Kesroli** mit sieben Türmchen über starken Mauern, 10 km nordöstlich von Alwar, bietet seinen Gästen große Ausblicke, Kamelsafaris und Kerzendinner (s. S. 420).

➤ **Wildlife**: Im **Sariska-Nationalpark** (35 km südlich) leben wieder Tiger (im ersten Dezennium des 21. Jh. waren sie sämtlich von Wilderern getötet worden, Parkwärter sollen an dem kriminellen Geschäft beteiligt gewesen sein. Tiger-Genitalien werden in China noch Viagra-Pillen vorgezogen). Die Artenvielfalt im Park ist groß – bis hin zum *Chowsingha*, einer Antilopenart mit vier Hörnern (s. S. 421).

Wer mit dem Zug ankommt, kann den Alwar-Aufenthalt im **Tourist Reception Centre** gleich gegenüber dem Bahnhof starten und bekommt aktuelle Auskunft über Busverbindungen und Riksha- Preise. Das spektakuläre **Fateh Jung-ka-Gumbad**, das Grabmal Kaiser *Hamayuns*, ist auf der Ostseite des Bahnkörpers über eine Fußgängerbrücke zu erreichen. Den **City-Palast** und das **Fort Bala Qila** findet man dagegen auf der anderen, nordwestlichen Seite der Innenstadt (etwa vier Kilometer vom Bahnhof und nur etwa einen Kilometer vom **Bus Stand**). Noch zwei Paläste mehr hat Alwar zu bieten, die aber meist nicht zugänglich sind: nördlich der Stadt den **Vijay Mandir Palace**, erbaut 1918, und im Süden einen weiteren **Palast**, der heute vom **RR College** benutzt wird. Alternative: weniger Paläste besuchen, mehr Stadtleben probieren – heftig in den **Basaren** um den **Hope Circus**, den **Hope Gardens (3)** und im **Clock Tower (4)** oder deutlich ruhiger im **Company Bagh (5)**, dem Stadtgarten von 1868, der dem Maharaja *Sheodan Singh* zu verdanken ist (auch **Purjan Vihar** genannt). Das „Sommerhaus" namens **Shimla** existiert dort seit 1885, immer noch ein Treffpunkt.

Geschichte

Vielleicht ist Alwar die älteste Königsstadt Rajasthans, vermuten Historiker. Die legendären *Pandawa*-Könige, von deren wüstem Bruderstreit und Bruderkrieg das „Mahabharata" erzählt, sollen schon an oder nah diesem Ort Zuflucht gesucht haben. Als Einfallstor ins Rajputenland hatte die Alwar-Region strategische Bedeutung, wurde bela-

Nahe an der felsigen Natur – der Palast von Alwar

gert, verteidigt, erobert, war Zankapfel der Herrscher von Amber und Bharatpur und der Sultane von Delhi. Als gesichert gilt 928 als Gründungsjahr des **Forts Bala Qila**. Doch erst 1771 wurde **Alwar** wieder ein eigenständiges Rajputen-Fürstentum. Mit den Briten verbündet, geriet es 1933 unter deren Vormacht. Maharaja *Jai Singh* (reg. 1892–1933) war zugleich Reformer und Exzentriker, nicht immer mit glücklicher Hand. Seine Steuergesetze lösten einen Bauernaufstand aus. Laut offiziellen Dokumenten begrub er ausrangierte Luxusautos; als ihn einmal ein Rolls-Royce-Händler in London nicht höflich genug bediente, bestellte er eine der edlen Karossen, ließ sie umrüsten und für die Müllabfuhr in Alwar einsetzen. Dem ins Exil geschickten Herrscher hatte es eben an „Respekt" vor westlichen Werten gefehlt. Heute wächst um das alte Stadtbild Alwars auch eine Industriezone, die Einwohnerzahl ist auf 270.000 gewachsen.

Ausrangierter Luxus

City Palace mit Überraschungen

Zwei märchenhafte Ausblicke kann man in Alwar genießen, den einen verheißt der **City Palace (6)**. 1793 unter *Bhaktawar Singh* begonnen, ragt der Bau von der Zufahrtstraße her gesehen zwar etwas eintönig vor der Bergwand auf, doch von der anderen Seite betrachtet, spiegelt er sich zauberhaft mit *Jarokhas* (kleinen Balkon-Erkern), mit Kuppeldächern, Veranden und Resten von Vergoldung in einem großen Wasserbecken. Pfauen, die um die Ufertreppen stolzieren, und malerische Pavillons schaffen eine Idylle. Auch ein Kenotaph fügt sich ein, das elegante **Moosi Maharani Chattri** der Gattin des Palastgründers, die sich nach seinem Tod mit ihm verbrannte.

Früher war der Eingang zu den **Museumsräumen** des Palastes unscheinbar, der Aufstieg dorthin ein kurioses Abenteuer. Heute bietet das Museum seine Schätze fachkundig dar (wenn auch meist ohne englische Bezeichnung). Die Bronzebüste der Maharani *Victoria* zeigt die Kaiserin von Indien unter ihrem Krönchen skeptisch blikkend, die Fahnen der *Mangal Lancers* erinnern an Indiens Hilfsdienste in Großbritanniens Kriegen. Zwei Schwerter werden gar den Mogulkaisern *Akbar* und *Jehangir* zugewiesen. Doch weder die historischen Waffen noch die feinen Elfenbeinarbeiten sind die kostbarsten Objekte, sondern in zwei großen Sälen die Miniaturmalereien der Alwar-Schule, dazu die kalligraphischen Manuskripte und Korantexte, als Hauptstück eine 24 m lange Schriftrolle mit Texten der *Bhagavad Gita*. Bilder von Jagden und Gartenfreuden, von Maharajas und erotischen Szenen mit vollbusigen Gefährtinnen erinnern an goldene Zeiten der Fürstenhäuser.

City Palace: *geöffnet Sa–Do 10–17 Uhr.*

Fort Bala Qila

Auch der Ausblick von der Höhe des **Forts Bala Qila (1)** ist wunderschön, der andere märchenhafte Fernblick Alwars. Vom Nordosten der Stadt führt eine Straße auf das Fort 300 m hoch über der Stadt. Hinter teils dichten Wäldern und fünf Kilometer langen schützenden Mauern liegt das Baudenkmal rajputischer Festungsarchitektur, schon vor der Mogulzeit entstanden (der Name „*Bala Qila*", junges Fort, ist mitnichten wörtlich zu nehmen, Baubeginn war im Jahr 928!). Alwars Polizei nutzt die Durbar-Halle, andere Räume sind zugänglich. Der Eintritt durch das **Jai Pol** in das innere Fort ist ohne besondere Erlaubnis möglich.

Das uralte „junge Fort"

Fort Bala Qila: *geöffnet tgl. von 7–19 Uhr, Di und Fr auch bis 21 Uhr, für Besucher des* **Karni-Mata-Tempels**.

Hinweis

Der stattliche **Vijay Mandir Palace** der Maharaja-Familie, nördlich von Alwar erbaut von *Jai Singh* 1918, kann zwar nicht im Innern besichtigt, aber vom Ufer des Sees hinter dem Palast gut gesehen werden, auf einer erweiterten Fahrt zum **Bala Qila** (insgesamt etwa 40 km, Taxi etwa 4 €).

Das dreistöckige *Humayun*-Grabmonument **Fateh Jung-ka-Gumbad (2)** inmitten eines ummauerten Gartens und eines Teichs entstand um 1400 und ist noch immer eine der imposantesten muslimischen Grabbauten in Indien, vergleichbar denen in Delhi, Agra oder Orchha. **Fateh Jung-ka-Gumbad**: *geöffnet ab 9 Uhr.*

Reisepraktische Informationen zu Alwar

Ankunft und Auskunft

Tourist Reception Centre, *gegenüber dem Bahnhof, ☏ 0144-2347348. Auch Auskünfte über Orte im Umkreis, wie den Sariska-Nationalpark. Nach dem Gratis-Stadtplan fragen! www.alwar.nic.in.*

Der **Bus-Terminal** *liegt südwestlich vom zentralen Platz „Hope Circus", gegenüber der „State Bank of Bikaner and Jaipur". – Der Bahnhof ist westlich vom Zentrum zu erreichen, zum Beispiel über die Mangal Road. – Nächster Flughafen ist Jaipur.*

Unterkunft und Restaurants

New Tourist (1), €–€€ , *2 Manu Marg, ☏ 0144-2700897. 20 einfache Zimmer, aber aufmerksamer, freundlicher Service. Bier-Bar.*

Drei Low-Budget-Hotels vis-à-vis, die zwei Brüdern gehören (€–€€€): **Ankur (2)**, *☏ 0144-2333025 /* **Atlantik (3)**, *☏ 0144-2343181 /* **Ashoka (4)**, *☏ 0144-2340780, Manu Marg. Zum Teil indische Toiletten, beste Zimmer im „Ashoka", dort auch Restaurant.*

Kothi Rao (5), *€€–€€€, 31 Moti Dungri, ☏ 0144-2700741, kothirao@yahoo.com. 9 AC-Zimmer, im Stil „Bed and Breakfast", sehr freundliche Gastgeber.*

Aravalli (6), *€€–€€€€, Nehru Road, etwa 200 m vom Bahnhof entfernt, ☏ 0144-2332883. Etwas abgenutzt, aber breite Auswahl, vom Fan über Air-cooled bis AC-Zimmern, mit Restaurant, Swimmingpool und Internet.*
Burja Haveli (7), *€€€–€€€€, im Dorf Burja an der Straße nach Rajgarh, ☏ 0144-5131288. 240 Jahre altes Haveli, erst seit 2005 Hotel, mit Swimmingpool und Restaurant.*

Essen und Trinken

South Indian Café (1), *südlich vom Hope Circus*, *preisgünstige südindische Spezialitäten, leckere Masala Dosas.*
Narulas (2), *Kashiram Circle, nördlich vom Glockenturm, ☏ 0144-2333966, mittlere Preisklasse. Indische, westliche und chinesische Küche.*

Einkaufen

Alwars Basarviertel um den zentralen „Hope Circus" bietet mit seinen schmalen Gassen und Durchgängen ein labyrinthisches Abenteuer – und die Auswahl von tausenderlei Objekten. Alwars Spezialität sind **Bangles**, *die bunten Armreifen, die hier nicht aus Glas, sondern aus dem organisch gewonnenen Schellack hergestellt und mindestens in einem Dutzend Läden verkauft werden.*
Goldschmuck *bieten die Basare um das Tripolia-Tor westlich vom Hope Circle an:* **Sarafa Basar** *und* **Bajaja Basar**.

Verkehrsverbindungen

Bahn: *nach Delhi etwa 2,5 bis 3 Stunden, nach Jaipur 3 Stunden. Auch Züge nach Jodhpur, Ajmer und Ahmedabad.*
Bus: *nach Delhi etwa 5 Stunden, häufig nach Bharatpur 2,5 Stunden, Deeg 1,5 Stunden, nach Sariska 1 Stunde.*

Ziele in der Umgebung

Im Osten: Kesroli

Das sechseckige **Hill Fort Kesroli**, mit seinen Bastionen und sieben Türmen oder Türmchen gut befestigt, überschaut von seinen Terrassen eine landwirtschaftliche Region (Senffelder, Hornstein-Hügel) am Rand der Aravallis. Der starke Bau stammt aus dem 14. Jh. und ist als Hotel bewundernswert renoviert. Sowohl die rajputische Mittelalter-Architektur als auch die weite Aussicht lohnen den Besuch. Benachbart ist die kleine Stadt gleichen Namens, Kamelritte oder Radtouren werden angeboten, doch etliche Gäste bleiben lieber auf den umgrünten Terrassen, die den Zimmern zugehören. *(12 km östlich)*

Reisepraktische Informationen zu Kesroli

Unterkunft

Hill Fort Kesroli, *€€€–€€€€, ☏ 01468-289352, www.neemranahotels.com, 22 Zimmer, mit Restaurant und Swimmingpool.*

Im Südwesten: Siliserh, Palast am See

Das weiße **Schloss Siliserh** am 10 km² großen Stausee, der für die Wasserversorgung Alwars wichtig ist, hat eine romantische Geschichte: Eine dörfliche Geliebte des Maharajas *Vinay Singh* erhörte ihn erst, als er ihr das Schloss auf einem der bewaldeten Hügel ringsum in Sichtweite ihrer im *Jungle* lebenden Familie baute, um 1845. Ob auch der See aus gleichem Anlass aufgestaut wurde, brachten wir nicht in Erfahrung. Übrigens kann man für gutes Geld heute dort eines der 10 Hotelzimmer des RTDC bewohnen, mit bescheidener Ausstattung und schwächelndem Service. *(13 km südwestlich)*

Reisepraktische Informationen zu Siliserh

Unterkunft

Lake Palace Hotel, *€€€–€€€€, im Schlossbau Siliserh, ☎ 0144-2886322. Paddel- und Motorboote werden vermietet.*

Im Südwesten: Sariska – Tiger Reserve ohne Tiger

Bis vor einigen Jahren wurden Rundfahrtreisende in ihren Bussen oft nach **Sariska** gebracht, in den stattlichen parkumgebenen **Sariska-Palast** und den dichten Jungle des **Tiger-Reserve and National Park**. Die Besucherzahl hat stark abgenommen, Sariska liegt wieder im Abseits, da die etwa 28 Tiger vor einiger Zeit plötzlich sämtlich verschwunden waren – wie es heißt, vergiftet von einem Tierpräparator gemeinsam mit korrupten Wärtern. Das **Projekt Tiger** ist in Sariska gescheitert.

Aber ungestörtes *Wildlife* gibt es dennoch, Leoparden, Sambar-Hirsche, Nilgai und andere Antilopen, Wildschweine, Schakale, Affen, Stachelschweine, Pfauen, Kingfisher und insgesamt rund 350 Vogelarten (ein Drittel Zugvögel, zwischen Oktober und April im Park). Im Wildpark finden sich auch einige verwunschen wirkende Ruinen und Halbruinen, das **Kankwari**, ein kleines mittelalterliches Fort, von dem aus man die hier entwaldete Aravalli-Landschaft übersehen kann, kleine Dörfer und auch ein umwachsener **Hanuman-Tempel**. Der ist dienstags und freitags gut besucht, dann darf die einheimische Bevölkerung ohne Eintritt in den Park zum Götterbild aus naturgeformtem Stein, der mit Silberfolie eingekleidet ist.

Wer Ruhe sucht, findet sie hier: Kesroli, ein Heritage Hotel mit privatem Charakter

Außerhalb des **Wildlife Parks** führt eine Serpentinenstraße hinauf ins urwüchsige Gebirge zum **Neelkanth-Tempelkomplex** aus dem 8. bis 12. Jh., teils im Khajuraho-Stil erotischer Paare. Fotografieren ist verboten. Es ist ein dem Gott *Shiva* geweihter Tempel. *Neelkanth* bedeutet „Blauhals“: Die Legende schildert, wie *Shiva* es auf sich nahm, ein tödliches Gift der Dämonen, das die Erde vernichten sollte, zu schlucken und somit zu neutralisieren – davon wurde sein Hals blau. Besucher sollen auf wilde Bienen achten, die es am Tempel gibt. Der Sage nach schlugen Bienen die Krieger des Moguls *Aurangzeb* in die Flucht, als sie den „heidnischen“ Tempel zerstören sollten. *(3 km südwestlich)*

Reisepraktische Informationen zu Sariska

Auskunft

Beim **Tourist Reception Centre** *in Alwar (s. S. 419) oder beim* **Field Director Project Tiger**, *Sariska Tiger Reserve,* ☏ *0144-2841333. Während der Monsunzeit ist der Park nur für Pilger geöffnet. Neben Jeep-Fahrten (etwa 12–25 €, je nach Programm) sind auch „Guided Walks“ zu Fuß möglich (etwa 2 €/Stunde).*

Unterkunft

RTDC Tiger Den, *€€€–€€€€, nah dem Haupteingang zum Park,* ☏ *0144-2841342. Große Zimmer, Restaurant, Garten, leider auch hier wird lahmer Service beklagt, auch überhöhter Preis.*

Sariska Palace, *€€€€–€€€€€,* ☏ *0122-41323, www.thesariskapalace.in, reservieren: Delhi Sales Office,* ☏ *011-32498570 bis -5, prächtiger Palast des 19. Jh., dazu neue Bungalows im Park, große Rasenflächen, Swimmingpool. Die hohen Zimmerpreise schließen die Mahlzeiten ein.*

*Weitere Hotels an der Straße nach Alwar (***Sariska Tiger Camp, Baba Resorts***).*

Die Luxusadresse ist das **Amanbagh**, *€€€€€€€, 7 km westlich von Sariska beim Village Ajabgarh Tehsil Thana Gazi,* ☏ *01465-2233333, www.amanresorts.com, 40 Zimmer mit Spa, Bar (Singapore Reservations Ama Resorts Corp Office,* ☏ *065-68832555).*

Bhangarh

Geheimnisvoll ist das Schicksal einer wohlerhaltenen, doch gänzlich leeren und verlassenen Stadt, 55 km westlich von Sariska: **Bhangarh**. Natürlich erzählt man, sie sei aus irgendeinem Grund verflucht worden. Die Gebäude, seit 300 Jahren unbewohnt, blieben erhalten, man kann sie besichtigen, durch die Straßen, über den Markt und zum Tempel gehen und sich etwas unheimlich fühlen. Rundum breitet sich Weide- und Buschland aus.

Im Westen: Bairat, einst buddhistisch

Die Archäologen haben tief in die Vergangenheit gegraben und die einst buddhistische Stadt Viratnagar, heute **Bairat**, entdeckt. Ein buddhistisches *Chaity*, eine Art Kapelle oder Andachtsstätte, stammt aus dem 3. Jh. v. Chr. und ist das älteste freistehende buddhistische Bauwerk Indiens. In späterer Zeit war der Ort im Maurya-Königreich bedeutend, auf einem Hügel, dem **Bijak-ki-pahadi**, befinden sich in Stein gehauene Edikte Kaiser *Ashokas*. Ein Museum zeigt Skulpturen, Keramik und Siegel. In den Ruinen eines buddhistischen Klosters fand man griechische und indo-griechische Münzen, die von weiten Handelsverbindungen zeugen. Auch die viel späteren Moguln haben in Bairat Bauwerke hinterlassen, zu ihrer Zeit war der Ort noch nicht so vergessen wie heute. *(an der Buslinie Alwar-Jaipur, 75 km westlich)*

Im Norden: Neemrana Fort-Palace

Die Lage ist exzellent für Rajasthan-Touristen, die gleich nach der Ankunft aus der Ferne Delhi verlassen: Halbwegs zwischen Delhi und Jaipur übernachten sie hier das erste Mal auf ihrer Indienreise direkt an der Grenze im Staat Rajasthan. Über eine steile Auffahrt, durch mächtige Torbauten ist das **Neemrana Fort** zu erreichen, das mit langen Mauern, Türmen und vielen Burggebäuden am Berg über dem Dorf thront. Im Baujahr 1464 war es Regierungssitz des Maharaja *Prithviraj Chauhan III.* Im 20. Jh. lag das Fort zerbröckelnd und verödet da, bis zwei ebenso kreative wie ausdauernde Männer, der Franzose *Francis Wacziarg* und der Inder *Aman Nath*, daraus eines der bekanntesten indischen Heritage-Hotels machten.

Erste Übernachtung in Rajasthan

Das Fort ist am Berghang auf zehn verschiedenen Ebenen gebaut, treppauf, treppab geht es vom Speisesaal zum Café, vom Zimmer zum Hof mit der kleinen Bühne, zum Swimmingpool oder zum Ayurveda-Zentrum. Es gibt mehrere Läden: Neemrana Shop, Ambika Arts und Shyam Silver Craft – dazu im jüngst kräftig gewachsenen Dorf viele Juweliere. Lauschige Winkel und Terrassen sind im **Neemrana** zu entdecken, die Atmosphäre bleibt ruhig, selbst wenn die 46 Gastzimmer belegt sind. Musikalische Abende und eine vorzügliche Küche steigern noch die Lust an der genial erneuerten Palast-Architektur. Beim weiten Ausblick über Berge und Ebenen können die Gäste träumen, beim Sonnenuntergang oder unterm Sternenhimmel. Übernachtungen kosten je nach Zimmerlage und -größe ganz unterschiedlich. *(etwa 70 km nördlich Alwar)*

Ruhige Atmosphäre

Reisepraktische Informationen zu Neemrana

Unterkunft

Neemrana Fort, €€€–€€€€€€, ☎ *01494-246006, reservieren: Neemrana Hotels, A–58 Nizamuddin East, New Delhi 110013,* ☎ *011-4356145, www.neemranahotels.com. 120 km von Delhi auf dem NH 8 (ca. 2 Stunden), ca. 140 km auf dem NH 8 nach Jaipur (2,5 Stunden).*

Bharatpur und Keoladeo Ghana National Park

Eine mächtige Festung, Paläste aus alter Zeit, märchenhaft klingende Erzählungen über außergewöhnliche Siege in einer von Kriegen gezeichneten Geschichte und prächtige Tempel – wie so viele Städte hat auch **Bharatpur** all das zu bieten. Doch meistens sind es nicht die Sagen und Sehenswürdigkeiten, die Besucher hier bestaunen, sondern die Tiere und Pflanzen des **Keoladeo-Ghana-Nationalparks**, der besonders für seine vielfältige Vogelwelt bekannt ist. Das große Feuchtgebiet im Süden der Stadt war früher Jagdgebiet der Maharajas von Bharatpur. Heute werden dort keine Vögel

Saruskraniche (Grus antigone) machen sich im Keoladeo-Ghana-Nationalpark auf den Weg

mehr geschossen, sondern beobachtet – von Ornithologen und Vogelliebhabern aus der ganzen Welt. Leider hatte der Keoladeo-Park in den letzten Jahren immer wieder mit Trockenheit zu kämpfen. Anfang 2008 wurde deshalb sogar befürchtet, dem Reservat könne der Status des UNESCO-Welterbes aberkannt werden – was eine gute Monsun-Saison wohl noch verhinderte.

Liegt es an der Anziehungskraft des Vogelschutzparks, die die Aufmerksamkeit von der Stadt ablenkt? Bharatpurs **Altstadt** jedenfalls wird bisher wenig von Touristen besucht. Dabei haben die Gassen, Läden und Tempel um die **Festung Lohargarh** mit ihrem Wassergraben durchaus ihren Reiz. Und wer geradewegs aus Agra kommt, wird es sicherlich schätzen, in einer kleineren Stadt zu spazieren, in der nicht jeder Zweite vom Tourismus zu leben scheint.

Orientierung

Bharatpur liegt an der Straße von Agra nach Jaipur, der Bahnhof an der Strecke Mumbai-Delhi. Sowohl per Bus oder Auto als auch mit der Bahn ist Bharatpur also gut zu erreichen. Die meisten Hotels westlichen Standards finden sich in der Nähe des Eingangs zum Nationalpark, etwa fünf Kilometer südlich von Stadtzentrum und Busbahnhof entfernt. Die Landschaft ist flach – und in den Monaten vor dem Monsun trocken. Selbst in feuchteren Jahren führen die Flüsse der Region, wie der Banaganga, einige Monate nach dem Monsun kein Wasser mehr.

Kleines Vogelschutzgebiet

Der Park ist verhältnismäßig klein für ein Vogelschutzgebiet: Über etwa 29 km² erstreckt sich das Gebiet vom Eingang im Norden nach Südosten. Eine schmale Straße, an der auch die beiden Unterkünfte im Park gelegen sind, führt vom Eingang ins Innere des Parks bis zu einem zweiten Tor im Südwesten. Auch für Fahrräder geeignet sind die Wege auf den niederen Deichen. Bei ausreichenden Wassermengen kann man mit Booten die Natur erkunden.

Bharatpurs Stadtgebiet ist immer noch geprägt von den Festungsanlagen, die dem Ort bis ins 19. Jh. den Ruf der Unbezwingbarkeit eintrugen. Das Fort ist von einer Mauer und einem mit Wasser gefüllten Burggraben umgeben, die äußeren Befestigungsringe sind nur noch in Überresten erhalten – am deutlichsten erkennbar sind sie am Verlauf der **Circular Road**, die um die ganze Altstadt herum führt.

Geschichte

Bharatpur wurde erst bedeutend, als das Mogulreich sich seinem Ende näherte. Im 17. Jh. schlossen sich Clans aus der Bevölkerungsgruppe der Jats zusammen, um den islamischen Herrschern die Stirn zu bieten. Zuerst waren das benachbarte Dig und Dholpur Zentren der Jat-Fürsten des *Sinsiniwar*-Clans, die sich nach dem Dorf, aus dem sie stammten, nannten. 1733 verlagerte *Suraj Mal*, der später zum Maharaja wurde, seine Hauptstadt nach Bharatpur. Der örtlichen Überlieferung nach hat die Stadt ihren Namen von *Bharat*, dem Bruder des Gottes *Rama* von Ayodhya, dessen anderer Bruder *Laxman* als Familien-Heiliger von den Herrschern des Matsya-Königreichs verehrt wurde. Die Matsya-Dynastie prägte im 5. Jh. v. Chr. die Gegend um Bharatpur.

Die moderne Anlage der Stadt stammt aus der Mitte des 18. Jh.: In ihrem Zentrum liegt das stark befestigte **Fort** mit wassergefülltem Burggraben und Erhebungen, die sich unter anderem gut für schwere Artillerie eigneten. Um die Stadt selbst ließ *Suraj Mal* einen weiteren Graben mit einer Mauer und Toren errichten. Die Gräben wurden von einem Kanal gespeist, der die Bevölkerung mit Frischwasser versorgte.

Redaktionstipps

➤ **Natur**: Die beste Jahreszeit, um im **Keoladeo-Park** auf Vogelschau zu gehen, ist nach dem Monsun, also von Oktober bis März. Dann haben die Regenfälle das Becken, in dem der Park liegt, mit Wasser gefüllt – eine Einladung für Hunderte von Vogelarten (s. S. 431).

➤ **Fortbewegung**: Günstig, individuell und leise: **Fahrräder**! Besucher von außerhalb müssen diese am Eingangstor mieten. Zum Zeitpunkt unseres letzten Besuchs war es nicht mehr möglich, bei der Vogelsafari Leihfahrräder von außerhalb des Parks gelegenen Hotels zu benutzen (s. S. 431).

➤ **Religion**: In der Stadt sollte man einen Abstecher zum **Ganga Mandir** machen, der der Göttin des heiligen Flusses gewidmet ist. Der Einfluss der europäischen Architektur der zweiten Hälfte des 19. Jh. ist bei dem 1937 eingeweihten Sandsteintempel nicht zu übersehen (s. S. 430).

Die Stadt diente nicht nur der Verteidigung: Sie war auch Ausgangspunkt für Eroberungszüge wie einen Angriff auf Delhi und einen weiteren auf Agra, das *Suraj Mal* 1761 einnahm. Dreizehn Jahre lang sollte die damals reichste Stadt der Region unter der Kontrolle von *Suraj Mal* und seinen Nachfolgern bleiben.

Widerstandsfähiger Fürstenstaat

Der vergleichsweise planvolle Aufbau Bharatpurs mag dazu beigetragen haben, dass die Stadt einer mehrmonatigen Belagerung durch die Briten 1804/1805 standhielt: Über 3.200 Soldaten der expandierenden Kolonialmacht sollen bei der „**Schlacht um Bharatpur**" umgekommen sein – nur ein Beispiel aus einer ganzen Folge von blutigen Auseinandersetzungen, die die Geschichte der Stadt rot färben. Doch durch den Widerstand konnte der Fürstenstaat auch nach seinem Fall zwanzig Jahre später als Protektorat seine Souveränität erhalten, respektiert und geduldet von den Briten, die bis 1949 den Staat als „*Princely State*" anerkannten. Das Fürstentum ging bei der Gründung Indiens in die Union über und wurde zum Teil des Bundesstaates Rajasthan. Die *Sinsiniwars* spielen bis heute im politischen Leben Indiens eine Rolle, wenn auch nicht mehr als regierende Monarchen und Kriegsherren: *Vishvendra Singh*, der seit 1995 den Titel Maharaja trägt, ist mehrmals als Abgeordneter in das indische Parlament, die *Lok Sabha*, gewählt worden.

Auch die Entstehung des **Keoladeo-Ghana-Nationalparks** hängt mit den *Sinsini*-Jats und der Gründung des modernen Bharatpur zusammen. Maharaja *Suraj Mal* wird

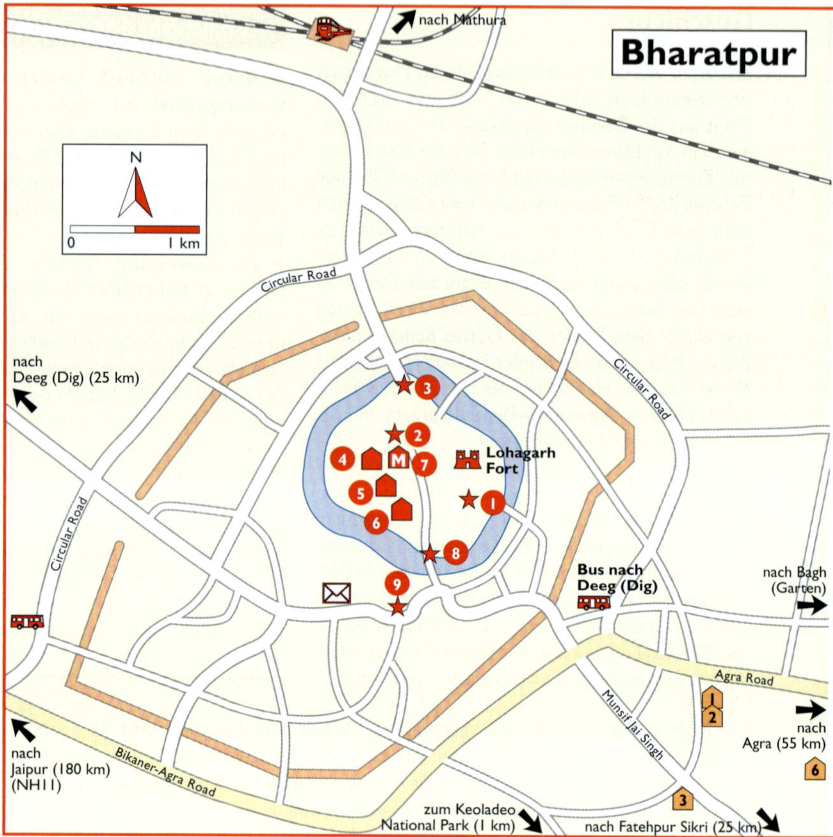

auch die Initiative zum Bau des **Ajan Bands** im Südwesten der Stadt zugeschrieben – zwischen 1726 und 1763. Nach weiteren Verbesserungen bis 1800 speiste der Damm die Gräben um Stadt und Fort auch in der Trockenzeit. Teile des Umlands konnten bei Angriffen geflutet werden und waren damit unzugänglich für die schweren Kanonen des Feindes. Neben diesen militärischen Vorteilen gab es aber auch solche mit friedlichem Charakter: Der Ajan Band zähmte die Fluten der Monsun-Regenfälle und sorgte für die Bewässerung der Felder auch in den heißen Monaten. Die natürliche Senke, in der der heutige Nationalpark liegt, wurde zum Feuchtgebiet und Anziehungspunkt für Vögel.

Die Maharajas erkoren sie zu ihrem **Jagdrevier für die Entenjagd.** Nach 1899 wurde die Senke noch vogel- oder auch schießfreundlicher gestaltet. Mit der gezielten Anpflanzung von nistfreundlichen Büschen und der Flutung durch eigens angelegte Ka-

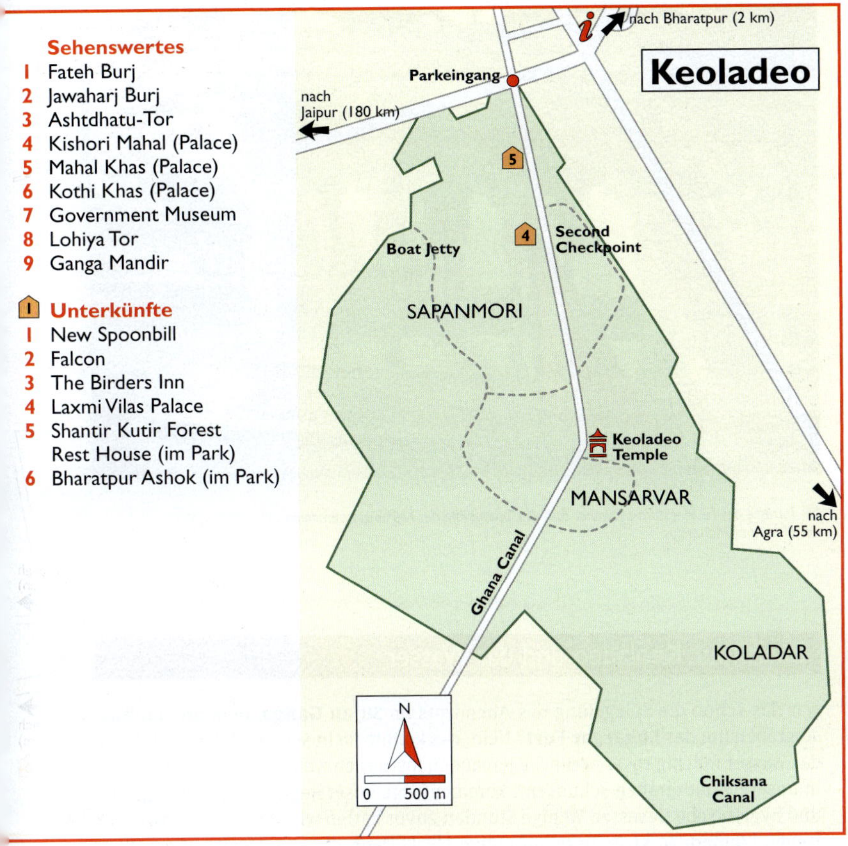

näle und Dämme machten die Maharajas das Gebiet zu einem Vergnügungspark für sich und ihre jagdverrückten aristokratischen Freunde aus Europa. Die auf einer Gedenktafel im Park überlieferten Jagdstrecken zeigen, dass das Jagdfieber immer wieder zum Blutrausch wurde: An einem einzigen Tag im November 1938 beispielsweise erlegten der Vizekönig und Generalgouverneur Indiens, *Lord Linlithgow*, zusammen mit seinen Gastgebern und der Jagdgesellschaft über 4.200 Vögel.

1956 wurde der Park zum **Vogelschutzgebiet**. Namenspate ist der *Shiva* geweihte **Keoladeo-Tempel** im Zentrum des Parks, „*Ghana*" bedeutet „dichter Wald". Seit 1982 zählt Keoladeo Ghana zu den indischen Nationalparks, seit 1985 ist er außerdem die einzige Welterbestätte der UNESCO in Rajasthan. Keoladeo Ghana ist ein Naturparadies in einer künstlich erzeugten Landschaft – und darum bis heute abhängig vom Menschen.

Die Terrasse des Festungsturms Jawahar Burj war Schauplatz der Krönungszeremonien der Bharatpur-Maharajas

info

Bharatpur, Keoladeo und das Wasser

War das schon die Spiegelung des Abendrots im **Sujan Ganga**, dem breiten Wassergraben um das **Lohargar-Fort**? Nein, das konnte nicht sein, und doch schillerte das Wasser milchig rosa. „Wenn Sie jemanden loswerden wollen, müssen Sie ihn nur in unseren Stadtgraben schubsen", kommentierte unser Begleiter das ökologische und hygienische Desaster. Wenige Stunden zuvor hatten wir uns im Keoladeo-Park freuen können: So viele Tiere auf einem Fleck! Denn die sonst weitläufigen Wasserflächen des Parks hatten sich auf einen überschaubaren, mit roten Algen überwachsenen Tümpel reduziert, auf dem sich die Wasservögel, die noch hierher gekommen waren, versammelten. Mit einer Grundwasserpumpe versuchten die Parkwächter, wenigstens diese Oase zu retten.

In den Jahren zuvor waren die Monsun-Niederschläge gering ausgefallen, teilweise blieben die Regenfälle sogar um ein Drittel unter dem gewöhnlichen Jahresdurchschnitt. Knappe Jahre, heißt es, habe es auch in der Vergangenheit gegeben. Doch mit der stetig anwachsenden Bevölkerung, die immer mehr Ackerfläche benötigt, um sich zu ernähren, verschärft sich bei Trockenheit die Situation: Die Vorräte im **Ajan Band** reichen nicht mehr für die Bewässerung der Felder und für die Versorgung des **Keoladeo-Nationalparks** zugleich aus. Die Wasserlieferung für den Park erreichte 2004/2005 einen Tiefstand von einer halben Million Kubikmeter – 15 Millionen weniger als die von der UNESCO zur Erhaltung des Parks als notwendig bezeichnete Menge. Die Folgen: Eine Verringerung der Artenvielfalt und Zahl der Wander- und Wasservögel, die den Park besuchen, und die Verbreitung

info

von **Mesquite-Bäumen** (Prosopis juliflora), einer eingeschleppten Art aus Süd- und Mittelamerika, die sich unter den trockenen Bedingungen schnell ansiedelt.

Auch der rosa Wassergraben ist auf die Trockenheit zurückzuführen: Da der Stadt ein Kanalisationsnetz fehlt und die Müllabfuhr unzureichend ist, landen alle flüssigen und festen Abfallstoffe in den öffentlichen Wassergräben – und bei fehlendem Zufluss frischen Wassers wird das sicht- und riechbar.

Die günstigen Niederschläge der Regenzeit 2008 haben die Situation entspannt, doch die nächste Trockenheit könnte das Ende des Keoladeo-Parks bedeuten. Immerhin werden die Probleme wahrgenommen: Die Stadt analysierte die Lage, eine Kommission der UNESCO besuchte im selben Jahr den Park und verfasste einen Maßnahmenkatalog. Am Ajan Band wurden überfällige Reparaturen ausgeführt, bei der Kommune ist von nachhaltiger Entwicklung die Rede, von der Ausweitung des städtischen Kanalsystems, neuen Kläranlagen und der Verbesserung der Frischwasserversorgung.

Für den Keoladeo-Park entwickelte die Regierung ein ehrgeiziges Programm: Mit umgerechnet rund 10 Millionen Euro will der Staat eine Pipeline vom 17 km entfernten **Govardhan-Staudamm** bauen, um dem Park das fehlende Wasser zu liefern. Ein weiteres Projekt soll Trinkwasser von Dholpur nach Bharatpur bringen. Ursprünglich angestrebte Fertigstellung: 2009 – Vetternwirtschaft und Bürokratie bremsten die Projekte bisher. Solange sie nicht vollendet sind, muss man auf starke Niederschläge hoffen. Unterdessen ist es keine schlechte Idee, während eines Aufenthalts in Bharatpur eine kurze Dusche dem ausgedehnten Vollbad vorzuziehen.

Bharatpur: eiserne Festung und heiliges Wasser

Dicke Mauern und Bastionen

Lohargarh, die eiserne Festung: Die Bastionen des Forts sind aber nicht aus Metall, sondern aus Steinen gemauert. Der Name spielt auf die Uneinnehmbarkeit des Forts seit 1733 an, als der Sinsiniwar-Fürst *Suraj Mal* die alte Burg einem rivalisierenden Jat-König abnahm und die Festung neu aufbaute. Wie eine Insel erhebt sich die Festung aus der Altstadt. Der **Sujan Ganga**, der Wassergraben, umschließt immer noch die dicken Mauern. Sie werden verstärkt von ehemals neun Bastionen, von denen der **Fateh Burj (1)** im Osten und der **Jawahar Burj (2)**, benannt nach dem Sohn und Nachfolger des Stadtgründers, am besten erhalten sind. Ein Ausgangspunkt für eine Besichtigung des Forts ist das **Ashtdhatu-Tor** (**3**, „Acht-Eisen-Tor") im Norden der Festung. Acht verschiedene Metalle sollen in den mächtigen Flügeln verarbeitet worden sein – heute noch wirkt es massiv und trutzig. Hat man das Tor durchschritten, liegt der Festungsturm zur Rechten, am äußersten nördlichen Ende des Forts. Über eine gestufte Rampe gelangt man auf die Plattform des **Jawahar Burj** mit luftigen, schön verzierten Pavillons.

Von hier aus hat man einen hervorragenden Blick über die Stadt und die Anlage des Forts und die Paläste: Nicht weniger als deren drei sind es, alle zwischen der Neugründung Bharatpurs und der Mitte des 19. Jh. errichtet: **Kishori Mahal (4)**, erkenn-

Der Stammbaum der Sinsiniwar-Jats ist auf dieser Metallsäule hoch auf dem Jawahar Burj verzeichnet

bar an dem einzelnen Türmchen, **Mahal Khas (5)** und **Kothi Khas (6)**, der heute ein Museum beherbergt. Eine Säule aus Metall mit knospenförmiger Spitze ragt aus der Terrasse des **Jawahar Burj** hervor und weist auf seine besondere Bedeutung hin: Hier ist der Ort der Krönungszeremonien der Maharajas. Beim näheren Betrachten der Säule werden Devanagri-Schriftzeichen sichtbar, der Stammbaum der Herrscher von Bharatpur. Die Namen *Suraj Mals* und seines Vaters, *Badan Singh*, stehen in zwei größeren, direkt untereinander liegenden Rechtecken mit zweizeiliger Beschriftung.

Geht man wieder hinunter und die Straße in Richtung **Kishori Mahal**, erreicht man zur Rechten das **Government-Museum (7)**. Es ist im **Kamra Khas** untergebracht, einem Gebäude mit der früheren Audienzhalle der Maharajas. Durch die schöne, malerische Gartenanlage mit kreuzförmig angelegten Wasserspielen gelangt man zu den Räumen mit archäologischen Exponaten, einigen außergewöhnlichen Jain-Skulpturen und einer verstaubten Ansammlung von Waffen im ersten Stock. Die Erklärung der Ausstellungsstücke beschränkt sich aufs Notwendigste, viele sind lediglich in Devanagri beschriftet.

Die Jat-Fürsten brachten einiges von der Lebensart der Moguln von ihren Eroberungsfeldzügen in Delhi und Agra mit: Das **Hamam**, das farbenfroh ausgemalte persische Bad, gibt dafür ein schönes Beispiel.

Tipp

Eine Taschenlampe bringt die Überfülle der floralen Muster erst richtig zur Geltung. Die Video- und Kamera-Gebühr, die man am Eingang entrichten kann, berechtigt jedoch nur zur Ablichtung des Außenbereichs.

Wir folgen der Straße weiter, lassen Kishori Mahal, der nicht für die Öffentlichkeit zugänglich ist, links liegen und verlassen das Fort durch das mächtige **Lohiya-Tor (8)**. Noch etwas weiter südlich, im Herzen der Stadt, liegt der **Ganga Mandir (9)**. Der Sandstein des Tempels ist so geschickt zusammengefügt, als sei die Fassade aus einem Stück geschnitzt – diese wirkt wie ein europäisches Sommerschlösschen mit indischen Architekturelementen. Aus den Krokodil-Wasserspeiern des Brunnens an der Wand der rückwärtigen Seite des Tempels soll früher heiliges Gangeswasser gesprudelt sein. Zum Abschluss des Rundgangs warten die bunten Geschäfte und Verkaufsstände der umliegenden Straßen darauf, entdeckt zu werden.

Keoladeo Ghana National Park

Bis zu 2000 Buntstörche (Mycteria leucocephala) machen nach einem regenreichen Monsun Station im Nationalpark

Ein Paradies für Vogelliebhaber: Über 370 verschiedene Arten sind im **Keoladeo-Park** gesichtet worden – ein außergewöhnliches Naturerlebnis, das einen Besuch im Park ausmacht. Außer Vögeln leben hier beispielsweise auch Wasserschildkröten, Sambarhirsche und Antilopen. Unter den gefiederten Sehenswürdigkeiten sind es die Zugvögel, die bei Kennern besondere Aufmerksamkeit auf sich lenken: Über 150 Arten aus Sibirien, der Himalaya-Region, dem Fernen Osten und Europa machen hier Station. Wasservögel werden von den seichten, fisch- und nahrungsreichen Gewässern besonders angezogen: majestätische Reiher, bunte Flamingos, langschnäbelige Schnepfenvögel, Löffler, Schwarzkopfibisse und Störche – zur Nistzeit bis zu 2.000! – sind nur einige wenige Beispiele.

Regelmäßige Beobachtungen des seltenen Nonnenkranichs (*Grus leucogeranus*) – lange eine Art Aushängeschild des Parks – konnten leider schon seit den neunziger Jahren im Keoladeo nicht mehr gemacht werden, die auch schon zu den bedrohten Arten zählenden **Saruskraniche** dagegen gehören zu den oft gesehenen Besuchern. Gut zu beobachten sind farbenfrohe Vögel wie verschiedene Eisvogel-Arten, Greater Coucals, Purple Sunbirds oder Grüne Bienenfresser. Geier, Fischadler, Falken und andere Raubvögel erleben ihren Aufenthalt im Keoladeo wie einen Ausflug in die Speisekammer.

Flora und Fauna des Keoladeo-Nationalparks zeigen sich zu jeder Jahreszeit auf andere Weise. Will man bestimmte Tiere oder Pflanzen sehen, sollte man dies bei der Wahl der Reisezeit berücksichtigen. Eine wichtige Rolle spielt auch, wie viel Feuchtigkeit der jeweils vorangegangene Monsun dem Park gespendet hat (s. Kasten „Bharatpur, Keoladeo und das Wasser"). Eine große Welle von Wandervögeln erreicht den Park kurz vor dem Monsun, also etwa ab Juli. Wetterfeste Vogelliebhaber nutzen die ruhige Regenzeit, um die Vögel beim Nestbau und Brüten zu beobachten – und das Aufblühen von Seerosen und Bäumen zu bewundern. Mit der zweiten Welle der Wandervögel kommt auch die der meisten ungefiederten Besucher: nach dem Monsun im Winter, von Oktober bis März.

Abhängig vom Monsun

Es gibt zwei Möglichkeiten, den Vogelpark zu besuchen: Als Hotelgast eines der beiden Hotels im Park selbst oder als außerhalb des Parks wohnender Besucher. Die Vögel wachen mit der Sonne auf und so ist es von entscheidendem Vorteil, mitten im Park zu übernachten – allerdings ist eine große Anzahl von Unterkünften nicht weit vom Haupteingang entfernt. Dort kann man sich alles mieten, was man für einen Beobachtungsausflug braucht: Fahrräder oder Rikshas für die Fortbewegung, Ferngläser und – für den, der die Tiere lieber nicht alleine entdecken möchte – einen Parkführer. Diese sind

Viele Unterkünfte

häufig Autodidakten aus der Gegend, normalerweise kompetent und ihr Geld wert. Kenntnisse der englischen und wissenschaftlichen Bezeichnungen kann man erwarten.

Reisepraktische Informationen zu Bharatpur

Ankunft und Auskunft

Der **Bahnhof** befindet sich am nördlichen Rand der Stadt (der Nationalpark am südlichen), etwas über 10 km vom Park entfernt. Es gibt regelmäßige Verbindungen von und nach Agra (ca. 80 Min.) und Sawai Madhopur (ca. 2,5 Std.). Insgesamt eignet sich die Stadt wegen der weiten Distanzen nur wenig für Spaziergänge. Alternativen sind **Auto-Rikshas**, **Tongas** und **Rikshas**.

Ein **Tagesausflug mit dem Taxi** nach Agra (hin und zurück) kostet etwa 1.500 Rs. Wer von Fatehpur Sikri (22 km) oder Agra aus die Stadt per **Bus** oder mit dem **Auto** erreicht, kann schon bei der Kreuzung mit der Bird Sanctuary Road mit der Suche nach einer Unterkunft beginnen. Die Kreuzung ist auch durch das **RTDC Hotel Saras** und das **Tourist Reception Centre** (geöffnet Mo–Fr 10–17 Uhr, ☎ 05644-222542) zu erkennen. Die Distanz von hier zum Bahnhof per Riksha kostet etwa 50 Rs, zum Busbahnhof im Westen der Stadt 40 Rs. Eine gute Informationsquelle, vor allem für Auskünfte im Zusammenhang mit dem Nationalpark, ist das Büro am Haupteingang des Parks.

Im Park befindet sich das **Salim Ali Visitor Interpretation Centre**, das eine in Zusammenarbeit mit dem WWF India entwickelte Ausstellung und Multimedia-Show zu den ökologischen Besonderheiten des Parks zeigt sowie Forschungsarbeiten und Forschungen unterstützt: http://www.knpark.org/AboutKNP.htm

Im **Bharatpur Ashok** kann man etwas essen.

Unterkunft / Essen und Trinken

Zimmerpreise sind in Bharatpur saisonabhängig – in der Zeit von November–März steigen sie deutlich. In diesen Monaten ist Vorausreservierung zu empfehlen. Eine Reihe von günstigen Unterkünften ist im Umkreis des Hotels Saras gelegen, alle in Laufweite zum Park. Diese vermitteln auch Führer oder verleihen Ferngläser.

New Spoonbill (1), €, ☎ 05644-223571, www.hotelspoonbill.com. Einfaches Low-Budget-Hotel, etwas teurer, aber mit besserem Preis-Leistungsverhältnis als das nahegelegene ältere **Spoonbill** (beide gehören der gleichen Familie). Der Speisesaal ist wenig einladend.

Falcon (2), €–€€, ☎ 05644-223815, falconguesthouse@hotmail.com. Mrs. Rajni Singh bietet in der hübschen Familienpension mit Garten gepflegte Zimmer, einige mit AC und TV.

The Birders Inn (3), €€€, ☎ 05644-227346, www.thebirdersinn.com. Hier stimmt alles, auch die geräumigen, farbenfroh gestalteten Zimmer sind ihr Geld wert. Das angeschlossene **Restaurant**, €–€€, ist sehr zu empfehlen.

Nicht mehr in Laufweite zum Park, aber luxuriös ist der

Laxmi Vilas Palace (4), €€€€–€€€€€, Old Agra Rd. (über NH 11), ☎ 05644-231199, www.laxmivilas.com. Können sich Paläste vermehren? Hier, im Südosten Bharatpurs, schon: Gleich nebenan öffnete Anfang 2009 der Hotelneubau **Laxmi Niwas**, stilistisch dem alten Sommerpalast nachempfunden – Platz ist ja genug im Schlosspark. Besucher können zwischen dem authentisch-historischen oder dem modernen Gebäude wählen.

Im Park

Bei Übernachtungen im Park kommt zum Zimmerpreis die Park-Eintrittsgebühr für jeden Aufenthaltstag hinzu.

Shanti Kutir Forest Rest House (5), *€€, ☏ 05644-222777. Kein Hotel im eigentlichen Sinne, sondern ein Dak-Bungalow, Unterkunft für Gäste der Regierung. Daher können die einfachen Zimmer auch nicht reserviert werden. Ob gerade etwas frei ist, muss man kurzfristig erfragen.*

Bharatpur Ashok (6), *€€€€, ☏ 05644-222722, www.theashokgroup.com. Über die Beton-Architektur des ITDC-Hotels kann man streiten, doch die exquisite Lage im Park und die komfortablen Zimmer sind ein unwiderlegbares Plus. Das* **Restaurant**, *€€, bietet angemessene Qualität.*

Parkbesichtigung

Keoladeo Ghana ist ganzjährig geöffnet, tgl. 6–18 Uhr (Sonnenaufgang bis -untergang). Der **Eintritt** *kostet 200 Rs pro Person und Tag. Ein* **Fernglas** *ist für 50 Rs zu mieten, eine* **Riksha** *für 50 Rs und ein* **Führer** *für 70 Rs (Gruppen bis 5 Personen) bzw. 120 Rs (über 5 Personen). Kostenlos ist die Mitnahme von* **Fotokameras**, *für Videoaufnahmen werden 200 Rs Gebühr erhoben. Bei ausreichendem Wasserstand können* **Boote** *gemietet werden: Kleine für 75 Rs, größere für 150 Rs, zuzüglich 25 Rs pro Person – eine lohnende Investition für besonders schöne Ausblicke! Auch* **Touren mit Elektrofahrzeugen** *kann man unternehmen (100 Rs zzgl. 25 Rs/Person), aber das beste Fortbewegungsmittel im Park bleibt das* **Fahrrad** *(25 Rs/Std.).*

Ziel in der Umgebung

Mit den Maharajas auf Sommerfrische: Dig (Deeg)

Dig war die Hauptstadt der Sinsiniwar-Jats, bevor Bharatpur diese Rolle übernahm. Aus seiner großen Zeit in der ersten Hälfte des 18. Jh. sind der Stadt ein Fort mit gewaltigen Mauern und eine weitläufige Palastanlage geblieben. Der wichtigste Bauherr war *Badan Singh*, der Begründer der *Sinsiniwar*-Maharaja-Dynastie und Vater von *Suraj Mal*, der Bharatpur ausbaute. Seine Gebäude, die *Bhawans*, waren zwar nicht stilgebend für andere in Indien, doch das Ensemble ist einzigartig und reiht Dig in die Liste **der schönsten Paläste** Rajasthans ein. Bis in die 1970er-Jahre bewohnten im Sommer die Maharajas von Bharatpur den Palast. Heute ist die Stadt nur noch ein kleines, leider etwas unansehnliches Nest, und so erlebt mancher Besucher eine Überraschung, wenn er durch das **Singh Pol** die Anlage betritt.

Einzigartige Schönheit

Ein kunstvoller Garten, auffällig vom Baustil der Moguln beeinflusst, öffnet sich vor dem Besucher. Kreuzförmig angelegte Wasserspiele laufen auf drei Palastgebäude und einen Pavillon zu.

Hat man das Tor im Rücken, liegt zur rechten der **Gopal Bhawan**. Der Palast ist das größte der Gebäude und grenzt direkt an den **Gopal Sagar**, einen der beiden künstlichen Seen mit rechteckigem Grundriss, die die Anlage nach Westen und Osten flankieren. Er lässt sich am besten aus dem Inneren des Gebäudes betrachten. Auf den Stufen der *Ghats* des Gopal Sagar liegen meist bunte Stoffbahnen zum Trocknen, und

Wasserträgerin vor dem Suraj Bhawan im Schlosspark von Dig

farbenfroh anzusehen sind auch die Rajasthani-Frauen, die hier Wasser holen und schwere Krüge auf dem Kopf balancieren.

Im Museumspalast sind noch viele Einrichtungsstücke aus seiner Zeit als Sommerresidenz zu bestaunen, darunter ein schwarzer Thronaufbau, möglicherweise ein Beutestück aus Delhi. Ein weiteres Souvenir von den Moguln ist der weiße Bogen vor der Haupthalle – wegen seiner Herkunft aus Agra und dem an den **Taj** erinnernden weißen Marmor wird er gern „*Nur Jahans* Schaukel" genannt.

Die Pavillons an den Seiten des Gopal Bhawans heißen **Sawan** und **Bhadon Bhawan**. Nur ihre obersten Stockwerke sind von der Gartenseite aus sichtbar, von der Seeseite ist jeweils ein weiteres Stockwerk darunter zu erkennen, beide mit vielfältig geschwungenen Bögen verziert.

Der besonderen architektonischen Schönheit wegen hervorzuheben ist der einstöckige **Suraj Bhawan** am Ende des Seeufers. Seine Erbauer, *Suraj Mal* und sein Sohn, hatten Vorbilder aus Delhi und Agra im Sinn, als sie das Gebäude mit der umgebenden Veranda und den *Pietradura*-Verzierungen im zentralen Raum in Auftrag gaben. Genauso wie der dahinter gelegene **Hardev Bhawan** wurde Suraj Bhawan zuletzt der Anlage hinzugefügt, weshalb beide aus dem quadratisch-kreuzförmigen Grundriss ausbrechen.

Neben Suraj Bhawan liegt ein weiteres Palastgebäude, **Kishan Bhawan**, auf dessen Dach eine Treppe führt. Von hier aus bietet sich der beste Überblick über den Komplex. Das Nebengebäude trägt ein großes Becken: Kein königlicher Swimmingpool, sondern der Wasserspeicher für die mehreren hundert Springbrunnen des Gartens. Die Rohrzuleitungen sind neuzeitlich, früher musste das Wasser mit Ochsenkarren heraufgeschafft werden, bis nach Tagen voller Arbeit das Wasser einige Stunden lang strömte. Heute bleiben die Wasserspiele leider bis auf das jährliche Monsun-Fest im August trocken.

Wasserspiele des 18. Jh.

Eine ganz den Freuden des Wassers gewidmete Multimedia-Show im Stil des 18. Jh. bot **Keshav Bhawan**, der direkt am zweiten See, **Rup Sagar**, steht. In der Decke des „Monsunpalastes" ist eine Apparatur mit eisernen Kugeln verborgen, die, von fließendem Wasser umspült, die Donnergeräusche eines Gewitters nachahmten – und durch Löcher in der Decke, gespeist von Rohrleitungen, konnten sich die königlichen Herrschaften auch im Hochsommer mit einem Regenguss erfrischen. **Purana Mahal** an der Südseite des Rup Sagar ist der älteste Palast von Dig, mit schönen Wandmalereien und zwei Innenhöfen. Auf dem Rückweg zum Singh Pol sollte man noch einen Blick auf **Nand Bhawans** prächtige Holzdecke werfen.

Wer noch Zeit hat, kann einen Abstecher zum **Fort** machen – seine gewaltigen Mauern erheben sich hinter dem **Rup Sagar**. Die Brücke über den Festungsgraben befindet sich auf der Nordseite, etwa 300 m rechter Hand verlässt man den Palast durchs **Singh Pol**. In der Mitte des Mauerquadrats steht ein verfallener **Bhawan** mit zwei Höfen, und jeder muss für sich entscheiden, ob es den Blick über den 20 m tiefer gelegenen Graben und die Stadt wert ist, durch das Gestrüpp auf die Bastionen zu klettern.
Fort: *geöffnet Sa–Do 9.30–17.30 Uhr.*

Reisepraktische Informationen zu Dig

Verkehrsverbindungen

35 km südlich von Bharatpur. Für die 75 km von Alwar sollte man per Bus (viele Verbindungen tgl.) 1,5 Std., per Bahn etwa 2 Std. einrechnen. Bus nach Bharatpur (ca. 1 Std.).

Dholpur und der Palast der Kacheln

Menschen, die ihre Speisezimmer kacheln, werden heutzutage als etwas eigen eingestuft. Eigenartig im schönsten Sinne ist der Palast von Dholpur: Ende des 19. Jh. gebaut, ist der **Raj Niwas** heute ein Luxushotel. Die meisten seiner Zimmer und Hallen sind immer noch nach dem letzten Schrei der Innenarchitektur von vor über 100 Jahren eingerichtet – wenn der Palast auch vor einigen Jahren sorgfältig renoviert wurde.

Eine besondere Schwäche hatte der damalige Maharaja von Dholpur für kunstvolle **Kacheln aus Europa**, mit denen mehrere Räume bis unter die bis zu 8 m hohen Decken ausgekleidet sind. Wer dem Charme der Original-Einrichtung, inklusive Badezimmer-Armaturen aus den 1920er-Jahren, nicht traut, kann in einem der neuen Luxus-Bungalows im Schlosspark unterkommen. Hausherr ist der Sohn des früheren Maharajas von Dholpur; seiner Mutter, ehemalige Ministerpräsidentin von Rajasthan, gehört das Anwesen gleich nebenan. Abgesehen vom **Raj Niwas** bietet Dholpur leider keine Unterkünfte westlichen Standards.

Einige der Räume im Palast von Dholpur sind bis unter die Decke mit europäischen Kacheln ausgekleidet

Orientierung und Geschichte

Dholpur ist die Kreisstadt des gleichnamigen Distrikts, der den östlichsten Zipfel des Staatsgebietes Rajasthans ausmacht. Die Lebensader für das hauptsächlich landwirtschaftlich genutzte Gebiet ist der Fluss **Chambal** im Süden. Zu Zeiten der Sultane und Moguln stand die Stadt unter direktem Einfluss der muslimischen Herrscher und einige ihrer Spuren sind noch heute in der Umgebung zu finden. Im 18. Jh. stritten die Maharajas von Bharatpur und Gwalior um die Herrschaft. Lachender Dritter war die **East India Company**: Die Briten richteten seit Anfang des 19. Jh. das Fürstentum als Pufferstaat gegen die Marathen und vor allem gegen den ungeliebten Nachbarn Gwalior ein. Während der sogenannten „*Mutiny*" 1857/58 erhielten die Kolonialherren sogar vom Rana von Dholpur Unterstützung gegen die Aufständischen. Das gute Verhältnis zwischen den Europäern und ihrem Protegé spiegelt sich auch in dem später erbauten **Raj-Niwas-Palast** wider, aber auch der **Uhrenturm** im Ortszentrum bestätigt es.

Muslimischer und britischer Einfluss

Dholpur trat 1949 der indischen Union bei und wurde Teil Rajasthans, 1956 wurde sein Status als Fürstenstaat aufgehoben. Die besondere Spezialität des Ortes eignet sich leider nur bedingt als Mitbringsel: Der nach dem Ort benannte **Sandstein**, für seine Farbe berühmt, wird hier gewonnen, die Steinmetzereien an den Straßen verkaufen ihn lastwagenweise.

Reisepraktische Informationen zu Dholpur

Unterkunft

Raj Niwas Palace: *€€€€€, ☎ 05642-220216, reservieren: ☎ 011-26436572, 011-26436573, 011-41620674, 011-41623449, 011-41644787, www.dholpurpalace.com, als Hotel erst neuerdings geführt, für Liebhaber von Kacheln unbedingt sehenswert. Neben dem Heritage-Palast auch moderne Komfort-Bungalows im Schlosspark.*

Verkehrsverbindungen

Dholpur liegt fast genau in der Mitte zwischen Agra und Gwalior (jeweils etwa 60 km, NH 3). Mehrere Zug- und Busverbindungen täglich von und nach Agra (etwa 1,5 Std.); die direkte Busroute nach Jaipur führt über Karauli (90 km).

Ziele in der Umgebung

Da Dholpur als Fremdenverkehrsziel noch wenig bekannt ist, bieten sich der Ort und die Umgebung für Entdeckungen an, ungestört vom Lärm der Touristenströme. Am besten mit dem eigenen Fahrzeug oder einem Miettaxi!

Shergarh: im Sandgebirge

Das **Fort** ist eine der Fluchtburgen, mit der *Sher Schah Suri*, Sultan von Delhi, in der ersten Hälfte des 16. Jh. sein Reich schützte. Die dicken Mauern, die in den letzten Jahren archäologisch gesichert wurden, zeugen von der militärischen Bedeutung der Region in früheren Zeiten: Ob Sultane, Moguln oder später die Briten – wer mit seinen Truppen nach Süden wollte, musste hier durch. Das galt schon für das frühe indische Mittelalter, der Sultan baute das Fort auf den Mauern einer Hindu-Festung.

Militärische Bedeutung

Shergarh liegt in einer einzigartigen Landschaft, die sich südlich von Dholpur um die Ufer des Chambal ausbreitet: **Sandige Schluchten** durchziehen die Ebene an dieser Stelle wie ein tausendfach verästeltes Labyrinth. Eine romantisch-wilde Kulisse für das einsame Fort, in dessen nächster Nähe nur ein kleiner Tempel steht! *(von Dholpur etwa 4 km die NH 3 nach Süden, Richtung Gwalior, dann Abzweigung nach links. Im Hotel nach der aktuell besten Verbindung fragen!)*

Krishna-Gottheiten im Tempel von Muchchkund

Muchchkund: Erlebnis früherer Zeiten

Vom Tourismus der großen Zahl noch nicht entdeckt schlummert diese Tempelanlage – falls nicht gerade Pilgerzeit ist. Die Ursprünge des heiligen Ortes gehen auf epische Zeiten zurück: Glaubt man den alten Erzählungen, hat hier Raja *Muchchkund* in vedischer Vorzeit *Krishna* vor dem Herren der Toten, *Yama*, gerettet. Aus Zorn über den Dämon, der den göttlichen König und Abkömmling der Sonne bei der Verfolgung *Krishnas* aus dem Schlaf riss, verbrannte *Muchchkund* den Störenfried – und trug damit zum Sieg des Guten über das Böse bei.

Der **Palast am Ostufer** des Tempelsees wurde vermutlich von Großmogul *Akbar* erbaut. Zwar ist er verschlossen, doch die Fassade ist kunstvoll gegliedert. Die Stufen um das Wasser sind gesäumt von Tempeln und *Chattris*. Kühe spazieren zwischen den alten Mauern, nur heiliger Lärm einer *Puja*-Zeremonie durchbricht die Stille und der kleine Tempel in der Mitte des Sees bietet einen schönen Anblick. Durchquert man den Hof am Südufer, gelangt man zu einem **Krishna-Tempel**, dessen bunter Bemalung man ansieht, was für eine fröhliche Rolle dieser Ort in der hinduistischen Götterwelt spielt. *(auf der Straße nach Karauli, 7 km südöstlich von Dholpur)*

Talaab Shahi: Jagdschloss Khanpur Mahal

An diesen See zog sich *Shah Jahan* zurück, wenn er Ablenkung von den Regierungsgeschäften in Agra suchte. Das kleine Jagdschlösschen **Khanpur Mahal** von 1617 wurde bei unserem letzten Besuch gerade renoviert und war noch nicht zugänglich. Doch der Blick über den See entschädigt für das Auslassen der Besichtigung der Räume. Vogelliebhaber kommen hier auf ihre Kosten, denn die große Wasserfläche mit dem weiten Landschaftshorizont lockt eine große Zahl von **Zug- und Strichvögeln** an. *(auf der Straße nach Karauli, etwa 30 km von Dholpur)*

Karauli und mehr

Abseits der Touristenroute

Wer es müde ist, überall wo er auch hinkommt, schon eine Reihe Touristenbusse vorzufinden, entschließt sich, an einen Ort wie **Karauli** zu fahren. Allerdings sollte man dazu einen Mietwagen zur Verfügung haben, denn die Busverbindungen sind spärlich und unregelmäßig. Man erreicht Karauli entweder von Bharatpur oder von Jaipur aus, auf der großen Verbindungsstraße Jaipur-Agra biegt man in Mahua (oder Mahwa) nach Süden ab und kommt über Hidaun nach Karauli.

Die Landschaft ist hier von Schluchten durchzogen. Karaulis ansehnlichstes Bauwerk, der **City Palace**, bekrönt eine Anhöhe, als einzige historische Sehenswürdigkeit der Stadt, die einst der Sitz eines Königs war. Im 15. Jh. gegründet, stammt der gegenwärtige Palast doch erst aus dem 18. Jh., mit rötlichem Sandstein, der lange schon ein Handelsartikel Karaulis ist und auch viel in Delhi verwendet wurde und noch verwendet wird. Weiße Steine zur architektonischen Akzentuierung geben Karaulis Palastgebäude sein prächtiges Ansehen.

Alter Schmuck

Die Inneneinrichtung wurde allerdings ausgeräumt, nur der **Diwan-i-Am**, die Halle der öffentlichen Audienzen, glänzt noch im Schmuck ihres Blumendekors an den Wänden. Die auch an anderen Orten üblichen steingeschnitzten *Jalis* vor den Fenstern im oberen Stock dienten den eingesperrten Damen des Hofes (*Purdah*) dazu, ungesehen das Geschehen draußen zu verfolgen. Die ehemaligen Frauengemächer zeigen noch Spiegeldekors an den Wänden und Porträts von schnurrbärtigen Fürsten. Vor Kurzem ist endlich mit der überfälligen Restaurierung des Palastes begonnen worden.

Pilgerglück

Wenn man aus dem **Ganesh Pol**, dem Tor zum Basar, hinaustritt, ist man sofort in dem Markt- und Ladengedränge. Alle Landleute aus der Umgebung decken sich hier mit Gebrauchsgütern ein, wer das Angebot studiert, hat gleich einen Einblick in ihre Lebensweise. Haushaltswaren aus Stahl, Silberschmuck von einigem Gewicht, Holzgeschnitztes – die Holzspielzeuge eignen sich als Mitbringsel –, Seile und Kessel, lederne *Jootis*, die bekannten spitzen flachen Schuhe, Figuren aus Terrakotta, bunte Stoffe – das alles und die dazugehörigen Käufer und Händler sind gut zu beobachten. Dann kann man noch in den **Madan Mohan-Tempel** (neben dem Palast) gehen, der ein *Vishnu*-Tempel ist. Vor der Abendzeremonie eilen Pilger herbei. Glück wird hier dem versprochen, der am selben Tag eine Zeremonie des **Govindji-Tempels** in Jaipur (der Familientempel der Maharaja-Familie, nördlich vom City Palace) und eine im **Vishnu-Tempel** Karaulis mitfeiert (*Govindji* ist ein Name *Krishnas* oder *Vishnus* – *Krishna* ist ein *Avatar Vishnus*).

Leider empfiehlt es sich nicht, zum Fluss Bhadrawati unterhalb des Palastes zu gehen, wo auch freskengeschmückte **Chattris** der Könige stehen, zuviel Abfall verschmutzt das Ufer. Aber vielleicht ist das nächstens schon viel besser geworden...

Ein beliebter Viehmarkt findet vor der Stadtmauer beim **Mela Gate** im Februar zum Fest des *Maha Shivarati* (des Gottes *Shiva*) statt. Es ist immer wieder spannend, das Handeln zu beobachten, das mit vielen Gesten, aber ohne jeden Schriftverkehr vor sich geht – obwohl es sich um Summen handelt, die für die Beteiligten beachtlich sind.

Reisepraktische Informationen zu Karauli

Unterkunft

Bhanwar Vilas Palace, *€€€–€€€€, außerhalb des Ortes am Agra-Jaipur-Highway, ☏ 07464-220024, www.karauli.com. 26 Zimmer und 11 Suiten, Swimmingpool und Billard. Mit vielen Fürsten- und Jagdbildern, einem Mini-Museum, Volkstänzen, Kamel-Safaris. Ein ehemaliger Fürstensitz, der Eigentümer beansprucht, ein Nachfolger Lord Krishnas zu sein. Nostalgie-Atmosphäre, Jagd-Trophäen an den Wänden, ein Billard-Zimmer, bequeme, aber antik möblierte Räume, Veranden und ruhiger Hof. Freundliches Personal, gutes Multi-cuisine-Essen, aber ohne den Ehrgeiz einer Gourmet-Küche. Hilfreicher Rat für Exkursionen.*

Ramathra Fort, *€€€€€–€€€€€€, am Kalisil Lake, PO Sapotra, District Karauli, ☏ mobil 09829013475. Reservieren: Jaipur Reservations, c.o. Ambika Exports, Naila House, Moti Dungri Road, ☏ 0141-2607665, 0141-2615059, Kontakt: Gitanjali Rajpal. Südwestlich von Karauli.*

Ziele in der Umgebung

Nordwestlich: Timangarh Fort

Vor Exkursionen sollte man in Karauli nach der Sicherheitslage fragen, denn zeitweise wurde die Gegend zum Versteck räuberischer Banden. Seit einiger Zeit ist es wieder ruhig.

Einen verständigen Guide und ein geländegängiges Fahrzeug braucht man für die rauen Straßen und die schluchtenreiche Landschaft um **Timangarh Fort**. Wenn man über Hidaun zum **Sagar Lake**, einem künstlichen See, vorgedrungen ist, geht es zu Fuß weiter, auf schmalem Weg zwischen zwei Hügeln auf ein wie verwunschen daliegendes großes Tor zu, ins Innere des Forts. Immer wieder stößt man dort auf überwachsene Skulpturen und Bildreliefs, Zeugen von verschwundener Pracht. So holt sich die starke indische Natur ihr Gebiet vom Menschen zurück. Dabei war das Fort vor 800 Jahren der Hauptort eines Königtums. Wie behauptet wird, zerstörte es der Eroberer *Muhammed Ghori* Ende des 12. Jh., andere sagen, es sei erst seit 300 Jahren verlassen. In neuester Zeit sollen Kunsträuber sich hier eifrig bedient haben, sogar mit einem Hubschrauber zum Abtransport großer Skulpturen. Jetzt wacht ein Polizeiposten. Aber was weg ist, ist weg, wohl unwiederbringlich. *(40 km nordwestlich)*

Heilige Kuh mit frecher Zunge

Südöstlich: Mandrael Fort und Chambal-Wasserfall

Ein anderes lohnendes Ziel in der Wildnis könnte **Mandrael Fort** sein. Von der gleichnamigen Stadt im Tal klettert man zu den stattlichen Ruinen, Tempeln und alten Palastmauern hinauf. Wie in einem alten Märchen liegen sie da, die Stimmung des Ortes und der Ausblick sind wunderschön. Der Oberlauf des Chambal-Flusses ist in der Nähe, zehn Kilometer weiter ist er beim **Chambal Ghat** zu sehen. Wenn Fahrzeug und Sandweg es ermöglichen, trifft man drei Kilometer weiter in **Rau Ghat** auf den großen Wasserfall, bei guter Wasserstärke ein gewaltiges Naturereignis. Vor der Exkursion sollte man sich in Karauli nach Wegzustand und Wasserfallstärke erkundigen (am besten im Hotel Bhanwar Vilas Palace). *(35 km südöstlich)*

Südwestlich: das Schutzgebiet Kaila Devi

Der **Kaila-Devi-Tempel** liegt am Rand des gleichnamigen Schutzgebiets, das bisher noch ohne Eintritt besucht, das heißt auch: auf der öffentlichen Straße nach Karanpur befahren werden darf. Keine Tiger, aber Leoparden sollen dort leben, außerdem Chinkaras, Nilgai-Antilopen, Schakale und seltene Vögel. Das Schutzgebiet grenzt an den **Ranthambor National Park**, mit dem es vereinigt wurde. *(24 km südwestlich)*

Agra – einst Indiens Hauptstadt

Publikumsmagnet

Delhi ist Hauptstadt vieler Reiche gewesen und ist heute die Metropole der indischen Nation, Hauptstadt für etwa 17,5 Millionen Menschen. **Agra** war Hauptstadt des Mogul-Reiches. Das übertraf um 1700 das heutige Indien erheblich an Größe, es schloss das heutige Pakistan und Kabul ein. Weil Agra die Stadt des **Taj Mahal** ist, zieht es auf der Erde mehr Menschen an als Delhi, Besucher, denen es nicht um Geschäfte und um Diplomatie geht, sondern um die Begegnung mit außerordentlicher Architektur. Muslimische Architektur auf indischem Boden und Architektur von hoher Emotionalität.

Orientierung

In einer Stadt mit 1,4 Millionen Menschen – mehr als in München – sind Entfernungen zu bewältigen: Von der **Agra Cantonment Railway Station** zum Taj Mahal sind etwa sechs Kilometer ostwärts zurückzulegen; am Wege gibt es mehrere Info-Büros, den **Sadar Basar** und im nahen Umfeld die höchste Hoteldichte Agras. Von **Taj Ganj**, wo die meisten Billigunterkünfte angeboten werden, südlich des Taj Mahal, sind es entlang der Yamuna zum **Roten Fort** etwa vier bis fünf Kilometer. Westlich und nordwestlich vom Roten Fort ist die monumentale Hauptmoschee **Juma Masjid** die Landmarke, um sie breitet sich der **Kinari Basar** – keine weiten Wege, aber voll städtischem Gewühl und Gedränge.

Will man zu den beiden prominenten Mogul-Bauten am Ostufer der Yamuna, zum **Itimad-ud-Daulah** und zum **Chini-ka-Raza**, kann man nordwärts über die Pipal Mandi Road und dann ostwärts über die Belangunj Road zur nächsten Brücke kommen und auf der Ostseite zur Aligarh Road. Das sind rund vier Kilometer, die wegen des heftigen Verkehrs doch besser mit einer *Threewheeler*-Riksha oder einem Taxi zu machen sind.

Die Altstadt Agras bietet wenig Schönheit, ist aber voller Leben

Nochmals mindestens vier Kilometer südwärts erreicht man dann den **Mahtab Bagh**, die restaurierte Mogul-Gartenanlage mit dem Über-den-Fluss-Blick zum Taj Mahal.

Auch tagelanges Erkunden Agras führt einen nicht zu einem erkennbaren Stadtzentrum: Dominant und zugleich randständig behaupten sich Taj Mahal und Rotes Fort, aber in der Stadtmitte und ihrem Umkreis findet man nur eine Agglomeration von Basaren und Einkaufsstraßen, dazu auch Parks und eher wenige historisch und architektonisch bedeutende Einzelbauten, Tempel und Kirchen. Der Tourismus als wichtige Einnahmequelle wird von vielen Taxi- und Rikshafahrern auf *commission*-Basis missbraucht. Wer nicht energisch auf seinem Fahrtziel besteht, findet sich oft vor einem anderen Hotel wieder statt vor seinem gewünschten oder in einem Laden voller Marmor und Teppichen, auf deren Preis, wenn er sich zum Kauf überreden lässt, die *commission* des Fahrers noch aufgeschlagen wird. Angesichts der Distanzen zwischen den Mogul-Architekturen sind Rikshas dennoch fast unentbehrlich. Vor einem Rundgang zum Beispiel ums Rote Fort zieht es fast jeden zum Taj Mahal.

Vorsicht bei Taxifahrten

Geschichte

Erst die muslimischen Herrscher der frühen Neuzeit und des 17. Jh. haben der Stadt am Yamuna-Fluss zu Weltruhm verholfen. Als erster war es der Sultan *Sikander Lodi*, der Agra 1505 zu seiner Hauptstadt machte. Damals war Agra eine alte Stadt, die ihre beste Zeit scheinbar schon hinter sich hatte. Denn eine Chronik um das Jahr 1100 beschreibt Agra als einen vielbenutzten Handelsplatz an den Hauptstraßen zwischen Nord- und Zentralindien, *Sikander* jedoch fand wohl nur Reste davon vor, begründete die Stadt neu und ließ ein kleines Fort erbauen. Zwanzig Jahre später, nach der Niederlage des letzten Lodi-Sul-

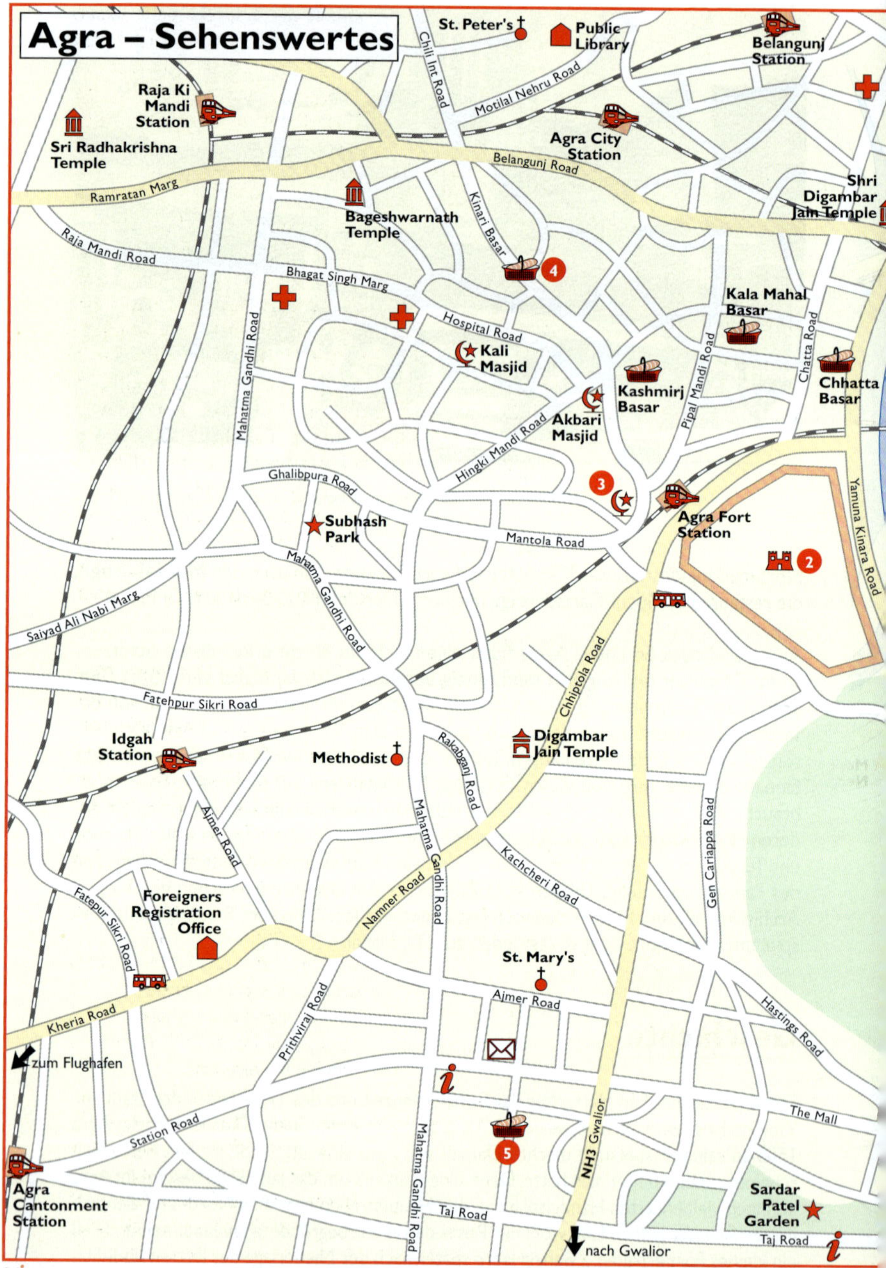
Agra – Sehenswertes
St. Peter's
Public Library
Belangunj Station
Raja Ki Mandi Station
Sri Radhakrishna Temple
Chili Int Road
Motilal Nehru Road
Agra City Station
Belangunj Road
Ramratan Marg
Bageshwarnath Temple
Kinari Basar
Shri Digambar Jain Temple
Raja Mandi Road
Bhagat Singh Marg
4
Kala Mahal Basar
Hospital Road
Kali Masjid
Mahatma Gandhi Road
Pipal Mandi Road
Chatta Road
Kashmirj Basar
Chhatta Basar
Akbari Masjid
Hingki Mandi Road
Ghalibpura Road
3
Subhash Park
Agra Fort Station
Yamuna Kinara Road
Mantola Road
2
Saiyad Ali Nabi Marg
Chhiptola Road
Fatehpur Sikri Road
Idgah Station
Methodist
Digambar Jain Temple
Rakabganj Road
Ajmer Road
Kachcheri Road
Gen Cariappa Road
Foreigners Registration Office
Namner Road
Fatepur Sikri Road
St. Mary's
Kheria Road
Prithviraj Road
Hastings Road
zum Flughafen
The Mall
Station Road
NH3 Gwalior
5
Agra Cantonment Station
Sardar Patel Garden
Taj Road
nach Gwalior

© i graphic

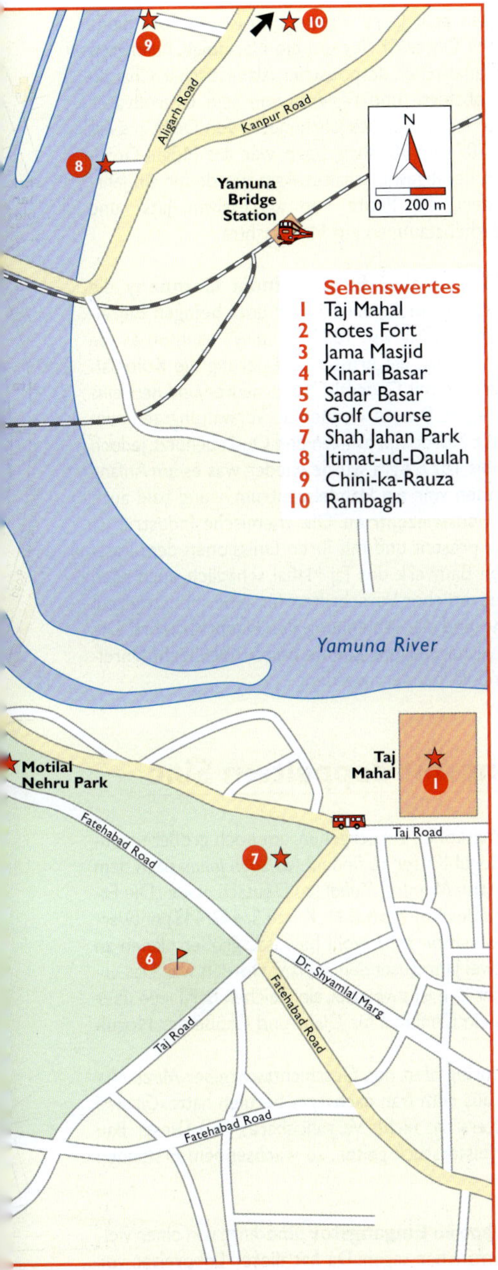

tans in der Schlacht bei Panipat, nördlich von Delhi, übernahm der Mogul *Babur* die Herrschaft. Schon Babur war Gartenliebhaber – und seine Nachkommen machten Agra zu einer „Gartenstadt am Wasser" (*Ebba Koch*).

Die Opulenz, die Fünf-Sterne-Qualität Agras, kam mit dem Entschluss *Akbars*, sich hier eine Residenz zu erbauen, das Rote Fort. Der Ort hieß damals Akbarabad. Später zog *Akbar* nach Lahore um (im heutigen Pakistan) und dann ins 40 km westlich von Agra gelegene **Fatehpur Sikri**, verbrachte aber die letzten Jahre seiner langen Regierungszeit wieder in Agra. Britische Orientreisende nannten schon damals Agra *„a magnificent city"* und staunten über die breiten Straßen und hohen Gebäude.

Akbars Sohn *Jehangir* (dessen Mutter eine Tochter des Maharajas von Amber war) lebte länger in Lahore und Srinagar als in Agra, hinterließ aber die Grabbauten für *Akbar* im nahen Sikander und für seinen Wesir *Itimad-du-Daulah* in Agra. Wie seine Vorfahren auch reiste *Shah Jahan* viel mit großem Tross, zwischen Yamuna und Himalaya, baute in Agra aber Paläste, Moscheen – und den Taj Mahal. Sein Lebensmittelpunkt wurde für mehr als ein Jahrzehnt Shajahanabad, seine neue Hauptstadt (heute als Old Delhi bekannt).

Keine friedlichen Familienverhältnisse unter den mächtigen und machthungrigen Moguln: Als Gefangener seines Sohnes *Aurangzeb* wurde *Shah Jahan* zurück nach Agra gebracht, lebte dort seine

Redaktionstipps

➤ **Kulturelles**: Überqueren Sie den Yamuna-Fluss, sehen Sie den **Taj Mahal** auch vom **Mahtab Bagh** auf dem anderen, nördlichen Ufer – es ist wie in der heiligen Stadt Varanasi bis heute weithin unbebaut geblieben (s. S. 452).

➤ **Natur**: Noch ein Blick auf den Taj Mahal, den nicht jeder wahrnimmt: vom **Taj Nature Walk**, einem Grüngelände östlich von der Weltwunder-Architektur (s. S. 451).

➤ **Architektur**: Älter als das Rote Fort in Delhi ist das **Agra Fort** – ein Werk Kaiser *Akbars* und seiner Nachkommen, mit schwarzem und weißem Thron (s. S. 453).

➤ **Benachbart**: Agra hat das „**Rote Fort**" und noch manches Sehenswerte mehr – aber es lohnt unbedingt, sich Zeit für diese Gründung *Akbars* zu nehmen: **Fatehpur Sikri**, 40 km westlich von Agra, eine Residenz, die so schnell wie kaum je eine andere wieder verlassen wurde. Auch ein UNESCO-Weltkulturerbe (s. S. 461).

letzten acht Jahre arretiert im Roten Fort. Seine Söhne führten Krieg um die Nachfolge, *Aurangzeb*, ein fanatischer, despotischer, islamistischer Charakter, obsiegte und regierte wie sein Urgroßvater *Akbar* fast ein halbes Jahrhundert von Delhi aus. Als er 1707 fast 90-jährig starb, war das Mogul-Großreich herabgewirtschaftet. Agra wurde für ein Jahrhundert die Beute von aggressiven Jats- und Marathenstämmen aus Maharashtra.

1803 übernahm die **East India Company** die Herrschaft in Agra, nach der dort heftigen Befreiungsbewegung von 1857 („*mutiny*" nannten es die Briten) übte die britische Regierung die Kolonialherrschaft mit General-Gouverneuren und *Residents* aus. Agras Paläste wurden als Verwaltungszentrum für die Nordostprovinzen und Oudh benutzt, jedoch nur bis 1877. Agra wurde wieder, was es am Anfang gewesen war, ein Handelszentrum – und bald auch ein Industriezentrum. Die chemische Industrie ist stark präsent und mit ihren Emissionen dem kostbaren Bauwerk des Taj Mahal schädlich, auch nach Erlass etlicher Vorschriften für eine industriefreie Zone und der Ablenkung des Hauptverkehrs. Die Luftverunreinigung konnte bisher noch nicht hinreichend vermindert werden.

Taj Mahal – Monument mit doppeltem Sinn

Liebe und herrschaftlicher Glanz

Man muss bis zu den Pyramiden der Pharaonen zurückgehen, um noch größere, opulentere Grabmonumente als die der Mogul-Kaiser zu finden! Als *Shah Jahan* nach dem bitterlich betrauerten Verlust seiner Gattin *Mumtaz Mahal* (zu Deutsch etwa: „Die Erwählte des Palastes") den enormen Bau des **Taj Mahal** (**1**, Karte S. 442/443) entwerfen ließ, war er sich dieser Ausnahmesituation sehr wohl bewusst: größer planen zu können als seit Jahrhunderten, ja seit zwei Jahrtausenden geplant worden war. Das erschließt sich dem Besucher rasch: Dieser Bau ist zweierlei, ein Zeichen der Liebe über den zu frühen Tod hinaus und zugleich ein Denkmal für Glanz und Größe der Mogul-Herrschaft in Indien.
Bestätigt wird dies durch den Hof-Historiografen, den Geschichtsschreiber *Mirza Muhammad Amin Qazwini*, den *Shah Jahan* aus dem Iran nach Agra berufen hatte. *Qazwini* formulierte: „Das Auge unseres Zeitalters hat nichts Vergleichbares (…) Dieser Bau wird auch kommenden Epochen als Meisterstück gelten, zu wachsendem Erstaunen der Menschheit."

Unterwegs zu eigenem Augenschein, schon im **Eingangstor** umdrängt von einer vielsprachigen Besuchermenge, wird sich mancher sagen: Da hat dieser Lobpreiser vor bald 400 Jahren ziemlich prophetisch gesprochen.

Liebesdenkmal und kaiserliche Mogul-Repräsentation ist der Taj Mahal und hat dazu noch eine dritte, damals unverzichtbare Funktion. Diejenigen, die sich in muslimischer Symbolik nicht auskennen, erkennen nicht gleich die religiöse Botschaft. Sie strahlt von den Hauptgebäuden, aber auch von der **Gartenlandschaft** zwischen Torbau und Mausoleum aus. Die **Wasserkanäle**, die sich im Zentrum dieser Gartenlandschaft kreuzen, symbolisieren die vier Ströme des Paradieses, und das imperiale Mausoleum soll nichts Geringeres als das irdische Abbild des Hauses darstellen, in das *Mumtaz Mahal* im Paradies einziehen wird.

Niemand muss von alledem beim Besuch des berühmtesten indischen Bauwerks wissen. Sehr sinnvoll kann es sein, sich ohne alle Führungen und Bücher allein der Schönheit dieser Schöpfung von Architekten und Gartenarchitekten zu öffnen. Das Areal ist groß genug, um sich seitab von den Menschenströmen zu halten.

Doch unleugbar anrührend und zugleich dramatisch sind die mit dem Taj Mahal verbundenen Lebensgeschichten, und interessant, in vielen Details überraschend ist auch seine Baugeschichte. Die genaueste und zugleich auch sehr lesbare Darstellung ist der Kunsthistorikern *Ebba Koch* zu verdanken. Sie hat in drei Jahrzehnten die Paläste und Gärten Shajahans erforscht und gehört dem Taj Mahal **Con-**

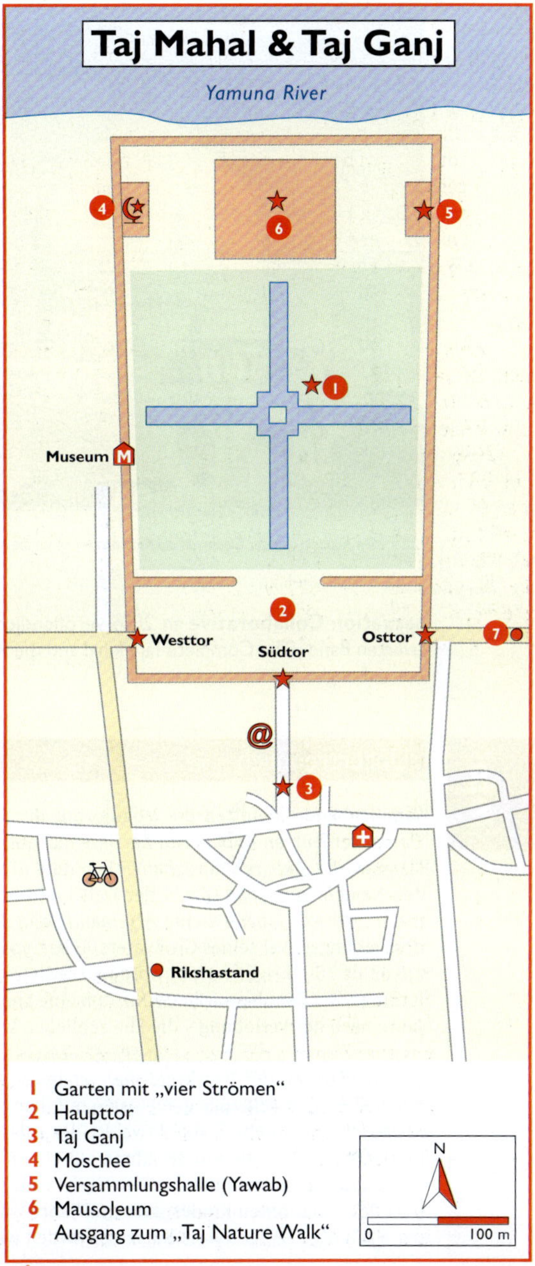

Unter allen Kuppeln lebt der Glaube an die Kraft Allahs und an die Macht des Mogulreiches

servation Collaborative an. 2005 veröffentlichte sie den großen, auch reich illustrierten Band „The Complete Taj Mahal and the Riverfront Gardens of Agra" (bisher nur auf englisch).

info

Unzertrennlich

Familienbande knüpften die Moguln mit der iranischen Familie des *Itimad-ud-Daula*, der früh an *Akbars* Hof Karriere machte und später als Wesir ein mächtiger Mann wurde. *Akbars* Sohn *Jehangir* heiratete *Itimad-ud-Daula Mihr-un-Nisa*, gab ihr den Namen *Nur Jahan* („Licht der Welt") und bald überließ er ihr die Regierungsmacht. Mit *Nur Jahans* Nichte *Arjumand Banu Begam* war *Jehangirs* Sohn *Kurram*, der Lieblingsenkel seines Großvaters *Akbar*, später als *Shah Jahan* berühmt, schon zuvor als 15-Jähriger verlobt worden. Die Heirat mit *Arjumand* verzögerte sich allerdings, der Familienrat hatte *Kurram* eine andere Braut gegeben, bevor er – fünf Jahre nach der Verlobung – die Ehe schließen konnte.

So fasziniert war der 20-jährige *Shah Jahan* von *Arjumand*, dass er sie auf allen seinen Reisen – oft Feldzüge gemeinsam mit dem Vater *Jehangir* – mitnahm. *Mumtaz Mahal*, wie sie nun hieß, die „Erwählte des Palastes", gebar ihrem Gatten dreizehn Kinder, doch starb sie mit 38 Jahren auf einem Feldzug weit entfernt von Agra in Burhanpur in Zentralindien, in der Nacht vom 16. zum 17. Juni 1631, bei der Geburt des vierzehnten Kindes. Erst drei Jahre waren vergangen, seit *Shah Jahan* in der Nachfolge seines Vaters Kaiser geworden war. Sieben Kinder überlebten.

info

Shah Jahan brach zusammen, hielt sich eine ganze Woche von der täglichen Audienz fern, hörte zwei Jahre keine Musik, trug zwei Jahre keine Juwelen und prächtige Kleider. Und plante das Mausoleum.

Eindrucksvolle Gartengestaltung

Symmetrie bestimmt nicht allein die Architektur, sondern auch den Garten des Taj Mahal. Die asiatische Gartenarchitektur ist sehr alt, das quadratische **Gartenareal** (**1**, Karte S. 445) mit vier von Wegen oder auch von Kanälen getrennten Teilen kann bis zum Palast des Achämeniden-Herrschers *Kyros* zurückverfolgt werden (6. Jh. v. Chr.). Der Mogul *Babur* ließ solche Gärten (persisch: *chahar bagh* oder *charbagh*, wörtlich: ein „Vierergarten") im heutigen Afghanistan, 1526 dann in Agra anlegen. Üblich war es, am Schnittpunkt der Wege ein Gebäude – einen Pavillon oder ein Grabmal – und an den vier Ecken des ummauerten Quadrats Türme zu setzen. In solcher Verbindung von Garten und Grabbau wurden die Mausoleen für *Humayun*, *Akbar* und *Jehangir* errichtet.

Am Taj Mahal wurde das Raster nach Süden über das stattliche **Haupttor** (**2**, Karte S. 445) am Eingang zum Garten hinaus noch um ein Areal von gleicher Größe erweitert. Der kleinere Teil dieses Areals heißt *Jilaukhana* (= vorderer Hof), der größere mit seinen ehemaligen Karawansereien umfasst Märkte, kleine Hotels und viele Neubauten – das heute dichtbesiedelte **Taj-Ganj-Viertel** (**3**, Karte S. 445).

Zum *Jilaukhana* kommt man durch das West- oder Osttor, früher querte hier eine große Handelsstraße. Offizielle Besucher des Taj Mahal stiegen hier von ihren Elefanten oder Pferden, in den umrahmenden Arkadenhäusern (= *Khawasspura*) fanden Diener, Gärtner und andere am Taj Mahal Beschäftigte Unterkunft. Aber auch Basarstraße, eine alte Moschee namens **Saheli Burj** und auch Grabstätten haben noch Platz. Eine späte Liebe *Shah Jahans*, genannt *Akhbarabadi Mahal*, soll hier begraben sein. Sie war überaus reich geworden und *Shah Jahan* vertraute sie vor seinem Tod seiner Tochter *Jahanara* an.

Die Dimensionen des Taj Mahal

Erfrischung im Sommer

Als Variationen des **Chahar Bagh** (verkürzt *Charbagh*) schätzten die Moguln auch den Terrassengarten und den Garten am Wasser. Für diesen wählte man einen Fluss und pumpte das benötigte Wasser herauf. Das Gebäude wurde nicht mehr ins Zentrum des Gartenquadrats gesetzt, sondern voran an den Fluss, mit einer geräumigen Terrasse, unter der noch Platz für Räume blieb, die sich zum Strom hin öffneten. Keine Frage, wie sehr man diese Gärten nah am Wasser in der indischen Sommerhitze genoss!

Shah Jahan zögerte nicht, mit seinen Architekten für das Grabmal der Gattin die gleiche Kuppelform zu planen, die bisher nur für die Mogulherrscher verwendet worden war. Bestes Material wurde verwendet: roter Sandstein aus Steinbrüchen um **Fatehpur Sikri** (etwa 40 km entfernt) und weißer Marmor, der über raue Straßen aus dem rund 400 km entfernten Makrana in Rajasthan herangeschafft werden musste. Dieser Marmor ist gut zu bearbeiten und zu polieren. Auch im 21. Jh. werden **Makrana-Steinbrüche** benutzt, sind schwerstbeladene Laster täglich von dort Richtung Norden unterwegs.

Das Spiel der Proportionen: Unterbau und Kuppel wirken aus der Ferne nicht so übermächtig, monumental dagegen aus der Nähe

Über die beteiligten Architekten oder über die Bauphasen des Taj Mahal haben alle Archivstudien bisher keine gültigen Auskünfte zutage gebracht. Beteiligt waren vermutlich die Architekten *Ustad Ahmad Lahauri* (also aus Lahore) und *Mir Abd-ul-Karim*, den schon *Shah Jahans* Vater bevorzugt beschäftigt hatte.

Allein schon die Terrasse, auf der der Taj Mahal erbaut wurde, misst 100 mal 100 m, der Grabbau selbst erhebt sich mit seiner Mittelkuppel auf 74 m Höhe, die seitlichen Minarette sind jeweils 41 m hoch. Das sind die nüchternen Maße des „Traums in Marmor". Die beiden ziegelroten seitlichen Bauten, westlich die **Moschee** (**4**, Karte S. 445), östlich **Mihman**

Khana (= **Versammlungshalle**, (**5**, Karte S. 445), heben die feierliche Größe des **Mausoleums** (**6**, Karte S. 445) noch hervor. Und zugleich steigern diese flankierenden Bauten als dunkle Blöcke die vielbewunderte ätherisch lichte Wirkung des Taj Mahal.

Der französische Juwelenhändler *Jean-Baptiste Tavernier*, vermutlich ein Augenzeuge der Arbeit auf der Baustelle, hat berichtet: „Ich wurde Zeuge des Beginns und der Vollendung dieses großen Werkes, für das sie 22 Jahre brauchten und an dem 20.000 Menschen ununterbrochen arbeiteten."

Viel Geheimnistuerei, auch Aufschneiderei macht sich immer wieder um das Mogul-Mausoleum breit. Tatsächlich war der Taj Mahal 1643 vollendet (s. *Ebba Koch*, S. 99 f), nach etwa 10 statt 22 Jahren, ähnlich mag die Zahl der Arbeiter überhöht sein. *Shah Jahan* residierte noch fünf Jahre in Agra, bevorzugte dann aber Delhi. Von 1658 an lebte er wieder in Agra, jedoch als Gefangener seines Sohnes *Aurangzeb*. 1666 erkrankte er 74-jährig an einer lebensgefährlichen Form der Ruhr und starb daran. So *Shah Jahans* zeitgenössische Historiker – anders liest man es im „Rough Guide Rajasthan", 2007: Der Kaiser sei an einer Überdosis Opium und Aphrodisiaka verstorben. Ein Quellenhinweis fehlt allerdings…

Entstehung von Mythen

Eintreten ins Mausoleum

Vom Garten her steigt man einige Stufen zum gepflasterten Umgang über dem Unterbau hinauf und betritt den Sockel (*Plinthe*) des Taj Mahal (ohne Schuhe, wie in Moscheen und vielen muslimischen Wohnungen üblich). Dieser marmorne Sockel ist nach dem persischen *hasht bihisht*-Muster angelegt, als eine zentralsymmetrische Basis. Auch beim berühmten *Humayun*-Grabmal in Delhi und in anderen Mogul-Mausoleen wurde dieses Muster benutzt und variiert.

Zuerst zieht der Schmuck der Blüten, Blätter und Pflanzenornamente die Augen der Gäste aus aller Welt auf sich. Sie umwandern die acht Seiten auf der marmornen Terrasse des Mausoleums, bewundernd schauen sie zu den Blütenreliefs am untersten Bereich der Wand und wieder hinauf zu den Edelsteinfarben, sehen staunend die auf Bruchteile der Millimeter genauen Steinschnitte der *Pietradura*-Kunst.

Ornamente überall

1835 zählte die Britin *Fanny Parks* schon einmal nach und fand 72 Teile an einer einzigen Blüte. Die Schönheit dieser Pflanzenbilder möchte man lange auf sich wirken lassen, jedes Blütenbild eine Kunstfigur, die mit jedem Detail symmetrisch einem Gegenbild entspricht – wie der Bau selbst mit seinen hohen Portalen, eleganten Dachpavillons und spitz zulaufenden Bogenformen.

Eher auf den zweiten Blick wird die **Kalligrafie** wahrgenommen – die meisten Besucher kennen die arabischen Schriftzeichen vermutlich nicht. Es sind insgesamt 14 Suren des Korans, die über dem Haupteingang, an den Wänden und auch innen unter der Kuppel aufgezeichnet sind und zwar die wohl umfangreichsten aller Bauten in der islamischen Welt (hier am Großen Tor, am Mausoleum und an der benachbarten Moschee).

Koranzitate an den Wänden

Tritt man schließlich ein in die **Grabhalle** unter der hohen Kuppel, steht man vor dem übermannshohen Wandschirm, der – wiederum oktagonal geformt – die Kenotaphe umstellt. Hier findet man die allerreichste, allerfeinste Steinschnitz- und *Pietradura*-Dekoration. Marmor und Edelstein sind die Materialien, dazu noch der Gold- und Silberschmuck der bronzenen Tempellampe. Die überall im Taj Mahal so dominante Symmetrie wird hier durchbrochen: Neben den zentral positionierten Kenotaph der *Mumtaz Mahal* ließ ihr Sohn *Aurangzeb* den Kenotaph *Shah Jahans* stellen. Der ist nach dem Muster des *Mumtaz-Mahal*-Sargs gestaltet, wenn auch mit anderem Blütenschmuck und in größerem Volumen. Symbolisch weisen auf der Oberseite des Kenotaphs Bilder von Sonne und Füllhörnern auf den „Sonnenkönig" persischer Tradition und auf die kaiserliche Fülle seiner Herrschaft.

Vergebliche Suche

Jedoch blieb für *Shah Jahans* Kenotaph eben nur der Seitenplatz, dicht am Wandschirm. Darin fanden und finden sich immer noch manche Historiker in der Meinung bestätigt, *Shah Jahan* habe sein eigenes Grabmal geplant, ein schwarzes Gegenstück zum Taj Mahal auf dem anderen Ufer der Yamuna. Der Franzose *Tavernier* berichtete, *Shah Jahan* habe gegenüber dem Taj Mahal sein eigenes Mausoleum zu bauen begonnen, es aber wegen der kriegerischen Auseinandersetzungen mit seinen Söhnen nicht vollenden können. Er steht mit dieser Aussage freilich allein. In den 1990-er Jahren wurden Versuchsgrabungen im **Mahtab Bagh** vis-à-vis vom Taj Mahal unternommen, die Ausgräber fanden aber keinerlei Fundamente eines Mausoleums.

Dagegen befindet sich unterhalb der Kuppelhalle des Taj Mahal eine zweite **Grabkammer**. In ihr sind zwei Sarkophage aufgestellt, denen unter der Kuppel gleichend. Hier sind die sterblichen Reste des kaiserlichen Paares bestattet. Von einem der Nebenräume in der Kuppelhalle führt eine Treppe hinunter, Besucher sind hier und in den Nebenräumen nicht zugelassen.

Immer mehr Gäste – und immer neue Gefahren

Heute blickt man auf eine Reihe von europäischen Besuchern zurück, die über den Taj Mahal berichteten, ihn malten und schließlich unter britischer Herrschaft auch restaurierten. Einer der ersten kam 1743 aus Tirol, ein Jesuitenpriester, der Agras verfallene Häuser beschrieb. Längst war Agra nicht mehr Hauptstadt. 1783 malte der britische Künstler *William Hodge* den Taj Mahal mit seinem Garten voller hoher Bäume. Seit 1803 richteten sich die Briten dauerhaft in Agra ein und etliche hinterließen Beschreibungen des Taj Mahal und des damals noch immer mit Mango- und anderen Obstbäumen besetzten Gartens. Für Inder wie für Briten war es der beliebteste Erholungsort. Der Arzt *Dr. John Murray* fotografierte den Taj Mahal wohl als erster um 1850.

Die kostbaren *Pietradura*-**Marmorverkleidungen** der Sandsteinmauern wären unterdessen fast demontiert und nach England verschifft worden. Lord *William Henry Cavendish Bentinck*, von 1827 bis 1835 Generalgouverneur der East India Company, wollte die Marmortafeln zum Verkauf nach London schicken. Zum Glück für das Mausoleum traf eine Probelieferung auf so geringes Interesse, dass seine Lordschaft den Plan fallen ließ.

Instandhaltung

Die britischen Kolonialherren der sahen sich allerdings bereits im frühen 19. Jh. in der Sorgepflicht für das *splendid monument which for magnificence and taste and costliness of materials far exceeds anything of the same kind that is probably in the universe*. Schon damals waren *Pietradura*-Marmorplatten mit den wundervollen Blumenbildern herausgebrochen worden. Die *John Company*, wie die East India Company oft genannt wurde, bedachte anfangs zwar nur die wenigsten Architekturdenkmale mit Zuschüssen, tat für den Taj Mahal aber ihr Bestes. 1860, Indien stand nunmehr als größte britische Kolonie unter Staatsverwaltung, wurde der Archaeological Survey of India gegründet, der bis heute verantwortlich zeichnet.

Der Taj Mahal besteht nicht nur aus weißem Marmor, sondern auch aus rötlichem Sandstein

Die bedrohlichsten Gefahren für die Bausubstanz des Taj Mahal brachte Agras industrielle Ära seit der Mitte des 20. Jh. Eine Ölraffinerie bei Mathuras, nördlich des Taj Mahal, lud die Luft mit Schwefeldioxid auf. Weder die Schutzzone mit 50-Kilometer-Radius noch das Verbot aller Kleinindustrie und Autoverkehr im 2-Kilometer-Umkreis brachten wirklich Abhilfe. Zubringerbusse innerhalb dieser Grenze fahren mit Elektromotor. Um die Marmorflächen zu schützen und zu reinigen, kamen Expertenvorschläge aus aller Welt, aber ohne verlässliche Erfahrungen mit Langzeit-Nebenwirkungen der Chemikalien. Seit 1983 steht der Taj Mahal in der Weltkulturerbe-Liste der UNESCO. Heute zählt man jährlich rund 2 Mill. Besucher – an manchen Werktagen sind es 10.000, an Sonntagen noch mehr, und allein schon ihre 20.000 Füße auf der Marmorterrasse und die steigende Luftfeuchtigkeit in der Halle der Kenotaphe bereiten Probleme.

Tolle Sprünge: Eintritt in den Taj Mahal

info

Die noch immer umstrittene Regel der gespaltenen Eintrittspreise gilt auch hier. Letzthin kostete das Ticket für Ausländer umgerechnet etwa 12,50 €. Das Ticket konnte bisher am selben Tag auch zur Ermäßigung des Eintritts zu anderen Stätten in Agra benutzt werden.

Öffnungszeit: Sa–Do 6–19 Uhr, nachfragen wegen aktueller Öffnungszeiten in Vollmondnächten!

Eine Motorbootsfahrt ans Nordufer der Yamuna, wo man vom Mahtab Bagh einen guten Blick auf die Wasserfront des Taj Mahal hat, kostet etwa 150 Rs.

Naturspaziergang am Taj Mahal

Lange Jahre war das lichte Busch- und Baumgelände östlich des Taj Mahal sich selbst und einer kleinen muslimischen Siedlung überlassen geblieben. Unternehmungslustige, stadtmüde Naturfreunde waren dort auf hügeligen sandigen Pfaden unterwegs. Der **„Taj Nature Walk“** (**7**, Karte S. 445) ist vom East Gate des Taj Mahal rasch zu erreichen.

Wir fanden in der Morgenfrühe das Tor noch verschlossen, vielleicht wird die Besuchszeit künftig doch erweitert. Die Pfade sind teils in asphaltierte Wege umgewandelt, es gibt Kinderspielplatz und Aussichtstürme, die muslimische Siedlung scheint aufgegeben zu sein. Bäume und Buschwerk erfreuen immer noch. Weniger erfreulich ist die Warnung vor Überfällen, räuberische Zeitgenossen versuchen in den Besitz von dollarhaltigen Brieftaschen zu kommen. Da ist die Stadtverwaltung gefordert, vorerst ließ sie nur Eintrittsgelder einsammeln, von Ausländern umgerechnet knapp 1 €.
Taj Nature Walk: *geöffnet 9–18.30 Uhr.*

Mahtab Bagh – der ungewohnte Blick auf den Taj Mahal

Der großzügig angelegte Garten von Mahtab Bagh vermittelt eine Ahnung von der Schönheit der Mogul-Anlagen

Mit einem Boot kann man sich über den meist langsam und mit wenig Tiefgang strömenden Yamuna-Fluss übersetzen lassen. Die Anlegestelle der Boote ist am **Taj Ganj** zu finden, schon beim ersten Frühlicht erwarten die Bootsleute ihre Kunden und überraschen Ausländer-Gruppen gern mit dreistelligen, gar vierstelligen Rupienforderungen für die kurze Überfahrt. Wer vom Delhi-Flughafen per Charterbus direkt zum Taj Mahal befördert wird, hat den Umtauschwert von Rupien vielleicht noch nicht verinnerlicht.

Der **Mahtab Bagh** ist noch im Wiedererstehen. Zu Mogul-Zeiten hieß er **Bagh-i-Mahtab Padshahi**, zu deutsch „kaiserlicher Mondschein-Garten". *Shah Jahan* hat das rechteckige ummauerte Areal anlegen lassen, mit dem klassischen Muster sich kreuzender Ströme. Andere Bauten, Pavillons, kleine Türme und Wasserfontänen mögen folgen. Die eigentliche Attraktion bleibt natürlich der Blick hinüber zum Taj Mahal!

Noch vor den Ruinen am Ufer – nur Grundmauern blieben nach immer neuen Überflutungen, einige Ornamente sind noch zu erkennen – ist in der Mitte ein Springbrunnen, darum herum Blumenrabatten.

Die alljährlichen Monsunregen überschwemmen vom Juli bis zum September immer wieder das flache Gelände samt der langgestreckten Terrasse zum Fluss hin. Reste eines Aquädukts finden sich noch. Und wenn der Yamuna-Strom keine Boote mehr trägt, ist der Garten auf dem Landweg erreichbar, per Riksha, Taxi oder auch zu Fuß. Die Brücke beim Agra-Fort ist die nächste, von dort sind etwa zwei Kilometer bis zum Mahtab Bagh zurückzulegen.

Mahtab Bagh: *geöffnet von Sonnenauf- bis -untergang. Zugang per – langer! – Riksha-Fahrt von Taj Ganj oder der Brücke vom Roten Fort oder per Boot über den meist nur wenig Wasser führenden Yamuna. Bootsleute lassen sich gern hoch bezahlen, am besten kommt man zu mehreren. Die Wassertour fällt zuweilen wegen Wassermangel aus.*

Rundgang: Rotes Fort/Jama Masjid und Basare

Das erste **Rote Fort** der Moguln (**2**, Karte S. 442/443). Die Dimensionen dieser muslimischen Trutzburg am Yamuna-Fluss sind gewaltig: Etwa 1.200 m misst es in Nord-Südrichtung, über 1.000 m in West-Ostrichtung, das ganze Areal wird umringt von einer doppelten Sandsteinmauer. Vieles ist im Lauf der Jahrhunderte zerstört worden, die Reste jedoch lassen ahnen, wie in den Rajputen-Fürstentümern der Respekt vor der Mogul-Macht wachsen musste. Seit Jahrzehnten werden die Gebäude der nördlichen Hälfte von der Stadtverwaltung, Militäreinrichtungen und auch Krankenstationen benutzt. Der Hauptzugang für Touristen führt durch das **Amar Singh Pol** im Südwesten, von der Mantola Road her. Es geht durch drei dicht aneinander gebaute Tore, die es eindrängenden Feinden mit ihrem Zickzack-Verlauf schwer machten. Über einen Hang kommt man chronologisch richtig zuerst in den südlichen Bereich, den Kaiser *Akbar* 1565–73 erbauen ließ.

Gewaltige Dimensionen

Mit seinen Mauern und Palästen war das Rote Fort Mittelpunkt des Mogul-Reiches unter *Akbar*, der die Hauptstadt 1566 von Delhi hierher verlegte. Auch unter *Jehangir* blieb Agra Hauptstadt. Anfangs bereicherte *Akbars* Enkel *Shah Jahan* das Fort um mehrere Palastbauten, korrigierte aber den Entschluss des Großvaters 1639 mit dem Bau des Roten Forts in Delhi und der Rückverlegung der Hauptstadt dorthin. Eigentlich aber war das Rote Fort eine ganze Palaststadt, mit mehreren hundert Gebäuden. Davon sind die meisten verschwunden.

Prunk und Schönheit der Mogul-Architektur sind im Roten Fort immer noch gegenwärtig

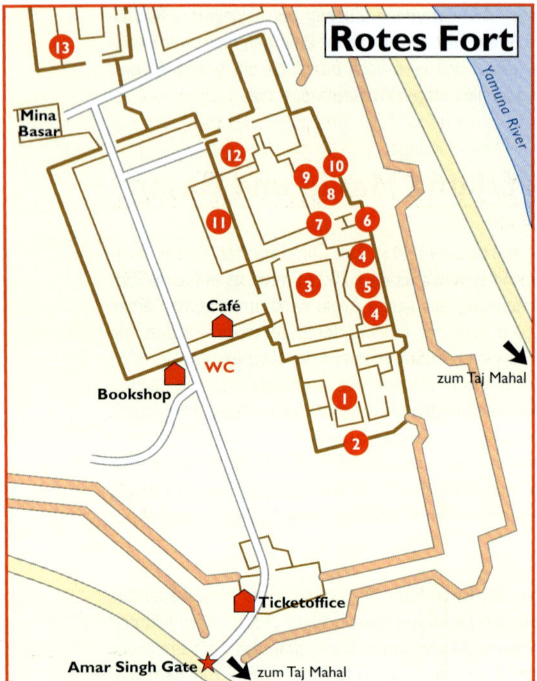

1 Jehangir Mahal
2 „Jodh Bai's Palace"
3 Gartenanlage „Anguri Bagh"
4 zwei „Goldene Pavillons"
5 Khas Mahal
6 Achteckiger Turm „Musamman Burj"
7 „Spiegelpalast" (Sheesh Mahal)
8 Diwan-i-Khas
9 „Machhi Bhawan"
10 Thronsitz aus schwarzem Marmor
11 Diwan-i-Am
12 Nagina Masjid
13 Moti Masjid, die Perlenmoschee

N
0 50 m

Trotz dieser Einschränkungen und manchen Verfalls ist der Ruinenreiz des Palastgeländes stark, Rasen- und Gartenflächen wurden zwischen den Bastionen und Hallen angelegt und wo man noch Steinschnitzerei und Einlegearbeit findet, leuchtet ihre Schönheit umso intensiver. Von Süd nach Nord reihen sich längs des Flusses als Hauptgebäude die Paläste der Mogulkaiser. Am weitesten südöstlich steht **Jehangir Mahal** (**1**), der einzige große Bau aus *Akbars* Zeit, stilistisch eine Mischung aus muslimischen und Hindu-Elementen. Man weiß, dass die Mogulherrscher oft örtliche Handwerker anstellten und diese hatten ihre Hindu-Traditionen. Die ursprünglich farbig ausgemalten, teils auch vergoldeten Innenräume muten düster an. Vor der schlichten Palastfassade zeigt ein enorm großes rundes Steingefäß innen und außen Stufen, vermutlich wurde es als Bad benutzt.

Der überlieferte Name des südlich angrenzenden Gebäudes **„Jodh Bai`s Palace"** (**2**) deutet auf eine Gattin *Jehangirs*, das Gebäude ist im heutigen Zustand aber sehr schlicht. Doch kann man durch Maueröffnungen zum Taj Mahal blicken.

Bei *Shah Jahans* marmorweißem **Khas Mahal** (= Privater Palast, (**5**), erbaut 1636, findet man zwei **„Goldene Pavillons"** (**4**), so genannt, weil deren Dächer mit vergoldeten Kupferziegeln gedeckt wurden. Der benachbarte Traubengarten, **Anguri Bagh** (**3**), ist als symmetrischer *Charbagh* angelegt; in das marmorne Wasserbecken soll aus Springbrunnen Rosenwasser geflossen sein. Am Nordostteil des Gartens steht das **Sheesh Mahal** (= Glaspalast, Spiegelsaal, **7**) mit zwei einst mosaikgeschmückten Hallen für kaltes und warmes Wasser, ein Bad für Kaiser *Shah Jahan* und die Damen seines Harems. Der benachbarte Palast mit dem achteckigen, marmorfiligranen Turmpavillon namens **Musamman Burj** (**6**) oder kurz **Samman Burj** war Residenz der kaiserlichen Gattinnen

Vergangene Pracht

Nur Jahan und *Mumtaz Mahal*. In Kontrast zu so vielen leergeräumten, düsteren Räumen ist dieser Pavillon von exquisiter Schönheit.

Noch ein Stück weiter nördlich überdauert der **Diwan-i-Am** (**11**), die monumentale Audienzhalle *Shah Jahans*, mit einem Wald von weißen Säulen (Gips auf rotem Sandstein) und dem **schwarzen Thronsitz** (**10**). Dahinter liegt das „Haus der Fische" (**Machhi Bhawan, 9**). Gleich daneben empfing auf einer hohen Terrasse der Kaiser im schön dekorierten **Diwan-i-Khas** (**8**) zu privaten Audienzen. Lapislazuli und andere Edelsteine, Pfauen und Marmorsäulen stimmen festlich.

Die **Nagina Masjid** (= Juwelen- oder Edelstein-Moschee, **12**) war eine Moschee für die Frauen des Hofes. Etwas abseits ist die **Moti Masjid** (= Perlenmoschee, **13**) an ihren drei markanten Kuppeln erkennbar.
Rotes Fort: *Areal geöffnet von Sonnenaufgang bis Sonnenuntergang, Eintritt etwa 5 €.*

Die **Jama Masjid** (**3**, Karte S. 442/443), die Freitagsmoschee, ist vom Roten Fort gut zu Fuß zu erreichen. Den stärksten Kontrast dazu bringt der Augenblick, in dem man in den Hofraum der Moschee eintritt: eine weite, oft leere Fläche, auf drei Seiten ummauert, auf der vierten von der langgestreckten Gebetshalle besetzt und beherrscht. Drei große Kuppeln überwölben lange Säulenreihen. Steinschnitzerei schmückt Säulen, Mihrab (Gebetsnische) und Minbar (Predigtkanzel).

In den Straßen um die Jama Masjid sieht man viele Angehörige der muslimischen Gemeinde Agras

Trotz der mächtigen Dimensionen wirkt nichts großspurig, die Klein- und Großformen der Architektur harmonieren und schaffen eine feierliche Atmosphäre. Sandsteinrote, marmorweiße Zickzack-Ornamente schmücken die Kuppeln. Als die Moschee 1648 während der dreißigjährigen Herrschaft *Shah Jahans* entstand, war sie allerdings ohne kreuzende Verkehrswege direkt mit dem Roten Fort verbunden. Erst die britische Kolonialmacht zerstörte den Zusammenhalt von Burg und Bethalle 1857 durch den Gleiskörper der Eisenbahn. Die Symmetrie der Minarette über der Gebetshalle ist gestört, seit eines fehlt.

Verbindung zum Fort

Der **Kinari Basar** (**4**, Karte S. 442/443) hat die **Jama Masjid** fast ganz umschlossen. Nordwärts kann man die Basargassen viele Stunden lang erkunden, mitten im alltäglichen Leben von Händlern und Handwerkern. Außer dem Kinari Basar hat Agra noch mehrere andere, südlich in Luftlinie vom Kinari Basar etwa 2 bis 3 km entfernt den modernen **Sadar Basar** (**5**, Karte S. 442/443). Die beiden wichtigsten Nord-Süd-Straßenzüge dorthin sind die Gwalior Road und die Mahatma Gandhi Road. Beide führen zur Station Road, an der und in deren Umkreis viele touristische Hotels,

Restaurants und Imbiss-Stuben konkurrieren. Ebenfalls finden sich dort die touristischen Auskunftsbüros, die Post und zahllose Läden.
Wer leidlich gut zu Fuß ist, kommt vom **Sadar Basar** über die Taj Road auch ohne Riksha am **Golf Course** (**6**, Karte S. 442/443) und am **Shah Jahan Park** (**7**, Karte S. 442/443) zum **Taj-Ganj-Viertel** und wieder zum Taj Mahal.

info

Die vier Großmoguln

Ob Rajasthans Rajputen sich mit den Großmoguln verbündeten oder ihren Heeren Widerstand leisteten: das muslimische Mogulreich hat Agra und große Teile Indiens geprägt. Auf Erinnerungen an die vier Mogulkaiser des 16. und 17. Jh. trifft man immer wieder, es lohnt, sich ihre Generationenfolge einzuprägen: Kaiser **Akbar, „der Große“** (reg. 1556–1605) gab das Reich an seinen Sohn **Jehangir** (reg. 1605–1627), diesem folgte Akbars Enkel **Shah Jahan**, der Bauherr des **Taj Mahal** (reg. 1627–1658), und lebte noch sechs Jahre in Agras „**Rotem Fort**“ als Gefangener seines Sohns **Aurangzeb** (reg. 1658–1707). Die Mogul-Dynastie endete erst 1857.

Mausoleen und Erinnerungen an eine Gartenstadt

Die Fahrt vom Roten Fort in die andere Richtung zum Ostufer des Yamuna-Flusses bietet Gelegenheit, noch mindestens zwei interessante Beispiele der Mogul-Architektur zu besuchen. Zwischen Rotem Fort und der Jamuna Bridge führt die Straße durch industriell dominiertes Gebiet. Dies waren zur Mogul-Zeit gepflegte Uferlandschaften mit Residenzen und *Havelis*. An beiden Ufern des Yamuna sind Reste alter Architektur zu entdecken, von Brunnen, Prachtgräbern, Karawansereien oder die verfallenen Tore zu Gärten, in denen schon lange nichts mehr blüht.

Besonders sind die beiden Grabbauten persischer Persönlichkeiten, die in Agra Karriere machten. *Mirza Ghiyas Bagh* war der Schwiegervater Kaiser *Jehangirs*. „Die Säule des Staates“ heißt übersetzt der Titel **Itimat-ud-Daulah** (**8**, Karte S. 442/443). Von den exzellenten Beziehungen der persischen Familie zu den Mogulherrschern war schon die Rede (s. S. 446). Jahre vor dem Baubeginn des Taj Mahal starb *Mirza Ghiyas Beg*. Seine Tochter *Nur Jahan* hatte den Mogul-Kaiser *Jehangir* nicht nur geheiratet, sie übernahm auch Regierungsverantwortung. Und sie sorgte für einen Grabbau auf der Ostseite des Yamuna-Flusses, in einem *Charbagh* (= Vierer-Garten, s. S. 447).

Vorläufer des Taj Mahal

Bei Agras Rikshafahrern heißt das Chefminister-Mausoleum „*Baby Taj*“. Seine Architektur reicht zwar weder nach Größe noch in der Feinabstimmung der Proportionen an den Taj Mahal heran, wohl aber ist es ein Vorläufer mit seinen marmorweißen Fassaden und mehr noch mit dem an allen Außenwänden reichen Pietradura-Schmuck. Florale und geometrische Motive wechseln und ergänzen einander. Wie üblich, stehen hinter Steinschnitz-Wänden sichtbar im Innenraum die prächtigen gelben Schein-Sarkophage für den Kanzler und seine Familie. Die irdischen Reste der Verstorbenen ruhen in der unterirdischen Grabkammer.
Itimad-du-Daulah: *etwa 3 km vom Roten Fort, Zutritt zum Garten und Mausoleum (etwa 2 €) von Sonnenaufgang bis Sonnenuntergang.*

Es ist die Fahrt ans andere Ufer des Yamuna wert: das Mausoleum Itimad-ud-Daulah

Frisch restauriert: Chini-ka-Rauza

Einen Kilometer weiter nördlich ist der Achteckbau des „chinesischen Grabs", **Chini-ka-Rauza** (**9**, Karte S. 442/443), bisher frei zugänglich, heute inmitten eines sehr ärmlichen Viertels. Das Yamuna-Ufer ist allerdings nicht direkt zu erreichen, weil das Monument auf einer Art rasenbesetzter Terrasse steht.

Einzigartig in Agra

Bauherr war *Afzal Khan*, ein Wissenschaftler und Dichter aus Shiraz, der in Agra zum Minister avancierte und hier im Jahr 1639 bestattet wurde. „Chinesisch" wird das jüngst restaurierte Mausoleum mit seiner großen Kuppel wegen der mit Kacheln überzogenen Außenwände genannt. Sie sind blau und bunt, aber stark beschädigt. Fast gänzlich verschwunden sind die Kacheln der Kuppel. Im Inneren ist das Mausoleum bunt bemalt, aber verwittert, zwei schlichte Steinsarkophage befinden sich in der Mitte. Auch kalligrafische Schriftzeilen schmücken den geräumigen Bau, der in seinem Stil in Agra einzig ist.

Rambagh – der Garten des ersten Moguls

Nochmals zwei Kilometer weiter überdauert der **Rambagh** (**10**, Karte S. 442/443), auch **Aram Bagh** genannt, das heißt „Garten der Ruhe". *Babur*, der erste Mogulherrscher, ließ den Garten mit erhöhter Terrasse anlegen, vom Pavillon auf dem Hügelchen hat man Ausblick zum Fluss. *Babur* wurde hier bestattet, sein Leichnam aber später nach Kabul überführt.

Fast nur noch Erinnerung ist die schon zu *Baburs* Zeiten an beiden Flussufern prächtig entstandene Villen- und Gartenlandschaft. In ihrem Buch „The Complete Taj Mahal" nennt *Ebba Koch* auch die beiden anderen muslimischen Herrschaftszentren, die ihren

Flussufern ähnlichen Rang als höchstwertige Wohnquartiere gaben, nämlich die Osmanen am Bosporus und die Safaviden im persischen Isfahan, am Zayanda-Fluss. Dammbauten der Briten, die dem Yamuna-Fluss seine Kraft nahmen, das heftige Wachsen der Stadt im 20. Jh. und nur mühsam abgewehrte Großprojekte für die Flussufer ließen den Charme der Gartenvillen schwinden. Industrielle und andere Abfall-Einleitungen verderben weiterhin den Strom und seine Ufer. Der Weg zu einer Rekonstruktion der Mogul-Gartenlandschaft ist noch sehr weit.

Reisepraktische Informationen zu Agra

Auskunft

India Tourism Office, *191 The Mall (gegenüber der Post), ☎ 0562-2226378, 🖷 0562-2226368.*

Uttar Pradesh Tourism Office, *64 Taj Road (nahe beim Clark Shiraz Hotel), ☎ 0562-2226431, www.up-tourism.com. Zweites Büro am Bahnhof rund um die Uhr geöffnet, dort auch Kontakt zur Tourism Police.*

Unterkunft (s. Karte S. 462/463)

Das Angebot an Luxushotels ist beträchtlich, an der Spitze – und zugleich am nächsten beim Taj Mahal! – steht das Oberoi-Hotel „Amarvilas". Ob Luxus oder Mittelklasse: Die Preisgestaltung greift spürbar höher als anderswo, hat der Gast doch den Vorzug, in der Stadt des Taj Mahal zu nächtigen. Keineswegs alle Preise sind jedoch eisern fest, auch das gilt in Agra mehr als anderswo. (s. S. 452)

Sheela (1), €–€€, *Taj East Gate Road, ☎ 0562-2331194, www.hotelsheelaagra.com. Seit Langem bewährt mit praktischer, gepflegter Einrichtung, Internet, Palmengrün, Gartenrestaurant – und dazu noch näher am Taj Mahal als der Hotelpalast des Oberoi-Amarvilas. „Low Budget", wie man es sich wünscht. Neuerdings steht nicht weit entfernt ein zweites, größeres Sheela-Hotel zur Wahl,* **Sheela Inn (6)**, *auch nur wenig weiter vom Taj Mahal entfernt. ☎ 0562-2333074.*

Tourists Rest House (2), €–€€, *Kutscheri Road, ☎ 0562-2363961, dontworrychickencurry@hotmail.com. Der Innenhof lädt ein zu schönem Essen unter freiem Himmel. Überraschend ruhig – eigentlich liegt das Rest House an einer umtriebigen Straße. Die Zimmer haben guten Standard, für 500 Rs gibt es sogar einen Kühlschrank im Zimmer. Auf Wunsch auch Autotouren – von der Landung in Delhi bis zur Zwei-Wochenfahrt durch Rajasthan.*

Lauries (3), €€, *Mahatma Gandhi Road, ☎ 0562-2364536, 🖷 0562-2268045. Ebenerdige Zimmer in zentraler Stadtlage mit Parkgelände und Swimmingpool, die seit Jahren überfällige Renovierung hat begonnen.*

Hilltop (4), €€, *21, The Mall Road, ☎ 0562-2226836, hotelhilltopagra@yahoo.com. Mit Garten, 28 sehr einfache Zimmer, das billigste um 100 Rs, Badezimmer im Frühjahr 2008 renovierungsbedürftig.*

Hotel Atithi (5), €€–€€€€, *Fatehabad Road, ☎ 0562-2330880, www.hotelatithiagra.com. Multicuisine-Restaurant, Café, Swimmingpool, in manchen Zimmern auch Pietradura- Dekor.*

Ganga Ratan (7), €€€€, *Fatehabad Road, ☎ 0562-2232660, www.hotelgangaratan.com. 66 teils geräumige AC-Zimmer, mit Restaurant, vis-à-vis vom Howard Park Plaza*

Howard Park Plaza (8), *€€€–€€€€€, 1 Fatehabad Road, ☎ 0562-2331870, 0562-4001870, www.sarovarhotels.com. Gepflegtes Haus für Geschäftsleute, mit Dachrestaurant und Swimmingpool-Garten aber auch Touristen angenehm.*
Yamuna View (9), *€€€€, 6B The Mall, ☎ 0562-2361223, www.yamunaviewagra.com. Ehemals ein Ashok-Hotel, Luxus von einst, doch die Lage am Fluss und mehrere Restaurants, darunter das „Mandarin" mit vorzüglicher China-Küche, werten das Haus auf.*
Trident (10), *€€€€, Fatehabad Road, ☎ 0562-2331810, www.trident.com. Ein grüner Innenhof mit Swimmingpool wird von einem Vierflügelbau umrahmt, das schafft eine fast private Atmosphäre. Multicuisine Restaurant, Fitness-Bereich, Kinder-Club und auch zwei Zimmer für Behinderte – insgesamt sehr preisgünstig.*
Clark's Shiraz (11), *€€€€–€€€€€, Taj Road 54, ☎ 0562-2226121, www.hotelclarksshiraz.com. Traditionshotel mit angenehmem Garten und Swimmingpool, zwei Restaurants, Fitnessraum und Ayurveda-Massagen.*
Taj View (12), *€€€€–€€€€€, Fatehabad Road, ☎ 0562-2232400, www.tajhotels.com. Elegant und großzügig ist das Foyer, reizvoll und gepflegt sind Restaurant-, Bar-, Pool- und Gartenambiente, Zimmer mit Blick auf das nicht gar so nahe Taj Mahal deutlich teurer. Was im Lauf der Jahre an Schick verlor, wird in großzügiger Renovierung wieder echt „Taj".*
Grand Imperial (13), *€€€€€–€€€€€€, MG Road, ☎ 0562-2251190, 🖷 0562-2251191. www.welcomeheritagehotels.com. 30 Zimmer und Suiten, in jüngst erneuertem hundertjährigem Gebäude, mit großem Rasen unter alten Bäumen, Speisesaal mit Kristalllüstern, Health Club und Spa, Swimmingpool.*
Amarvilas *(Oberoi)* **(14)**, *€€€€€€€, Taj East Gate Road, ☎ 0562-2231515, www.oberoihotels.com. Beste Adresse, der Name sagt es: Amarvilas heißt „Götterlust" oder „unsterbliche Lust". Um das hektische Agra braucht sich hier kein Gast zu scheren, wenn er wegen des Taj Mahal nach Agra gekommen ist. Vom Zimmerbalkon hat man freien Blick auf die märchenhaft in Sonnen- oder Mondlicht aufglänzende Architektur, in zehn Minuten zu Fuß ist man am East Gate. Auch sonst aller Komfort: Großer Pool, Garten und Spa, Restaurants und luxuriöse Bar, ein Arkaden-Vorhof mit exquisit schön gemalten Baummotiven um einen Springbrunnen. Mogul-Pracht und Moderne begegnen sich.*

Essen und Trinken

Manche Low-Budget-Hotels im Taj Ganj, dem Areal südlich des Taj Mahal, locken ihre Kunden mit ihrem Dachrestaurant-Ausblick auf den Taj Mahal. Beispiel: Die **Shanti Lodge** *wird trotz ihrer düsteren Zimmer von Rucksacktouristen gelobt – wegen der Dachterrasse. Zur Wahl stehen wegen der Aussicht u. a. auch das* **King's Crown Rooftop Restaurant** *und die* **Stuff Makers (Hotel Kamal)**.

Andere Restaurants

Yash Café (1), *€, im Taj Ganj, erster Stock, einfache Mahlzeiten. Abends werden Filme vorgeführt, außerdem im Angebot: Gepäcklagerung tagsüber, Duschen.*
Only (2), *€-€€, an der Kreuzung The Mall und Taj Road. Oft voll besetzt, gepflegtes Ambiente, die Küche bietet Tandoori- und Muglai-Menus, dazu noch Chinesisches und „Continental".*
Zorba the Buddha (3), *€€, im Sardar Basar. Vegetarische Küche, mit Garten, nach dem Vorbild der gesundheitsbewussten Osho-Gemeinde.*
Priya (4), *€€, Fatehabad Road. Schlichter Speisesaal und Dachterrasse, bei Einheimischen wie bei Touristen beliebt wegen der Muglai-Küche und Hyderabad Biryanis. Sehr gut: Shajahani Pullao. Außerdem auch chinesische Spezialitäten.*

Das feine Essen finden anspruchsvolle Gäste jedoch auch in Agra in den großen Hotels, zu entsprechenden €€€-Preisen. Für den „Mughal Room" im **Clark Shiraz**, *für das Restaurant im* **Taj View** *und last not least im* **Amarvilas** *für das* **Bellevue-Restaurant** *wird köstlich gekocht.*

Einkaufen

Was in Jaipur die Besucher so begeistert sind die exakt in Pietradura-Technik geschnittenen, mit farbigen Steinen im Marmor prangenden Teller, Deckeldosen oder Tischplatten. Ganze Möbel findet man auch in Agra. Am Taj Mahal hat das 17. Jh. schönste Muster hinterlassen, Vorbilder bis heute. Als Regel kann gelten: Je näher am Taj Mahal die Emporien ihre Steinschnitt-Kunstwerke anbieten, desto höhere Preise werden verlangt. Sparen kann man eher in den Basaren der Altstadt, zum Beispiel im Sadar- oder im Umkreis der Jami-Masjid-Minarette im Kinari-Basar.
Immer mehr Städte haben ihr „Shilpgram": Kunsthandwerker-Dörfer mit Zelten und provisorischen Verkaufsständen, in denen sich Schöpfungen aus vielerlei Materialien häufen, Verlockendes und total Entbehrliches, dazu Café und Bar. Auch Musik gibt es zuzeiten zu hören. Etwa 1 km östlich vom Osttor des Taj Mahal an der verkehrsberuhigten Straße mit Imbissständen und Hotels, auf der Elektrobusse pendeln. Geöffnet Oktober bis März, 10–22 Uhr. Im Februar touristisches Festival mit kulinarischen und künstlerischen Spezialitäten, Elefanten- und Kamel-Prozession.

Verkehrsverbindungen

Flug: *Flughafen 11 km westlich vom Stadtzentrum (Domestic Airport), Flugverbindung mit Delhi, Varanasi, Khajuraho.*

Bahn: *Agra Cantonment Station, ☏ 0562-2421204. Täglich zahlreiche Verbindungen mit Delhi (sowohl New Delhi Station wie auch Hazrat Nizamuddin Station) und Mumbai. Am bequemsten: Der Shatabdi Express macht die Strecke in gut 2 Std., Eilige können frühmorgens von Delhi ankommen und abends zurückkehren. Züge nach Varanasi fahren meist von der Agra Fort Station (etwa 12 Std.), ebenso nach Jaipur (gut 5 Std.). Weitere Zugreisen: nach Kolkata, Goa, Chennai, Trivandrum (Thiruvananthapuram).*

Bus: *Ähnliche Strecken wie mit der Bahn, zwei Bus-Stands nordöstlich von der Agra Cantonment Station, u. a. für Rajasthan, ein Bus-Stand für andere Ziele am Agra Fort (Nordwest-Seite) und der Igdah-Bus-Stand für Busse nach Fatehpur Sikri und nach Bharatpur.*

Taxi / Autoriksha / Fahrrad: *An der Cantonment Station gibt es „prepaid taxis", ebenso bietet auch ein „prepaid autoriksha booth" Transport zu Festpreisen an (etwa 15 Rs für einen Kilometer). Offiziell sollen Autorikshas nicht näher als 500 m an den Taj Mahal heranfahren. Grün und Gelb lackierte CNG-Rikshas schonen mit ihrem Naturgas Agras Atemluft. Noch umweltfreundlicher sind Fahrradrikshas. Oder man leiht sich selbst ein Fahrrad, zum Beispiel im „Raja Bicycle Store" in Taj Ganj. Agras Stadtverkehr verlangt allerdings starke Nerven.*

Neu für Radler: *Eine indische NGO, das „Institute for Transportation and Development" beriet sich mit Rikshafahrern und konstruierte eine neue, leichter fahrbare Riksha von geringerem Gewicht. Zwei Personen zahlen umgerechnet etwa 3 € – dafür ist das Gefährt komfortabler und hilft zugleich, Agras akute Luftverschmutzung zu vermindern.*

Ziele in der Umgebung

Sikandra – Akbars Grabmonument

Auf eine Überraschung sollte man gefasst sein, wenn man das **Buland Darwaza** durchschreitet, den „großen Torbau", ein hohes, von vier schmalen Marmor-Minaretten umstandenes Gebäude. Geometrische Muster farbiger Ziegel, Mosaike und eine Koranzeile schmücken das Tor: „Dies sind die Gärten Edens, tritt ein und lebe für immer!" Erst wenn man in das Parkgelände eingetreten ist, wird das Mausoleum des Mogulkaisers sichtbar. Inmitten der nach persischem Muster (*Charbagh*) quadratisch aufgeteilten Rasenfläche, auf der Rotwild weidet und Langurenaffen springen, ragt das mehrstöckige Mausoleum auf, 22 m hoch. Die Überraschung ist dann dieser Bau, der sich von der Mogul-Architektur deutlich abhebt: mit einem – wie schon gemäkelt wurde – „Misch-Masch"-Dachaufbau statt einer Kuppel über der offenen Pfeilerhalle des obersten Stockwerks. Andere vermuten, dass sich in dieser Architektur Akbars Absicht ausdrücken sollte, die großen Religionen miteinander zu versöhnen. Sein Sohn und Nachfolger *Jehangir* änderte wohl auch den schon teilweise verwirklichten Bauplan.

Überraschende Architektur

Im dunklen Innern, in der Grabkrypta, zu der ein schmaler Gang führt, schafft Schlichtheit eine feierliche Ruhe. Die 99 Namen *Allahs* sind auf eine Alabastertafel geschrieben, in der Mitte der Halle steht der Sarkophag. Öfters führt ein Wärter mit „*Akbaar*"-Rufen Echo-Effekte vor.

Sikandra: *geöffnet von Sonnenaufgang bis Sonnenuntergang. 10 km nordwestlich, mit Bus vom Agra Fort Bus Stand in Richtung Mathura zu erreichen.*

Fatehpur Sikri (s. Karte S. 465)

Kaiser *Akbar* ließ sich eine ganze Hügelstadt erbauen und gab sie nach nur anderthalb Jahrzehnten auf. Bis heute ist umstritten, ob die Ursache unerwarteter Mangel an Wasser auf der felsigen Höhe oder die abseitige Lage etwa 40 km südwestlich von Agra war. Doch ist **Fatehpur Sikri** keine Geisterstadt geworden, wie oft behauptet wird. Mehrere Paläste und Moscheen sind in ihrer Baustruktur noch erhalten, etwa 30.000 Einwohner leben um den Palasthügel. Die Fahrt nach Fatehpur Sikri lohnt sich allein schon wegen der kostbaren Steinschnitzkunst an der Begräbnisstätte jenes Scheich *Salim Chishti*, der *Akbar* zu dieser Stadtgründung inspiriert hatte.

Keine Geisterstadt

Außerordentlich und von eigenem Reiz ist auch die Vielzahl der historischen, nur in ihrem Mauerwerk erhaltenen Bauten auf dem Stadtberg über der weithin ebenen, teils mäßig gewellten Landschaft. In ihrer vergangenen Pracht erinnern sie an die Traumwelt-Bilder des Italieners *Giorgio de Chirico* (1888–1978).

Schon mit 15 Jahren zum Mogulherrscher avanciert, war *Akbar* ein Jahrzehnt später Herr eines Harems, aber noch kinderlos. Wie auch heute in Indien vielerorts üblich, holte er sich Rat bei frommen, heiligen Männern und beauftragte sie, für die Geburt eines Thronerben zu beten. Kurz darauf wurde eine seiner Frauen schwanger, Tochter des *Rajas* von Amber. *Akbar* wies ihr den Aufenthalt in der Nähe *Salim Chishtis* zu, der kaiserliche Nachwuchs wurde geboren und erhielt den gleichen Namen *Salim*. Erst ein halbes Jahrhundert später wurde *Salim* Kaiser, er ist als *Jehangir* bekannt.

Auch die prophezeiten Geburten zweier anderer Kinder wurden 1670/72 Wirklichkeit. *Akbar* schuf sich eine neue Residenz dort, wo ihm der Nachfolgerwunsch erfüllt war und der inzwischen gestorbene Sufi-Heilige *Salim Chishti* nun bestattet war. Dem herrscherlichen Lebensgefühl des Moguls mag der Platz mit weiter Aussicht zugesagt haben. Er sorgte dafür, dass mit den Bauarbeiten rasch begonnen wurde.

Rundgang

Scheich *Salim Chishtis* Grabbau steht an prominenter Stelle, auf dem großen freien Platz vor der Freitagsmoschee. Man tritt auf diese Platzfläche hinaus, wenn man den Rundgang am monumentalen, ja imperialen Torbau **Bulant Darwaza (1)** (= Sieges- oder Triumphtor) beginnt, oberhalb vom geräumigen Parkplatz. Die Händler und selbsternannten Führer umdrängen jeden Besucher, wer auf solche Führung verzichten will, muss sehr entschieden Zahlung verweigern – oder sich schon beim Ticket Office (nordöstlich vom Parkplatz) mit einem offiziellen Führer verabreden.

Der 54 m hohe Sandsteinbau des Siegestors erinnert an *Akbars* Eroberung Gujarats. Dass er erst um 1576 fertiggestellt wurde, ebenso wie die Bauten des Palastareals mehrere Jahre später als die Moschee (1571/72), weist auf *Akbars* Absicht, den Bezug zum

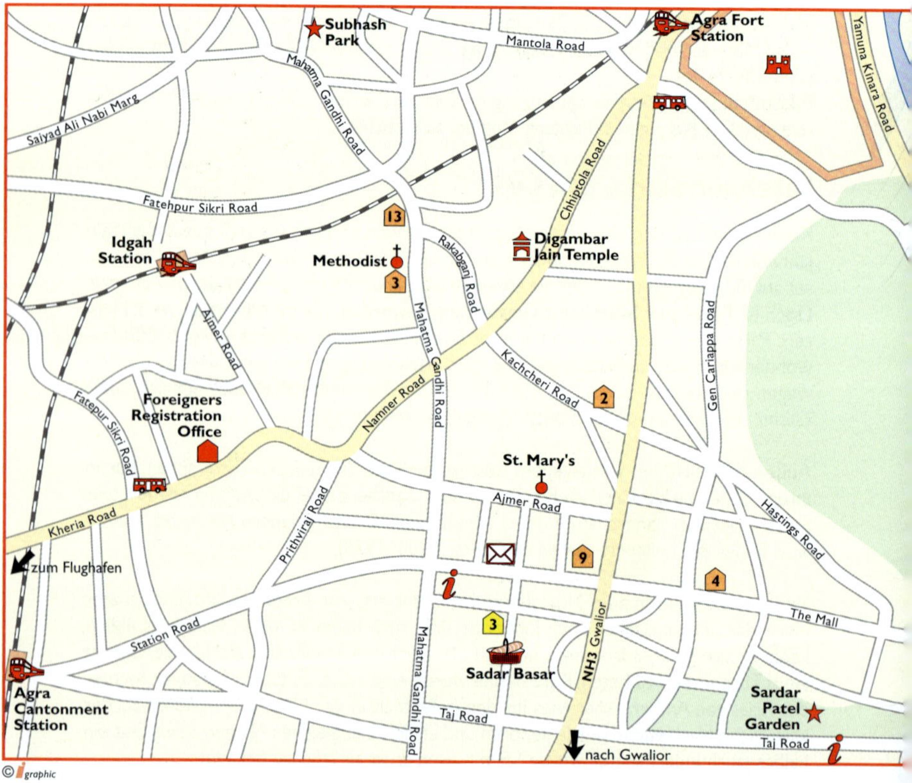

© igraphic

Göttlichen bei seiner Stadtgründung voranzustellen. Wie auch die Koranverse am Tor: „*Jesus*, Sohn *Marias* – Friede sei mit ihm – hat gesagt: die Welt ist nur eine Brücke – überschreite sie, ohne Häuser darauf zu bauen. Wer auf eine Stunde hofft, hofft auf die Ewigkeit. Die Welt ist eine Stunde – verbringe sie im Gebet, denn der Rest ist unsichtbar."

Monumentalbauten

Groß erstreckt sich der **Moscheehof (2)**. Die Fläche misst fast 15.000 m² (zwei Fußballfelder), und auch die **Jami Masjid (3)**, die Freitagsmoschee, ist eine der größten Indiens. Ein monumentaler Torbau markiert den Zugang zur langgestreckten Gebetshalle an der Westseite. Islamische Spitzbögen an der Außenfront und im Innern die Hindu-Architektur der Säulen unter der Kuppel und den Kragsteinen deuten auf *Akbars* Verlangen, die Religionen einander näher zu bringen.

Doch wohl mehr noch als die Moschee zieht im Norden des Moscheehofs der bescheiden dimensionierte **Grabbau des** 1571 verstorbenen **Scheichs Salim Chishti (4)** die Indienreisenden an. Unter breiter Kuppel, mit weit überhängenden Dächern ist dem einstöckigen weißen Rechteckbau über dem Marmorgrab des Muslim-Heiligen zwar nichts vom opulenten **Taj-Mahal**-Zauber eigen, doch von anrührender Schönheit

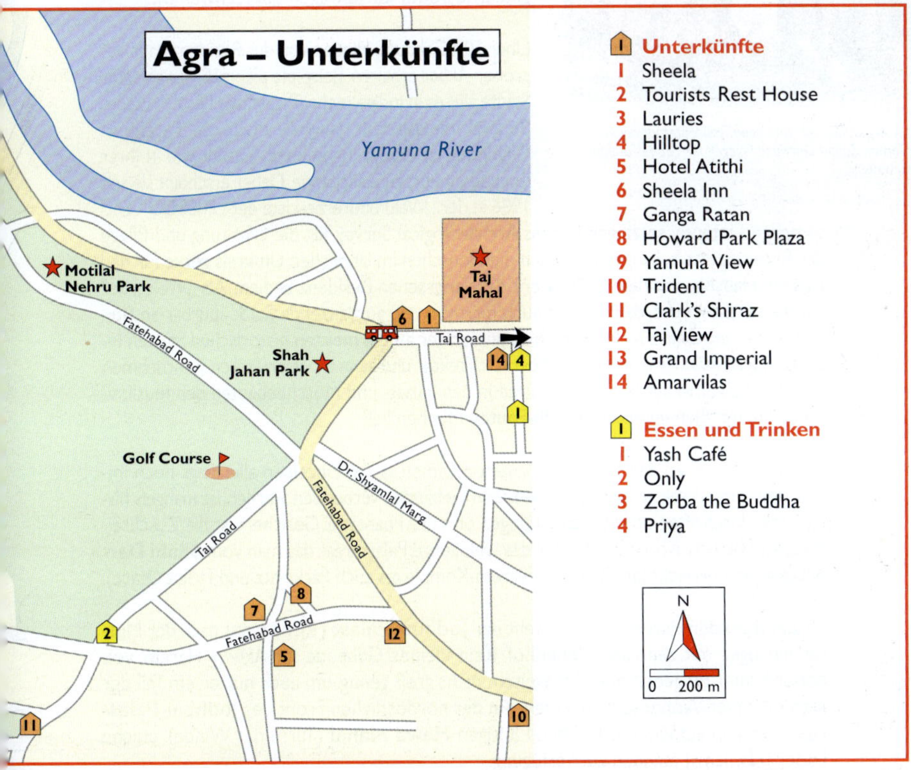

Kaiser Akbar ließ sich eine neue Residenzstadt bauen. Der Torbau Bulant Darwaza spiegelt die Größe Fatehpur Sikris wider

sind die marmorgeschnitzten allseitigen Wandgitter. Vermutlich haben Kunsthandwerker aus Gujarat sie geschaffen. 1580 wurde der kleine Bau vollendet.

An anderen **Prominenten-Grabbauten** vorbei – für Scheik *Salim Chishtis* Verwandten *Ibrahim* und für „Royal Ladies", die Frauen des Kaisers **(5)** – führt der Weg durch das **Shahi Darwaza (6)**, das Königstor an der Ostseite des Moscheehofs, zum Harem- und zum Palast-Areal. Dort ist auch die **Kasse (7)** für Zutritt zu den Palästen. Von den großräumig mit Steinplatten ausgelegten Flächen und den Rasengrün-Rechtecken dazwischen schaut man auf die Ebene hinunter. Die Mauer samt acht Toren, ist in Teilen noch erhalten. Wo sich an der vierten Seite ein künstlich angestauter See erstreckte, sind weithin Felder angelegt, je nach Jahreszeit grün, ausgedörrt braun oder wasserglitzernd vom Monsunregen überschwemmt.

Über 100 Gebäude blieben von der Residenzstadt des großen *Akbar* erhalten. Beispiele planmäßig angelegter Städte gibt es in Indien mehr (Rajasthans besterhaltenes Beispiel: die Altstadt Jaipurs), doch die Fatehpur-Gründung ist einzigartig in ihrer Gestalt wie in ihrer dramatisch kurzen Zeitspanne. Daher erscheint sie seit 1986 in der „Weltkulturerbe-Liste der UNESCO". Entsprechend intensiv setzt sich Indiens Archaeological Survey für die Erhaltung und Pflege der Architektur ein. Lange hatten sich die Menschen im ländlichen Umkreis gerne für den eigenen Hausbau aus dem Mauerwerk der verlassenen Residenz bedient. Als „Welterbe" hat die sandsteinrote, da und dort auch marmorweiß aufglänzende Stadt spürbar an Ruinenzauber eingebüßt, wirkt deutlich aufgeräumter als die meisten historischen Stätten Indiens. Jeder Besucher erlebt ein Fest der Architektur und kann an vielen Stellen wahrnehmen, wie absichtsvoll *Akbar* seine Architekten in den Palast- und Moscheebauten den muslimischen Stil mit Elementen der Hindu-Bauten mischen ließ.

Funktion oft unklar

Welche Funktionen den einzelnen Bauten zukamen, ist im Einzelnen allerdings noch immer umstritten. Welche Namen mit welchen Gebäuden verbunden werden, ist mangels historischer Inschriften oder Beschreibungen oft pure Phantasie. Gesichert ist die Zuschreibung als **Harem-Komplex (8)** für das weitläufige Palastareal, das man vom **Shahi Darwaza** zuerst erreicht (am Rand des Harem-Komplexes auch Parkplatz und Ticket Office).

Im Zentrum der Harems-Bauten steht der **Jodhbai Palast (9)**, benannt nach der Mutter *Jehangirs* mit zentralem Innenhof. Kein kleines Gebäude für *Akbars* Harem, von hoher Mauer umgeben, aber bei weitem nicht groß genug, um auch nur einem Teil der Haremsfrauen Wohnraum zu bieten. An der nordöstlichen Front des **Jodhbai-Palastes** trifft man auf einen erfrischend luftigen **Hawa Mahal** (Turm der Winde), etliche Bäder (*Hamams*) standen zur Verfügung.

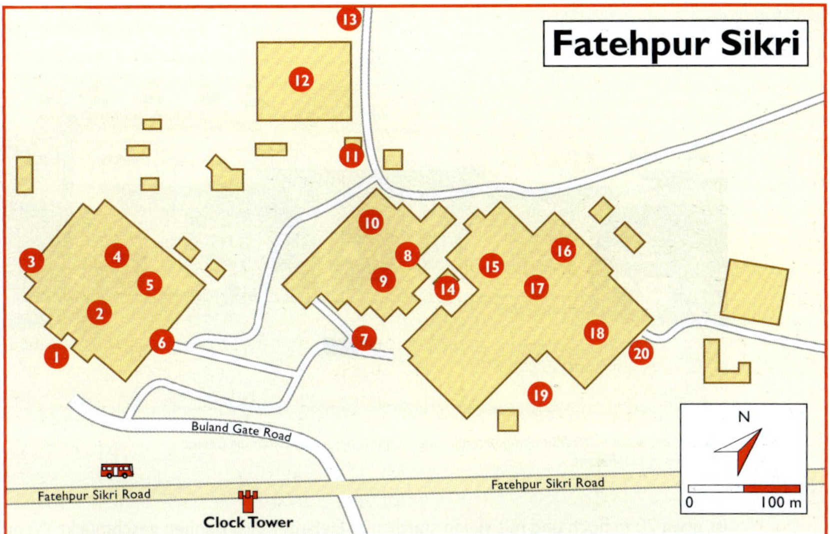

1 Bulant Darwaza, das Siegestor
2 Moscheehof
3 Jami Masjid, die Freitagsmoschee
4 Grab des weisen Salim Chishti
5 Andere Prominentengräber
6 Shahi Darwaza (Torweg zum Palastkomplex)
7 Kasse
8 Harem-Komplex
9 Jodhbai Palast
10 Raja Birbal-Palace
11 Hathi-Pol
12 Karawanserei
13 Hiran Minar (Elefantenturm)
14 Goldenes Haus
15 Panch Mahal (Fünfer Palast)
16 Schatzkammer
17 Pachisi-Hof
18 Diwan-i-Khas (mit dem Thron, auf dem Akbar über Religionen disputierte)
19 Dawlatkhana (mit Akbars Bibliotheksraum)
20 Diwan-i-Am (und neuer Ticketschalter)

Für den Harem wurde vermutlich auch der nordöstlich benachbarte zweistöckige, reich ornamentierte Palast genutzt, der zumeist **Raja Birbal-Palace (10)** genannt wird. *Akbars* Freund *Raja Birbal* war Premierminister und gehörte zu den „Neun Edelsteinen" an *Akbars* Hof, hatte aber kaum Anlass, sich direkt beim Harem des Herrschers einzuquartieren. Südlich schließt sich ein **langes Gebäude** mit vielen kleinen Räumen unmittelbar an den Haremkomplex an. Es wird oft als Stallung für Pferde bezeichnet, das Gebäude hat wohl eher als Unterkunft für Dienstpersonal gedient.
Ein kurzer Abstecher nordwärts führt zur ehemaligen Stadtmauer und speziell zum **Hathi Pol (11)**, einem der acht Tore. Zu Fatehpur Sikris kurzer Glanzzeit wurde es als offizieller Palastzugang genutzt. Reste der zwei großen steinernen Elefanten rechts und links am Tor, auch Zinnen und die Galerie über dem spitzen Torbogen sind noch sichtbar.

Außerhalb der Stadtmauer schließen sich die quadratisch ummauerte einstige **Karawanserei (12)** und gleich daneben das **Hiran Minar (13)** an. Dieser „Elefantenturm"

In einem der kostbarsten Marmorbauten ruht Salim Chishti, der Kaiser Akbar die Geburt eines Sohnes prophezeite

„Elefantenturm"

ist etwa 20 m hoch und mit vielen stattlichen Elefanten-Stoßzähnen geschmückt. Wenn es zutrifft, dass Akbars Sohn *Jehangir* den Elefantenturm bei einem Antilopen-Schutzgebiet aufbauen ließ, war das Interesse an Fatehpur Sikri auch nach *Akbars* Abschied im Jahre 1585 jedenfalls nicht ganz aufgebraucht.

Der direkte Weg vom Harem-Komplex zum Palast *Akbars* führt über das sogenannte **Goldene Haus** oder **Sunara Makan (14)** beim „Garten der Frauen": Wandmalereien persischen Stils schmückten es, heute sind sie verblichen wie das Gold. Unter den Zimmerdecken sind an den Dachträgern nur noch Figuren von Elefanten zu erkennen. Ob hier die Mutter *Akbars* oder die Vorzugsfrauen des Kaisers lebten, kann man nur vermuten.

Merkwürdiger Aussichtsturm

Ein kurzes Stück nördlicher hat das merkwürdigste Gebäude Fatehpurs seinen Platz, das **Panch Mahal (15)**, wörtlich übersetzt der „Fünfer Palast" oder „Fünf-Stockwerke-Palast". Von einem langgestreckten Basisgeschoss aufsteigend wird das lichte Gebäude von Stockwerk zu Stockwerk schmaler, bis oben nur ein kleiner Pavillon Platz hat. Alles auf Aussicht: Nur die insgesamt 176 Säulen, die jeweils die Decken tragen, stellen sich vor den schweifenden Blick; vor 400 Jahren gab es noch Standschirme, hinter denen die Haremsdamen schauen konnten, ohne gesehen zu werden. Im Erdgeschoss stehen 84 dieser unterschiedlichen Säulen, eine Verbeugung vor den Astrologen, die diese Zahl wohl noch heute schätzen. In ihr sehen sie die sieben Planeten (heute zählt man neun große in unserem Sonnensystem) und die zwölf Tierkreiszeichen multiplikatorisch vereinigt.

Auch die **Schatzkammer** (**16**, mit nur drei Räumen und reichem Schnitzwerk) und einen Pavillon für den **Astrologen** sieht man auf dem Weg zum kaiserlichen Palast. Der weiträumige **Pachisi-Hof (17)**, benannt nach einem sehr beliebten Brettspiel, reicht bis zu einem Wasserbecken – die Herrschaften hatten zum Spiel nicht Holzfiguren, sondern Frauen, eingekleidet in entsprechend unterschiedlichen Farben. Manches Spiel soll Wochen und Monate gedauert haben, ist beim Hofpoeten *Abu'l Fazl* nachzulesen.

Im kaiserlichen Palast wurden im **Diwan-i-Khas (18)** – das große Gebäude am Nordende des Platzes – Privataudienzen gegeben. Im Blick auf *Akbars* Persönlichkeit ist hier die wichtigste Architektur zu finden. Auf einer reich skulptierten Mittelsäule hatte er auf einer kreisrunden Plattform seinen Thronsitz, zu ihm führen Stege mit Geländern von den Sitzen in den vier Ecken. Hier disputierte *Akbar* – der weder lesen noch schreiben konnte – mit den Repräsentanten der Religionen. Sein hochgestecktes Ziel war es, Islam, Hinduismus und Christentum, auch Buddhismus, Jains und Parsen miteinander zu versöhnen und die Religionen Indiens in einem Glauben aufgehen zu lassen (*Din Ilahi*). Das Ziel war offensichtlich zu hoch gesteckt, die Summe der Widerstände zu groß. Doch *Akbar* versuchte zumindest, mehr als hundert Jahre vor der europäischen Aufklärung, das aggressive Potenzial der Religionen abzubauen. Deren Symbole finden sich entsprechend an der Thronsäule.

Versöhnung der Religionen

Südöstlich waren im **Dawlatkhana (19)** die Privaträume *Akbars* eingerichtet, mit der Bibliothek im unteren Geschoss. Zwar nicht mehr die Bücher resp. Manuskripte, die der Kaiser sich vorlesen ließ, aber doch die ausgesparten Höhlungen in den Wänden, wo sie untergebracht waren, sind zu besichtigen. Im Obergeschoss zeigen die Führer den **Khwabgah**, den Palast der Träume. Gold und Ultramarin-Blau waren wohl die stimmungstragenden Farben. Die Ausstattung war üppig, mit Kissen und Teppichen sowie edlen Textilien.

Benachbart öffnet sich der **Diwan-i-Am (20)**, ein von Kolonnaden umgebener Hof, der Ort für öffentliche Audienzen und Untertanen, die Petitionen einreichen wollten. Auch ein Platz für Feste war der **Diwan-i-Am**. Jetzt bekommt man hier auch die Eintrittskarten.

Reisepraktische Informationen zu Fatehpur Sikri

Unterkunft

Sunset View Guesthouse, *€–€€, etwa 250 m von der Jami Masjid entfernt, ☎ 0123-84416. Einfach (Fans) und modern, mit guter Aussicht.*

Goverdhan Guest House, *€–€€€, nah beim Bus Stand an der Buland Dawarza Road Crossimg. ☎ 05613-282643, www.hotelfatehpursikriviews.com. Wohl die beste Wahl, mit älteren, aber geräumigen und praktischen Zimmern, mit Fan, air-cooled oder mit AC. Gartenrestaurant und Swimmingpool.*

Einkaufen

Spezialität: *Fatehpur Sikris Biscuits – im Basar und im Umkreis der Jami Masjid im Angebot!*

Verkehrsverbindungen

Fatehpur ist Bahnstation, mit Zügen von und nach Agra und Sawai Madhopur. Häufiger verkehren Busse, entweder von der Ortsmitte Fatehpur oder von der Abzweigung der Agra Road nahe beim Agra Gate, 1,5 km von Fatehpur entfernt. Dorthin kommt man mit den in Fatehpur Sikri ortsüblichen Tongas, Pferdedroschken, für wenige Rupien. Busverkehr mit Agra alle halbe Stunde, die Fahrt dauert ein bis anderthalb Stunden. Per Jeep kostet es umgerechnet etwa 2–3 €.

Delhi entdecken – älter als Rom? Die Geschichte einer Megastadt

„Delhi ist Symbol für das alte und das neue Indien (...).“ (Jawaharlal Nehru).

Redaktionstipps

➤ **Kultur**: Wenn Sie am 28. Januar in Delhi sind: Feiern Sie den **Republic Day** am Rajpath (S. 477) mit! Der Festzug ist nicht nur militärisch, sondern mit Tanz und Musik auch folkloristisch. Tribünenplatz etwa 100 Rs, bei der Generalprobe zwei oder drei Tage zuvor gratis. Eine Woche Festveranstaltungen!

➤ **Kunst**: Das **Nationalmuseum** (S. 479) ist sehr reich an Meisterwerken der Künste, voran der Skulptur, der buddhistischen wie der hinduistischen. Mindestens ein halber Tag Zeit dafür sollte sein.

➤ **Natur**: Als Baumfreund durch das Diplomaten- und Regierungsviertel New Delhis wandern, mit dem beispielhaft schönen Bestimmungsbuch des Field Guide, *Pradip Krishens* **„Trees of Delhi“** (S. 478f).

➤ **Sport**: Delhi ist eine **Kricket-Hochburg** (S. 500). Fragen Sie im Hotel oder in irgendeinem Laden nach den nächsten Spielen! Vielleicht verstehen Sie die Regeln nicht, doch die Begeisterung rundum packt Sie trotzdem.

➤ **Neuestes Indien**: Außerhalb der Stadt, aber eng mit Delhi verbunden: Die Satellitenstadt **Gurgaon** (S. 496) wächst hochtourig, Abbild der wachsenden Wirtschaftspotenz. Mal in die Kaufhäuser schauen.

Die Stadtgründung am Yamuna-Fluss, meinen Archäologen heute, fand darum gerade hier statt, weil westlich die Höhenzüge des uralten Aravalli-Gebirges und die Wüstenzonen beginnen und im Osten die Ganges-Zuflüsse vom Himalaya her für Armeen hinderlich sind. Delhi, zwischen Yamuna und dem Ridge, einem Ausläufer der Aravalli-Kette, war ein befestigtes Einfallstor zur Gangesebene. Grün überwachsene Hügel und eine teils fast pfadlose Wildnis sind bis heute eine Eigenart im Stadtbild von Groß-Delhi.

Orientierung

Delhi ist alles und sein Gegenteil. Je nachdem, wo ihre Besucher ankommen, begrüßt Indiens Hauptstadt sie mit sechsspurigen Avenuen oder schmalen Armutsgassen. Jahrzehntelanger Smog hat die Altstadtmauern von **Chandni Chowk** und **Pahar Ganj** geschwärzt, in „Old Delhi“, um die Delhi Railway Station und westlich des Roten Fort der Mogulkaiser. Gar nicht weit davon wächst Jahr um Jahr makellos schimmernd eine neue Generation der Glas- und Stahlbauten um den weißen Arkadenring des **Connaught Circle**.

Lässt man sich von den Ladenfronten südwärts zum **Janpath** locken, in eine Schlagader des Zentrums, findet man dicht beieinander Straßenmarktgedränge, überfüllte Parkplätze und die Auffahrt zum **Imperial**, dem nobelsten der teuren Stadthotels. Dazu eine Ecke weiter (Tolstoy Marg/Parliament Street) das dauerhafte Produkt herrscherlicher Neigung zur Astronomie: das **Jantar Mantar**, eine Ansammlung von überdimensionalen, bis zu 27 m hoch aufgemauerten Messgeräten zur Sonnen- und Sternbeobachtung. Bauherr des Freiluft-Observatoriums war vor bald drei Jahrhunderten der Gründer der Stadt Jaipur, *Maharaja Jai Singh II.*, inspiriert vom Mogul-Kaiser *Mohammed Shah*.

Nur noch einmal zehn Minuten weiter südwärts taucht man ein in ein gepflegtes Alleengrün breiter Baumkronen. Hektik hat hier ihr Ende, der Verkehr wird leiser und auf den breiten Bürgersteigen sind Fußgänger eher selten.

Bahnhofsnähe und die Lage zwischen altem und neuem Delhi empfehlen Pahar Ganj für viele Low-Budget-Reisende

Touristenbusse steuern den **Rajpath** an: Indiens festliche Meile. Nach Osten begrenzt das 42 m hohe **India Gate** den Rajpath, Denkmal für die 90.000 toten indischen Soldaten, die im Dienst Großbritanniens im Ersten Weltkrieg und im folgenden Afghanistan-Krieg starben. Den Abschluss im Westen setzt der einstige Amtssitz des britischen Vizekönigs, heute Residenz für Indiens Präsidenten.

Megacity mit Kernstadt

Indiens Hauptstadt ist enorm gewachsen, breitet sich mit Satellitenstädten immer weiter in das Umland des Bundesstaates Haryana aus. Schnellstes Wachstumstempo legt **Gurgaon** im Südwesten der Metropole vor. Delhis offizielle Einwohnerzahl liegt bei 13 Millionen Menschen. Von Delhiwallas, den Bürgern Delhis, hört man oft, 20 Millionen sei die realistische Zahl. Sich in diesem mächtigen Mega-Stadtkörper zurechtzufinden, ist dennoch nicht allzu schwierig. Die eingangs skizzierte Kernstadt von Alt- und Neustadt misst in Luftlinie zwischen **Delhi Railway Station** und Rajpath nur etwa 4 km.

Schon lange gibt es ein einprägsames Bildgleichnis für den Organismus der Stadt: für Delhis Herz, Hirn und Bauch. Das Herz ist die Laden-, Restaurant- und Hotelszene im Arkadenkreis des **Connaught Place** mit den Außenringen und Speichen des **Connaught Circus**, überragt von den Geschäftstürmen der Banken, Fluglinien und etlichen Wirtschaftsimperien mehr. Das Hirn arbeitet in den Regierungs- und anderen Ämtern, in den Museen und Instituten um den Rajpath. Der Bauch aber ist **Old Delhi**, die menschenwimmelnde Altstadt mit ihren Basaren, Minaretten und Tempeln, mit Rikshas und Radlern. Nicht nur Gewürzdüfte steigen einem in die Nase. Vielleicht stößt einen im Gedränge auch einmal eine Kuh an.

Soviel nur über den Kern von Old- und New Delhi. Allein der Stadtbereich innerhalb der **Ring Road** ist mindestens um das Doppelte größer. Viele historische Monumente

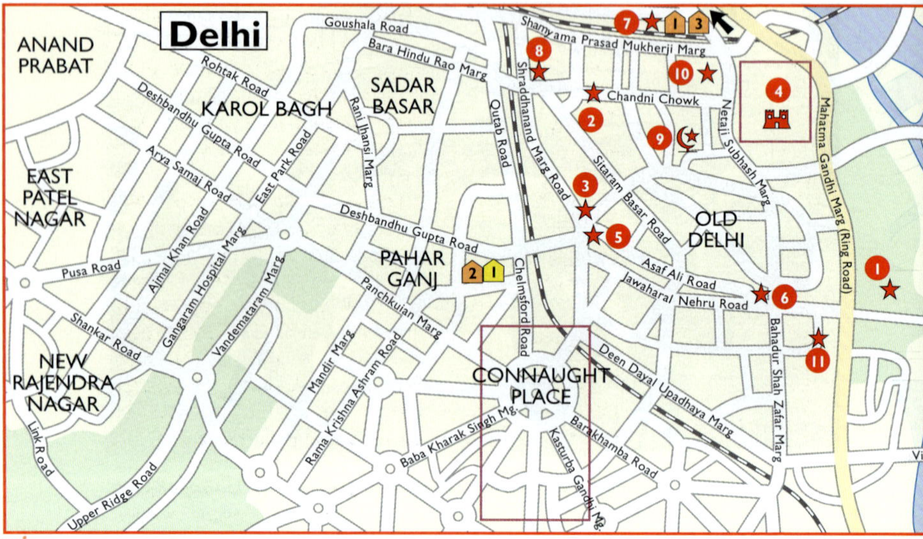

liegen außerhalb der Ring Road, ebenso auch bedeutende Tempel und Moscheen. Längst ist die Stadt über den Yamuna-Fluss nach Osten hinausgewachsen und im Südwesten bis heran an den **Indira Gandhi International Airport.**

Geschichte

Bevor der Ort den Namen Delhi bekam, gab es mehrere Vorgänger-Gründungen am Yamuna-Westufer. Ihre Spuren reichen bis ins 10., andere behaupten bis ins 15. Jh. v. Chr. zurück. Legenden des „Mahabharata" berichten von **Indraprashta,** südöstlich vom heutigen Old Delhi. Wohl erst um 736 n. Chr. gründeten Rajputenfürsten die Stadt **Lal Kot**, etwas nördlich vom muslimischen Siegesturm **Qutb Minar** im Süden Delhis aufzusuchen sind, in der South Central Ridge. Die *Chauhan*-Rajputen tauften die Stadt Lal Kot vier Jahrhunderte später auf den Namen **Qila Rai Pithora**.

1206 gründete *Mahmud von Ghori* aus Afghanistan das **Sultanat Delhi**. Sein General *Qtub-ut-Din Aibak* übernahm die Macht nach Mahmuds Ermordung. *Qtub-ut-Dins* Schwiegersohn und Nachfolger *Iltumish* (reg. 1211–36) machte Delhi zum Zentrum eines Großreichs, das sich vom Punjab bis Bengalen erstreckte.

Aus Zentralasien kam auch die nachfolgende Khilji-Dynastie, deren Herrscher Ala-ud-din die neue Stadt Siri erbauen ließ, im Jahre 1303. Siri war vielleicht nicht mehr als ein starkes Fort. Dagegen sind imposante Bauten von Tughluqabad, weit im Süden New Delhis, neuerdings aus Ruinen freigelegt, restauriert und zugänglich gemacht worden, samt dem Grabmonument des Gründers **Ghiyas-du-din Tughluq**.

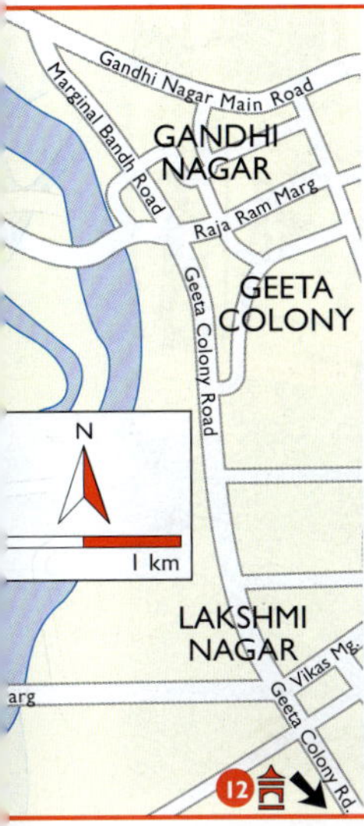

Sehenswertes
1 Raj Ghat
2 Chandni Chowk
3 Chawari Chowk
4 Rotes Fort
5 Ajmeri Gate
6 Delhi Gate
7 Kashmir Gate
8 Lahore Gate
9 Jama Masjid
10 Urdu Park
11 Feroz Shah Kotla
12 Akshardham-Hindu-Tempel

Unterkunft
1 Lhasa House/White House/Wongdhen House
2 Major's Den
3 Maidens

Essen und Trinken
1 Metropolis

Nach dieser dritten Stadtgründung folgte 1354 im Gelände zwischen Lal Kot und Siri die vierte, **Jahanpanna**, nahe bei Lal Kot, und eine fünfte, mit dem Namen des Sultans und Bauherrn **Firoz Shah Kotla**.

Zu Delhis grausamster Katastrophe wurde 1398 der Angriff des Mongolen *Timur Lenks* (= des Lahmen), der 80.000 Einwohner, heißt es, töten ließ. Die schwache Dynastie der Sayyids, von *Timur Lenk* selbst noch eingesetzt, hatte einen Fürsten aus dem Punjab, *Buhlul Lodi*, zu Hilfe gerufen. Der übernahm das Sultanat und gründete die *Lodi*-Dynastie.

Buhluls Sohn und Nachfolger *Sikander* verlegte das Sultanat nach Agra. Der Enkel *Ibrahim* mehrte die *Lodi*-Macht, verlor sie aber an den Gründer der Mogul-Dynastie *Babur*, einen Nachkommen *Timur Lenks*. *Babur* besaß den Vorteil der damals modernsten Waffen, der Artillerie. Mit seinem Sieg in der Schlacht von Panipat, knapp 90 km nördlich von Delhi, begann 1526 die 300-jährige Geschichte der **Mogulherrschaft** in Indien. Nur 1544–55 wurde *Baburs* Sohn *Humayun* von dem muslimischen Herrscher Bengalens und Bihars Sher Khan noch einmal aus Delhi verdrängt. Als *Sher Shah Sur* gründete der in diesen Jahren die sechste Vorläuferstadt Delhis, **Purana Quila**. Wichtiger noch war seine straffe Verwaltungsreform: auf sie stützte sich der junge *Akbar* beim Aufbau des Mogulreiches. 14-jährig begann *Akbar* seine Herrschaft, die bald ganz Nordindien (bis zu einer Linie von Mumbai bis Puri in Orissa) umfassen sollte.
In diesen Jahrzehnten und in den folgenden Jahrhunderten entstanden die Paläste und Moscheen, die Delhi und Agra – Akbars Residenzstadt! – in den Augen von Besuchern aus aller Welt als märchenhafte Muster orientalischer Pracht erscheinen ließen.

Erst Akbars Enkel Shah Jahan machte Delhi wieder zum Regierungssitz und ließ die „siebte Stadt" erbauen, **Shajanabad**, das seit der britischen Gründung **New Delhi** als **Old Delhi** bekannt ist.

Hinweis

Die historische Entwicklung der Mogulherrschaft und der im gleichen Zeitraum einsetzenden kolonialistischen Usurpation Nordindiens ist in der Geschichte Rajasthans – s. S. 22ff – dargestellt. Wir machen an dieser Stelle einen großen Zeitsprung und setzen bei der Neugestaltung Delhis zur Hauptstadt Britisch-Indiens ein.

Gelb und Grün signalisieren: Diese Riksha fährt mit Gas!

1911 rief König *George VI.*, „Kaiser von Indien", Delhi als neue Hauptstadt des britischen Kolonialreichs in Indien aus. Bis dahin hatte die britische Verwaltung in der Tradition der East India Company ihren Sitz in Calcutta gehabt. Wachsender Widerstand in Bengalen gegen die britische Herrschaft war ein Motiv der Hauptstadtverlegung.

In den ersten Jahrzehnten des 20. Jh. entwarfen die Architekten *Sir Edwin Lutyens* und *Sir Herbert Baker* die neue Hauptstadt für die größte aller europäischen Kolonien. Erst 1931 wurde die feierliche Einsetzung Delhis in den Hauptstadt-Status vollzogen.

Die Repräsentanten der einstigen imperialen Großmacht beschleunigten im Sommer 1947 ihre fluchtähnliche Abreise nach Kräften – und hinterließen mit dem Teilungsbeschluss Indiens eine extrem brisante, logistisch mangelhaft oder gar nicht vorbereitete Situation. In Delhi fielen Hindus über Muslime her, wie jenseits der Grenzen zum neuen Staat Pakistan Muslime über Hindus. In den Geschichtsbüchern steht die Zahl von 500.000 (!) Toten.

Heute zeigt sich die Megastadt zukunftsorientiert und weltoffen. Urbane Probleme wie Luftverschmutzung und permanente Verkehrsstaus wurden und werden in Angriff genommen. Zum Beispiel sind die „Dreckschleudern" der öffentlichen Buslinien, Rikshas und Taxen für schadstoffarmen Treibstoff umgerüstet worden.

Schon seit Jahrzehnten entbehrt, nun doch verwirklicht: Nach der Eröffnung der ersten **Metrolinie** Delhis im Jahr 2002 wird an einer stetigen Ausweitung des Netzes gearbeitet.

Mit der Metro durch Delhi

info

Nichts hat das Stadtleben Delhis im ersten Jahrzehnt des 21. Jh. mehr verändert als die Eröffnung der ersten drei Metro-Linien. Ein grün-rotes Zeichen weist auf Metro-Bahnhöfe, deren es bereits mehr als ein halbes Hundert gibt. Von den drei Linien dieser „Phase I" verkehren zwei, rot und blau markiert, auf West-Ost-Linien, größtenteils oberirdisch. Die dritte, gelb markiert, verkehrt unterirdisch in Nord-Süd-Richtung und ermöglicht an den Stationen Rajiv Chowk (= **Connaught Place**) und Kashmere Gate (nördlich der Old Delhi Railway Station) das Umsteigen zu den beiden erstgenannten Linien. An den Stationen Chandni Chowk und New Delhi kann man auf die Bahnhöfe der Indian Rail wechseln.

Überrascht nehmen Delhis Besucher den hohen Organisationsgrad wahr: Betreffs Pünktlichkeit, Sicherheit und Sauberkeit brauchen sich die silbergrauen Züge vor den etablierten Metrolinien der westlichen Hemisphäre nicht zu verstecken, sind manchen deutlich überlegen. An den Zugängen wird kontrolliert, die Preise liegen zw. 6 und 15 Rs, es herrscht absolutes Fotografier-, Rauch- und Verzehrverbot im Metro-Bereich.

An den noch fehlenden wichtigen Verbindungen vom Zentrum nach Süd-Delhi und über den Yamuna-Fluss östlich zur Satellitenstadt Noida wird gearbeitet. www.delhimetrorail.com

Streifzüge durch Delhi

Rundgang I: Vom Connaught Circle zum Max-Mueller-Bhawan (s. Karte S. 474)

Wer in Delhi ankommt und es erst einmal von seiner europäisch geprägten Seite kennenlernen will, macht sich zum **Connaught Place (1)** auf. Und wer nicht abreisen will, ohne noch einige Einkäufe zu besorgen, findet am Connaught Place wie am **Connaught Circle** (auch **Rajiv Chowk (2)** genannt, das ist der mittlere der drei konzentrischen Straßenringe, der äußere heißt **Connaught Circus** oder Indira Chowk **(3)** gute Adressen in buntester Auswahl. Man genießt die Weite und Offenheit der Stadtlage und zugleich den Sonnenschutz der Arkaden, unter denen die Läden und Restaurants sich präsentieren.

Very British, zugleich pompös und indessen wie mit einer Patina vergangener Zeit überzogen mutet dieses architektonische Karussell an, bei genauerem Hinsehen da und dort etwas baufällig und nicht gerade blendend weiß. Doch daran wird gearbeitet, 2008 glänzte bereits ein Segment am inneren Kreis mit seinen Säulen und Pfeilern frisch renoviert und geweißelt. Offensichtlich noch inspiriert vom palladianischen Klassizismus, der bei den Angelsachsen bis heute seine Liebhaber hat, ist der Connaught Circle doch erst 1932 entstanden.

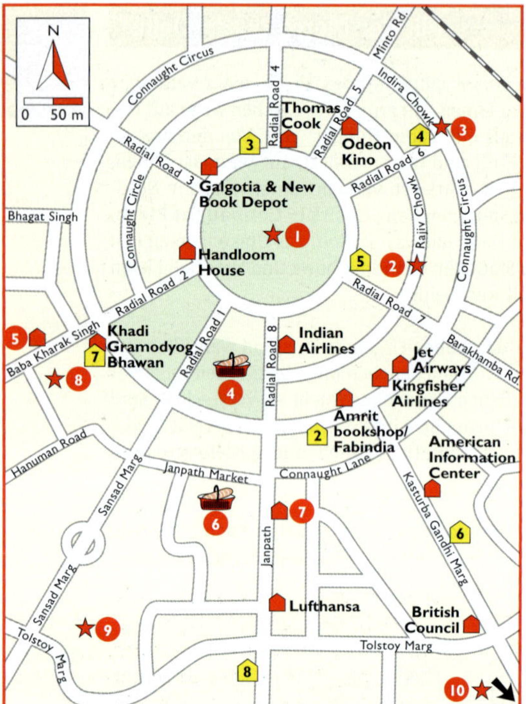

Delhi – Connaught Place

Sehenswertes		**Essen und Trinken**	
1	Connaught Place	2	Banana Leaf
2	Connaught Circle	3	Zen Restaurant
3	Connaught Circus	4	Nirula's
4	Palika Basar	5	United Coffeehouse
5	State Emporia	6	Parikrama
6	Tibetan Market	7	Gaylord
7	India Tourism Office	8	Imperial
8	Hanuman Mandir		
9	Jantar Mantar		
10	Max Müller Bhawan		

Architekt war weder *Lutyens* noch *Baker*, die beiden Erbauer des neuen Hauptstadt-Zentrums der Briten, sondern der weniger bekannt gewordene *Robert Tor Russell* (1886–1953). Herzog von Connaught fungierte als Oberkommandierender der Armee von Bombay, kehrte dann aber nach England zurück. Der Name heißt in Delhi knapp C. P.

Unter den **Connaught-Arkaden** ist man in Indien angekommen. Händler und Händlerinnen öffnen große Säcke, entrollen leuchtend farbige Textilien, stapelweise im Angebot sind Duftfläschchen, Postkarten, antiquarische Bücher, Stadtpläne und Schnitzwerk. „*Touts*", professionelle Schlepper, verwickeln Touristen mit immer neuen Tricks in Gespräche. Taxifahrer empfehlen dringlichst eine Delhi Rundfahrt für 100 Rs, Kinder fordern „*pen, pen!*" oder „*ten rupies!*", Türsteher laden zum Lunch oder Dinner. Hinter den hohen Schaufensterscheiben sind Tonlage und Preisniveau ganz anders, über Garderobe oder Preziosen wird verhandelt, nebenan stehen etliche Buchhandlungen und Bankfilialen, Thomas Cook und American Express bereit.

Dazu gibt es noch etliche Restaurants, vom schlicht eingerichteten Wolga bis zum **United Coffeehouse**. Dies ist beliebt bei Gästen, die beim Speisen ein nostalgisches Ambiente mit Lüstern und indischer Schnitzwerk-Bestuhlung schätzen.

Noch etwas indischer? Zwei Alternativen: Unterm Connaught Place befindet sich der **Palika Basar (4)** mit mehreren hundert Läden, alle unterirdisch, mit heißen Preisen, um die noch heftig gehandelt werden kann; Lautstärke und erhitzte Luft gehören dazu.

Dagegen gilt in den **State Emporia (5)** am Baba Kharak Singh Marg, südwestlich etwa 200 m vom C.P. entfernt: alles zu staatlichen Festpreisen! Wenn nicht alle indischen

Shoppen Sie unter den schattigen Arkaden am Connaught Circle – aber lassen Sie sich nicht von „Touts" abschleppen!

Bundesstaaten, so doch alle, die im Tourismus aktiv sind, haben hier ihre Läden – das ist unseres Wissens in Indien einzigartig. Die Auswahl ist entsprechend riesig und für Liebhaber von Kunsthandwerk und feinen Textilien nahezu unwiderstehlich. Von einem Bündel Räucherstäbchen bis zu seidenen *Saris*, von handgeschöpftem Papier bis zu exotisch anmutendem Mobiliar und lebensgroßen Skulpturen von Göttern und Tänzern/Tänzerinnen bietet jede Region ihre eigenen Spezialitäten an. Rajasthan ist vertreten mit der wohl prächtigsten Darbietung seiner Edelstein-Intarsien in Marmor, Geweben und Miniaturgemälden.

Typisches einkaufen

Insgesamt breiten die Emporia ein ungleich größeres Angebot aus als der populäre **Tibetan Market (6)** gegenüber dem **India Tourism Office (7)**. Wichtig: Soweit wir beobachten konnten, schlagen sämtliche Versuche fehl, um den Preis zu handeln.

Inmitten von Banken, Bürotürmen und einem Marktgelände steht in bunter Farbigkeit auf der östlichen Seite des Baba Kharak Singh Marg einer der meistbesuchten unter den Hunderten von Tempeln Delhis: der **Hanuman Mandir (8)**, der dem Affengott geweiht ist. Wie das Epos Ramayana erzählt, stand *Hanuman* dem Königssohn *Rama* bei der Suche nach seiner entführten Gattin *Sita* bei (s. S. 69f), so hilfreich, dass die Hindu-Gläubigen den Herrn des Affenheeres bis heute als verlässlichen Schutzgott verehren. Entstanden ist der Tempel um 1724, zu der Zeit der islamischen Mogulherrschaft, ist also ein überdauerndes Beispiel religiöser Toleranz. Der Bauherr, der Kachhwaha-Maharaja *Jai Singh II.* (1688–1743), wurde später berühmt als Gründer seiner neuen Hauptstadt Jaipur – die heute Hauptstadt Rajasthans ist.

Meistbesuchter Tempel

Zuvor jedoch verwirklichte er einige der merkwürdigsten Bauprojekte, die bis heute in Indien zu entdecken sind, bekannt unter dem Namen **Jantar Mantar (9)**. *Jantar* heißt „Instrument", *Mantar* „Formel" oder „Berechnung". Das erste **Jantar Mantar** entstand um 1725 wohl auf Einladung des Mogulkaisers *Muhammad Shah* (reg. 1719–1748) in Delhi, südöstlich vom **Hanuman Mandir**: Gebilde in seltsam fremdartigen Formen. Tatsächlich steht man vor einem sehr frühen Freiluft-Observatorium zur Beobachtung von Sonne und Sternen, ihrer Positionen und Bewegungen. Die schräg oder rundlich aufgemauerten Bauten wirken imposant. Damals setzte *Jai Singh II.* in Stein um, was er aus langjährigen Studien indischer, griechisch-antiker und britischer Astronomie gelernt hatte.

Observatorium

Ob Inder, wie in Indien gern behauptet wird, die frühesten Astronomen waren, ist schwer belegbar, vielleicht waren es doch Babylonier oder Chinesen. Mit *Jai Singhs II.* Instrumenten – bis zu 27 m hoch! – wurden jedoch genauere Visierungen und Messungen möglich als mit den bis dahin benutzten kleinen Metallgeräten.

Leider hat das Jantar Mantar in seinem freundlichen Park Schäden erlitten, Metallteile und in Marmor eingeschnittene Skalen gingen verloren. Der Archaeological Survey of India sorgt nunmehr für die Erhaltung und für erklärende, teils allerdings schwer verständliche Tafeln. Einige „Instrumente" können betreten oder erstiegen werden, so das *Samrat Yantra*, das als haushoher Zeiger einer Sonnenuhr diente. An anderen konnten Planetenbewegungen abgelesen und damit astronomische Tafeln verbessert werden. Nicht zuletzt waren die Astrologen an dem Bauwerk interessiert. Insgesamt existierten fünf solche Observatorien, das größte in Jaipur, das Maharaja *Jai Singh II.* seit 1727 als seine neue Hauptstadt erbauen ließ (s. S. 142). Die drei anderen entstanden in Mathura, Varanasi und Ujjain.
Jantar Mantar: *Sansad Marg, geöffnet von Sonnenauf- bis Sonnenuntergang.*

Ein Vorschlag für einen erholsamen Abschluss dieser Runde vom **Connaught Place** in dessen nächste südliche New-Delhi-Umgebung: das **Max Müller Bhawan (10)** auf der nach *Gandhis* Gattin benannten Kasturba Gandhi Marg. *Max Müller* ist vielen Indern besser bekannt als den meisten Deutschen. Die deutschen Goethe-Häuser heißen in Indien nicht nach dem Weimarer Poeten und Minister, sondern *Max Mueller Bhawan*, wörtlich „*Max-Müller*-Haus". Sie sind die wichtigste geistige Brücke zwischen Deutschland und Indien. Man findet dort nicht nur Sprachkurse, Vorträge, Musik- und Theateraufführungen, deutsche Zeitungen und eine Bibliothek, sondern an der Kasturba Marg auch ein zugehöriges Restaurant mit offenem Hof und Gartentischen, Treffpunkt von Studenten, Sprachlehrern, Touristen und Deutschen, die zeitweise in Delhi arbeiten und leben.

Indiens Goethehaus

info

Der Sanskrit-Forscher, der nie in Indien war: Max Müller

Sein Vater war der frühverstorbene Dichter von Liedern, die Franz Schubert in musikalische Schätze der deutschen Romantik verwandelte, wie „Die schöne Müllerin" und „Die Winterreise". Den Sohn *Friedrich Max Müller*, 1823 in Dessau geboren, zog es nach Paris und nach England. Seit 1850 lebte und lehrte er in Oxford, wurde ein Vorläufer der vergleichenden Sprachwissenschaftler und auch der Mythenforscher. Im Zentrum stand immer wieder Indien: Er war der erste Sanskritforscher, schuf die erste wissenschaftliche Ausgabe des dreitausend Jahre alten „Rigveda" und die

Buchreihe „Sacred Books of the East". Diese Schrift-Überlieferung und Sanskrit, die Mutter so vieler Sprachen, waren sein Indien-Erlebnis, nach Indien ist er nie gereist. Bewundert und verehrt wird er dort trotzdem noch immer, mehr als hundert Jahre nach seinem Tod in Oxford (1900).

info

Rundgang II: Um Rajpat und India Gate: Ministerien, Museen und Memorials (s. Karte S. 478)

In der Hauptstadt der größten Demokratie der Welt wird natürlich auch demonstriert, hier für Tibet.

Einmal jedes Jahr wird der **Rajpath (1)** zum Festplatz der indischen Nation: zum Republic Day, der das Ende des britischen Dominion-Status am 26. Januar 1950 feiert. Knapp zweieinhalb Jahre nach der faktischen Unabhängigkeit (15. August 1947) trat damals die Verfassung der Republik Indien in Kraft. Nach einer militärischen Parade ziehen an den Zuschauertribünen üppig bunte Festwagen und kostümierte Festgruppen, Tänzer und Musik-Kapellen aus allen Teilen Indiens vorbei, meist unter zahlreicher Beteiligung von geschmückten Elefanten und Kamelen. Das Spektakel kostet auf besten Plätzen umgerechnet etwa 6 €, die Stehplätze etwa 20–90 Cent. Kameras, Taschen, Esswaren und Getränke sind nicht gestattet. Trotzdem ist es ein lohnendes Schauspiel.

Zum Zapfenstreich etlicher Militärkapellen samt großem Feuerwerk, der am 29. Januar am Westende des Rajpath auf dem Raisina-Hügel stattfindet, haben deutlich weniger Zuschauer Zutritt. Tipp: beim Tourist Office des DTTDC (= Delhi Tourism and Transport Development Corporation) oder beim GOI (= Government of India Tourist Office, s. S. 103) nach den Probeterminen der Kapellen am 27. oder 28. Januar erkundigen!

Auch ohne Festtagstrubel bringt ein Spaziergang über den **Rajpath** noch immer einen eindrucksvollen Rückblick auf die britische Kolonial-Arroganz und zugleich Einblick in das indische Selbstverständnis. Zwischen dem Totengedächtnis-Monument **India Gate (2)** und dem Amtssitz des Staatspräsidenten, dem **Rashtrapati Bhawan (3)**, streckt sich die Parademeile Rajpath so breit und weit, dass man die Nähe der großen indischen Ebenen spürt. Als sich am 15.12.1911 die Spitzen der Gesellschaft mit *König George VI.* und *Queen Mary* zur Foundation Stone Ceremony versammelten, kündigte der Generalgouverneur *Lord Harding* im Vollgefühl britischer Macht an: „*Many Capitals have been inaugurated in the neighbourhood of Delhi ... non ever held promise of greater permanence or of more prosperous future.*" Es kam anders als erwartet: Aus der Hauptstadt der Kolonialregierung wurde 1947 das Zentrum der Republik Indien, und heute ist es die indische Nation, die der Aufwind des Erfolgs trägt.

Aussichtsreiche Zukunft

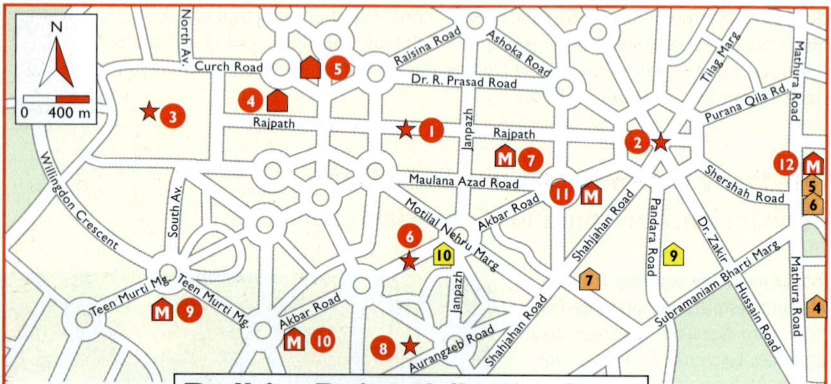

Delhi – Rajpath/India Gate

Sehenswertes
1 Rajpath
2 India Gate
3 Rashtrapati Bhawan (Sitz des Staatspräsidenten)
4 Secretariat Buildings (Ministerien)
5 Lokh Saba (Parlament)
6 Akbar Road
7 National Museum
8 Gandhi Smriti
9 Nehru Memorial Museum
10 Indira Gandhi Memorial Museum
11 National Gallery of Modern Art
12 Arts and Crafts Museum

Unterkunft
4 Rajdoot
5 Jukaso Inn
6 La Sagrita
7 Ambassador

Essen und Trinken
9 Chicken Inn
10 Taj Mahal

Britisch-indische Architektur

Die Bauten von Lutyens und Baker – Secretariat Buildings, Parliament Building, Residence of the Viceroy – sind von der Nehru-Regierung 1947 rasch übernommen und in ihrer britisch-indischen Architektur der hohen Kuppeln, überragenden Dächern, der Säulen und Arkaden kaum verändert worden. Im Doppelblock der **Secretariat Buildings (4)** arbeiten das Außenministerium (*South Block*) und das Finanzministerium (*North Block*). Ausländische Touristen haben allenfalls im **Sansad Bhawan** Zutritt, im indischen Parlament **Lokh Saba (5)**. Erforderlich ist dazu ein Empfehlungsbrief von der jeweiligen Botschaft, der im Besucherzentrum an der Raisina Road vorzulegen ist. Wer den Debatten folgen will, sollte allerdings Hindi verstehen.
Gartenfreunde entdecken Ende Februar den Park des Präsidenten-Amtssitzes **Rashtrapati Bhawan**: Wenn der Frühling kommt, steht der Park („**Mughal Gardens**") für zwei Wochen dem Publikum offen. Nach dem Muster klassischer Mogul-Gärten ist er in regelmäßige Rechtecke geteilt. Nicht nur Blumenbeete erfreuen, die Gärtner sorgen auch für Obst und Gemüse.

Vielfalt bei den Bäumen

Ganzjährig ist die **Pracht der Bäume** in den Alleen um den **Rajpath** zu bewundern. Baumfreunde erwandern lustvoll die Stadtlandschaft zwischen **Connaught Place**, **India Gate**, **Akbar Road (6)**, im Südosten des Areals, und **Rashtrapati Bhawan**. Der Baum-Enthusiasmus der britischen Stadtgründer ging so weit, dass sie die Breite der Avenuen nach dem Maß der Baumkronen planten, je nach den ausgewählten 13

Baumarten. Indische Gärtner haben seither noch einige hinzugefügt. Die Baumarten finden sich beschrieben in dem jüngst erschienenen Band „Trees of Delhi“ von *Pradip Krishen* – vielleicht das beste Buch über indische Bäume überhaupt (s. Literatur, S. 506). Unter anderem enthält es eine farbige Straßenkarte, die für jede Straße die dort angepflanzte Baumart nennt.

Vom Amtssitz des Präsidenten, dem Rashtrapati Bhawan, spannt sich der Rajpath bis zum India Gate

Natürlich lohnen die hauptstädtischen Museen mehrere Besuche, voran das **National Museum (7)**. Mit großartigen Götterbildern, einem *Vishnu* mit Sonnensymbol aus dem 11. Jh. und einer vollbusigen Flussgöttin des 8. Jh. empfängt Indiens bedeutendstes Museum für Kultur und Geschichte seine Besucher.

Von der *Harappa*-Kultur des 3. Jahrtausends v. Chr. bis zu den Sälen der Mogul-Miniaturmalerei und anderer Malerschulen im 16.–18. Jh. führen die Sammlungen in die großen Epochen und Regionen. Sie zeigen die Feinheit der *Sunga*-Skulpturen und Relieffriese im Norden Indiens und die Verschmelzung griechischer und indischer Bildhauerkunst in der *Gandhara*-Kultur, die Terracotta-Kunst zur Zeit der *Gupta*-Dynastie sowie mittelalterliche Bronzen der südindischen *Chola*-Dynastie, die nicht nur Götter, sondern im 12. Jh. auch den unbekleideten Menschen darstellen. Unter den reich ausgebreiteten Schätzen der Mogul-Miniaturmalerei findet man auch ein Porträt Akbars des Großen auf der Jagd von 1595 und ein anderes von *Guru Nanak* (1469–1539) von 1730, dem Gründer der Sikh-Gemeinde.

National Museum: *Janpath 11, nahe Rajpath, www.nationalmuseumindia.gov.in, geöffnet Di–So 10–17 Uhr, Eintritt für Inder 20 Rs, für Ausländer 300 Rs, Fotoerlaubnis 300 Rs. Im zweiten Stock ist auch eine Cafeteria eingerichtet.*

Der Erinnerung an Indiens politische Führer während der britischen Herrschaft und in den ersten Jahrzehnten der Unabhängigkeit dienen die drei Stätten **Gandhi Smriti (8)**, das **Nehru Memorial Museum (9)** und das **Indira Gandhi Memorial Museum (10)**. Mahatma Gandhi war nach Delhi gereist, um das Massaker zwischen Hindus und Muslims zu beenden, wie es ihm in Calcutta gelungen war. Bei dem Haus, das heute Bilder und einige Objekte seiner bescheidenen persönlichen Habe enthält – darunter sein Spinnrad und ein Essensnapf aus dem Gefängnis –, wurde er am 30. Januar 1948 von einem fanatischen Hindu erschossen. Gandhi lebte in freiwilliger Armut, hielt weder Festessen noch physische Lust für statthaft, nicht einmal in der Ehe.

Gedenken an die Gandhis

Gandhi Smriti: *5 Tees January Marg, geöffnet Di–So 10–17 Uhr, Eintritt frei.*

Das **Nehru Memorial Museum**: Ursprünglich 1930 für den britischen Commander-in-chief erbaut, wurde das große Gebäude vom ersten Ministerpräsidenten, *Jawarhalal Nehru*, bewohnt, der sich hier auch ein Planetarium einrichtete (tgl. zwei 40-min. Vorführungen). Zu den vielen Zeugnissen seines enorm aktiven Lebens (1889–1964) kam nach seinem Tod noch der Hitzeschild vom Raumfahrzeug des ersten indischen Kosmonauten in die Ausstellung – hatte Nehru doch entschieden den technisch-industriellen Fortschritt Indiens gefördert.
Nehru Memorial Museum: *Teen Murti Marg, geöffnet Di–So 9.30–17.30 Uhr, Eintritt frei.*

Indira Gandhi, die Tochter Nehrus und rigorose Politikerin, wurde 1984 von einem Sikh in ihrer Leibwache ermordet – zur Vergeltung des von ihr befohlenen Angriffs auf das Areal des **Goldenen Tempels** in Amritsar (s. S. 39). In ihrem elegant eingerichteten Wohnhaus werden auch Erinnerungsstücke ihres Sohnes *Rajiv* gezeigt, der ihr als Ministerpräsident folgte. Beim Wahlkampf für seine Wiederwahl kam er bei einem Bombenattentat von Tamil-Separatisten 1991 ums Leben. Kleider, die Mutter und Sohn bei ihrem Tod trugen, werden gezeigt, der Gartenweg, auf dem *Indira Gandhi* – bis heute von vielen verehrt – starb, ist mit Kristall und direkt am Todesort mit Glas überdeckt.
Indira Gandhi Memorial Museum: *1 Safdarjang Rd., Eintritt frei, zwischen Aurangzeb Road und Teen Murti Marg, geöffnet Di–So 9.30–16.45 Uhr.*

Eine gemeinsame parkähnliche Gedenkstätte für diese drei politischen Führer wurde unter dem Namen **Raj Ghat (1**, s. Karte S. 470/471) östlich nahe dem Yamuna-Fluss eingerichtet, jenseits vom Delhi Gate und südlich vom Roten Fort. Kein wirkliches „*Ghat*", weil nicht direkt am Fluss, wird es doch viel besucht.

Moderne Kunst

Zurück zu **India Gate** und **Rajpath**! Südöstlich vom India Gate zeigt die **National Gallery of Modern Art (11)** Gemälde vorwiegend aus dem 19. und der ersten Hälfte des 20. Jh., voran von Meistern wie *Ravi Varma* (1849–1901), *Nicolas Roehrig* (1874–1947) und *Amrita Sher-Gil* (1913–1941). Also gerade nicht „Moderne" wird gezeigt, aber das könnte sich nächstens ändern mit der wachsenden Aufmerksamkeit für die lebende Generation indischer Künstler. Am intensivsten ist derzeit die Begegnung mit dem malerischen und zeichnerischen Werk des Poeten und Literatur-Nobelpreisträgers *Rabindranath Tagore* (1867–1938). Im Skulpturenpark ist Fotografieren erlaubt.
National Gallery of Modern Art: *Jaipur House, nahe India Gate, geöffnet Di–So 10.30–17.15, Eintritt für Ausländer 100 Rs.*

Gegenwärtiger und voller Aktivität stellt sich das **Arts and Crafts Museum (12)** dar. Als Künstlerdorf konzipiert, dessen Hütten um das Museum platziert sind, bietet es erstens in diesem musealen Kern eine reiche Sammlung dörflicher Kunst, in der auch die Werke von Adivasis gezeigt werden. Zweitens sieht man ländliche Haustypen aus den Regionen Indiens. Drittens gibt es direkten Kontakt mit Künstlern und Kunsthandwerkern, die aus vielen indischen Bundesstaaten kommen und ein Atelier auf dem Gelände beziehen und ihre Werke anbieten. Hauptstück im Museum ist eine saalgroße Hochzeitskammer mit Symbolen der Ehe, der Fruchtbarkeit und der Hindu-Mythologie. Zu entdecken gibt es die Kreativität des ländlichen Indiens.
Arts and Crafts Museum: *Bhairon Marg, geöffnet Di–So 10–17 Uhr, freier Eintritt.*

National Gallery of Modern Art, nahe beim India Gate

Als Kunsthandwerk-Markt hat sich in Delhi vor allem für handgewebte Textilien **Dilli Haat** organisiert (Anfang Februar für zwei Wochen Dauer). (Suraj Kund, südlich vom Tughluqabad Fort auf Haryana-Gebiet).
Dilli Haat: *Aurobindo Marg, Safdarjang, nahe der Ring Road im Süden Delhis, geöffnet tgl. 10.30–22 Uhr, Eintritt 15 Rs, www.dillihaat.org.*

Rundgang III: Old Delhi, das Rote Fort, Basare und die Moschee mit dem Blick auf die Welt (s. Karte S. 470/471)

Mit der gelben Metrolinie (Vishwa Vidyala – Central Secretariat) kommt man zur Station „Delhi Main“ und ist rasch mitten im Gewühl der Altstadt, die Station **Chandni Chowk (2)** ist nur etwa 500 m entfernt. Die nächste Station Richtung Süden ist **Chawari Chowk (3)**, noch etwas näher am **Roten Fort (4)**, dem **Lal Qila**. Alternative: per Riksha oder Taxi zum Roten Fort und von dort den Netaji Subhash Marg zur Old City queren.

1638 begann der Enkel Akbars, Shah Jahan, mit dem Bau seiner Stadt Shajanabad. Nach nur knapp einem Dutzend Jahren war der Hauptteil der Arbeit innerhalb des Mauerrings mit seinen 14 Toren getan. Davon sind noch vier Tore übrig: das **Ajmeri Gate (5)** im Südwesten (damals die Straße nach Ajmer), das **Delhi Gate (6)** nach Südosten, das **Kashmir Gate (7)** nach Norden und das **Lahore Gate (8)** nach Nordwesten.

Mit eigenen Augen eine Übersicht über **Old Delhi** zu gewinnen, ist im Gewühl der Basare und Menschen, der Rikshas, Lastkarren und hupenden Autos nicht gerade leicht. Von

Blick vom Minarett der Jama Masjid zum Lahore Gate des Roten Forts

den Fassaden der Häuser ist nur wenig zu sehen, sie werden gern bis an die Dachkante mit Geschäftsschildern und Werbebotschaften behängt. Aber keinesfalls wird man Old Delhi verlassen, ohne einen Basar besucht zu haben, denn fast alle Straßen gehören zu einem Basar resp. Chowk. Einer der berühmtesten ist der **Chandni Chowk**, der führt geradezu auf das Lahore Gate des Roten Forts zu. In den Nebenstraßen stößt man auf Reihen von Paratha-Bäckern oder auf Süßigkeiten – berühmt ist direkt an der Straße Chandni Chowk ein Laden namens Ganthewala, der schon seit 1790 existiert. Im Kinari Chowk kaufen Hochzeiter oder deren Familien die Requisiten für die Hochzeitszeremonien ein. Einige Gassen weiter, in der Straße namens Dariba Kalan erwarten Gold- und Juwelenhändler ihre Kunden. Die offiziellen Ladenöffnungszeiten (9.30 bis 19.30 Uhr) werden oft überschritten, sonntags schließen aber auch die Läden des Chandni Chowk.

Für Brautpaare interessant

Der größte freie Platz öffnet sich vor der „Moschee der Moscheen". Der Bau von Delhis **Masjid-i-Jahanuma**, der „Moschee mit dem Blick auf die Welt" (so ihr alter Name), wurde 1646 begonnen, als das Rote Fort großenteils schon geschaffen war, und erst 1656 vollendet. Eine felsige Anhöhe war der Baugrund, roter Sandstein, weißer und schwarzer Marmor waren die Baumaterialien. Heute als **Jama Masjid (9)** bekannt, also „Große Moschee", ist sie die größte in ganz Indien. 20.000 bis 25.000 Gläubige beugen sich im Gebet auf dem fast 100 mal 100 m großen Hof, drei mächtige marmorne Kuppeln überspannen die zweischiffige Gebetshalle samt ihren Arkaden, vier Minarette markieren die Eckpunkte. Wer das südliche Minarett ersteigt, gewinnt einen grandiosen Blick hinüber zum Roten Fort und über weite Teile der Stadt.

Indiens größte Moschee

Ort höchster Verehrung ist ein weißer Schrein im Nordosteck: Rosenblätter überdecken darin Koranseiten, seine Sandalen, ein rotes Barthaar und seinen Fußabdruck.

In dem östlich anschließenden kleinen **Urdu Park (10)** erholen sich Einheimische und Besucher vom Old Delhi-Gedränge. An der Nordseite des Parks hat einer der bedeutendsten Politiker sein Grabmal: *Maulana Abul Kalam Azad* (1888–1958). Auch *Azad*, Erziehungsminister im Kabinett *Nehrus*, hatte die Teilung Indiens nicht verhindern können, setzte sich aber unermüdlich für religiöse Toleranz ein.

Ruhm und Zerstörung: das Rote Fort

info

Schutz für seine neue Stadt sollte das Rote Fort geben, mit Mauern von 18 m Höhe (an der Flussseite), bis zu 34 m auf der Stadtseite. Großmogul *Shah Jahan* war Bauherr, zehn Jahre genügten, um das große Werk 1648 zu vollenden, starke Festung und kunstvolles Schloss zugleich. Das **Rote Fort** (= **Lal Qila**) zeigt sich heute hinter seinen hohen Mauern ganz anders als die mittelalterlichen Trutzburgen von Jodhpur, Bikaner oder Bundi: als großräumige Parklandschaft mit eher wenigen Gebäuden, die sich in diese Landschaft einfügen. Seit 1648 war der gesamte Komplex mehrmals stärkeren Eindringlingen ausgeliefert: Am folgenschwersten 1739, als der persische Kaiser *Nadir Shah* plündern ließ, und 1857, als die Briten mit indischen Hilfstruppen den Aufstand gegen das Kolonialregime der British East India Company niederwarfen und ganze Bereiche des Forts zerstörten. Auch nach der *„Independence"* und dem Abzug der Briten 1947/48 belegte das indische Militär das Fort. Erst 1960 bekam die Öffentlichkeit Zugang zum Palast der Moguln. Übrig blieben bis heute die unansehnlichen **Baracken der Briten (12**, Karte S. 485) vis-à-vis der marmornen Palastbauten. 2007 erklärte die UNESCO das Rote Fort dennoch zum Welterbe.

Lohnt sich der Besuch? Bringen Sie Fantasie mit, stellen Sie sich all die aus den Wänden herausgebrochenen Halbedelsteine, die Spiegel und die Seidendächer vor, das Plätschern des Wassers, das in flachen Kanälen kühlend durch die Hallen geleitet wurde, den Farbenglanz der Palastwände und golddurchwirkter Saris! *„Wenn ein Paradies auf Erden ist, dann ist es hier, ist es hier, ist es hier"*, so ist in persischen Schriftzeichen rechts über dem Mittelbogen noch heute im **Diwan-i-Khas**, der Halle für Privataudienzen, zu lesen. Der märchenhafte Orientzauber, den die Moguln sich hier einst schufen, steigt vielleicht als Ahnung auf. Sechsmal in der Woche versucht dies abends die *„Sound and Light Show"*.

Der Rundgang „Rotes Fort" (s. Karte S. 485)

Man geht vom **Lahore Gate**, dem westlichen Besucherzugang, durch ein festungsähnliches Vorwerk (ein Anbau Aurangzebs, Shah Jahans herrschaftsbegierigen Sohns) zuerst in eine überdachte Basarstraße zum **Chatta Chowk (1)**. Kunsthandwerk und andere Souvenirs im Überangebot!

Über Freigelände geht es zum **„Haus des Trommlers" (2)**, **Naubhat Khana**, auch **Hathipol**, Elefantentor, genannt. Außer den Mitgliedern der Mogul-Familie hatte jeder Besucher hier vom Pferd oder Elefanten zu steigen, mehrmals am Tage machte eine Kapelle mit Trommeln, Blasinstrumenten und Zimbeln Musik. Das Militärmuseum zeigt nur eine Waffensammlung.

Der Diwan-i-Khas, die private Audienzhalle, im Roten Fort

Nun im inneren Bereich, trifft man auf die hohe offene Halle des **Diwan-i-Am (3)**, die „Halle der öffentlichen Audienzen". Mehrere umliegende Gebäude wurden 1857 zerstört, auch die Pietradura-Tafeln um den marmornen Thronsitz geraubt. Lord *Curzon*, 1899–1905 Vizekönig von Indien, hat sie 1903 zurückerstattet.

Auf breiten gepflegten Wegen unterwegs, kommt man zu den architektonischen Glanzstücken des Roten Forts über dem Yamuna-Fluss, zuerst zum **Rang Mahal (4)**, dem „Palast der Farben". Der war zur Mogulzeit das Zenana, die Wohnung der Frauen des Mogulherrschers, wurde nach 1857 britisches Offizierskasino. Schön proportioniert, mit Blumenreliefs an den Pfeilern und Säulen geschmückt, zeigen die luftigen Hallen des Rang Mahal wie die der zwei nördlich anschließenden Bauten **Khas Mahal (5)** und **Diwan-i-Khas (6)** – die persönliche Residenz des Großmoguls und die private Audienzhalle – noch einen Abglanz der einstigen Pracht. In der Halle der Privat-Audienzen platzierte hochberühmte Pfauenthron mit seinen Rubinen und Diamanten wurde leider *Nadir Shahs* Beute (s. o.). Auch die silbernen Decken mit den goldenen Blüten, die sich im Wasser widerspiegelten, sind fast spurlos verschwunden.

Luftige Hallen

Für diese drei Bauten gilt: Besucher haben Einblick, aber keinen Zutritt. So entgehen die Marmorwände und Säulen dem Vandalismus, die Besucher aber erleben nicht einmal das schöne Spiel des Lichts zwischen den Säulen und sehen nur einen kleinen Teil des Restdekors aus der Nähe.

Anders im südlich alleinstehenden **Mumtaz Mahal (7)**: Dieses zweite Frauenhaus, in seiner Architektur schlicht, ist heute das **Archaeological Museum** des Roten Forts. Und es ist als eine Fundgrube den Liebhabern von Kostbarkeiten wie den Geschichtsforschern zu empfehlen: von Miniaturmalerei aus dem 14. Jh. bis zum kostbaren Parfümbehälter des 19. Jh., von Dokumenten der „Mutiny" bis zu Rabindranath Tagores

Protestschreiben gegen das Gemetzel an friedlichen Demonstranten 1919 in Amritsar.

Auf unbestimmte Zeit geschlossen wegen Renovierung ist die zierliche **Perlenmoschee** (**8**, **Moti Masjid**, **Pearl Mosque**), 1659 von Aurangzeb in Auftrag gegeben, auch in weißem Marmor. Nordwärts schließen sich **Gärten (11)** an, in einem geometrischen Netzwerk von Kanälen, dazwischen befinden sich Pavillons und ein **Stufenbrunnen (10)**, ein ruhiges Abseits zum Spazierengehen und Ausruhen.

Noch ein zweites Museum bleibt zu besichtigen, unauffällig und isoliert nördlich vom Lahore Gate platziert. Das **„Museum des Unabhängigkeitskampfes“** (**9**, Museum of the Independence Struggle), mit Rückblicken in die Geschichte Nordindiens und eindrucksstarken Fotodokumenten vom langen Ringen mit der britischen Kolonialmacht um Indiens eigene Staatlichkeit und Verantwortung. **Rotes Fort:** *geöffnet Di–So von Sonnenauf- bis Sonnenuntergang, die Museen 10–17 Uhr.*

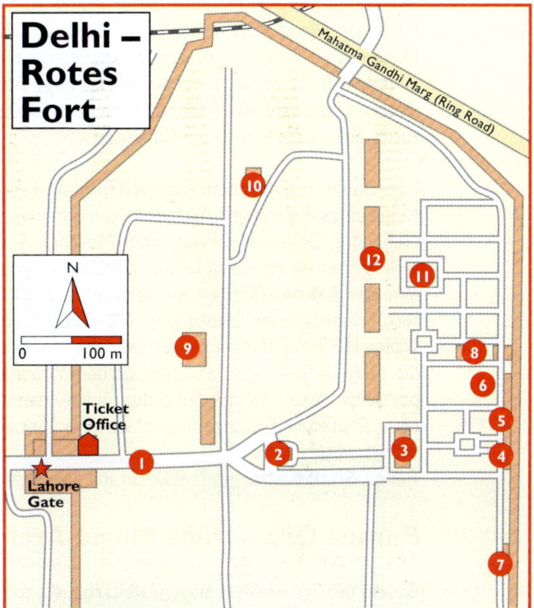

1 Chatta Chowk
2 Haus des Trommlers
3 Diwan-i-Am
4 Rang Mahal
5 Khas Mahal
6 Diwan-i-Khas
7 Mumtaz Mahal, heute Archäologisches Museum
8 Perlenmoschee
9 Museum des Unabhängigkeitskampfes
10 Stufenbrunnen
11 Gärten
12 Militärunterkünfte aus britischer Zeit, später von der indischen Armee genutzt

Spuren aus zweitausend und mehr Delhi-Jahren

Delhi ist das Rom Asiens, zählt man all die Forts und Paläste, Tempel und Grabmonumente auf, die als Spuren und Zeugnisse einer mehr als 2.000 Jahre umfassenden Geschichte überdauern. Teils sind es malerische Ruinen, teils sind sie in ihrer architektonischen Substanz erhalten. Auch nur die größeren zu besichtigen, braucht Wochen.

Feroz Shah Kotla

Wie oft haben Eroberer diese Stadt neu gegründet? Fährt man vom Roten Fort südwärts parallel zum Yamuna-Fluss die Ring Road in Richtung Agra, gelangt man bald zu den steinernen Resten eines dieser frühen Reiche. **Feroz Shah Kotla** (**11**, s. Karte S.470/471, **Firoz Kotla**) ist in Delhi sehr bekannt. Sultan Feroz Shah bestimmte um die Mitte des 14. Jh. das angrenzende Gelände für die neue Stadt Ferozabad (etwa 600 m südlich vom heutigen Jawarhal Nehru Marg). Von dieser Stadtgründung Delhis überdauern Überreste von Palästen, Moscheen, einem Stufenbrunnen und einem Taubenturm, nicht zuletzt auch ein Garten.

Interessant ist hinter dem massiven Torbau an einer hohen Ummauerung vor allem die Ruine eines dreistufigen, nach oben von Stockwerk zu Stockwerk schmaler werdenden Gebäudes. Ob es einst Palast oder Moschee war, scheint nicht eindeutig geklärt. Unstrittig aber ist die schlanke, aus dem Bauwerk hervorragende Sandstein-Säule: Sie ist eine der **Ashoka-Säulen**, die der zum Buddhismus konvertierte Kriegsherr und spätere Friedenskaiser *Ashoka* (reg. 270–232 v. Chr., s. Geschichte, S. xx) vielerorts aufstellen ließ. *Feroz Shah*, von 1351–58 Sultan von Delhi, hat auf einem Floß, wird vermutet, die polierte Säule aus Sandstein auf dem Yamuna-Fluss vom Punjab nach Delhi transportieren lassen. Fand *Ashoka*, der leidenschaftliche Anhänger der Lehre Buddhas, in *Feroz Shah* einen Gleichgesinnten? Zu einer Zeit, als der Buddhismus fast aus Indien verdrängt war?
Feroz Shah Kotla: *geöffnet Di–So von Sonnenauf- bis Sonnenuntergang.*

Purana Qila – frühe Mogul-Architektur

Bauen, besiegt werden, siegen, weiterbauen, tödlich verunglücken – das wurde zum Schicksal des Mogulherrschers *Humayun* (1508–1556). An ihn erinnert das von der UNESCO in die Welterbe-Liste aufgenommene Grabmal **Purana Qila (1)**. Noch zu Lebzeiten seines Vaters *Babur*, des Begründers der Mogul-Dynastie, begann der junge *Humayun* das Fort auf einer Anhöhe nahe dem Yamuna-Fluss zu bauen und nannte es **Dynpana** (= Zuflucht des Glaubens). 1539 unterlag *Humayun* dem Afghanen *Sher Sharh*. Der machte sich das Fort zu eigen und gab ihm seinen Namen **Shergarh**, baute es auch weiter aus, samt der **Qila-i-Kuhna-Moschee** und des Achteck-Turms **Sher Mandal** mit den markanten umlaufenden Bogenöffnungen. Diese zeigen erst andeutungsweise die alsbald in der Mogul-Architektur spitz zulaufende Bogenform.

Zuflucht des Glaubens

Sher Sharh behauptete sich nur ein halbes Jahrzehnt, aber erst 1554 übernahm *Humayun* die Herrschaft und das **Fort Dynpana** wieder. Im Achteck-Turm richtete er seine Bibliothek ein. Er starb 1556 nach einem Sturz in dieser Bibliothek.

Das **Archäologische Museum** neben dem opulenten, von weither sichtbaren Torbau am Eingang ist mit seiner Lichttechnik eines der modernsten in Delhi (Sa–Do 10–17 Uhr). Thematisiert ist dort auch die Frage nach **Indraprashta**, der ersten Stadt auf dem Gebiet Delhis, gegründet schon 1450 v. Chr. Ausgrabungen im 20. Jh. brachten Siedlungsfunde zutage, die frühesten wohl aus dem Jahr 1000 v. Chr. Auch wenn „Indrasprashta" schon auf neuesten Stadtplänen erscheint – vorerst bleibt es bei dem Namen **Purana Qila**, zu Deutsch „Altes Fort".
Purana Qila: *Mathura Road, 3 km südlich von Feroz-Shah-Kotla, geöffnet von Sonnenauf- bis Sonnenuntergang.*
Archäologisches Museum: *geöffnet Sa–Do 10–17 Uhr.*

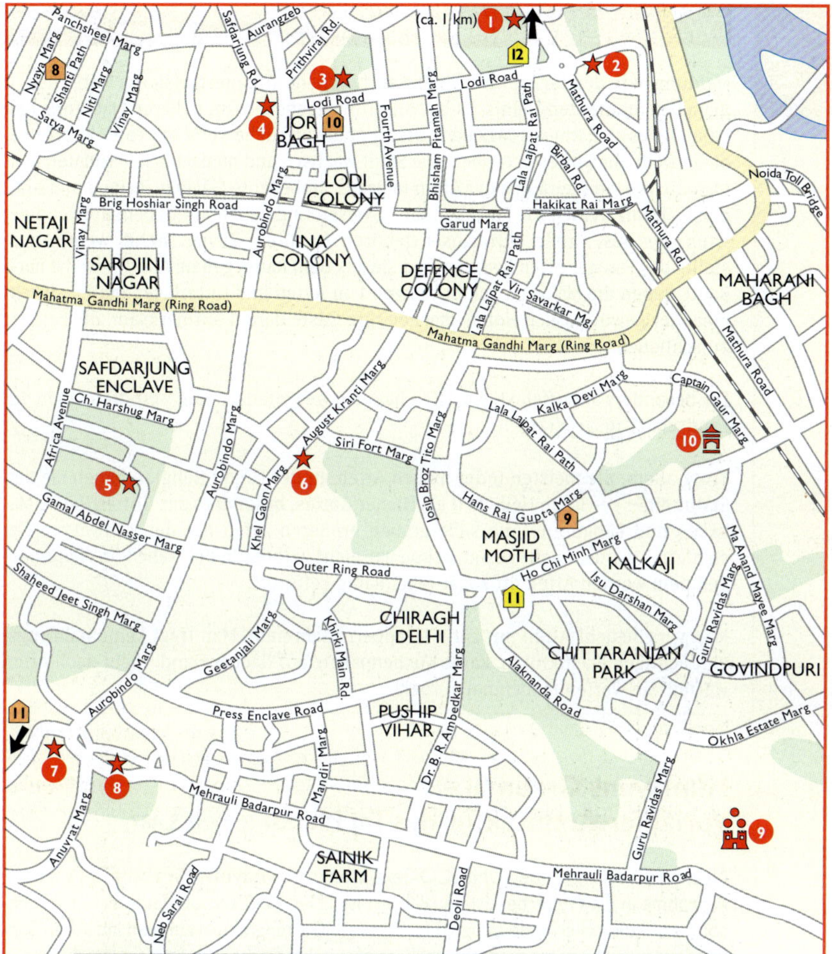

Delhi – immer wieder neu gegründet

Sehenswertes

1 Purana Qila
2 Humayuns Grabmal
3 Lodi Gärten
4 Safdarjangs Grab
5 Hauz Khas
6 Siri
7 Qutb Minar
8 Qila Rai Pithora
9 Tughlaqabad
10 Lotus-Tempel der Baha'i

Unterkunft

8 Youth Hostel
9 Upvan
10 Jorbagh
11 Tree of Life

Essen und Trinken

11 China Garden
12 Oberoi

N
0 1 km

info

Wild in Delhi – die Affenpopulation

Meldungen in der Tagespresse ließen aufhorchen: Affen terrorisieren Menschen in manchen Stadtteilen Delhis! Es hat Angriffe gegeben, beim näheren Nachforschen handelte es sich Rhesus-Makaken, braun-graue zierliche Kerle mit roter Sitzfläche, die in Delhi ihr Unwesen treiben. Die Stadt wächst – und menschliche Primaten nehmen die letzten Freiräume der Affen in Besitz: unbebaute Flächen, Ruinen und Ähnliches. Dann treiben die Makaken ihr Unwesen und gehen auf (lebensnotwendige) Raubzüge aus. Große Bürohäuser gehören zu ihrem Revier. Wehe, wenn Angestellte das Fenster offen lassen, wenn sie aus dem Raum gehen! Auf der Suche nach Beute haben die Makaken schon Mengen von Akten und Unterlagen heillos durcheinander gewühlt Auch Hotels machen ihre Gäste darauf aufmerksam, die Fenster zu schließen.

Die besonders angriffslustigen Affen hat man weggefangen und weit draußen in der Landschaft ausgesetzt.

Trotz allem, die meisten Inder mögen Affen. In der Hindu-Religion haben sie den Status einer gewissen Heiligkeit als Diener Gottes, besonders des Gottes *Rama*. Makaken und Languren – die silbergrauen größeren Affen mit den schwarzen Gesichtern – werden nicht gejagt, schon gar nicht getötet. In der Nähe von *Hanuman*-Tempeln werden Affen oft sogar regelmäßig gefüttert.

Man verscheucht Affen mit Lärm (Klappern, Schreien). Man trägt keine nahrungsverdächtigen Plastiktüten, keine Kuchenpakete auf flacher Hand. Nicht nach Affen werfen! Sie werfen manchmal zurück!

Humayuns Grabmal – Vorläufer-Architektur des Taj Mahal (s. Karte S. 487)

Nüchtern beschreibt der UNESCO-Text, womit **Humayuns Grabmal (2)** für die Aufnahme in die Welterbe-Liste qualifiziert ist: „Das 1570 erbaute Grabmal ist von besonderer kultureller Bedeutung, da es das erste Gartengrabmal auf dem indischen Subkontinent war. Es regte mehrere größere architektonische Neuerungen an, die in der Gestalt des Taj Mahal gipfelten."

Klare Proportionen

Der erste Eindruck vom Grab des glücklosen Mogulherrschers *Nasir-du-Din Muhammad Humayun* ist dennoch ein starker Kontrast des rötlichen Sandsteins gegenüber dem lichten Marmor des Taj Mahal. Zumindest braucht der marmorweiß gerahmte Sandstein die indische Sonnenhelle, um etwas von der scheinbaren Schwerelosigkeit des Taj Mahal zu zeigen. Doch in der klaren, symmetrischen Gliederung, in den schön proportionierten, gestuften Geschossen und der dominanten Kuppel deuten sich tatsächlich Ansätze und Entsprechungen zum weltberühmten Taj Mahal an.
Mit weiten Blickachsen, gepflegten Rasenflächen und exakt ausgelegten flachen Wasserkanälen ist die historische Gartenlandschaft wiederhergestellt worden. Auch die

Monumentales Grabmal für den Mogul Humayun

zusätzlichen kleineren Grabbauten abseits vom **Humayun Grabmal**. Übrigens war es *Humayuns* Witwe, die aus Persien stammende *Hamida Banu Begum*, die während der achtjährigen Bauzeit energisch Aufsicht führte, zeitweise ein Quartier in der Nähe bewohnte. Neben ihrem Gatten wurde sie bestattet.
Humayuns Grabmal: *an der Kreuzung von Lodi- und Matura Road, 500 m von der Nizamuddin Railway Station, geöffnet tgl. von Sonnenauf- bis Sonnenuntergang.*

Dreieck der Erinnerung: Lodi-Gärten, Hauz Khas und Siri Fort (s. Karte S. 487)

Hier ist Süd-Delhi, ein gutes Stück vom **Connaught Circle** und **Rajpath** entfernt. Wer sich Zeit nehmen kann und mehr von Delhi kennenlernen möchte, wird wahrnehmen: Inmitten der über viele Quadratkilometer ausgebreiteten Wohn- und Geschäftsbauten finden sich als Fixpunkte und überdauernde Architektur vor allem **Grabmäler**. Erfreulich: etliche sind von Parkgrün umgeben.

In den **Lodi-Gärten (3)** sind die *Lodi*-Fürsten der afghanischen Pathanen-Dynastie bestattet. Um die monumentalen Grabbauten des 15. und 16. Jh. legte man eine Parklandschaft an, zur Zeit der British Raj. Lady *Willingdon*, die Gattin des Governor-General of India, übernahm das landscaping, und der Park hieß darum **Lady Willingdon Park**, bis zum Abzug der Briten. Die Einwohner der dort seit langem bestehenden Dörfer hatten sich umsiedeln lassen müssen.

Großzügiges Grün

Für die Architektur nur zwei Beispiele: Unter den Lodi-Bauten beeindruckt mit seinem oktogonalen Grundriss, hohen Arkaden und stimmig aufgesetzter Kuppel das Grabmal *Mohammad Shahs* (um 1450 erbaut). *Sikander Lodis* Grabmal, etwa siebzig Jahre später von dessen Sohn gleichfalls oktogonal erbaut, zeigt Hindu-Schmuckmotive, Beispiel für das Übergreifen von Hindu- und Muslim-Kultur.
Grabmale: *geöffnet tgl. 5–20 Uhr.*

Delhi gilt als eine der grünsten Mega-Städte: hier die Gärten des mittelalterlichen Hauz Khas

Ein Stück weiter westlich sind das **Indira Gandhi Memorial Museum** in Indiras einstiger Residenz und das **Nehru Memorial Museum zu finden** (s. S. 480).

Südwestlich, zwischen Lodi-Gärten und Golfplatz, erinnert **Safdarjangs Grab (4)** an einen prominenten Gouverneur und Wesir der Mogulherrscher, der 1753 starb. Deren Macht und Größe war damals allerdings kläglich geschrumpft. Doch *Safdarjangs* Sohn ließ dem Vater ein opulentes Grabgehäuse bauen, samt Garten und Fontänen. Der Sohn bezog mit seiner Familie Wohnung in angrenzenden Pavillons. Manche sprechen der Architektur Rang und Wert ab. Doch als Zeugnis einer Spätzeit, der die Kraft-Architektur des monumentalen Humayun-Grabmals abgeht, scheint sie uns sehr sehenswert.

Hauz Khas: am Wasser gebaut (s. Karte S. 487)

Unvermuteter Waldsee

Dieser Teil Süd-Delhis ist bei wohlhabenden Delhiwallahs sehr beliebt, entsprechend zahlreich sind Boutiquen, Antiquitätenläden, Gärten und Restaurants. Um zu dem Mittelalter-Areal zu kommen, muss man sich etwas auskennen oder öfters fragen (die Afrika Avenue und der Gamel Abdel Nasser Marg begrenzen das Gelände im Westen und Süden). Die Überraschung: Da glänzt mitten im Stadtbezirk ein gar nicht kleiner Waldsee auf. Angelegt wurde der wie die meisten Stauseen als Wasserreservoir, und zwar wohl 1304. Es ging um die Wasserversorgung von Siri, Delhis „zweiter Stadt“. **Hauz Khas (5)** heißt soviel wie „Königliches Reservoir“.

Feroz Shah Tughluq erweiterte um die Mitte des 14. Jh. die Anlage. Viele Grabmonumente überdauern bis heute. *Feroz Shah* wurde hier sehr schlicht begraben, das Grabmal und die angrenzenden Gebäude wurden zu Anfang des 16. Jh. von *Sikander Lodi* renoviert. Heute sind sie leergeräumte Ruinen über dem Seeufer, man kann in ihnen umhergehen und steile Steintreppen ersteigen.

In der Nachbarschaft wird studiert, führende indische Institute für Technologie, Medizin und Wirtschaft haben sich südlich vom Gamel Abdel Nasser Marg etabliert.

Siri oder 8.000 Schädel (s. Karte S. 487)

Den heute von Sportplätzen umrahmten Ruinenort **Siri (6)** zeichnet die Zählmarke „zweitälteste Gründung Delhis“ aus. Man weiß auch, dass Sultan *Ala-ud-din-Khilji* um das Jahr 1300 der Bauherr war. Doch von dieser Stadtgründung sind nur noch Steinwälle und Überreste von Bastionen zu sehen. Makaber wird der Name „Siri“ gedeutet: In Hindi bedeutet sir „Kopf“. Weil man in den Wällen 8.000 Schädel mongolischer Angreifer begraben fand, heißt es, habe der Ort den Namen Siri erhalten.

Östlich von **Hauz Khas**, erreichbar über Gaon Marg oder über den Josip Broz Tito Marg (etwa 6–7 km von Hauz Khas).

Qutb Minar – die Säule des Sieges (s. Karte S. 487)

Nordindien hatte schon um das Jahr 1000 unter den Plünder-Feldzügen *Mahmud von Ghaznis* (Afghanistan) gelitten. Dieser Eindringling zog sich mit seiner Beute wieder zurück. Doch Ende des 12. Jh. griff *Mahmud von Ghori* mit seinem Heer aus zentralasiatischen Turkvölkern Delhi an, überwältigte 1192 das Rajputen-Heer – und blieb. Damit begann die 800-jährige Fremdherrschaft der Muslime über Nordindien, zeitweise auch über fast ganz Indien.

Als *Mahmud von Ghori* 1206 ermordet wurde, übernahm sein loyaler General *Qutb-ud-din-Aibak* die Herrschaft. Dort, wo die Tomar-Rajputen im 11. Jh. mit **Lal Kot** die „erste Stadtgründung“ Delhis vollzogen hatten, bauten die neuen Herrscher seit 1199 ihre **Siegessäule „Qutb Minar“ (7)**, einen schließlich 73 m hohen Turm; der höchste in der damals bekannten Welt sollte es sein. Roter Sandstein und Marmor sind das Baumaterial. Die markanten Schriftbänder, die ornamentierten Rundbalkons, die tief eingefurchten Kannelierungen, die den Blick in die Höhe ziehen – alles wirkt zusammen, macht den Turm zu einem Symbol von Kraft.

Die religiöse Bedeutung im Namen *Allahs:* „Dieser Turm wurde errichtet, um den Schatten Gottes über Ost und West zu werfen“.

Auf Treppen mit 399 Stufen stiegen Besucher früher bis zur Spitze des fünfstöckigen Turms. Ähnliches gilt für die **Eiserne Säule**, die laut Sanskrit-Inschrift aus der *Gupta*-Ära zur Erinnerung an *Chandragupta II.* (375–415) aufgestellt wurde. Einen Wunsch hat frei, sagt eine alte Überlieferung, wer mit dem Rücken an ihr stehend die Säule mit seinen Armen umfassen kann. Ein anderes Rätsel der über Jahrhunderte nicht rostenden Säule ist zu-

Viel Sorgfalt wurde auf die Restaurierung der Bauten des Qutb Minar, seit 1993 UNESCO-Weltkulturerbe, verwendet.

mindest ein Stück weit gelöst: Das ungewöhnlich reine Eisen (98 Prozent!) erhielt durch die Beigabe von etwa einem Prozent Phosphor eine rostabweisende Oberfläche.

Schon seit Langem ein Erholungsgelände, ist der **Qutb Minar Complex** mit seinen Bauten und Grabmalen in jüngster Zeit erheblich restauriert worden, der Auszeichnung entsprechend, die ihm mit dem UNESCO-Rang als „Welterbe" 1993 zuteil wurde. Wenige Schritte von Qutb Minar betritt man den Hof der großenteils zur Ruine gewordenen Moschee **Quwwat-ul-Islam** (Die Macht des Islam). Dort steht auch die **Eiserne Säule**. Die wiederaufgerichteten Säulen und Pfeiler sind merkwürdig verschieden voneinander. Es heißt, die Moschee sei aus Bauteilen von etwa zwei Dutzend Hindu- und Jain-Tempeln erbaut worden. Aus dem dekorativen Figurenschmuck wurden jedoch gemäß dem muslimischen Bilderverbot die Gesichter herausgeschlagen.

Die schönsten dekorativen Darstellungen findet man in der Grabkammer des Iltutmish im Nordwesten des Areals (es ist der älteste erhaltene Grabbau eines Muslim-Herrschers in Indien). Indische Künstler und Architekten waren an den Bauten um den Qutb Minar beteiligt, das ist daran zu sehen, wie sie auch heimische Hindu-Symbole und Zeichen verwendeten: u. a. das Rad, die Glocke und die Lotusblüte.
Qutb Minar: *geöffnet tgl. von Sonnenauf- bis Sonnenuntergang.*

In weitem Umkreis um den Qutb Minar sind fast ohne Ende da und dort die zerstreuten, überwachsenen Überreste, Steinhügel und Spuren des mittelalterlichen Bauens aufzufinden. Ostwärts vom Qutb Minar, heißt es, bauten die Chauhans das **Qila Rai Pithora (8)**, nachdem sie 1180 **Qila Lal Kot** erobert hatten. Nach Norden, Süden und Westen erstreckte sich das hügelige Gelände von Lal Kot. Es ist das Gelände der **Delhi Ridge**, der nördlichen Aravalli-Bergkette zugehörig. Vor Zeiten gab der Höhenzug mehr Sicherheit als die Ebene. Heute gilt sie als größte „grüne Lunge" Delhis.

Nördlich vom Qutb Minar tritt man vom Aurobindo Marg in einen Park ein. Die wenig besuchten Wege verlieren sich bald im Dickicht, Pfade führen hangaufwärts, teils steil durchs Forstgelände mit frischem Laubwald. Man hat von der Höhe der Delhi Ridge eine Panorama-Aussicht über ganz Delhi.

Nur fünf Jahre Tughlaqabad (s. Karte S. 487)

Immer geradeaus vom **Qutb Minar** ostwärts auf der Mehrauli-Badarpur Road erreicht man nach etwa acht Kilometern die einst gewaltige Hügelburg aus dem 14. Jh., zwar nur noch Ruine, aber doch größer als alle anderen Delhi-Baureste des Mittelalters: **Tughlaqabad (9)**. Sechseinhalb Kilometer lang ist die hohe Ummauerung, die ganze Anlage neuerdings wieder für Besucher gut begehbar und in ihren Funktionen kenntlich gemacht.

Begehbare Mauer

Der Bauherr *Ghiyas'ud-Din Tughluq* hatte sich gleich nach Regierungsantritt 1321 zum Bau einer neuen Hauptstadt entschlossen. Sein Vorhaben wurde erstaunlich rasch, binnen vier Jahren, verwirklicht. Im fünften, 1325, starb *Ghiyas`ud-Din*, angeblich von seinem Sohn *Muhammad-bin Tughluq* zu Tode gebracht. Das war das Ende von **Tughlaqabad** – abrupt und zerstörerisch, anders als bei Kaiser *Akbars* Residenz **Fatehpur Sikri**. Diese bewohnte Akbar auch nur kurzfristig, doch sie trägt noch immer zu seinem Ruhm bei (s. S. 461).

Erhalten blieb jedoch der Grabbau, ein gut proportioniertes Mausoleum. Unter dessen Marmorkuppel fanden *Ghiyas`ud-Din Tughluq*, seine Gattin und der Sohn, dazu der Chefminister *Jafar Khan* den Ruheplatz. Südwestlich abseits kommt noch die Ruine **Adilabad** in den Blick, ein Bau des Sohnes *Muhammad*.
Alle Bauten resp. Ruinen: *geöffnet von Sonnenauf- bis Sonnenuntergang.*

20. Jahrhundert: Architekturen des Glaubens – Die Lotusblüte

In Delhi entstand ein religiöser Bau, der mehr Menschen anzieht als der Taj Mahal. Aus keiner der großen Weltreligionen kam der Auftrag für den **Lotus-Tempel (10**, s. Karte S. 487), doch der Tempel steht allen offen. Die *Baha'i*, Mitglieder einer bald 150 Jahre bestehenden Gemeinschaft, erhoffen eine Weltordnung des Friedens und der Gerechtigkeit, human und sozial. Im Iran, wo der Gründer *Baha'u'lla* 1817 geboren wurde, ist die Gemeinschaft seit 1983 verboten, weltweit zählt sie etwa acht Millionen Mitglieder.

Religionsgemeinschaft

In vielen Ländern gibt es die Baha'i Gotteshäuser („*houses of worship*"). Für das indische Haus fand der Architekt, der gebürtige Iraner *Fariborz Sahba*, die Lotusform. 27 marmorüberzogene Blütenblätter formen jeweils zu dritt zusammengefasst die neunseitige Kreisform. Die neun Seiten sind ein Grundelement der Baha'i-Architektur.

Die florale Architektur des Baha'i-Tempels faszinierte bisher über 50 Millionen Menschen

34 m hoch ist die Halle, eine zehn Meter lange Leiter in der Höhe scheint nur wie ein etwas größeres Spinnweb. Auf Farben wird verzichtet, nur das Grün des Parks wird hinter den wandhohen Glasscheiben sichtbar. Musikinstrumente sollen nicht gespielt, aber aller Religionen heilige Texte können gelesen oder gesungen werden. Zu bestimmten Zeiten wird es still für Gebet und Meditation.

Orientierung über die Baha`i-Gemeinschaft bietet ein Schauraum abseits vom Tempel. Im Durchschnitt sind es 13.000 Besucher täglich.

Dank freundlicher Ordner ist das kein Problem, nur sollte man an heißen Tagen Strümpfe dabei haben – die Schuhe werden schon vorm Betreten der Terrasse gelagert, und am sonnenerhitzten Betonboden verbrennt man sich leicht die Sohlen.
Lotus-Tempel: *geöffnet April–Sept. 9–19 Uhr, Okt.–März Di–So 9.30–17.30 Uhr, Eintritt und Parkplatz frei.*

Unter den neuen der Größte: Akshardham-Tempel

Auf der östlichen Seite des Yamuna-Flusses, wohin Touristen selten kommen, ist Delhi seit zwei, drei Jahrzehnten stark gewachsen, mit riesigen Wohnarealen, Industriezonen, Eisenbahn- und Straßenbrücken, aber auch mit Parkanlagen und Tempeln. Delhis größte Tempelanlage der letzten Dezennien entstand gegenüber **Purana Qila** (s. S. 486) oberhalb des Yamuna-Ostufers und seiner breiten Sandbänke, benachbart hatten die Sportler der Commonwealth Games ihre Quartiere. Vom Westufer ist der **Akshardham-Tempelkomplex (12**, s. Karte S. 470/471) leicht über die Vikas-Marg- oder die Nizamuddin-Brücke zu erreichen.

Freunde klassischer Hindu-Tempelarchitektur erwartet ein heftiges Wechselbad der Wahrnehmungen! Da tritt man wie in einen Hochsicherheitstrakt ein, hat vom Frühstücksbrot bis zu Handy und Kamera alles abzulegen. Und staunt kurz darauf eine opulente Tempelpalast-Fassade aus hellrötlichem Sandstein an, wie sie kein Bollywood-Kino üppiger, großartiger und größer zeigen könnte. Dem Tempelbesucher zeigen wandhohe Bilder die „innere Kraft und Größe der alten Traditionen und der Spiuritualtät Indiens". Dem gleichen hohen Ziel dienen die Medien mit „*Light and Sound Dioramas*" in der „Halle der Werte", mit einer virtuellen Flussfahrt zu den frühen Weisheitslehrern („rishis") in den Höhlentempeln von Ajanta und Ellora. Draußen, im „Garten Indiens", ist das Grün lebendige Natur, als überlebensgroße Bronzefiguren stehen da die Heroen und Heroinen der indischen Vergangenheit.

Imposante Größe

Am Anfang dieser Schöpfung steht *Shri Swaminarayan*, ein frommer Mann, der um 1800 schon als 11-Jähriger zu einem Pilgerleben aufbrach und die spirituelle und kulturelle Kraft Indiens erneuern wollte. Daraus entstand eine Hindu-Gemeinschaft, die sichtlich zu vielem fähig ist.
Akshardham-Tempel: *www.akshardham.com, geöffnet April–Sept. Di–So 10–19 Uhr, Okt.–März Di–So 9–18 Uhr, die Ausstellungen jeweils eine Stunde später. Eintritt in Tempel und Garten frei.*

So schön kann indisches Handwerk sein: Der Markt von Suraj Kund bietet alles von Kunst bis Kitsch

An den Rändern wächst die junge Millionenstadt Gurgaon weiter

Delhis Nachbar boomt: Gurgaon

Bis einmal ein *Bypass* (= Umgehungsstraße) gebaut wird, führt der Weg von Delhi nach Rajasthan durch die stark aufstrebende Stadt **Gurgaon.** Vierspurig ist der National Highway N 8, trotzdem sind Staus normal. Zu allen Seiten sind Hochhäuser zu sehen, Baukräne, Baugruben, auch am dunstigen Horizont wachsen schon Hochhaussilhouetten. Die gängigen Reiseführer schweigen sich über Gurgaon bisher zumeist aus. Aber spätestens seit Mai 2007 ist Gurgaon, eine von mehr als 250 indischen „Sonderwirtschaftszonen", vielen Deutschen kein fremder Begriff mehr (s. „Wirtschaft", S. 90). Damals stand im „Spiegel" ein Bericht über das „Jobwunder Gurgaon". Man weiß weder genau, wie viele Deutsche bereits in Gurgaons Bürotürmen arbeiten, noch wie viele Einwohner die Stadt hat: Vor dreißig Jahren war es ein Dorf, 2009: zwei Millionen. Zu sehen ist: Die Wege in Gurgaon sind kürzer als in Delhi, und die Infrastruktur scheint besser als in der Mega-Metropole. Es gibt nicht nur Hoch-, sondern auch Reihenhäuser, familienfreundlich. Und eine Unternehmensdichte, die auch Bangalore übertrifft.

Indien von morgen

Die deutsche Ausfuhr nach Indien konnte unterdessen binnen vier Jahren verdreifacht werden, auf über sieben Milliarden Euro. 2008 eröffnete das „German Center", eine Einrichtung deutscher Landesbanken, es berät Geschäftsleute, die ins Indiengeschäft einsteigen, hat auch Büroräume anzubieten. Mancher, der auf der N 8 unterwegs nach Rajasthan ist, mag sich nächstens einmal als Geschäftsmann/frau in Gurgaon genauer umsehen.

Für Verwöhnte: Palace on Wheels – der rollende Palast

info

Natürlich denkt man an die fabelhaften Erzählungen von alten Luxuszügen für gekrönte Häupter im vor-vorigen Jahrhundert. Ja, so ähnlich sieht der **Palace on Wheels** aus, ein Nachbau des legendären Originals, in dem es keine Doppelbetten gab. Ein gut Stück bequemer als im britisch okkupierten Indien reist man heute, alles blank poliert, die Abteile getäfelt mit Teakholz, Clubsessel in der Lounge, Seidendecken auf den weichen nebeneinander stehenden Betten. Und „Bedienstete" in Livrée. Alles das kann man haben – gegen das nötige Geld. Die Abfahrt ist in Delhi, dann geht es nach Rajasthan ins Land der bunten Turbane, nach Jaipur, dann Jaisalmer, Jodhpur, **Ranthambore National Park**, Chittorgarh, Udaipur, Bharatpur und zum **Vogelschutzgebiet**, schließlich aus Rajasthan hinaus zu den Orten der Mogul-Kultur **Fatehpur Sikri** und Agra, zum **Taj Mahal**.

Die Kommentare der Reisenden sind zufrieden bis begeistert: Das Essen schmeckte (gepflegte Küche im Zug), das Bier war kalt, der Zug-Animateur witzig, die Dusche heiß, das Bettzeug jeden Tag frisch – und, wie herrlich, morgens beim Aufwachen musste man sich um nichts Gedanken machen, alles war sorgsam vorgeplant, die Busse warteten zum Sightseeing, das Restaurant im Luxushotel mit gedeckten Tischen, die Musikanten, Sänger und Feuerschlucker für die Abendunterhaltung.

Was für ein glänzendes Erlebnis kann man in diesem Indien haben! Und dabei mit allem, was etwas staubig oder gar schmutzig oder sogar arm und elend ist, überhaupt nicht in Berührung kommen. Man war da, für 350 US$ pro Nacht. Hat man das Land gesehen?
Kontakt: *Management Palace on Wheels, Bikaner House, Pandawa Road, New Delhi 110011, ☏ 011-23381884 oder Rajasthan Tourist Development Corporation (RTDC), Hotel Swagatam Campus, near Railway Station, Jaipur 302006, ☏ 0141-2203531.*

Reisepraktische Informationen zu New Delhi

Ankunft und Auskunft

DTTDC *(Delhi Tourism and Transport Development Corp.), Bombay Life Building, Middle Circle, Connaught Place, ☏ 011-2314229, www.delhitourism.com, Mo–Sa 10–17 Uhr. Hier auch Bahn-Platzreservierung.*
Government of India Tourism Office, *88 Janpath, ☏ 011-23320008, www.incredibleindia.org. Die lange Jahre unterbesetzte Adresse ist nunmehr kompetent und hilfsbereit. Außer dem Büro nah dem Connaught Place auch eines am Internationalen Flughafen.*

Unterkunft

Billigst-Quartiere am Connaught Place sind unter umgerechnet 5 € kaum zu haben oder nur als fensterlose Kammern mit kalter Beleuchtung. Z. B. „Sunny Guesthouse" und „Ringo Guest House" existieren trotz Mängeln. Alternativen gibt es z. B. in Pahar Ganj. Lassen Sie sich vor Buchung das Zimmer zeigen. Schmal bleibt die Auswahl in der mittleren Preislage! Wir nennen einige Adressen, mit denen wir gute Erfahrungen gemacht haben. Wer den internationalen Komfort der Spitzenhotels erleben will, muss für ein DZ oft über 500 € zahlen – oder statt einer Übernachtung einen Tisch für ein Dinner bestellen. An Wochenenden gibt es preisgünstigere „Packages".

Lhasa House *(16, New Camp, ☏ 011-23939777),* **White House** *(44, New Camp, ☏ 011-23813544),* **Wongdhen House** *(15a, New Camp, ☏ 011-64155330)* **(1)**, *alle drei gehören zu einer tibetischen Wohnkolonie, die nördlich von Old Delhi und dem Oberoi Maiden`s Hotel sehr gepflegte einfache Zimmer anbietet. Diese Siedlung „Majnu ka Tilla" ist nicht weit von der Station Vidhan Sabha mit der Metrolinie 2 vom Connaught Place erreichbar (letztes Wegstück Riksha). Das Wongdhen House mit Restaurant und Blick auf den Yamuna-Fluss ist am begehrtesten, reservieren!*

Major's Den (2), *€€, 2314 Pahar Ganj, Guest House gov. approved, hinter dem Imperial-Kino, ☏ 011-23589010. Geräumige, gepflegte Zimmer, Terrasse.*

Maidens (3), *€€€€€, 7 Shamnath Marg (etwa 2 km nördlich der Delhi Railway Station, nah dem Yamuna-Fluss), ☏ 011-23975464, www.oberoihotels.com. Aus der Kolonialzeit herübergerettetes Gebäude um 1900, mit schönsten alten Bäumen im Garten, geräumige Zimmer.*

Rajdoot (4), *€€€, 13 B. Jung Pura, Masthura Road, ☏ 011- 110014, www.hotelrajdootdelhi.com. 55 Zimmer, Multicuisine, Läden, Swimmingpool.*

Jukaso Inn (5), *€€€, 49–50 Sunder Nagar, ☏ 011-24350308, www.fhrai.com. 38 Zimmer, Multicuisine, Bar.*

La Sagrita (6), *€€€€–€€€€€, 14 Sunder Nagar, südöstlich vom India Gate. Nahe dem Delhi Golf Club, ☏ 011-24351249, www.lasagrita.com. Ruhig, Gartenblick, die in besseren Wohnvierteln fast schon üblichen Straßentore werden abends geschlossen.*

Ambassador (Taj Hotel) **(7)**, *€€€€€, Sujan Singh Park, Cornwallis Road, ☏ 011-24632600, www.tajhotels.com. 88 Zimmer, charmante Mischung aus Tradition und pfiffiger Moderne.*

Youth Hostel (8), *€–€€, 5 Nyaya Marg, Chanakyapuri, ☏ 011-26116285, www.yhaindia,org. Attraktive Lage südlich vom Central Ridge Forest, in der Mitte zwischen Chanakyapuri Railway Station und Jawarhal Nehru-Memorial, Busverbindungen. Bett im DZ 500–1.000 Rs. Mindestens drei Tage vorher reservieren, Mitglieder im Jugendherbergen-Verband bevorzugt.*

Upvan (9), *€€€, D–52, Greater Kailash, Enclave-II (Süd-Delhi, etwa 3 km südwestlich vom Lotus-Tempel), ☏ 011-65295500, mobil 9810034342, drschawla@rediffmail.com. Guest House mit Gartenblick in gepflegter Nachbarschaft, einfache Zimmer mit Frühstück, sehr freundlich. Dieses sehr sichere, sehr ruhige Haus wird für Rekonvaleszenztage auch Gästen aus Europa und USA angeboten, die sich in einem Delhi-Krankenhaus einer Operation unterzogen haben und sich vor der Heimkehr noch in Delhi umschauen wollen.*

27 Jorbagh und 27 Jorbagh Guesthouse (10), *€€€, Lodi Road, ☏ 011-24694430, 011-24698647, www.jorbagh27.com. Klein, aber mit elementarem Komfort ausgestattet, Gartengrün, im Bereich der diplomatischen Vertretungen.*

Im Süden der Metropole

Tree of Life (11), *€€€193 Saket, ☏ 011-9212534868. Ein überdurchschnittlich angenehmes Guest House, in Saket im Südteil Delhis, doch dank der unlängst auch dort eröffneten Metro (nur 5 Min. vom Haus entfernt) ist man schneller im Zentrum als per Wagen oder Bus. Nur 3 Zimmer, Dachterrasse mit Ausblick auf Qutb Minar. Internet und Frühstück. Angeboten werden kundige Delhi Heritage Walks.*

Essen und Trinken

Feinschmecker aller Länder finden in Delhi ausgezeichnete Menüs, auf internationalem Preisniveau – aber auch in mittlerer Kategorie oft teurer als in den entsprechenden Restaurants Rajasthans, wo man im Schnitt deutlich niedrigere Rechnungen zahlt als in Europa. Lassen Sie es sich trotz Hauptstadt-Aufschlags schmecken!

Metropolis (1), €–€€, *1634 Main Basar, Paharganj, ☏ 011-23561782. Restaurant und Bar (auch Hotel).*
Banana Leaf (2), €, *N-12, Connaught Circus, ☏ 011-41523777. Südindische vegetarische Küche, für die schmale Kasse.*
Zen Restaurant (3), €€, *B-Block, B–25 Connaught Circle, ☏ 011-23357455. Chinesisch und Japanisch, auch Meeresfrüchte in edel kühlem Ambiente.*
Nirula's (4), €€, *L-Block, Connaught Circle, ☏ 011-23417419. Kulinarisch auf Touristen eingestellt, die in Indien schmerzlich Pizza oder die Salatbar vermissen. Guter Service, oft überfüllt!*
United Coffeehouse (5), €€, *E–15 Connaught Place, ☏ 011-23411697. Ambiente und Kaffee-Zeremonie sind hier wichtiger als exquisite Küche.*
Parikrama (6), €€–€€€, *Kasturba Dandhi Marg,* ☏ *011-23721616. Delhi von oben, dank noch neuem Drehrestaurant im 24. Stock! Indische und chinesische Küche.*
Gaylord (7), €€€, *18 Regal Building (am Connaught Place), ☏ 011-51502030. Hier tafelt man an edel gedeckten Tischen und speist feine multicuisine.*
Chicken Inn (9), €–€€, *Pandara Road Market (südlich vom India Gate), ☏ 011-23386304, nahe bei kleinem Park. Nicht immer nur Vegetarisches!*
China Garden (11), €€, *M–73, Market, Greater Kailash-II, ☏ 011-29223456. Fein abgestimmte Aromen der fernöstlichen Küche.*

Als Gourmet-Paläste haben sich die exklusiven Restaurants der Spitzenhotels etabliert. Die Küchenchefs vom **Maurya Sheraton** *(www.itcwelcomgroup.in, ☏ 011-26112233, Restaurants Bukhara und Dum Phukt), vom* **Taj Mahal (10)** *(www.tajhotels.com, ☏ 011-23026162), vom* **Oberoi (12)** *(www.oberoihotels.com, ☏ 011-24363030) sowie vom* **Imperial (8)** *(www.theimperialindia.com, ☏ 011-23341234, dort das Restaurant „Spice Route") konkurrieren noch mit einem Dutzend anderer Verwöhn-Adressen und bieten mehrere Restaurants oder/und mehrere Bars, dazu noch „Pastry Shops" an.*

Veranstaltungen

Wie in keiner anderen Stadt in Indiens Norden ist in Delhi Gelegenheit, Theater, Musik und Tanz, Filme auch außerhalb der Bollywood-Produktion, Vorträge und Festspiele zu erleben. Vielbenutzte Kulturzentren.

Sport

Schwimmen: *Für aktiven Sport hat Delhi öffentl. Schwimmbäder u. a. im* **National Stadium Complex** *beim India Gate, das* **Talkatore Indoor Stadium** *nördl. vom*

Rashtrapati Bhawan, dem Sitz des Staatspräsidenten, sowie die **NDMC Pools** beim Nehru Park in Süd-Delhi und noch andere. Die Fünfsterne-Hotels haben Swimmingpools für ihre Gäste, einige können auch Auswärtige nutzen.

Golfplätze: Sehr beliebt, weil auch zentral und nobel beim Oberoi Hotel gelegen, ist der „Delhi Golf Club" (Dr. Zakir Hussain Marg, ☏ 011-24360002, 011-24362768). Greenfee für Ausländer umgerechnet etwa 30 €, am Wochenende über 40 €. Andere Plätze sind deutlich preisgünstiger, z.B. der Qutab Golf Course (Press Enclave Road, Lado Sarai, ☏ 011-26969086 und 011-26969597).

Jogging: Delhi ist eine sehr grüne Stadt, mit zahllosen Parks. Seit Busse, Taxen und Motorrikshas statt mit Benzin oder Diesel mit CNG, **Compressed Natural Gas**, unterwegs sind, lässt sich Delhis Luft auch wieder atmen.
Felsklettern und – für Gruppen von mindestens 25 Personen – **Parasailing,** Kontakt über Adventure Tourism Division, 10th Floor, Mayur Bhawan, Connaught Place, ☏ 011-23365358.
Sport zum Zuschauen: nichts geht über **Kricket**! In Nordindien noch immer hoch beliebt ist **Drachensteigen** – auch da werden Wettkämpfe veranstaltet.

Einkaufen

Delhi ist auch ein riesiger Markt! Mit allen buntesten Variationen zwischen orientalischen Basaren – höchste Kundendichte im **Chandni Chowk** westlich des Roten Forts! – und schicken Vierteln, „Villages" in den Subzentren der Mega-Stadt. „Hauz Khas" im Süden oder auch der Doppelmarkt M-Block und N-Block im Stadtteil „Greater Kailash". Zum Connaught Circle kommen viele Delhi-Besucher zuerst oder auch zu den Emporien am Baba Kharak Singh Marg: In der Nähe zum Connaught Circus können Sie eintauchen in das Kunsthandwerk der 28 indischen Bundesstaaten, wovon jeder sein eigenes Gebäude hat (s.S. 474). Denn große Kaufhäuser sind auch heute noch die Ausnahme, vielleicht ein Zeugnis mehr für indischen Individualismus. Es gibt sie in Gurgaon, außerhalb der Stadtgrenze Delhis (s. S. 496).

Märkte

Khan Market, Subramaniam Bharti Marg, nicht weit von den Lodi Gärten. Von bunten Obstständen bis zu mehreren Buchhandlungen, gehobener Mode und attraktiven Cafés/Restaurants eine der angenehmsten Einkaufzonen Delhis. Der „Music Shop", Khan Market Nr. 18, ☏ 011-24617797, großes CD und DVD-Lager, ist gut informiert. Oft heftiger Andrang.
Bengali Market, Tansen Market, Barakhamba Road, südöstlich des Connaught Circus. Große Auswahl an Essbarem, mit Imbiss-Ständen und Cafés.
Khari Baoli, in Old Delhi zw. Lahore Gate und Gandhi Park. Der Gewürzmarkt Delhis. Gute und günstige Tee-Auswahl sowie leckere Chutneys.
Daryaganj Book Market, beim Delhi Gate (Nordseite). Sonntags von 10-17 Uhr locken etwa zweihundert Händler mit antiquarischen und im Preis herabgesetzten Büchern.
Dilli Haat, Aurobindo Marg, gegenüber des INA-Markt, nördl. beim großen Autobahn-Drehkreuz Ring Road/Aurobindo Marg, ☏ 011-24678817. Kunsthandwerk (meist Souvenirs, Textilien), breites gastronomisches Angebot, einfaches Ambiente. Geöffnet 10.30–22 Uhr.
Hauz Khas Village, in Süd-Delhi, etwa 2 km südwestl. vom Drehkreuz Ring Road/Aurobindo Marg. Antiquitäten, Kunstgalerien, zur Erholung Cafés und kleine Restaurants, www.dillihaat.org.

Junge indische Kunst

Neu ist die wachsende Zahl der Kunstgalerien, die Werke auch junger indischer Künstler zeigen. Die „Delhi Art Gallery" ist im Hauz-Khas-Village zu finden (Nr. 11, ☏ 011-46005300, www.delhiartgallery.com). Zu den Standorten der Galerien: www.mapsofindia.com.

Verkehrsverbindungen

Luft: *Indira Gandhi International Airport, Auskunft internat. Flüge ☏ 011-25696021, nationale Flüge („domestic") ☏ 011-25675181, www.delhiairport.com. Der Flughafen liegt etwa 20 km vom Stadtzentrum entfernt, die städtische Bebauung rückt näher an den Flughafen heran, u. a. mit zahlreichen Hotels.*

Für die 45-Minuten-Fahrt in das Stadtzentrum (F-Block am Connaught Place) bieten sich die „EATD Airport Buses" an, Auskunft über Abfahrzeiten ☏ 011-23316530. Ein „prepaid Taxi" kostet etwa 250 Rs, für die Abreise kann es auch vom Hotel gebucht werden. Nicht vergessen: Die meisten Fluglinien verlangen eine „confirmation" des Tickets spätestens drei Tage vor Anflug, manche noch früher.

Innerindische Flüge starten vom Terminal 1, ☏ 011-25675181. Zahlreiche Flüge nach Jaipur sowie nach Jodhpur und Udaipur mit Indian Airlines folgen. Jet Airways und IndiGo, andere wie Kingfisher, Air Sahara mögen folgen.

Bahn: *Das Erlebnis indische Eisenbahn sollte man sich gönnen! Noch immer sind selbst Züge, die sich „superfast" nennen, nicht halb so schnell wie die europäische Hochgeschwindigkeitsklasse, und noch immer ist die Chance, auf Schienen unterwegs mit interessanten Menschen ins Gespräch zu kommen, mindestens doppelt so groß wie in jedem ICE. Doch innerhalb Rajasthans gibt es wenige durchgehende Strecken, für die mehr als zwölf Stunden gebraucht werden (mit Umsteigen sieht es dann anders aus). Die Strecke Delhi-Jaipur bewältigt der frühmorgendliche Shatabdi-Express in viereinhalb Stunden.*

Überblick über die wichtigsten Verbindungen *findet man unter www.indianrail.gov.in, unter der Rubrik „trains between important stations".*

Delhi hat mehrere Bahnhöfe mit Verbindungen zu Rajasthan-Zielen. Die wichtigsten sind **New Delhi Station** *(Zugang Ajmeri Gate oder Chelmsford Road) und* **Delhi Junction**, *als* **Old Delhi Station** *bekannt (am Shayma Prasad Mukerji Marg, nördlich von Chandni Chowk). Die Bahnhöfe* **Hazrat Nizamuddin** *(in der Nähe von Humayun's Tomb) und* **Sarai Rohilla** *liegen beide etwa 6 km vom Stadtzentrum entfernt.*

Busverkehr: *Delhi hat ein dichtes Bus-Netz und ein wachsendes Metro-Netz, die sich auch ergänzen. Beratung und Fahrpläne bei „India Tourism" und/oder „Delhi Tourism".*

8. ANHANG

Sprachhilfe: Wie sag ich's richtig?

Die in diesem Teil Indiens am weitesten verbreitete Sprache ist Hindi – und viele der anderen in Rajasthan anerkannten Sprachen sind dem Hindi ähnlich. Hindi ist eine lebendige Sprache, die seit Jahrhunderten immer wieder Lehnwörter aufnimmt, seien es sanskritische, persische oder eben heute englische. Manche muslimische Hindivalas sprechen ein Hindi, das im Vokabular viele arabischstämmige Wörter enthält und sich dem pakistanischen Urdu annähert. Für viele Wörter des modernen Lebens gibt es nur ein dem Englischen entlehntes Wort: Der Bahnhof klingt auf Hindi also ähnlich wie der im Englischen – „steeschen". Wenn „der Notfall" auch einen sanskritischen Namen hat – im Alltag bleibt es doch bei der „imerdschänzie".

Doch die Lehnwörter sind zumindest in der Aussprache indisiert. Hindi wird in Devanagari geschrieben. Es ist die gleiche Schrift, in der auch die sanskritischen Veden und viele andere heilige Schriften überliefert sind. Erkennbar ist sie an dem Balken, der die Zeichen eines Wortes an den oberen Schäften miteinander verbindet.

viel/sehr	*bahot*	Essen	*khaana*
teuer	*mehenga*	Wasser	*Pani*
schmutzig	*gandaa*	**Einfache Wendungen**	
sauber	*saaf*	Ja/Nein	*Dschi haa/Dschi nahi*
warm	*garam*	In Ordnung/Alles klar	*Atschaa*
kalt	*tanda*	Oh je/He	*Are*
scharf	*mirchi*	Mein Name ist	*...Mera naam … hai*
Tag	*din*	Wie ist Ihr/*Aapka*/ dein Name?	*tumhara naam kya hai?*
Nacht	*raat*	Vielen Dank	*Dhanjavaad/Shukrija*

Vielen Dank: (Für förmliche Gelegenheiten, bitte sparsam verwenden: Im Alltag benutzen Inder keine Dankesformel, eine nette Geste oder ein freundlicher Blick sind aber willkommen. Für eine Dienstleistung beispielsweise, die man bezahlt, bedankt man sich nur in Ausnahmefällen ausdrücklich. „Dhanjavaad" ist die sanskritische Formel, die gegenüber Hindus verwendet wird, „Shukriya" wird im Gespräch mit Muslimen gesagt.)

Ein paar Wörter

Bitte	*Krpaja* (sehr förmlich)	Verzeihen Sie	*Maaf kii-ji-ye*
Guten Tag/Guten Abend/Auf Wiedersehen		*Namastee*	
Ich komme aus...	*Mä...*	Deutschland...	dscharmani...
Österreich/Schweiz	Austria/Switzerländ *se hu*		
Ich weiß nicht	*Malum nahi*	Mir gefällt...	*Mutsche pasand...*
Ich verstehe	*Samatsch ajaa*	Ich verstehe nicht	*Samatsch nahi gajaa*
Ich kann nicht (Hindi sprechen)		*Mai* (Hindi) *nahi* (bol) *sakta hu*	
Wie viel kostet es?	*Ye kitne pässe hä?*	Bitte, wo ist (der Bahnhof)?	*Dschi, kaha (steeschen) hä?*
Wie weit ist...	*Kitna dur... hä?*	Ich möchte... (gehen)	*Mai... (jaana) tschahata hu*
Los!	*Tschalo!*	Halt!	*Ruko!*

Zahlen

eins	*eek*	zwei	*do*	drei	*tin*	vier	*tschar*
fünf	*pantsch*	sechs	*tschäh*	sieben	*ssaat*	acht	*aat*
neun	*no*	zehn	*daas*	elf	*gjarah*	zwölf	*barah*
zwanzig	*biis*	dreißig	*tiis*	vierzig	*chaalis*	fünfzig	*patschaas*
sechzig	*ssaath*	siebzig	*sattar*	achtzig	*assii*	neunzig	*Nabbe*

(ein-) hundert	*(ek) ssoh*	hunderttausend	*lakh*	Million	*ten/daas lakh*

Glossar

Aarti: abendlicher Ritus in Hindu-tempeln, mit Öllampen
Adivasi: Ureinwohner, kastenloser Stammesangehöriger, ca. 60 Mio. Menschen
Adinatha: der früheste der 24 Furtbereiter der Jains
Agni: Feuergott, nach Überlieferung der Veden
Ahimsa: Gewaltlosigkeit
Ananta: die Weltenschlange, der Gott *Vishnu* ruht auf ihr
Angresi: (auch: Firangi) Mensch aus dem Westen
Anna: alte Münzeinheit, umgangssprachlich heute für „Geld"
Apsara: Himmelsmädchen, nymphenähnlich
Architrav: Querbalken über einer Tür, einem Durchgang
Arjuna: Held aus dem Mahabharata, dem *Krishna* sein Wertesystem predigt
Aryer: (Sanskrit: Edle), vorgeschichtliche Zuwanderer in Persien und Indien
Ashram: Zentrum religiöser Belehrung und Einkehr
Atman: Seele des Menschen, Urgrund des Universums, Gegensatz: Brahman
Avatar: Erscheinungsform eines Gottes, Inkarnation
Avalokiteshwara: mitleidsvoller Gott, buddhistisch
Ayurveda: Indiens altüberlieferte Heilkunde, wörtlich: Weisheit vom Leben

Baba: respektvoller Titel
Babu: Angestellter
Bagh: Garten, Park
Bandhani: Stofffärbung durch Abbinden
Banyan: großer Feigenbaum, gilt als heilig, Schattenspender mit zahlreichen Luftwurzeln
Baoli: (auch **Baori**) Stufenbrunnen
Begum: höflicher Titel für Muslimfrauen
Bhagavadgita: religiöse Lehren, im Mahabharata als Instruktionen *Krishnas* an den Helden *Arjuna*
Bhakti: Gottesliebe, Hingabe im Glauben an Erlösung
Bhang: mildes Rauschmittel, dem Haschisch verwandt, aber vom Staat geduldet. Für Neulinge oft unverträglich
Bhavadgita: ethisches Lehrgedicht der Hindus (auch: **Gita**), wichtiger Teil des Mahabharata
Bhai: Bruder
Bhawan: (auch: **Bhavan**) Haus
Bindi: roter Punkt, den verheiratete Frauen auf der Stirn tragen
Brahma: Schöpfermacht, einer der drei höchsten Hindu-Götter
Brahman: im Vedischen: Weltseele, Gegensatz zum individuellen Atman
Brahmane: Angehöriger der höchsten Kaste, ursprünglich: Hindu-Priester
Burj: Turm

Cantonment: Stadtviertel des kolonialen britischen Militärs, heute oft noch Sitz von Verwaltung und Militär der Republik, aber auch gehobene Wohnviertel
Chakra: Rad, Symbol der Wiedergeburt, Zentrum der Energie eines Körpers. Auch: Spinnrad
Chamunda: schreckenerregende Erscheinungsform der Göttin *Durga*
Chandra: Mond (weiblich)
Chapatti: flaches Brot, das auf heißer Platte gebacken wird
Char Bagh: symmetrisch angelegter Garten, Mogulform
Chattri: (wörtlich: Schirm), als Pavillon Architekturteil. Auch Totengedenkstätte (kein Grab!)
Chowk: Marktstraße, Geschäftsviertel
Cong: Abkürzung für Congress-Party, wichtige politische Partei Indiens

Daal: Linsen, Hülsenfrüchte
Dabba: Lunchgefäß oder -paket, Garküche an der Straße
Dahi: Yoghurt
Dalit: Unterdrückter, so nennen sich viele Kastenlose, die ehemals Unberührbare genannt wurden
Dargah: Grab eines muslimischen Heiligen
Darshan: priesterliche Opferzeremonie im Tempel
Darwaza: großes Tor
Deva/i: Gott/Göttin, auch Eigenname
Dharamsala: Pilgerunterkunft
Dharma: religiöse und soziale Verpflichtung
Dhoti: Hüfttuch der Männer, oft zwischen den Beinen hosenartig befestigt
Diwan-i-Am: öffentliche Audienzhalle
Diwan-i-Khas: private Empfangshalle bei Hof
Dowry: Mitgift der Braut, gesetzlich verboten, aber meist noch üblich
Dupatta: langes Schaltuch, oft als Schleier benutzt
Durbar: Regierungsversammlung der Fürsten, Halle im Palast
Durri: Handgewebter Teppich

Fakir: muslimischer Asket

Ganesh (**Ganapati**): elefantenköpfiger Gott, Sohn *Shivas*, Überwinder der Hindernisse
Ganga: Göttin und Fluss (weiblich)
Ganj: Markt
Ganja: Hanf, Marihuana
Garuda: Mythische Gestalt, halb Mensch halb Vogel, Reittier *Vishnus*
Ghat: Ufer, Treppenanlage am Wasser, Steilabhang vom Hochland zur Küste
Ghazal: Liebesgedicht- oder Lied
Gita: religöse Ethiklehre der Hindus
Gopis: Kuhhirtinnen, Gespielinnen *Krishnas*
Gurudwara: Tempel der Sikhs

Haji: Muslim, der eine Pilgerreise nach Mekka unternommen hat
Hanuman: Feldherr des Affenheeres, Freund des Gottes *Rama*
Hari-Hara: gleichzeitige Darstellung beider Götter *Vishnu* und *Shiva*
Harijan: Kinder Gottes, *Gandhis* Bezeichnung für die ehemaligen „Unberührbaren"
Hathi: Elefant
Haveli: Herrenhaus mit Innenhöfen, meist mit reichem architektonischem Schmuck
Hawa Mahal: Palast der Winde, so genannt wegen der luftigen Bauweise
Hill Station: Sommerfrische in den Bergen, bei der indischen Mittelschicht sehr beliebt
Holi: Frühlings-Farbenfest
Hookah: (gesprochen: huka), Wasserpfeife
Howdah: großer Elefantensattel, oft reich verzierter Sitz

Id: Hauptfest der Muslime
Ishwara: *Shiva*

Jagannath: Weltenherrscher, als dieser wird *Krishna* verehrt
Jaggery: brauner Zucker
Jains: Religionsgemeinschaft, die Achtung vor dem Leben lehrt („ahimsa")
Jali: durchbrochenes Muster, bes. in Steinplatten
Jami Masjid: Hauptmoschee, Freitagsmoschee (oft auch **Jama**)
Jarokha: balkon- oder erkerartiger Anbau an der Fassade, oft reich verziert
Jati: Unterkaste, Berufsgruppe
Jauhar: Massenselbstmord der Frauen, um nicht vom Eroberer versklavt zu werden
-ji: an den Namen angehängt, Zeichen der Verehrung (z.B. *Gandiji*)

Kailash: Berg in den Himalayas, von Hindus als Mittelpunkt der Welt angesehen
Kali: die schwarze Göttin *Durga*, bedrohlich, trägt eine Kette aus Totenköpfen
Karma: Summe der guten und schlechten Taten, bestimmt die soziale Stellung nach der Wiedergeburt
Karttikeya: Sohn *Shivas*, Gott des Krieges
Kenotaph: Erinnerungsstätte an einen Verstorbenen, kein Grab
Khan: Ehrentitel der Muslime
Khejri: Baum, der in der Wüste Rajasthans gedeiht
Kshatrya: Kriegerkaste, zweithöchste im Kastensystem
Kund: Tempelteich, Wasserreservoir
Kurta: langes Männerhemd

Lakh: 100.000 (Zahl)
Lingam: phallisches Zeichen, das für *Shiva* steht

Madrasa: islamische Schule
Maha-: groß
Mahadeva: großer Gott, *Shiva*
Mahal: Haus, auch Palast
Mahalla: Stadtviertel
Maharaja: großer Herrscher
Maharana: Titel der Sisodia-Herrscher (Udaipur)
Maharani: große Königin
Mahatma: Große Seele (Ehrentitel *Gandhis*)
Mahout: Elefantenführer
Maidan: öffentlicher großer grüner Platz in einer Stadt
Mandapa: Tempel(vor)halle
Mandir: Tempel
Mantra: melodische Gebetsformel, auch zur Meditation
Marathen: kriegerische Gegner der Moguln aus dem Hochland
Masjid: Moschee
Mela: Messe, Fest
Mihrab: Nische in der Wand der Moschee, sie zeigt Gebetsrichtung nach Mekka an (in Indien nach Westen)
Mithuna: Mythologisches Liebespaar und seine erotische Darstellung in der Kunst, verkörpert Licht und Finsternis, Tag und Nacht, weiblich und männlich
Moksha: Erlösung von der Wiedergeburt
Mudra: Handgesten beim Tanz und in der Skulptur mit verschiedenen Bedeutungen

Nandi: Büffelbulle, Vahana des *Shiva*, vor *Shiva*-Tempeln verehrt

Nawab: islamischer Fürst
Nataraja: *Shiva*, der tanzend die Welt schafft
Nirvana: Erlösung, auch Auflösung

Pachisi: Urform unseres Mensch-Ärger-dich-nicht, beliebtes Brettspiel
Padma: Seerose, Symbol der Reinheit
Panchayat: Dorfrat
Paria: abgeschaffter Begriff für Kastenlose
Parvati: Göttin, Gattin *Shivas*
Pipal: Feigenbaum, als heilig verehrt
Pol: Tor
Prasad: im Tempel gesegnetes Essen
Puja: Ritual, Opfergabe im Tempel
Punkah: großer, handbetriebener Fächer, der an der Zimmerdecke hängt
Purdah: Absonderung und Verschleierung der Frauen

Qila: Fort

Raga: Folge von Tönen als Grundlage indischer Melodien
Raj: Herrschaft, oft auf die britische Kolonialherrschaft bezogen
Raja: König
Rajputen: Hindu-Herrscher in Rajasthan, die zu der Kaste der Kshatryas gehören, samt deren weitverzeigten Clans
Ramadan: Fastenmonat der Muslime
Ramayana: Epos über den Gott *Rama*
Rig Veda: älteste heilige vedische Schrift
Rishi: Seher, weiser Mann, Prophet

Sabzi: Gemüse
Saddhu: (auch: **Sadhu**) Asket, der seiner Religion lebt, bedürfnislos und oft mit extremen Bußpraktiken
Sagar: See
Sahib: Anrede („Herr")
Salaam: (Friede) Grußwort der Muslime
Salwar Kamise: Frauenkleid mit langem Oberteil und weiten Hosen
Sangam: Zusammenfluss zweier heiliger Flüsse
Sanyasin: hinduistischer Mönch
Sarangi: kleines Streich- und Zupfinstrument, aus einem Holzstück gefertigt
Saraswati: Göttin der Wissenschaft und Kunst, Gattin *Brahmas*
Sati: Witwe, die sich mit der Leiche des Ehemanns verbrennen lässt.
Satyagraha: *Gandhis* Bezeichnung für gewaltfreien Protest
Scheduled Castes: offizielle Bezeichnung für Kastenlose, Unterprivilegierte
Shikara: Tempelturm
Shiva: großer Gott des Hinduismus, Zerstörer und Neuschöpfer, wohnt auf dem Himalaya
Shivaratri: Fest des *Shiva*, im März
Shloka: heiliger Sanskrit-Vers
Stupa: buddhistisches Reliquiengrab
Sudra: die niedrigste Kaste
Sufi: muslimischer Mystiker
Surya: der vedische Sonnengott
Swastika: Hakenkreuz, in Indien sehr altes Glückssymbol, oft auf Häusern und Gegenständen
Swatantra: Freiheit
Sweeper: Bezeichnung für jemanden, der unreine Arbeit verrichtet

Thakur: adeliger Landbesitzer
Thali: Tablett mit Vertiefungen für verschiedene Speisen, auch Name für das darauf servierte Menü
Tiffin: leichte Mahlzeit
Tilak: roter Punkt, der beim Besuch des Tempels vom Priester auf die Stirn gemalt wird
Tirthankara: 24 religiöse Lehrer der Jainsreligion (Furt-Bereiter)
Tonga: zweirädrige Pferdekutsche
Torana: Torbogen am Tempel, oft mit schöner Steinmetzarbeit
Trimurti: *Vishnu*, *Shiva*, *Brahma*, die drei Hauptgötter des Hinduismus

Vaishya: Angehöriger der Kaufmannskaste und besitzender Landwirte
Vahana: Fahrzeug, Tragtier eines Gottes
Veden: heilige Schriften des Hinduismus
Vina: Laute mit langem Hals und sieben Saiten

Yoni: weibliche Entsprechung zum Lingam, symbolisiert Kraft und Fruchtbarkeit
Yuga: Weltzeitalter, zurzeit herrscht das Kaliyuga, das finstere, schwarze Zeitalter des Verderbens

Zamindar: Landbesitzer und Steuereintreiber
Zari: Silber- oder Goldfaden in Textilien
Zenana: Teil des Hauses, in dem die Frauen in strenger Absonderung lebten

Literaturverzeichnis

Romane und Erzählungen

Rajasthan ist literarisch kaum dargestellt worden, das liegt wohl hauptsächlich daran, dass die englischsprachige indische Literatur in den ganz großen Städten stattfindet. Trotzdem ist es für den Indienliebhaber und erst recht für den, der das Land kennenlernen möchte, erfreulich, moderne Romane von indischen Autoren zu lesen. Wir nennen hier vorzugsweise Titel, die auf Deutsch im Buchhandel (z.T. nur noch antiquarisch) zu haben sind. Aber wer genügend Englisch beherrscht, ganze Romane zu lesen, sollte das Vergnügen nicht versäumen, in einer guten indischen Buchhandlung in Delhi oder auch Jaipur zu stöbern und sich Bücher empfehlen zu lassen, er – oder sie – kann nach hier genannten Autoren fragen.

Anita Desai: **Berg im Feuer**. List 1992. Drei Frauen als Beispiele typisch indischer Lebensgestaltungen.

– **Baumgartners Bombay**. Heinemann 1993. Das Schicksal eines deutschen Emigranten, der in der indischen Großstadtwirklichkeit unterging.

– **Fasting Feasting**. List 2001. Erschütternde Darstellung der ungerecht unterschiedlichen Behandlung von Tochter und Sohn einer indischen Familie.

Kiran Desai: **Der Guru im Guavenbaum**. Blessing 1998. Schelmenroman, von einem, der in einem indischen Dorf die Gesellschaft aufmischt.

– **Erbin des verlorenen Landes**. Bvt 2007. Geschichte einer jungen Frau vor dem Hintergrund der Unruhen in Darjeeling Anfang der 1980er-Jahre.

Edward Morgan Forster: **Auf der Suche nach Indien**. Fischer 2001. Indien der 1920er-Jahre, koloniale Ungerechtigkeit und Selbstbewusstsein der erwachenden indischen Mittelklasse.

Amitav Gosh: **Der Glaspalast**. Blessing 1998. Historischer Roman mit Einblicken in indisches und burmesisches Leben zur Zeit der britischen Herrschaft.

Rudyard Kipling: **Kim**. dtv 1999. Immer noch lesbare Schilderung des alten Indiens unter britischer Herrschaft, trotz der kulturellen Arroganz des indienbegeisterten Autors.

Jhumpa Lahiri: **Der Namensvetter**. btb 2007. Nach einem tragischen Unfall ändert ein indischer Auswanderer sein bisheriges Lebensprinzip.

Rohinton Mistry: **Das Gleichgewicht der Welt**. W. Krüger 1998. Zwei Handwerker aus niedriger Kaste versuchen, unter harten Entbehrungen in der Großstadt Mumbai nicht unterzugehen. Sie haben unter politischen Maßnahmen von Indira Gandhis Regierung zu leiden, die Obdachlose in der Großstadt nicht duldet.

Kiran Nagarkar: **Ravan und Eddie**. List 2006. Der Autor lässt ein facettenreiches Bild indischen Alltaglebens in einem Wohnhaus in Bombay entstehen. Zwei Jugendliche aus zwei Familien mit unterschiedlichem Hintergrund durchleben wechselvolle Zeiten, Freuden und Katastrophen.

– **Sieben mal sechs ist dreiundvierzig**. A1 Verlag 2007. Eigenwillig erzählte Lebensgeschichte, im Stil des spannenden indischen Chaos, mal komisch mal tragisch.

– **Gottes kleiner Krieger**. A1 Verlag, 2006. Polit- und Räuberroman zugleich, von der Entwicklung eines indischen Mathematikers zum islamischen Fundamentalisten und schließlich zum katholischen Asketen. Keine grundsätzliche Abhandlung zur Entstehung des Fundamentalismus, sondern ein fesselndes Leseerlebnis mit finsteren und komischen Zügen.

Arundhati Roy: **Der Gott der kleinen Dinge**. btb 1999. Zwei Geschwister in Indiens tiefem Süden erleben die Grausamkeit ihrer gesellschaftlichen Umgebung, die sogar in der traditionellen christlichen Minderheit vom Kastendenken geprägt wird.
Salman Rushdie: **Mitternachtskinder**. Kindler 1981. Geschichte eines Mannes, der, in der Stunde der Unabhängigkeit geboren, das Schicksal der Republik Indien mit dem seinem verwoben fühlt.
– **Des Mauren letzter Seufzer**. Knaur 1998. Unglaublich farbig fabulierte Geschichte aus den bewegten Zeiten des 20. Jahrhunderts, die in Kerala und Mumbai spielt.
– **Shalimar der Narr**. Rowohlt 2007. Das Entstehen mörderischer Wut wegen Unverständnis und Rücksichtslosigkeit. Vordergründig ein Eifersuchtsmord eines kaschmirischen Muslims an einem Amerikaner, dessen politisches Wirken zum Bürgerkrieg in Kaschmir beitrug.
Vikram Seth: **Eine gute Partie**. Fischer 2006. Indischer Gesellschaftskosmos und seine Prägung durch arrangierte Eheschließung.
– **Zwei Leben – Porträt einer Liebe**. Fischer 2007. Liebevoll geschildertes doppeltes Schicksal eines indischen Zahnarztes und seiner Frau, einer deutsch-jüdischen Emigrantin.
Vikas Swarup: **Rupien, Rupien**. Kiepenheuer 2008. Ein armer Tropf gewinnt zufällig viel Geld in einem Quiz, was ihn in einer Gesellschaft in Schwierigkeiten bringt, in der die Armen auf ihrem Platz zu bleiben haben.
Shashi Tharoor: **Der große Roman Indiens**. Suhrkamp 1998. Des keralesischen hochrangigen UN-Vertreters großartige Darstellung der neuen Geschichte Indiens im Gewand der alt-ehrwürdigen Mahabharata-Mythologie.
– **Bollywood**. Suhrkamp 2007. Ein unbegabter, aber dumm-dreister Sohn aus einflussreichem Hause bringt es zum Erfolg in der indischen Glitzerwelt Bollywood. Harsche Satire mit Einblick, wie Bollywood funktioniert.

Geschichte

William Dalrymple: **The last Mughal**. London, New Delhi 2006. Spannend, tragisch, grausam – lässt zahlreiche Zeitzeugen zu Wort kommen. Schildert die Fehler beider Seiten.
Gayatri Devi: **A Princess Remembers**. New Delhi, 2006. Eine persönliche Darstellung der Maharani von Jaipur mit Einblicken in das Leben in Jaipur und Rajasthan von den 1930er-Jahren an. Nach der Unabhängigkeit Indiens begann die Maharani ihr Leben als Politikerin, die sich mit großem Erfolg zur Wahl stellte.
Rima Hooja: **History of Rajasthan**. New Delhi 2006. Ungeheure Fleißarbeit einer Geschichts-Professorin auf 1.246 Seiten! Meist Herrschaftsgeschichte der fürstlichen Staaten. Kein Buch zum Schmökern, aber eine Fundgrube für historisch Interessierte.
Hermann Kulke, Dietmar Rothermund: **Geschichte Indiens**. München 2006. Interessante Geschichte Indiens der letzten beiden Jahrhunderte, informativ und gut lesbar.
Shashi Tharoor: **Die Erfindung Indiens – Das Leben des Pandit Nehru**. Frankfurt 2006. Gute Einblicke in die Politik nach und vor der Unabhängigkeit, die Wurzeln der indischen Parteiengeschichte und nicht zuletzt der politischen Gandhi-Dynastie.
– **Eine kleine Geschichte Indiens**. Suhrkamp 2005. Knappe Darstellung, von dem berühmten UN-Politiker.

Religion

Anneliese und Peter Keilhauer: **Die Bildsprache des Hinduismus**. DuMont 1995. Was der Indienreisende beim Anblick von Kunstwerken wissen will, hier bekommt er schnell Antwort: Götter und Göttinnen, Dämonen und Tier-„Fahrzeuge“.

Wendy Doniger O'Flaherty: **Hindu-Mythen**. WBG 2009. Für den Leser, der so nah als ihm möglich zu den Ursprüngen in der vedischen Überlieferung zurückgehen will.
Heinrich Zimmer: **Philosophie und Religion Indiens**. Suhrkamp 2001. Eine gute Zusammenfassung für den Anfang.

Gesellschaft und Landeskunde

Dietmar Rothermund (Hg.): **Indien. Ein Handbuch**. Beck 1995. Kultur, Geschichte, Wirtschaft und Umwelt sind die Hauptthemen, unentbehrlich für den Indienliebhaber.
Friedrich Stang: **Indien**. WBG 2002. Eine gründliche Landeskunde, die viele Fragen über Bevölkerung, Wirtschaft, Ressourcen und Strukturen beantwortet.

Kultur/Architektur

Ebba Koch: **The complete Taj Mahal and the Riverfront Gardens of Agra**. London 2006. Bild-/Textband auf jüngstem Forschungsstand, die Summe jahrelanger Arbeit der Wiener Professorin für Kunstgeschichte und Beraterin des „Taj Mahal Conservation Collaborative". Enthält vielschichtige Informationen um den Taj Mahal vom ästhetischen, künstlerischen, kunsthandwerklichen und historischen Blickwinkel aus – alles mit sehr guten Illustrationen verstärkt.
Antonio Martinelli, George Michell: **Palaces of Rajasthan**. Mumbai 2004. Meisterhafte Detailfotos von der beinahe unwirklichen Pracht dieser Paläste.

Reisen

India Road Atlas. Eicher 2007. Der erste gute Autoatlas Indiens – unentbehrlich für die Reise! Handlich, klar im Kartenbild, übersichtlich gegliedert, mit Bezeichnung der Fernstraßen, Eisenbahnlinien, Nebenstraßen und vielen Innenstadtplänen.
Alexander Frater: **Regen – Raga**. Eine Reise mit dem Monsun. Stuttgart 1997. Die Reise geht quer durch das Land, unter Regenvorhängen. Eine Klimaerscheinung, die uns in Europa ganz fremd ist, wird uns nahegebracht, mit der Beobachtung, wie die Menschen mit diesem Wetterextrem fertig werden.
Khushwant Singh: **Delhi.** Hamburg 1995. Romanhaft, das ist die große Stadt Delhi, und der Reisende wird, wenn er bei Kushwant Singh nachliest, merken, dass er in einem Roman umhergegangen ist.

Naturführer

Bikram Grewal, Bill Harvey, Otto Pfister: **A Photographic Guide to the Birds of India**. A periplus edition 2002. Zahlreiche Fotos von den Vögeln, die man in den Vogelschutzgebieten beobachten kann, und genaue Beschreibung von deren Lebensweise, Stimmen, Aussehen und Besonderheiten.
Pradip Krishen: **Trees of Delhi**. Delhi 2005. Fesselnde Darstellung der Baumarten und ihrer Standorte in der Megacity. Darüber hinaus in ganz Nordindien nützlich.

Küche

Syed Abdullah: **Indische Küche**. Heyne 2000. Für Anfänger im Indisch-Kochen. Einfache, schnelle Gerichte, gute Anleitungen, 200 sowohl Fleisch- als auch vegetarische Gerichte. Seit Jahren bewährt, immer wieder aufgelegt.
Atul Kochhar: **Die neue indische Küche**. München 2005. Der Autor ist ein Sterne-Koch in London, der dort ein berühmtes Restaurant betreibt. Wer schon Kocherfahrung hat, wird sich von seinen Rezepten in die raffinierte indische Küche gut einführen lassen.

Stichwortverzeichnis

R

S

T

U

W–Z

Autorendank

Viele waren sehr freundlich und hilfreich auf unseren monatelangen Indien-Recherchen! Ohne sie wäre dieses Buch erst zwei Jahre später oder nie erschienen. Ohne alle nennen zu können, danken wir ihnen. Besonderen Dank an die IHHA, die **Indian Heritage Hotels Association**, und an ihren Generalsekretär in Jaipur, **Thakur Randhir Vikram Singh**. Und herzlichen Dank **Thakur Sunder Singh und seiner Gattin** in Jodhpur! Auch an **Sunil Sikka** in Delhi, langjährig am Aufbau von WelcomHeritage tätig – unser Glückwunsch ihm: 2012 ist WelcomHeritage als „Best Heritage Hotel Chain" ausgezeichnet worden. Last, but not least danken wir unserem Freund **Ashwani Bazaz** – sein Metropol Tourist Service in Delhi (www.metrovista.co.in) sorgt mit seinen erlesenen Fahrern nun bereits seit über zwanzig Jahren für unsere unfallfreien Reisen durch Indien!

Verzeichnis der Karten und Grafiken

Abbildungsverzeichnis

IWANOWSKI'S REISEBUCHVERLAG

FÜR INDIVIDUELLE ENTDECKER

REISEHANDBÜCHER

Europa
Barcelona und Umgebung ▯
Berlin*
Dänemark*
Finnland*
Irland*
Island*
Liparische Inseln *
Lissabon
Madeira*
Moskau & Goldener Ring
Nordspanien & Jakobsweg*
Norwegen*
Paris und Umgebung*
Piemont & Aostatal*
Polens Ostseeküste & Masuren*
Provence mit Camargue*
Rom*
Schweden*
Tal der Loire mit Chartres*

Asien
Hong Kong
Oman*
Peking
Rajasthan mit Delhi & Agra*
Shanghai
Singapur ▯
Sri Lanka/Malediven*
Thailand*
Tokio mit Kyoto
Vereinigte Arabische Emirate mit Dubai & Abu Dhabi *
Vietnam*

Afrika
Äthiopien*
Botswana* ▯
Kapstadt & Garden Route*
Kenia/Nordtanzania*
Mauritius mit Rodrigues* ▯
Namibia* ▯
Nambia/Naturschutzgebiete*
Südafrikas Norden & Ostküste*
Südafrika* ▯
Uganda/Ruanda*

Amerika
Chile mit Osterinsel*
Florida* ▯
Guadeloupe und seine Inseln
Hawaii*
Kalifornien*
Kanada/Osten*
Kanada/Westen*
Karibik/Kleine Antillen*
New York
USA/Große Seen*
USA/Nordosten*
USA/Nordwesten*
USA/Ostküste*
USA/Süden*
USA/Südwesten*
USA/Texas & Mittlerer Westen*
USA/Westen* ▯

Australien / Neuseeland
Australien mit Outback*
Neuseeland*

101... - Serie: Geheimtipps und Top-Ziele
101 Berlin ▯
101 China
101 Florida
101 Hamburg ▯
101 Indien
101 Inseln
101 Kanada-Westen
101 London ▯
101 Mallorca ▯
101 Namibia – Die schönsten Reiseziele, Lodges & Gästefarmen
101 Reisen für die Seele – Relaxen & Genießen in aller Welt
101 Safaris – Traumziele in Afrika
101 Skandinavien
101 Südafrika – Die schönsten Reiseziele und Lodges ▯
101 USA

REISEGAST IN...

Ägypten
China
England
Indien
Japan
Korea
Polen
Russland
Südafrika
Thailand

* mit herausnehmbarer Reisekarte
▯ auch als ebook-Reiseführer (epub)

Iwanowski's Reisebuchverlag GmbH • Salm-Reifferscheidt-Allee 37 • D- 41540 Dormagen
TEL: 02133/260311 • FAX: 02133/260333 • E-MAIL: INFO@IWANOWSKI.DE
www.iwanowski.de • www.facebook.com/Iwanowski.Reisebuchverlag
www.twitter.com/Iwanowskireisen